U0934978

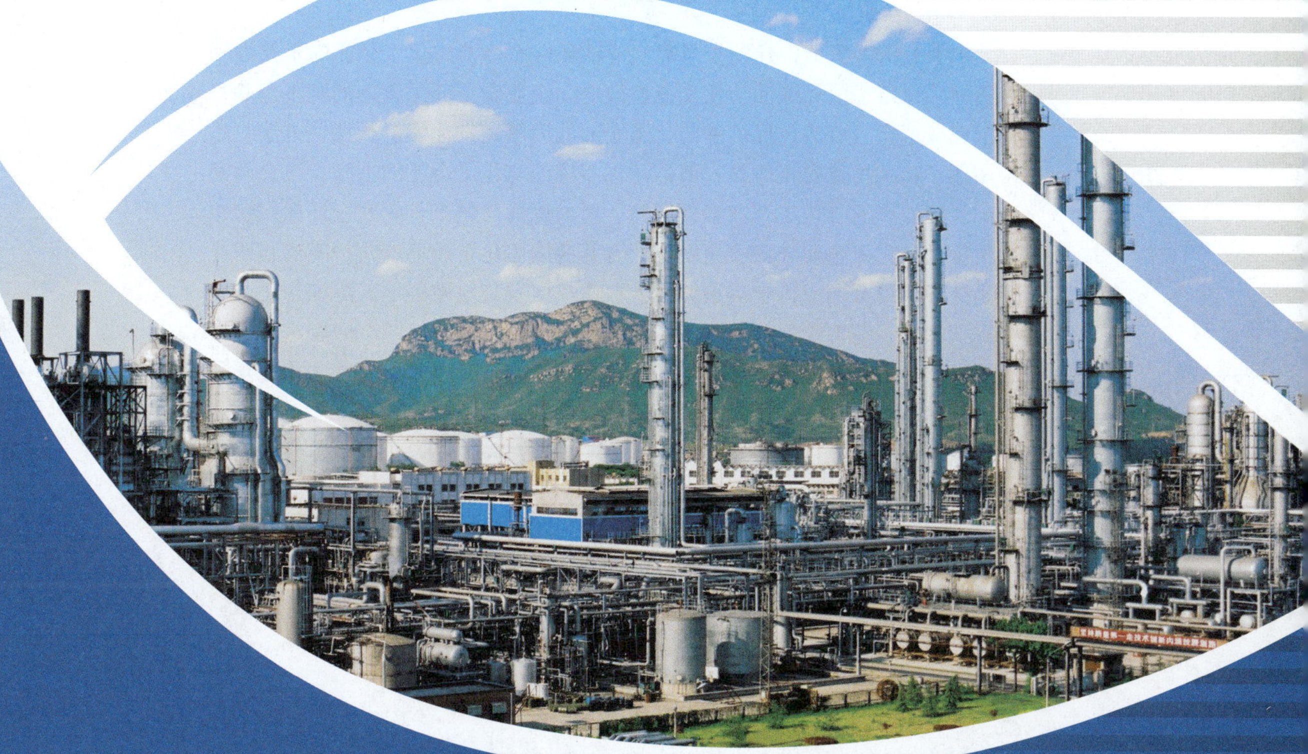

安全可靠、清洁环保型炼油与化工企业构建

主编 曹湘洪

内容提要

本书分析了我国构建安全可靠、清洁环保型炼油与化工企业的重要性和紧迫性，介绍了国外炼油与化工行业政府和企业安全环保管理的基本经验，提出安全可靠、清洁环保炼油与化工企业的内涵、指标体系和评估方法。系统阐述了我国构建安全可靠、清洁环保型炼油与化工企业的措施，结合两家不同规模的炼油与化工企业案例研究，对与炼油与化工企业安全环保密切相关的炼油与化工企业外部安全距离、合并我国炼化企业环境防护距离与职业卫生防护距离标准、科学决策城镇人口密集区及其他敏感地区炼油与化工企业异地搬迁、完善我国炼油化工企业安全环保标准体系等四个问题进行了讨论并提出了意见。最后提出了当前政府加强安全环保监管、完善法律法规和企业自主建设安全可靠清洁环保企业的建议。

本书可供政府、企业、研究机构人员阅读参考。

图书在版编目（CIP）数据

安全可靠、清洁环保型炼油与化工企业构建 / 曹湘洪主编 . — 北京：中国石化出版社，2019.1

ISBN 978-7-5114-5106-4

Ⅰ . ①安… Ⅱ . ①曹… Ⅲ . ①石油炼制—工业企业—安全生产—研究—中国 ②石油炼制—工业企业—环境保护—研究—中国 Ⅳ . ① F426.22

中国版本图书馆 CIP 数据核字（2018）第 292545 号

中国石化出版社出版发行

地址：北京市朝阳区吉市口路 9 号
邮编：100020　电话：（010）59964500
发行部电话：（010）59964526
http：//www. sinopec-press. com
E-mail：press@ sinopec. com
北京富泰印刷有限责任公司印刷
全国各地新华书店经销
*
787 × 1092 毫米　16 开本　28.75 印张　602 千字
2019 年 1 月第 1 版　2019 年 1 月第 1 次印刷
定价：368.00 元

《安全可靠、清洁环保型炼油与化工企业构建》

编写人员名单

编写委员会： 曹湘洪　郝吉明　段　宁　高金吉　王基铭
袁晴棠　徐承恩　杨启业　谭天伟　孙万付
孙丽丽　魏利军　戴宝华　徐　惠　朱华兴
蒋荣兴　赵建炜　刘小辉

主　　编： 曹湘洪

编 写 人： 张晓华　张树才　但智钢　杨国梁　王庆锋
李　蕾　贾　萍　李　焕　王廷春　孙丽丽
史菲菲　罗艾民　王　峰　王　倩　申满对
韩超一　王辉锋　曹炳志　李双喜　周晓辉
万古军　许述剑　李家强　赵学良　魏志强

前 言

PREFACE

十多年来我国炼油与化工产业快速发展，民营资本在炼油与化工行业迅速扩张，炼油化工企业数量逐年增长，规模越来越大，出现了一批大型、超大型危险源，而且危险源呈集中分布态势，危化品的流通量超过3亿吨/年。在快速城镇化的过程中，由于规划管控失当，过去一些远离城市的企业被城市包围，成为“城市型”炼化企业。由于部分企业没有树立安全第一、环保优先的管理理念，对企业的安全环保风险缺少有效管控，片面追求低投入、快回报，设计建设过程缺少严密的安全环保审核程序，设备及设施的可靠性、完整性管理没有得到重视，员工素质达不到行业从业人员的基本要求，一些地方政府机构监管能力不匹配和监管不力，造成重大恶性安全环境污染事故时有发生。事故主要发生在危化品储运环节及民营企业，事故导致民众中“恐化”情绪蔓延，社会上“邻避”现象加剧，严重影响着“城市型”等敏感地区炼化企业的生存，制约了我国炼化产业的健康发展，因此，构建安全可靠、清洁环保的炼化企业更显十分重要，非常迫切。

在此背景下，中国工程院批准立项，开展“安全可靠、清洁环保型炼油与化工企业构建”的咨询研究，项目组由曹湘洪院士任组长，段宁院士、高金吉院士、郝吉明院士以及孙丽丽、孙万付、魏利军、戴宝华、朱华兴等教授级高工任分课题或案例研究组组长，王基铭院士、袁晴棠院士、徐承恩院士、杨启业院士、谭天伟院士等组成顾问组，依托中国石化青岛安全工程研究院、中国环境科学研究院、中国安全生产科学研究院、北京化工大学、清华大学、中国石化工程建设有限公司、中石化洛阳工程有限公司、中国石化经济技术研究院等八家单位进行了为期2年研究。分析了管理现状、存在问题，调研了国外发达国家的法律、法规、基本经验和

主要做法，提出了我国建设安全可靠、清洁环保企业的建议措施。

发达国家经验表明，炼油与化工企业能够建设成安全可靠、清洁环保的企业。他们在炼油与化工产业发展过程中不断完善法律法规，有效实施政府监管。企业自觉从严切实加强全生命周期安全环保管理，创新风险管控方法，重视设备的完整性与可靠性管理和安全环保新技术的开发与应用，重视企业安全环保文化建设和员工培训，建立与社会主动沟通的机制，自觉接受社会监督。实地考察德国、日本典型炼油与化工企业，这些企业都实现了与社区和谐共处。

我国构建安全可靠、清洁环保的炼油与化工企业，要学习国外先进经验，重视国家的法律、法规和标准的导向作用，加强危险化学品全生命周期管控的安全、环保法规体系建设。强制性环保排放标准制定时既要考虑改善环境的迫切要求，又要有最佳可用技术为支持；城市发展的规划要有长期性、科学性与合理性，要建立规划部门与安全环保部门联合审批机制；可通过政府购买服务，委托有资质的第三方开展企业安全环保审计，提高企业安全环保监督的有效性和针对性；要融合现代信息技术，加强覆盖全国的安全环保监管信息系统建设。

企业是构建安全可靠、清洁环保型炼油与化工企业的责任主体，要在工厂的全生命周期和所有部门落实安全第一、环保优先的管理理念。工厂设计建设要采用先进的评估技术，按规范化的程序进行安全环保风险评估，确保合理的设计和建设周期；要推行基于风险的设备全生命周期管理，确保设备的可靠性与完整性；推行定性、定量风险评估技术与模型，建立基于风险的管理机制；建立安全环保审计制度，开展以标准化的安全环保审计检查表与绩效指标为依据的安全环保审计，将事故发生后追责处理时的一票否决转向企业管理全过程的安全环保一票否决，实现企业安全环保管理由经验管理向科学现代化管理转变；推行清洁生产，既要重视末端治理，更要重视源头的工艺、流程选择与优化，实现三废全面达标排放。要融合现代化信息技术，提高炼油化工企业安全环保风险的智能化管控能力。

项目组对构建安全可靠、清洁环保型炼油与化工企业涉及的几个重要问题进行

了深入的研究讨论，提出：一是要根据我国炼油与化工企业的类型和特点，结合事故后果法、定量风险算法等，加快出台我国确定炼油与化工企业外部安全防护距离的技术标准。二是要将我国工业企业职业卫生防护距离和大气环境防护距离二个标准合并，形成只监控企业大气环境防护距离的新标准。三是敏感地区企业搬迁，要通过量化评估方法确定安全环保风险包络线图，研究企业异地搬迁和就地整改方案，进行经济性及安全环境风险对比后科学、慎重地做出决策。项目组还进行了两家“城市型”炼油与化工企业的案例研究，结果表明，通过就地改造，可以将企业建设成安全可靠、清洁环保的炼油化工企业，实现与城市和谐共处，是投入小、经济性好的方案。采用异地搬迁的方案，不仅将大大增加资金投入，而且需要建设新的原料及产品出厂、公用工程配套设施等，还会增加物流等潜在风险，造成资源浪费和新的土地占用。四是在我国积极推进减少国家强制性标准、增加推荐性标准的改革中，要坚持从实际出发，不断完善我国炼油与化工企业安全环保标准，并且以强制性标准为主导。

项目组将研究结果凝练成本书，适用于政府、企业、研究机构参考。

总 目 录

第一篇

安全可靠、清洁环保型炼油与化工企业构建

本篇多维度分析我国安全环保现状和突出问题，概述了国外炼油与化工行业中政府和企业实现安全可靠、清洁环保企业的经验和做法，纲领性地阐述了我国构建安全可靠、清洁环保型炼油与化工企业的建议措施。重点探讨了和炼油与化工企业安全环保密切相关的四个重要问题，包括炼油与化工企业外部安全距离、合并我国炼化企业环境防护距离与职业卫生防护距离标准、科学决策城镇人口密集区及其他敏感地区炼油与化工企业异地搬迁、完善我国炼油化工企业安全环保标准体系等四个问题。

目 录

CONTENTS

第一章

构建安全可靠、清洁环保型炼油与化工企业的重要性和紧迫性

近半个多世纪以来，我国炼油与化工行业快速发展，生产能力和产品质量持续稳定增长，已经形成了总规模居世界前列的完整工业体系，炼油及乙烯总能力排名世界第二，芳烃、三大合成材料和现代煤化工能力均居世界第一位。但是，在炼油和化工行业发展过程中，一些企业存在比较突出的安全环保问题，恶性事故时有发生。尤其近十几年来，我国城镇化进程不断加快、城市人口及规模迅速扩大，由于缺少统筹规划、合理布局，出现了城围石化现象，一批企业处在敏感地区，成为城市型炼油与化工企业。一旦发生事故，可能严重危及人民群众的生命财产安全，带来重大的社会影响。近年来发生的多起炼油和化工企业重大安全环保事故，已经在群众中引发了“恐化”现象，给炼油和化工企业的发展带来了极大的压力。因此，构建安全可靠、清洁环保型炼油与化工企业，实现与周边社区的和谐发展，具有重要的意义。敏感地区炼油化工企业异地搬迁是解决问题的措施之一，但搬迁不仅会造成巨大财产损失、资源浪费，也会给企业和政府带来巨大压力。需要深入分析存在的问题，寻求解决问题的最佳方案。

一 我国炼油与化工企业面临的安全环保压力

（一）企业数量逐年增长，民营企业迅速发展

据统计，自2005年至2015年，我国规模以上炼油与化工企业增加了6526家，增幅为31%，其中非国有控股及其他类型的企业增加了7071家，增幅为37%，国有控股企业减少了545家（图1-1）。

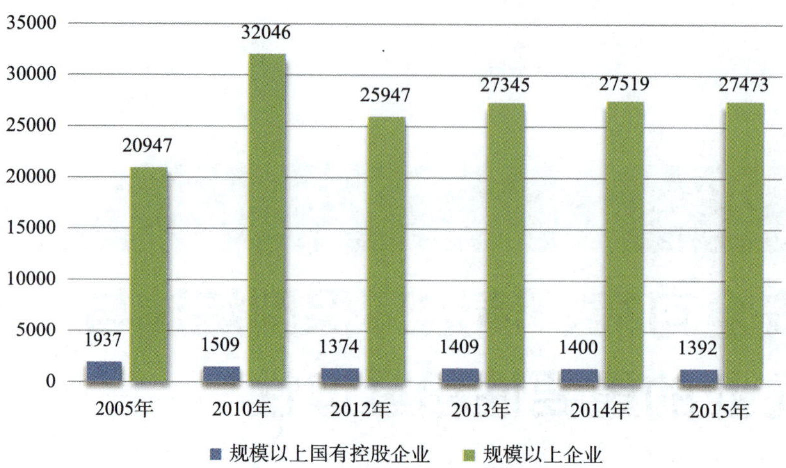

图 1–1　石油化工企业规模以上企业数量

非国有控股的炼油与化工企业资产投资发展快速。2005-2015年，我国民营石油化工企业固定资产投资增长了7.5倍，国有控股企业投资则基本保持不变，2014年民营资本投资已占总投资的占94%（图1-2）。民营企业不再限于小微企业，新建的民营炼油及化工企业生产规模大、数量多，正在成为炼油与化工企业的重要力量。

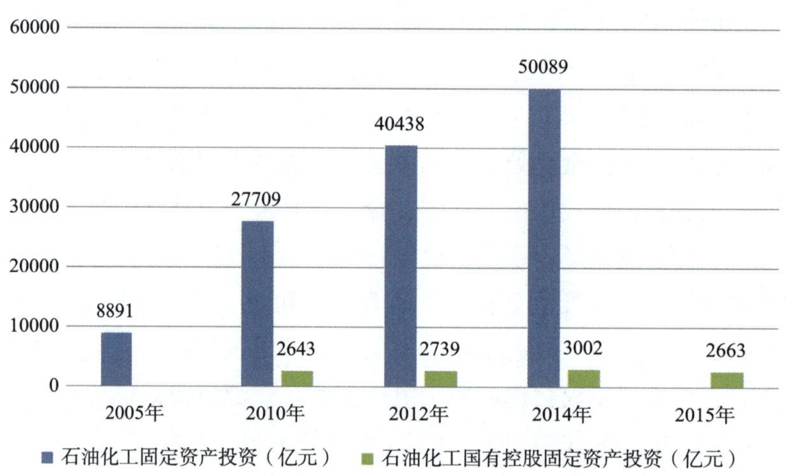

图 1–2　石油化工企业资产投资数量

（二）出现了一批大型、超大型危险源，并呈集中分布态势

我国炼油与化工生产能力目前已居世界前列，加工能力的增大带来了大型、超大型危险源的增多。2016年，我国石油和化工行业产值达到16.65万亿元，一次原油年加工能力在千万吨以上的炼厂共有23座，乙烯年生产能力达到100万吨以上的企业有4家。与此同时，为满足原油、中间油品、成品油储存，国内已建造了1000多座$10\times10^4m^3$以上大型浮顶油罐，其中最大容量浮顶油罐为$15\times10^4m^3$，数量约20台。单个装置或储

罐的危化品储量超出临界值数量巨大，形成了超大型危险源。截至2016年底，据不完全统计，有4043个危险化工工艺、1817个重大危险源，集中分布在东部人员密集地区（图1-3）。

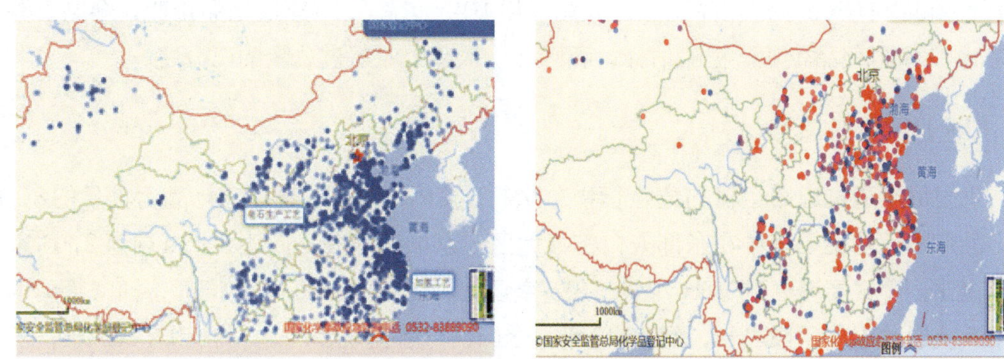

图1-3 危险化工工艺分布（左）与重大危险源分布（右）

（三）一批企业位于敏感地区，必须采取治本之策

截至2016年底，国家安监总局化学品登记注册系统中共有1.86万家企业，其中企业周边50m内存在居民、学校、林区的环境敏感企业共有3484家。对这些敏感危化品企业的规模与经济类型统计分析可知，小微型企业与非国营内资企业的数量占比很大，分别为80.57%与73.39%（表1-1、表1-2）。

表1-1 “城市型”炼化企业规模统计

类别	数量	占比
微型企业	856	24.57%
小型企业	1951	56.00%
中型企业	476	13.66%
大型企业	201	5.77%
总计	3484	100%

表1-2 “城市型”炼化企业经济类型统计

企业类型	数量	占比
港澳台投资	202	5.80%
外资	195	5.60%
非国有内资	2557	73.39%
国有	198	5.68%
其他	332	9.53%
总计	3484	100%

沿海、沿江河、沿湖泊企业也是重要的环境敏感类企业。中国炼油化工企业有很大一部分是依水而建的，这些企业一旦发生环境污染事故，污染影响将会更大。据统计，长江流域10km内有1088家危化品企业，黄河流域10km内有488家危化品企业，珠江流域10km内有549家危化品企业，太湖沿岸10km内有119家危化品企业，全国沿海岸线有1401家危化品企业。粗略估计，我国环境敏感企业超过总量的三分之一。

（四）危化品流通量巨大

我国每年通过道路运输的危险货物总量超过3×10^8t，占整个危化品运输量的80%。危化品道路运输主要集中在东部人口密集地区。京沪高速公路周边50km内有2701家危化品企业，青银高速周边50km内有1685家危化品企业（图1-4）。同时，油气管网也是危化品流通的主要手段之一，到2020年，全国油气管网规模将达到16.9×10^4km，其中原油、成品油、天然气管道里程分别3.2×10^4km、3.3×10^4km、10.4×10^4km。此外，危化品仓储需求也在持续增长，2016年我国危化品仓储面积在$1\times10^8m^2$的规模，危化品仓储需求则在$1.3\times10^8m^2$左右，供需缺口大约在30%以上，对危化品高端仓储的需求缺口更大。企业搬迁，远离城市，势必造成物流流通量增大，物流流通风险随之增高。

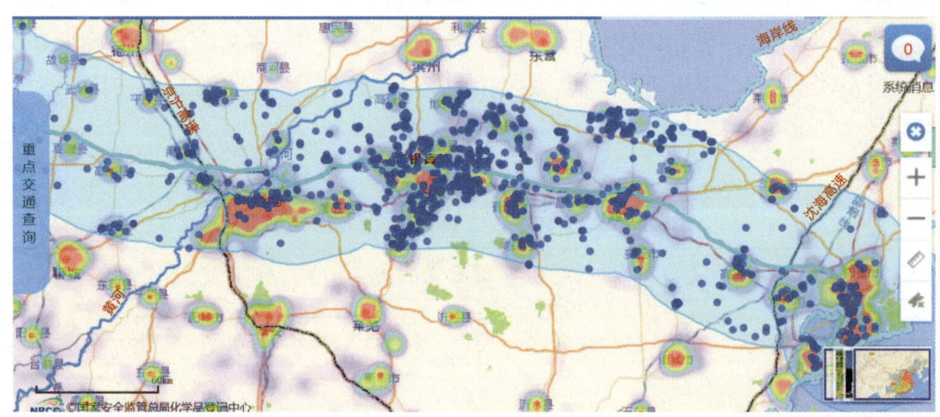

图1-4　青银高速公路50km内危化品企业分布的人口密度图

（五）达到严格环保标准缺少技术支持

我国快速工业化过程中，虽然强调要采取环保措施，但由于人们对环境保护问题的认识肤浅，措施不力，加上一些企业主片面追求盈利，置环保法规于不顾，造成当前我国生态环境形势严峻。2016年，全国338个地级及以上城市中，254个城市环境空气质量超标，占75.1%，年平均超标天数比例为21.2%。在474个城市（区、县）开展了降水监测，酸雨城市比例为19.8%；全国地表水1940个评价、考核、排名断面（点位）中，Ⅰ类、Ⅱ类、Ⅲ类、Ⅳ类、Ⅴ类和劣Ⅴ类分别占2.4%、37.5%、27.9%、16.8%、6.9%和8.6%。6124个地下水水质监测点中，水质为优良级、良好级、较好级、较差级和极差级的监测点分别占10.1%、25.4%、4.4%、45.4%和14.7%。改善环境质量已成为全国人民的重大期盼。

与欧盟、美国环保标准的排放限值基于可行技术来确定不同，我国的环境排放限值制定时缺少可行技术支持，虽然自2007年开始，启动了最佳可行技术指南的编制工作，但截至目前尚未出台炼化行业环境治理可行技术指南。因此，尽管2015年发布的《石油炼制业污染物排放标准》和《石油化学工业污染物排放标准》部分指标已经达到世界上最严的标准限值，由于缺乏可行、有效的技术支持，国内一些大型炼油化工企业近三年投资建设的环保项目中达到预定指标的不超过30%。

（六）邻避效应威胁炼油与化工企业的生存与发展

我国安全环保事故时有发生，助长了社会对企业信任的流失，放大了建设项目“产生效益为全体社会所共享，负面效果由附近居民承担”“不要建在我家后院”的邻避效应，不但民众，甚至地方政府也出现了邻避心理。新建炼油与化工企业受到了阻碍，已有企业搬迁的呼声也越来越大，可往往又遭到迁入地周边居民的强烈反对。厦门、宁波、昆明、茂名均因群众游行反对PX项目在附近建设，导致政府最终取消项目或项目延期建设。邻避效应已严重威胁炼油与化工企业的生存与发展。

二 我国炼油与化工行业安全与环保工作的现状

（一）法律法规不断完善，环保排放限值日趋严格

我国目前并没有专门针对化学品或者炼油化工企业的安全管理法律，但是部分相关法律涉及了化学品或炼油化工企业的安全管理。在行政法规层次上，《危险化学品安全管理条例》是我国对危险化学品进行安全管理的核心法规，规定了危险化学品生产、储存、使用、经营和运输等多个环节的安全管理原则和基本要求。在部门规章层次上，各部委根据上位法的规定和要求，单独或联合出台了一系列的具体规章、办法等法律文件。

我国污染物排放标准的实施主要依靠各级政府环境保护职能部门监督管理。经过几十年的发展，我国环境管理制度日益丰富和完善。目前比较成熟的环境法律制度主要有环境影响评价制度、“三同时”制度、征收排污费制度、限期治理制度、排污申报登记制度、现场检查制度、环境保护目标责任制度、城市环境综合整治定量考核制度等。2017年8月环保部颁发《石化工业排污许可证申请与核发技术规范》，旨在推动排污综合许可、一证式管理的实施。“十九大”将生态文明上升为国家战略，环境保护是基本国策，“青山绿水就是金山银山”的理念深入人心，以提高环境质量为核心，改善生态，治污减排，防范环境风险，是“十三五”规划的重要内容，坚持“三线一单”的硬约束，坚持绿色发展，坚持科技创新引导环境保护新发展。

对比分析我国炼油化工行业环境排放标准水平，我国石化行业标准对CODcr、BOD_5、氨氮的排放限值严于美、德、日，总铅、总砷、总汞排放限值略低于其他国家；北京和上海最新修订的地方标准中重金属指标总体已比其他国家更严。大气污染物控制方面，我国锅炉95%以上都执行超低排放标准，大气污染排放指标整体严于其他国家。

（二）政府对安全环保监管不断加强

当前我国各级政府安全环保责任感明显增强，监管力度增大。2012年7月至2015年6月，各级安全监管部门组织开展提升危险化学品领域本质安全水平专项行动。2014年开始组织进行管道隐患专项排查和治理。2017年国家安全监管总局出台了《对安全生产领域失信行为开展联合惩戒的实施办法》，建立违规企业的联合惩戒的跟踪、监测、统计、评估、问责和公开机制。2017年公布的第三批联合惩戒“黑名单”涉及158家生产经营单位，责任人员169人，体现了各级安全监管监察部门开展联合惩戒工作力度不断加大，促进企业遵守法律法规，让失信企业“一处失信、处处受限”。

环保方面，当前重点排污单位按照国家有关规定和监测规范安装使用监测设备，污染物排放自动监测设备与环境保护主管部门的监控设备联网，保证监测设备正常运行并依法公开排放信息。2016年以来，《大气污染防治行动计划》《水污染防治行动计划》《土壤污染防治行动计划》和《排污许可证管理暂行规定》相继出台，2018年起施行《中华人民共和国环境保护税法》。与环保相关的文件高密度下发，希望通过高强度的管控，尽快改善我国多年累积下来的生态与环境问题。

（三）企业加大投入，一批重大安全环保隐患得到整治

我国大部分炼油化工企业执行国家安全生产监督管理总局2005年发布的《危险化学品从业单位安全生产标准化评审标准》，建立相应的安全标准化管理制度。少数国有大公司建立了自己的HSE管理体系，如中国石油、中国石化等公司不断吸取国外大公司先进做法，率先推行基于风险的安全、环境和健康管理体系。

与此同时，我国炼油化工企业吸取事故教训，加大投入，进行隐患治理。据统计，截至2016年11月底，全国排查出的29436处油气输送管道隐患已整改完成29201处，整改率99.2%；其中，7390处重大隐患已整改完成7370处，整改率99.7%。

我国化学品罐区已启动了安全联锁改造，一批企业在罐区增加了高液位报警切断进料、火灾自动关闭阀门等联锁装置，增加了罐区的安全事故预防能力。中国石油、中国石化、中国海油等三大石油公司进行了事故污水储存池的建设或改造，确保满足事故状态下消防污水不外排，目前三大石油公司管辖的企业已全部完成了改造。

（四）安全环保管控信息化系统逐渐建立

近10年来政府监管部门和一批企业分别加快安全环保监管信息系统和管理信息系

统建设。国家监管部门建设了危险化学品企业登记注册及地理信息系统、环保在线监测数据信息系统、信息发布网站等，逐步提高了政府监管效率。大型企业信息化系统覆盖了项目管理、设备管理、隐患排查与治理、应急管理、环保信息管理、仓库管理等各个模块；少数大型企业建设了集预警指令系统、工业视频监控、安保视频监控、山林防火预警、蒸汽监控、瓦斯监控、办公自动化等信息系统为一体的信息平台。信息化系统的发展大大提高了企业的管理效率、风险监测能力和应急指挥能力；海量大数据分析还提供有效的决策输入信息，如隐患易发生位置、设备故障失效频率、人员违章行为规律等等。

（五）安全环保事故呈总体下降趋势

对我国2001-2016年危险化学品和化工企业所发生的较大以上等级的事故进行统计，如图1-5所示。分析结果显示2006年以前随着资产投资的增加，事故数量随之增大；2006年后危化品和化工企业较大级以上事故数量则总体趋势降低。

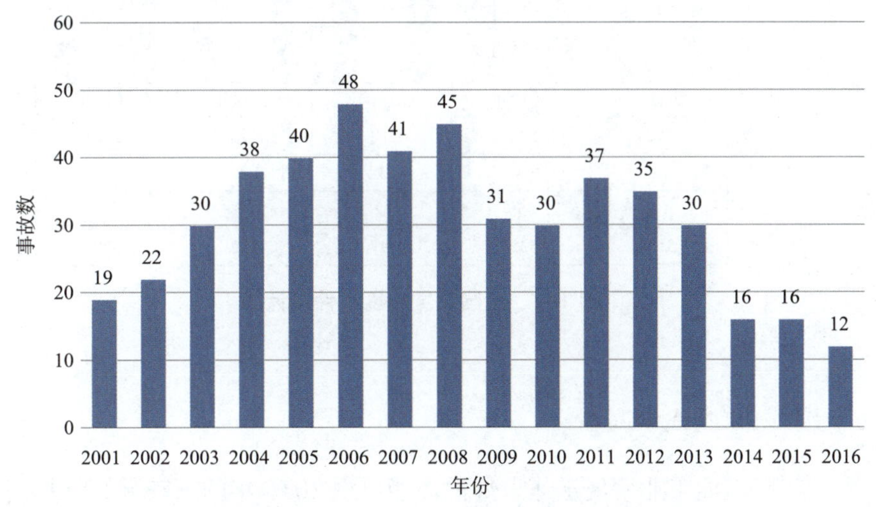

图1-5　2001-2016年危险化学品事故次数统计图

近年来，上报政府的一般级事故数量逐年降低，形势趋好。如图1-6所示，危化品事故数量由2011年的66起降低至2015年的24起，降幅达64%；化工企业事故数量由2011年的145起降低至2015年的74起，降幅达49%。

2011年，环保部审议并通过了《突发环境事件信息报告办法》。从环保部每年的通报可以看出，自2011年以来，全国突发环境事件总数呈下降趋势。2015年全国共发生突发环境事件330起，较2011年的542起减少39%（图1-7）。尽管没有石化行业的统计数据，但自2011年以来，类似“吉化事件”和“蓬莱油田溢油事件”的恶性环保事件已经鲜有报道。

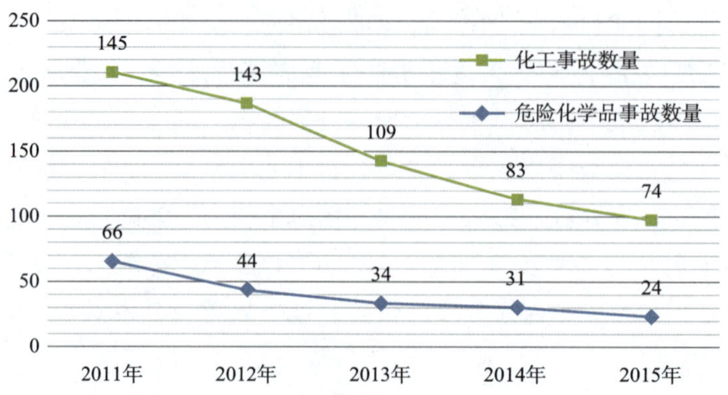

图 1-6 危险化学品与化工企业事故统计图

	2011年	2012年	2013年	2014年	2015年
总数	542	542	712	471	330
重大	12	5	3	3	3
较大	12	5	12	16	5
一般	518	532	697	452	322

图 1-7 全国突发环境事件统计图

（六）污染物排放逐年减少

近年来，我国炼油工业发展迅速，炼油产能已由2010年的4.78×10^8t提高到2016年的7.88×10^8t。与此同时，炼油行业污染物排放总量却在逐年下降，目前我国炼油企业的吨油排水已经降至0.4t/t以下。从外排污染物浓度来看，排放标准已达到世界最严格的水平。比如燕山石化目前执行的外排废水标准，COD排放限值已经下降到30mg/L以下。根据中国石化2012年发布的环境保护白皮书，该公司自2005年至2011年，原油加工量增加了47.9%，乙烯产量增加了82.5%，炼厂平均规模增加了35.32%，与此同时，年废水排放量减少3.988×10^7t，固体废物产生量减少18341t，废气排放量减少12447×10^4Nm^3，SO_2排放总量下降42.03%，COD排放总量下降31.87%。石油化工行业作为传统的排污大户，一批企业已经在减少污染排放方面取得了重大进步。

三 我国炼油与化工企业发生的安全环保事故分析

（一）重大恶性安全、环境污染事故时有发生

我国安全环保事故呈总体下降趋势，但重大恶性安全、环境污染事故时有发生。2005年至2016年来国内炼油与化工行业发生的重大安全环保事件共13起。事故后果严重，是这些事件的共同特征。其中，2013年11月22日，在青岛东黄原油管线泄漏引发的爆炸事故造成62人死亡、136人受伤，直接经济损失75172万元。2015年8月12日，在天津市滨海新区天津港的瑞海公司危险品仓库发生火灾爆炸事故，造成165人遇难、8人失踪、798人受伤。

2005年以来，国内炼油与化工企业发生的重大恶性环保事件共7起，包括2005年吉化双苯厂泄漏导致的松花江水污染事件、2010年大连新港输油管线爆炸导致的海上溢油事件、2010年吉林化工原料桶流入松花江事件、2011年渤海蓬莱油田溢油事故、2013年“11·22”黄岛输油管线爆炸导致的胶州湾溢油事件、2014年兰州石化水污染事件和腾格里沙漠排污事件等，严重污染环境，且造成了巨大的经济损失，社会影响恶劣。

我们必须意识到我国炼油与化工企业安全环保形势目前没有根本性的改变，加强风险管控、消除各类隐患，实现杜绝重大事故的安全环保目标还需要我们付出更大努力。

（二）储运环节事故率明显高于生产企业

统计分析危险化学品相关的事故情况，从2013-2015年，危化品物流事故死亡人数合计401人，生产事故死亡人数合计373人（图1-8）。“11·22”黄岛输油管线爆炸、“8·12”天津港爆炸事故都是物流有关的特别重大事故，物流安全形势极为严峻。

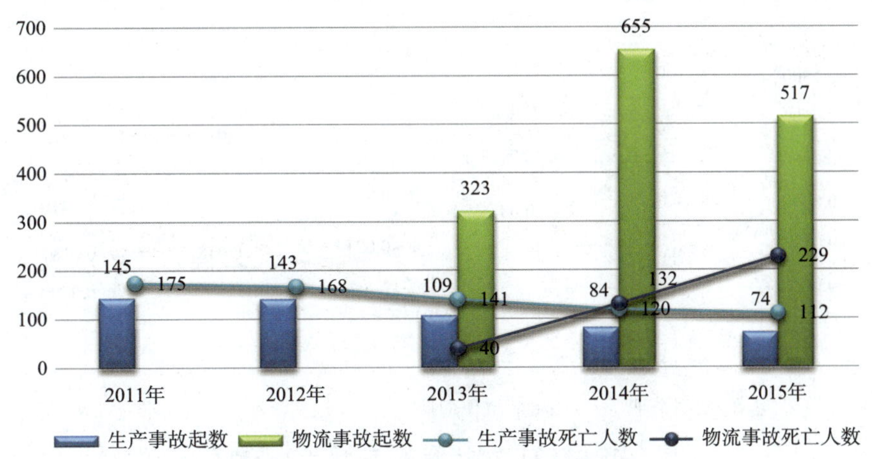

图 1-8 生产事故和物流事故统计图

国家安监总局统计2016年1-8月事故数据表明，上报政府级别的事故中，运输、储

存环节分别占52%、10%，生产、使用和检维修环节分别占27%、7%（图1-9）。物流环节事故率居高，加强储存运输过程的管控是安全环保工作的重点。

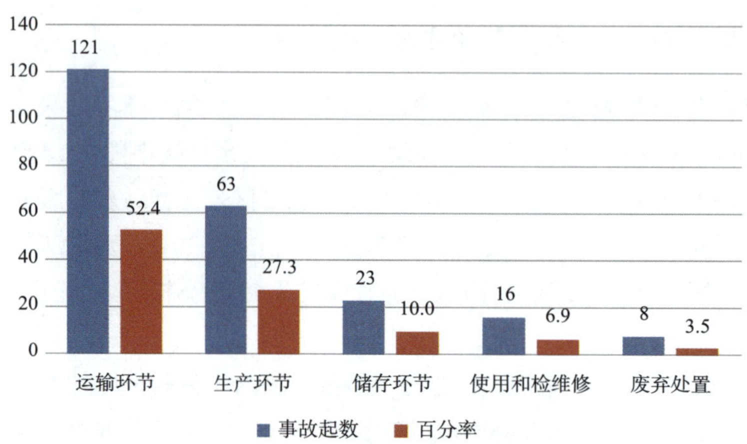

图 1-9　2016 年上报事故发生环节分析

（三）民营企业事故率高于其他类型企业

千人事故率，即员工每千人的事故数量，可以客观具体地表示企业的安全程度。2011-2015年数据（图1-10）表明，民营企业的千人事故率长期处于各类企业的前列，安全程度最低，值得安全管理部门重点关注。国有企业的千人事故率远低于民营企业，但明显高于外资企业，安全绩效仍有提升空间。外资企业2013年、2015年上报政府级事故均为零，其安全管理经验和模式值得国内企业研究、学习和借鉴。

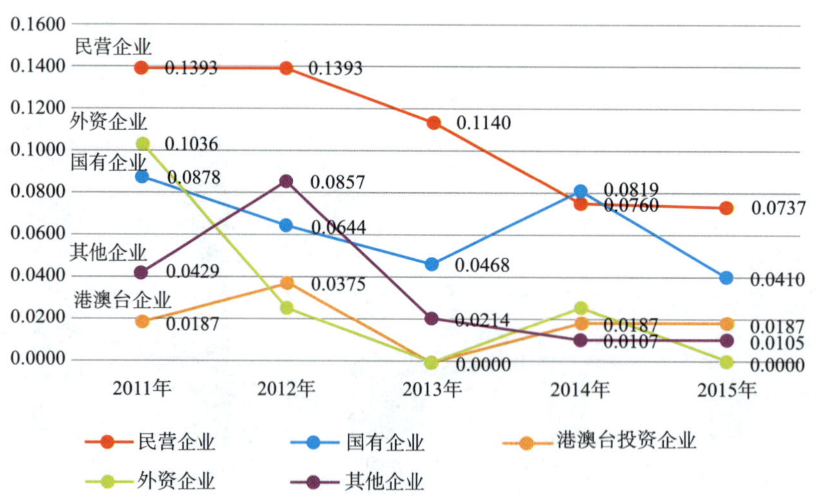

图 1-10　2011-2015 年各类企业千人事故率

（四）企业管理失控是事故发生的主要原因

2012年以来，国家和地方安监局公开披露的具有详细事故调查报告的较大级以上事故共29起。对这些事故的原因进行深入研究，得出以下结论：企业管理系统性失效是事故发生的主要原因，现有技术手段缺乏在事故原因中处于次要位置。在较大级以上的危化品与化工企业事故中，由于员工培训不足导致的事故占62%，风险管理缺陷占44%，设计或工程建设原因导致的事故占38%，由于设备可靠性问题导致的事故占20%（图1-11）。

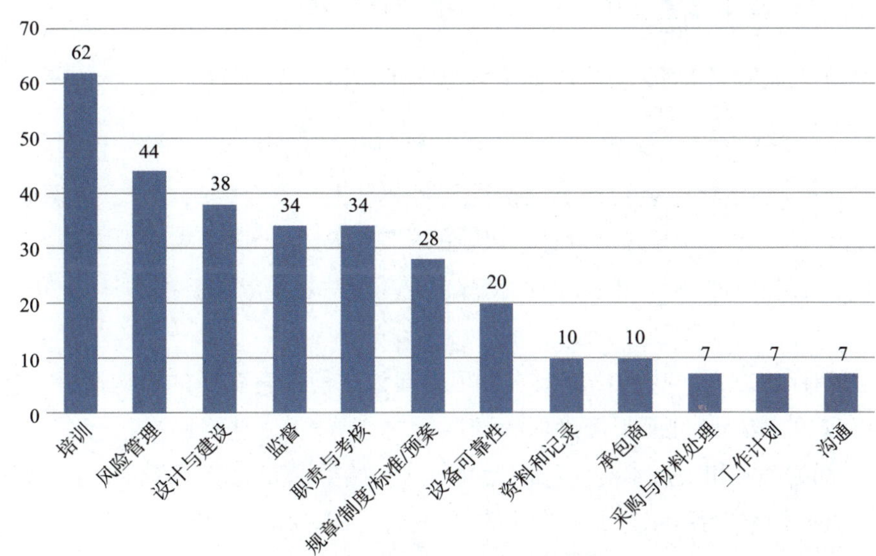

图1-11　事故原因管理缺陷分布

四　我国炼油与化工企业安全环保工作存在的突出问题

（一）一些企业没有树立安全第一、环保优先的管理理念

我国《安全生产法》中明确提出“安全第一，预防为主，综合治理”的安全生产方针，《环境保护法》中提出了“环境保护、综合治理”的环境管理方针。深入分析发现，国内较大级以上事故的根本原因是企业人员低估风险，或存在侥幸心理，或不熟悉危化品的特性，“无知无畏”，甚至随意拆除原设计的安全设施。

当前我国政府要求炼油化工企业推行安全标准化体系建设，该标准化体系是一种基于风险的系统化管理体系。截至2017年6月，我国1.8万余家化学品生产企业通过一级标准化评定的仅有22家。企业形式上采取了基于风险的管理，实际上还停留在经验管理阶段。

（二）片面追求低投入快回报，项目设计建设理念落后

我国炼油化工行业普遍存在以满足国家标准为目标，尽可能降低一次性投资的设计建设理念。表现在：一是设计中主要以设计标准为准则进行设计，没有在设计过程中进行定性和定量的风险评估的程序；二是在建设中采购设备材料，基本都采取低价中标的策略，忽视行业性质决定的安全环保特殊要求的情况普遍存在；随性压缩承包商施工费用和专业监理费用，导致设备、仪表、管线等的安装、焊接、隐蔽工程等关键环节施工质量差；三是随意压缩建设周期，以最低价选择施工队伍，工程层层转包。上述行为导致工厂在设计建设阶段就遗留下不可预测的安全环保隐患。

（三）应用风险评估技术管控安全环保风险处在起步阶段

我国2016年开始推行装置危险与可操作性分析（HAZOP）、装置仪表完整性评估（SIL）等方法识别危化品装置保护层设计是否满足工艺安全控制要求。在调研中发现，近年来国有大型企业已经开始试用基于风险的检测（RBI）、以可靠性为中心（RCM）方法和量化风险评估方法进行风险评估。民营企业基于法规要求准备推进HAZOP评估，其他方面的风险评估均未开展。

环境影响评价方面，我国法规要求在项目建设之前由有资质的机构进行。相比于国外以全面有效的排污许可证制度确保标准执行的“落地”，严格标准执行中的监管和评估，重视过程的公开和公众参与，我国近两年才开始重视环境影响评价的事中事后监管。2017年末我国开始推行石化行业的排污许可制度，目前尚处于起步阶段。

（四）设备及设施可靠性、完整性管理没有得到普遍重视

当前，我国炼化企业设备管理模式传统，自觉运用基于风险的管理意识不强，没有形成基于风险的设备完整性管理模式。一是炼化企业缺乏风险管理的专业人才、管理制度和领导意识；二是基于风险和状态的维修决策没有落到实处；三是采用低标准、低价格设备，实施低价中标策略，设备、材料可靠性差；四是设备状态监测人工诊断多，智能预警、智能诊断少；五是故障根本原因分析和故障根除措施未得到切实执行，设备坏了修、修了坏、坏了再修，在多数企业还是常态；六是对设备随意变更，变更没有经过风险评估、没有对操作人员沟通培训等导致事故等。

（五）不少员工能力达不到行业从业人员的要求

炼油化工企业是高危行业，对从业人员的要求相对较高，必须对工作对象的特性、接触物料的特性等有深刻的了解，具备相应的操作技能及突发故障的应急处置能力。但是事故调查和统计发现，一些民营生产企业职工和承包商人员专业素质低。如2017年聚鑫生物科技有限公司发生“12·9”重大爆炸事故，事故车间23名倒班工人有20人初中及

以下文化程度，严重违反国家法规规定的重点监管危险工艺至少是高中学历的相关要求。山东省安监局统计了山东的危化品生产企业实际控制人、主要负责人专业学历情况，实际控制人和主要负责人中有化工专业学历的只有40%和48%，安全负责人有化工专业学历的也只有64%，不具备基本知识和基本技能，责任落实无从谈起。

（六）企业外排污染物难以稳定达标

2017年7月1日新版《石油炼制业污染物排放标准》开始实施。据统计，按照新标准石化企业相关装置污水、废气、排放超标的几率比较高。尽管很多超标是由于开停工过程工艺波动、仪表故障或其他原因导致的，但不可否认目前石油化工企业的污染物排放稳定达标还存在困难。民营企业环保状况更差，甚至存在偷排漏排行为，还存在政府监管宽严失衡现象。

（七）政府目前的监管机制和方法难以对企业有效监管

通过国内外炼化企业有关监管制度对比分析，发现我国炼化企业监管方面存在以下几个问题：一是我国危化品行业多头监管，存在监管盲区；二是已建成的炼化企业周边区域开发建设存在安全监管真空区域；三是对中介机构的资质审查的监管方法不利于发现企业风险；四是运动式检查、不平衡监管使企业存在逃避法规约束的侥幸心理；五是我国环保标准修订机制不完备，确定的污染物排放标准往往忽视最佳可行技术支撑，既不利于企业进行环保达标改造，也难以对企业实施监管；六是基层安全环保部门普遍存在监管能力建设明显不适应监管对象的专业技术要求，执法人员少、素质低、执法装备差、执法经费难以保障等问题。

五 小结

我国在炼油及化学工业发展的过程中忽视安全环保方面的投入，导致国内安全环保形势不容乐观。近几年来，国家加强监管，企业安全环保意识增强，投入加大，管理从严，在安全环保方面取得了一定成绩，安全环保事故呈总体下降趋势，炼油能力大幅增长，污染物排放总量逐年下降。然而，我国炼化企业的恶性事故时有发生，安全环保形势依然严峻。从事故分布来看，储运环节事故率明显高于生产企业，民营企业事故率高于其他类型企业，究其根本，事故发生的主要原因是企业管理失控，体现在企业管理的各个方面，包括部分企业安全环保理念淡薄、风险评估技术应用处于初步阶段、设计建设盲目压缩设计建设投入和周期、忽视设备设施的可靠性管理、员工素质达不到行业要求、用经验管理代替风险管理等。环保方面，尽管污染物排放标准已经达到世界最严格的水平，但缺乏最佳可行技术支持，企业外排污染物难以稳定达标。此外，政府监管机制也存在多头监管、忽视既定规划、对中介机构审查不严、开展运动式检查等问题。时

有发生的重大恶性安全环保事故，在群众中加剧了“恐化”情绪，不但新建炼油与化工企业受到了阻碍，要求已有企业搬迁的呼声也越来越大。邻避效应已严重威胁炼油与化工企业的生存与发展。炼油与化工产业是我国国民经济的支柱产业，是一个需要继续发展的产业。从我国炼油与化工企业安全环保的现状出发，加快构建安全可靠、清洁环保的炼油与化工企业是我国炼油与化工产业可持续发展的必然选择和紧迫任务。

第二章

国外炼油与化工企业实现安全可靠、清洁环保的基本经验

国外发达国家经历了100年工业发展，炼油及化工企业每一次重大事故和生态破坏都推动了政府和企业完善相关法律法规和内部管理制度。发达国家通过政府监管与企业自主管理，共同促进了安全可靠、清洁环保企业的建设，值得学习借鉴。

一 政府依法对企业实施有效监管

（一）根据事故经验和科技发展不断完善法律法规

发达国家政府极少下发法规以外的通知，根据事故认识和科技发展不断修订法规。欧盟的《塞维索指令》，在大事故后会深刻反思，重新修订，前后历经了四次修订。法国在2001年图卢兹化工厂发生造成重大人身伤害和财产损失的恶性爆炸事故后，2003年7月颁布了《抵御与预防技术风险》的法规，并配套发布了相关风险评估技术标准。

发达国家如美国、日本、欧盟等在100多年的工业发展中建立了覆盖化学品全生命周期的法律法规和标准。如美国建立了完善的化学品安全管理法规体系，实现了化学品从“摇篮”到“坟墓”的全生命周期管理。在化学品的研发阶段，美国环保局（EPA）通过新化学品制造前告知制度（PMN）实现了对其的管理；在化学品制造阶段，美国职业安全与健康监察局（OSHA）通过职业安全健康法等法律法规，对化学品在作业场所的风险进行管理；在化学品的运输阶段，运输部（DOT）通过HMTA等法律法规，监督和保证化学品在运输过程中的安全；在化学品通过各种形式进入民用消费市场后，消费品安全协会(CPSC)通过CPSA、FHSA和PPPA等法律法规，实现了对化学品在消费阶段的管理；对于化学品在生产、加工阶段产生的各种废物以及化学品使用后的废弃，EPA

通过污染预防法、清洁空气法、资源保护和回收法等法律法规，实现了对各种形态和形式废弃物的安全管理。在事故调查方面，美国建立了独立的美国化学安全与危害调查委员会（CSB），平行且独立于EPA和OSHA等相关政府单位，由多专业人员构成，保证了调查结论的客观公正和调查建议的科学有效。通过多个部门的共同努力，美国实现了对化学品的全生命周期管理，确保在化学品各个环节对风险的控制。

（二）企业外部风险包络线是城市规划不可逾越的红线

发达国家的城市规划做到了长远规划，百年有效。日本东京及周边的规划，包括日本的商业区、居民区、工业的区域划分在100年来都得到了遵守，这一方面确保了企业和民众的长期利益，另一方面使得城市及经济发展的理念能够在区域规划中得到有效落实。

发达国家已有企业的外部风险包络线得到了政府规划部门的严格遵守。法国在图卢兹事故后对企业外部风险线引起了变革性重视，2003年7月专门颁布了《抵御与预防技术风险》的法律。通过排查，有650多个企业和周边住宅区、公共建筑或基础设施邻近，法令要求按照风险评估方法计算企业风险包络线，将风险包络线绘制在地图上作为法令性文件，政府规划部门必须严格遵守，并对这些企业实施在该范围内的环境敏感性调查，制定预防风险措施。预防措施主要从四个方面考虑：对工厂周边城市的管控、工厂从源头上降低风险、制定应急计划、与周边居民的信息沟通。预防措施决策遵循三项原则：首先，必须避免增加该地区的风险；其次，加强建筑物的防护；第三，如果采取措施后风险仍然很高，则必须减少在该地区的人口数量。参见图2-1。

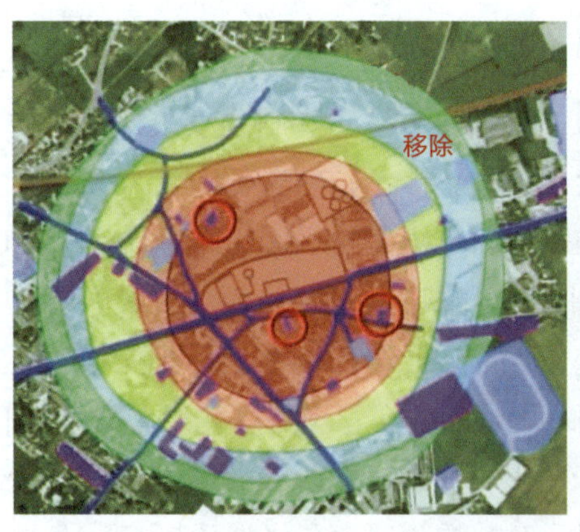

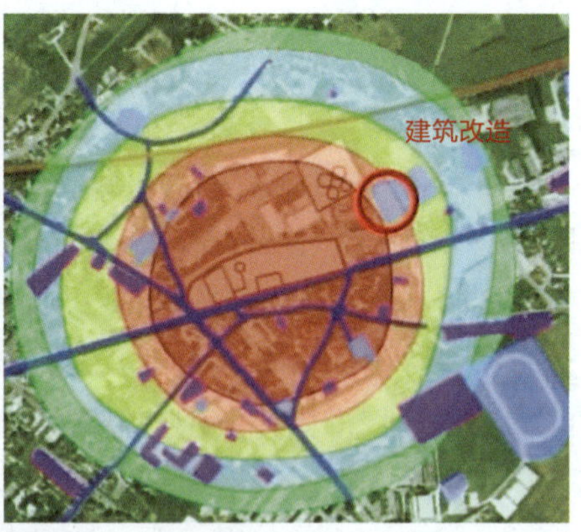

图2-1 风险评估包络线及土地利用规划

各国政府对工厂的选址要求是以保护人为目的，主要使用基于事故后果的量化评估方法，或事故后果与频率相结合的定量风险评价技术（QRA）评估外部风险线。20世纪70年代后出现的基于事故后果的外部距离计算方法，也称之为“最坏假想事故情景”方法，以火灾、爆炸、毒物扩散等事故后果模型为基础，通过模型计算出各种死亡半径或伤害半径作为事故后果严重程度的一种量度。基于最坏事故场景确定安全距离，由于没有考虑到事故发生的概率，不利于土地的合理使用和安全规划。基于风险的方法除考虑事故后果外，同时考虑了事故发生的概率，因而更加全面，结果可靠。另外，定量风险评价技术具有风险可叠加特性，使得基于风险的方法不但可适用于单一重大危险源的土地安全规划，也适于重大危险源集中区域的区域土地安全规划。参见图2-2、图2-3。

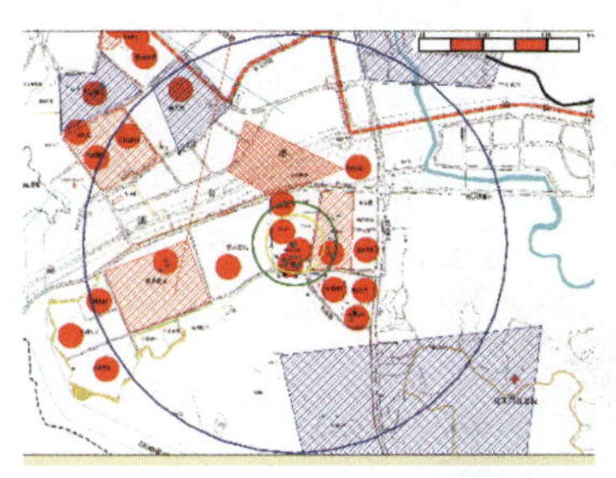
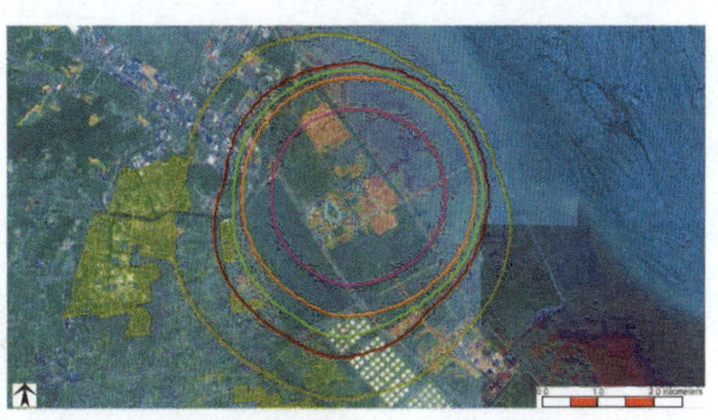

图 2-2 基于事故后果（左）和定量风险评价（右）安全距离图

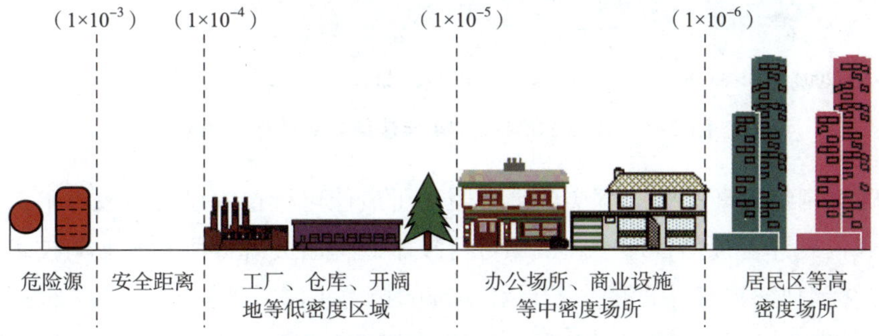

图 2-3 基于定量风险计算的安全距离设置示意图

国外的安全距离确定方法如表2-1所示。

表2-1 国外安全距离确定选用方法表

国家	通用安全距离表	基于后果评估法	基于风险计算法
英国			√
美国		√	
日本	√	√	
比利时		√	√
法国		√	√
德国	√	√	
荷兰			√
西班牙		√	
瑞士	√	√	

（三）重视安全环保标准的合理性与可实施性

欧盟国家意识到在环保标准制定时不但要考虑环境生态的需要，也要考虑实现标准的技术支持，同时兼顾法规成本，使标准科学合理又可实施。图2-4是欧洲化学工业协会统计的2004-2014年十年的法规成本，环境排放与工业过程、能源法规标准的提升导致了生产成本较大幅度的提高。

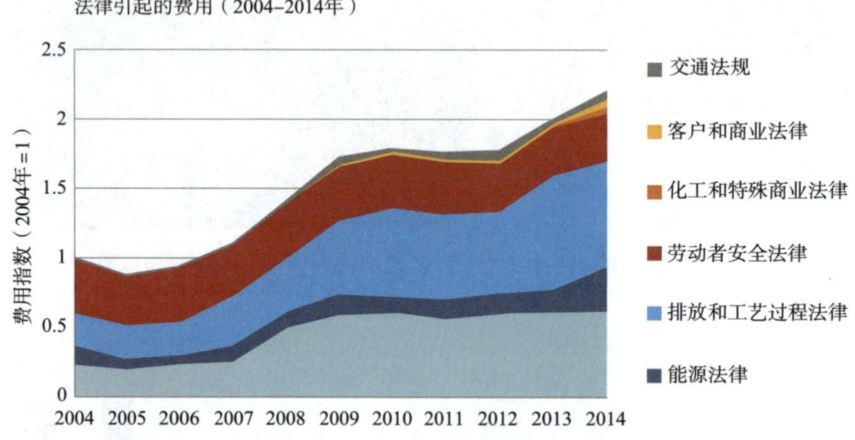

图2-4 欧洲2004-2014年法律导致的成本增长

为了确保制定的环保标准可实施，欧盟基于最佳可行技术设置排放水平，并将最佳可行技术嵌入到许可证的管理中。最佳可行技术选择时会统计所有企业的技术和指标数据，采用指标10%~80%中间的企业已经实施的技术（图2-5）。主管机关根据公布最佳可行技术参考文件中的最佳可行技术结论制定许可证条件，包括污染物的排放限值、相关技术参数或者技术措施、保护土壤和地下水的要求以及监测要求。

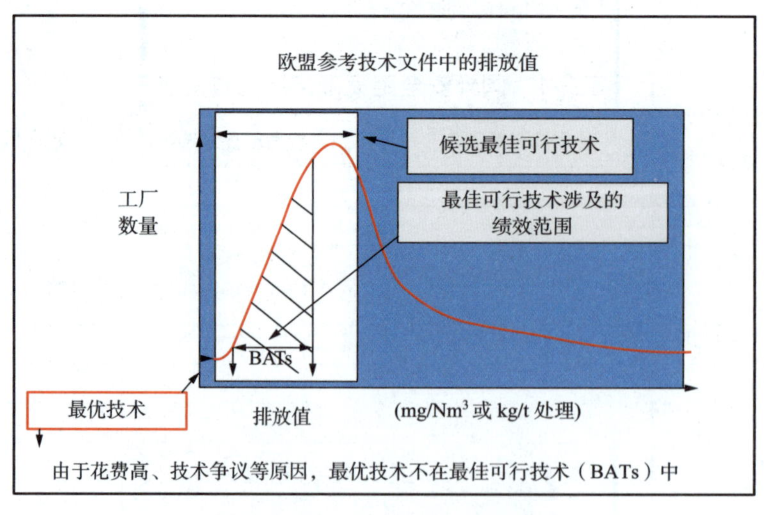

图2-5 最佳可行技术选择示意图

为了保证安全环保标准条款的可操作性、协调性和兼容性，发达国家重视发挥相对固定的协会组织的作用，并建立标准制定过程控制机制。国外协会制定标准通常要经过项目论证阶段、投票阶段、标准解释和上诉阶段。在项目论证阶段，凡是受到标准影响或对标准有兴趣的团体或个人均可对正在编制或修改的标准提出意见。行业协会组织标准的制定时十分重视其他行业现有的技术标准规定和研究报告，编制小组会吸纳来自政府相关部门、生产企业、工程咨询公司、行业协会等利益相关方的专家技术人员。相对固定的协会组织，又保证了标准的持续改进。以美国《液化天然气生产、储存和装运标准》NFPA 59A为例，从1971年第1版发布后，于2013年发布了第12版，5年一个修订周期，与时俱进，保证了标准的先进性和有效性。

（四）实行保证国家排放标准有效实施的双重执行机制

美国、日本均推行国家排放标准和企业排放许可双重管理机制，细化企业环保排放监管。美国环保局制定全国统一的排放标准，标准发布后要求各州向其提交本州执行标准的实施计划，并采用新排放源建设前许可证制度和运营许可证制度，将污染物控制的各项管理统一起来，贯穿起“联邦—州—排放源”监管链，保证排放标准的实施。日本国家排放标准宽松，但当地政府根据企业能力及所在地区生态环境与企业签订排放协议。如氮氧化物浓度法规要求170ppm，根岸公司与横滨市的协议值是14ppm；外排废水COD排放国家标准是120ppm，根岸炼油厂与横滨市的协议值是14ppm（其测量方法与我国不同，相当于我国42ppm），出光千叶工厂与地方的COD协议标准是18ppm（相当于我国54ppm）。

（五）多措并举，加强政府监管

信息化、自动化技术在发达国家政府监管中得到了广泛应用。德国、日本的废水、烟气特征污染物在线监测指标下限比国内更低。法国政府建立了与企业信息系统接口的化学品运输管理系统，达到“没有信息就没有流通”的程度，政府提供的化学品软件内含化学品物性数据库，可根据各国法律自动生成安全数据表单，根据物性分配仓库库位，分类存储，也可根据物性提出建议运输方式。

部分国家推行第三方监管机制。国际上政府安全环保监管主要有三种模式：第一种，安全监管由中央政府统一负责、垂直管理，如美国；第二种，政府机构与由政府授权的中介组织或者完全独立的社会组织共同监管，如德国；第三种是由独立的监督执行机构实施，如英国职业健康监管执法机构（HSE）。英国的高风险行业，如建筑工地、化学品、工厂、矿山等全部由HSE负责监察，政府赋予其监察权力，每年拨付经费约2亿英镑。该机构包括4000余人，拥有制定政策经验的管理人员、律师、监察员、科学家、技术人员和医学专家等，提供政策建议，实施企业监察，可对企业下发整改建议、停工通知等，参与事故调查。德国通过政府与法定保险机构的经济制约进行“双元化”监督。

保险机构根据对企业的年度审计和安全业绩确定保险金额，发挥了第三方机构的安全监管作用，政府提出保险机构可以“使用所有适用手段防止事故和职业病的发生”。2014年统计数据显示，德国工伤保险机构共到企业进行了22.6万次劳动保护检查，进行了96万多次隐患指正，并组织了33.3万人次的安全培训。

二 企业高度自觉，有效监控安全环保风险

（一）牢固树立安全第一、环保优先的管理理念

国际石油化工公司领导层将安全环保工作作为企业管理的优先考虑事项。德国BASF公司秉承“本质安全”“责任关怀”的理念，融入设计、建设、运行与报废各阶段。ExxonMobil、Shell公司在设计过程中投入大量人力、物力进行设计审查，关键仪表和设备均确定采购国际知名公司产品；开停车、检维修之前编制安全环保方案，强调能量隔离、零排放方案；进行大量安全培训；工厂废弃后进行环境恢复调查。安全环保理念甚至融入员工的个人生活，成为一种习惯。

国际石油公司自觉将清洁生产、循环经济理念融入生产过程中。如日本炼油工艺以加氢为主，以生产清洁油品为目标，配套建设油品脱硫、气体脱硫、含硫污水汽提及先进的硫黄回收装置，最大限度地降低硫化物的排放量。BASF德国化工园区中将上游的副产品作为下游的原料，最大限度减少废物产生。

（二）全面应用风险评估工具

国外公司的风险控制理念是基于经济性和可实施ALARP原则。风险降低到了可接受风险水平后，进一步降低风险的费用会相应增加，在费用出现陡升的拐点区域就是ALARP区域，见图2-6。

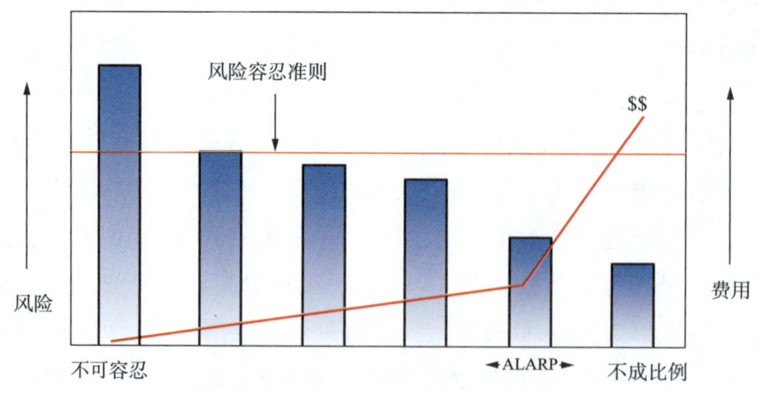

图2-6 费用分析论证ALARP

基于风险的安全设计的理念贯穿在各专业和全生命周期中。炼化工程项目从规划设计早期阶段开展初步危险分析（PHA）以帮助进行工艺技术路线选择；在建设项目初期进行危险源辨识（HAZID），从项目涉及的危险化学品、生产条件、职业健康、外部环境等的不利影响等方面开展重大危险源和危险有害因素辨识；评估操作人员潜在的健康危害（HRA）；通过关键设备等级的划分（ECA）对装置内的工艺设备、电气设备、仪表等根据风险频率和后果进行分类，作为各类设备的检验依据；对工艺过程的危险和操作性问题进行危险与可操作性分析（HAZOP），识别出所有可能对安全、操作和环境造成的不良后果及与设计意图的偏差内容；对具有安全仪表功能（SIF）的仪表控制或联锁回路进行半定量化的安全仪表完整性等级评估（SIL）；采用安全检查表的方法对工艺安全设计进行标准、规范符合性的火灾安全评估（FSA）；通过对装置可靠性评估（RAM），评估装置是否能够达到原来设定的开工在线率的目标，识别导致装置非在线的因素；采用半定量化的基于风险的材料腐蚀评估（RBI）对设备维修策略进行评估，对装置内每台静设备及每条管道的材料腐蚀情况进行风险分析；在定性危害分析的基础上，应用独立保护层分析（LOPA）进一步评估保护层的有效性。对于燃爆等一些重大的安全风险，会进行深入科学的计算和评估。在装置运行、生产过程中会定期评估，指导设备检验、维修和人员操作。

以危害识别风险评估为核心进行管理策划。如培训内容、应急预案和装备、检查监督等方面都围绕风险评估的结果进行策划和资源投入，确保管理资源优先投入到高风险的管控中，预防和避免事故的发生。

（三）确保设备及设施的完整性与可靠性

欧美国家推行设备完整性管理模式，基于风险的预防性管理策略渗透至设计、采购、建造、运行、废弃等设备全生命周期（图2-7）。英国标准局（BSI）PAS 55《国际固定资产管理标准》，已被国际标准化组织采标为ISO 55000《资产管理体系标准》。ExxonMobil、Shell、BP公司实施设备完整性管理，基于风险的检验（RBI）、可靠性为中心的维修（RCM）、腐蚀控制计划、完整性操作窗口、腐蚀回路、IDMS（智能设备监控系统）、CML分配等技术应用于设备预防性管理，设备管理从定期检测、隐患排查的管理方法转化为单台设备精准量化、风险预防的管理方法。

（四）切实加强员工培训，不断提高员工素质

国际石油化工企业虽然在本质安全和自动化控制方面投入较大，但仍然重视员工和承包商培训，在培训策划、实操或模拟训练方面较为完善。

ExxonMobil、Shell、BP、BASF及日本根岸石油等公司均建立了每个岗位的综合培训矩阵，针对每个岗位，将价值观、生产、操作、设备、安全、质量等各专业的培训需求进行系统分析和统筹策划，并根据记忆特点确定再培训频率。Shell公司特别重视车间

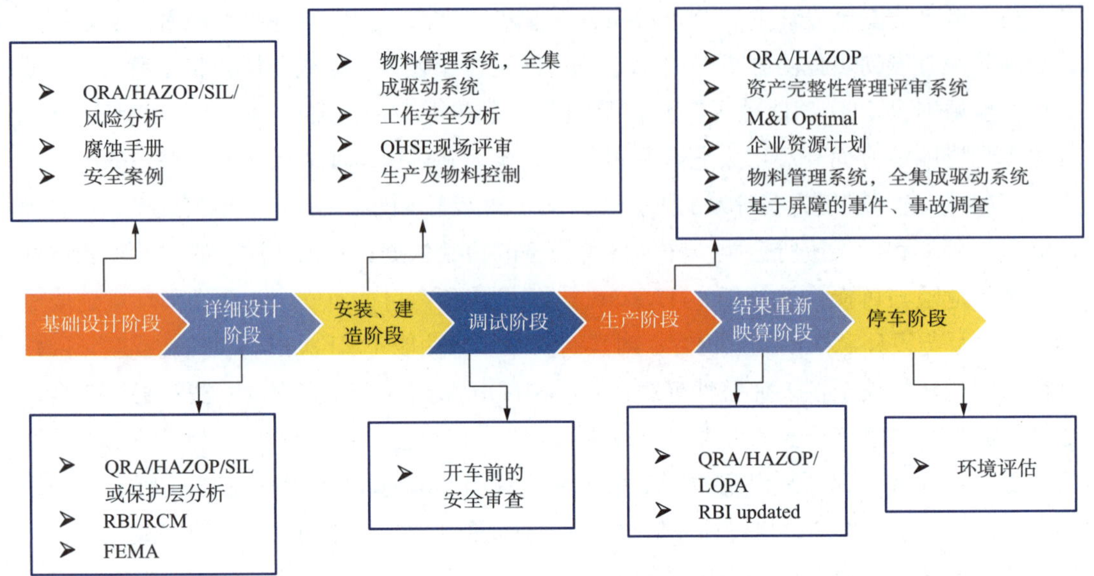

图 2-7 设备设施全生命周期风险管理

主任过程安全知识的培训，车间主任上岗后六个月内进行过程安全考试和面试；BP公司则建立了承包商培训矩阵、Toolbox工具箱，针对不同承包商岗位人员、作业进行针对性培训。

国际大公司重视一线员工的操作训练。工艺操作异常工况判断与处理是内操人员培训的重点，欧美和日本公司普遍采用DCS仿真控制系统，进行安全、高效的工艺操作训练、开车操作训练，有效提高内操人员的判断和操作正确性。日本根岸石油在厂区内建设了培训体验室，可为学员提供现场高处作业、受限空间作业等直接作业环节安全管理技能实训、应急救援能力实训、事故模式预测实训，体验式教育对提高员工安全意识更有效。近年来又开始采用三维VR技术提高应急模拟操作的真实感。

（五）普遍建立内部安全环保审计制度

国际石油化工企业均通过专家团队进行定期的安全环保管理审计，促进下属企业安全环保的管理水平提升。企业建立审计检查表，对必须检查的问题分类分项进行量化评估是通常的做法。如德国BASF公司建立严格的内部安全审计制度确保在世界各地的企业按统一要求实施安全管理，每次安全审计的结果都要量化。按图2-8的矩阵定期对分布在世界各地的企业进行安全环保评估，评估的依据是专家进行的安全环保检查的结果，安全环保检查按照分析企业安全环保风险因素和总结国内外同类企业事故的经验教训形成的标准化的安全环保审计检查表进行。BASF的检查表有600多项，这样的审计检查保证了检查没有死角，不留盲点。对企业及每个生产装置潜在的危害程度综合评估后，潜在危害在黄区和红区的企业和装置必须进行相应的整改，整改后还要再进行审计评估。

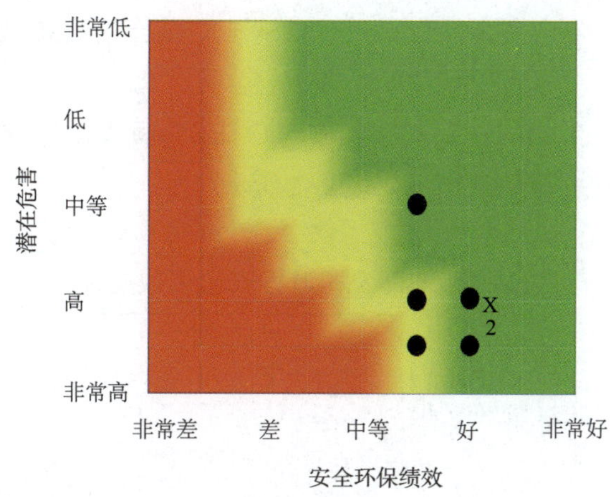

图 2-8 BASF 安全环保绩效与潜在危害分布图

国外大公司十分重视物流过程安全管理，通过资质审查和过程评估的方法保证物流服务商提供安全物流服务的能力。如BASF建立了国际通用的物流服务商安全评估体系，对物流公司进行评估，公路承运商采用道路安全质量评估体系（RSQAS），并有严格的门检制度，自提车辆也需要符合车检要求；江船采用SIRE、海船采用CDI评估体系。BP公司还委托第三方公司对承运商的驾驶习惯、装卸、押运行为等进行跟踪评估，确保承运安全与环保。

（六）采用过程安全绩效指标促进过程安全的责任落实

国际石油化工行业将过程安全绩效指标作为推动过程安全管理提升的主要工具。BP公司在2005年德克萨斯炼油厂事故后，将安全指标由单纯的人身伤害事故指标延伸至生产、设备运行的过程中。安全绩效指标包括滞后指标（重大事故、轻微事故）、领先指标（未遂事件和管理执行），绩效指标能够识别缺陷、分析趋势、落实责任。

欧美公司均使用离岗工伤率指标衡量人员伤害状况，如图2-9所示。ExxonMobil公

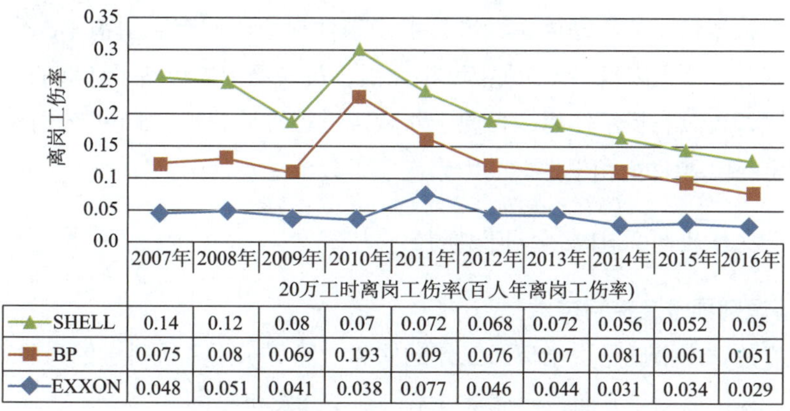

	2007年	2008年	2009年	2010年	2011年	2012年	2013年	2014年	2015年	2016年
SHELL	0.14	0.12	0.08	0.07	0.072	0.068	0.072	0.056	0.052	0.05
BP	0.075	0.08	0.069	0.193	0.09	0.076	0.07	0.081	0.061	0.051
EXXON	0.048	0.051	0.041	0.038	0.077	0.046	0.044	0.031	0.034	0.029

图 2-9 国际能源公司离岗工伤率趋势图

司自创了风险等势值、生产安全操作指数（MSOI）、安全行为指数（SAI）等专业安全指标。

ExxonMobil、Shell、BP公司都在实施与CCPS过程安全标准基本一致的过程安全绩效指标。BP公司过程安全绩效指标如表2-2所示。

表2-2 BP公司过程安全绩效指标

（1）过程安全事故指标
一级工艺安全事故（CCPS PSE Tier 1）
二级工艺安全事故（CCPS PSE Tier 1）
（2）过程安全领先指标
工艺控制指标：
— DCS报警率（每小时每个控制台）
— 火灾和气体高高报警（1、2和3类）
设备完整性指标：
— 压力容器、安全阀、仪表保护检测逾期（没有延期批准、有延期批准）
— 每季度腐蚀回路关键点检测（逾期、检测频率变更）
— 密封垫泄漏数量（用仪器进行监测、复测两次）
— 关键机组的可用性与关键机组停车时间与原因分析
— 机械密封平均维修间隔时间趋势
— 故障性检修数据
— 紧急切断阀测试状态：数量、问题数、逾期趋势
— 工单趋势图、未关闭工单趋势，其他略

（七）形成共享安全环保经验教训的企业文化

国际石油化工公司重视培育形成了与国内不同的事件分享文化。不仅对事故进行调查，对未造成严重后果的险情或未遂事件也鼓励上报、调查、分享经验教训。ExxonMobil要求人均每年上报0.2个未遂事件，建立了公司级、工厂级未遂事件管理委员会，各工厂的未遂事件委员会将自己工厂发生的事件经验教训分享至其他工厂，并从其他工厂的事件教训中吸取经验，完善自己工厂的设备、工艺操作等。

各大公司根据自己的管理体系标准开发了事件根原因调查索引清单。包括不安全行为、不安全状态、个人因素、体系原因/根原因，每一项中均包括了详细的分项列表。该表对事件原因调查具有提示作用，且便于对缺陷进行统计分析。Shell公司规定事故调查必须包括Tripod（事件前和事件后的因果次序）分析。

（八）开发并及时采用安全环保新技术

1. 风险识别预警及控制技术

科学可靠的技术措施是安全环保工作的保障。除了采用系统科学的风险评估技术外，在风险控制、风险监测等方面，一批新技术得到了开发和应用。

风险控制方面，自动化控制系统的发展和在大公司的全面应用，提高了操作平稳率，先进企业主体装置自控率超过99%。自动报警、自动联锁停车、报警分析等技术，保障了安全生产。综合实时专家系统、仿真技术、模拟技术等综合集成的装置异常处理技术，具有监测、诊断和决策功能，可解决复杂装置操作人员判断和快速处理运行异常的问题。

风险监测方面，自动化、智能化监测技术得到了长足发展和应用。视频识别技术，对监控视频画面中的异常情况做目标和轨迹标记，应用在火苗识别报警、侵入识别报警等方面；固定式气体报警器根据泄漏扩散模型进行布置，泄漏声光报警不仅在现场可辨识，而且接入DCS系统，必要时进行紧急切断联锁。工程热力参数法（压力、温度、流量等）、振动监测分析法等监测压缩机实时状态。在线腐蚀监测技术在设备正常运行过程中对设备材料的损失速率、断裂失效或点蚀的萌生和发展、铁锈的沉积速率等腐蚀损伤现象进行监测，实现工业现场材料状态的自动反馈控制。管道检测机器人对管道的检修与维护通过地面控制台控制机器人在管道内爬行，实现管道自动探测与清理等工作。变压器温度在线监测、GIS局部放电监测设备可实时监测供电系统稳定性。

环保在线监测技术实现了对气态污染物、水污染物的实时监控，监测结果与DCS系统连接，使得中控室随时掌握污染物浓度，及时调整工艺或采取其他手段，确保达标排放。采用红外遥感测量无组织排放，并与泄漏修复技术相结合，控制装置设备及管阀件泄漏排放。某瑞士炼油厂烃类无组织排放总量降为原油加工量的0.03%～0.09%，降低了50%～80%。

欧美企业在近20年来不断加强企业信息化管理平台建设，企业信息通过软件系统进行传递、保存、自动统计分析。化学品安全和工厂安全软件包括企业生产信息、故障信息、人员信息、运输状况、仓储信息；可提供生产计划安排、工作许可证管理、危险货物管理、标签管理、仓储货位管理等。

德国在智慧工厂的研究中初见成效。智慧工厂大数据实现了产品设计、协调制造、售后服务等过程的全面描述，可支持生产调度优化、故障诊断和系统调整、产品质量监控、生产资源配置等实时决策优化，提升工厂智能化水平。随着模拟技术更加智能，高效智能算法不断应用到流程求解中，工艺参数、设备参数的寻优将由仿真系统完成，从实验室到工厂车间的转换实现一步到位，实现高危化学品生产工艺智能模拟、环保技术效果智能模拟等。

2. 环保技术

使用清洁生产工艺与技术是目前环保技术的重点。国际上公认的清洁炼油工艺以加氢为主，以生产清洁油品为目标，配套建设各种油品深度脱硫、燃料气脱硫、含硫污水汽提及硫黄回收装置，最大限度地降低硫化物的排放量。此外，使用清洁燃料也是国际上炼化企业实现清洁生产的重要途径，日本、德国企业为减少工厂内热电厂及加热炉的SO_2排放均使用清洁燃料，如德国企业主动将燃料改为天然气，增上SCR设施。日本采取超低硫清洁燃料，锅炉、工艺加热炉无需脱硫设备和集尘设备。

提升和严格执行静密封点设计标准是减少无组织排放优先选取的措施。国外炼油与化工装置与静密封点相关的法兰、螺栓、垫片的材质都要根据运行介质温度压力进行选择和质量控制；轻质物料储罐采用内浮顶罐技术和优质密封件减少油气挥发；普遍采取煤油吸收或膜技术回收罐车、储罐烃类弛放气，对工艺废气通过焚烧或热氧化进行处理。恶臭则根据产污环节不同分别进行处理，如检维修时对开罐前的废气进行回收；污水场、含硫污水罐等恶臭污染源集中收集并进行处理。工艺炉、加热炉的火嘴普遍采用低氮燃烧技术，烟气SCR脱硝技术。

烟尘超低排放方面主流技术包括电除尘、袋式除尘和电袋复合除尘技术；脱硫后对烟气中颗粒物的再次脱除或烟气脱硫过程中对颗粒物协同脱除，称之为二次除尘或深度除尘技术，脱硫后对烟气中颗粒物的脱除主要采用湿式电除尘器（WESP），脱硫过程中对颗粒物的协同脱除主要采用复合塔脱硫技术，并采用高效的除雾器或在湿法脱硫塔内增加湿法除尘装置。湿法脱硫技术均能够可靠稳定地在全工况条件下达到SO_2超低排放（35mg/m^3或地方更严标准10mg/m^3）的环保要求。

先进的污水处理方法有：①真空负压浓盐水蒸发技术应用于高含盐废水处理等方面，适用于工业废水近零排放的后端处理，可以提取95%的净水，每吨废水实际耗电量仅为60度，比过去的三效蒸发方式节省运行费用在60%以上。②ANAMMOX®废水脱氮工艺，用于脱除废水中氨氮和废气中氨气，与传统的硝化反硝化方法相比，可以节约60%的运行成本，并能减少CO_2的排放。③MBR（膜生物反应器）。

在选择工艺时应尽量避免和减少固体废物排放，并做好固体废弃物的回收利用，在无法回收的情况下，将以适当的环保方式进行废物处理。如BASF路德维依港基地（图2-10）93%固体废物进行了综合利用，7%进行焚烧，焚烧产生的蒸汽，占全基地蒸汽用量的10%。污水场每年污泥产量400kt，污泥先脱水再焚烧处理，每年发电量约30000MW·h。

图2-10 BASF固体废物处理设施

（九）建立沟通机制，主动接受社会监督

国际大公司在维护社区和谐关系中做出很多努力，保持了良好的政府、社区关系。企业和政府、居民之间形成了日常性的沟通机制。德国BASF总部建立了对外接待中心，设计了外部人员装置参观路线，培训了讲解员，定时和不定时接待社会各界人士到工厂参观。BASF公司设立有20多个专线、热线电话可以保持与员工、居民、政府、公共机构、非政府组织、学校等的联系。BASF公司每还举办年8~10次与周边社区代表的沟通交换意见会议，对居民意见立即处理；有事故、新建项目都要及时通报社会，危险化学品运输情况也要给沿线居民通报。同时政府改造基地周边社区、建设民房也要征求企业意见，在临近企业的地方，如果企业不同意，政府不能批准民房建设。这种沟通程序造就了企业、居民、政府之间的相互信任与尊重。日本企业组织与德国企业类似的社区活动；日本政府发动了企业SEGES（社会、环境贡献绿地评价系统）认证，鼓励企业持续保持与自然环境和谐共处。

三 小结

发达国家炼油与化工行业和企业安全环保管理经验告诉我们，建设安全可靠、清洁环保企业的目标是可实现的，从政府加强监管与企业自觉从严管理两个方面共同努力的做法值得借鉴。

发达国家政府重视组织制定并不断完善法律法规，严格按照法律法规对企业进行监督。通过购买第三方服务，委托有资质的第三方社会专业机构定期或不定期对企业进行安全环保专项审计，提高了政府监管的专业性、针对性和有效性。对城市发展重视长远科学规划，在城市发展过程中，涉及炼油与化工企业时，坚持将炼化企业外部风险线作为城市规划的法令性红线，严格禁止风险线内敏感设施的建设。

企业自上而下牢固树立安全第一、环保优先的管理理念，坚持工厂全生命周期中进行科学的安全环保风险评估；重视设备完整性管理、变更管理和员工培训；推行事件调查分享、由内部专家负责的可量化安全环保审计、过程安全绩效评价；及时采用安全隐患自动监测预警、信息联网共享与智能化管控技术；建立企业积极与社区互动制度，致力于形成企业与社区和谐共处的氛围。

第三章

安全可靠、清洁环保型炼油与化工企业的内涵、指标体系和评估方法

加快构建安全可靠、清洁环保的炼油与化工企业，必须理清什么样的企业、企业做到什么程度才能称之为安全可靠、清洁环保，也就是安全可靠、清洁环保型炼化企业的内涵是什么。

一 安全可靠、清洁环保型炼油与化工企业的内涵

经过大量的资料调研和反复讨论，项目组凝练出了安全可靠、清洁环保型炼油与化工企业的内涵。

1. 安全可靠的内涵

应用安全系统工程原理，优先选择本质安全的生产工艺、提升工艺过程的本质安全性，采取科学的风险管理方法和完善的技术措施，阻断事故链，杜绝重大及以上级别的各类事故，企业个体风险值达到10^{-6}以下，社会风险满足国家可接受风险要求。

注：个体风险值：是指因危险化学品生产、储存装置各种潜在的火灾、爆炸、有毒气体泄漏事故造成区域内某一固定位置在单位时间内（通常为一年）人员的个体死亡概率。

2. 清洁环保的内涵

应用环境系统工程原理，坚持源头治理和末端治理有机结合，优先选择清洁生产工艺，提升工艺的环境友好性，采用先进的治理技术和严密的管理措施，杜绝重大及以上级别的环境污染和扰民事故，“三废”排放总量全面优于国家和地方政府的限值要求。

上述安全可靠、清洁环保的内涵表述，既指出了应用的基本原理又提出了采取的方法和手段，还明确了必须达到的指标。很明显，企业是否做到了安全可靠、清洁环保，

不能用单一指标来衡量，应该是多种指标构成的指标体系。

二 安全可靠、清洁环保型炼油与化工企业的指标体系

杜绝重大及以上级别的各类事故，企业个体风险值达到10^{-6}以下；杜绝重大及以上级别污染扰民事故，“三废”排放和排放总量全面优于国家及地方政府的限值要求，是衡量安全可靠、清洁环保的总指标，即一级指标，在此基础上需要进行指标分解，形成一个可以进行检查考核的指标体系。

1. 安全可靠的指标体系

根据安全可靠的内涵，其指标体系中要包括：

工艺本质安全性指标，包括工艺技术本质安全性、工艺过程本质安全性指标。炼油与化工过程工艺的本质安全性是相对的，通过新技术的应用，可以把一个非本质安全的工艺变得相对安全。比如，PX空气氧化反应制PTA的反应过程，通过降温、降压操作，可以使反应过程的危险性降低，但由于物料的性质及反应的本质特征存在着反应过程异常发生爆炸事故的风险。对于这样一个不具有本质安全性的工艺技术，当反应过程异常时，反应气相中氧浓度会升高，因而可以通过工程技术手段，设置在线气相氧浓度测定仪和氧浓度超标自动联锁停车系统，使工艺的安全性大幅度提高。考虑到氧浓度测定仪表可能失灵、失准，造成误差引发事故，可以设置2~3台氧浓度测定仪表，设置3台氧浓度测定仪的安全性会明显高于2台。工艺本质安全性指标审查的是工艺及工艺保护层的完整性和可靠性。

设备完整性及可靠性指标，包括设备完好率，设备检测仪表（如动设备、振动、轴位移、润滑油油温、油中铁含量检测、静设备及管线易腐蚀部位检测等）投用率，动设备运行状态在线监控率，设备合规检修完成率，设备动密封及装置静密封点泄漏率等。

生产运行平稳性指标，包括温度、压力、流量自动控制投用率，先进控制器投用率，DCS报警频次，安全阀、防爆膜等安全设施动作频次等。

员工素质指标，包括员工操作知识、安全环保培训时间数、员工操作技能考核达标率、安全环保知识考核达标率、操作人员持证上岗率。

2. 清洁环保的指标体系

根据清洁环保的内涵，其指标体系中要包括：

工艺清洁环境友好指标，包括工艺过程使用的物料和生产产品的毒性、挥发性、扩散性、水溶性、生物可降解性，工艺过程化学反应的原子经济性，工艺过程产生的废水、废气和固废相对于原料或产品的比例。

“三废”处理装置技术先进性及运转性能指标，包括废水、废气、固废的资源利用率，废水、废气、固废处理装置中污染物的去除率，“三废”处理装置投用率、运转平稳率，有组织及无组织排放VOCs处理率，恶臭气体去除率。

“三废”分项排放及排放总量达标率，包括外排废水、废气中各种污染物含量及达标率，废水、废气及危险固体废弃物排放总量，VOCs排放总量，厂区与工厂周边可能影响区土壤及地下水监测指标及达标率，厂区及工厂周边空气中有害物质监测指标及达标率，厂区及工厂周边噪声监测指标及达标率。

三 安全可靠、清洁环保型炼油与化工企业的评估方法

构建安全可靠、清洁环保型炼油与化工企业需要建立客观评价企业安全环保水平的评估方法。

1. 绩效指标评估法

指标评估法是根据安全可靠、清洁环保必须达到的指标体系对企业评估，通过指标导向和效果评估，推动企业切实加强管理措施和完善技术手段，实现建成安全可靠、清洁环保型企业的目标。

安全可靠、清洁环保型炼油与化工企业的指标体系是相对独立又相互影响的。指标体系中有些指标是直接量化的指标，有些指标（如工艺本质安全性指标、工艺清洁环境友好性指标）是概念性的需要变成可量化评估的指标，分项指标还需要按照达到总指标的重要程度确定权重。无论是直接量化的还是概念性的指标，均需要通过分值分级确定优劣程度，最后确定评估模型。绩效指标评估法比较适用于与管理要素关联程度弱的炼化企业清洁环保水平的评估。

2. 管理要素评估法

管理要素评估法是根据影响安全可靠、清洁环保指标的体系的管理要素，将结果与过程进行关联，对企业进行评估。指标体系中有的指标和技术措施密切相关，但技术措施是否选择和应用恰当也取决于管理，所以可以通过归纳影响指标体系的管理要素进行评估。

中国石化安全工程研究院应用现代安全管理理念和为企业进行安全评估积累的经验，分析归纳出影响安全可靠指标体系的16项管理要素，如图3-1所示。并按要素建立安全

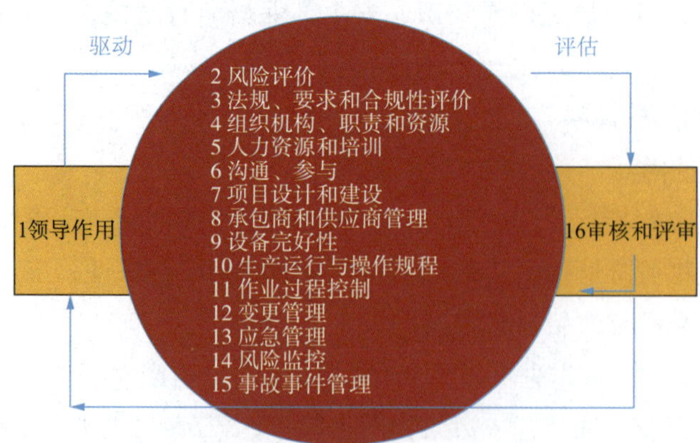

图 3-1 安全管理要素框架图

检查表，对每个要素设置合理的权重，并按照分数表达每个要素的管理水平，形成按检查表的检查结果对企业进行安全评估的方法，如表3-1和表3-3所示。

表3-1　安全管理水平各要素子要素、问题项、总分分布表

序号	一级要素	二级要素数量	问题项数量	总分
1	领导作用	7	39	1297
2	风险评价	7	51	2533
3	法规、要求和合规性评价	4	15	646
4	组织机构、职责和资源	5	22	917
5	人力资源和培训	5	30	1327
6	沟通和参与	6	32	1163
7	项目设计和建设	6	30	1201
8	承包商和供应商管理	6	45	1200
9	设备完好性	9	54	1978
10	生产运行与操作规程	6	37	1749
11	作业过程控制	7	43	1767
12	变更管理	6	28	1175
13	应急管理	8	42	1625
14	风险监控	7	33	1471
15	事故事件管理	4	32	1091
16	审核和评审	3	21	534
合计		96	554	21674

其中，基础要素下设子要素9个，包括：1领导作用，2风险评价，3法规、要求和合规性评价，4组织机构、职责和资源，5人力资源和培训，6沟通和参与，14风险监控，15事故事件管理，16 审核和评审；专业要素下设子要素7个，包括：7项目设计和建设，8承包商和供应商管理，9设备完好性，10生产运行与操作规程，11作业过程控制，12变更管理，13应急管理。安全检查表涉及的四种问题类型的分布情况如表3-2所示。

表3-2　不同问题类型数量

序号	类型	数量
1	是否 -XO	160
2	专家判断 -PJ	228
3	百分比 -PC	8
4	部分 / 全部 -P/W	158

装置（设施）安全性评估表涉及本质安全设计、设备安全、运行安全、泄漏监测、工程安全防护、消防与应急6个要素，评估分值分布如表3-3所示。

表3-3 装置（设施）安全性评估表

序号	一级要素	二级要素数量	三级要素数量	问题项数量	总分
1	本质安全设计	3	5	8	600
2	设备安全	9	19	56	2000
3	运行安全	5	22	78	2500
4	泄漏监测	5	10	22	1500
5	工程安全防护	6	9	21	1600
6	消防与应急	7	10	15	1800
合计		35	75	200	10000

他们应用这种方法于2017年对23家炼厂进行了评估，评估结果如图3-2和图3-3所示。23家企业安全管理各要素平均得分54，所有管理要素最高得分的平均值是71；装置（设施）安全性评估所有要素平均分为72，最高得分的平均分为91。评估结果表明这23家企业在安全管理水平上高低不同，差异很大。一些企业的安全管理亟待加强。部分企业的装置（设施）的安全可靠性达到了较高水平，而总体安全环保管理水平必须提高。尤其要发挥领导的推动作用，切实重视学习应用现代安全管理方法，加强企业的安全风险管理。

要素评价法将效果与过程进行关联，通过分析影响企业安全环保指标的全部管理要素，建立安全检查表，对企业进行评估。间接反映了企业的安全管理水平，可具体揭示管理上存在的问题，提出改进意见，比较适用于安全评估，值得进一步开发完善、标准化和组织推广应用。

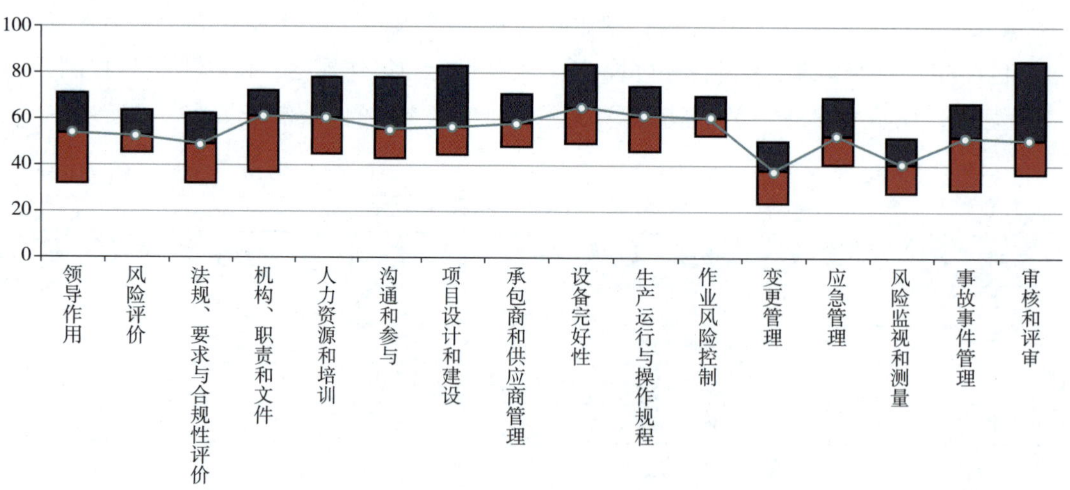

图3-2 23家炼化企业安全管理评估结果

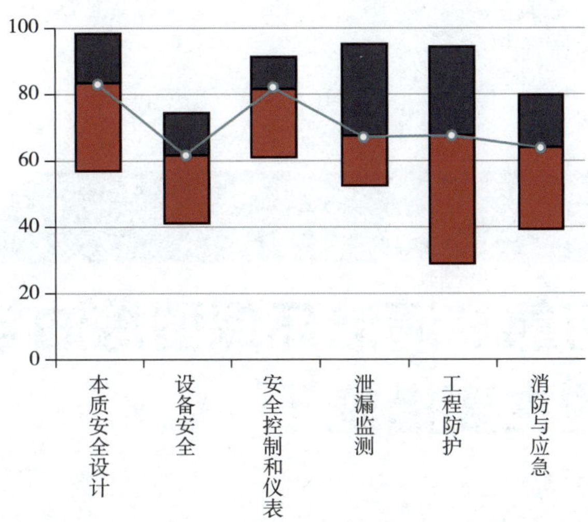

图 3-3　23 家炼化企业设备（设施）安全评估结果

四　小结

安全可靠、清洁环保型炼油与化工企业的内涵丰富，要根据内涵提出的总目标，形成完整的指标体系，建立可行的评估方法，推进安全可靠、清洁环保型炼油与化工企业构建。指标评估法以企业达到的指标为基础进行企业评估，可直观地反映管理的结果，比较适用于环保评估。管理要素评价法以影响指标体系的管理要素为基础，通过建立检查表进行企业评估，间接反映管理水平，可具体揭示管理差距，提出改进管理的意见，比较适用于企业安全评估，是值得进一步开发完善和推广应用的方法。

第四章

构建安全可靠、清洁环保型炼油与化工企业的主要措施

通过分析我国炼油与化工企业存在的问题，总结先进国家和企业的具体做法，结合典型企业案例研究，构建我国安全可靠、清洁环保型炼油与化工企业必须采取的措施。

一 完善法规标准，加强政府督导

（一）建立不断完善安全环保国家法规标准体系的机制

我国需进一步完善法律法规标准体系，使我国炼油与化工企业安全环保管理真正做到有法可依、执法必严、违法必究。

一是进一步完善炼油与化工产品全生命周期的安全管理法规体系。要理顺炼油及化工产品经营管理的各个环节，强调关注人体健康和环境保护理念，从上位法的角度，把城乡规划、生产安全、运输、职业健康、环保等要求，与炼油与化工产品内部生产经营以及外部安全运输、使用等要求协调起来，构建完善的化学品管理法规体系。

二是研究制定炼油与化工产品安全标准体系建设规划，完善标准支撑体系。借鉴欧美国家重视炼化行业安全管理法规配套标准建设的做法，在法规与标准之间建立有机的联系。加强顶层规划设计，系统梳理现有标准，将化工（HG）、石油（SY）、石化（SH）等相关标准全面纳入标准建设规划，明确急需制定、修订的安全标准目录，解决当前法规过于笼统、标准支撑不足等问题。

三是开展炼化行业污染排放标准实施的评估，建立每五年修订炼化行业污染排放标准的制度。污染物排放标准的制定、修订及执行都需要由环保部门和标准制定单位开展大数据统计分析，环境排放总量与环境容量分析，技术可行性与成本分析，及时提出污

染物排放标准提升或降低的建议。建议环保限值设日均值或月均值。要正确处理环保限值严格与宽松的辩证关系。过于宽松的排放限值一是不利于加快改善我国环境现状，二是不利于淘汰落后产能。过于严格的、没有技术支持的、不可实施的标准限值又会导致弄虚作假、偷排加剧和执法困难，反而不利于环境改善，还会影响产业发展。

四是安全环保部门发布炼化行业污染排放标准制定、修订任务时明确承担单位的多元化组成，要求制定、修订过程需组建专家组，专家组必须涵盖安全环保部门、企业、行业协会、咨询单位（科研院所）等多方参与的专家。优化公开征求意见环节，改变目前定向征求意见的方式，扩大标准征求意见范围，提高企业参与度、透明度，将意见采纳及不采纳情况进行反馈说明并公示。

（二）建立涉及企业安全环保红线的城市规划联动审批机制

当前一批炼油与化工企业逐步被居民区包围的现象，反映我国政府规划管理存在薄弱环节。规划的长期性不足，规划变更控制不严，规划部门审批未考虑企业的存在和必须重视的安全环保事项。应从以下方面寻求改变：

一是地方政府要加强规划研究，提高规划的科学性、合理性和长期性，城市经济社会发展总体规划及城市规划等专项规划应明确制定期限，要将炼油与化工企业周边土地利用规划纳入城市总体规划，做好相关项目的安全规划和城乡规划的衔接，进行专家论证，得到长期遵守，提高规划的统筹性、科学性和严肃性。严格执行规划更改程序。

二是城乡规划部门与安全监管部门建立土地规划审批联动机制，将安全监管部门对炼油与化工企业项目在规划选址方面的安全审批意见作为城乡规划部门进行其他规划许可必要的前置条件。

三是炼油与化工企业建成后，计算个人风险等值线、社会风险等值线的范围，等值线在规划部门备案，规划部门执行和监察区域内的土地利用情况，对违规建设项目要及时制止，从源头遏制“城围石化”现象的发生。

（三）教育与惩戒结合，强化企业法人安全环保管理理念

企业法人的安全环保管理理念决定了安全环保投入和对安全环保管理的重视程度。当前民营企业相继投资建设大型炼油与化工项目，提高民营企业法人安全环保管理理念是政府安全环保工作的重点。

一是贯彻安全生产法和环保法，通过法律宣讲明确企业负责人必须严格遵守安全及环保法，要定期开展企业法人的安全环保法律知识培训。

二是立法、贷款、保险等多方位联合提高企业安全环保违法处罚力度。修改相关法律对规划、设计、建设、试生产、运营过程中的违法违规现象，提高经济处罚和刑事处罚力度，对重大安全环保隐患问题进行一票否决；增加发生重大人身伤亡及环境污染事故后企业停产整顿的处罚；增加偷排漏排的停产处罚、刑事处罚力度，并对不能严格执

法和搞选择性执法的政府监管责任人进行处罚，防止地方保护主义。

（四）购买第三方服务，提高对企业安全环保监管有效性

根据当前我国政府组织机制和压缩机构编制的要求，政府购买第三方服务是可行途径。

一是筛选当前认证机构、安全环保评价机构、注册安全工程师事务所、保险机构等第三方安全环保服务机构，有目的培育壮大优秀机构，淘汰劣质机构，助力安全环保监管。建立第三方安全环保评估和审计团队的专业要求、经历资质要求等，促进第三方队伍按照化学品类别及专业类别配备和培育人才，建设高素质安全环保风险评估专业队伍。

二是利用政府购买服务等方式，逐步实现有资质的第三方按照标准化的监管内容对企业进行规划、设计过程、试生产、在役装置的风险评价和安全环保审计，政府部门根据第三方报告责令企业整改。第三方服务要从“通过政府审查”为目的改为协助政府机构“控制风险”为目的，实现第三方服务本来价值。

三是推行企业安全保险机制，通过保险调动第三方安全服务和企业安全投入积极性。

（五）建立覆盖全国的炼油与化工企业安全环保监管信息系统

大数据信息平台和自动化智能化监测技术能够帮助发挥政府宏观调控、服务和监督功能。

一是继续完善炼油与化工行业信息管理系统。建立企业风险分布档案、重大危险源数据库和基于地理信息的基础信息直观展示平台，增加炼油及化工产品性质、企业周边安全风险线、应急资源分布等；建立应急支持及信息共享服务平台，包括应急预案、危险化学品安全技术说明书和安全标签、气象、医疗救助等信息，协调整合各种应急资源，快速告知公众，实现企业安全生产关键监测数据在线联网备查和资源共享。

二是继续完善环保在线监测和信息公布系统，降低在线监测指标下限。增加环境质量监测范围，开发社区大气、土壤环境质量在线监测、环境总量动态模拟计算、污染物扩散模拟、污染源查找、环境质量预测等功能，为城市规划、监管决策提供支持。

三是建立危险化学品和危险废物物流动态信息系统。危险化学品物流安全应作为当前国家安全管理重点，从车辆审查与备案、车辆路径跟踪和自动计算运输风险、根据化学品安全技术说明书数据库自动建议化学品仓库配置、消防应急措施等功能，建立危险化学品全生命周期的跟踪管理与应急联动系统。

二 全员行动全面提升企业安全环保管理

（一）牢固树立安全第一、环保优先的管理理念

企业领导必须意识到，炼油与化工企业比较普遍存在的高温、高压、有毒、易爆等

的特点决定了安全环保是企业生存的基础，没有安全保障的炼油化工企业就没有效益可言，没有环保措施的炼油化工企业也将会在国家的严格监管政策下无生存可能。

树立“安全第一、环保优先”的管理理念必须从企业领导做起，企业法人必须带头学法，以身作则教育全体员工知法、守法。我国安全环保法规都是血的教训换来的，根本目的是保护职工、社会群众和生态环境，是企业安全环保管理工作的规范，企业应从领导层开始“增强法治观念，推进依法治企”。

贯彻“五同时”“全生命周期”安全环保原则。全员“安全第一、环保优先”的理念要转化成“专业安全环保”“我要安全环保”的形式进行宣传。科技研发、设备、工艺、运输、销售、施工等各专业人员都要将安全环保理念贯穿在自己的专业工作中，合力打造安全环保工厂。员工自觉执行操作规程和操作纪律，变“要我安全”为“我要安全”，认识到保障工厂安全环保就是保障自身安全健康。

（二）转变设计理念，严格进行项目建设各个阶段的安全环保设计审核

提高设计安全环保水平，首先要改变项目投资理念。设计是项目的源头，是决定装置优生优育的关键阶段。作为项目建设、生产运营和销售盈利一体化管理的企业，安全环保投入应按照风险管理ALARP原则，科学计算边际安全投入，追求工程设计、施工安装、生产运营、检测维修、应急反应及报废全生命周期的效益最大化。先进的安全设计理念应该涵盖以下三个方面：一是全过程全专业的过程安全设计；二是从根本上减少或消除危险源的本质安全设计；三是基于风险的合理可行的性能化设计。同时还必须在设计过程中坚守环保优先的设计理念，认真落实“源头治理和末端处理”有机结合的原则，确保设计出来的工厂完全符合环保法律法规的要求，是本质环保的工厂。我国炼油与化工建设追求“低投入、短工期、快产出”的问题带有一定普遍性，民营企业尤为突出。与国外炼油与化工项目在规划设计阶段都自觉严格遵守安全环保设计程序及标准的情况差距很大。

国外炼油与化工企业的项目在规划、设计、建设的各个阶段都自觉应用科学的危险源辨识和风险评估方法进行HSE审查，非常值得我们企业学习。要建立一套完整的项目管理体系，进行基于风险的系统性审查。设计过程的风险评估方法包括初步危险分析（PHA）、危险源辨识（HAZID）、健康风险评估（HRA）、HAZOP分析、SIL分析、火灾风险评估（FSA）、装置可靠性评估（RAM）、定量风险评估技术（QRA）、人机工程审核等。环保审查和研究包括水、气、声、渣等各种专项环保设计审查和研究，如根据设计输入条件进行大气影响预测，据此确认烟囱高度；基于供货商提供的实际噪声数据表进行厂界和噪声控制区的预测等。总之，规划设计建设过程中要基于系统分析方法辨识出的安全环境风险，采取有针对性的安全环保对策措施，按照风险可控制的原则将安全环境风险控制在科学合理和社会可接受的水平。

（三）建立基于风险的企业全生命周期的安全环保管理机制

风险评估是预先识别和预测危险有害因素的类别、分布和发展规律，进而采取预防性的管理和技术措施。风险评估技术比隐患排查更有超前性、科学性，我国企业应大力推广风险评估技术在安全环保管理工作中的应用。

企业引入精确的风险评估方法，培养内部专业人员，结合企业实际，开展安全环保风险评估，有利于提高安全环保管理的预见性、经济性。设计过程对爆炸范围、爆炸强度的评估，会使设计过程安全距离、防爆墙或其他安全设施的设计更准确；设计过程无组织排放气体扩散评估可为阀门、法兰螺栓的压力等级和材料选择提供依据；气体泄漏后扩散模拟技术可为人员逃生和社区疏散提供指导；在运行过程中设备故障频率、腐蚀频率的量化评估，可确保设备检测、维护、大检修周期的正确性，减少资源浪费；对作业过程进行风险评估可为操作规程的编制和人员培训提供参考。国际上火灾风险评估（FSA）、装置可靠性评估（RAM）、定量风险评估技术（QRA）、三维流体力学（CFD）等量化评估模型或技术比较熟，我国在引入使用的过程中，应加快开发自己知识产权的评估技术。

风险管理是指其他管理要素应依据风险评估的结果，围绕高风险、中风险策划管理方案。如人员培训方面，对动火作业、受限空间作业、报警处理等的高风险控制方法应进行重点培训，增加培训频率；对高温高压有毒介质的设备根据评估计算的失效频率进行预防性检测和维护；对识别的异常泄漏、火灾部位或情景建立应急预案、应急资源并进行应急演练；对高风险部位、作业、设备等加强检查和监督；对发生的泄漏、设备故障等险情或未遂事件根据潜在风险确定调查级别，对高风险事件按照事故调查程序进行调查，以便采取整改措施预防重大事故。构建安全可靠、清洁环保的炼油与化工企业应该学习国际先进经验，建立基于风险的企业全寿命周期的安全环保管理机制。

（四）不断提高设备及设施的完整性与可靠性

提高设备及设施的完整性与可靠性是实现安全可靠、清洁环保企业的物质基础，企业要推行基于全生命周期风险评估的设备设施完整性与可靠性体系。在设计过程，要通过可靠性评估（RCM）、基于风险的材料腐蚀评估（RBI）、独立保护层分析（LOPA）等评估保证动设备、静设备的完整性与可靠性。实施安全仪表系统全生命周期管理，要审查SIL 2级以上的LOPA分析过程及SIS验算结果。在运行过程，要根据供应商提供的技术资料和相应的标准规范建立检查、测试规程；要应用设备腐蚀检测的动态数据、企业设备故障数据，通过RBI、RAM等软件计算关键设备预防性维修保养、更换的频率，提高关键设备可靠性并控制成本；要采取腐蚀环路系统化或回路化的观念进行评估，掌握管路的风险，规划腐蚀检测计划。依据RBI评估报告、腐蚀速率、故障数据编制大修/检测周期。压力容器“大修腐蚀调查”时考虑应力腐蚀开裂、材质劣化或机械损伤的检测结果，测厚数据在设备图纸上标识出相对位置，进行趋势追踪，进行厚度限值比对。要每年固定统计分析年度发生故障维修项目，挑选频率最高、危害风险最大的项目进行深入的根源分析（RCA），逐年改善频率最高的故障问题，降低运转风险。设备设施的完整性与可靠性管理有效管控了因设备故障产生的风险，既可防止因设备设施故障引发的安全环保事故，也有利于实现运行成本最优化。

设备完整性管理建议框架如图4-1所示。

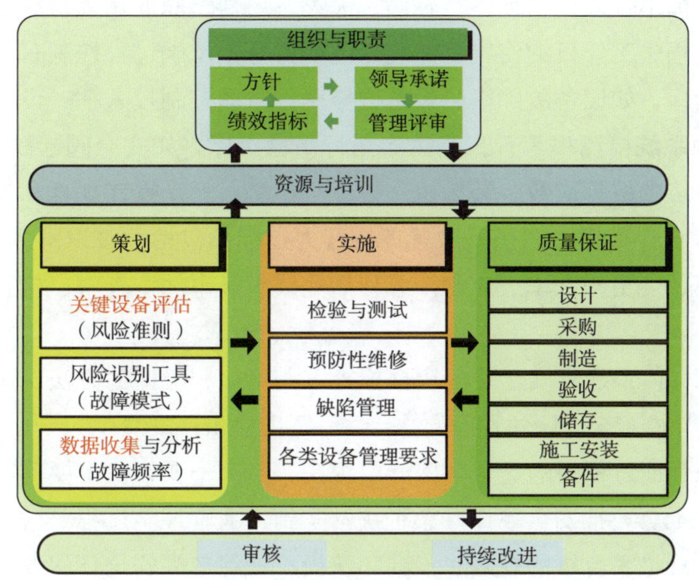

图 4-1 设备完整性管理建议框架

（五）不断完善员工培训制度

一要通过定向培养、校企联合办学培养炼油化工企业操作工人；二要通过高校中增加过程安全课程提高管理人员安全素质；三要由企业培训管理部门建立系统的岗位培训需求矩阵，明确各岗位培训内容和再培训间隔，建立兼职培训师队伍，确保每个员工都拥有与其工作相匹配的能力；四要重视工艺操作训练；针对炼油与化工装置特点，考虑采用虚拟现实、仿真、三维可视化等先进技术，构建装置三维虚拟场景，以人机交互方式实现化工装置工艺、预案、事故案例等内容的学习及训练；五要完善基本安全技能实训室，包括消气防、检维修作业的演示、练习及相应的训练场地，开展现场安全操作和安全管理技能、现场高处作业、受限空间作业等直接作业环节安全管理技能、应急救援能力、事故模式预测实训等。

（六）认真开展安全环保绩效评估，坚持安全环保一票否决

要结合企业自身特点，建立安全可靠、清洁环保的指标体系，并开展安全环保绩效

评估，及时发现安全环保的隐患和薄弱环节，及时整改或采取有针对性的措施，预防各类安全环保事故的发生。

一是建立环保绩效指标体系，包括特征污染物的单位产品排放量、排放总量、排放浓度，厂界环境质量指标、土壤污染指标等，国家及地方环保排放指标的达标率、超标机率和超标程度。

二是建立安全绩效指标体系，安全指标体系要关注末端指标，更要关注过程绩效指标。安全末端指标不仅应包括死亡、轻伤、火灾、爆炸、职业病等事故指标，还要包括反映安全绩效的损失工作日的伤害事件及未遂事件等。反映过程控制有效性的指标，一是设备可靠性指标，如设备故障率、设备抢修率、自动控制投入率、设备检测率、润滑油检测率、腐蚀系统检测率等；二是生产运行平稳指标，如安全阀起跳、非计划停车、超出安全操作限值的报警次数、装置操作指标平稳率；三是操作规程和操作纪律执行指标，如人员违章统计数据；四是反映管理执行力指标，包括危害识别风险评估覆盖率、培训计划完成率、变更符合率、应急演练计划完成率、事件调查率、检查和审核计划完成率等。

三是根据指标体系建立安全环保审核检查表和量化分级评估方法，通过定期的专业化的安全环保审计检查全面评估管理的符合性、适用性和有效性。

四是坚持在管理过程中的安全环保一票否决。当前一票否决主要落实到事故后对事故责任者的处理上。要把安全环保一票否决落实到企业管理全过程。对不安全、不环保行为的不容忍，杜绝不合格的规划、设计和建设；杜绝忽视安全环保要求、不考虑技术使用全过程成本、不考虑寿命周期成本、片面追求低价中标的技术选择和设备材料采购；杜绝未经风险评估擅自摘除安全联锁仪表、报警系统；杜绝设备未经风险评估且不采取监管措施带病运行、超出设计标准运行、超出安全操作限值运行；杜绝不经风险评估进行工艺变更；对违反操作规程和操作纪律的作业决不容忍；在出现环保措施不能正常运行，三废排放量增加会破坏生态环境的情况时要坚决停产整改。

（七）现代信息技术和各类自动监测技术深度融合，努力实现企业安全环境风险管控智能化

一是在主体装置、公用工程装置、环保装置都全面应用自动化控制操作系统、安全仪表联锁系统。

二是全面采用设备状态在线监测故障预警预测技术，及时识别及处理设备异常；加强物料泄漏监测技术，建立三维地图，及时发现泄漏并进行处理；应用生产现场气体泄漏监测信息平台将泄漏监测报警与作业人员安全状态管理相融合，全面提升现场人员安全监护管理水平；应用视频智能识别技术，提高重大危险源、高危作业的视频监测和报警效率。

三是集成工艺运行数据、设备状态监测数据，融合大数据分析技术、智能学习和智

能预测技术，进行工厂健康状况的及时诊断、故障预测预警。

（八）加强源头控制，努力实现生产过程清洁化

日益严格的国家环保标准推动企业加大了末端治理的力度。近年来我国用于三废处理的费用明显上升，已占GDP的0.6%~0.7%。如中国石化于2013年启动“碧水蓝天”环保专项行动，在三年的时间里，投入资金209.2亿元，实施环保治理项目870个。末端治理收到了时效，但也存在治理了大气污染又带了水污染加重和固废增加问题。炼油及化工企业减少排污，保护生态环境，在抓好末端治理的同时，更应重视“源头控制”实现清洁生产。

企业应优先考虑采用清洁工艺和设施，加强工艺生产过程的环境管理，要按照循环经济理念进行工艺技术选择和装置配套，充分做到物尽其用，减少污染物产生和排放，减少末端治理设施的建设投资、处理负荷及运转费用。

要选择环境污染小、三废排放少的清洁生产工艺和技术，如新建炼油厂应以加氢型炼油工艺为主要选择，尽可能减少脱碳型装置如渣油焦化的规模，未来原油品质总体呈现劣质化和重质化趋势，用于生产轻质、清洁油品的加工方法将主要依靠加氢技术，生产优质高辛烷组分的烷基化装置要采用离子液体烷基化、固体酸烷基化技术。炼油化工过程使用燃料要清洁化，如利用生产过程副产的气体作燃料时，先脱硫净化再作燃料，既可免除燃烧后的烟气脱硫，又有利于回收烟气余热。地下水及土壤的防护则对传统设计理念提出挑战。装置区在设计建设阶段就要增加污染物防渗措施。通过认真落实末端治理措施，提高技术水平，做到稳定达标。

（九）研究开发并及时采用环境治理新技术

重视“源头治理”，努力实现清洁生产的同时也必须重视环境治理新技术的开发和推广应用。如要开发和推广没有污染物转移的烟气一体化脱硫、脱硝新技术；开发和推广污水深度处理和回用新技术，努力实现近零排放；开发和推广炼油与化工催化剂资源化利用新技术等。

针对行业普遍存在的VOCs排放，开展综合治理技术研发，针对有组织排放的VOCs，要研究能耗低、安全稳定可靠的VOCs治理技术；对无组织排放的VOCs，要认真分析产出VOCs的原因，研究提升设计标准、施工质量标准和减排技术标准。要重视已有炼油与化工企业历史上形成的工厂土壤污染和周边地下水污染治理技术开发和应用。开发及选择三废处理技术要有国际视野，鼓励并支持引进国外先进的三废处理技术与装置。

现有企业要全面评估安全环保现状，系统研究原油选择、加工流程、产品结构等方面存在的问题，明确安全环保治理目标，统筹考虑淘汰落后能力，通过技术改造，盘活存量资产，优化原油配制，重构加工流程，调整装置布局，改善产品结构，既确保安全

与环保治理目标的实现，又实现盈利能力的提升。加大安全环保投入，实现治理目标后，亏损加重，丧失生存能力的企业要主动淘汰退出。

新建企业要按严于国家标准的安全、环保指标，通过严谨的风险评估、科学规划、合理选址，原油选择及产品结构优化时要有应对市场变化的适当灵活性，加工流程与工艺技术选择要坚持安全、环保、效益三统一，落实“预防为主”和“一票否决”，采用先进设计标准，严格设备材料采购质量、施工质量，确保不给生产运行留下安全与环保隐患。坚持节约资源、保护环境的基本国策，树立生态文明理念，建设清洁工厂、绿色企业。

三 小结

学习借鉴国外企业经验，构建安全可靠、清洁环保型炼油与化工企业是完全可行的，我国需从政府与企业两方面采取措施。

政府应完善危险化学品全生命周期管理法规体系建设，做好法规与标准之间的衔接。炼油与化工企业环保排放指标设置既要考虑改善环境的迫切需要，也要以可行技术为支持，使指标具有实施性，为企业遵守标准提供技术保障。城市发展要科学合理地进行长远规划，规划实施要建立规划部门与安全环保部门联合审批机制。要通过教育与惩戒相结合的方法，强化企业法人的安全环保理念，做到知法、守法。在政府机构精简，监管力量不足的情况下，要通过政府购买第三方机构的安全环保服务，提高安全环保监管专业化能力，尽早实现运动式安全大检查向专门队伍专业化监管转变。建立覆盖全国的安全环保监管信息化和智能化系统，为企业提供信息支持，提高监管效率。

构建安全可靠清洁环保的炼化企业，要成为企业的自觉追求。企业要自觉遵守法律法规，在工厂的全生命周期和所有部门中落实安全第一、环保优先的管理理念，在设计建设过程要采用先进的安全环保风险评估技术模型，按程序开展安全环保风险评估，落实防止风险的技术措施。项目建设要有合理的设计建设周期，通过有效管控设计建设过程，不给工厂留下先天不足的安全环保隐患；推行设备全生命周期风险管理，确保设备全生命周期的可靠性与完整性；推行定性和定量风险评估技术与模型，建立基于风险的管理机制；建立安全环保审计制度和科学的审计方法，强化过程绩效评估，及时发现安全环保隐患，有效管控安全环保风险，实现企业安全环保管理由传统的经验管理向科学的现代化管理转变。要坚持企业管理全过程的“安全第一，环保优先”，实现由事故追责处理时的安全环保一票否决向企业管理全过程的安全环保一票否决转变。推行清洁生产既要重视末端的三废排放治理，更要重视源头的工艺流程选择与优化，努力减少过程排放，降低处理成本；要推进企业安全环保管控和信息技术的融合，积极采用物联网、互联网、自动化监测技术、大数据分析技术，提高炼油与化工企业安全环保风险的智能化管控能力。

第五章

与炼油与化工企业安全环保密切相关的四个重要问题

规划建设新的炼油化工企业，或通过就地整改，或进行异地迁建解决“城市型”炼油与化工企业的生存发展，企业的外部安全距离标准和大气污染防护距离标准是最根本的依据。对比这两项标准和发达国家的差距，借鉴国外先进经验，通过深入对比研究，尽快统一企业卫生防护距离和大气防护距离标准，科学决策敏感地区企业的搬迁。从国情出发，完善我国炼油化工企业安全环保标准，也是必须重视的问题。本章对这些问题做出分析，并提出建议。

一　尽快制定与国际接轨的我国炼油与化工企业外部安全防护距离标准

（一）我国现行炼油与化工企业安全距离标准分析

目前，在我国现行的多个国家和行业标准中，对安全距离的名称叫法不统一，且距离规定的数值相差很大。在《消防法》中称为“安全距离”,《危险化学品管理条例》中称为“距离”，在安监领域称之为“外部安全防护距离”，在消防领域称之为“防火间距”，环境、卫生领域称之为“卫生防护距离”或“环境防护距离”。安全距离有关概念的分析比较见表5-1。

我国安全距离专门的标准少，覆盖性不够。而化工行业涉及的化学品种类繁多，潜在的事故场景多种多样，目前安全距离标准所涵盖的范围远远不能满足实际需要。例如防火间距在设置时，主要是针对火灾事故的防火和灭火需要设定的，对于爆炸事故有一定的考虑，但不是主要。由于关注的保护对象和事故场景不同，当将以上距离应用于危化装置选址、高风险企业搬迁以及周边居民安全性评估时，尚存在防护目标不具体，覆盖的企业类型有空白，考虑爆炸、毒气泄漏等事故场景较少的问题。

表5-1 安全防护距离有关概念比较

相关概念	概念来源	应用范围	防护目标	提出或批准部门	应用部门
安全距离	消防法	生产、储存、经营易燃易爆危险品的场所	居住区	—	消防
外部安全防护距离	国家安全监管总局13号公告	危险化学品生产、储存装置	民用、公共建筑	安监局	安监
防火间距	GB50016-2006等工程标准	所有工业企业	居住区、工业企业和其他等设施	主要是建设部	消防、安监
安全防护距离	GB 19041- 2003	光气及光气化产品企业	居住区、交通要道	安监局	安监
安全距离	GB 50074-2002	石油库企业	居住区、工业企业和其他等设施	建设部	消防、安监

又如GB 19041—2003规定与居民区之间的外部安全防护距离时，主要是从事故后果的角度，参考了以往事故经验和部分事故场景的后果模拟计算，由于方法的局限性，主要考虑了高频率、小规模、低损失的火灾事故，并不考虑低频率、大规模、高损失的特殊事故。在遏制重特大事故发生，减少极端事故场景下的人员伤亡方面存在局限性。

（二）制定并尽快发布我国炼油与化工企业外部安全防护距离新标准

借鉴国外安全距离确定方法的先进经验，结合炼化企业类型和特点，综合事故后果法、定量风险计算法等先进技术，加快出台外部安全防护距离、风险评估、炼化企业选址规划控制等技术标准，建立与国际接轨并且符合我国发展实际的炼化企业安全距离相关标准体系，科学确定和控制炼化企业周边安全防护区。特别是学习法国排查靠近居民区的企业并进行风险评估，按照风险大小采取企业改造、居民搬迁、房屋加固、土地规划等做法。

二 合并我国炼化企业环境防护距离与职业卫生防护距离标准

（一）我国现行炼油与化工企业大气环境防护与卫生防护距离的标准分析

卫生防护距离是产生有害因素的部位（生产车间或作业场所）的边界至敏感区（居民区、学校、医院等对大气污染比较敏感的区域）边界的最小距离。目前我国工业企业卫生防护距离标准已经形成一个体系，包括国家标准和行业标准，覆盖了17个行业，共颁布了31项卫生防护距离标准。卫生防护距离的确定涉及企业搬迁、拆迁安置等敏感性社会问题，事关政府、企业及公众的利益，对卫生防护距离概念、确定方法、执行等问题的研究尤为重要。

2011年中华人民共和国卫生部和标准化研究院联合发布GB 8195—2011《石油加工

业污染防护距离》，从2012年5月1日起代替GB 8195—1987《炼油厂卫生防护距离标准》。该标准规定了石油加工企业与敏感区之间所需的卫生防护距离，详见表5-2。适用于地处平原地区的石油加工企业的新建、改建、扩建工程，地处复杂地形条件下（山区、丘陵、沿海等）的工业企业所需卫生防护距离，应由建设单位主管部门与建设项目所在省、市、自治区的卫生与环境保护主管部门，根据环境影响评价报告书共同确定。2017年5月，国家标准委关于终止和调整强制性国家标准计划项目的通知，将《石油加工业污染防护距离》由国家强制标准改为推荐标准。

表5-2 石油加工业卫生防护距离标准限值（平原地区）

加工原油量/（kt/a）	所在地区近五年风速/（m/s）	卫生防护距离/m
≤ 8000	< 2	900
	2~4	800
	> 4	700
> 8000	< 2	1200
	2~4	1000
	> 4	900

文献查阅未见国外的卫生防护距离定义，但有“缓冲带”的概念。北美《应变指南（1996）》，将石化企业涉及的物料分为毒性及易燃气体、毒性及腐蚀性气体和易燃液体及具有毒性三类，三类物质所需的安全缓冲带为100~200m。美国、加拿大、墨西哥联合编制的《应急指南（2004）》，石化企业不同危险化学品意外泄漏而设置的安全缓冲宽度为200~6800m。英国《土地使用缓冲带标准》，工业区与居民区之间的缓冲带宽度不小于91.4m；有隔离墙、绿化带时，不小于30.5m。

我国“新大气导则”中明确要求在环境影响评价报告书中需要确定大气环境防护距离。我们环境保护部门解释，大气环境防护距离是为保护人群健康，减少正常排放条件下大气污染物对居住区的环境影响，在项目厂界以外设置的环境防护距离。大气环境防护距离的确定采用“新大气导则”推荐的估算模式即（screen3）模式进行计算。

（二）合并大气环境防护与卫生防护距离标准，制定只管控大气环境防护距离的新标准

卫生防护距离和大气环境防护距离的设置在本质目标上是一致的，均是为了保护厂界外人群健康。二者只是在满足人群健康所采用的污染物种类和限值标准、计算模型选用方面有所区别和差异，目前二者在两方面均各有不足。2017年5月，国标委已将卫生防护距离标准由强制转为推荐性，这为科学确定卫生防护距离提供前提。随着我国VOCs、有毒有害等气体污染控制技术的进步，这类污染在生产过程得到了有效控制，老标准制定时的污染排放状况与现有技术和生产工艺的排放情况已发生了实质性提

高。在充分研究大气环境防护距离与卫生防护距离采用的污染物种类和限值标准、计算模型的基础上，建议开展炼化行业大气环境防护距离与卫生防护距离“合二为一”试点，形成只管控企业大气环境防护距离的新标准，统一满足人群健康所采用的污染物种类和限值标准，通过采用科学的计算模型，合理确定防护距离，既更好地保护人群健康，又简化管理程序和成本，还有利于更好地引导和鼓励企业从源头减少无组织排放源强。

三 科学决策城镇人口密集区及其他敏感地区炼油与化工企业的异地搬迁

解决我国业已存在的城镇人口密集区及其他敏感地区炼油与化工企业的问题有两种方案选择，一是企业按本质安全、本质环保的要求实施安全环保的系统技术改造，全面提升安全环保风险的管理和控制能力，把企业建设成安全可靠、清洁环保的炼油与化工企业。同时实施大气环境影响距离范围内居民搬迁和公用设施整改，实现企业与城市和谐共处，简称就地改造方案；二是企业异地搬迁方案。

（一）发达国家敏感地区炼油与化工企业的经验

德国与法国等欧盟国家及日本城市型炼油与化工企业积累了成功的经验。法国在2001年9月图卢兹化工厂事故（重大恶性爆炸事故，31人死亡，2500人受伤）之后，排查出650多个紧靠居民区及地处敏感地区的高风险化工企业，进行了就地改造与异地搬迁的方案经济性对比，征求个人和团体意见，召开公众会议，充分调研商讨，最终决定采用就地改造方案，并颁布实施了以保护大众为目标的抵御与预防风险、消除历史遗留问题的“工厂技术风险预防”计划，简称PPRT计划。

德国BASF公司路德维希港石油化工园区始建于1866年，经过150多年的发展已成为占地10km^2，界区内有200多个生产工厂，年生产销售产品8500kt化工产品的大型石油化工联合企业。园区紧靠莱茵河，大量原料进厂、产品出厂依靠船运。园区内雇员35万人，公路106km，铁路230km，每天有2100辆卡车进出厂区。工厂区与周边居民区的距离只有一条马路相隔。是典型的“城市型”化工园区（图5-1、图5-2）。

BASF使用TDI生产光气的装置离居民区仅300m（我国规范要求2000m）。

BASF路港大型化工园区严格通过科学的安全环保管理和完备的安全环保技术措施，树立了安全可靠、清洁环保的企业形象，赢得了周边居民的信赖。与周边社区及政府组织经常及时的沟通，企业居民形成了和谐共处的氛围。

日本已有70多年历史的根岸炼油厂与周边居民区的距离也仅有一条二车道的马路相隔（图5-3）。

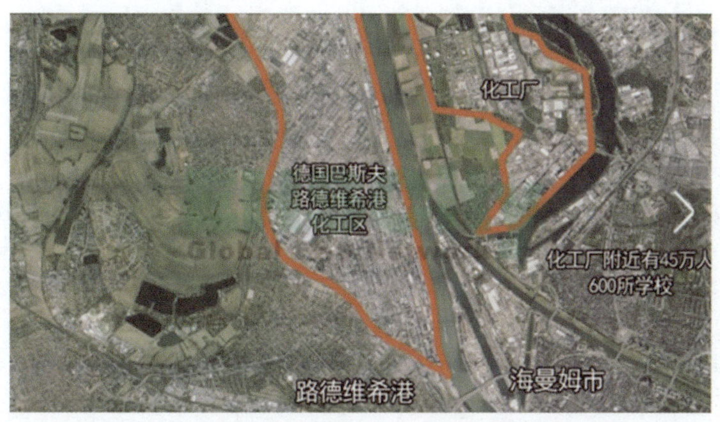

图 5-1　BASF 公司路德维希工业园区与社区布局图

图 5-2　BASF 路港 TDI 装置与周边居民距离图

图 5-3　日本根岸炼油厂与社区距离图

（二）两家典型企业案例研究

发达国家炼油与化工企业的先进经验启发我们，城市炼化企业实施就地技术改造，管控好安全环保风险，企业实现了安全可靠、清洁环保，就可以和周边居民和谐相处。

根据这一认识，我们课题组进行了两家企业“构建安全可靠、清洁环保炼化企业”的案例研究。研究结果如下：

1. A企业案例研究

A企业是我国建设的第一个大型炼油化工联合企业。共有生产装置63套，公用工程及配套设施68套。公司于1967年建厂，经过50年的发展，已经拥有10000kt/a炼油和800kt/a乙烯加工能力，能够生产94个品种，431个牌号的石油化工产品。截至2016年底，A企业累计加工原油3.21×10^{8}t、生产乙烯21040kt、实现销售收入11770亿元及上缴利税1286亿元。担负着清洁油品生产重要基地、履行国有企业社会职责及树立石化行业创新发展标杆的重任。

公司地处大城市，为积极响应京津冀一体化发展战略，发挥示范带头作用，勇于应对产业升级新挑战，塑造行业发展新标杆。主动适应首都职能转变，打造新型工业园区典范。公司通过一系列提升改造来实现安全可靠、清洁环保。

（1）A企业安全环保目前存在的主要问题

废水方面，个别因子稳定达标排放，水体风险防范措施还需要进一步完善，水资源利用水平还有待提高等。废气方面，锅炉烟气不能稳定达标，有组织和无组织VOCs治理难度大。固体废物方面，危废处理设施不完善和不配套。地下水及土壤方面，地下水个别因子超标，缺少土壤历史监测数据等。

同时，京津冀协同发展和城市功能定位加快调整，对A企业提出了更高的要求。环境和资源的压力，期待深度调整及转型升级。地处直辖城市郊区，安全生产压力和责任巨大。

（2）构建方案

优化流程采用浆态床渣油加氢+溶剂脱沥青组合工艺，无石油焦和石油沥青产品。2#催化进料硫含量由0.49%降低至0.47%，3#催化进料硫含量由0.55%降至0.40%，烟气污染物排放降低。优化效果对比见表5-3。

表5-3 A企业优化效果对比情况表

	装置名称	规模/（kt/a）	优化流程加工情况
现有装置	延迟焦化	1400	停役
	1#柴油加氢	1200	停役
	氢氟酸烷基化	60	停役
	润滑油加氢	450	恢复生产
新、改、扩建装置	浆态床联合装置加氢单元	1800	加工减压榨油、催化油浆、脱油沥青
	浆态床联合装置轻油提质单元	1200	加工催化柴油、浆态床柴油和石脑油，生产大比重航煤
	固体酸烷基化	200	增产乙醇汽油组分，满足最新产品标准
	制氢	$8\times10^{5}Nm^{3}/h$	原料为天然气

产品方面：优化后，沥青和石油炭减少约690kt/a，新增润滑油约210kt，新增大比重煤油约760kt，增产汽油、柴油约310kt，多回收硫黄约20kt，改善了产品结构，带来了良好经济效益，减少原料中的硫等物质，环境更加友好。

安全方面：构建管控一体化，过程控制层PCS、生产执行层MES、生产经营管理层ERP、决策管理层EAI，分层关联控制；基于RCM、RBI、RAM的风险管理技术，确保设备本质安全；建立设备、管线在线腐蚀监测系统（CDS）；建立一体化厂区安全（Plant Safety）监测系统和RDK应急救援快速部署系统；建立MSDS化学品安全数据系统；以装置为单位的HAZOP分析、SIL分析，以工厂为单位的定量风险分析QRA，可用性和可维护性RAM分析，确定的重大危险源的个人和社会风险值，完善风险评估机制。安全管理评估和装置安全性评估分别可由改造前的63.59%和68%提升至改造后的69.97%和77.36%。整体安全评级由4级提升至7级，达到安全可靠水平。

环保方面：经过上述源头治理，SO_2、NO_x和TSP分别降低18%、41.5%和9%。同时，石油焦取代煤后，灰渣将减少46kt/a；浆态床替代焦化后，动力站替代燃料为天然气，锅炉灰渣及石油焦每年减少286kt固废，彻底解决石油焦异味问题。提高水资源利用率，节水减排，2016年回用水量达$6.97\times10^6m^3$，吨油耗新鲜水为0.46t，坚持用水多元化资源化，工业水重复利用率达到99%。投资3.6亿元，采用先进技术治理高盐污水，如高效化学软化工艺与离子交换和反渗透结合，尾水管混合技术，做到污水“近零排放”，TDS实现达标排放。对锅炉、催化裂化等排放的烟气进一步脱硫脱硝治理，燃料清洁化，逐步实现生产区域内“无煤化”；对于11类VOCs排放源，逐源解析，分步控制，共梳理出68个治理项目，计划投资5亿~8亿继续实施VOCs综合整治工作，并新增46个自动VOCs监测点，建设环境空气VOCs信息化管控平台。综上，可完成“十三五”燕化NO_x减排60%，SO_2减排45%，VOCs减排35%的目标。将全厂废油、废溶剂进行回炼，建设废碱液处理设施，投资3亿元建设全厂综合固废焚烧设施，使固废处理率达100%。开展土壤网格化监测，逐步对地下污水管线进行可视化改造，完善地下水及土壤污染应急措施。实施生态恢复工程：建设牛口峪人工湿地，恢复土地活性，增加污水回用量5000kt/a；开展地区生态水系恢复工程，打造海绵卫星城。实施以上措施，A企业可以实现建设安全环保的智能工厂和绿色工厂的目标。

（3）投资概算

依照2015年中国石化的价格体系，项目实施需要建设投资35亿元，实施后企业年均税后利润2.27亿元，内部收益率10.46%，高于基准收益率（10%），投资回收期9.16年（含建设期2年）。由此可见，优化方案可行。

2. B企业案例研究

B企业是中国石化在珠江三角洲地区特大型石化企业。公司地处中国南方市场中心，拥有明显地缘经济优势。公司共有职工5167名，其中技术管理人员1722人。厂区占地面积$3.7\times10^6m^2$，主要生产装置50多套，主要产品有汽油、柴油、航空煤油、液化气等60

多种；固体塑料产品有聚乙烯、聚丙烯、聚苯乙烯三大类160多个牌号，产品在市场中享有盛誉。经过30多年的持续发展，原油综合加工能力12750kt/a，乙烯生产能力220kt/a，拥有惠州大亚湾150kt级和300kt级深水泊位原油码头各一个；拥有2.99×10^5kW自备热电站。建厂40多年后，厂区周围已经被社区包围，有必要提升改造或搬迁。

（1）B企业安全环保目前存在的主要问题

B企业社会风险满足《广东省化工园区安全风险评估工作指引（试行）》要求，个人风险1×10^{-6}包络线范围内存在新围村，目前正在搬迁。公司炼油区卫生防护距离为1200m，化工区卫生防护距离为500m。

目前主要环保问题包括废气和废水两个方面。废气方面：部分加热炉氮氧化物排放不达标；140kt/a硫黄回收装置尾气中二氧化硫浓度不达标；全厂硫黄回收装置冗余能力不足；重油催化裂化装置氮氧化物排放浓度不达标；酸性水罐罐顶气存在恶臭影响；焦化装置焦池为敞开式，挥发性有机物排放量大；部分罐区、油品装卸设施未实施油气回收；居民投诉恶臭问题。废水方面：清污分流不够彻底；炼油污水外排管线存在泄漏现象；外排石油类不能满足总量控制指标。

（2）构建方案

B企业原油加工总流程中渣油加工路线由原来的焦化+溶剂脱沥青路线改为渣油加氢+焦化+溶剂脱沥青路线。3#延迟焦化装置加工硫含量低的1#减渣，其余减渣分别进渣油加氢脱硫和溶剂脱沥青。

改造后，公司原油加工总流程中渣油加工路线由原来的焦化+溶剂脱沥青路线改为渣油加氢+焦化+溶剂脱沥青路线，能够生产硫含量不大于10mg/kg的汽、柴油清洁燃料，石油焦的硫含量降至3%。优化效果对比见表5-4。

表5-4　B企业优化效果对比情况表

	装置名称	规模/（kt/a）	优化流程加工情况
现有装置	2#延迟焦化	1000	停役
	重油催化裂化	1000	停役
新、改、扩建装置	渣油加氢脱硫	2600	新建
	重油催化裂化装置	2800	新建
	S-Zorb装置	1200	新建
	MTBE	120	新建
	烷基化	300	新建
	重整	1300	由1000kt/a扩建
	芳烃抽提	220	由150kt/a扩建
	制氢	$1.2\times10^5Nm^3/h$	由$10^5Nm^3/h$扩建

环保方面：公司二氧化硫、氮氧化物、挥发性有机物排放量分别为218.24t/a、1175.37t/a、1099.74t/a，与现状相比分别下降了8.36%、7.13%、60.03%。加工百万吨原油二氧化硫、氮氧化物、挥发性有机物排放指标分别达到了16t、78t、66t。公司CODcr、石油类、氨氮排放量分别为40.54t/a、2.01t/a、3.12t/a，与现状相比分别下降了64.08%、63.32%、65.26%。加工百万吨原油废水量、CODcr、石油类、氨氮排放指标分别达到了0.08t、3.18t、0.16t、0.24t。通过提升改造措施及总平面优化后，卫生防护距离减小至50～200m（图5-4）。

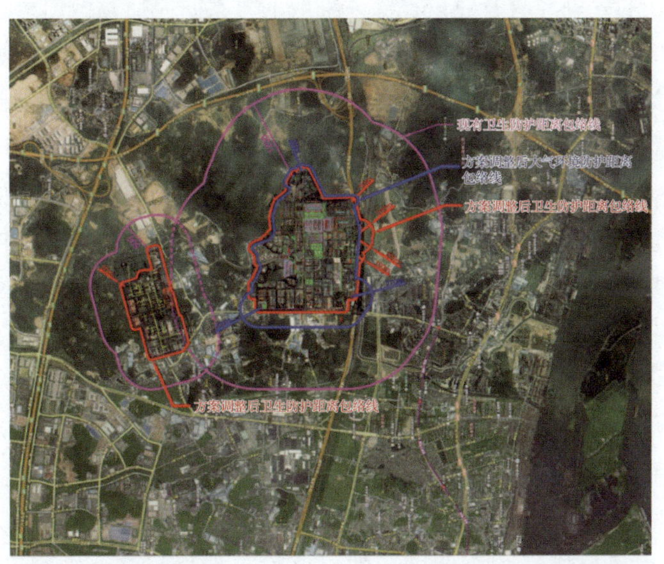

图5-4 提升改造后广州分公司厂外环境控制距离包络线图

安全方面，建设包括工艺过程参数的预（报）警系统、安全仪表系统、腐蚀监控及预警系统、可燃及有毒气体监测报警系统、视频监控预警系统、机械防护系统、厂内及厂外应急响应系统等各类保护（防护）层加以防范；通过对标找差距，以国外先进企业管理水平为目标，定期开展HAZOP、SIL、RBI、RCM、QRA等安全相关的评估活动，设置污染物排放及环境质量在线监测网，重大危险源设置安全仪表系统及视频监控系统等，个人风险值1×10^{-6}包络线范围内存在新围村，市政府已经制定了新围村的搬迁计划，专项资金也落实到位。新围村搬迁后，公司外部个人风险和社会风险满足国家及地方政府控制要求。

（3）投资概算

依照2015年中国石化的价格体系，项目实施需要建设投资43亿元，实施后企业年均单位吨油利润为472.97元，税后投资回收期为7.72年。由此可见，优化方案可行。

（三）案例研究结论

案例研究结果表明通过就地改造，将企业建设成安全可靠、清洁环保的炼油化工企业，实现与城市和谐共处是可行的，是投入小、经济性好的方案。采用异地搬迁的方案，按照类似规模企业项目建设投资估算，每家企业的投资（不含税）都将超过400亿元以上，而且需要建设新的原料及产品出厂、公用工程配套设施等，会增加物流等潜在风险，还会造成资源浪费、新的土地占用。搬迁后的土地还必须进行土壤修复，才可能得到利用。

目前国家及地方政府基本都倾向于城镇人口密集区异地搬迁，有些地方还要求属地的沿江沿河的企业也要停产搬迁，解决“城围石化”及对周边水体与大气环境的污染影响问题，借鉴国外的先进经验，建议在深入细致的方案研究后，做出科学和慎重的决策。

炼化企业升级改造主要措施是选择清洁的生产工艺，增加物料回收措施，引入三废治理技术等。例如清洁工艺包括：渣油加氢替代焦化路线，改变燃料结构，使用天然气燃料，开发副产品深加工工艺；回收措施包括硫黄回收工艺，罐区及装车油气回收工艺，提升设备的密封等级等；三废治理技术包括完善动力锅炉和催化裂化脱硫脱硝除尘，加热炉实施低氮燃烧器改造、新建催化裂化装置再生烟气脱硫脱硝、集中式联合烟囱，焦化装置密闭除焦改造，“三废”集中处理、集中排放等。安全方面，完善工艺过程参数的预（报）警系统、安全仪表系统、腐蚀监控及预警系统、可燃及有毒气体监测报警系统、视频监控及职能识别预警系统、设备仪表自动监测系统等各类保护（防护）层提高装置本质安全；定期开展HAZOP、SIL、RBI、RCM、QRA等风险评估活动，应用基于风险的一体化管理体系保证工厂整体安全可靠。

改造后通过量化风险评估方法得出企业外部距离中还存在居民区、环境敏感受体的，可继续评估比较居民区搬迁和企业搬迁的经济性，选择经济、安全环保、合理的最佳方案。

四 完善我国炼油与化工企业安全环保标准体系

（一）安全环保标准应具备强制性

《中华人民共和国标准化法》第二章第七条规定：“国家标准、行业标准分为强制性标准和推荐性标准。保障人体健康，人身、财产安全的标准和法律、行政法规规定是强制性标准，其他标准是推荐性标准。”越来越多的呼声倾向于缩小强制性标准范围，增大推荐性标准范围，企业可以自主选用推荐性标准。当前我国国标中90%的标准是推荐性标准。国外安全标准相当一部分是推荐性标准，由相关民间专业机构组织制定，企业可参照执行。

我国目前炼油化工行业特点决定了我们应采用强制性标准。我国当前从事炼油与化工业务的民营企业规模以上企业数量占企业总数的95%，一些民营企业规模越来越大，其中相当一批企业进入炼油与化工行业时间不长，对行业特点缺乏了解，一些民营企业法人安全环保意识不强，守法观念较差。在标准制定过程中要提高相关行业企业的参与程度，重视行业中现有的技术标准规定和研究报告，编制小组成员吸纳来自政府相关部门、生产企业、行业协会等利益相关方的专家技术人员，进一步提高相关标准规范的科学性、可行性以及实用性。同时，安全标准包括了工厂规划、设计、设备安装、高压设备检测、高危作业等全生命周期安全，是保护企业职工、企业周边居民人身及财产安全的法宝，应是强制性的，不宜作为推荐性标准。

（二）环保排放标准的制定要重视技术支持

污染物排放限值对产业发展乃至国家经济发展具有重要而深远的影响，国外通常根据最佳可用技术确定污染物排放限值。我国确定污染物排放限值的标准时，虽然也考虑技术支持，但更多考虑的是改善环境质量的要求，尤其是一些地方政府提出的排放限值指标由于缺少技术支持，很难达到。一些政府监管部门的执法人员感到严格执法、对不达标企业进行处罚缺少理由，不处罚又怕遭到批评，冠以执法不力没有尽责。在标准制定过程中，既要考虑改善环境质量的要求，又要考虑最佳可用技术的支持，才能做到排放标准的合理、科学。

一是基于炼化企业所在地生态保护红线、环境质量底限以及最佳可用技术可以达到的水平，综合研究确定炼化行业污染物排放限值。建议定期开展炼化行业污染治理技术后评估，发布适用于炼化行业的污染治理最佳可行技术指南。国家和地方政府制定污染物排放标准时，可在最佳可用技术可以达到的水平上，适度超前判定三废排放限值标准，引导和促进新技术的开发应用。

二是依据《国家污染物排放标准实施评估工作指南》，结合区域环境质量水平与污染治理技术发展情况，定期对污染物排放控制因子及其排放限值的合理性进行综合评价，分析排放标准的达标水平和执行情况，提出污染物排放标准调整修订的建议，至少每五年修订一次行业污染排放标准。

三是优化炼化行业污染排放标准制定的组织方式，提高标准的可操作性。环保部门要实现行业污染排放标准制定的承担组织人员结构的多元化和合理性，要有涵盖环境保护、行业协会、咨询单位（科研院所）、企业等多方组成的专家组。要让“一论证（限值专家论证）、三公开（征求意见、意见处理、决策纪要）”贯穿标准制定的全过程。

五 小结

分析国内外安全环保法规制定现状和执行中的差距，要借鉴发达国家通行的安全距离和安全缓冲带的先进经验，结合炼油与化工企业类型和特点，综合事故后果法、定量风险计算法等先进技术，加快出台我国确定炼油与化工企业外部安全防护距离的技术标准，同时将我国工业企业卫生防护距离和大气污染防护距离两个标准合并，变成只管控

企业大气环境防护距离的新技术标准。建立与国际接轨并且符合我国实际的炼油与化工企业外部距离标准体系，为科学确定和控制炼化企业周边安全防护区、大气环境防护区提供依据。根据新的标准体系对我国敏感地区的炼油与化工企业进行全面排查和风险评估，制定企业安全防护区、大气环境防护区包络线图，按包络线图研究企业整改、居民搬迁、敏感地区公用设施整改方案，将企业异地搬迁方案和新建方案的投入进行经济性对比，就地改造的安全环境风险和异地搬迁引发的运输物流风险和安全环境风险进行对比，在此基础上对企业异地迁建还是原地改造做出科学慎重的决策。

第六章

研究结论和建议

一 研究结论

（一）构建安全可靠、清洁环保的炼油与化工企业是我国炼油与化工产业可持续发展的必然选择和紧迫任务

近十几年来我国炼油与化工企业数量逐年增长，民营资本在炼化行业迅速扩张，企业规模越来越大，出现了一批大型、超大型危险源，而且危险源呈集中分布态势，危化品的流通量超过3×10^8t/a。在快速城镇化的过程中，由于规划管控失当，一些企业被城市包围，成为“城市型”炼化企业。面对炼化企业快速发展带来的巨大安全环保压力，我国不断完善安全环保法规，不断严格炼化企业三废排放限值，不断加强对企业安全环保监管。企业对安全环保的重视程度不断提高，一批重大安全环保隐患得到整治，安全环保管控信息化系统逐渐建立，安全环保事故、污染物排放总量总体呈下降趋势。但是由于一些企业没有树立安全第一、环保优先的管理理念，对炼油及化工企业的安全环保风险缺少有效管控，片面追求低投入、快回报，设计建设标准低，设备及设施的可靠性完整性管理没有得到重视，员工素质达不到行业从业人员的基本要求，一些地方政府机构监管不力，造成重大恶性安全环境污染事故时有发生，事故主要发生在危化品储运环节及民营企业。事故导致民众“恐化”情绪蔓延，社会上“邻避”现象加剧，严重影响着“城市型”等敏感地区炼化企业的生存，制约了我国炼化产业的健康发展，构建安全可靠、清洁环保的炼化企业更显十分重要，非常迫切。

（二）发达国家经验表明炼油与化工企业能够建设成安全可靠、清洁环保的企业

发达国家从政府加强监管和企业自觉从严管理两个方面共同努力，扎扎实实提高企业安全环保管理水平，做到了安全可靠、清洁环保。政府重视组织制定和不断完善法律法规，严格按法律法规对企业进行监管。在政府监管能力不足时，购买社会服务，委托有资质的第三方专业机构，对企业进行安全环保专项审计，提高了政府监管的专业性、针对性和有效性。城市化进程中，各级政府重视规划的科学性、长远性和有效性。涉及炼油与化工企业的城市规划时，将炼化企业外部风险包络线作为城市规划法令性红线，严格禁止在风险包络线内建设居民住宅及各类社会公共服务设施，违者依法追责。他们重视安全与环保排放标准的科学性、合理性与可实施性。大部分国家根据最佳可用技术可达到的指标确定排放限值，防止缺乏技术支持，造成政府无法监督的情况。

企业自上而下牢固树立安全第一、环保优先的管理理念，结合企业实际创新适合企业的科学的安全环保管理方法，全面推行以风险评估为基础进行企业安全环保风险全生命周期管理，实现了隐患管理、事故管理向预防管理的转变。重视设备完整性管理和提高设备完整性可靠性的新技术的应用；重视变更管理和员工培训；推行事件调查分享；组织内部专家定期进行量化的安全环保审计；重视信息技术与安全环保管理的融合；重视社会监督，及时听取周边社区的意见。企业用安全环保的业绩赢得了周边居民的信任，营造了企业与社区和谐共处的氛围。

发达国家炼油与化工行业及企业的安全环保管理措施和效果证明建设安全可靠、清洁环保的炼化企业的目标是可以实现的，他们的经验非常值得我们借鉴和学习。

（三）构建安全可靠、清洁环保的炼油与化工企业要明确内涵、清晰目标，建立相应的评估方法

安全可靠的内涵是应用安全系统工程原理，优先选择本质安全的生产工艺或者提升工艺过程的本质安全性，采取科学的风险管理方法和完善的技术手段，阻断事故链；确保杜绝重大及以上级别事故，企业外部个体风险值低到 10^{-6} 以下，社会风险满足国家可接受风险要求。

清洁环保的内涵是应用环境系统工程原理，坚持源头治理和末端治理有机结合，优先选择清洁生产工艺或者提升工艺的环境友好性，采取科学的环境风险管控方法和先进的治理技术，杜绝重大环境污染和扰民事故，企业“三废”排放和排放总量全面优于国家及地方政府限值要求，提升生态环境质量，形成与周边居民互相信任、和谐相处，居民支持企业发展的良好局面。

要根据上述内涵，形成安全可靠、清洁环保炼化企业完整的指标体系和评估方法。“安全可靠”的评估适宜采用要素评估法，因为安全可靠指标体系既和采取的技术措施高度相关，更和企业全寿命周期的管理要素高度相关。综合技术措施管理要素，建立和不

断完善体现管理要素要求的安全审计检查表、根据检查结果进行安全评估，可以反映企业安全管理的水平，防止事故发生的能力，揭示企业管理和设施存在的问题。企业清洁环保的评估，其指标体系与管理要素有关联，但关联度不高，可采用指标评估法，通过直接量化清洁环保指标体系形成模型，开展评估就可以反映企业的环保管理和技术水平。

（四）构建安全可靠、清洁环保的炼油与化工企业，政府要发挥好法律法规标准的导向作用和监督作用，但企业是责任主体，必须采取具体措施

构建安全可靠、清洁环保的炼油化工企业，要重视国家的法律法规和标准的导向作用，加强危险化学品全生命周期管控的法规体系建设，建立定期修订、完善安全环保法规及强制性国家标准的制度。危化品安全法规涉及多个政府部委，要指定部门总负责，加强协调，防止法规条文出现矛盾。制定国家强制性环保排放标准要正确处理环保限值的严格与宽松的辩证关系，既要考虑改善环境的迫切要求，又要有最佳可用技术为支持。城市发展的规划要有长期性、科学性与合理性，规划实施要建立规划部门与安全环保部门联合审批机制，要通过教育与惩戒相结合，强化企业法人的安全环保意识。政府监管力量不足的情况下，可通过政府购买服务，委托有资质的第三方开展企业安全环保审计，尽早实现运动式安全检查向专业化监管转变。要加强覆盖全国的安全环保监管信息系统建设。

企业是构建安全可靠、清洁环保炼油与化工企业的责任主体，要企业法人带头，全体员工一致自觉遵守法律法规，在工厂的全生命周期和各专业中认真落实安全第一、环保优先的管理理念。工厂建设要采用先进的设计建设过程风险评估技术和模型，按程序开展安全环保风险评估，确保合理的设计和建设周期；推行基于设备全生命周期风险管理，确保设备全生命周期的完整性可靠性；推行使用定性定量风险评估技术与模型，建立基于风险的管理机制；推行安全环保审计，建立审计制度和科学的审计方法；强化过程性绩效评估，及时发现安全环保隐患，有效管控风险，实现企业安全环保管理由经验管理向科学现代化管理转变，实现事故发生后追责处理时的一票否决转向企业管理全过程的安全环保一票否决。推行清洁生产，既要重视末端治理，更要重视源头工艺、流程选择与优化，努力减少过程的三废排放，做好废弃物的资源化利用，实现三废排放全面达标。推进企业安全环保管控和现代信息技术的融合，积极采用物联网、互联网、自动化监测技术、大数据分析技术，提高炼油化工企业安全环保风险智能化管控能力。

（五）要抓紧制定并发布我国炼油与化工企业周边安全防护距离新标准，研究企业大气环境防护距离和职业卫生防护距离两个标准合并，尽快形成新标准，城镇人口密集地区等敏感地区炼化企业的搬迁要科学决策

分析国内外安全环保法规现状、制定和执行中的差距，要借鉴发达国家通行的确定炼油与化工企业安全距离和安全缓冲带的先进经验，结合我国炼油与化工企业的类型和

特点，结合事故后果法、定量风险算法等先进技术，加快出台我国确定炼油与化工企业外部安全防护距离的技术标准。将我国工业企业卫生防护距离和大气污染防护距离二个标准合并，变成只管控企业大气环境防护距离的新标准，为科学确定和控制炼油与化工企业周边环境防护区提供依据。“城市型”等敏感地区炼油与化工企业的搬迁，要根据新的标准体系，制定安全防护区、大气环境防护区包络线图，按包络线图研究企业异地搬迁和就地整改方案，进行经济性及安全环境风险对比后科学、慎重地做出决策。

二 建议

（一）充分发挥企业的主体作用，迅速提升安全环保管理

企业是建设安全可靠、清洁环保炼油与化工企业的责任主体，既是责任者也是直接受益者，建议如下：

（1）全员强化安全环保的法律意识，做到知法、守法。企业法人和领导带头参加并组织全体员工开展培训，要深刻认识将本企业建设成安全可靠、清洁环保炼化企业的重要性和紧迫性，提高遵守国家安全环保法律、法规和国家标准的自觉性。

（2）实施覆盖企业全生命周期的安全环保风险管理。要建立基于风险的安全环保管理机制；培养从事安全环境风险评估的专业团队，使用定性定量风险评估技术与模型定期开展各专业风险评估；建立安全环保审计的检查表进行内部安全环保审计。有效管控风险，实现企业安全环保管理由经验管理向科学的现代化管理的转变。

（3）纠正片面追求“短工期、低投入、快投产”的炼化项目建设理念。要学习国际上先进的炼化项目设计建设管理程序及应用的评估技术，认真实施项目设计建设过程中的安全、环境风险管理，确保工厂按安全可靠、清洁环保的设计标准设计建设，确保安全环保投入，合理安排项目的设计与施工周期。

（4）在企业管理全过程落实“安全环保”一票否决。在企业全生命周期内，将“安全第一、环保优先”的管理理念落实在技术、设备、阀门、关键材料、仪表和施工队伍的招标选择中，彻底纠正比较普遍存在的忽视安全可靠、清洁环保要求的低价中标的采购策略，实现事故发生后的追责处理时的“一票否决”向企业管理全过程的安全环保“一票否决”转变。

（5）切实加强设备可靠性和完整性管理。要做到在役设备全部依规检修，合格率100%。采用设备运行状态在线监测新技术，转动设备振动、轴位移、润滑油系统全谱分析在线监测新技术，设备管线易发生疲劳、氢脆、腐蚀等损伤部位的在线监测新技术。融合物联网、互联网、大数据分析技术，实现设备设施故障的智能化诊断、预测、预警，及时处理设备隐患，有效管控因设备设施故障引发的安全环境风险。

（6）建立全员培训制度，扎实开展员工培训。要合理设置适合不同岗位员工的培训

课程，编写培训教材，建设现代化的仿真模拟训练、培训体验室等培训手段，确保培训时间，实施严格考核，提高全体员工的岗位能力，坚持培训合格、持证上岗。开展全体员工安全环保法律法规和知识培训，让安全环保法律、法规、标准和知识牢记在头脑中，落实到行动上。

（7）建立自动接受社会监督的机制。建设企业周边大气、水体污染物在线监测系统；设立企业开放日、接待周边居民社会团体、媒体记者进厂检查安全环保工作；定期召开政府机构、社区代表座谈会，征求对企业安全环保工作的意见。

（8）进行现状评估，制定和实施建设安全可靠，清洁环保企业的行动计划。按安全可靠、清洁环保炼化企业的内涵和评估方法，组织专门人员开展安全环保现状自我评估，并委托有资质、有经验的第三方机构开展咨询评估，综合评估结果，找出安全环保管理差距，制定将本企业建设成安全可靠、清洁环保炼化企业的具体措施和行动计划，尽快实现安全可靠、清洁环保炼化企业的目标。

（二）不断完善国家法律、法规，切实加强政府监管

1. 完善国家安全法律法规和国家标准

（1）建立炼化行业安全法规标准统一管理制度。对炼化行业安全生产标准化工作实施统一管理，明确国家有关部委在炼化行业标准管理方面的职责分工，将分散于有关单位的炼化行业安全标准由全国安全生产标准化技术委员会化学品安全分技术委员会实施归口管理，提高炼化行业安全标准体系的统一性、系统性、协调性和权威性。

（2）加快出台确定企业外部安全防护距离的技术标准。借鉴国外安全距离确定方法，结合炼化企业事故类型和特点，综合事故后果法、定量风险计算法等先进技术，加快出台企业外部安全距离、风险评估、炼化企业选址规划控制等技术标准，建立与国际接轨并且符合我国发展实际的炼化企业安全防护距离相关标准体系，科学确定和控制炼化企业周边安全防护区。

（3）进一步完善化学品安全管理法规体系。理顺化学品生产经营管理的各个环节，重视企业安全生产，更加关注人体健康和环境的理念，从上位法的角度，把城乡规划、安全、环境等要求，与化学品生产经营企业布局以及外部安全防护距离等要求协调起来，构建完善的化学品管理法规体系。

（4）完善化学品安全管理法规配套的标准支撑体系。借鉴欧美国家重视炼化行业安全管理法规配套文件建设的做法，在法规与标准之间建立有机的联系，解决当前法规过于笼统、标准支撑不足等问题。

（5）研究制定炼化企业安全标准体系建设规划。加强顶层规划设计，系统梳理现有标准，将化工（HG）、石油（SY）、石化（SH）等相关标准全面纳入标准建设规划，明确急需制定、修订的安全标准目录。

（6）建立完善的标准修订制度。简化标准修订程序，紧密结合典型事故调查、行业

发展趋势、工艺技术升级等方面因素，定期和不定期的对现行标准的可行性进行评估，实现标准的及时更新，提高标准的实时有效性。

（7）在标准制定过程中提高相关行业及企业的参与程度，重视行业中现有的技术标准规定和研究报告。编制小组成员吸纳来自政府相关部门、生产企业、行业协会等利益相关方的专家技术人员，进一步提高相关标准规范的科学性、可行性以及实用性。

2. 完善国家环保标准

（1）建议开展炼化行业污染排放标准实施的评估，每五年修订炼化行业污染排放标准。

（2）基于炼化企业所在地环境容量、最佳可行技术可达性合理确定炼化行业污染物排放限值，定期开展炼化行业污染治理技术评估调查，及时发布炼化行业最佳可行技术指南。

（3）优化炼化行业污染排放标准编制的编制路径，提高标准的可操作性，环保部门发布炼化行业污染排放标准制修订任务时明确承担单位的多元化组成，要求制修订过程需组建利益相关方专家组，确定标准限值制修订的专家组论证环节，公示各重要决策过程纪要和专家名单。

（4）开展石化行业危险废物资源化利用研究，争取具备条件的纳入《危险废物豁免管理清单》。细分危废处理资质管理，科学简化可再利用类废物的资质申请条件。建立炼化行业危险废弃物信息平台，鼓励循环利用。

（5）增强地方政府执法队伍，提高监督管理能力。强化地方政府在排放标准实施中的职责，将标准的监督执行放入工作计划和考核体系。

（6）开展炼化行业大气环境防护距离与卫生防护距离二个国家标准合并成一个大气环境防护距离标准的研究。通过两个标准“合二为一”试点实施，统一满足人群健康所采用的污染物种类和限值标准，科学确定采用的计算模型，为简化执行和管理要求奠定科学基础，尽快完成两个标准和以后的新标准的制定和发布。

3. 统筹规划炼化项目选址布局，建立用地审批联动机制

（1）地方政府要加强规划统筹，将炼化企业周边土地利用安全规划纳入城市总体规划。政府做好相关项目的安全规划和城乡规划的衔接，提高规划的统筹性、科学性和严肃性。

（2）城乡规划部门与安全监管部门建立土地规划审批联动机制。安全监管部门对炼化企业项目在规划选址方面的安全审批意见应作为城乡规划部门进行规划许可的前置条件之一。

（3）炼化企业建设项目经审批后，将炼化企业周边个人风险包络线在土地规划部门备案，其周边安全防护区域内的所有开发建设项目都应征求安全监管部门意见，建议不开发的建设项目，原则上规划部门不应进行审批。

（4）炼化企业建成后，根据外部安全防护距离与大气环境防护距离包络线范围，重

点监察区域内的土地利用情况，对违规建设项目要及时制止，从源头遏制“城围石化”现象的发生。

（三）认真开展原地改造治理和异地搬迁方案研究，科学化解炼化企业外部安全防护距离和大气环境防护距离不足问题

借鉴国外成熟经验，采用定量风险评价技术，对城镇人口密集区及沿江、沿河、靠近饮用水源等敏感的炼化企业进行安全风险评估和原地改造治理（包括周边居民区搬迁）措施评价，根据评价结果，对安全及环境风险可控、通过改造治理能够达到外部安全距离和大气环境防护距离要求的可实施原地改造治理；对安全环境风险突出，经原地改造治理仍不能达到两个距离要求的，结合经济、社会多方面因素综合考虑，科学决策实施异地搬迁。

（四）进一步完善安全环保监管机制，提高监管的有效性和针对性

（1）强化安全环保监管能力建设。加强危险化学品安全环保监管机构和人员能力建设，借助先进的信息化技术，提高依法履职的能力和水平。

（2）提高日常安全环保监管水平。积极吸取事故经验教训，结合阶段性的专项检查成果，将有关监管重点、检查要点落实到日常安全环保监管中，针对不同类型企业制定安全环保标准的监管手册，逐步减少“运动式”“打补丁式”安全环保大检查，通过不断完善日常监管内容的规范化、标准化、系统化，提高日常监管的针对性和实效性。

（3）积极利用社会力量，助力安全监管。加强中介机构力量的培育，建设高素质安全环保风险评估专业队伍，利用政府购买服务等方式，充分发挥行业协会、注册安全工程师事务所、安全环保服务机构、保险机构等社会力量的作用，逐步实现有资质的第三方按照标准化的监管手段对企业进行安全环保审计与检查，政府部门根据检查结果督促企业整改隐患。

（五）积极推进炼油化工安全环保技术创新

（1）企业主动与高校科研院所合作，开发本质安全环保炼油与化工工艺技术。包括开发反应过程本质安全的工艺技术和危险工艺消除安全环保风险实现本质安全的过程控制技术；开发环境友好的炼油与化工技术，更高效的三废资源化利用和处理技术。

（2）设立科技专项，支持开发具有自主知识产权的风险评估软件，建立我国设备故障等风险数据库。包括开发具有自主知识权的三维流体力学（CFD）仿真模拟软件，支持火灾、爆炸、泄漏实验数据库的建立和商业化，提高安全与环保防护距离计算的有效性，科学指导土地使用规划、防火防爆设施设计、构建危险化学品泄漏、爆炸和火灾扩散智能应急平台等；参考国外建立风险管理数据库的工作模式，吸收利益相关方组建研发团队，大力推进故障概率数据库等基础研究工作，尽快建设我国炼化企业设备/管道失

效/故障率数据库、事故后果模拟试验数据库等风险管理数据库，为我国设备本质安全可靠管理提供坚强技术支撑。

（3）形成基于人工智能、大数据、云计算和工业物联网技术的设备故障预测和健康管理技术，构建智慧型炼化企业。以安全、环保、生产管控一体化和全生命周期管理为主线，实现炼化企业本质安全可靠和清洁环保，加强动/静设备和自控系统状态全面感知、智能故障预警、故障诊断、故障预测的智能化技术研究以及相关设备的国产化工作，全面提升炼化企业的本质安全可靠和监管智能化水平。

第二篇

国内外炼化企业
环保法律法规标准及典型案例

本篇对中国、美国、日本、欧盟、德国等国家和地区炼化行业的环保法律法规标准进行了全面和系统梳理，重点分析了各国环保法律、法规和标准对炼化企业环境管理的控制要求、主要污染因子和污染物排放限值；从法律基础、标准制定、控制因子与限值、标准执行与监管等角度进行了深入的对比分析，提出国内外炼化企业环境管理制度的差异，并对完善我国炼化行业环境保护法律法规提出政策建议。对炼化行业的国家和地方标准制定、政策研究具有参考价值，对炼化企业提高环境保护水平提供良好的参考和借鉴。

目录

CONTENTS

第一章

炼化行业现状

石油既是重要的能源，又是优质的化工原料，是关系国计民生的重要战略物资。石油工业是我国国民经济的支柱产业和基础产业，包括基本层次的石油炼制和深层次的石油化工。石油炼制的基本任务是以油田开采的天然原油为原料，进行炼制加工，生产出符合使用标准的多种油品及基本有机原料。石油化学工业（简称石油化工）是用石油或石油气（炼厂气、油田气、天然气）作原料生产化工产品的工业。本研究重点关注“三烯”（乙烯、丙烯、丁烯）、“三苯”（苯、甲苯、二甲苯）和“三大合成材料”（合成树脂、合成橡胶、合成纤维）。

一 世界炼化行业发展现状

世界各发达国家都在大力发展石油炼制工业，以保障国民经济发展和国防稳定。据统计，全世界总能源需求的40%依赖于石油产品，汽车、飞机、轮船等交通运输器械使用的燃料几乎全部是石油产品，有机化工原料主要也是来源于石油炼制工业，约占世界石油总产量的10%。

2016年全球炼油能力达到4579Mt/a，比2015年的4474Mt/a增长2.34%。亚太仍为全球炼油能力最大的地区，产能达到1383Mt/a，较上年增长近66Mt/a，占世界总产能的33.9%；北美地区炼油能力达1103Mt/a，较上年增长21Mt/a，占22.9%；西欧地区炼油能力为671Mt/a，较上年下降4Mt/a，占13.1%；中东地区炼油能力为464Mt/a，占比上升到10.1%。产能排名前十的国家分布情况如表1-1所示。

表1-1　2016年世界主要国家或地区炼油能力

$10^4 t/a$

排名	国家	炼厂数	常压蒸馏	热加工	催化裂化	催化重整	加氢裂化	加氢处理	润滑油
1	美国	123	92288	14852	27545	14782	11425	74747	1178
2	中国	48	48507	2297	5154	1987	2749	6155	95
3	俄罗斯	32	25612	2214	1827	3249	518	10502	379
4	印度	23	23757	1332	2542	222	828	957	44
5	日本	22	19084	528	3866	2528	354	16304	106
6	韩国	5	14795	105	1835	1694	1695	7240	368
7	沙特	9	14535	1051	518	1034	675	2319	0
8	德国	13	10945	1998	1738	1730	955	9205	30
9	巴西	12	10690	634	2509	92	0	1323	106
10	意大利	13	10587	1284	1210	1455	1874	5677	127

注：来源美国《油气杂志》2016.12.5。

二　我国石油炼制工业发展概况

（一）行业概况

石油炼制工业是我国国民经济最重要的支柱产业之一，是提供能源，尤其是交通运输燃料和有机化工原料的最重要的工业。我国石油炼制技术起步较晚，1958年兰州原油综合炼油厂的建立标志着我国初步掌握了现代化的炼油技术。20世纪60年代随着大庆油田、胜利油田等的建立，我国形成了完整的石油炼制技术体系。经过几十年的发展壮大，我国炼油技术、原油加工能力得到了极大的提升。据统计，2014年我国原油一次加工能力已达756Mt/a，成为仅次于美国的世界第二大炼油国，预计2020年我国原油加工能力将达到917Mt/a。2016年我国炼油能力达783.1Mt，我国原油加工装置主要集中于华东和东北地区，按加工能力统计（图1-1），华东地区占36.3%，东北地区占21.2%，西北地区占12.1%，中南地区占20.5%，华北地区占7.3%，西南地区占2.6%。

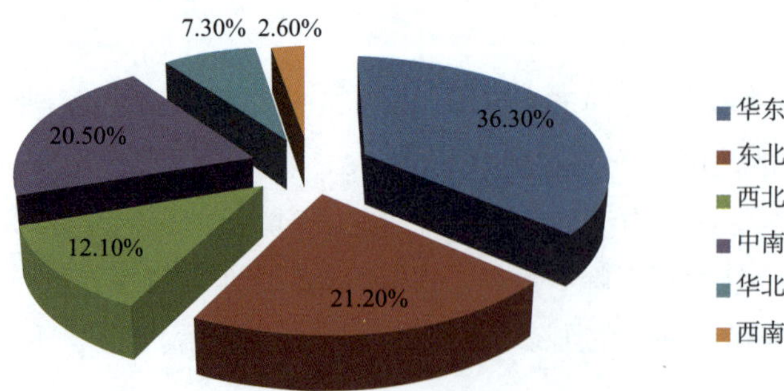

图1-1　原油加工装置产能分布

（二）石油炼制工业主要工艺

石油炼制是将原油经过各种物理及化学加工过程转变为石油燃料（液化石油气、汽油、煤油、柴油、燃料油）、润滑油脂、石油溶剂和化工原料、石油蜡、石油沥青、石油焦等石油产品的过程。目前我国石油炼制大致分为以下几类：原油蒸馏，利用常压或减压蒸馏的方法将原油中多种沸点不同的组分分离成馏分，得到轻组分和重组分产品；二次加工工艺，一般是对重馏分或者渣油进行深加工从而得到更多种类的轻质油品。

石油炼制常用的工艺为常减压蒸馏、催化裂化、延迟焦化、加氢裂化、溶剂脱沥青、加氢精制、催化重整。石油炼制简单流程和油品详见图1-2。

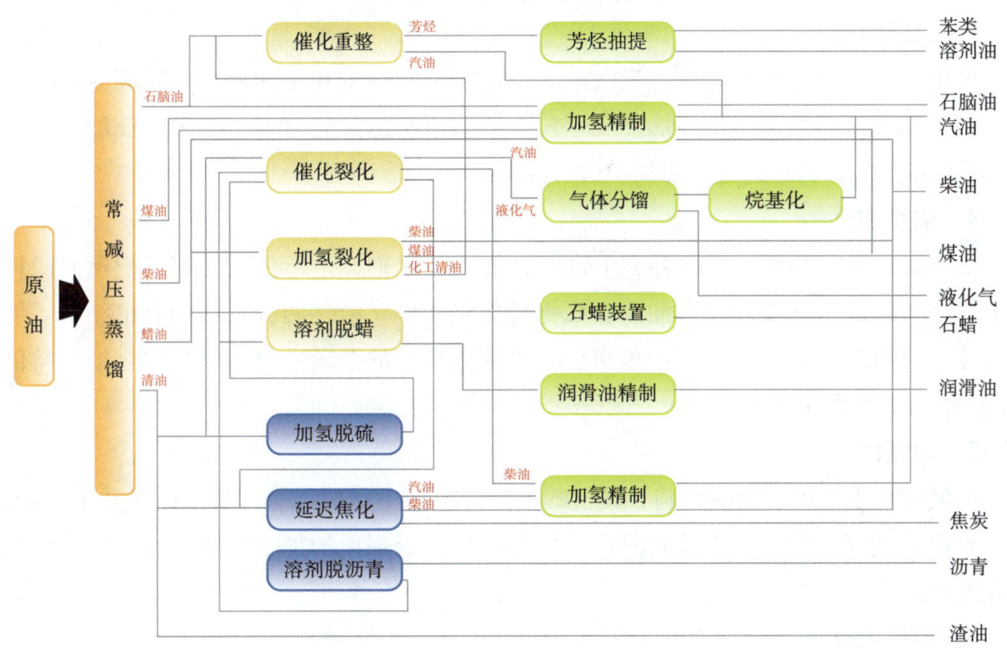

图1-2 石油炼制简单流程及油品

1. 常减压蒸馏

常减压蒸馏是炼油厂石油加工的第一道工序，称为原油的一次加工，包括三个工序：原油的脱盐、脱水，常压蒸馏，减压蒸馏。常减压蒸馏基本属物理过程。脱盐、脱水后的原料油在蒸馏塔里按蒸发能力分成沸点范围不同的油品（称为馏分），这些油有的经调和、加添加剂后以产品形式出厂，相当大的部分是后续加工装置的原料，因此，常减压蒸馏又被称为原油的一次加工。经过常减压蒸馏后，馏分分离如图1-3所示。

2. 催化裂化

催化裂化是石油炼制的核心工艺之一。在催化剂存在条件下，在一定温度和压力下经过一系列以重油裂解为主的反应，将重油转化为高品质汽油、柴油以及富含丙烯的LPG等主要产品。该过程由原料油催化裂化、催化剂再生、产物分离三部分组成。

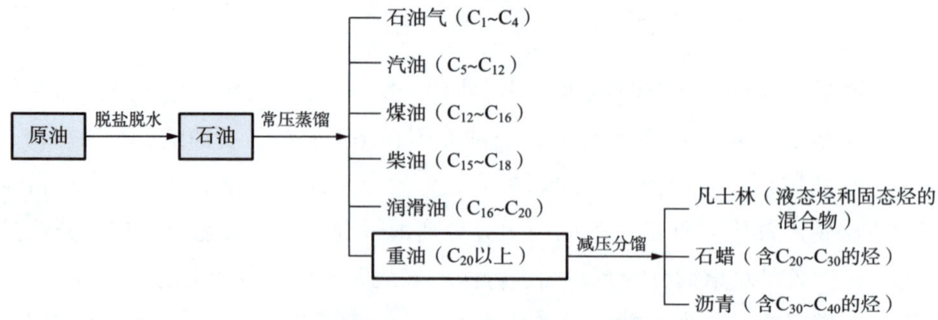

图 1-3 原油一次加工馏分分离情况

3. 延迟焦化

焦化是以减压渣油为原料生产汽油、柴油等中间馏分和石油焦，是提高原油加工深度，促进重质油轻质化的重要热加工手段。而对于延迟焦化来说，必须要在加热炉中急速加热到500℃，再迅速送到焦炭塔进行深度裂化。

4. 加氢裂化

加氢裂化是在高压、氢气存在下进行，加入催化剂，进行催化加工，把重质原料转化成汽油、煤油、柴油和润滑油，实质上是加氢和催化裂化两种反应的有机结合。加氢裂化由于有氢存在，原料转化的焦炭少，可除去有害的含硫、氮、氧的化合物，将低质的原料油转化为优质的轻质油。

5. 加氢精制

加氢精制主要用于油品精制，其目的是除掉油品中的硫、氮、氧杂原子及金属杂质，改善油品的使用性能。加氢精制已成为炼油厂中广泛采用的加工过程，也正在取代其他类型的油品精制方法。

6. 催化重整

催化重整（简称重整），是在催化剂和氢气存在下，将常压蒸馏所得的轻汽油转化成含芳烃较高的重整汽油的过程。重整汽油是汽油的高辛烷值调和组分，也可以是生产苯、甲苯、对二甲苯等芳烃产品的原料，重整过程副产氢气，可作为炼油厂加氢操作的氢源。重整的反应条件是：反应温度为490～525℃，反应压力为1～2MPa。

三 我国石油化工行业发展概况

石油化工作为石油炼制的下游行业，包括基本有机原料、有机化学品、高分子材料和精细化学品四大生产过程。基本有机原料生产过程是以石油和天然气为起始原料，经过炼制加工制得三烯（乙烯、丙烯、丁烯）、三苯（苯、甲苯、二甲苯）、乙炔和萘等基本有机原料。有机化学品生产过程是在“三烯、三苯、乙炔、萘”的基础上，通过各种合成步骤制得醇、醛、酮、酸、酯、醚、腈类等有机原料。高分子材料生产过程是利用有机原料，经过各种聚合、缩合步骤制得合成纤维、合成树脂、合成橡胶（即三大合成材料）等最终产品。

20世纪70年代我国石化工业初具规模，经过40多年的发展，石化工业具有了较大的规模，生产能力和产品质量持续稳定增长，基本形成了一个完整的具有相当规模的工业体系。乙烯、合成树脂、合成纤维等大宗石化产品的生产能力现已跃居世界前十位。

1. 乙烯

乙烯是石油化学工业最重要的基础原料之一，在石油化工基础原料生产中占主导地位。目前，全球乙烯的生产主要分布在北美、西欧和亚洲，十大乙烯生产国依次为美国、日本、沙特阿拉伯、德国、加拿大、中国、韩国、荷兰、法国和俄罗斯。

我国的石油化学工业是在十分薄弱的基础上起步，1949年年底全国有机化工原料的总产量仅900t。经过数十年的发展，我国乙烯工业取得了举世瞩目的进步。截至2016年年底，我国乙烯产能达59279kt/a、产量达49683kt，目前中国石化和中国石油在我国乙烯产业具有绝对优势，位列全球十大乙烯生产商第四和第六。

2. 丙烯

丙烯是石油化工的基础原料之一，截至2016年，我国丙烯生产能力从30年前的15200kt增加到32838kt（产量达25596kt），占全球产能的25.5%，预计2020年产能将达到39700kt。

3. 合成树脂、合成纤维、合成橡胶

随着石油化工的发展，合成树脂已迅速成长为和钢铁、水泥、木材相提并论的四大基本材料之一，亚洲、北美和欧洲共占世界总产量的90%以上，其中美国、日本、德国、韩国和中国的年合成树脂产量分列世界的前五位。

合成纤维是重要的合成材料之一，与棉、毛、纤维素纤维等统称为纺织纤维，在国民经济中起很重要的作用。我国合成纤维的产能、产量排名世界第一。

合成橡胶已有近百年的发展历史，主要用于轮胎生产和工业制品，美国、日本和中国为前三位生产大国，产量占全球产量的50%左右，我国合成橡胶的产能产量已位居世界第一。

2016年，我国合成树脂、合成纤维和合成橡胶的产能分别为80125kt、58230kt、6096kt，产量分别为57750kt、45363kt和3397kt。

四 我国炼化行业环境保护状况

石油工业在为社会提供各种成品油和化工产品的同时，也在生产过程中产生大量的废水、废气等有害物质，对人体健康和周边环境带来潜在的影响。据统计，石油炼化行业生产过程中每年消耗新鲜水约14.9×10^8t，占全国工业用水量的2.87%，每年排放的污水和废水约8.57×10^8t，占全国工业污水排放量的3.85%，占全国生产和生活废水排放量的2.34%。

（一）主要污染物

1. 石油炼制工业污染物排放

石油炼制业在生产过程中产生大量废水、废气、固体废弃物。

1）废水

废水主要包括含油废水、含硫废水、含碱废水等。

含油废水。主要污染物是油、COD。炼油厂内排水量最大的一种废水，约占全厂污水排放量的80%以上。主要来源是：各生产装置机泵冷却水、油气冷凝水、油品及油气水洗水、油罐油品切水、油罐设备清洗水、循环水场排污、化验室排放水、含油初期雨水、地面冲洗水、装置停工检修设备吹扫排水等。

含硫污水。主要来自二次加工装置、催化裂化、催化裂解、延迟焦化、加氢裂化、加氢精制等，一般从油水分离罐、富气水洗罐、液态烃水洗罐排出。这部分水排量较小，一般占全厂排水量的10%~20%。其特征污染物主要是：硫化物、氨、COD、酚、氰化物、油等，其中硫化物、氨氮浓度较高，一般约占全厂污水中硫化物、氨氮总量的90%以上。

含碱污水。主要来自油品洗涤水，如汽油、柴油、LPG碱洗后的水洗水，连续重整、加氢等催化剂再生水洗水，碱渣提酚装置排水等。这部分水量较少，占全厂污水总量的5%以下。其特征污染物主要是：游离碱、石油类及少量硫和酚等。

2）废气

石油炼制的废气一般分为有组织排放、无组织排放和事故排放，主要污染物为含硫化合物和烃类（包括含有苯、甲苯、硫化氢、烯烃、烷烃、环烷烃、甲硫醇、二甲二硫）。

有组织排放源主要指那些经常性、固定排放源，如：催化再生烟气、焦化放空气、氧化沥青尾气、硫黄回收尾气、焚烧炉烟气等。主要污染物：SO_x、NO_x和TSP（粉尘）。

无组织排放源主要指那些间断较难控制的排放源，如：装卸油操作、油品储存过程中的挥发、设备管道阀门泄漏、污水废渣、废液的挥发，装卸催化剂粉尘污染等。主要为烃类和恶臭气体。

3）固体及液体废弃物

炼油厂生产过程中有多种废物产生，多属于化学废物，部分具有可燃、有毒、易反应的特征，其形态有固态、液态、浆液状等不同类型。固体废物主要包括生产装置排出的废催化剂，液浆状废物主要是污水厂三泥（油泥、浮渣、剩余活性污泥）、储罐底泥，液态废物主要有废碱渣、废酸渣、废溶剂等。炼油厂对废物的处置主要有回收利用、焚烧、堆埋处理三种途径。

2. 石油化学工业污染物排放

石油化工的主要污染物是废水和废气。

1）废水

与炼油厂相比，石油化工厂工艺过程复杂、变化大，产品品种多样，所用的化工原料也相对较多，生产中产生的废水成分复杂、水质水量波动大、污染物浓度高且难降解，污染物中有毒有害的有机物占比高。不同化工厂根据生产的不同产品，污染物排放状况也大不相同。石油化工生产过程排放的污染物的组分比炼油过程复杂，除了普遍含油外，废水中除含有油、硫、酚、氰外，还含有苯、醇、醚、醛、酮、有机磷和金属盐类等。同样，石油化工行业废水包括工艺废水和非工艺污水，主要污染物有石油类、烃类化合物、硫化物、酚类化合物、悬浮物等。除此之外，根据生产情况和产品不同，废水有时还会含有醇类、氯化物、醋酸、醛类、苯类等污染物。

从废水水质上来说，石油化工废水可分为含油废水、高浓度有机废水、氯碱废水、含酸废水、生产废水及生活污水等。其中生产乙烯、丙烯衍生物的企业还排放有机氨废水，包括氯乙烯、聚氯乙烯、环氧氯丙烷废水；生产甲苯衍生物的企业排放含醇有机废水；合成橡胶企业排放橡胶废水。此外，一些石油化工过程还产生含醛、含酚废水

2）废气

石油化学工业大气污染物排放源有燃烧源、工艺源和面源。燃烧源主要有工艺加热炉、裂解炉等烟气，主要污染物为二氧化硫、氮氧化物；工艺源包括氧化反应、氧氯化反应、氨氧化反应工艺尾气，固体颗粒物料输送尾气，序批反应过程排放气等，主要污染物是有机物；面源包括储罐呼吸排气、设备阀门泄漏、采样过程、设备阀门检维修过程、非正常工况等，主要污染物是有机物。

此外，轻质油品挥发性化学品和溶剂贮存过程中的逸散、泄漏、废水及废弃物处理和运输过程中也会产生发散的恶臭和有害气体，对大气造成污染。石油化工行业排放的大气污染物主要有SO_x、NO_x、TSP、烃类、恶臭物质以及CO、VOC等。

（二）未来发展方向

近年来，炼化工业发展越来越受到资源、能源与环境的制约，开始高度重视节能环保，努力从“末端治理”向“生产全过程控制”转变，实现绿色低碳、循环发展。一是强化生产过程清洁化、绿色化。采用清洁生产工艺技术，从源头上减少污染物产生；采用先进节能减排技术，提高资源、能源利用效率，降低能耗物耗，减少污染物排放。二是增产绿色石化产品。成品油质量标准不断提高，进一步降低硫、烯烃和苯的含量；功能性、节能环保型石化新材料和新型精细化工产品，成为发展的热点和新的增长点。三是发展循环经济，以减量化为核心，以再利用和资源化为重要内容，积极推进炼化工业发展新模式，在追求自然资源利用率最大化、环境污染最小化的前提下寻求经济效益最大化。

第二章

国内外炼化行业环保法律法规标准现状

一 中国炼化行业环保法律法规标准

（一）环保法律法规标准体系

我国目前建立了由法律、国务院行政法规、政府部门规章、地方性法规和地方政府规章、环境标准、环境保护国际条约组成的完整的环境保护法律法规体系，如图2-1所示。

1．法律法规

《中华人民共和国宪法》是环境保护立法的依据和指导原则，指出“国家保护和改善生活环境和生态环境，防治污染和其他公害”。环境保护法律包括环境保护综合法、环境保护单行法和环境保护相关法。我国在环保基本法《中华人民共和国环境保护法》的总原则下，颁布了《水污染防治法》《大气污染防治法》《固体废物污染环境防治法》《环境噪声污染防治法》和《环境影响评价法》等环境保护单行法，《清洁生产促进法》和《循环经济促进法》等环境保护相关法。炼化行业相关的法律法规详见表2-1。

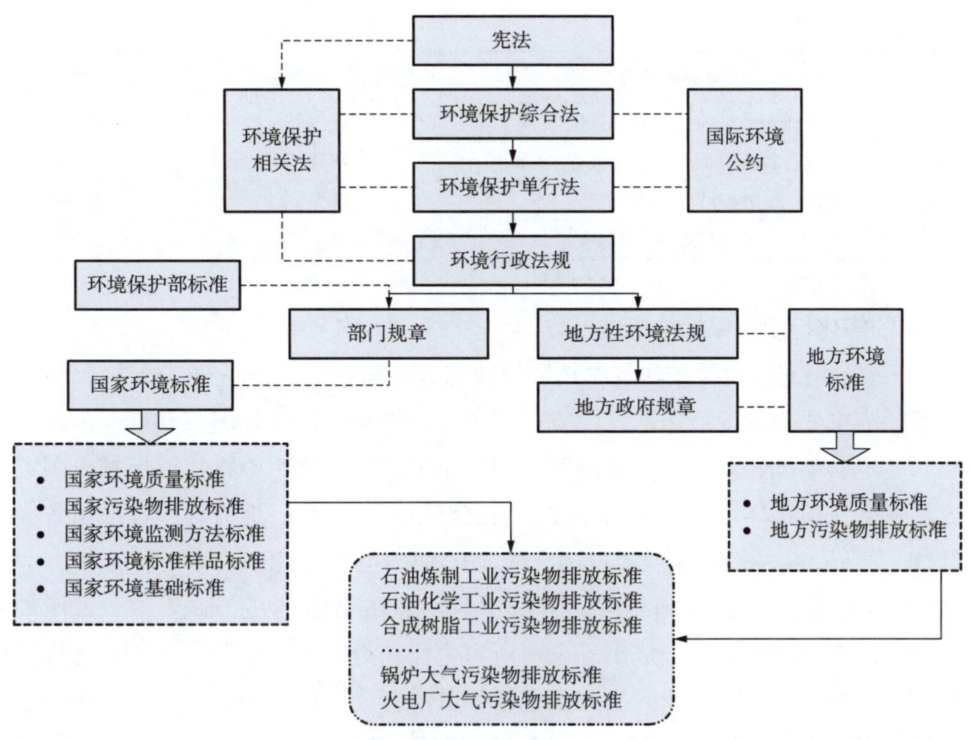

图 2-1 环境保护法律法规标准体系

表 2-1 炼化行业相关法律法规

序号	法律法规名称	制定/发布部门	发布/修订时间
1	中华人民共和国宪法	全国人大常委会	2004
2	中华人民共和国环境保护法		2014.4
3	中华人民共和国大气污染防治法		2015.8
4	中华人民共和国水污染防治法		2017.6
5	中华人民共和国固体废物污染环境防治法		2016.6
6	中华人民共和国环境影响评价法		2016.9
7	中华人民共和国环境噪声污染防治法		1996.10
8	中华人民共和国清洁生产促进法		2012.2
9	中华人民共和国循环经济促进法		2008.8
10	中华人民共和国放射性污染防治法		2003.6
11	中华人民共和国海洋环境保护法		2016.11
12	中华人民共和国节约能源法		2007.10
13	中华人民共和国环境保护税法		2016.12
14	建设项目环境保护管理条例	国务院	2017
15	大气污染防治行动计划	国务院	2013
16	水污染防治行动计划	国务院	2015
17	土壤污染防治行动计划	国务院	2016

续表

序号	法律法规名称	制定/发布部门	发布/修订时间
18	排污费征收使用管理条例	环保部	2003
19	排污许可证管理暂行规定	环保部	2016
20	清洁生产审核办法	环保部	2016.5
21	国家突发环境事件应急预案	环保部	2006.1

2. 中国炼化行业环保相关标准

环境标准是国家环境保护法规的重要组成部分，同时也是环保部门依法行政的依据。我国环境标准主要分为国家标准、地方标准和环境保护部标准。国家环境标准由环境保护部组织制定、审批、发布，包括国家环境质量标准、国家污染物排放标准、国家环境监测方法标准、国家环境标准样品标准、国家环境基础标准。地方环境标准由省级人民政府批准、发布，包括地方环境质量标准和地方污染物排放标准。

我国污染物排放标准采取的是综合标准和行业标准相结合的方式。对一般污染采取不分行业制定综合排放标准，适用于全国所有企业和行业的污染源；对重点污染行业的排放标准，主要是考虑其行业的生产工艺和相关的污染治理技术而制定。炼化行业相关的标准详见表2-2。2015年，环境保护部和国家质量监督检验检疫总局联合发布了《石油炼制工业污染物排放标准》《石油化学工业污染物排放标准》和《合成树脂工业污染物排放标准》三项行业污染物排放标准，要求新建企业2015年7月1日，现有企业自2017年7月1日起实施，石油炼化行业水污染物和大气污染物排放控制不再执行《污水综合排放标准》《大气污染物综合排放标准》和《工业炉窑大气污染物排放标准》。

表2-2 炼化行业执行标准情况

环境质量标准名称	
1	《环境空气质量标准》（GB 3095—2012）
2	《地表水环境质量标准》（GB 3838—2002）
3	《地下水环境质量标准》（GB/T 14848—1993）
4	《声环境质量标准》（GB 3096—2008）
5	《土壤环境质量标准》（GB 15618—1995）
污染物排放标准	
6	《石油炼制工业污染物排放标准》（GB 31570—2015）
7	《石油化学工业污染物排放标准》（GB 31571—2015）
8	《合成树脂工业污染物排放标准》（GB 31572—2015）
9	《大气污染物综合排放标准》（GB 16297—1996）
10	《工业炉窑大气污染物排放标准》（GB 9078—1996）
11	《火电厂大气排放标准》（GB 13223—2011）
12	《锅炉大气污染物排放标准》（GB 13271—2014）

续表

13	《恶臭污染物排放标准》（GB 14554—1993）
14	《储油库大气污染物排放标准》（GB 20950—2007）
15	《污水综合排放标准》（GB 8978—1996）
16	《工业企业厂界噪声排放标准》（GB 12348—2008）
17	《建设施工厂界环境噪声排放标准》（GB 12523—2011）
18	《一般工业固体废物贮存、处置场污染控制标准》（GB 18599—2001）
19	《危险废物贮存污染控制标准》（GB 18597—2001）
20	《危险废物焚烧污染控制标准》（GB 18484—2001）
21	《危险废物填埋污染控制标准》（GB 18598—2001）
清洁生产标准	
22	《清洁生产标准 石油炼制业》（HJ/T 125—2003）
23	《清洁生产标准 石油炼制业（沥青）》（HJ 443—2008）
环境风险	
24	《危险化学品重大危险源辨识》（GB 18218—2009）
25	《职业性接触毒物危险程度分级》（GB 5044—2010）
26	《危险废物名录》
27	《剧毒物品名录》
28	《高剧毒物品名录》
环境影响评价技术导则、环保验收技术规范	
29	《建设项目环境影响评价技术导则 总纲》（HJ 2.1—2016）
30	《环境影响评价技术导则 大气环境》（HJ 2.2—2008）
31	《环境影响评价技术导则 地面水环境》（HJ 2.3—1993）
32	《环境影响评价技术导则 地下水环境》（HJ 610—2016）
33	《环境影响评价技术导则 声环境》（HJ 2.4—2009）
34	《环境影响评价技术导则 生态影响》（HJ 19—2011）
35	《环境影响评价技术导则 石油化工建设项目》（HJ/T 89—2003）
36	《建设项目竣工环境保护验收技术规范 石油炼制》（HJ/T 405—2007）
37	《建设项目竣工环境保护验收技术规范 乙烯工程》（HJ/T 406—2007）
设计标准、规范	
38	《石油炼制工业废水治理工程技术规范》（HJ 2045—2014）
39	《含油污水处理工程技术规范》（HJ 580—2010）
40	《节水型企业 石油炼制行业》（GB/T 26926—2011）
41	《危险废物处置工程技术导则》（HJ 2042—2014）
42	《危险废物收集 贮存 运输技术规范》(HJ 2025—2012)
43	《石油化工企业环境保护设计规范》（SH 3024—1995）
44	《工业企业噪声控制设计规范》（GB/T 50087—2013）
45	《石油化工厂区绿化设计规范》（SH 3008—2000）
46	《石油库节能设计导则》（SH/T 3002—2000）
47	《石油储备库设计规范》（GB 50737—2011）
48	《石油天然气工业健康、安全与环境管理体系》（SY/T 6276—2010）

3. 标准制定依据

行业污染物排放标准限值是通过综合考虑工业排污水平、污染控制技术、环境质量要求、国内外相关标准以及国家环保工作要求等多方面的因素来制定。但是，近几年随着环境污染加重，标准制定更加重视环境质量改善要求，制定过程有时会忽视污染控制技术，设定更为严格的排放限值。《石油炼制工业污染物排放标准》水污染物排放限值的确定主要是根据企业调研数据，参考《污水综合排放标准》(GB8978—1996)和国外相关标准，特别排放限值的确定参考《地表水环境质量标准》(GB3838—2002)Ⅴ类水质标准值。大气污染物排放限值，基于国内企业数据调研、国外相关排放标准调研，以国际先进的生产技术和污染控制技术为依据，设定严格的排放控制要求。

4. 标准执行

污染物排放标准是国家控制企业向环境排放污染物的依据，同时也是环境法律制度执行的依据。污染物排放标准的实施是国家实现污染物减排的重要手段。

我国污染物排放标准的实施主要依靠国家政府的环境保护职能部门监督管理并执行，各类环境管理制度是标准实施的重要手段。经过几十年的发展，我国环境管理制度日益丰富和完善，在环境监督管理中发挥了十分重要的作用。目前比较成熟的环境法律制度主要有环境影响评价制度、“三同时”制度、征收排污费制度、限期治理制度、排污申报登记制度、现场检查制度、环境保护目标责任制度、城市环境综合整治定量考核制度等。环境保护许可证制度、污染物排放总量控制制度、环境标志制度、落后工艺设备限期淘汰制度等正在建立和发展。从各项环境法律制度的实施来看，环境影响评价制度和“三同时”制度的体系较为完整，具有较好的社会基础，适用范围较广；长期以来，排污收费制度由于收费较低不足以支撑污染治理、收费项目较少等问题，效果不佳。2014年，国家发展和改革委、财政部和环保部联合发布《关于调整排污费征收标准等有关问题的通知》(以下简称《通知》)，提高部分污染物的排污费征收标准，增加污染物因子，并且确立差别化政策，对企业实行奖优惩劣，提升企业治污减排的积极性，在一定程度上提升了减排效果；排污许可证制度保障性较强，但目前还不太完善，2016年12月23日环保部印发了《排污许可证管理暂行规定》，旨在推动排污综合许可、一证式管理的实施。2018年1月1日起施行《中华人民共和国环境保护税法》，以污染物排放量作为计税依据，不再征收排污费。

我国标准实施的监督包括自我监督和管理性监督。自我监督由排污单位及其主管部门承担，环保法规定“重点排污单位应按照国家有关规定和监测规范安装使用监测设备，保证监测设备的正常运行，保存原始监测记录”，“重点排污单位应当安装、使用大气污染物排放自动监测设备，与环境保护主管部门的监控设备联网，保证监测设备正常运行并依法公开排放信息”。管理性监督包括一般监督性监测和检查、抽查，判定排污单位的排污行为。根据《国家重点监控企业自行监测及信息公开办法(试行)》，化学需氧量、氨氮每日开展监测，废水中其他污染物每月至少开展一次监测；二氧化硫、氮氧化物每周至少开展一次监测，颗粒物每月至少开展一次监测，废气中其他污染物每季度至少开展一次监测。企业在每月初的7个工作日内向环境保护主管部门报告上月主要污染物排放量，并提供有关资料；根据《国家重点监控企业污染源监督性监测及信息公开办法（试行）》，各级环境保护主管部门应当将污染源监督性监测工作纳入环境保护规划，并按照环境管理工作需求组织制定污染源监督性监测工作的年度计划和专项计划，根据计划开展工作。地市级和省级环境保护主管部门应当于获取污染源监督性监测信息后20个工作日内公开污染源监督性监测信息，分别通过部门官方网站向社会公布本辖区内国家重点监控企业的污染源监督性监测结果和未开展监督性监测的原因，信息至少在网站保存一年。鼓励地市级和省级环境保护主管部门通过报纸、广播、电视等便于公众知晓的方式公开污染源监督性监测信息。

目前我国已经建立起国家、省、地、县四级环境执法体系，但是基层环保部门普遍存在执法人员少、素质低、执法装备差、执法经费难以保障等一系列问题，导致基层执法能力、执法水平不高，环境执法难以承担日益繁多的环境保护监管任务。我国国家、省级环保行政主管部门平均人数100人，国家、省级环境监察机构平均每个机构37人、环境监测站平均每个机构71人；地级市环保行政主管部门平均30人，环境监察机构平均每个机构27人、环境监测站平均每个机构46人；县级市环保行政主管部门平均14人，环境监察机构平均每个机构20人、环境监测站平均每个机构16人。另外，环境法律对标准实施方法的条文规定不太完善，不能有效指导标准的执行实施，加之，基层环境执法扰乱因素较多，行政处罚机制不够完善，使得环保行政机关缺少查封、取缔等行政强制手段，对无视标准进行的污染、破坏环境等违法行为，不能采取强制性措施。

（二）炼化行业污染物排放标准限值

1997年起，我国石油炼制和石油化学工业开始执行《大气污染物综合排放标准》（GB 16297—1996）和《污水综合排放标准》（GB 8978—1996），主要控制水污染物中的pH值、石油类、COD、挥发酚，大气污染物中的烟尘、SO_2。污染物排放控制要求与发达国家和地区相比差距较大，加之我国原油加工能力的不断提高，石油行业的污染物排放量居高不下，区域性大气、水污染问题日趋明显。2000年《大气污染防治法》阐明了“超标即违法”的思想，随后发布的《水污染防治》等法律又强化了这一思想，超标将受到严厉的行政处罚，甚至刑事处罚，这对污染物排放标准的科学性、适应性提出了更严格的要求。以往以综合性排放标准为主的标准体系行业针对性不强、污染物控制重点不突出、限值科学合理性较差，已不能满足当前环保工作的要求。《石油炼制工业污染物排放标准》《石油化学工业污染物排放标准》和《合成树脂工业污染物排放标准》（以下简称“新标准”）三项标准的发布，填补了国家层面上石化行业污染物排放标准的空白。

1. 石油炼制工业污染物排放标准

石油炼制工业新建企业2015年7月1日、现有企业2017年7月1日起执行《石油炼制工业污染物排放标准》，在国土开发密度已经较高、环境承受能力开始减弱或环境容量较小、生态环境脆弱，容易发生严重污染问题（大气、水）而需要采取特别保护措施的地区，应严格执行特别排放限值（表2-3~表2-6）。

表2-3 水污染物排放限值

mg/L（pH值除外）

序号	污染物项目	排放限值		特别排放限值		污染物排放监控位置
		直接排放	间接排放	直接排放	间接排放	
1	pH值	6~9	—	6~9	—	企业废水总排放口
2	悬浮物	70	—	50	—	
3	化学需氧量	60	—	50	—	
4	五日生化需氧量	20	—	10	—	
5	氨氮	8.0	—	5.0	—	
6	总氮	40	—	30	—	
7	总磷	1.0	—	0.5	—	
8	总有机碳	20	—	15	—	
9	石油类	5.0	20	3.0	15	
10	硫化物	1.0	1.0	0.5	1.0	
11	挥发酚	0.5	0.5	0.3	0.5	
12	总钒	1.0	1.0	1.0	1.0	
13	苯	0.1	0.2	0.1	0.1	
14	甲苯	0.1	0.2	0.1	0.1	
15	邻二甲苯	0.4	0.6	0.2	0.4	
16	间二甲苯	0.4	0.6	0.2	0.4	
17	对二甲苯	0.4	0.6	0.2	0.4	
18	乙苯	0.4	0.6	0.2	0.4	
19	总氰化物	0.5	0.5	0.3	0.5	
20	苯并（a）芘	0.00003		0.00003		车间或生产设施废水排放口
21	总铅	1.0		1.0		
22	总砷	0.5		0.5		
23	总镍	1.0		1.0		
24	总汞	0.05		0.05		
25	烷基汞	不得检出		不得检出		
加工单位原料（油）基准排水量（m^3/t 原油）		0.5		0.4		排放量计量位置与污染物排放监控位置相同

表2-4 大气污染物排放限值

mg/m^3

序号	污染物项目	工艺加热炉	催化裂化催化剂再生烟气①	重整催化剂再生烟气	酸性气回收装置	氧化沥青装置	废水处理有机废气收集处理装置	有机废气排放口②	污染物排放监控位置
1	颗粒物	20	50	—	—	—	—	—	车间或生产设施排气筒

续表

序号	污染物项目	工艺加热炉	催化裂化催化剂再生烟气①	重整催化剂再生烟气	酸性气回收装置	氧化沥青装置	废水处理有机废气收集处理装置	有机废气排放口②	污染物排放监控位置
2	镍及其化合物	—	0.5	—	—	—	—	—	车间或生产设施排气筒
3	二氧化硫	100	100	—	400	—	—	—	
4	氮氧化物	150 180③	200	—	—	—	—	—	
5	硫酸雾	—	—	—	30④	—	—	—	
6	氯化氢	—	—	30	—	—	—	—	
7	沥青烟	—	—	—	—	20	—	—	
8	苯并（a）芘	—	—	—	—	0.0003	—	—	
9	苯	—	—	—	—	—	4	—	
10	甲苯	—	—	—	—	—	15	—	
11	二甲苯	—	—	—	—	—	20	—	
12	非甲烷总烃	—	—	60	—	—	120	去除效率≥95%	

注：①催化裂化余热锅炉吹灰时再生烟气污染物浓度最大值不应超过表中限值的2倍，且每次持续时间不应大于1h。
②有机废气中若含有颗粒物、二氧化硫、氮氧化物，执行工艺加热炉相应污染物控制要求。
③炉膛温度≥850℃的工艺加热炉执行该限值。
④酸性气体回收装置生产硫酸时执行该限值。

表2-5　大气污染物特别排放限值

mg/m^3

序号	污染物项目	工艺加热炉	催化裂化催化剂再生烟气①	重整催化剂再生烟气	酸性气回收装置	氧化沥青装置	废水处理有机废气收集处理装置	有机废气排放口②	污染物排放监控位置
1	颗粒物	20	30	—	—	—	—	—	车间或生产设施排放筒
2	镍及其化合物	—	0.3	—	—	—	—	—	
3	二氧化硫	50	50	—	100	—	—	—	
4	氮氧化物	100	100	—	—	—	—	—	
5	硫酸雾	—	—	—	5③	—	—	—	
6	氯化氢	—	—	10	—	—	—	—	
7	沥青烟	—	—	—	—	10	—	—	
8	苯并（a）芘	—	—	—	—	0.0003	—	—	
9	苯	—	—	—	—	—	4	—	
10	甲苯	—	—	—	—	—	15	—	
11	二甲苯	—	—	—	—	—	20	—	

续表

序号	污染物项目	工艺加热炉	催化裂化催化剂再生烟气①	重整催化剂再生烟气	酸性气回收装置	氧化沥青装置	废水处理有机废气收集处理装置	有机废气排放口②	污染物排放监控位置
12	非甲烷总烃	—	—	30	—	—	120	去除效率≥95%	车间或生产设施排放筒

注：①催化裂化余热锅炉吹灰时再生烟气污染物浓度最大值不应超过表中限值的2倍，且每次持续时间不应大于1h。
②有机废气中若含有颗粒物、二氧化硫、氮氧化物，执行工艺加热炉相应污染物控制要求。
③酸性气体回收装置生产硫酸时执行该限值。

表2-6 企业边界大气污染物浓度限值 mg/m^3

序号	污染物项目	限值
1	颗粒物	1.0
2	氯化氢	0.2
3	苯并（a）芘	0.000008
4	苯	0.4
5	甲苯	0.8
6	二甲苯	0.8
7	非甲烷总烃	4.0

2. 石油化学工业污染物排放标准

石油化学工业新建企业2015年7月1日、现有企业2017年7月1日起执行《石油化学工业污染物排放标准》。在国土开发密度已经较高、环境承受能力开始减弱或环境容量较小、生态环境脆弱，容易发生严重污染问题（大气、水）而需要采取特别保护措施的地区，应严格执行特别排放限值，详见表2-7~表2-12。

表2-7 水污染物排放限值 mg/L（pH值除外）

序号	污染物项目	排放限值		特别排放限值		污染物排放监控位置
		直接排放	间接排放	直接排放	间接排放	
1	pH值	6~9	—	6~9	—	企业废水总排放口
2	悬浮物	70	—	50	—	
3	化学需氧量	60	—	50	—	
4	五日生化需氧量	20	—	10	—	
5	氨氮	8.0	—	5.0	—	
6	总氮	40	—	30	—	
7	总磷	1.0	—	0.5	—	
8	总有机碳	20	—	15	—	
9	石油类	5.0	20	3.0	15	

续表

序号	污染物项目	排放限值		特别排放限值		污染物排放监控位置
		直接排放	间接排放	直接排放	间接排放	
10	硫化物	1.0	1.0	0.5	1.0	企业废水总排放口
11	氟化物	10	20	8	15	
12	挥发酚	0.5	0.5	0.3	0.5	
13	总钒	1.0	1.0	1.0	1.0	
14	总铜	0.5	0.5	0.5	0.5	
15	总锌	2	2	2	2	
16	总氰化物	0.5	0.5	0.3	0.5	
17	可吸附有机卤化物	1	5	1	5	
18	苯并（a）芘	0.00003		0.00003		车间或生产设施废水排放口
19	总铅	1.0		1.0		
20	总镉	0.1		0.1		
21	总砷	0.5		0.5		
22	总镍	1.0		1.0		
23	总汞	0.05		0.05		
24	烷基汞	不得检出		不得检出		
25	总铬	1.5		1.5		
26	六价铬	0.5		0.5		
27	废水有机特征污染物	见表 2-8				企业废水总排放口

表2-8 废水中有机特征污染物及排放限值 mg/L

序号	污染物项目	排放限值	序号	污染物项目	排放限值
1	一氯二溴甲烷	1	15	氯丁二烯	0.02
2	二氯一溴甲烷	0.6	16	六氯丁二烯	0.006
3	二氯甲烷	0.2	17	二溴乙烯①	0.0005
4	1,2- 二氯乙烷	0.3	18	苯	0.1
5	三氯甲烷	0.3	19	甲苯	0.1
6	1,1,1- 三氯乙烷	20	20	邻二甲苯	0.4
7	五氯丙烷①	0.3	21	间二甲苯	0.4
8	三溴甲烷	1	22	对二甲苯	0.4
9	环氧氯丙烷	0.02	23	乙苯	0.4
10	氯乙烯	0.05	24	苯乙烯	0.2
11	1,1- 二氯乙烯	0.3	25	硝基苯类	2
12	1,2- 二氯乙烯	0.5	26	氯苯	0.2
13	三氯乙烯	0.3	27	1,2- 二氯苯	0.4
14	四氯乙烯	0.1	28	1,4- 二氯苯	0.4

续表

序号	污染物项目	排放限值	序号	污染物项目	排放限值
29	三氯苯	0.2	45	丙烯酸①	5
30	四氯苯	0.2	46	二氯乙酸①	0.5
31	异丙苯	2	47	三氯乙酸①	1
32	多环芳烃	0.02	48	环烷酸①	10
33	多氯联苯	0.0002	49	黄原酸丁酯 (①	0.01
34	甲醛	1	50	邻苯二甲酸二乙酯①	3
35	乙醛①	0.5	51	邻苯二甲酸二丁酯	0.1
36	丙烯醛①	1	52	邻苯二甲酸二辛酯	0.1
37	戊二醛①	0.7	53	二（2- 乙基己基）己二酸酯①	
38	三氯乙醛	0.1	54	苯胺类	0.5
39	双酚 A①	0.1	55	丙烯酰胺	0.005
40	β- 萘酚①	1	56	水合肼①	0.1
41	2,4- 二氯酚	0.6	57	吡啶	2
42	2,4,6- 三氯酚	0.6	58	四氯化碳	0.03
43	苯甲醚①	0.5	59	四乙基铅①	0.001
44	丙烯腈	2	60	二噁英类	0.3ng-TEQ/L

注：①待国家污染物监测方法标准发布后实施。

表2-9 大气污染物排放限值

mg/m^3

序号	污染物项目	工艺加热炉	有机废气排放口			污染物排放监控位置
			废水处理有机废气收集处理装置	含卤代烃有机废气①	其他有机废气①	
1	颗粒物	20	—	—	—	车间或生产设施排放筒
2	二氧化硫	100	—	—	—	
3	氮氧化物	150 180②	—	—	—	
4	非甲烷总烃	—	120	去除效率≥ 95%	去除效率≥ 95%	
5	氯化氢	—	—	30	—	
6	氟化氢	—	—	5.0	—	
7	溴化氢③	—	—	5.0	—	
8	氯气	—	—	5.0	—	
9	废气有机特征污染物	—	表 2-11 所列有机特征污染物及排放浓度限值			

注：①有机废气中若含有颗粒物、二氧化硫、氮氧化物，执行工艺加热炉相应污染物控制要求。
②炉膛温度≥ 850℃的工艺加热炉执行该限值。
③待国家污染物监测方法标准发布后实施。

表2-10 大气污染物特别排放限值

mg/m³

序号	污染物项目	工艺加热炉	有机废气排放口			污染物排放监控位置
			废水处理有机废气收集处理装置	含卤代烃有机废气①	其他有机废气①	
1	颗粒物	20	—	—	—	车间或生产设施排放筒
2	二氧化硫	100	—	—	—	
3	氮氧化物	150	—	—	—	
4	非甲烷总烃	—	120	去除效率≥95%	去除效率≥95%	
5	氯化氢	—	—	30	—	
6	氟化氢	—	—	5.0	—	
7	溴化氢②	—	—	5.0	—	
8	氯气	—	—	5.0	—	
9	废气有机特征污染物	—	表2-11所列有机特征污染物及排放浓度限值			

注：①有机废气中若含有颗粒物、二氧化硫、氮氧化物，执行工艺加热炉相应污染物控制要求；
②待国家污染物监测方法标准发布后实施。

表2-11 废气中有机特征污染物及排放限值

mg/L

序号	污染物项目	排放限值	序号	污染物项目	排放限值
1	正己烷	100	23	二甲苯	20
2	环己烷①	100	24	乙苯	100
3	氯甲烷①	20	25	苯乙烯	50
4	二氯甲烷①	100	26	氯苯类	50
5	三氯甲烷①	50	27	氯萘①	5
6	四氯化碳①	20	28	硝基苯类	16
7	1,2-二氯乙烷①	1	29	甲醇	50
8	1,2-二氯丙烷①	100	30	乙二醇①	50
9	溴甲烷①	20	31	甲醇	5
10	溴乙烷①	1	32	乙醛	50
11	1,3-丁二烯①	1	33	丙烯醛	3
12	氯乙烯	1	34	丙酮	100
13	三氯乙烯①	1	35	2-丁酮①	100
14	四氯乙烯①	100	36	异佛尔酮①	50
15	氯丙烯①	20	37	酚类	20
16	氯丁二烯①	20	38	氯甲基甲醚①	0.05
17	二氯乙炔①	4	39	二氯甲基醚①	0.05
18	环氧乙烷①	0.5	40	氯乙酸①	20
19	环氧丙烷①	1	41	丙烯酸①	20
20	环氧氯丙烷①	10	42	邻苯二甲酸酐①	10
21	苯	4	43	马来酸酐①	10
22	甲苯	15	44	乙酸乙烯酯①	20

续表

序号	污染物项目	排放限值	序号	污染物项目	排放限值
45	甲基丙烯酸甲酯①	100	55	甲肼①	0.8
46	异氰酸甲酯①	0.5	56	偏二甲肼①	5
47	甲苯二异氰酸酯①	1	57	吡啶①	20
48	硫酸二甲酯①	5	58	四氢呋喃①	100
49	乙腈①	50	59	光气	0.5
50	丙烯腈	0.5	60	氰化氢	1.9
51	苯胺类	20	61	二硫化碳①	20
52	二甲基甲酰胺①	50	62	苯并（a）芘	0.3μg/m³
53	丙烯酰胺①	0.5	63	多氯联苯①	0.1ng-TEQ/m³
54	肼（联氨）①	0.6	64	二噁英类	0.1ng-TEQ/m³

注：①待国家污染物监测方法标准发布后实施。

表2-12　企业边界大气污染物浓度限值

mg/m³

序号	污染物项目	限值
1	颗粒物	1.0
2	氯化氢	0.2
3	苯并（a）芘	0.000008
4	苯	0.4
5	甲苯	0.8
6	二甲苯	0.8
7	非甲烷总烃	4.0

（三）炼化行业新旧标准的对比情况

“新标准”对污染物排放提出更高要求，以此为手段倒逼产业转型升级，进一步减少污染物排放。本节从污染控制因子、排放限值两方面开展新旧标准对比。

1. 控制因子

废水方面。《石油炼制工业污染物排放标准》（GB 31570—2015）增加了总氮、总磷、总钒的排放限值。《石油化学工业污染物排放标准》（GB 31570—2015）增加了废水中一氯二溴甲烷、二氯一溴甲烷、乙醛、二噁英类等39种有机特征污染物的排放限值，新增污染物及其排放限值详见表2-13。

废气方面。石油炼制行业增加了有机液体储罐、废水集输及处理系统、设备泄漏检测修复、火炬、检维修、采样等10个方面的挥发性有机物排放控制要求，并对废水处理、有机废气控制设施排放口的非甲烷总烃和苯、甲苯等特征有机污染物提出了排放限值要求。石油化学工业新增正己烷、环己烷等50种有机特征污染物及其排放限值，详见表2-14。

表2-13 石油化学工业废水中新增有机物

mg/L

污染物项目	排放限值	污染物项目	排放限值
一氯二溴甲烷	1	乙醛①	1
二氯一溴甲烷	0.6	丙烯醛①	1
二氯甲烷	0.2	戊二醛①	0.7
1,2- 二氯乙烷	0.3	三氯乙醛	0.1
1,1,1- 三氯乙烷	20	双酚 A①	0.1
五氯丙烷①	0.3	β- 萘酚	1
三溴甲烷	1	苯甲醚①	0.5
环氧氯丙烷	0.02	丙烯酸①	5
氯乙烯	0,05	二氯乙酸①	0.5
1,1- 二氯乙烯	0.3	三氯乙酸①	1
1,2- 二氯乙烯	0.3	环烷酸①	10
氯丁二烯	0.02	黄原酸丁酯①	0.01
六氯丁二烯	0.006	邻苯二甲酸二乙酯①	3
二溴乙烯①	0.0005	二(2- 乙基己基)己二酸酯①	4
苯乙烯	0.2	丙烯酰胺	0.005
三氯苯	0.2	水合肼①	0.1
四氯苯	0.2	吡啶	2
异丙苯	2	四乙基铅①	0.001
多环芳烃	0.02	二噁英类	0.3ng-TEQ/L
多氯联苯	0.0002		

注：待国家污染物监测方法标准发布后实施。

表2-14 石油化学工业废气中新增有机物

mg/m^3

污染物项目	排放限值	污染物项目	排放限值
正己烷	100	异佛尔酮①	50
环己烷①	100	氯甲基甲醚①	0.05
氯甲烷①	20	二氯甲基醚①	0.05
二氯甲烷①	100	氯乙酸①	20
三氯甲烷①	50	丙烯酸①	20
四氯化碳①	20	邻苯二甲酸酐①	10
1,2- 二氯乙烷①	1	马来酸酐①	10
1,2- 二氯丙烷①	100	乙酸乙烯酯①	20
溴甲烷①	20	甲基丙烯酸甲酯①	100
溴乙烷①	1	异氰酸甲酯①	0.5
1,3- 丁二烯①	1	甲苯二异氰酸酯①	1
三氯乙烯①	1	硫酸二甲酯①	5
四氯乙烯①	100	乙腈①	50
氯丙烯①	20	二甲基甲酰胺①	50
氯丁二烯①	20	丙烯酰胺①	0.5
二氯乙炔①	4	肼（联氨）①	0.6

续表

污染物项目	排放限值	污染物项目	排放限值
环氧乙烷①	0.5	甲肼①	0.8
环氧丙烷①	1	偏二甲肼①	5
环氧氯丙烷①	10	吡啶①	20
乙苯	100	四氢呋喃①	100
苯乙烯	50	光气	0.5
氯苯①	5	二硫化碳①	20
乙二醇①	50	苯并（a）芘	0.3μg/m^3
丙酮	100	多氯联苯①	0.1ng-TEQ/m^3
2-丁酮①	100	二噁英类	0.1ng-TEQ/m^3

注：待国家污染物监测方法标准发布后实施。

2. 排放限值

石油炼制行业旧的水污染物排放标准执行《污水综合排放标准》（GB 8978—1996），要求新建企业和既有企业执行不同的标准限值，对于既有企业的要求从污染物控制种类和排放限值方面均较为宽松。新标准则要求2年整改期后，新建和既有企业执行统一的标准。与旧标准相比，石油炼制行业废水中pH值、悬浮物、化学需氧量、五日生化需氧量、总有机碳、石油类、硫化物、挥发酚、苯、甲苯、邻二甲苯、对二甲苯、间二甲苯、乙苯、总氰化物、苯并（a）芘、总铅、总砷、总镍、总汞、烷基汞的排放限值与《污水综合排放标准》一级标准持平，对于氨氮的控制要求大幅提升，并且新增总氮、总磷、总钒三个指标。排放限值变化详见表2-15。

表2-15 石油炼制行业水污染物排放新旧标准对比 mg/L

污染物种类		氨氮	总氮	总磷	总钒
新标准（直排）	排放限值	8	40	1	1
	特别排放限值	5	30	0.5	1
旧标准（1998年1月1日后建设）	一级标准	15	—	—	—
	二级标准	25	—	—	—

新标准颁布以前，石油炼制行业大气污染物排放执行《大气污染物综合排放标准》（GB 16297—1996）、《工业炉窑大气污染物排放标准》（GB 9078—1996）、《锅炉大气污染物排放标准》（GB 13271—2014）。石油炼制工业工艺加热炉、催化裂化再生烟气一氧化碳余热锅炉，有些企业现执行《工业炉窑大气污染物排放标准》（GB 9078—1996）规定，一些企业执行《锅炉大气污染物排放标准》（GB 13271—2014）。与旧标准相比，对污染物的控制更加严格，并且针对特定地区实施特别排放标准，新旧标准大气污染物的排放限值对比详见表2-16。

表2-16　石油炼制行业大气污染物排放标准对比

mg/m^3

污染物	标准类型		工艺加热炉	催化裂化催化剂再生烟气	重整催化剂再生烟气	酸性气回收装置	氧化沥青装置	废水处理有机废气收集处理装置
SO_2	新标准，排放限值 / 特别排放限值		100/50	100/50		400/100		
	大气污染物综合排放标准（GB 16297—1996），新建 / 现有					960/1200		
	工业炉窑标准（GB 9078—1996），二级 / 三级		850/1200	850/1200				
	工业锅炉（GB 13271—2014）（煤 / 油 / 气）	新建（一般，特别）	300/200/50 200/100/50	300/200/50 200/100/50				
		现有	400/300/100	400/300/100				
颗粒物	新标准，排放限值 / 特别排放限值		20/20	50/30				
	大气污染物综合排放标准（GB 16297—1996），新建 / 现有		120/150	120/150				
	工业炉窑标准（GB 9078—1996），二级 / 三级		200/300	200/300				
	工业锅炉（GB 13271—2014）（煤 / 油 / 气）	新建（一般 / 特别）	50/30/20 30/30/30	200/100/50 300/200/50				
		现有	80/60/30	400/300/100				
氮氧化物	新标准，排放限值 / 特别排放限值		150/180	200				
	工业炉窑标准（GB 9078—1996），二级 / 三级		—	—				
	工业锅炉（GB 13271—2014）（煤 / 油 / 气）	新建（一般，特别）	300/250/200 200/200/150	300/250/200 200/200/150				
		现有	400/400/400	400/400/400				
硫酸雾	新标准，排放限值 / 特别排放限值					30/5		
	大气污染物综合排放标准（GB 16297—1996），新建 / 现有					45/70		
氯化氢	新标准，一般 / 特别排放限值				30			
	大气污染物综合排放标准（GB 16297—1996），新建 / 现有				100/150			

续表

污染物	标准类型	工艺加热炉	催化裂化催化剂再生烟气	重整催化剂再生烟气	酸性气回收装置	氧化沥青装置	废水处理有机废气收集处理装置
沥青烟	新标准，排放限值 / 特别排放限值					20	
	大气污染物综合排放标准（GB 16297—1996），新建 / 现有					140/280	
苯并（a）芘	新标准，排放限值 / 特别排放限值					0.0003	
	大气污染物综合排放标准（GB 16297—1996），新建 / 现有					0.0003/0.0005	
镍及其化合物	新标准，排放限值 / 特别排放限值		0.5/0.3				
	大气污染物综合排放标准（GB 16297—1996），新建 / 现有		4.3/5.0				
苯	新标准，排放限值 / 特别排放限值						4/4
	大气污染物综合排放标准（GB 16297—1996），新建 / 既有						12/17
甲苯	新标准，排放限值 / 特别排放限值						15/15
	大气污染物综合排放标准（GB 16297—1996），新建 / 现有						40/60
二甲苯	新标准，排放限值 / 特别排放限值						20/20
	大气污染物综合排放标准（GB 16297—1996），新建 / 现有						70/90
非甲烷总烃	新标准，排放限值 / 特别排放限值						120/120
	大气污染物综合排放标准（GB 16297—1996），新建 / 现有						120/150

与旧标准相比，石油化学工业废水中pH值、悬浮物、化学需氧量、五日生化需氧量、总有机碳、石油类、硫化物、氟化物、挥发酚、总铜、总锌、总氰化物、可吸附有机卤素、苯并（a）芘、总铅、总镉、总砷、总镍、总汞、烷基汞、总铬、六价铬的排放限值与《污水综合排放标准》一级标准持平，对于氨氮的控制更加严格，并且新增总氮、总磷和总钒3个指标，排放限值变化详见表2-17。石油化学工业大气污染物排放限值对比情况详见表2-18。

表2-17　石油化学工业行业水污染物排放新旧标准对比　mg/L

污染物种类		氨氮	总氮	总磷	总钒
新标准（直排）	排放限值	8	40	1	1
	特别排放限值	5	30	0.5	1
旧标准（1998年1月1日后建设）	一级标准	15	—	—	—
	二级标准	50	—	—	—

表2-18　石油化学工业大气污染物排放限值对比情况　mg/m^3

污染物	标准类型		工艺加热炉	有机废气排放口	
				废水处理有机废气收集处理装置	含卤代烃有机废气
SO_2	新标准，排放限值/特别排放限值		100/50		
	大气污染物综合排放标准（GB 16297—1996），新建/现有				
	工业炉窑标准（GB9078—1996）二级/三级		1200/850		
	工业锅炉（GB 13271—2014）（煤/油/气）	新建（一般/特别）	200/100/50 300/200/50		
		现有	400/300/100		
颗粒物	新标准，排放限值/特别排放限值		20/20		
	气污染物综合排放标准（GB 16297—1996）新建/现有				
	工业炉窑标准（GB9078—1996）二级/三级		200/300		
	工业锅炉（GB 13271—2014）（煤/油/气）	新建（一般/特别）	50/30/20 30/30/30		
		现有	80/60/30		
氮氧化物	新标准，排放限值/特别排放限值		150/180		
	大气污染物综合排放标准（GB 16297—1996），新建/现有				
	工业炉窑标准（GB9078—1996）二级/三级				
	工业锅炉（GB 13271—2014）（煤/油/气）	新建（一般/特别）	300/250/200 200/200/150		
		现有	400/400/400		

续表

污染物	标准类型	工艺加热炉	有机废气排放口	
			废水处理有机废气收集处理装置	含卤代烃有机废气
非甲烷总烃	新标准，排放限值 / 特别排放限值		120/120	
	大气污染物综合排放标准（GB 16297—1996），新建 / 现有		120/150	
氯化氢	新标准，排放限值 / 特别排放限值			30/30
	大气污染物综合排放标准（GB 16297—1996），新建 / 现有			100/150
氟化氢	新标准，排放限值 / 特别排放限值			5/5
	大气污染物综合排放标准（GB 16297—1996），新建 / 现有			9/11
溴化氢	新标准，排放限值 / 特别排放限值			5/5
	大气污染物综合排放标准（GB 16297—1996），新建 / 现有			未设
氯气	新标准，排放限值 / 特别排放限值			5/5
	大气污染物综合排放标准（GB 16297—1996），新建 / 现有			65/85

（四）国家标准与地方标准的对比研究

地方排放标准是对国家排放标准的补充和完善，《环境保护法》规定“省、自治区、直辖市人民政府对国家污染物排放标准中未作规定的项目，可以制定地方污染物排放标准；对国家污染物排放标准中已作规定的项目，可以制定严于国家污染物排放标准的地方污染物排放标准。”

我国大气、污水综合排放标准均为1996年发布，至今一直未修订，期间随着工艺技术进步及环境形势的恶化，已不能满足国家污染控制要求。各省、自治区、直辖市从地方自然条件、管理要求、产业布局等出发，制定严于国家标准的地方标准，为我国污染物减排作出了积极的贡献。2016年江苏省率先发布了《化学工业挥发性有机物排放标准》，确定了35种挥发性有机物及臭气浓度的最高允许排放浓度和与排气筒对应的排放速率、厂界挥发性有机物监控点浓度限值和臭气浓度限值，明确监测要求。我国重点地区的污染物排放标准的发布情况详见表2-19。但是随着国家逐步由综合排放标准向行业排放标准转变，从技术工艺的角度出发，对污染物的控制更加严格，可是目前只有北京市发布了《炼油与石油化学工业大气污染物排放标准》行业标准。北京市行业标准与国家行业标准的对比情况详见表2-20，大气污染物12个控制指标中，二氧化硫和非甲烷总烃严于国家标准，其他污染物和国家特别排放标准一致。北京市水污染物排放标准针对受纳水体执行区别化的排放标准，对比情况见表2-21，排放到Ⅱ、Ⅲ类水体中25项控制因子中17项严于国家特别排放标准，8项持平；排放到Ⅳ、Ⅴ类水体中25项控制因子中12

项严于国家特别排放标准，7项较为宽松，6项持平。

表2-19 各省市炼化相关标准列表

序号	省市自治区	标准名称	标准号
1	国家	污水综合排放标准	GB 8978—1996
2		大气污染物综合排放标准	GB 16297—1996
3		工业炉窑大气污染物排放标准	GB 9078—1996
4		锅炉大气污染物排放标准	GB 13271—2014
5		火电厂大气排放标准	GB 13223—2011
6		恶臭污染物排放标准	GB 14554—1993
7		石油炼制工业污染物排放标准	GB 31570—2015
8		石油化学工业污染物排放标准	GB 31571—2015
9	北京	大气污染物综合排放标准	DB 11/ 501—2017
10		锅炉大气污染物排放标准	DB 11/ 139—2015
11		炼油与石油化学工业大气污染物排放标准	DB 11/ 447—2015
12		水污染物综合排放标准	DB 11/ 307—2013
13	上海	大气污染物综合排放标准	DB 31/933—2015
14		恶臭污染物排放标准	DB 31/1025—2016
15		燃煤电厂大气污染物排放标准	DB 31/ 963—2016
16		锅炉大气污染物排放标准	DB 31/387—2014
17		工业炉窑大气污染物排放标准	DB 31/860—2014
18		污水综合排放标准	DB 31/199—2009
19	江苏	化学工业挥发性有机物排放标准	DB 32/3151—2016
20		化学工业主要水污染物排放标准 DB 32/939—2006	
21	广东	大气污染物排放限值	DB 44/27—2001
22		锅炉大气污染物排放标准	DB 44/765—2010
23		水污染物排放限值	DB 44/26—2001
24	山东	山东省区域性大气污染物综合排放标准	DB 37/2376—2013
25		山东省工业炉窑大气污染物排放标准	DB 37/2375—2013
26		山东省锅炉大气污染物排放标准	DB 37/2374—2013
27		山东省火电厂大气污染物排放标准	DB 37/664—2013
28		山东省南水北调沿线水污染物综合排放标准	DB 37/599—2006
29		山东省小清河流域水污染物综合排放标准	DB 37/656—2006
30		山东省海河流域水污染物综合排放标准	DB 37/675—2007
31		山东省半岛流域水污染物综合排放标准	DB 37/676—2007

表2-20 炼化行业大气污染物排放标准对比情况

mg/m³

污染物类型	工艺加热炉		催化剂再生烟气		特殊工艺排气	
	国家（排放限值/特别排放限值）	北京	国家（排放限值/特别排放限值）	北京	国家（排放限值/特别排放限值）	北京
颗粒物	20/20	20	50/30	30		
二氧化硫	100/50	30	100/50	50		
氮氧化物	150/100	100	200/100	100		
镍及其化合物			0.5/0.3	0.3		
硫酸雾					30/5	
氯化氢					30/10	10
沥青烟					20/10	10
苯并（a）芘					0.0003	
苯					4/4	4
甲苯					15/15	15
二甲苯					20/20	20
非甲烷总烃					去除效率≥95%	20/100（焚烧/非焚烧），去除效率≥97%

表2-21 炼化行业水污染物排放标准对比情况（直接排放）

mg/L

序号	污染物项目	国家		北京	
		排放限值	特别排放限值	排入Ⅱ、Ⅲ类水体	排入Ⅳ、Ⅴ类水体
1	pH值	6~9	6~9	6.5~8.5	6~9
2	悬浮物	70	50	5	10
3	化学需氧量	60	50	20	30
4	五日生化需氧量	20	10	4	6
5	氨氮	8.0	5.0	1	1.5
6	总氮	40	30	10	15
7	总磷	1.0	0.5	0.2	0.3
8	总有机碳	20	15	8	12
9	石油类	5.0	3.0	0.05	1.0
10	硫化物	1.0	0.5	0.2	0.2
11	挥发酚	0.5	0.3	0.01	0.1
12	总钒	1.0	1.0	0.3	0.3
13	苯	0.1	0.1	0.01	0.05
14	甲苯	0.1	0.1	0.1	0.1
15	邻二甲苯	0.4	0.2	0.2	0.4
16	间二甲苯	0.4	0.2	0.2	0.4
17	对二甲苯	0.4	0.2	0.2	0.4
18	乙苯	0.4	0.2	0.2	0.4
19	总氰化物	0.5	0.3	0.2	—

续表

序号	污染物项目	国家		北京	
		排放限值	特别排放限值	排入Ⅱ、Ⅲ类水体	排入Ⅳ、Ⅴ类水体
20	苯并（a）芘	0.00003	0.00003	—	—
21	总铅	1.0	1.0	0.1	0.1
22	总砷	0.5	0.5	0.04	0.1
23	总镍	1.0	1.0	0.05	0.4
24	总汞	0.05	0.05	0.001	0.002
25	烷基汞	不得检出	不得检出	不得检出	不得检出
加工单位原料（油）基准排水量（m^3/t 原油）		0.5	0.4		

对北京、上海、江苏、广东、山东等省份的炼化行业执行的相关的标准限值研究结果表明我国各地区对标准的执行情况存在明显差异。随着“新标准”的制定、发布，针对性、严格程度有了极大的提高，而地方标准尚未完成相应标准的修订，在限值方面未跟上国家的步伐。各省市中，北京、上海对污染物的控制力度最大，在标准限值方面明显严于同类国家标准，以锅炉标准为例（表2-22），北京颗粒物、SO_2、氮氧化物的排放为特别排放限值最低水平的1/4、1/5和1/5，汞及其化合物仅为国标的1/100，上海的污染物排放限值2项优于国标，3项持平。

表2-22　锅炉标准的对比情况

mg/m^3

污染物类型	国家标准（新建）（煤/油/气）		超低排放	北京	上海
	排放限值	特别排放限值			（煤/油/气/生物质）
颗粒物	50/30/20	30/30/20	10（5）	5	20
二氧化硫	300/200/50	200/100/50	35	10	100/100/20/20
氮氧化物	300/250/200	200/200/150	50	30	150
汞及其化合物	0.05/—/—	0.05/—/—		0.0005	0.03
烟气黑度	≤1	≤1		1	1
一氧化碳					—/—/—/100

二　美国炼化行业环保法律法规标准

（一）美国环保法律法规标准体系

1. 美国环境法律法规的发展历程

自20世纪70年代起，美国才开始真正将环保意识落实到具体实施过程中，通过各种

环境立法，确立了以改进生产技术来减少排污的指导原则，规定所有工业企业生产废物都要达标处理，并授权美国环保局（EPA）负责制定具体的环保标准。

目前执行的美国联邦环境法主要有7部核心法律：《清洁空气法》（Clean Air Act，简称CAA）、《清洁水法》（Clean Water Act，简称CWA）、《国家环境政策法》（National Environmental Policy Act，简称NEPA）、《固体废物处置法》〔Solid Waste Disposal，简称SWDA，该法又被成为《资源保护与恢复法》（Resource Conservation and Recovery Act，简称RCRA）〕、《综合环境反应、赔偿与责任法》（Comprehensive Environmental Response, Compensation, and Liability Act，简称CERCLA）、《有毒物质控制法》（Toxic Substance Control Act，简称TSCA）以及《联邦杀虫剂、杀菌剂和灭鼠剂法》（Federal Insecticide, Fungicide, and Rodenticide Act，简称FIFRA）。

这7部法律构成了一个完整体系，其中技术型法律以CAA、CWA和RCRA为代表，风险评估型法律以FIFRA和TSCA为代表，政策型法律以NEPA为代表，责任型法律以RCRA和CERCLA为代表。实现了美国环境法的一个重大转变，即“一体化的污染控制”（Integrated Pollution Control），改变了以往在污染控制上主要针对单个污染媒介采取单独的污染控制措施的做法，实现了不同的污染媒介的统一的综合的污染控制，并且以CERCLA法律为依据，规定了对所有污染点（包括被遗弃或者找不到责任人的重大污染点）进行治理及其责任承担方法。

2. 美国环保相关法律法规体系

美国的法律、法规体系分为两大层次。第一层次为美国联邦法律（Law或Act），由美国联邦议会来主持制定；第二层次为美国的行政法规，由美国联邦议会授权各行政主管部门主持制定、实施。法律与法规的制定有严格的程序与步骤，一旦得到最终的确认将分别编入《美国联邦法律汇编》USC (U.S.Code)与《美国联邦法规汇编》CFR (Code of Federal Regulation)。《美国联邦法律汇编》与《美国联邦法规汇编》中的篇章相互对应，所以可将美国联邦法规看成是美国联邦法律的实施细则，同时也可将联邦法规看成是技术法规。此外，美国各州还有州立法规。参见图2-2。

3. 美国环保标准体系

美国的环境标准出发点是以保护人体健康为目的，主要针对现实或潜在的危害而设定，多散见于各项具体的法律法规当中，没有统一的关于环境标准体系的法律规范性文件。当前，美国环境标准体系主要有环境质量标准、排放标准、技术标准、操作规范标准、产品信息标准五类，涉及水、大气、固体废物、有毒物质、噪声、农业等方面。

美国环境标准根据其效力层级和性质可以分为三类：第一类是由美国环境保护局制定并颁布的国家环境标准，在全国统一执行，其效力等同于联邦法规。第二类是根据国家规定的环境基准，由各州以各自的环境状况为前提制定的环境标准，仅在在州内执行，具有法律强制性。第三类是由专业技术协会制定的行业标准，在行业内由企业自主选择执行，只有被国家环保局采用后才具有强制性。

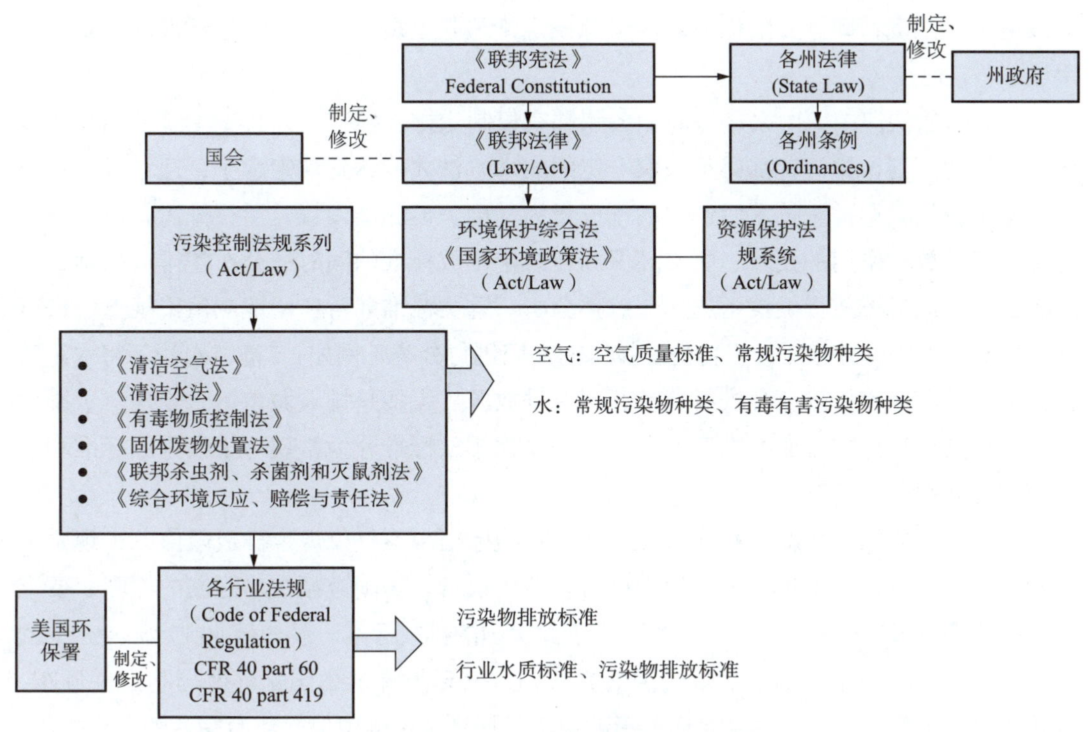

图 2-2 美国环境保护法律法规标准体系

1）环境质量标准

美国国家环保局一般只针对需要进行综合控制和治理的环境要素制定国家环境质量标准，比较典型的有《国家环境空气质量标准》；而对于受区域环境影响较大的环境要素一般由州政府根据国家环保局发布的环境基准和本州实际情况，自主制定相应的地方环境质量标准。

在美国，并不是每一类环境标准都有统一的国家标准。根据授权，联邦环保局只对《清洁空气法》第112条所规定的“危险空气污染物质”设立国家空气质量标准，并非针对所有空气污染物质。水环境标准中没有国家层级的水质标准，在大气环境标准中只针对新源污染物和有害大气污染物制定统一的排放标准。美国国家环境标准是根据环境要素特征和可用技术特征择优采取分散式和集中式相结合的控制方式。

在美国，并不是每一个环境要素都有国家标准，很多情况下是由国家环保局发布环境基准或环境规定，各州根据这些基准和规定制定相应的环境标准或标准制定计划。这些标准或标准制定计划只在各州辖区内实施，相当于我国的地方环境标准。例如：《清洁水法》中要求各州根据水域用途，以环保局发布的环境水质基准为依据，对其管辖水域进行分类自主制定适当的水质标准条款。国家环保局负责按照《清洁水法》的要求，出版并不断地修订水质基准。

2）污染物排放标准

排放标准规定企业在特定时间内允许排放到环境中的污染物的限值，包括排放量、

排放速率和浓度，即排放限值。对污染源设定排放限值是执行环境质量标准的重要技术手段。

在美国的法律中，国家环保局和各州都有权制定排放标准，并且不论哪种标准都以技术强制为原则，排污者都必须采取一定的技术方法才能达到规定水平，通常以企业排污者使用最佳实用控制技术后产生的排放量为基础。但标准设置灵活，排污者可以自由选择达标排放所采用的技术。国家环保局在规定排放标准的同时还公布了排放指南，为排污者实现达标排放提供技术选择和效益分析。这类标准通常广泛地应用于规章、许可证和监测范围中，并根据污染物处理技术的不同进行分类，例如:《清洁水法》将水污染物排放标准分为直接排放源排放标准、间接排放源（大多是排入城市污水处理厂）排放标准和公共处理设施排放标准三类；空气污染物排放标准分为常规污染物排放标准和有毒大气污染物排放标准。

美国的排放标准强调针对性和技术性，有些标准中不仅仅规定排放限值，也规定了控制设备及设备运行维护要求，便于排污者参照执行。美国遵循技术强制的原则，要求各标准直接与污染源控制技术相匹配，基于此美国的排放标准一般分行业制定。

美国环境标准采取的是法规管理的方式，国家环境标准由国家环保局制定并颁布，其效力等同于联邦法规。并且在环境标准中不但规定了标准限值，还有完备的配套措施，详细规定了环境标准的制定机关和程序、技术依据、适用行业种类等，大大增加了标准的针对性和可操作性。大多美国环境标准是根据现实或潜在危害设计的，不考虑环境标准整体形式的一致性，没有制定统一的法律规范性文件，分散地规定在各个环境保护法律中。不同环境要素的自然特征和被污染情况不同，因此相对应设计制定的环境标准不论是层级、类别还是制定主体、程序都不完全相同，标准的灵活性强。

例如：在大气污染排放标准中，环保局对现源制定一些规定，然后各州依此规定向环保局提交制定现源排放标准的计划。对于排放指定污染物的现源，环保局将公布指导性文件、排放指南及达标时间作为州制定计划的依据。各州根据指导性文件制定该州内指定现源的控制计划。各州制定的环境标准以各州环境要素的自然特征和实际用途为出发点，以技术强制为原则，使标准达到融针对性、可操作性于一体的效果。同时，由于国家环保局将环境标准的制定权力下放，各州完全可以根据所需制定行之有效的标准，可以不以国家标准为限制，各州拥有充分的自主权。这样一来，美国的地方标准数量非常大，在整个标准中占有了相当大的比重。

USEPA制定全国统一的有毒空气污染物排放标准和常规污染物新源排放标准,各州分别制定常规污染物现源排放标准（图2-3、图2-4）。

（二）美国炼化行业环保相关法律、法规、标准

1. 美国炼化行业的环境管理

美国对石油炼化行业的环境保护管理进程也是一个逐步摸索和完善的过程，早在

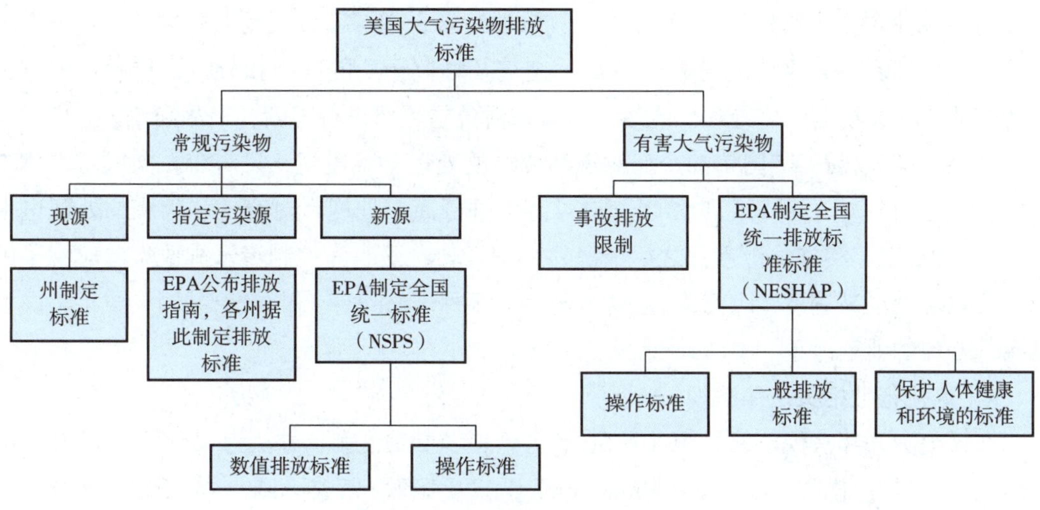

图 2-3 美国大气排放标准体系

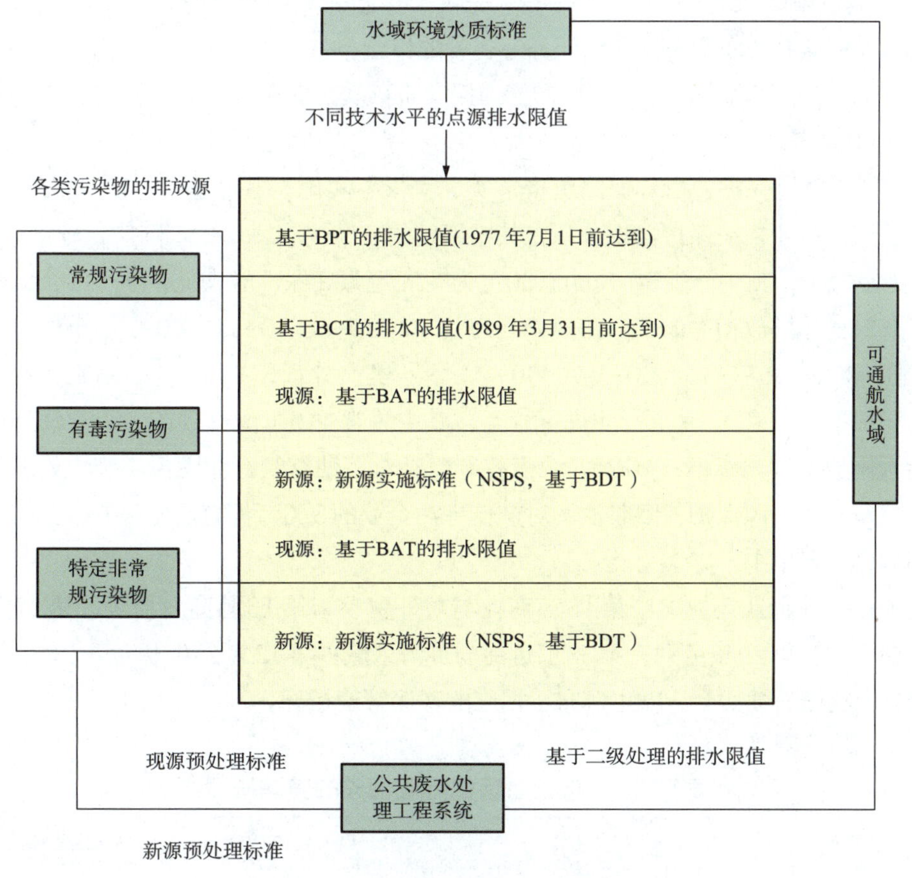

图 2-4 美国水污染排放标准制定

1929年，美国石油协会就已经成立了“炼油企业废物处理委员会”，对炼油企业各种共性环保问题进行了调查并提出解决办法，同时出版了许多废物处理的书籍，主要有《美国石油协会炼油企业废物处理手册》，卷一：含油污水，卷二：废气及颗粒物质，卷三：化学废物，卷四：污水取样与分析，卷五：废气及颗粒物质的取样和分析，卷六：固体废物和炼油企业废物的生化处理。此后，一直在对各卷手册进行不断补充和修改。

在1965年以前，美国炼油企业对炼油废物的处理并不重视，只有少数向敏感水体中排放污水的炼厂才采用氧化塘和曝气池对污水进行简单处理，对废气和固废的处理也很粗放。从1972年实施清洁水法之后情况才得到好转，同时为控制污水排放点源建立了国家污染物排放削减制度NPDES，这两者与美国环保署EPA、各州政府共同构成了美国炼油污水治理的监管体系。

2. 炼化行业相关法律法规

在《美国联邦法规汇编》中共有50篇（见表2-23），表示方法为“篇号+ CFR +部分号或条款号”，例如“30 CFR Part 250”为《美国联邦法规汇编》第30篇的第250部分。石油行业关注的联邦法规篇章有：

第10篇 能源，由能源部负责落实、完善、实施。其中有与油、气、能源保护、安全、天然气输送系统职责、权利和任务等有关的相应条款。

第30篇 矿产资源，由内务部矿产管理局负责落实、完善、实施。其中与近海石油开采有关的50余条。

第40篇 环境保护，由环保局负责落实、完善、实施。共分6章，其中有条款1800个左右，炼化行业相关保护法规分列在其中不同的章节（表2-24）。例如，分章C（part 50~99为空气类，其中分类60（part 60）为新固定源环保性能表征，与炼油企业生产装置及设备的气体排放相关的部分法规分列为其中的60-J、60-Ja、60-K、60-Kb、60-QQQ、60-XX、60-GGG、60-VV、60-UU等小类。分章N（part 400~471）为废水排放准则与标准，该章按71个行业进行分类，其中分类419（part 419）为石油炼制行业点源污水排放准则与标准；40CFR中没有专门针对石油炼制行业固体类废物处理的环保标准。但美国《资源保护与回收法》对产自炼油企业的5类污泥有严格限制，已将其列入有害固体废物名单中。

此外，石油行业还应关注第15篇商业与对外贸易；第16篇商业惯例；第17篇能源与水资源保护；第29篇劳动；第33篇近海与近海水域；第42篇公共卫生。

此外，美国石油协会API也颁布了相应的环保管理指导。

表2-23 与石油炼化行业相关的美国法律

法规号	英文名称	中文名称	主管部门
10 CFR part 205	Administrative Procedures and Sanctions	管理程序与处罚	能源部
10 CFR part 745	Protection of Human Subjects	人身保护	

续表

法规号	英文名称	中文名称	主管部门
29 CFR part 1910	Occupational Safety and Health Standards	职业安全与健康标准	劳工部
29 CFR part 1926	Safety and Health Regulations for Construction	施工工程安全与健康法规	
30 CFR part 250	Oil and Gas and Sulphur Operations in the Outer Continental Shelf	外大陆架油、气及含硫作业	矿产管理局
40 CFR parts all		环境相关全部法规	美国环境署

表2-24　石油炼化行业相关法规

法规号40 CFR-	英文名称	中文名称	内容
60-Subpart J	Standards of Performance for Petroleum Refineries	石油炼化厂的排放标准	大气排放标准
60-Subpart Ja	Standards of Performance for Petroleum Refineries for Which Construction,Reconstruction, or Modification Commenced After May 14, 2007		大气污染物排放限值
63	List of Hazardous Air Pollutants, Petition Process, Lesser Quantity Designations, Source Category List		大气危险废物
419	Petroleum Refining Point Source Category		石油炼制行业污水排放标准

（三）美国炼化行业污染物排放限值

污染物排放标准是美国联邦法规的重要组成部分，EPA制定了一套严谨的监管开发程序，规范、指导污染物排放标准的制定、修订工作。

1. 水污染物排放限值

在标准制定过程中，EPA组织相关人员对石油炼制工业污染防治技术、各类炼厂排污现状等进行详细调研，收集大量相关数据，包括原料、产品、生产工艺、设备、装置规模与年代、水资源利用、废水组成等。通过前期大量的基础工作，EPA分析了各类炼厂装置废水的排放特点，确定了各类水污染物排放标准计算系数；明确了拟订水污染物排放标准中应考虑的废水组成；评估并确认了正在应用或未来可以应用于炼厂的各种水污染防治技术。最终综合考虑不同类型炼厂工艺水平，选择几类最佳可行水污染控制技术，并以此为技术依据，以不同污染物为控制目标，制定完成了各类石油炼制装置的水污染物排放标准。

根据石油炼制工业产生废水的种类及组成特点，40 CFR 419中水污染物排放标准控制的主要污染物项目（表2-25）包括：生化需氧量(BOD_5)、化学需氧量COD、总有机碳TOC、油和油脂、氨氮、酚类化合物、硫化物、铬。按照清洁水法的污染物分类，石油炼制工业水污染物排放标准控制的常规污染物为生化需氧量、总悬浮物、油和油脂，有毒污染物为总铬、六价铬、酚类化合物；非常规污染物为化学需氧量、总有机碳、氨氮、硫化物。针对各类污染物规定了其每日最大值与连续30天平均值两类污染物排放负荷指标。

表2-25　美国石油炼制行业水污染物排放限值（40 CFR 419中规定）
——综合冶炼厂的BPT-ELG

对比项	美国标准（mg/L，pH除外）	
	日最大值	30日平均值
BOD_5	22.7	12.0
TSS	15.8	10.1
COD	117.0	60.3
油和油脂	6.9	3.7
酚类化合物	0.168	0.076
氨氮	2.81	1.27
硫化物	0.149	0.068
总铬	0.345	0.20
六价铬	0.028	0.012
pH	6~9	6~9

2. 大气污染物排放限值

大气污染物排放限值详见表2-26。

表2-26　大气污染物排放限值

大气污染物	排放限值		
SO_2	250mL/m^3	87.41mg/m^3	新建大型燃烧装置,1ppm=64（污染物分子量）/22.4*ppm(v)
	50mL/m^3	17.48mg/m^3	流化床催化裂解装置，7日滚动平均值
	25mL/m^3	8.74mg/m^3	流化床催化裂解，365天滚动平均值
	20mL/m^3	7.0mg/m^3	新建燃气加热锅炉，3h滚动平均
	8mL/m^3	2.79mg/m^3	365天平均
	美国2007年5月14日以后新建、重建或改造的石油炼制企业执行标准石油炼制工业加热炉烟气3h滚动平均值不大于20ppm(v)，折合57.5mg/m^3（3%氧含量）和催化裂化再生烟气$SO_2$7天滚动平均值不大于50ppm(v)，折合122.5mg/m^3（3%氧含量）。加工能力大于20t/天的硫回收装置：尾气SO_2排放浓度不大于250ppm(v)，折合612.5mg/m^3（3%氧含量），不附带焚烧的还原控制系统尾气还原硫300ppm、H_2S 10ppm（尾气氧含量为0，干基）；加工能力≤20t/天的硫回收装置：尾气SO_2排放浓度不大于2500ppm(v)，不附带焚烧的还原控制系统尾气还原硫3000ppm、H_2S 100ppm（尾气氧含量为0，干基）。硫回收装置每年停工维修时间不超过240h。		

续表

大气污染物	排放限值		
NO_x	80mL/m^3	36.5mg/m^3	新建大型燃烧装置，7 天滚动平均值 1ppm=49/22.4*ppm(v)
	40mL/m^3		工艺加热炉（自然通风）
	60mL/m^3		工艺加热炉（强制通风）
	0		超过 40MMBtu 热量的炉子
	美国 2007 年 5 月 14 日以后新建、重建或改造的石油炼制企业执行标准石油炼制工业催化裂化烟气 NO_x7 天滚动平均值不大于 80ppm（v），折合 143mg/m^3（3% 氧含量）；热负荷大于 4×10^{7}MMBtu/h 的工艺加热炉烟气中，NO_x 24h 滚动平均值不超过 40ppm（v），折合 71.5mg/m^3（3% 氧含量）		
粉尘	0.04gr/ft^3	折算后为 91.6mg/m^3	改扩大型燃烧装置 1gr/ft^3=2.29g/m^3
	0.02gr/ft^3	45.8 mg/m^3	新建
CO	500mL/m^3	373.13mg/m^3	小时平均值 1ppm=30/22.4*ppm(v)
H_2S	10mL/m^3	15.17mg/m^3	1ppm=34/22.4*ppm(v)
Ni	美国石油炼制企业催化裂化、催化重整、硫黄回收装置有害空气污染物排放标准中规定：催化裂化催化剂再生烟气中镍的排放每小时不能大于 13000mg 或每燃烧 1kg 焦镍排放不能超过 1g		

（四）美国炼化行业标准的实施

美国实行双重的执行机制，保证国家排放标准的有效实施。EPA 制定全国统一的排放标准，标准发布后要求各州向EPA提交本州执行标准的实施计划，并采用新源建设前许可证制度和运营许可证制度将污染物控制的各项管理统一起来，贯穿“联邦－州－排放源”监管链，保证排放标准的实施。同时EPA仍保留直接实施标准的权力。EPA是颁发和管理许可证的权力机关，可直接向排放者颁发许可证。法律规定各州必须3年内向EPA呈报州许可证计划，EPA在收到后1年内完成审批。获准的州就得到许可证管理执行权，可向污染源发放许可证。同时USEPA保留执行权和收授权的权力。

美国的污染物排放标准的具体实施制度主要依托许可证制度。美国废水和废气排放标准都有各自相适应的许可证制度。并且，由联邦环境保护局或许可证计划已获联邦环境保护局批准的州给各个排污者颁发排污许可证。点源应遵守排污许可证中的各种限值，否则被视为违法行为。许可证根据排放标准设定对该污染源的排水限值，并提出有关监测监督要求。许可证的基本条款主要有：执行的排放标准和排放总量限制；达标计划；有效期限；监测与报告；现场检查。

美国环保局下设12个部门，为加强执法职能，专门设有“执法、守法保障办公室”，2015年美国环保局全职执法员工达3400人，占美国环保局总人数的22%~25%；总预算达7.9亿美元，约占美国环保局总预算的10%。经济处罚是美国环境执法的常见处罚形式之一。1996-2014年，美国环保局行政和民事司法处罚总额度达到32.7亿美元。

三 欧盟炼化行业环保法律法规标准

（一）欧盟环境法的体系

1. 欧盟环境法的发展历程

欧盟的环境保护经过几十年的发展，经历了从各成员国自行规制到共同体法律行动、从污染控制为主到生态环境保护、从事后治理到事先预防、从国家到区域的整体性行动的过程，环境法已经成为欧盟法体系的重要组成部分。从总体上看，欧盟环境法的发展可以分为四个阶段：

（1）第一阶段（1958-1972年），从1958年1月1日《建立欧洲经济共同体条约》（EEC Treaty，即罗马条约）生效起，至1972年巴黎首脑会议（峰会）止，是欧盟环境法的萌芽阶段。

20世纪70年代后，在大范围环境保护浪潮的影响下，欧共体成员国才着手开展环境保护政策方面的合作。在这一时期，欧共体组织仅偶尔通过一些“类似于”环境保护措施的决定，这或许可被视为最初的欧盟环境法。例如，1967年《有关危险制品的分类、包装和标签的67/548指令》，1970年《有关机动车允许噪声声级和排气系统的70/157指令》。

（2）第二阶段（1972-1987年），从1972年巴黎峰会起，至1987年7月1日《单一欧洲法》生效之日止。

1972年的巴黎峰会首次提出在欧共体内部形成共同环境保护政策框架，这是欧共体环境保护史上的里程碑。1973年11月22日理事会通过了《欧共体第一个环境行动规划》（1973－1976年），围绕“提高生活质量，改善共同体成员国人民的环境和生活条件”这一宗旨，提出了六大具体目标，规定了三种行动：减少和预防污染及环境公害的行动、改善环境质量的行动以及国际组织内的共同体行动或成员国的联合行动。

1977年5月17日理事会通过了《欧共体第二个环境行动规划》（1977－1981年）。本质上是第一行动计划的延续，它重新确认了第一个规划中的目标和原则，对水、气和噪声污染领域的控制行为给予某种优先。它强调加强欧共体环境政策中的预防政策，特别注意自然保护、自然计划和自然资源的合理利用。1983年2月7日理事会通过了《欧共体第三个环境行动规划》（1982－1986年）。该规划引入了预防性原则，提出了确保污染者付费的具体措施，如通过法令制定标准、超标收费等。

在这一时期，虽然《建立欧洲经济共同体条约》的第2条、第3条中列举的目标还没有以“环境保护”这一术语的形式出现，但是该声明通过对“经济发展”的扩大解释，实际上已经指出，环境保护作为一个目标已经明确地包含在第2条中，环境保护可以成为共同体制定决定（或决策）的对象。这个时期，在《单一欧洲法》生效之前，大多数共同体环境立法都是以《建立欧洲经济共同体条约》第100条和第235条为共同根据制定的。该条约第100条规定："理事会应在委员会提议的基础上，以全体一致决议发布指令，使各成员国内影响共同市场的建立或运行的法律、法规或行政规定趋于一致。"第235条规定："如果共同体的行为在共同市场的运作过程中是为达到共同体的宗旨所必要的，而共同体条约尚未赋予必要的权力，理事会应就委员会的提议一致议决，并经征询欧洲议会的意见后，采取适当措施。"例如，《关于因某些危险物质排放入共同体的水环境而造成的污染的指令》《关于防治来自工厂的空气污染的84/360指令》《关于某些工厂的重大事故危害的82/501指令》《关于有毒和危险废物的78/319指令》。

（3）第三阶段（1987-1992年），从1987年7月1日即《单一欧洲法》生效之日起，至1992年《欧洲联盟条约》缔结之日。

《单一欧洲法》在原来的《建立欧洲经济共同体条约》第三部分中新添了"环境"目，即"第十目"，为环境立法提供了专门的、明确的渊源，即第130R、第130S、第130T、第100A（3）和第100A（4）（称为"环境条款"），确认了共同体在发展共同体环境政策方面的目标、原则和任务，规定了"高水平保护"或"严格保护"的欧共体环境政策，纳入了欧盟旨在保护环境的专门权力。该"环境条款"（Art. 130R（4））还表明，欧共体的环境保护政策只具有辅助性质，即"共同体应在环境保护方面采取行动，但以在共同体一级能比在个别成员国一级更好地实现第一款提及的目标为限"。该法正式将环境保护政策增补到欧洲共同体条约之中，正式将环境推向了欧共体的议程，从此欧共体可以进行旨在保护环境的立法。

1987年10月19日，理事会通过了《欧共体第四个环境行动规划》（1987-1992年）。在前三个环境行动计划的基础上对环境保护采取了一种更加全面的方法，并在形式和内容上都做了创新。在控制和预防污染方面采取了与以往不同的措施，包括多种介质方法、从原材料着眼的方法和直接针对污染源的方法。就内容而言，第四个规划包含建立严格的环境标准，更加注意欧共体环境立法的实施，实施有效的环境教育和信息政策。通过向生态友好行为提供经济优惠政策，并引入标准化的计划工具——环境影响评价，支持共同体其他政策领域（特别是农业、工业、交通运输）中的环境目标，强化污染控制的综合方法，以便避免污染从一种介质转移到另一种介质。

（4）第四阶段（1992-2000年），从1992年2月7日欧盟条约缔结至2000年，又称马斯特里赫特条约后期。

1992年2月7日，12国政府在马斯特里赫特签署了《欧洲联盟条约》（TEU），通过该条约缔约国在他们之间建立了欧洲联盟。《欧洲联盟条约》加强了早在《单一欧洲法》中引进的"环境条款"，加强了环境利益。"环境"这一术语第一次明确地纳入该条约的关键条文即第2条和第3条中。根据新的《欧洲联盟条约》第2条，欧盟的基本目的之一是促进经济活动的协调、均衡发展以及可持续的、没有通货膨胀的、尊重（或重视）环境的增长。第3（K）条指出，为实现这一目标的活动之一就是环境领域的政策，即将环境政策作为欧盟的官方政策。《欧洲联盟条约》奠定了尊重环境、促进可持续发展的目

标，从此转向了全面、综合的环境政策，把环境保护纳入可持续发展之中，实施可持续发展战略。

1997年6月在阿姆斯特丹召开的欧盟成员国首脑高峰会议上，签订了新的《欧洲联盟条约》即《阿姆斯特丹条约》。新的《阿姆斯特丹条约》将可持续发展作为欧盟的中心目标，大大加强了对可持续发展的关心。

在《单一欧洲法》和《马斯特里赫特条约》的促进下，1993年欧盟发布了《欧共体第五个环境行动规划》，又称《走向可持续性》的行动规划。该规划明确规定："欧共体与环境有关的行动应遵循以下原则，即采取预防措施原则，把环境危害作为优先事项控制在源头原则，以及污染者付费原则。环境保护要求应当是欧共体其他政策中的一个组成部分。"《欧共体第五个环境行动规划》中包括《生态管理和审核体系》，目的是鼓励私营企业改善其环境行为。其目标第三款规定："鉴于污染无国界，共同体更多地参与发展国际性的对策以保护环境。"该规划强调共同体可持续性对全球的重要性："增长必须是环境可持续的增长，这正越来越受到世界的承认，共同体作为全球最大的经济贸易伙伴必须对当代和后代履行自己的职责。为此，在保护公众健康和环境以及可持续的使用自然资源等方面，（共同体）必须管理好自己的内部事务，并为发达国家和发展中国家作出表率。"该规划不仅仅强调了环境保护，也解决了今后增长的管理方式。欧共体将规定最低要求，各个欧盟成员国可以自由地确定比欧盟标准更高的国家标准，就像美国的各个州一样。

（5）第五阶段（从2000年至今）。

进入21世纪以后，欧盟环境法经历了《尼斯条约》《欧盟宪法条约》和《里斯本条约》的风波和曲折历程，但仍然在动荡中得到了发展。2002年7月22日，欧洲议会和理事会通过了《欧共体第六个环境行动规划》（2002-2012年），即《环境2010：我们的未来，我们的选择》，开始实施欧盟可持续发展战略。该规划明确了欧盟未来10年环境政策的优先领域和目标，并提出了为实施欧盟可持续发展战略所需要的各项措施。在这个阶段还制定了一些重要的环境法规。

2. 欧盟环境法体系

欧盟环境法体系包括欧盟基础条约、欧盟签署或参加的国际环境条约、欧盟法规（条例、指令和决定）、其他具有法律规范性的文件、其他相关法律渊源等（图2-5）。

欧盟的一级法是根据欧盟的法律最初的渊源，即欧盟各个成员国之间签署的有关建立欧盟的公约或者条约，又称欧盟宪法、欧盟基础条约，主要是指《建立欧洲煤钢共同体条约》《建立欧洲原子能共同体条约》《建立欧洲经济共同体条约》，合并后为《关于建立欧洲共同体单一理事会和单一委员会的协定》《单一欧洲法》《欧洲联盟条约》《阿姆斯特丹条约》。

欧盟二级法是由一级法派生而来，是欧盟及欧盟的各种机构根据一级法及其职权所制定的各种法规。在欧盟二级法中，欧盟签署的国际条约以及欧盟法规（条例、指

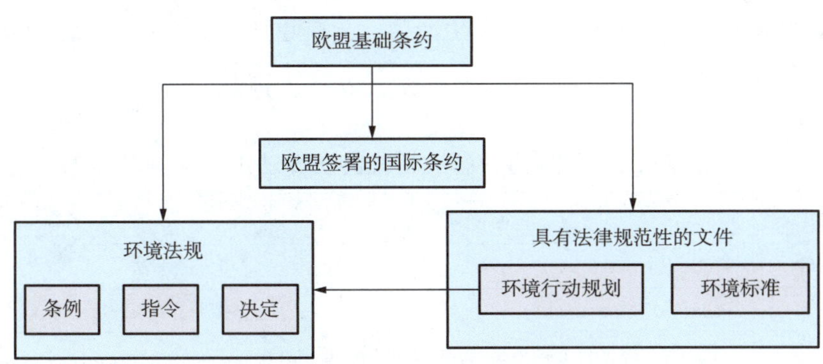

图 2-5 欧盟法律法规框架

令、决定）等形式构成了一个相当完善的有机整体。条例（regulation）具有普遍而直接的适用性，具有全面的约束力，一经颁布即在成员国内发生完全的效力，成员国不得采取任何国内立法或行政措施变更条例的内容或变通实施。有关环境的条例不多。指令（directive）是部长会议发布的确定目标、允许成员国选择形式和方法的命令。指令对所有成员国具有法律约束力，但成员国政府有权选择实施指令的形式和方法。成员国可以在特定的期限之内将其转换为国内法，转换的期限通常是一至两年。指令对所要求达到的具体目标有明确的规定，命令成员国通过该国相应的立法达到具体的目标。指令有时有明确的收件人，通常是负责有关环境项目的成员国，主要涉及环境信息网络和咨询机构的建立等事务。在欧共体的环境法措施中，指令约占90%。决定（decision）是欧洲部长会议作出的只约束特定收件人（成员国、自然人、法人）的命令。它通常授权成员国或欧盟法律主体进行某种例外的行为或实行某种处罚措施。建议（recommendation）是指共同体向成员国提出的没有法律约束力的意见。建议可能单独提出，也可能在指令和决定中附带提出。建议没有法律约束力，但通常具有说服力。

在欧盟，环境标准是环境法的一个重要组成部分。这些环境标准不仅具有和环境法规一样的效力，而且也遵循着同样的立法程序：“由委员会提出提案，经取得经社委员会意见、并征询欧洲议会的意见，由理事会通过特定多数决议的方式通过该标准。”这是与绝大多数国家的国内环境标准的重大区别。欧盟的许多环境标准都是以条例或指令的形式颁布。

欧盟环境行动计划是欧盟为协调成员国的环境保护措施而颁布的纲领性文件。对成员国不具有强制性的约束力，但它却是一种较高层次的法律文件，具有特别的法律地位和造法功能，对欧盟成员国环境保护实践起着重要作用。欧盟大量的环境法规都是根据其行动规划制定的。

（二）欧盟炼化行业环保相关法律法规标准

1. 欧盟炼化行业环保相关法律法规标准

石油化工是欧洲最重要的支柱性产业，满足了欧盟42%的能源需求和95%的交通需

求。对于欧盟来说，炼化行业的健康和生命力，具有重要的战略意义。欧盟炼化行业相关的法律法规标准详见表2-27。

表2-27 欧盟炼化行业相关的法律法规标准清单

序号	类型	Article	名称
1	法律	Single European Act	单一欧洲法
2	法律	Treaty of Maastricht	欧洲联盟条约
3	水	Directive 76/464 on Pollution Caused by Certain Dangerous Substances Discharged into the Aquatic Environment of the Community	关于因某些危险物质排放入共同体的水环境而造成的污染的指令
4	水	Directive 2006/11/EC of the European Parliament and of the Council of 15 February 2006 on Pollution Caused by Certain Dangerous Substances Discharged into the Aquatic Environment of the Community	有关特定危险物质排入水环境引起污染的 2006/11/EC 指令
5	水	Framework Directive on Water Policy	关于水政策的框架指令（水框架指令）
6	大气	Directive 84/360 on the Combating of Air Pollution from Industrial Plan	关于防治来自工厂的空气污染的 84/360 指令
7	大气	Directive (80/779/EEC) of the Limit Values on Sulphur Dioxide and Suspended Particulate Matter	有关二氧化硫和悬浮颗粒物的指令（80/779/EEC）
8	大气	Directive 96/62/EC of 27 September 1996 on Ambient Air Quality Assessment and Management	关于空气环境质量评价和管理的指令
9	大气	Directive on Limitations of VOCs Due to the Use of Organic Solvents in Certain Industrial Activities	关于限制在某些工业活动中使用有机溶剂而排放易挥发有机化合物的指令
10	大气	Directive Setting Limit Value for Sulphur Dioxide, Nitrogen Oxides, Particulates and Lead	有关规定二氧化硫、氮氧化物、颗粒物和铅的限制的指令
11	大气	Directive on Air Pollution by Emission from Motor Vehicles	关于环境控制质量的 96/62/EC 指令 P180-5
12	大气	Directive 2008/50/EC of the European Parliament and of the Council of 21 May 2008 on Ambient Air quality and Cleaner Air for Europe	有关大气质量和清洁空气的 2008/50/EC 指令
13	危废	Directive 78/319 on Toxic and Dangerous Waste	关于有毒和危险废物的 78/319 指令
14	危废	Council Directive 67/548/EEC on the Approximation of the Laws, Regulations and Administrative Provisions Relating to the Classification, Packaging and Labelling of Dangerous Substances	有关危险物质的分类、包装、和标记指令
15	固废	Directive 2006/12/EC of the European Parliament and of the Council of 5 April 2006 on Waste (Text with EEA Relevance)	有关废物的 2006/12/EC 指令
16	固废	Regulation (EC) No 1013/2006 of the European Parliament and of the Council of 14 June 2006 on Shipments of Waste	有关废物运输的 1013/2006 条例

续表

序号	类型	Article	名称
17	噪声	Directive 2002/49/EC of the European Parliament and of the Council of 25 June 2002 Relating to the Assessment and Management of Environmental Noise	有关评价与管理环境噪声的 2002/49/EC 指令
18	化学品管理	Regulation (EC) No 850/2004 of the European Parliament and of the Council of 29 April 2004 on Persistent Organic Pollutants and Amending Directive 79/117/EEC	有关持久性有机污染物的 79/117/EEC 条例
19	环境责任	Directive 2004/35/EC of the European Parliament and of the Council of 21 April 2004 on Environmental Liability with Regard to the Prevention and Remedying of Environment Damage	关于预防和补救环境损害的环境责任 2004/35/EC 指令
20	环境影响评价	Directive 85/337/EEC on the Assessment of the Effects of Certain Public and Private Projects on the Environment	关于环境影响评价的指令（1985 年）
21	工业污染物排放	Directive 2010/75/EU of the European Parliament and the Council of 24 November 2010 on Industrial Emissions(Integrated Pollution Prevention and Control)	污染综合控制与预防指令
22	石化行业	Reference Document on Best Available Techniques for Mineral Oil and Gas Refineries	石油炼制与天然气加工工业污染综合防治最佳可行技术参考文件
23	石化行业	Reference Document on Best Available Techniques in the Large Volume Organic Chemical Industry	大宗有机化学品工业污染综合防治最佳可行技术参考文件

1996年，欧盟执行委员会提出了污染综合防治指令（简称IPPC指令）。该指令是欧盟环境法中唯一对工业污染源排放进行综合防治的指令，规定了工业源的能源利用、防治空气、水和土壤的污染及环境事故等内容。IPPC指令提供了一种全面控制工业污染排放的管理方法，对工业污染排放设施开始实施许可证管理，发放许可证必须满足最低排放限值要求，排放限值应基于BAT确定，并在工艺设计和排放控制方面推广使用BAT。欧盟IPPC指令至今经历了六次修订，主要修订过程及修订内容详见表2-28。

表2-28　IPPC的发展演变

时间	文件编号	修订要点
1996-9-24	指令 96/61/EC	首次发布
2003-05-26	指令 2003/35/EC	第一次修订：根据奥胡斯公约的规定，加强公众参与
2003-10-13	指令 2003/87/EC	第二次修订：澄清了根据 IPPPC 指令建立的许可证条件和根据欧盟温室气体排放交易计划之间的关系
2003-09-29	法规（EC）No 1882/2003	第三次修订：有关指令实施的辅助规范
2006-01-18	法规（EC）No 166/2006	第四次修订：建立欧洲污染物稀释和转移登记制度
2008-01-15	指令 2008/1/EC	第五次修订：整合前五个文件的内容

续表

时间	文件编号	修订要点
2010-11-24	指令 2010/75/EU	第六次修订：更名为“工业排放指令（Derectives on Industry Emissions）”，整合 IPPC 指令和另外六个工业行业排放指令（大型燃烧装置指令、废物焚烧指令、溶剂排放指令和 3 个钛白粉指令）

2010年欧盟将IPPC指令与现有7个工业排放指令整合为2010/75/EU指令（Industrial Emissions Directive，IED），并要求于2013年1月7日前逐步进入欧盟各国立法体系，于2014年1月7日起IED指令替代IPPC指令和各工业指令。欧盟IED指令实质上是IPPC指令的延续和升级，特别是强化了BAT在环境管理和许可证管理中的作用和地位，对于指定工业设施必须获得许可证才能运行（对于一些特殊的设备和工业活动需要取得许可证或者进行登记），BAT是制定许可证条件和排放水平的基础。它强化了技术规制这一手段，改善及清晰了BAT的概念，并根据发展状况进行了适当的更新，同时将最佳可行技术参考文件（简称BREF）转化为欧盟法律文件，提升了BREF的效力和一致性。

2. 德国炼化相关环境立法

从1972年通过的第一部环保法至今，德国已拥有世界上最完备、最详细的环境保护法。目前德国联邦和各州的环境法律法规有800余部，此外，还实施欧盟的约40个相关法规。德国在欧盟一直发挥着举足轻重的作用，其国内立法常常成为欧盟立法的范本，并影响到其他国家的立法。德国是欧盟石化行业的龙头老大，拥有17个炼油厂，占欧盟总炼油厂数的16%，石油炼化行业在欧盟位列第一。德国将欧盟排放指令转化为《联邦污染控制法》（BImSchG）及其系列实施条例，表2-29给出了德国炼化行业相关环境保护法律法规。

德国与工业装置相关的重要法规在联邦排放控制法、联邦水法、联邦回收和废弃物管理法中有所规定。德国对不同环境介质采取单一介质许可体系，但对于一项应用的最终决策由当地主管部门根据所有介质环境影响的评价报告而决定。同样的，由于德国始终致力于污染预防，对噪声的要求也考虑在许可程序中。“预防原则”在允许设立标准上具有法律地位。在许可程序中法律标准必须执行。

表2-29　炼化行业环保相关法案和条例

序号	名　称
1	联邦排放控制法（BImSchG）
2	空气质量技术指南（TA Luft）（2002 年修订）
3	联邦水法（WHG）
4	废水排放条例及其附录（AbwV）
5	废水收费法（AbwAG）

续表

序号	名 称
6	联邦回收和废弃物管理法
7	噪声削减技术指南

（三）欧盟炼化行业污染物排放限值

1. 德国排放标准

1）废水

联邦水法（WHG）适用于各种工业过程产生的废水。废水排放需符合废水条例的规定。废水排放条例及其附录（AbwV）设置了不同工业行业废水允许排入受纳水体的最低要求。这些最低要求对管理部门排放许可具有法律效力。各州根据当地条件，可以建立更严格的要求。最低要求基于“排放原则”和预防原则，即采用严格的基于技术的排放标准。石油炼制在这个条例的附录45中论述，主要限值见表2-30、表2-31。C_2~C_4烯烃和苯、甲苯、二甲苯的排放限值见条例的附录36。

表2-30 石油炼制装置的废水排放限值

参 数	限值①/（mg/L）
蒸馏和脱色萃取后的苯酚	0.15②
总烃化合物	2
TP	1.5
氰化物	0.1②
硫化物和硫醇硫	0.6②
可吸附性有机卤化物 AOX	0.1②
BOD_5	25
COD	80
TN	40

注：①合格的随机采样或者2h复合样。
②要求适用于与其他废水混合前的废水。

表2-31 烃类生产排放限值

参 数	限值①/（mg/L）
蒸馏和脱色萃取后的苯酚	0.15②
总烃化合物	2
TP	1.5
硫化物和硫醇硫	0.6②
可吸附性有机卤化物 AOX	0.1②
BOD_5	25

续表

参数	限值①/（mg/L）
COD	120
TN	25
苯及其衍生物	0.05②

注：①合格的随机采样或者2h复合样。
②要求适用于与其他废水混合前的废水。

2）废气

德国将欧盟排放指令转化为《联邦污染控制法》（BImSchG）及其系列实施条例（BImSchV），并配套制定了技术法规TA Luft。空气质量技术指南（TA Tuft）是技术法规，对所有空气污染物和为了限制排放物扩散而设计的设备结构和操作要求都设定了限值。TA Luft规定了240余种污染物排放限值。一般性的排放限值及有机化工更具体的要求详见表2-32，另外针对热能生产、矿业、能源、炼油、化工等行业的某些装置有特殊规定，相关排放限值见表2-33和表2-34。

表2-32 TA Luft的总体排放控制标准

分类		物质	说明	质量流量/（kg/h）	浓度限值/（mg/m^3）
普通要求					
总尘	—			0.2	20
无机颗粒物	Ⅰ类	Hg、Tl	单个物质	0.00025	0.05
	Ⅱ类	Pb、Co、Ni、Se、Te	物质总和	0.00025	0.5
	Ⅲ类	Sb、Cr、CN、F、Cu、Mn、V、Sn	物质总和	0.0005	1
	Ⅰ和Ⅱ类		物质总和		0.5
	Ⅰ和Ⅲ、Ⅱ和Ⅲ、Ⅰ～Ⅲ类		物质总和		1
无机气体	Ⅰ类	砷化氢、氯化氰、光气、磷化氢	单个物质	0.00025	0.5
	Ⅱ类	溴化氢、氯气、氢氰酸、氟化物（以氟化氢计）、硫化氢	单个物质	0.015	3
	Ⅲ类	氨气、氯化物（以HCl计）	单个物质	0.15	30
	Ⅳ类	SO_2和SO_3（以SO_2计）、NO和NO_2（以NO_2计）	单个物质	1.8	350
有机物质（不含有机颗粒物）			物质总和	0.5	50
	Ⅰ类（176种）	甲醛、乙醛、乙酰胺、乙酸酐、醋酸乙烯、丙烯酸、烷基铅化合物、氯丙烯、二氯酚、苯胺、硝基甲酚、硝基苯酚、硫醇、硫醚、三氯苯酚、1,2,3-丙三醇、四氯化碳、甲酸、三氯甲烷、溴化甲烷、乙烯、氯甲烷等		0.1	20

续表

分类		物质	说明	质量流量/（kg/h）	浓度限值/（mg/m^3）
有机物质（不含有机颗粒物）	Ⅱ类	1-溴-3-氯丙烷、1,1-二氯乙烷、1,2-二氯乙烯（顺式和反式）、乙醇酸[11]、甲酸甲酯、硝基乙烷、硝基甲烷、环硅氧烷、1,1,1-三氯乙烷、1,3,5-三噁烷		0.5	100
致癌物质	Ⅰ类	As、苯并（a）芘、Cd、Co、Cr	物质总和	0.00015	0.05
	Ⅱ类	丙烯酰胺、丙烯腈、二硝基甲苯、环氧乙烷、Ni、4-乙烯基-1,2-环己烯二环氧	物质总和	0.0015	0.5
	Ⅲ类	苯、溴乙烷、1,3-丁二烯、1,2-二氯乙烷、环氧丙烷、氧化苯乙烯、邻甲苯胺、三氯乙烯、氯乙烯	物质总和	0.0025	1
	Ⅰ和Ⅱ		物质总和		0.5
	Ⅰ和Ⅲ、Ⅱ和Ⅲ、Ⅰ~Ⅲ		物质总和		1
致突变物质	未覆盖到致癌物质的致突变物质或制剂		物质总和	0.00015	0.05
缓慢降解，高积累和剧毒有机物（17种）		1,2,3,7,8-五氯二苯并二噁英、八氯二苯并二噁英等	物质总和	0.00000025	0.1ng/m^3

表2-33　电力、蒸汽、热水装置相关排放限值（小于50MW）

燃料类型	污染物种类	限值/（mg/m^3）	备注
燃煤、焦炭，包括石油焦、蜂窝煤、泥炭煤球、燃料泥煤	总尘	20	≥ 5MW
		50	＜ 5MW
	CO	150	新建
		250	现有
	氮氧化物	300	流化床炉
		400	其他炉（≥ 10MW）
		500	其他炉（＜ 10MW）
	SO_2	350	流化床炉
		1300	其他炉（无烟煤）
		1000	其他炉（其他燃料）
燃料油、甲醇、乙醇等	总尘	50	
	CO	80	
	氮氧化物	180	燃料油，温度＜ 110℃，压强＜ 0.05MPa
		200	燃料油，温度 110~210℃，压强 0.5~1.8MPa
		250	燃料油，温度＞ 210℃，压强＞ 1.8MPa
		350	其他液体燃料

续表

燃料类型	污染物种类	限值/（mg/m³）	备注
燃料油、甲醇、乙醇等	SO_2	850	
气体燃料，包括焦炉煤气、煤矿瓦斯、转炉煤气、炼厂气、合成气、石油气（从第三矿物油生产）、污气、沼气、未经处理的天然气、液化气、气体（从公共燃气供应）或氢等	总尘	5	公共供气、液体天然气，氢气，炼厂气，沼气等
		10	其他气体燃料
	CO	50	公共供气系统
		80	其他气体燃料
	氮氧化物	100	公共燃气锅炉，温度 < 110℃，压强 < 0.05MPa
		110	公共燃气锅炉，温度 110~210℃，压强 0.5~1.8MPa
		150	公共燃气锅炉，温度 > 210℃，压强 > 1.8MPa
		180	公共燃气锅炉，温度 < 110℃，压强 < 0.05MPa
		200	其他情况
	SO_2	5	液化气
		10	天然气（公共供气）
		50	焦炉煤气或炼厂气
		350	沼气
		1700	矿物油天然气
		200	高炉煤气（钢铁厂、焦化厂）
		350	焦炉煤气（钢铁厂、焦化厂）
		35	其他气体燃料

表2-34 石油炼制工厂特定要求

装置	污染物种类	限值/（mg/m³）	
		新建	现有装置
催化裂化	总尘	30	40
	SO_2和SO_3（以SO_2计）	1200	
煅烧	总尘	30	40

2. 欧盟石化行业基于最佳可行技术的排放水平

欧盟委员会组织欧盟成员国、相关工业行业和非政府组织等进行信息交流，评估和筛选BAT，制定最佳可行技术参考文件（BREFs），欧盟主管机关制定许可证条件和排放水平的重要依据。《石油炼制与天然气加工企业污染综合防治最佳可行技术参考文件》和《大宗有机化学品工业污染综合防治最佳可行技术参考文件》是石油工业重要的两份技术文件，详细描述了石油工业生产工艺存在的环境问题，污染物产生环节、产生原因以及控制措施，除给出一般技术控制措施外，特别给出了在目前条件下不同工艺、不同控制技术下的BAT，并且给出通过应用这种技术可能达到的污染物排放量和资源消耗水平。

1）石油炼制

《石油炼制与天然气加工企业污染综合防治最佳可行技术参考文件》给出了基于BAT的废水直接排放污染物控制水平，针对催化裂化、焦化工艺、燃烧装置及存储和处理过程，给出了基于BAT的排放水平，详见表2-35和表2-36。

表2-35　基于BAT的排放水平石油炼制行业直接排放废水

污染物	基于BAT的排放水平（年平均）/（mg/L）
烃油指数	0.1~2.5
悬浮物	5~25
COD	30~125
BOD_5	—
总氮	1~25
Pb	0.005~0.03
Cd	0.002~0.008
Ni	0.005~0.1
Hg	0.0001~0.001
钒	—
苯酚	—
苯，甲苯，乙苯，二甲苯	0.001~0.05（苯） 其他无

表2-36　基于BAT的大气污染排放水平

装置	污染物种类	单元类型	基于BAT的排放水平（月均）/（mg/L）
催化裂化	NO_x	新建/所有燃烧模式	＜30~100
		现有/充分燃烧	＜100~300
		现有/部分燃烧	100~400
	粉尘	新建	10~25
		现有	10~50
	SO_2	新建	≤300
		现有/充分燃烧	＜100~800
		现有/部分燃烧	100~1200
	CO	部分燃烧	≤100
焦化工艺	粉尘		10~50
燃烧装置	NO_x	新建/燃气轮机和集成气化气体循环	20~50
		现有/燃气轮机和集成气化气体循环	40~120
		新建/燃气	30~100
		现有/燃气	30~150

续表

装置	污染物种类	单元类型	基于BAT的排放水平（月均）/（mg/L）
燃烧装置	粉尘	新建＜50MW/混合燃料	5~25
		现有/混合燃料	5~50（现有）
		炼厂气	5~35
		混合燃料	35~600
	CO		≤100
存储和处理过程	NMVOC		150~1000（时均）
	苯		＜1（时均）

2）石油化工

低碳烯烃是非常重要的化学物质，是许多塑料、聚合物和人造纤维的初级生产原料，包括乙烯、丙烯、丁烯和丁二烯，通过大型催化裂解工艺或是蒸汽裂解工艺，将饱和烃裂解成不饱和烃。低碳烯烃BAT技术及相关排放值详见表2-37、表2-38。

表2-37　低碳烯烃BAT技术及相关排放值（大气）

装置	污染物	排放值/（mg/m^3）	BAT技术
燃气裂解炉	二氧化硫	无	燃料含硫量极小甚至没有
	粉尘	无	清洁燃料
	NO_x（以NO_2计）	75~100	超低NO_x燃烧器
		60~80	SCR
	CO	20	先进燃烧控制
除焦废气	颗粒物	＜50	

表2-38　集中式污水处理BAT技术排放值

污染物	BAT技术排放值（日均值）/（mg/L）
水量	0.3~0.5t/t乙烯
pH值	7~8
COD	30~45
TOC	10~15g/t乙烯和2~10g/t乙烯
硫离子	0.6
磷酸盐	1.5
氮	25
酚类	0.15
苯	0.05
总烃含量	1.5

3. EU+国家排放限值

欧盟不同国家排放限值差别较大，表2-39为比利时炼油厂的污染物排放标准，根据装置、生产过程分为简单炼油厂和复杂炼油厂，执行不同的标准限值。

表2-39 比利时炼油厂污染物排放标准（TWG 2001）

污染物	排放限值	单位	备注
水污染物			
水	0.5	m^3/t	简单炼油厂，m^3/t 原油加工量
	0.6~1.2	m^3/t	复杂炼油厂，m^3/t 原油加工量
pH值	6.5~9		排入污水系统 6~9.5
温度	30	℃	排入污水系统，45℃
溶解固体	60	mg/L	排入污水系统，1000mg/L
沉淀物	0.5	mg/L	
烃类化合物	20	mg/L	四氯化碳萃取物、如果排入污水系统，500mg/L（石油醚萃取物）
洗涤剂	3	mg/L	
BOD	35	mg/L	如果排入污水系统则无限制
Cr^{6+}	0.05	mg/L	
COD	200	mg/L	复杂炼油厂为 250mg/L
苯酚	0.5	mg/L	复杂炼油厂为 1mg/L
氮	10	mg/L	复杂炼油厂为 30mg/L，如果排入污水系统则无限制
硫	1	mg/L	
Toe	200	mg/L	复杂炼油厂为 250mg/L，如果排入污水系统则无限制
铬	0.5	mg/L	
磷	2	mg/L	
铅	0.05	mg/L	
大气污染物			
SO_2	1700	mg/m^3	新建大型燃烧装置，燃料油 50~300MW
	400~1700	mg/m^3	新建大型燃烧装置，燃料油 300~500MW
	400	mg/m^3	新建大型燃烧装置，燃料油≥ 500MW
	35	mg/m^3	新建大型燃烧装置，燃料气
NO_x	450	mg/m^3	新建大型燃烧装置，燃料油
	350	mg/m^3	新建大型燃烧装置，燃料气
粉尘	50	mg/m^3	新建大型燃烧装置，燃料油
	5	mg/m^3	新建大型燃烧装置，燃料气
	50	mg/m^3	流化床催化裂化再生（2005 年 1 月 1 日前：300mg/m^3）
CO	150	mg/m^3	
Ni	2	mg/m^3	
V	7	mg/m^3	
H_2S	10	mg/m^3	

续表

污染物	排放限值	单位	备注
大气污染物			
二噁英	0.5	ng/m³	新建炼油厂，0.1ng/m³
	2.5	ng/m³	现有炼油厂，0.4ng/m³

注：①简单炼油厂，包括：储存、混合、常压蒸馏、减压蒸馏、脱盐、催化脱硫、重整、硫酸生产。
②复杂炼油厂，包括以下一项或多项：催化裂化、加氢裂化、减黏裂化、氢气生产、柴油加氢精制、焦化、烷基化、脱硫、沥青生产、酸处理、环烷酸生产、基础油质量改进以及其他石油化工。

（四）欧盟污染物排放标准的实施

1. 欧盟

欧盟将BAT嵌入到许可证的管理中，基于BAT设置的排放水平，最佳可行技术选择时会统计所有企业的技术和指标数据，采用指标10%~80%中间的企业已经实施的技术（图2-6）。主管机关根据公布BREFs中的BAT结论制定许可证条件，包括污染物的排放限值、相关技术参数或者技术措施、保护土壤和地下水要求以及监测要求，并要求欧盟各成员国定期向主管机构提供相应的监测结果，主管机构至少每年要对监测结果进行一次评估，确保工业设施的排放水平没有超过许可证条件。欧盟工业排放许可审批相关政策存在两个层面的指令，即欧盟层面和成员国层面。欧盟建立的许可证制度，为欧盟各成员国许可证管理提出了基本要求和基本框架，各成员国必须采取必要措施确保各企业的生产运营始终符合许可证的要求。

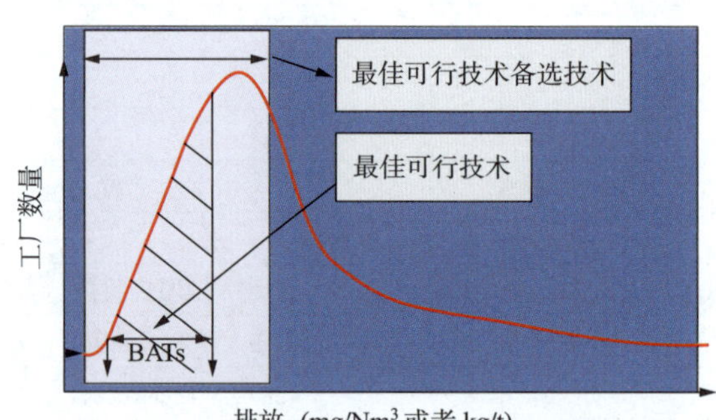

图2-6 最佳可行技术选择示意图

欧盟污染企业环境监管主要依据工业排放指令（IED，Industrial Emissions Directive，2010/75/EU）中的相关要求开展，IED中明确规定了环境监测方法标准、现场监查规则、监测报告公开、超标惩罚等内容。图2-7是欧洲化学工业协会统计的2004-2014年十年的法规成本，2014年与2004年相比法规成本大幅增加。

2. 德国

1）环境许可

环境许可制度在德国联邦环境保护法中进行了全面严格的要求，在欧盟总体要求基

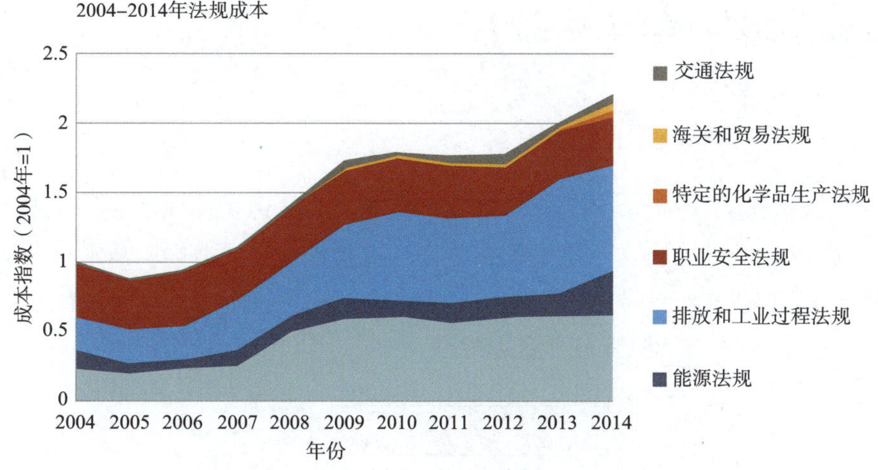

图 2-7　欧洲 2004-2014 年法律导致的成本增长

础上，将许可证、环境影响评价等都纳入到企业环境许可申请中，需要将企业生产行为可能造成的大气、水（含地下水）、土壤、噪声、生态等不同环境要素和不同环境问题的影响在进行扩散模型预测分析基础上，均做全面评估。

2）环境监督执法

德国环境监督执法按分区分类分级方式开展，依据风险评价结论综合判断企业监测频次。根据德国联邦环保法或者IED要求，环境监管部门每年需要制定监管企业环境监察计划，确定企业监察频次时，除考虑一般性规定以外，还特别采用了欧盟统一规定的综合风险评估方法（IRAM，软件方法）进行评估打分，综合确定频次。该风险评估方法重点评价企业潜在环境影响（环境影响的重要性、危险物质、废弃物产生量与利用贮存情况、对地下水影响等）、实际造成的环境影响、企业环境管理（是否有许可证、是否获口头警告、EMAS生态管理和审核计划）。监测频次分为一年一次、三年一次或者五年一次等三种类型。对于突击检查后发现问题的，应在六个月内再次进行检查。

德国试行亮证监察和透明监察。政府环境监查人员有专门证件说明监察人员所属单位与职能，可依法进行常规监察和突击监查，监查结果最终形成监查报告，报告要求纳入联邦环境法第52章（a），内容要求详见IED第23章。监查报告要求两个月内完成并交给企业，四个月内向社会公开。监察费用由企业承担。根据监察项目的不同，按照8~43欧元/h标准收取，包括了监测准备和后续工作。环境监查中发现的违规违法行为，联邦环境法中均有明确的规定。未获得许可证先行开展生产等行为的予以最高不超过5万欧元的罚款；逃避监查的，除依法罚款外，需企业补交监测费用，累计可高出5万欧元。如果情节严重，涉及非法排污，造成环境和人群健康危害等情况，则提交司法部门，按照法律程序查处。

四 日本环境保护法律法规

（一）日本环境保护法律法规体系

1970年日本成立环境厅，出台了一套比较完整的环境保护法律法规。日本环境保护法律体系如图2-8所示。日本环境法体系分为环境基本法、依据环境基本法理念建立的基本法以及环境保护单行法律三个层次。环境基本法处于日本保护环境法律法规体系的最高层次，为确定日本环境政策根本的基本法。

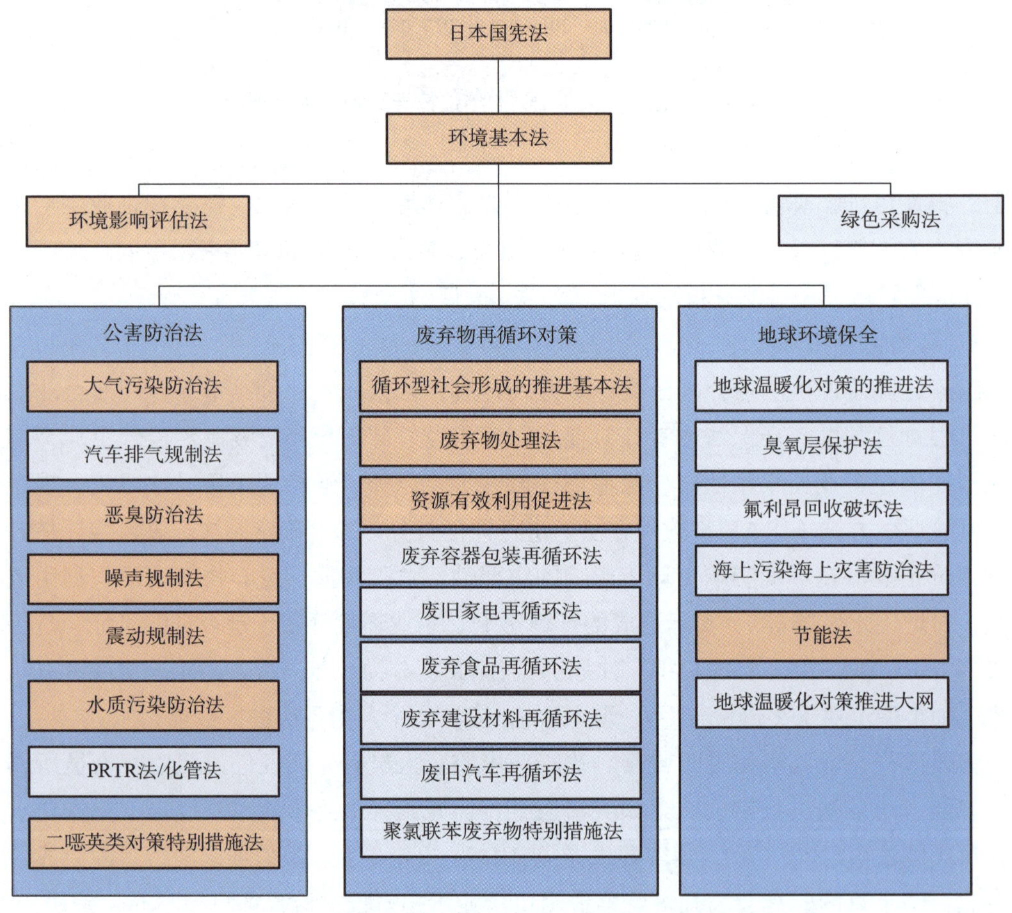

图 2-8 日本环境保护法律体系

1. 大气污染防治立法

1962年日本通过了第一部全国性大气污染防治法规《煤烟控制法》，对特定地区工厂的二氧化硫和粉尘排放施以限制。1968年6月10日（法律第97号）日本国会通过了《大气污染防治法》，取代煤烟控制法，随后，这部法律经过了十多次较大修改。1970年首次修订，把对污染物排放的限制由特定地区扩大到全国，其中极为重要的措施就是设定排放标准；1972年，引进了无过失损害赔偿责任制度；1974年《大气污染防治法》再次修订，正式导入总量控制策略，在工业集中的指定地区对二氧化硫和NO_x实施总量控制；2000年4月29日颁布的《大气污染防治法》以法律的形式规定了大气污染总量控制制度；2004年4月29日修订，为应对光化学污染，引进了限制挥发性有机化合物制度；2006年2月10日为最新修订版。

除大气污染防治法之外，日本还针对一些特别事项制定了专门法律。如恶臭防止法、机动车氮氧化物和颗粒物控制法、二噁英及相关化合物特别措施法等。

2. 水污染防治立法

日本早在1958年就开始实施《水质保全法》《工业污水限制法》和《下水道法》等。1967年，制定《公害对策基本法》，1970年12月25日《水污染防治法》(法律第138号)颁布，1971年6月24日实施，同时废除《水质保全法》和《工业污水限制法》。该法为防治公共水域水质污染的法律，是日本水污染控制的法律依据。该法强调制定并实施全国统一的水环境质量标准和水排放标准来防治水污染。70年代末，引入总量控制的概念与方法。2006年6月14日最新修订。

1971年6月21日以总理府令第35号文颁布了“制定水排放标准”的厅令，2008年9月30日最新修订，包括有害物质和生活环境项目。

1984年颁布《湖沼水质保护特别措施法》。2003年7月1日起实施的《排污费征收标准管理办法》强化了总量控制制度的实施力度。

（二）日本炼化行业环保相关法律法规标准

日本炼化行业涉及的环保法律法规清单见表2-40。《大气污染防治法》是日本大气污染防治的核心内容，主要目的在于控制工厂及企业等因产业活动以及建筑物解体等向环境中排放的污染物；推进有害大气污染物质防治对策的实施；并确定了造成大气污染的责任者必须对污染的受害者支付损害赔偿费用，以维护受害者权益。《有毒有害类化学物质（Dioxins）对策特别措施法》制定了环境质量标准（大气、水质、土壤、底质、地下水），污染物排放标准，Dioxins物质的限制标准——耐容一日摄取量（TDI），污染物排放管理（申报、达标排放、浓度自测、应急措施等），污染物监测，污染物总量控制规划等内容。《恶臭防治法》定义氨、甲硫醇、硫化氢、甲基硫化合物、二甲二硫、三甲胺、乙醛等22种恶臭物质为法定污染物，制定排放标准和利用“臭气指数”；规定在指定区域边界、气体排放口、排水口实施监测，实施防治对策，保护国民健康和生存环境，主要是防治Dioxins类物质的污染。

表2-40 日本炼化行业相关法律法规标准清单

序 号	法律法规名称
1	环境基本法

续表

序 号	法律法规名称
2	水质污染环境基准
3	空气质量标准
4	关于涉及到地下水水质污染处理的环保标准
5	土壤环境质量标准
6	二氧化氮的环境标准
7	二氧化硫的环境标准
8	悬浮颗粒物的标准设定
9	苯等有关的大气污染的环境标准
10	《有毒有害类化学物质（Dioxins）对策特别措施法》
11	大气污染防治法
12	氮氧化物总量控制制度
13	水污染防治法
14	水污染防治法实施细则
15	废弃物处理法
16	恶臭防治法
17	恶臭防治法实施细则
18	环境影响评价法
19	环境影响评价实施细则
20	公害健康受害补偿法
21	公害健康受害补偿法实施细则

（三）日本炼化行业相关排放标准

1. 大气排放标准

1）大气污染物排放标准体系

日本大气污染物排放标准体系由固定源和移动源的相关标准法规组成，见图2-9。本报告着重介绍固定源。

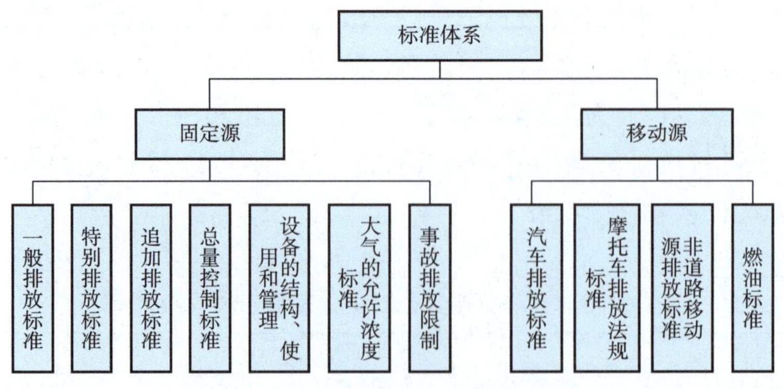

图 2-9 日本大气污染物排放标准体系

日本大气污染物排放标准由日本环境省制定和发布，包括了排放总量和排放浓度的限制指标。为保证区域大气环境质量和控制地方特征污染物，《大气污染防治法》规定，地方可以制定严于国家排放标准的地方排放标准。

从广义上讲，固定源的大气污染物排放标准有七种类型，即：一般排放标准，特别排放标准，追加排放标准，总量限制标准，设施的构造、使用和管理标准，大气中的容许限度标准，事故排放时的措施规定。排放标准的类型、控制对象及其各自特点和适用范围见表2-41。一般排放标准，即所有企业都应达到的标准；特别排放标准，适用于大气污染比较严重的地区，主要控制SO_2、烟尘等污染物，是否需要在特定地区实施特别排放标准，由环境大臣以环境省令的形式发布；地方排放标准，是由都道府县在一般排放标准和特别排放标准都不足以遏制污染的情况制定。

表2-41 固定源标准体系中不同标准比较

标准类型	限制对象	限制设施	限制地区	限制方式	制定者
一般排放标准	所有烟气	所有设施	所有地区	量、浓度	国家
特别排放标准	二氧化硫、烟尘、特定有害物质	所有设施	由总理府令规定的特定地区	量、浓度	国家
追加排放标准	烟尘、有害物质	所有设施	由条例规定的地区	浓度	都道府县
总量限制标准	二氧化硫、氮氧化物	所有设施	由政府规定的制定地区	总量	都道府县
设施的构造、使用和管理标准	普通粉尘	所有设施	所有地区	使用及管理办法	国家
大气中的容许限度标准	特定粉尘	所有设施	工厂及事业单位的某界限范围	浓度	国家
事故排放	特定物质	不分新设既设	所有地区	应急措施	都道府县

2）排放标准

日本固定源大气污染物排放标准的综合性特征非常明显，对某一行业的大气排放要求分散在不同的污染物项目标准里，基本是按污染物项目统一规定排放限值，其中一些项目（如烟尘、NO_x、VOCs等）进一步考虑了行业差异，类似我国的《大气污染物综合排放标准》。管制的污染物项目包括：SO_2（按地区实行K值控制，根据环境质量要求、排气筒有效高度确定SO_2许可排放量，同时配合燃料S含量限制）、烟尘、粉尘（含石棉尘）、有害物质（包括Cd及其化合物、Cl_2、HCl、氟化物、Pb及其化合物、NO_x）、挥发性有机物（VOCs）、28种指定物质，以及234种空气毒物（其中优先污染物23种）。

规定了工厂和作业场所（固定源）排放的大气污染物控制要求（见表2-42，表2-43），同时规定了烟气发生设施、硫氧化物控制要求、烟尘控制要求、有害物质控制要求、粉尘控制要求、指定物质控制标准、VOC控制要求以及烟尘和NO_x的排放限值。对于镉等有害物质采用浓度控制，根据有害物质种类和设备种类来制定，氮氧化物排放标准根据设备类型、规模制定一般排放标准，氮氧化物污染显著区域的制定总量控制标准。

对于烟气规定了一般排放限值、特别排放限值（硫氧化物、烟尘）、追加排放限值（烟尘、有害物质）和总量控制（硫氧化物、NO_x）。

表2-42　工厂和作业场所（固定源）大气污染物控制要求

<table>
<tr><th colspan="3">物质名称</th><th>主要发生源</th><th>规制的方式及概要</th></tr>
<tr><td rowspan="7">烟尘</td><td colspan="2">硫氧化物</td><td>锅炉、废弃物焚烧炉等的燃料和矿石等的燃烧</td><td>（1）根据排气筒的有效高度（H_e）及地区系数（K）允许排出量
允许排出量（Nm^3/h）$=K\times10^{-3}\times H_e^2$
一般排出标准：K=3.0 ~ 17.5m/h
特别排出标准：K=1.17 ~ 2.34m/h
（2）根据季节的燃料使用标准，燃料含硫率由地域确定
含硫率：0.5% ~ 1.2%
（3）总量规定
按地域、工厂制定总量削减计划</td></tr>
<tr><td colspan="2">烟尘和粉尘</td><td>同上，包括电炉子的使用</td><td>各个设施、规模的排出标准（浓度）
一般排出标准：0.04 ~ 0.5g/Nm^3
特别排出标准：0.03 ~ 0.2g/Nm^3</td></tr>
<tr><td rowspan="5">有害物质</td><td>镉（Cd）镉化合物</td><td>铜、锌、铅冶炼设施的燃烧、化学处理</td><td>各设施的排出标准：1.0mg/Nm^3</td></tr>
<tr><td>氯、氯化氢</td><td>化学制品反应设备和废弃物焚烧炉等产生的燃烧、化学处理</td><td>各设施的排出标准：
氯：30mg/Nm^3
氯化氢：80~700mg/Nm^3</td></tr>
<tr><td>氟、氢氟酸等</td><td>铝精炼电解炉和玻璃制造溶解炉等所产生的燃烧、化学处理</td><td>各设施的排出标准
1.0 ~ 20mg/Nm^3</td></tr>
<tr><td>铅、铅化合物</td><td>铜、锌、铅精炼设施的燃烧、化学处理</td><td>各设施的排出标准
10 ~ 30mg/Nm^3</td></tr>
<tr><td>氮氧化物</td><td>锅炉或废弃物焚烧炉等所产生的燃烧、合成、分解等</td><td>（1）各设施、各规模的排出标准
60 ~ 950ppm
（2）总量规定
按地域、工厂制定总量削减计划</td></tr>
<tr><td colspan="3">挥发性有机化合物</td><td>化学制品的制造、涂装、粘合、印刷所使用的干燥设备、喷漆涂装设备、清洗设备、储罐</td><td>各设施的排出标准
400 ~ 60000ppm C</td></tr>
<tr><td rowspan="3">粉尘</td><td colspan="2">一般粉尘</td><td>矿石等的粉碎、筛选及其机械处理</td><td>关于设施的结构、使用、管理的标准设置及集尘设备、防尘罩、洒水</td></tr>
<tr><td colspan="2" rowspan="2">特定粉尘（石棉）</td><td>采用切割机等对石棉粉碎、混合机其他机械处理</td><td>厂界标准：浓度为 10 根 /L</td></tr>
<tr><td>使用石棉的建筑物拆除、改造和维修作业</td><td>有关建筑物的拆除、收集、捆绑作业的标准</td></tr>
<tr><td colspan="3">特定物质（氨，一氧化碳，甲醇等 28 种物质）</td><td>事故状态</td><td>有关事故时的措施规定：企业有恢复的义务，并就此向都道府县知事通报等</td></tr>
<tr><td rowspan="4">有害大气污染物</td><td colspan="2"></td><td>234 种物质（22 种优先控制）</td><td>企业和国民自愿参与排污控制</td></tr>
<tr><td rowspan="3">指定物质</td><td>苯</td><td>苯干燥设施</td><td>新建：50~600mg/Nm^3
既有：100~1500mg/Nm^3</td></tr>
<tr><td>三氯乙烯</td><td>三氯乙烯洗涤设备</td><td>新建：150~300mg/Nm^3
既有：300~500mg/Nm^3</td></tr>
<tr><td>四氯乙烯</td><td>四氯乙烯干燥设施</td><td>新建：150~300mg/Nm^3
既有：300~500mg/Nm^3</td></tr>
</table>

注：对于烟尘及有害物质，都道府县可以制定严于国家标准的追加排放标准。

表2-43 烟尘和NO_x的排放标准（炼化行业相关）

设施种类		规模	烟尘和粉尘/（g/m^3）		NO_x/ppm
			一般排放标准	特别排放标准	
锅炉	燃气锅炉	$\geq 4\times10^4m^3$	0.05	0.03	60~100
		$< 4\times10^4m^3$	0.1	0.05	130~150
	重油燃烧炉及气液混烧	$\geq 20\times10^4m^3$	0.05	0.04	130~150
		（4~20）$\times10^4m^3$	0.15	0.05	150
		（1~4）$\times10^4m^3$	0.25	0.15	150
		$< 1\times10^4m^3$	0.3	0.15	180
	乙酸铁液燃烧炉	$\geq 20\times10^4m^3$	0.15	0.1	
		（4~20）$\times10^4m^3$	0.25	0.15	
		$< 4\times10^4m^3$	0.3	0.15	
	燃煤锅炉	$\geq 20\times10^4m^3$	0.1	0.05	200~250
		（4~20）$\times10^4m^3$	0.2	0.1	250~320
		$< 4\times10^4m^3$	0.3	0.15	250~350
	锅炉的催化剂再生塔		0.2	0.15	
	其他锅炉	$\geq 4\times10^4m^3$	0.3	0.15	
		$< 4\times10^4m^3$	0.3	0.2	
石油加热炉		$\geq 4\times10^4m^3$	0.1	0.05	100
		$< 4\times10^4m^3$	0.15	0.08	130~180
催化剂再生，燃烧炉	催化剂再生塔		0.2	0.15	250
	硫黄回收燃烧炉		0.1	0.05	250

2. 水污染排放标准

《水污染防治法》要求排水标准污染物分健康项目（有害物质）和生活环境项目2类。国家实行统一的标准值（不分行业），包括有害物质27项，生活环境项目15项，分别见表2-44和表2-45，对于处理技术难以达到统一标准的行业，执行较为宽松的暂行行业排水标准，并逐步转为执行统一标准。同时，允许地方政府根据当地水域的特殊要求，制定地方排放标准。

追加排水标准，即都道府县依法制定并报环境厅备案的严于统一标准的排水标准。其制定必须是为了维护水域水环境质量标准，包括排水量<50m^3/d的较小污染源的生活环境项目。

地方排水标准，对排放有害物质统一标准不适用的企事业单位，都道府县乃至市镇村均可制定地方排放标准加以限制，且不须报环境厅备案。

水域总量控制标准，由都道府县制定，但环境厅可根据达标的需要，制定指定水域的污染物总量削减方针并以总理府令形式发布。都道府县据此制定总量削减计划，并为每一主要污染源规定总量控制标准。

封闭性海域（东京湾、伊势湾、濑户内海）采取特殊对策，1979年对COD进行总量控制，2001年12月制定了新的总量削减基本方针，增加了总磷、总氮总量控制。

表2-44　日本有害物质统一排水标准——健康项目　mg/L

序号	有害物质	允许限值	序号	有害物质	允许限值
1	镉及其化合物	0.03	15	1,1-二氯乙烯	1
2	氰化合物	1	16	顺式-1,2二氯乙烯	0.4
3	有机磷化合物	1	17	1,1,1-三氯乙烷	3
4	铅及其化合物	0.1	18	1,1,2-三氯乙烷	0.06
5	六价铬化合物	0.5	19	1,3-二氯丙烯	0.02
6	砷及其化合物	0.1	20	福美双	0.06
7	总汞	0.005	21	西玛津	0.03
8	烷基汞	不得检出	22	禾草丹	0.2
9	多氯联苯	0.003	23	苯	0.1
10	三氯乙烯	0.1	24	硒及其化合物	0.1
11	四氯乙烯	0.1	25	硼及其化合物	海域以外10（海域230）
12	二氯甲烷	0.2	26	氟及其化合物	海域以外8（海域15）
13	四氯化碳	0.02	27	氨、氨化合物、亚硝酸化合物以及硝酸化合物①	100
14	1，2-二氯乙烷	0.04			

注：①为氨氮（包括氨离子氮）乘以0.4与亚硝酸氮和硝酸氮之和。

表2-45　日本有害物质统一排放标准——生活环境项目①　mg/L

序号	有害物质	允许限值
1	pH值	海域以外5.8~8.6（海域5.0~9.0）
2	BOD	160（日平均120）
3	COD	160（日平均120）
4	SS	200（日平均150）
5	石油类	5
6	动植物油	30
7	酚类	5
8	总铜	3
9	总锌	5
10	溶解性铁	10
11	溶解性锰	10
12	总铬	2
13	大肠杆菌群数	日平均3000个/mL

续表

序号	有害物质	允许限值
14	总氮	120（日均 60）
15	总磷	16（日均 8）

注：①适用于排水量≥ $50m^3/d$ 的特定工厂。

（四）污染物排放标准的实施

日本标准实施具有可靠的法律保障。日本依据环境基本法制定了各种公害防治法，包括防治空气、水质、土壤、噪声、振动、地面沉降、恶臭以及其他污染（如化学物质）的法律、条例，特别是对公害纠纷处理和对受害者的补偿、对公害犯罪的处罚与基本法、公害防止规定等实施细则与上述法律同步出台，且定量化、数值化特征明显。排放标准设定以后，特定设施的企事业单位必须把污染物限定在排放标准以下，对于违反排放标准的企业行为采取行政制裁和刑事制裁。对违反排放标准的行为的法律后果，往往是行政处罚和刑事处罚在先，民事责任在后。

日本地方政府在标准实施中发挥了灵活性作用。日本各级地方政府（都道府县、市和村镇）对于执行标准污染控制主动性很强，地方政府在国家法律范围内，根据地方的特点，制定地方条例，根据地方环境需要，制定和实施严于国家标准的地方标准。促进以国家措施为基础的各项事业的落实，组织实施各项措施与指导工作。

日本排放标准实施相关的具体制度还有申报审查制度、公害防治协议制度等。

1. 申报审查制度（许可制）

日本《大气污染防治法》中未明确规定实行大气污染物排放许可证制度，但设立了包括申报和审查程序及内容的许可制度。申报审查制度分为事前申报审查和排放申报审查两种。第一，事前申报审查（事前许可）。《大气污染防治法》规定，新建、改建可能排放大气污染物设施的企事业单位（“设置公害发生设施者”），在建设前必须向环境保护部门进行“设置申报”，其内容为有关设施的型号、构造、使用方法以及可能排放的大气污染物种类、数量、浓度、污染物处理方法等。环境保护部门受理申报后必须在60日内对申报内容进行审查，必要时可进行现场调查，作出批准、改善或否决的决定。第二，排放申报审查（排污许可）。《大气污染防治法》规定，排放大气污染物的企事业单位，必须对污染物的数量和浓度进行监测，并向环境保护部门进行申报，其内容包括排放数量和浓度、监测方法、时间、监测记录（格式与存档期限）、污染物处理设施及方法等。对不申报或申报时弄虚作假的，要予以处罚。环境保护部门必须对申报内容进行审查，必要时可进行现场检查，其审查标准依然是审查申报者是否超过排放标准。如认定申报者超标，环境保护部门在给予处罚的同时，可以命令排放者限期改善（如令其改造设施、改善设施使用方法、改善污染物处理方法等），或者命令停止使用该设施（包括临

时停用）。

2. 公害防治协议制度

公害防治协议是基于控制区域污染、防止新污染、依靠地方的智慧和调动地方积极性而产生的新的行政控制手段。日本《大气污染防治法》规定，地方政府可以与污染产生者签订公害协议，确定防治污染的措施和发生污染事故时的应急对策，可以规定比国家排放控制要求和排放标准更严格的排放控制要求和排放标准。据此，有些地方条例规定，公害防治协议可以规定比国家和地方排放控制要求和排放标准更严格的排放控制要求和排放标准，规定污染产生者必须采用最新的污染防治技术，规定地方政府对企业事业防治污染活动进行资助，规定企事业单位对污染的区域防治承担义务等。

第三章

卫生防护距离与大气环境防护距离

石化企业在生产过程中一般都会排放出复杂的有毒、有害气体，这些气体以有组织排放和无组织排放两种形式排出。其中无组织排放大气污染物虽然量很低，但是由于其排放高度低，污染物直接进入大气层呼吸带，在其下风向会出现地面浓度超标的污染带，对周围居民产生明显的影响，危害程度较大。因此，在石化企业厂区外设置一定宽度的卫生防护距离，可以降低有害气体对居住区的影响，保证职工、居民的安全和身体健康。2008年，国家环境保护局颁布的标准HJ 2.2－2008《环境影响评价技术导则——大气环境》(以下简称新大气导则)，首次提到了“大气环境防护距离”的概念。但是，新大气导则没有明确指出大气环境防护距离与卫生防护距离的关系以及在实际环评工作中的取舍原则，这就给石化企业的建设、环评单位对项目的环境影响评价以及环境保护部门的项目审批带来麻烦。

一 卫生防护距离

卫生防护距离是产生有害因素的部门（生产车间或作业场所）的边界至敏感区（居民区、学校、医院等对大气污染比较敏感的区域）边界的最小距离。进一步解释为：在正常生产条件下，无组织排放的有害气体（大气污染物）自生产单元（生产区、车间或工段）边界到居住区满足GB 3095与TJ 36规定的居住区容许浓度限值所需的最小距离。由卫生部门负责制定规则并承担监管工作。目前，我国工业企业卫生防护距离标准已经形成一个体系，包括国家标准和行业标准，覆盖了17个行业，共颁布了31项卫生防护距离标准。卫生防护距离的确定涉及企业搬迁、拆迁安置等敏感社会问题，事关政府、企业及公众的利益，对卫生防护距离概念、确定方法、执行等问题的研究尤为重要。

（一）炼化行业卫生防护距离

2011年中华人民共和国卫生部和标准化研究院联合发布《石油加工业污染防护距离》（GB 8195—2011），从2012年5月1日起代替《炼油厂卫生防护距离标准（GB 8195—1987）》。该标准规定了石油加工企业与敏感区之间所需的卫生防护距离，详见表3-1。适用于地处平原地区的石油加工企业的新建、改建、扩建工程，地处复杂地形条件下（山区、丘陵、沿海等）的工业企业所需卫生防护距离，应由建设单位主管部门与建设项目所在省、市、自治区的卫生与环境保护主管部门，根据环境影响评价报告书共同确定。2017年5月，国家标准委关于终止和调整强制性国家标准计划项目的通知，将《石油加工业污染防护距离》由国家强制标准改为推荐标准。

表3-1　石油加工业卫生防护距离标准限值（平原地区）

加工原油量/（kt/a）	所在地区近五年风速/（m/s）	卫生防护距离/m
≤ 8000	＜ 2	900
	2~4	800
	＞ 4	700
＞ 8000	＜ 2	1200
	2~4	1000
	＞ 4	900

与GB8195—1987相比（标准值见表3-2），修订了卫生防护距离的定义，由“工艺生产装置、‘三废’处理装置、罐区及装卸油设施的边界线至居住区边界的最小距离”修订为“产生有害因素的部门（生产车间或作业场所）的边界至敏感区（居民区、学校、医院等对大气污染比较敏感的区域）边界的最小距离”，新增了敏感区、复杂地形两项；调整了生产规模分档，规模分档由原来250kt/a提升至8000kt/a，并且不再考虑原油含硫量；新标准修订了卫生防护距离标准限值，随着工艺技术的改进和污染预防措施的提升，新标准降低了卫生防护距离标准值，并且增加了有关绿化的要求，规定在卫生防护距离范围内，种植浓密的乔木类植物绿化隔离带（宽度不少于10m）的企业，可按卫生防护距离标准限值的90%执行。

表3-2　炼油厂卫生防护距离标准（GB 8195—1987）卫生防护距离标准值

炼油厂类别/（kt/a）	原有含油量/%	所在地区近五年的平均风速/（m/s）		
		＜2	2~4	＞4
≥ 250	≥ 0.5	1500	1300	1000
≥ 250	＜ 0.5	1300	1000	800
＜ 250	≥ 0.5	1300	1000	800
＜ 250	＜ 0.5	1000	800	800

（二）卫生防护距离的计算方法

尚未发布卫生防护距离标准的行业，按照《制定地方大气污染物排放标准的技术方法》GB/T13201—1991的规定，计算公式见式（3-1）：

$$Q_c/C_m=1/A\ (BL^C+0.25r^2)^{0.50}L^D \tag{3-1}$$

式中 Q_c——有害气体无组织排放量可以达到的控制水平，kg/h；

C_m——标准浓度限值，mg/m^3；

L——所需卫生防护距离，m；

r——有害气体无组织排放源所在生产单元的等效半径，m，根据该生产单元占地面积（m^2）计算，$r=(S/\pi)^{0.5}$；

A、B、C、D——卫生防护距离计算系数（无因次），根据建设项目所在地区近五年平均风速及工业企业大气污染源构成类别从表3-3中选取。

根据GB/T13201—1991的规定（卫生防护距离在100m以内，级差为50m；超过100m但小于1000m时，级差为100m；超过1000m以上时，级差为200m），将卫生防护距离的计算结果取整。

表3-3 卫生防护距离计算系数

计算系数	工业企业所在地区近五年平均风速/（m/s）	卫生防护距离L/m								
		$L\leq1000$			$1000<L\leq2000$			$L>2000$		
		工业企业大气污染源构成类别								
		Ⅰ	Ⅱ	Ⅲ	Ⅰ	Ⅱ	Ⅲ	Ⅰ	Ⅱ	Ⅲ
A	<2	400	400	400	400	400	400	80	80	80
	2~4	700	470	350	700	470	350	380	250	190
	>4	530	350	260	530	350	260	290	190	140
B	<2	0.01			0.015			0.015		
	>2	0.021			0.036			0.036		
C	<2	1.85			1.79			1.79		
	>2	1.85			1.77			1.77		
D	<2	0.78			0.78			0.57		
	>2	0.84			0.84			0.76		

注：表中工业企业大气污染源构成分为三类：

Ⅰ类：与无组织排放源共存的排放同种有害气体的排气筒的排放量，大于标准规定的允许排放量的三分之一者；

Ⅱ类：与无组织排放源共存的排放同种有害气体的排气筒的排放量，小于标准规定的允许排放量的三分之一，或者无排放同种大气污染物之排气筒共存，但无组织排放的有害物质的容许浓度是按急性反应指标确定者；

Ⅲ类：无排放同种有害气体的排气筒与无组织排放源共存，且无组织排放的有害物质的容许浓度是按慢性反应指标确定者。

Q_c取同类企业中生产工艺流程合理、生产管理与设备维护处于先进水平的工业企业，在正常运行时的无组织排放量。当按式计算的L值在两级之间时，取偏宽的一级。

无组织排放多种有害气体的工业企业，按照Q_c/C_m的最大值计算其所需卫生防护距离，但当按两种或两种以上的有害气体的 Q_c/C_m 值计算的卫生防护距离在同一级别时，该类工业企业的卫生防护距离级别应提高一级。

二 大气环境防护距离

大气环境防护距离是为保护人群健康，减少正常排放条件下大气污染物对居住区的环境影响，在项目厂界以外设置的环境防护距离。“新大气导则”中明确要求在环境影响评价报告书中需要确定大气环境防护距离。

大气环境防护距离的确定采用“新大气导则”推荐的估算模式即（screen 3）模式进行计算。估算模式是一个单源高斯烟羽扩散模式，可计算点源、火炬源、面源和体源的最大地面浓度，以及建筑物下洗和熏烟等特殊条件下的最大地面浓度，污染物浓度计算公式见公式（3-2）。

$$C=\frac{Q}{2\pi U\delta_y\delta_z}\left\{\exp\left[-\left(\frac{(z-H_e)^2}{2\delta_z^2}\right)\right]+\exp\left[-\left(\frac{(z+H_e)^2}{2\delta_z^2}\right)\right]+\right.$$
$$\sum_{n=1}^{k}\left\{\exp\left[-\left(\frac{(2nh+H_e-z)^2}{2\delta_z^2}\right)\right]+\exp\left[-\left(\frac{(2nh+H_e+z)^2}{2\delta_z^2}\right)\right]+\right.\tag{3-2}$$
$$\left.\left.\exp\left[-\left(\frac{(2nh-H_e-z)^2}{2\delta_z^2}\right)\right]\right\}\right\}$$

式中：C 为接受点的污染物落地质量浓度，mg/m^3；Q 为污染源排放强度，g/s；U 为排气筒出口处的风速，m/s；δ_y、δ_z 分别为 y 和 z 方向扩散参数，m；z 为接受点离地面的高度，m；H_e 为排气筒有效高度，m；h 为混合层高度，m；k 为烟羽从地面到混合层之间的反射次数，一般≤ 4 。

采用推荐模式中的大气环境防护距离模式计算各无组织排放源的大气环境防护距离。计算出的距离是以污染源中心点为起点的控制距离，并结合厂区平面布置图，确定需要控制的范围。对于超出厂界以外的范围，确定为项目大气环境防护区域。当无组织源排放多种污染物时，应分别计算，并按计算结果的最大值确定其大气环境防护距离。对于属于同一生产单元（生产区、车间或工段）的无组织排放源，应合并作为单一面源计算并确定其大气环境防护距离。

估算模式中嵌入了多种预设的气象组合条件，包括一些最不利的气象条件，在某个地区有可能发生，也有可能不发生，所以经估算模式计算出的是某一污染源对环境空气质量的最大影响程度和影响范围的保守的计算结果。

三 国外卫生防护距离相关概念

文献查阅未见国外的卫生防护距离定义，但有“缓冲带”的概念。《北美应变指南

（1996）》将石化企业涉及的物料分为毒性及易燃气体、毒性及腐蚀性气体和易燃液体及具有毒性三类，三类物质所需的安全缓冲带为100~200m。美国、加拿大、墨西哥联合编制的《应急指南2004》，石化企业不同危险化学品意外泄漏而设置的安全缓冲宽度为200~6800m。英国《土地使用缓冲带标准》，工业区与居民区之间的缓冲带宽度不小于91.4m；有隔离墙、绿化带时，不小于30.5m。

四 卫生防护距离与大气环境防护距离的对比研究

环境保护部环境工程评估中心于2009年6月在对“新大气导则”的条款说明与实施问答中明确：“大气环境防护距离和卫生防护距离是两个概念，大气环境防护距离按导则要求执行，卫生防护距离按国家颁布的各行业卫生防护距离标准执行。”

（一）对比分析

卫生防护距离与大气环境防护距离均针对无组织排放源（即不通过排气筒或通过15m以下高度的排气筒排放的有害气体）；两者作用相同，均是在污染源与居住区之间界定一个区域，为企业无组织排放的气载污染物提供一段稀释距离，使污染气体到达人口聚集区的浓度符合国家标准，从而保护建设项目周边居民的身体健康；在防护区域内，均不应有长期居住的人群和房屋。

卫生防护距离和大气环境防护距离的主要不同体现在以下几个方面：

1. 设置的起点不同

“大气环境防护距离”是“以污染源中心点为起点的控制距离”；“卫生防护距离”的设置是以产生有害因素部门（生产区 、车间或工段）的边界为起点至居住区边界的最小距离。前者是指厂界到达标点的距离，后者是指无组织排放源到达标点的距离。

2. 计算原理和参数不同

卫生防护距离与大气环境防护距离计算方法不同，因此需要的参数也不尽相同，表3-4对二者所需的计算参数进行了对比。

表3-4 卫生防护距离与大气环境防护距离计算原理和参数对比

功能	卫生防护距离	大气环境防护距离
标准浓度限值	《环境空气质量标准》（GB 3095—2012）一次浓度限值；《工业企业设计卫生标准》（GB Z 1—2010），一次最高允许浓度	《恶臭污染物排放标准》（GB 14554—93），厂界标准（优先满足）；《环境空气质量标准》（GB 3095—2012），1h平均浓度；《工业企业设计卫生标准》（GB Z 1—2010），一次最高允许浓度
污染源形状	等效圆形	点、面、体源
污染源有效高度	不考虑	0~999m
建筑物下洗	不考虑	可选

续表

功能	卫生防护距离	大气环境防护距离
岸边熏烟	不考虑	可选
气象条件	近五年平均风速	排气筒出口风速、混合层高度、10m 处风速
地形条件	简单地形、复杂地形	城市地形、乡村地形

卫生防护距离标准浓度限值执行《环境空气质量标准》（GB 3095—2012）、《工业企业设计卫生标准》（GB Z 1—2010），而大气环境防护距离的标准浓度限值在优先满足厂界标准的前提下，还执行《环境空气质量标准》（GB 3095—2012）、《工业企业设计卫生标准》（GB Z 1—2010）两个标准。大气环境防护距离的标准浓度限值更为严格。

计算大气环境防护距离时需要考虑面源有效高度、面源宽度、面源长度、污染物排放率、小时评价标准；卫生防护距离需要设置污染物排放速率，生产单元占地面积、近五年平均风速，标准浓度限值，并受有无排气筒和排气筒高度的影响，“有排气筒且大于标准规定的排放量的1/3，有排气筒但小于标准规定的排放量的1/3，无排气筒且有害物质按慢性反映指标确定。”两者比较，卫生防护距离计算时没有考虑无组织面源排放高度对卫生防护距离的影响，而大气环境防护距离计算时考虑了面源有效高度。事实上有效源高度增加对污染物落地浓度影响较大，研究表明无组织排放源排出的大气污染物，有效源高度增大1倍，污染物的最大落地浓度就会减小至原来的1/2~1/3。

考虑的气象条件和地形条件不同。卫生防护距离计算时，仅考虑当地近五年的平均风速，不考虑其他气象条件和地形条件的影响。而大气环境防护距离计算模式内置13组风速（10 m高度处）和6种稳定度的组合，共54气象条件情景，基本覆盖了所有可能发生的气象条件。

3. 计算结果的取级不同

卫生防护距离的取级规定为：在100m以内时，级差为50m；在100~1000m内时，级差为100m；超过1000m时，级差为200m。大气环境防护距离的取级原则为：10~100m内时，级差为10m；100~2000m时，级差为50m；超过2000m时，模型建议削减源强。卫生防护距离计算结果取级级差较大，在一定情况下其取级原则不科学。

（二）案例分析及建议

某炼油厂生产规模≤8000kt/a，以常减压炼油装置为例，污染源计算参数：非甲烷总烃（NMHC）排放率71.42kg/h，车间面积190m×80m（长×宽），当地近五年平均风速为1.9m/s，浓度限值为4mg/m^3，排放高度为15m。

按照标准值卫生防护距离为900m，按照公式法计算卫生防护距离为578.9m，根据取级原则确定防护距离为600m；大气环境防护距离计算值为400m。

第四章

国内外炼化行业环保法律法规标准对比研究

一 标准的法律基础

我国的法律法规标准及排放限值的模式为“法律，标准－限值”，法律与标准的体系相对独立，法律只明确要制定标准，未将标准体系纳入法律条文中；具体操作过程法律和标准是分割的。如《环境保护法》第十六条规定“国务院环境保护主管部门根据国家环境质量标准和国家经济、技术条件，制定国家污染物排放标准。省、自治区、直辖市人民政府对国家污染物排放标准中未作规定的项目，可以制定地方污染物排放标准；对国家污染物排放标准中已作规定的项目，可以制定严于国家污染物排放标准的地方污染物排放标准。”授权环境保护部和省、自治区、直辖市人民政府组织制定国家、地方污染物排放标准，以科技标准的形式发布污染物排放限值。《大气污染防治法》《水污染防治法》两部环境保护单行法引用综合法的相关内容，《大气污染防治法》要求“企业事业单位和其他生产经营者建设对大气环境有影响的项目，应当依法进行环境影响评价、公开环境影响评价文件；向大气排放污染物的，应当符合大气污染物排放标准，遵守重点大气污染物排放总量控制要求。”《水污染防治法》要求“排放水污染物，不得超过国家或者地方规定的水污染物排放标准和重点水污染物排放总量控制指标。”

美国、日本、欧盟、德国的法律法规标准及排放限值的模式为“法律－法规－限值”，注重从法律到具体限值的整体性，直接体现标准的法律位置。日本在《大气污染防治法》《水污染防治法》及其解释文件中明确规定全国统一的污染物的排放限值；美国在《清洁水法》《清洁空气法》规定了污染物种类，并授权EPA制定水质、空气标准和各行业污染物排放标准，授权各州根据自己的情况制定本地区的标准，以技术法规的形式发布；欧盟《污染综合预防与控制指令》属于欧盟二级法律，将最佳可行技术参考文件（简称

BREF）转化为欧盟法律文件，要求各成员国基于BAT确定本国的排放限值；德国根据《联邦水法》要求，在《废水排放条例及其附录》中制定各行业的污染物排放限值。各国的法律法规标准体系见图4-1，表4-1、表4-2。

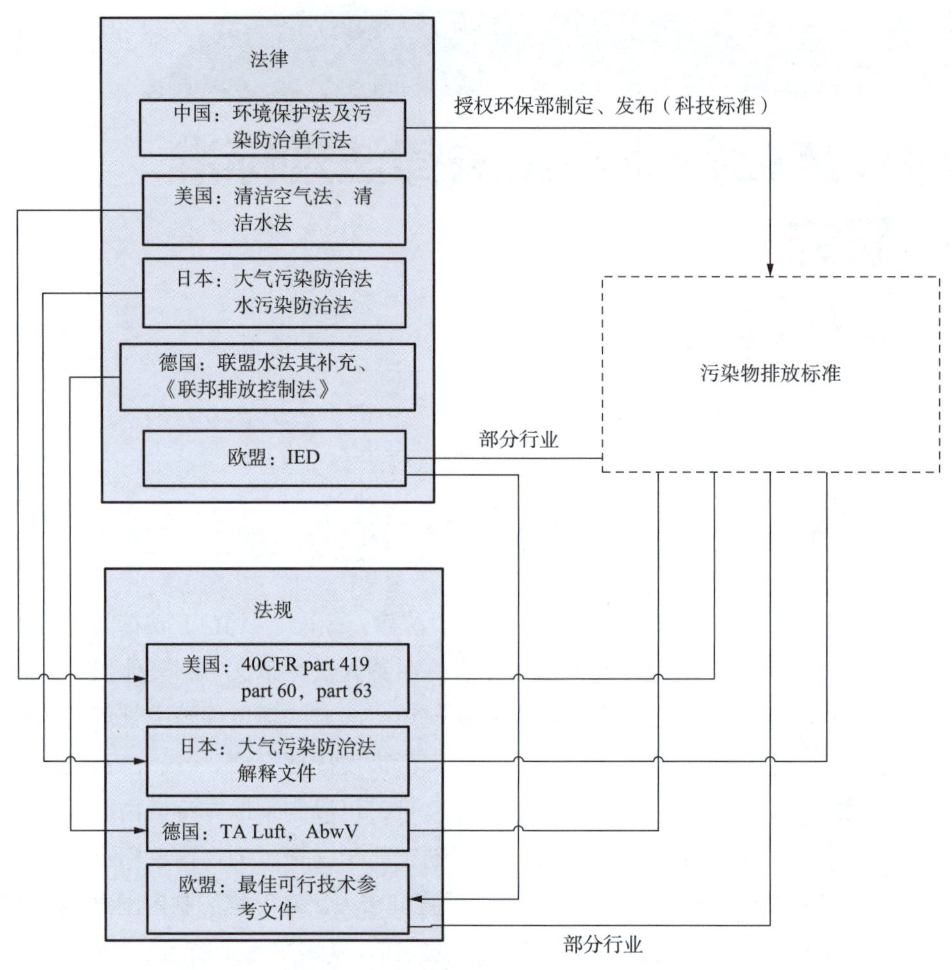

图 4-1　各国法律法规标准体系图

表4-1　各国水污染控制法律法规标准对比（石油炼化行业相关）

国别	法律依据	法规	标准	技术文件内容	修订情况
中国	《环境保护法》提出环境保护部制定国家环境质量标准和国家污染物排放标准		《石油炼制行业污染物排放标准》，《石油化学工业污染物排放标准》	石油炼制标准17页，石油化学工业标准31页，包括水污染物控制要求及监测要求	1996年执行水污染物综合排放标准；2015年制定、发布行业污染物排放标准
美国	清洁水法规定了污染物种类；授权EPA制定水质标准和各行业污染物排放标准	40CFR part 419		约80页，石油炼化的法规部分，包括各类石油炼制企业的排放标准	法律1972年制定，经1979、1989年大修；法规自1972年制定，历经1979、1982、1985年3次修改

续表

国别	法律依据	法规	标准	技术文件内容	修订情况
日本	《水污染防治法》制定并实施全国统一的水环境质量标准和水排放标准	排水规则明确污染物种类		包括生活项目和有毒物质的排放限值	法律1970年制定实施，经1972、1978、1989、1990、1996、2006年6次修订
欧盟	二级法《污染综合预防与控制指令》，要求欧洲委员会组织制定、更新BAT参考文件	最佳可行技术参考文件		石油炼制754页，大宗有机化学品478页，技术文件提出了BAT、基于BAT的排放水平及新兴技术	现行石油炼制2015年版，现行大宗有机化学品2003年
德国	联邦水法（WHG）及其补充（AbwAG）	德国污水条例AbwV		121页，水污染防治的一般要求，并以附录的形式规定了57个行业污染控制要求，包括石油炼制及烃类生产等	现行版本为2004年修订

表4-2 各国大气污染控制法律法规对比（石油炼化行业相关）

国别	法律	法规	标准	技术文件内容	修订情况
中国	《环境保护法》提出环境保护部制定国家环境质量标准和国家污染物排放标准		《石油炼制行业污染物排放标准》;《石油化学工业污染物排放标准》	石油炼制行业标准17页，石油化学工业标准31页，包括大气污染物控制、监测要求	1996年执行大气污染物综合排放标准；2015年制定并发布了行业石油炼制、石油化工标准
美国	《清洁空气法》规定了大气污染物种类，同时给出了空气质量标准；由法律授权EPA制定各行业污染物排放标准	大气：40CFR part 60，part 63		约300页，包括排放标准，新建、改扩建标准	大气：法律1970年制定实施，1977年，1990年两次大修；法规自1978年制定，历经1979、1985、1989、2008、2012年多次修改
日本	《大气污染防治法》规定了大气环境保护的主要内容，包括污染物排放标准、总量控制等	排出基准的设定及修改		大气污染防治法概要，包括工厂大气污染物规制、监测、损害赔偿、处罚等内容	大气污染防治法1968年制定实施，经1971、1975、1989、1997、2005年等多次修订
欧盟	《污染综合预防与控制指令》（欧盟二级法），要求欧洲委员会组织制定、更新BAT参考文件，各国参考BAT结论制定本国许可证	最佳可行技术参考文件		石油炼制754页，大宗有机化学品478页，技术文件提出了BAT、基于BAT的排放水平及新兴技术	现行石油炼制2015年版，现行大宗有机化学品2003年
德国	与工业装置相关的《联邦排放控制法》（BImSchG）		TA-Luft	252页，包括一般排放限值要求及装置特别要求	1986、2002年（现行版本）

二 排放标准控制数量与限值

1. 执行标准文件

各国炼化行业执行的污染物排放标准清单详见表4-3，中国、美国、欧盟、德国均有针对炼化行业的标准，日本大气、水污染防治执行综合排放标准，不分行业，大气中针对烟尘、NO_x、VOCs等项目考虑了行业差异。

表4-3 各国炼化行业执行的污染物排放标准清单

国别	环境要素	执行标准名称	备注
中国	水、气（工艺）	《石油炼制行业污染物排放标准》（GB 31570—2015）	适用于石油炼制工业企业及其生产设施，2017年7月7日起，新建和既有企业均执行该标准
		《石油化学行业污染物排放标准》（GB 31571—2015）	适用于石油化学工业企业及其生产设施，2017年7月7日起，新建和既有企业均执行该标准
	气（配套锅炉）	《锅炉大气污染物排放标准》（GB 13271—2014）	配套动力锅炉，适用于以燃煤、燃油、燃气为燃料的单台出力65t/h以下的
		《火电厂大气污染物排放标准》（GB 13223—2011）	配套动力锅炉，单台出力65t/h以上
日本	水	《水污染防治法》	国家统一排水标准，不分行业
	气	《大气污染防治法》	综合排放标准，按污染物项目统一规定排放限值，个别项目考虑行业差异（烟尘、NO_x、VOCs等）
德国	大气	《空气质量控制技术规范》（TA Luft）	包括一般排放要求，针对某些装置的特殊规定（5.4.1热生产、矿业、能源，5.4.4化学工业、医药、石油炼制）
	水	废水排放条例及其附录（AbwV）	包含57个行业的废水排放要求，附录36烃类生产，附录45石油炼制
欧盟	综合	欧盟工业排放指令（IED）	IPPC指令与现有7个工业排放指令的整合
	水、气	《石油炼制与天然气加工工业污染物防治最佳可行技术参考文件》	包括基于BAT的排放水平
	水、气	《大宗有机化学品工业污染防治最佳可行技术参考文件》	
美国	水	《清洁水法》40 CFR part 419石油炼化行业点源类别	石油炼制行业点源污水排放准则与标准
	大气	《清洁空气法》40 CFR part 60-J、60-Ja、60-K、60-Kb、60-QQQ、60-XX、60-GGG、60-VV、60-UU《石油炼化企业最大可达控制技术（MACT）标准指南》	石油炼化行业新固定源环保性能表征；在该指南中，炼油企业的有毒有害气体的产生源被定义为：所有工艺排放口、储罐、汽油装车、装船、设备泄漏及炼油企业中的废水处理系统

2. 污染控制因子与排放限值

各国污染物控制因子详见表4-4，石油炼制行业的水污染物排放限值对比详见表4-5，炼化行业工艺过程及其配套锅炉的大气污染物排放限值对比详见表4-6、表4-7。

水污染物控制方面。日本水污染物排放限值除总汞、总砷外明显宽于其他国家，但是企业与政府的协议指标远远优于国家标准。日本污染控制模式是国家不分行业制定统一的排放标准，地方针对本地区企业制定更严格的排放条例，企业根据自己的技术水平、减排能力与政府签订协议指标，实施更严格的排放限值。例如：COD排放国家标准是120mg/L，而出光千叶工厂与地方的协议标准是18mg/L，根岸炼油厂与横滨市的协议值是14mg/L。我国石化行业标准对CODcr、BOD_5、氨氮排放限值严于美德日，总铅、总砷、总汞排放限值较其他国家控制稍松；北京和上海最新修订的地方标准重金属指标总体已比其他国家更严。例如：日本总铅、总砷、总汞排放限值为0.1mg/m^3、0.1mg/m^3、0.005mg/m^3，我国限值分别为1.0mg/m^3、0.5mg/m^3、0.05mg/m^3，北京限值分别为0.1mg/m^3、0.04mg/m^3、0.001mg/m^3，上海限值为0.1mg/m^3、0.05mg/m^3、0.005mg/m^3。

大气污染物控制方面。针对工艺装置，日本最为宽松，美国氮氧化物明显优于中国、德国；中国、德国颗粒物限值水平持平，氮氧化物、二氧化硫排放，中国严于德国。针对配套锅炉，德国、日本根据设备的类型、规模、燃烧条件等的不同设置不同的排放限值，我国并未具体区分。目前，我国锅炉95%以上都执行超低排放标准，整体严于其他国家。

表4-4 各国污染物控制因子

污染物类型	主要控制污染物种类						
	中国		美国	日本	德国		欧盟
	石油炼制	石油化工	石油炼制	不分行业	石油炼制	石油化工	石油炼制
大气污染物	12	73，其中一般污染物9项，有机特征污染物64项	34，其中常规6种、有毒有害28种（法律共涉及182种）	SO_2、烟尘、粉尘、有害物质（6种）、VOCs、指定物质（28种），空气毒物（234种，23种优先控制）	总尘、无机颗粒物（15种）、无机气体（13种）、有机物质（187种）、致癌物质（20种）、难降解高积累剧毒有机物（17种）	6	
水污染物	25	87，其中一般污染物27项，有机特征污染物60项	11（法律中常规5种，有毒有害65类，非常规类）	42，其中常规污染物15项，有害物质27项	9	9	12

表4-5 石油炼制行业水污染物排放标准对比 mg/L（pH除外）

序号	污染物项目	中国排放限值（直接排放）			美国	日本（*为日均值）	德国	比利时
		一般排放限值	特别排放限值	北京（排入Ⅱ、Ⅲ水体标准限值）				
1	pH值	6～9	6～9	6.5~8.5	6~9	5.8~8.6（海域5~9）		6.5~9（排入污水系统6~9.5）

续表

序号	污染物项目	中国排放限值（直接排放）			美国	日本（*为日均值）	德国	比利时
		一般排放限值	特别排放限值	北京（排入Ⅱ、Ⅲ水体标准限值）				
2	悬浮物	70	50	5	17.9	150*		60
3	化学需氧量（CODcr）	60	50	20	152	120*	80①	200（复杂炼油厂250）
4	五日生化需氧量（BOD_5）	20	10	4	22.1	120*	25①	35（排入污水系统无限制）
5	氨氮	8.0	5.0	1	10.7	100		
6	总氮	40	30.0	10	—	60*	40①	10（凯氏氮）
7	总磷	1.0	0.5	0.2	—	8*	1.5①	2
8	总有机碳	20	15	8	5			
9	石油类	5.0	3.0	0.05		5		
10	动植物油				6.7	30		
11	烃类化合物						2	20
12	硫化物	1.0	0.5	0.2	0.12	—	0.6②	1
13	挥发酚	0.5	0.3	0.01	0.14（酚类）	5（酚类）	0.15（苯酚）②	0.5（苯酚）
14	总钒	1.0	1.0	0.3				
15	苯	0.1	0.1	0.01		0.1		
16	甲苯	0.1	0.1	0.1				
17	邻二甲苯	0.4	0.2	0.2				
18	对二甲苯	0.4	0.2	0.2				
19	间二甲苯	0.4	0.2	0.2				
20	乙苯	0.4	0.2	0.2				
21	总氰化物	0.5	0.3	0.2		1.0	0.1②	
22	苯并（a）芘	0.00003	0.00003					
23	总铅	1.0	0.1		0.1		0.05	
24	总砷	0.5	0.04		0.1			
25	总镍	1.0	0.05		—			
26	总汞	0.05	0.001		0.005			
27	烷基汞	不得检出	不得检出		不得检出			
28	总铬/六价铬		0.2/0.1	0.37/0.024	2/0.5		0.5/0.05	
29	AOX（可吸附有机卤素）			0.5			0.1②	
加工单位原（料）油基准排水量（m^3/t原油）		0.5	0.4					简单炼油厂0.5，复杂炼油厂0.6~1.2

注：1. 美国污染物排放限值为30日均值。

2. 德国为合格的随机采样或2h符合样（至少5次随机采样复合），①为排入水体的污染物浓度；②为与其他废水混合前的废水要求。

3. 日本标准，适用于排水量≥50m^3/d的特定工厂。

4. 比利时简单炼油厂包括常压蒸馏、减压蒸馏、脱盐、催化脱硫、重整、硫酸生产；复杂炼油厂包括有个或多个以下活动，催化裂化、加氢裂化、减黏裂化、氢气生产、柴油加氢精制、焦化、烷基化、脱硫、沥青生产等。

表4-6 石油炼制工业工艺装置污染物排放对比（表A、表B、表C）

A加热炉污染物排放对比

mg/m³

污染物类型	中国（特别排放限值）	美国	日本	德国
颗粒物	20		100	20
二氧化硫	50	87.41	30 ~ 200	350
氮氧化物	100	36.5	100ppm	350

B催化裂化催化剂再生烟气

mg/m³

污染物类型	中国（特别排放限值）	美国	日本	德国
颗粒物	20	催化裂化再生器每燃烧 1Mg 焦允许排放 1.0kg 颗粒物	200	30（新建）/40（现有）
镍及其化合物	0.3			Hg、Ti、Pb、Co、Ni、Se、Te 总浓度不超过 0.5，其中 Hg 和 Ti 总浓度不超过 0.05
二氧化硫	50/100（酸性气回收装置）	87.41	30~200	1200
氮氧化物	100	36.5	250ppm	350

C其他装置污染物排放限值对比

mg/m³

污染物类型	中国	德国
硫酸雾	5	
氯化氢	10	30
沥青烟	10	
苯	4	1
甲苯	15	
二甲苯	20	
非甲烷总烃	30①/120②	50
苯并（a）芘	0.0003	As、苯并（a）芘、Cd、Co、Cr 总浓度不超过 0.05
硫化氢	10	3
镍及其化合物	0.5	Pb、Co、Ni、Se、Te 总浓度不超过 0.5
汞及其化合物		0.05

备注：1. 重整催化再生烟气包括硫化氢、非甲烷总烃；酸性气回收装置除二氧化硫外，设置硫酸雾；沥青氧化装置有沥青烟和苯并（a）芘；废水处理有机废气收集处理装置有苯、甲苯、二甲苯、非甲烷总烃。

2. ①重整催化剂再生烟气;②废水处理有机废气收集处理装置。

表4-7 石油炼制工业配套锅炉污染物排放标准对比

mg/m³

<table>
<tr><th colspan="2" rowspan="2">国别</th><th colspan="3">颗粒物</th><th colspan="3">SO_2</th><th colspan="3">氮氧化物</th></tr>
<tr><th>燃煤</th><th>燃油</th><th>燃气</th><th>燃煤</th><th>燃油</th><th>燃气</th><th>燃煤</th><th>燃油</th><th>燃气</th></tr>
<tr><td rowspan="3">中国</td><td>限值</td><td>50</td><td>30</td><td>20</td><td>300</td><td>200</td><td>50</td><td>300</td><td>250</td><td>200</td></tr>
<tr><td>特别限值</td><td>30</td><td>30</td><td>30</td><td>200</td><td>100</td><td>50</td><td>200</td><td>200</td><td>150</td></tr>
<tr><td>超低排放</td><td colspan="3">10（特殊排放限值地区5）</td><td colspan="3">35</td><td colspan="3">50</td></tr>
<tr><td colspan="2">日本（氮氧化物单位为ppm）</td><td>100①/200②/300③，特别排放限值相应减半</td><td>50①/150②/250④/300⑤，特别限值40/50/150/150</td><td>50⑥/100③，特别限值30/50</td><td></td><td></td><td></td><td>200~250①/250~320②/250~350③</td><td>130~150①/150②/150④/180⑤</td><td>60~100⑥/130~150③</td></tr>
<tr><td colspan="2">德国</td><td>20①/50②</td><td>50</td><td>5</td><td>350（流化床炉）/1300/1000</td><td>850</td><td>5</td><td>300/400/500</td><td>180/200/250</td><td>100/110/150</td></tr>
</table>

注：1. 日本颗粒物和氮氧化物的排放限值与设备的类型、规模有关系：①规模≥$20\times10^4m^3$；②规模（4~20）$\times10^4m^3$；③规模＜$4\times10^4m^3$；④规模（1~4）$\times10^4m^3$；⑤规模＜$1\times10^4m^3$；⑥规模≥$4\times10^4m^3$。

2. 德国颗粒物的排放限值与规模、设备、温度压强有关系：①规模≥5MW；②规模＜5MW。

三 标准的可操作性

1. 排放限值确定依据

欧盟《污染综合防治指令》（IED）规定：欧盟国家必须对从事指令中所列工业活动颁发运行许可证，并规定许可证必须考虑装置的技术特征、地理位置和当地的环境条件，提出基于最佳可行技术的排放限值；必须设置采用最佳可行技术、有效利用能源的条款，避免造成环境污染和污染事故、减少废物产生；企业生产装置应在“最佳可行技术”提出的参数范围内运行。欧盟制定最佳可行技术参考文件，并赋予其法律效力，要求成员国基于BAT结论制定本国的排放限值。以石油炼制行业为例，欧盟制定、发布了《石油炼制与天然气加工工业污染物防治最佳可行技术参考文件》，详细描述了石油炼制工业污染物产生环节以及控制措施，列出了在目前条件下不同工艺、不同控制技术下的BAT，并给出基于BAT的排放水平，包括废水直接排放污染物控制水平（12种污染物），针对催化裂化、焦化工艺、燃烧装置及存储和处理过程的BAT的排放水平（多个最佳可行技术的排放限值的区间值），要求各成员国基于BAT排放水平，结合本国技术、经济、环境等现状确定本国的排放限值。

美国对污染源排放实施技术强制，将排放标准建立在采用一定的先进技术所能达到的水平，即：按照污染物种类（常规污染物、毒性污染物）和污染源类型（现有排放源、新排放源）分别执行不同技术基准的污染物排放标准。美国污染防治最佳技术分为最佳可行控制技术（BPT）、最佳常规污染物控制技术（BCT）、最佳经济可行技术（BAT）和现有最佳示范技术（BADT）四类，其中BPT和BCT针对常规污染物，而BAT和BADT针对有毒污染物。如：按照石油炼制工业生产工艺特点与产品特征，EPA将排放标准按行业和子行业分类并制定，根据不同工业行业加工工艺、污染物种类及发生量、污染物排放特性等主要因素，以不同的处理技术水平为依据制定的排放限值和标准。炼厂分为直馏型炼厂、裂解型炼厂、石油化工型炼厂、润滑油型炼厂、综合型炼厂五类，基于各种最佳可行技术，分别开发六类水污染物排放标准。

我国自2007年开始，启动了最佳可行技术指南的编制工作，截至目前共发布了七个行业最佳可行技术指南，十个行业可行性技术指南，而炼化行业仍未出台相关可行技术指南。我国石油炼制工业污染物排放限值主要是通过大量企业调研、综合考虑综合排放标准及国内外相关标准及专家研讨确定的。但由于企业重视保密，调研难度较大，得到的技术、数据等信息存在不能准确反映行业现状的问题。

2. 标准、限值的更新

我国排放标准的制定、修订主要依据《国家环境保护标准制修订工作管理办法》《加强国家污染物排放标准制修订工作的指导意见》及环保标准规划、国家环保标准制修订计划等，缺乏常态机制。有的标准超过10年仍未更新，例如我国《大气污染物综合排放标准》《污水综合排放标准》等均为1996年发布，《恶臭污染物排放标准》为1993年制定，期间未做限值修订，不能够有效地推动环保技术进步；而有的标准频繁更新，例如2014年4月发布《锅炉大气污染物排放标准》，要求2014年7月1日起开始执行，将颗粒物、SO_2、氮氧化物排放限值从$50mg/m^3$、$100mg/m^3$、$400mg/m^3$提升到$20mg/m^3$、$50mg/m^3$、$150mg/m^3$（燃气锅炉为例），而2014年9月发布《煤电节能减排升级与改造行动计划（2014-2020年）》，再次将颗粒物、SO_2、氮氧化物排放限值提升到$10mg/m^3$、$35mg/m^3$、$50mg/m^3$。2015年发布《大气污染防治法》，其中第十二条规定“大气环境质量标准、大气污染物排放标准的执行情况应当定期进行评估，根据评估结果对标准适时进行修订”，该项工作尚未全面开展，有待进一步推进。

欧盟综合考虑新技术的出现、BREFs适用范围等因素，会定期进行会议讨论，对已发行的BREF进行审查、评定及修订，一般每四年修订一次。

美国、日本排放限值根据标准的实施情况、技术进步和环保需要对指标值随时进行更新，并将修订条款单独列出。美国EPA定期对标准进行重审，并考核其实施情况，同时根据石油炼制工业技术发展与行业污染防治技术的进步，以及各装置单元生产工艺用水技术的改进，必要时进行标准修订，从而保证标准的切实可行，并与石油炼制工业先进技术与水污染防治最佳可行技术同步。日本每年也对标准的实施效果进行评估，根据需要更新限值。例如氮氧化物排放限值自昭和43年发布以来，在昭和48年、50年、52年、54年、58年进行了频繁的更新，之后未做更新。

3. 标准内容

欧盟制定发布的《石油炼制与天然气加工业污染综合防治最佳可行技术指南》，全文754页，内容丰富。详细描述了石油炼制工业存在的环境问题，污染物产生环节、产生原因以及控制措施，除给出一般技术控制措施外，特别给出了在目前条件下不同工艺、不同控制技术下的BAT，分析其经济适用性，并且给出通过应用这种技术可能达到的污染物排放量和资源消耗水平。欧盟技术文件技术说明信息详细，通常考虑基本技术信息、技术可能实现的环境效益、对不同环境介质带来的影响极其经济性、适应性、执行驱动力等信息，且多为定量分析，除此外，还提供实施该技术的参考工厂的使用信息，以便实地考察。

美国的排放标准强调针对性和技术性，详细规定了环境标准的制定机关和程序、技术依据、适用行业种类等，标准中不仅仅规定排放限值，也规定了控制设备及设备运行维护要求，便于排污者参照执行。美国环保署制定、发布行业污染物排放限值，同时还公布了排放指南，并为排污者实现达标排放提供技术选择和效益分析，大大增加了标准的针对性和可操作性。

我国污染物排放标准内容较为简单，以《石油炼制工业污染物排放标准》为例，该标准文件共17页，规定了石油炼制工业企业及其生产设施的水污染物和大气污染物排放限值、监测和监督管理要求。我国也发布了《挥发性有机物（VOCs）污染防治技术政策》等相关技术文件，但是缺少对相关技术的说明，不利于指导企业实施达标改造。

四 标准的执行与评估

1. 标准执行与监管

美国建立了科学、完善、便于实施的排放标准体系。污染物排放标准的制定、颁布、实施均采取法规管理的方式，其效力等同于联邦法规。双重执行机制，有利于实现对污染物的双重监管，是标准实施的可靠保障；许可证制度，要求所有点源按照许可证规定的各种限值排污，从而使排放标准落实到排放源，也为地方标准和总量控制的实施提供了手段，使排放标准与环境质量标准的实施得到统一，有效地保证了标准实施。另外，美国在全国范围制定控制单元，依据达标情况制定不同的污染控制策略，对未达标区规定达标期限，制定地方排放标准或进行总量控制，对达标区实施恶化和防止降级政策。

欧盟将BAT嵌入到许可证的管理中，基于BAT设置的排放水平。主管机关根据公布BREFs中的BAT结论制定许可证条件，包括污染物的排放限值、相关技术参数或者技术措施、保护土壤和地下水要求以及监测要求，并要求欧盟各成员国定期向主管机构提供相应的监测结果，主管机构至少每年要对监测结果进行一次评估，确保工业设施的排放水平没有超过许可证条件。

日本在制定污染物排放标准的过程中，能够切实根据社会经济发展、科技进步水平以及在企业能够完成的范围内逐步提高污染物排放标准的要求，保证了污染物排放标准顺利实施。例如政府与企业的协议值有的仅为统一标准的千分之一。日本各级地方政府（都道府县、市和村镇）对于执行标准污染控制主动性很强，地方政府在国家法律范围内，根据地方的特点，制定地方条例，根据地方环境需要，制定和实施严于国家标准的地方标准。日本完善的法律制度为标准的实施提供了有力的保障，日本环保法律对政府、企业、国民的责任和义务有明确规定是标准实施的关键。

我国的排污收费、“三同时”制度、环境影响评价、污染源自动监控等制度与标准限值执行和监管有关，正在实施排污许可证制度。我国污染物排放标准制定了严格的排放限值与污染控制要求，但对实施与监督介绍较为简单，比如石化行业标准里的：“本标准由县级以上人民政府环境保护主管部门负责监督实施。在任何情况下，石油炼制工业企业/石油化学工业企业均应遵守本标准规定的污染物排放控制要求，采取必要的措施保证污染物防治设施正常运行。各级环保部门在对企业进行监督性检查时，可以现场及时采样或监测的结果，作为判定排污行为是否符合排放标准以及实施相关环境保护管理措施的依据。”另外，我国监管力量薄弱，针对污染物排放建立的自动在线监测系统安装率、运行率都不是很理想，基层环境保护部门存在人员数量不足、专业素养不高等问题，无法有效弥补自动监控系统的漏洞，导致标准执行监管不足。

2. 公众参与

欧美、日本等国家公众环保意识、权利意识较强，因而大多采取“自下而上”的形式，即主要由公众参与环境保护来推动环境事业发展。然而在中国则呈现出政府主导下的“自上而下”的形式，公众参与缺乏普遍自觉性。当前体制下，政府和环保部门对参与形式起着决定性作用，正是由于这种“自上而下”的参与形式，公众参与的积极性大打折扣。

欧盟委员会在编制排放限值和标准过程中，特别是提出排放限值和标准草案后，必须依法征求公众意见，包括举行各种听证会，乃至在各方意见无法取得一致时进行诉讼，由欧盟法院做出裁决。

我国公众参与范围涉及环境立法、环境决策、环境执法、环境宣传教育及社会实践等方面。2005年，原国家环保总局颁布了《环境保护法规制定程序》，对环境保护法规的立项、起草、审查、决定、公布等做出了程序性规定，强调在起草环保法规时，要广泛听取有关机关、组织和公民的意见，规定比较抽象，不够具体。2015年发布了《环境保护公众参与办法》，用于规范公民、法人和其他组织参与制定政策法规、实施行政许可或者行政处罚、监督违法行为、开展宣传教育等环境保护公共事务的活动。该法规要求环境保护主管部门通过征求意见、问卷调查，组织召开座谈会、专家论证会、听证会等方式征求公民、法人和其他组织对环境保护相关事项或者活动的意见和建议，对各种征求意见方式做了具体要求，并要求“环境保护主管部门应当对公民、法人和其他组织提出的意见和建议进行归类整理、分析研究，在作出环境决策时予以充分考虑，并以适当的方式反馈公民、法人和其他组织。”目前，我国公众参与的路径已经基本形成，但是仍然存在一些问题，主要体现在：公众参与过程透明度不够，公众参与的途径和形式较为单一，大多数以调查问卷形式收集公众信息，不能够完全了解公众意愿；公众意见的被认可和采纳的情况不够，相关部门对公众意见的反馈不充分。另外，我国公民的环保意识有待加强，公众参与主动性、积极性及参与程度较低。

3. 标准实施评估

日本每年会在日本环境省网站公布环境白书，其中包括分析大气、水、土壤等的环境基准达标率，并提出相应的对策。美国EPA定期环境标准进行重审，考核其实施情况，同时根据石油炼制工业技术发展与行业污染防治技术的进步，以及各装置单元生产工艺用水技术的改进，必要时进行标准修订，从而保证标准的切实可行，并与石油炼制工业先进技术与水污染防治最佳可行技术同步。

我国标准执行的评估工作正在起步实施。为全面了解国家污染物排放标准执行情况，我国环保部2016年发布了《国家污染物排放标准实施评估工作指南（试行）》，规范标准实施评估工作方法与要求，对标准的适用范围、规范性引用文件、术语和定义、污染物项目和限值、基准排水量、基准排气量（或基准氧含量）、污染物监测要求、实施与监督等进行全面的评估，重点评估标准执行情况，分析标准实施的环境效益、经济成本、达标技术和达标率等，并提出相应建议。污染物排放标准实施评估将有效提升标准执行率。

第五章

完善我国炼化行业环保法律法规标准的建议

一　石油炼制行业清洁环保指标构建

（一）石油炼制行业清洁环保指标建议

根据前面国内外炼化行业污染排放标准对比，我国炼化行业污染排放限值总体趋严格，地方标准的限值要求更严。石油炼制行业清洁环保指标限值建议以满足国家和企业所在地地方标准为基础（表5-1），同时考虑清洁生产和循环经济指标，以达标、清洁和循环保障企业清洁环保。

表5-1　石油炼制行业清洁环保指标建议

类型	指标及要求
排放标准	满足国家和所在地地方标准
清洁生产	北京市地方标准《清洁生产评价指标体系 石油炼制业》DB11/T1157—2015 清洁生产领先水平（一级）
	设有清洁生产管理部门和配备专职管理人员，制定有清洁生产工作规划及年度工作计划，定期开展清洁生产审核，并完成评估和验收
	每年清洁生产中、高费方案实施率≥ 90%
循环经济	开展企业循环经济发展规划，构建循环经济产业链，提高资源、能源综合利用率
	启动落实规划方案达 60% 以上

（二）石油炼制行业污染排放现有最严限值汇总

通过对比中国（国家及地区）、美国、日本、欧盟、德国的污染物排放标准，汇总出石油炼制行业污染物排放最严格标准限值，供企业对标参考，详见表5-2、表5-3。

表5-2 石油炼制行业水污染物现有最严排放限值列表 mg/L（pH除外）

污染物名称	最低排放限值	备注（限值指标来源）
pH值	6.5 ~ 8.5	北京A排放限值①
悬浮物	5	北京A排放限值，欧盟最佳可行技术排放水平
COD	20	北京A排放限值
BOD	4	北京A排放限值
氨氮	1	北京A排放限值
总氮	1	欧盟最佳可行技术排放水平
总磷	0.2	北京A排放限值
总有机碳	5	美国、奥地利
总烃	2	德国
石油类	0.05	北京A排放限值
硫化物	0.12	美国
挥发酚	0.01	北京A排放限值
苯	0.01	北京A排放限值
甲苯	0.001	欧盟最佳可行技术排放水平－年平均
邻二甲苯	0.2	中国、北京A排放限值
对二甲苯	0.2	中国、北京A排放限值
间二甲苯	0.2	中国、北京A排放限值
乙苯	0.2	中国、北京A排放限值
总氰化物	0.1	德国
苯并（a）芘	0.00003	中国
烷基汞	不得检出	中国、日本
AOX（可吸附有机卤素）	0.1	德国、奥地利
总铬	0.2	北京A排放限值
六价铬	0.024	美国
铅	0.005	欧盟最佳可行技术排放水平－年平均
总钒	0.3	北京A排放限值
总砷	0.04	北京A排放限值
总镍	0.005	欧盟最佳可行技术排放水平－年平均
总汞	0.00001	欧盟最佳可行技术排放水平－年平均
镉	0.002~0.008	欧盟最佳可行技术排放水平－年平均
铁	2	北京A排放限值
铜	0.3	北京A排放限值

注：①北京水污染物综合排放标准DB11/307—2013规定：排入北京市II类、III类水体及其汇水范围的污水执行A排放限值。

表5-3 石油炼制行业大气污染物现有最严排放限值 mg/m³

工艺	污染物	最低限值	备注（限值指标来源）
工艺加热炉	颗粒物	20	中国
	二氧化硫	30	北京
	氮氧化物	100	中国、北京、日本
催化裂化催化剂再生烟气	颗粒物	10	欧盟最佳可行技术排放水平－月均
	镍及其化合物	0.3	中国
	铅	5	奥地利
	钒	5	奥地利
	汞及其化合物	0.05	德国
	二氧化硫	50	中国、北京
	氮氧化物	30	欧盟最佳可行技术排放水平－月均
	一氧化碳	100	欧盟
	氰化物	5	挪威
重整催化剂再生烟气	氯化氢	10	中国
	非甲烷总烃	30	中国
酸性气回收装置	二氧化硫	200	北京
	硫酸雾	5①	中国
	硫化氢	5	德国、北京
氧化沥青装置	沥青烟	10	中国
	苯并（a）芘	0.0003	中国
废水处理有机废气收集处理装置	苯	1	德国
	甲苯	15	中国
	二甲苯	20	中国
	非甲烷总烃	120	中国
锅炉	颗粒物	5	北京、比利时－燃气、欧盟最佳可行技术排放水平
	二氧化硫	5	德国－燃液化气
	氮氧化物	30	北京
	汞及其化合物	0.0005	北京
	烟气黑度	1	北京
	一氧化碳	50	德国－燃气
二噁英		0.1（ngTEQ/m^3）	中国

注：①酸性气体回收装置生产硫酸时执行该限值。

二 炼化企业环保法律法规标准建议

（一）建立定期评估和修订炼化行业污染排放标准的制度

建议开展炼化行业污染排放标准实施的评估，每五年修订炼化行业污染排放标准。

适时评估和修订标准是保证标准可操作性和实用性的必要途径，国外将标准的评估和修订纳入标准管理的重要内容。我国标准缺乏科学评估与更新机制，有的标准超过10年未修订，有的标准频繁修订。标准长时间不更新，与行业技术发展水平不匹配，不利于有效推动行业发展；而标准频繁更新，易出现技术跟不上的现象，企业为了满足严格标准可能采用一些不成熟的技术，导致生产中出现不能稳定达标等问题，造成资金浪费。依据《国家污染物排放标准实施评估工作指南》，从可操作性和执行性两方面开展炼化行业污染排放标准评估，根据环境质量与技术发展情况，对污染物排放控制因子及指标值的合理性进行综合评价，分析标准的达标水平和执行情况，及时提出污染物排放标准提升或降低的建议。

（二）基于炼化企业所在地环境容量、最佳可行技术技术可达性合理确定炼化行业污染物排放限值

污染物排放限值对产业发展乃至国家经济发展具有重要而深远影响，技术可行是国外确定污染物排放限值的基本原则。我国污染物排放限值的确定考虑技术可行、也考虑环境质量改善，但在标准制定过程兼顾二者的合理性、科学性还有待加强。对环境容量受限地区，在采用国内外最先进工艺技术可达基础上，提出最严格排放限值要求；其他地区，在采用通用工艺技术可达基础上，提出合理的排放限值要求。完全脱离技术可行且过分严格的限值指标，可能会导致企业环保投资成本大幅增加，影响我国企业综合竞争力和经济增长。

建议定期开展炼化行业污染治理技术评估调查，及时发布炼化行业最佳可行技术指南。依托炼化行业排污许可信息、现场调研及监测等，在全行业广泛开展技术调查，获得行业大数据，通过科学的数据对比，筛选出最佳可行技术，并充分论证其经济技术可行性，编制可行性技术指南。基于最佳可行技术，科学合理提出炼化行业污染物排放限值，提高标准的可执行性，有效地指导企业技术改造。地方政府制定地方标准时，可严于国家标准，但也应坚持技术可行的基本前提，以适度超前的方式，引导和促进企业开发新技术，提高污染防治水平。

（三）优化炼化行业污染排放标准编制的组织方式，提高标准的可操作性

建议环保部门发布炼化行业污染排放标准制修订任务时明确承担单位的多元化组成，要求制修订过程需组建专家组，专家组必须涵盖环保部门、企业、行业协会、咨询单位（科研院所）等多方参与的专家。标准限值要经过专家组充分论证，考虑到企业的实际生产状况，建议限值设日均值或月均值。优化标准公开征求意见环节，改变目前定向征求意见的方式，扩大标准征求意见范围，提高企业参与度；提高征求意见过程的透明度，将意见采纳及不采纳情况进行反馈说明并公示，提升企业积极性。强化标准编制过程科学决策的重要性，指标限值的显著修改确定均需专家组论证意见，公示各重要决策会议

的会议纪要和专家名单。

（四）开展石化行业危险废物资源化利用研究

开展石化行业危险废物资源化利用研究，争取具备条件的纳入《危险废物豁免管理清单》，细分危废处理资质管理、科学简化可再利用类废物的资质申请条件。

《国家危险废物名录（2016年）》增加了石化行业危险废物的种类，目前石化行业的液体及固体废弃物99%划分为危险废弃物，例如废溶剂、聚丙烯和聚乙烯装置不合格产品等，而一些对下游企业可能是可再利用的原料，如焦油等。由于危废处理资质申请难，这些可利用的废弃物基本难以实现资源化利用。建议细分危废处理资质管理、科学简化可再利用类废物的资质申请条件，吸引更多有技术的中小企业参与到废物综合利用；建议开展石化行业具有资源化利用前景的危废的豁免研究，争取具备条件的纳入《危险废物豁免管理清单》，按照豁免内容的规定，实施豁免管理；建立炼化行业危险废弃物信息平台，共享废物和技术信息，鼓励有资质、有技术的企业积极从事危废综合利用与处置，变废为宝。

（五）强化地方政府执法队伍，提高监督管理能力

建议加强基层环境执法监管专业化建设。基层执法队伍是保护生态环境、打击环境违法的主力军，要建立与地区发展相匹配的专业化执法队伍，提高环境执法人员的录用门槛，并且建立人员培训机制，提高分析和处理突发环境污染事件、环境执法监管等问题的能力；加强环境执法规范化，提升环境执法质量；加大环境保护能力建设投入，完善环境监察标准化建设，配备先进的监管执法装备，提高执法监督能力。

强化地方政府在排放标准实施中的职责，地方政府应该高度重视标准的执行情况，将标准的监督执行放入工作计划，纳入考核体系。企业应设计科学的监督性监测方案和企业自测方案，主动实现自证守法。

（六）开展炼化行业大气环境防护距离与卫生防护距离“合二为一”试点实施

卫生防护距离和大气环境防护距离的设置在本质目标上是一致的，均是为了保护厂界外人群健康。二者只是在满足人群健康所采用的污染物种类和限值标准、计算模型选用方面有所区别和差异，目前二者在两方面均各有不足。2017年5月，国标委已将卫生防护距离标准由强制转为推荐性，这为科学确定卫生防护距离提供前提。随着我国VOCs、有毒有害等气体污染控制技术的进步，这类污染在生产过程得到了有效控制，老标准确定时的污染排放状况与现有技术和生产工艺的排放情况已发生了实质性提高。在充分研究大气环境防护距离与卫生防护距离采用的污染物种类和限值标准、计算模型的基础上，建议开展炼化行业大气环境防护距离与卫生防护距离“合二为一”试点实施，统一满足人群健康所采用的污染物种类和限值标准，通过采用科学的计算模型，合理确

定防护距离，既更好地保护人群健康，又简化管理程序和成本，还有利于更好地引导和鼓励企业从源头减少无组织源强。

参考文献

[1] 杨波，尚秀莉. 日本环境保护立法及污染物排放标准的启示 [J]. 环境污染与防治，2010，32 (6)：94-97.

[2] 田志仁，李石.《石油炼制工业污染物排放标准》之管见 [J]. 环境监控与预警，2016，8 (4)：58-61.

[3] 日本环境省. 大气污染防治法概要 [EB/OL]. http：//www.env.gojp/air/osen/law/index.html，2012.

[4] 国家环境保护总局. 石油炼制工业污染物排放标准：GB31570—2015 [S]. 北京：中国环境科学出版社，2015.

[5] 国家环境保护总局. 石油化学工业污染物排放标准：GB31571—2015 [S]. 北京：中国环境科学出版社，2015.

[6] 国家环境保护总局. 污水综合排放标准：GB 8978—1996 [S]. 北京：中国环境科学出版社，1997.

[7] 国家环境保护总局. 大气污染物综合排放标准：GB 16297—1996 [S]. 北京：中国环境科学出版社，1996.

[8] 国家环境保护总局. 工业炉窑大气污染物排放标准：GB 9078—1996 [S]. 北京：中国环境科学出版社，1996.

[9] 国家环境保护总局. 恶臭污染物排放标准：GB 14554—1993 [S]. 北京：中国环境科学出版社，1993.

[10] 江敏，刘瑾. 美国石油炼制工业水污染物排放标准对我国标准制定的启示 [J]. 石油工业技术监督，2010，(11)：48-51.

[11] 宋国君，沈玉欢. 美国水污染物排放许可体系研究 [J]. 环境与可持续发展，2006，(1)：20-22.

[12] 王曦. 美国环境法概论 [M]. 武汉：武汉大学出版社，1992.

[13] 裴蓓. 中美水环境污染物排放标准比较 [J]. 净水技术2011，30 (4)：1-3，30.

[14] 周扬胜，安华. 美国的环境标准 [J]. 环境科学研究，1997，10 (1)：57-62.

[15] 聂蕊. 中美环境标准制度比较 [D]. 昆明理工大学，2005.

[16] 钱谊，汪云岗，周军英. 中美污染物排放标准比较研究（上）[J]. 环境保护，1999，1：9-10.

[17] 蔡守秋. 欧盟环境政策法律研究 [M]. 武汉：武汉大学出版社，2002.

[18] 肖主安，冯建中．走向绿色的欧洲——欧盟环境保护制度 [M]．南昌：江西高校出版社，2006.

[19] Federal Ministry for the Environment, Nature Conservation and Nuclear Safety, Germany. Promulgation of the New Version of the Ordinance on Requirements for the Discharge of Waste Water into Waters(Waste Water Ordinance - AbwV) of 17. June 2004.

[20] Federal Ministry for Environment, Nature Conservation and Nuclear Safety. First General Administrative Regulation Pertaining the Federal Immission Control Act(Technical Instructions on Air Quality Control - TA Luft) of 24 July 2002 (GMBl. [Gemeinsames Ministerialblatt - Joint Ministerial Gazette] p. 511) (Technische Anleitung zur Reinhaltung der Luft - TA Luft).

[21] DIRECTIVE 2010/75/EU OF THE EUROPEAN PARLIAMENT AND OF THE COUNCIL of 24 November 2010 on industrial emissions (integrated pollution prevention and control) (Recast).

[22] 周岳溪，吴昌永，伏小勇，等．石油炼制与天然气加工业污染防治最佳可行技术 [M]．北京：化学工业出版社，2016.

[23] 周岳溪，付小勇，陈学民．大宗有机化学品工业污染综合防治最佳可行技术 [M]．北京：化学工业出版社，2014.

第三篇

国内外炼化企业安全法律法规标准及典型案例

本篇根据安全生产的要求和化工企业安全防护距离的现状，收集欧盟、美国等欧美发达国家炼化企业安全方面的法律、法规、标准及炼化企业典型案例资料，以炼化企业“安全距离”为对象，对比研究国内外炼化企业在“安全距离”方面的法律、法规、标准具体要求和现行控制方法，如经验方法（查表法）、基于事故后果方法及基于风险方法等。

从完善炼化企业安全距离有关法规标准体系，保障炼化企业安全距离执行的角度提出了针对性的建议措施，包括：建立炼化行业安全法规标准统一管理制度；进一步完善炼化企业相关法规标准体系；提高行业相关方在标准制定过程中的参与程度；加快出台外部安全防护距离方向技术标准；统筹规划炼化项目选址布局，建立用地审批联动机制；综合改造、搬迁等多种手段，科学化解炼化企业外部安全防护距离不足问题；进一步完善安全监管机制，切实促进企业主体责任落实；设立重大科技专项，提高安全风险评估技术水平。

目录
CONTENTS

第一章

概　述

一　目的意义

我国是化学品生产大国，生产5万余种化学品，化学工业已成为国家的支柱产业；同时我国又是化学品进出口大国，每年进出口化学品种类达3000余种，进出口总额达400亿美元以上。并且当前我国炼油与化工行业仍处于一个快速发展阶段。

炼化企业的工艺过程往往相对复杂、多变，工艺条件要求十分严格，原料、产品以及中间产物多具有易燃、易爆、有毒、腐蚀等特性，而且现代炼化生产装置逐渐趋向大型化、连续性以及聚集化。与其他行业相比，炼化生产具有各个环节不安全因素较多，事故往往波及空间更广、危害时间更长、经济损失巨大且极易引起社会公众恐慌的特点。因此，安全工作是石油炼化生产中的重中之重，不仅关系到企业本身安全，而且关系到企业周边居民公共安全和生态环境安全。我国化工系统的一些老炼化企业原来多分布在离城区比较远的地方，但随着改革开放以来城市建设的加快，导致现在许多工厂周围大都形成了市区，近年来，风险日益突出。2004年以来，陆续发生了重庆天原化工厂“4·16”氯气泄漏爆炸事故、中国石油吉化双苯厂“11·13”燃爆泄漏事故等危险化学品重特大事故。由于这些发生事故的炼化企业的安全距离不符合国家有关规定，且事故发生单位处于人员密集区，又进一步加重了事故后果，在社会上造成了极大的影响。

因此，本篇借鉴国内外炼化相关安全标准体系建设经验以及安全距离和其他防护距离的制修订经验，结合安全生产的要求和炼化企业安全防护距离的现状，从炼化企业安全距离有关法规标准体系完善的角度提出措施、建议，以期为相关政府部门和地方政府提出政策指导和决策参考，预防炼化企业重特大事故发生。

二 主要内容

炼化企业和周边企业、居民区等敏感对象间预留和设置一定的空间进行必要的物理隔离，这是国内外通用的、也是最基本的一种安全防护措施。本书以炼化企业“安全距离”为对象，对比研究国内外相关要求和实际做法，找准国内炼化企业“安全距离”在法律法规标准、实际执行等方面的问题，提出建设性建议。具体内容可分解为以下三个方面：

1. 国内炼化企业安全距离方面的法律法规标准现状研究

全面收集我国炼化企业“安全距离”相关的法规和标准，厘清我国炼化企业在选址和土地使用规划方面的法规体系及相关专业领域的标准体系框架，梳理我国炼化企业在选址和土地使用规划方面的管理性、技术性要求，结合国内典型炼化企业现状，探索相关条文的落实实施情况及存在问题。

2. 国外炼化企业安全距离方面的法律法规标准现状研究

充分利用各国政府网站、科研数据库、科技报告等资源条件，选择欧盟、美国等欧美发达国家作为研究对象，收集各国在法律、法规、标准等层面对炼化企业“安全距离”控制等方面提出的要求，结合炼化企业典型案例梳理炼化企业在“安全距离”等的法律要求、具体技术方法、实施原则等方面做法，剖析国外炼化企业在“安全距离”控制方面的法律、法规、标准要求，把握国外“安全距离”控制的实质内涵及做法。

3. 完善我国外炼化企业“安全距离”法律法规标准建议研究

梳理各国炼化企业“安全距离”管理在实施体系、技术方法等方面的差异，结合典型炼化企业周边“安全距离”方面案例，开展国内外炼化企业“安全距离”在法律、法规、标准方面的对比研究，总结我国与国外发达国家的差距，找出国内存在的问题，提出建议措施。

第二章

国内外典型事故案例

一 国外典型事故案例

事故1 印度博帕尔农药厂异氰酸甲酯毒气泄漏事故

1984年12月3日凌晨，设在印度博帕尔市（Bhopal）的美国联合碳化物公司的一家农药厂发生异氰酸甲酯（MIC）毒气泄漏事件，虽然农药厂在毒气泄漏后几分钟就关闭了设备，但已有30t毒气化作浓重的烟雾以5km/h的速度迅速四处弥漫，很快就笼罩了25km^{2}的地区。根据印度卫生部门公布的报告，在短短数日内，毒气泄漏造成博帕尔市3000多人丧生，12.5万人不同程度地遭到毒害，上万人因此终生致残。至今农药厂遗弃的大量废料仍向地下渗透着毒液，地下水受到严重污染，周围10个村庄的2万名居民，目前只能靠政府用罐装车或高架水槽来获取饮用水。

该农药厂的选址不当是造成巨大人员伤亡的原因之一，博帕尔农药厂建在了人口稠密地区，距市中心4~6km，而最先受到毒气影响的两个小镇——贾培卡和霍拉则紧邻该厂外墙。

事故2 法国AZF GP化肥厂硝酸铵爆炸事故

2001年9月21日（周五）上午10点17分。法国南部城市Toulouse AZF GP化肥工厂约300~400t粒状硝酸铵发生爆炸。事故造成30人死亡，2500人受伤，直接经济损失达23亿欧元。爆炸范围最远波及到3km处市内的一个教堂的玻璃被震破，附近的包括50所学校在内的1万多幢建筑物以及很多公路上行驶的车辆也受到不同程度的损坏，7000人进入暂时避难所。爆炸发生的中心位于厂区北部的用于暂时储存和回收再利用不合格硝酸铵的221~225的仓储库房，事故后该中心变为一个长65m、宽54m、深10m以上的弹坑，经计算爆炸威力相当于20~40tTNT。

该工厂是法国1250个危险性工厂的其中一个。事故调查发现：随着时间推移，在很多高危险性设施周边陆续出现了人口密集的住宅小区。安全对策建议应避免在危险性工厂周边出现不符合要求的人口密集区。

事故3　墨西哥石油公司液化石油气爆炸事故

1984年11月19日清晨5点40分，墨西哥市区北方15km处墨西哥石油公司（PEMEX）所属液化石油气储运站发生连续爆炸，站里的54座液化气储罐几乎全部爆炸起火，储运站设施全部被炸毁，对周围环境造成严重危害，附近房屋全毁以及半毁1400户以上，死亡1000多人，有4000多人受伤，炸毁房屋1400余所，使3万多人无家可归，周围50万居民被迫逃难。事故发生时，储运站共储存了12000m^3的液化石油气；爆炸频次最高达到在一个半小时内发生15次爆炸，零星的爆炸直至11时才全部停止；储槽碎片分散在周围3km内，储运站南方200m的居民区为受害最严重区域。事故调查发现，储运站与附近的公司以及居民区的距离过近、没有保持在一定安全距离内是事故后果不断扩大的主要原因。另外，该储运站建于1961年，在建厂初期，附近人口稀少，随着时间推移，该地区逐渐成为人口密集区域，居民区也渐渐延伸到该储运站附近，这是客观现象。随后，该储运站被搬迁到其他地区，原址被政府规划为公园用地。

事故4　意大利Seveso工厂环己烷泄漏事故

1974年6月，在意大利北部城市Seveso（塞韦索）发生的蒸气云爆炸事故，造成了28名工人死亡，炸毁了整个工厂，也对厂外建筑造成了严重的破坏。在1976年，同样是在这座城市，一家生产杀虫剂和除草剂的化工厂发生爆炸，上千克作为三氯酚原料的二噁英随着从反应器中泄漏出来的蒸气云扩散到周边地区，造成数十平方英里的土地污染，600多人被迫背井离乡，2000多人接受治疗。事隔多年后，当地居民的畸形儿出生率还在增加。

事故5　日本大阪市AS树脂厂爆炸

日本大阪市AS（丙烯腈苯乙烯）树脂制造厂每月生产丙烯腈苯乙烯共聚物和丙烯丁二烯苯乙烯共聚物1100t，生产卷烟用滤料1300t。该工厂位于大阪市和堺市交界处，附近有很多中小工厂和居民住宅，形成工厂、居民混合区。1982年8月19日至21日该厂连续发生两次爆炸，造成6人死亡，198人重伤。共有210人受不同程度影响，其中178人（85%）是周围的居民。工厂周围居民的负伤90%是在距爆心500m以内区域发生的。这一地区高层住宅多，人口密度大，使居民蒙受巨大损失。受损的房屋共1733栋，受灾家庭2812户。

事故6　美国得克萨斯硝酸铵爆炸事故

1947年4月16日，一艘由马赛港始航的法国货轮“格拉肯号”，停泊在美国得克萨斯城的加尔沃斯顿海湾，船上装有用纸袋包装的2300t硝酸铵化肥。9时12分，“格拉肯号”轮船发生爆炸。爆炸导致正在城市上空飞行的两架飞机被击碎后掉入海中，消防队员和码头上围观的群众全部丧生，港口新建的蒙桑托工联合企业里上早班的450名职工也约有100人被炸死，200人受重伤。事故还造成附近联合企业里的化学品库被引燃，仓库中的硫黄燃烧后生成二氧化硫毒气，导致不少市民中毒；石油公司的6个油库先后起火。

4月17日1时10分，由于灼热的金属块体飞进了停泊在码头对面的两艘美国货船，引起燃烧，发生第2次和第3次大爆炸。这两艘美国货船，一艘叫“汉弗来号”，装有960t硝酸铵化肥和3000t硝石；另一艘是“威尔逊号”，装有4000t硝石。这两次爆炸波及了附近的油库区，使有些厂房大楼顿时被夷为平地，工厂被炸成了个大坑。据有关部门的检测，爆炸的强度相当于一次小型地震。

3次大爆炸造成的烈火吞没了得克萨斯城，大火烧了3天3夜，死亡576人，受伤3000多人，15000多人无家可归。离工厂较近的建筑物全都变成了一片废墟，包括学校、商店和民宅在内的附近社区的建筑物也都受到了不同程度的损坏。爆炸事故造成多所幼儿园和小学的建筑不同程度受损。事故损失十分惨重，几乎毁灭了该座化学城。

事故7　英国尼龙公司爆炸事故

1974年6月1日16点53时许，英国傅立克斯镇尼龙公司因生产区内连接反应器的临时管线破裂，遇上火源发生爆炸事故，造成厂内28人死亡、36人受伤，厂外53人受伤，轻伤数百人，损坏了1821座房屋以及167家商店和工厂，损失达2.544亿美元。事故调查建议应当参考美国消防协会（NFPA）等制定的安全规范标准，保持适当的安全距离；安全距离的数值不应是绝对的，而应根据生产、储存的危险化学品物理化学特性、数量、操作状况（如压力、温度等）等条件进行确定。

事故8　瑞士赞兹化学公司仓库火灾事故

1986年11月1日零点19分，位于瑞士巴塞尔城外的赞兹化学公司仓库起火，在救火过程中，约有10000m^3被有毒物料污染的消防水流入莱茵河。当时，污染物在河内形成一条长70km的剧毒物质漂带，以每小时4km的速度向下游流动，致使莱茵河中大约50万条鱼和大量水生生物死亡，使德国、荷兰、法国等国家沿岸居民的生活用水发生困难，当地政府不得不采用内陆井水、储存水罐向居民供水。直接受害水域约240km，从此两岸游人回避，牲畜绝迹，莱茵河又一次变成“死河”。1月3日该公司公布了可能有毒并会污染莱茵河的化学品及其储量清单，主要为杀虫剂（磷酸酯）、杀真菌剂（其中包括有机汞化物）和除草剂。数量最多的污染物料为磷酸酯、乙拌磷和甲基乙拌磷，其浓度值在莱茵河水中最高。根据莱茵河水中浓度随时间的变化曲线推算，流入莱茵河的污染物总量约为10～30t。

事故9　美国Pioneer氯碱公司氯气泄漏事故

1991年5月6日，美国Pioneer氯碱公司位于内华达州Henderson市的氯碱厂发生氯气泄漏，造成55人中毒住院，并且约1.5万居民外出避难，同时，所有通往该地的道路被封锁，学校停课，警戒时间大约7h。氯气是在用配管把液氯向150t容量的罐中输送时发生泄漏的，估计有数吨的液氯外泄。中毒人包括15名消防队员和6名警察。

事故10　美国马萨诸赛州丹佛市墨水制造厂爆炸事故

2006年 11月22日清晨3点左右，美国马萨诸赛州丹佛市的CAI/Arnel墨水制造厂发生剧烈爆炸，爆炸导致附近数幢房屋和商业住宅遭到破坏，一些房屋无法修复。当地大量居民被送往医院。由于当时是清晨，该制造厂员工没有受伤。美国化学安全委员会（CSB）调查发现，这次爆炸对于此类规格的化工厂来说，规模相当之大，远超出了人们的想象。因此，提出建议对城市规划官员以及在当地许可建立化工厂的政府官员在进行化工厂厂址选择和建设时所遵行的现有指导原则进行评估，确定是否需要进行改进，以使改进后的指导原则以及化工厂之间设定更好的间隔距离，将保护居民避免新建化工厂所引起的事故。

二　国内典型事故案例

事故1　深圳清水河危险化学品特大爆炸事故

1993年8月5日，深圳市安贸危险品储运联合公司清水河危险化学品仓库发生特大爆炸事故，爆炸点位于深圳市东北角、占地约2000m^2的清水河仓库区，其中6个仓库被彻底摧毁，爆炸引起大火，直到8月6日凌晨5时，这场大火才被扑灭。这次事故造成15人死亡，200多人受伤，其中重伤25人，直接经济损失超过2.5亿元。

经过调查，专家认定事故的主要原因是责任方无视规划布局，忽视安全生产的要求，对清水河仓库区的总体布局没有按照国家有关安全规定进行，擅自将原清水河的干杂仓库改作化学危险品仓库；仓库内化学危险品存入严重违章，使易燃、易爆、剧毒危险化学品、牲畜和食物仓库以及液化石油气储罐等设施，集中设置在与居民区和交通道路不符合安全距离规定的区域内。存放化学危险品的清六平仓离繁华市区的国贸大厦仅4.2km，煤气储运站建在居民住宅小区，与清六平仓水平距离仅300多米。这种布局严重威胁着城市安全，最终酿成大祸。

事故2　重庆开县“12·23”特大井喷事故。

2003年12月23日，位于重庆市开县高桥镇的中国石油川东钻探公司发生特大井喷事故，243人死亡，65632人大疏散，26555人门诊，2142人住院，损失9262.7万元。

这次事故在土地使用安全规划方面的原因有：井场在选址时没有进行安全规划，气井没有远离村庄，在离气井500m的范围内有大量居民，例如罗家16号气井就在晓阳村村头，有的气井离村庄才几百米远，最近的只有几十米，并且在事故发生时，通信方式缺乏，井场附近的居民没有畅通的紧急疏散通道。

事故3　重庆天原化工厂氯气泄漏爆炸事故。

2004年4月16日，重庆天原化工厂氯气泄漏爆炸事故，造成9人死亡，3人受伤，15万人紧急疏散。

重庆天原化工总厂于1940年建厂。在建厂之初，厂区在主城区之外，附近并无太多居民；后来随着城市的发展，城区渐渐接近厂区，厂区四周也迅速开发许多居民小区和学校、商场，天原化工总厂所在的地方也渐渐变成了主城区。在20世纪70年代其厂址已位于重庆市人口稠密的江北区腹心地带，成为闹市，而且相当一部分石油、化工等高危险性企业散布于城市之中，与居民区相交错，严重威胁着厂区和周边地区的发展。厂方和有关政府虽然多次提出搬迁方案，却由于耗资巨大和职工住房等实际问题难以解决，而一直未能实现。

事故4　吉林石化双苯厂发生火灾爆炸事故

2005年11月13日中国石油吉林石化双苯厂发生火灾爆炸事故，8人在事故中死亡，重伤1人，50多人轻伤，1万多群众紧急疏散，100t苯类物质流入松花江，致使松花江江水被严重污染，并最终演化成一起重大环境污染事件。这次事故不仅使沿岸数百万居民的生活受到影响，并波及邻国俄罗斯，在国际上造成很大的负面影响。

这起事故的发生和演化过程，反映出了我国现有化学工业企业（园区）在厂址规划、安全生产监管、应急救援、环境保护、环境事件应急、政府危机应对等方面的许多深层次问题。

事故5　天津大华化工厂储存化学品爆炸事故

1996年6月26日，天津津西大华化工厂发生爆炸事故，死亡19人，受伤14人，直接经济损失120多万元。事故调查发现：易燃易爆物品的包装存放不符合国家规定，厂区布局不合理，厂房、办公室、宿舍、仓库距离太近以及职工素质低，安全和救灾知识缺乏，是爆炸后导致厂内建筑物被毁、众多人员伤亡的主要原因。

事故6　广东省佛山粤通仓储运输有限公司烟花仓库“2.14”爆炸事故

2008年2月14日凌晨3时25分，广东省佛山市三水粤通仓储运输有限公司烟花爆竹仓库发生爆炸事故。4名值班人员听到爆炸声后立即撤出现场，爆炸造成20栋仓库均受到不同程度的损毁，爆炸产生的冲击波导致1km外村庄部分民宅的玻璃破碎，150余名村民由当地政府组织疏散到安全地带，爆炸现场所有房屋被损毁，周围大约50亩山林被焚毁，爆炸影响的江根、洲边、五顶岗和南岸4个村委会约4000间房屋遭受了不同程度的损坏；死亡禽畜18307只（头），损坏禽畜窝棚13453m^2；农作物毁坏133亩。

事故7　吉林市煤气公司液化石油气爆炸事故

1979年12月18日14点7分，吉林市煤气公司液化石油气灌瓶站发生一起恶性爆炸事故。该单位102号400m^3液化石油气球罐发生破裂，大量液化石油气喷出，顺风向北扩散，遇明火发生燃烧，引起球罐爆炸。大火持续23h，死亡32人、伤54人，使一个投资600万元的液化石油气站付之一炬。大火烧毁400m^3球罐6个、50m^3卧罐4个，液化石油气钢瓶3000多只；烧毁了厂区及400m远相邻的住宅建筑物、车辆、树苗等。同时烧断66kV高压输电线路，造成3个变电所、48个工厂停电26h，直接经济损失540万元。

事故8　河北沧州大化化工厂爆炸事故

2007年5月11日13时28分，中国化工集团公司沧州大化TDI有限责任公司TDI车间硝化装置发生爆炸事故，造成5人死亡，80人受伤，其中14人重伤，厂区内供电系统严重损坏，附近村庄几千名群众疏散转移。事故发生后，沧州市政府先后调集周边地区50辆消防车、280余名消防官兵，展开灭火和抢救伤员。至当日16时30分火势得到控制，16时50分大火被扑灭；在灭火的同时调集35辆救护车赶赴事故现场实施伤员救治。由沧县政府在第一时间对周边群众进行了疏散。至5月11日14时30分，三个村近7000名群众全部转移到上风向2km的安全地带。该工厂布局不合理是造成事故影响较大的重要原因之一。

事故9　山东德州化工厂爆炸事故

2007年7月11日23时50分，山东省德州市平原县德齐龙化工集团有限公司一分厂160kt/a氨醇、250kt/a尿素改扩建项目试车过程中发生爆炸事故，造成9人死亡、1人受伤。该公司一分厂160kt/a氨醇、250kt/a尿素生产线，于2007年6月开始单机试车，7月5日单机调试完毕，由企业内部组织项目验收。7月10日2号压缩机单机调试、空气试压（试压至18MPa）、二氧化碳置换完毕。7月11日15时30分，开始正式投料试车，先开2号压缩机组，引入工艺气体（N_2、H_2混合气体），逐级向2号压缩机七段（工作压力24MPa）送气试车。23时50分，2号压缩机七段出口管线突然发生爆炸，气体泄漏引发大火，造成8人当场死亡，一人因大面积烧伤抢救无效死亡，一人轻伤。事故还造成部分厂房顶棚坍塌和仪表盘烧毁。事故调查发现：事发前由德州市安全监管局组织专家组对该项目进行了安全设立许可审查，明确提出该项目的平面布置和部分装置之间距离不符合要求，责令企业抓紧整改，但企业在未进行整改、未经允许的情况下，擅自进行试车，试车过程中发生了爆炸。

事故10　郑州市食品添加剂厂特大爆炸事故

1993年6月26日，河南省郑州市食品添加剂厂发生一起爆炸事故，死亡27人，受伤33人，经济损失300万元。6月26日16时15分左右，该厂仓库内的7t多过氧化苯甲酰发生爆炸，随着爆炸的巨响，一股黑烟夹着火球瞬时就升上了天空，在天空形成一团黑蘑菇云，爆炸所产生的猛烈的气浪和冲击波，冲倒了厂房和院墙，随即被气浪掀起的砖头瓦块以及遇难者的残肢从天而降，浓烟尘土散尽，3700多平方米的建筑物已成平地，相邻的企业也受到灾害。事故调查发现，该企业厂房选址和布局不合理，厂房间的安全距离不符合安全规范要求，仓库发生爆炸后，很快引起厂房和厨房燃烧、爆炸和倒塌，并殃及非生产人员、左邻右舍和马路上过往行人。

事故11　西安“3.5”煤气爆炸事故

1998年3月5日18时40分许，西安煤气公司液化石油气管理所煤气储罐发生泄漏爆炸，10余分钟后发生第二次爆炸，19时12分和20时01分许又先后发生两次猛烈爆炸，烈焰腾空而起，两次形成的时长10余秒的火柱“蘑菇云”，高达150～200m。特别是最后一次爆炸最为猛烈，西安市靠近西郊的街市被照得亮如白昼，附近10万居民慌乱不堪，匆忙逃离家门。爆炸事故造成12人死亡，34人受伤，其中烧伤者中大多数终身残废；经济损失巨大。

该液化气管理所位于西安市西郊大寨路南端，是西安市最大的液化气储存区，总设计储量为3800m^3。西安市煤气公司液化石油气管理所的液化石油气贮罐区相邻的企业有西安日用化工厂、西安焦化厂、3057厂等企业。爆炸中心周围是密集的工厂及生活区，与液化气管理所大门相对的是3057厂，爆炸发生时一团大火球从天而降，该厂棉花车间被整个焚毁，由于当时幸亏是周末休息，无人伤亡。相邻的还有西安日用化工厂、西安焦化厂等，如果火焰蔓延到这里，这几个工厂也会成为隐性炸弹，有可能造成更大的损失。此次事故暴露出缺乏城市安全规划和厂房选址、布局不合理等严重问题。

对比分析以上国内外发生的特大事故案例，发现有如下特点：

（1）所发生的危险化学品事故对厂内和厂外人员、设施等保护对象均造成了重大影响，特别是在发生重大危险化学品爆炸、中毒和火灾等事故时，对厂外人员、设施等的破坏性效应更加明显，易对危险化学品企业周边的居民区、其他工厂、自然环境等造成严重损害。如印度博帕尔农药厂异氰酸甲酯毒气泄漏事故、法国AZF GP化肥厂硝酸铵爆炸事故、美国得克萨斯硝酸铵爆炸事故、英国Nypro公司爆炸事故、深圳清水河危险化学品特大爆炸事故、温州电化厂液氯爆炸事故、重庆天原化工厂氯气泄漏爆炸事故和江西省上饶一甲胺泄漏中毒事故。

（2）厂内和厂外保护对象与危险化学品装置（设施）安全防护距离不符合要求是导致事故后果扩大的重要原因。随着城市化进程过程中，国内外危险化学品安全生产出现了新的形势、新的问题。国际发达国家也经历了类似过程，中国城市化步伐正不断加快，如何有效确保新形势下的危险化学品企业与周边公共安全是面临的新挑战。造成危险化学品企业安全防护距离不符合要求的原因比较复杂，可分为客观环境（法规和标准更新与完善、土地规划和使用、自然环境等）、政府安全监管部门（执法监督、隐患整改、部门协调配合等）、生产经营单位（安全意识、安全管理、安全投入等）等原因。

当前在我国，部分城市中原有化工企业选址因种种原因导致不符合安全距离要求，已留下了相当严重的事故隐患。同时，新的土地开发利用和新建、改建、扩建的危险化学品工程项目缺乏科学的安全规划，难以保证足够的安全距离，减少人员伤亡和财产损失。从1998年以来，重化工相关产业以年均18.5%的速度增长，同时我国城镇化水平从23.01%提升到了56.0%，预计到2020年，我国城镇化水平将达到60%，国家对土地使用实行更为严格的控制，这都使人口密集区域包围危险化学品企业的现象逐渐突出。这是我国危险化学品安全生产中出现的新问题，应当引起政府主管部门的重视，特别是对老企业搬迁后的选址以及新企业选址时的安全防护距离问题。应通过科学研究，分轻重缓急，目前应以易爆、有毒、易燃类等重点、危险性更大的危险化学品为研究对象，完善我国炼化企业外部安全防护距离相关法律法规体系，以规范我国危险化学品企业安全防护距离确定工作，提高危险化学品事故预防技术水平，实现源头预防。

第三章

中国炼化企业相关法规标准体系

一 中国化学品安全法律法规、标准管理体制

（一）中国炼化企业相关安全生产法规、标准体系

经过十几年的努力，我国已初步建立了一系列安全法律法规及标准，为炼化行业领域安全形势的稳定好转发挥了重要作用。

我国安全生产法律体系为法律、法规、规章、标准四个层级，其中法律有安全生产专门法及与安全生产相关的法律，法规分为行政法规和地方性法规，规章分为部门规章和地方政府规章，安全生产标准包括国家标准、行业标准。中国化学品安全管理法律体系框架见图3-1。

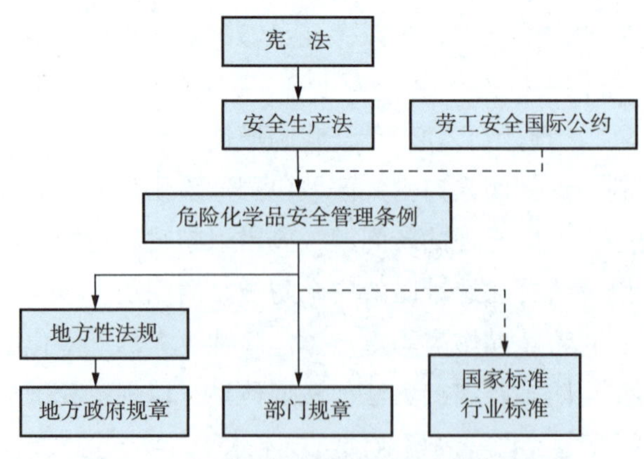

图3-1 中国化学品安全管理法律体系框架

在我国目前并没有专门针对化学品或者石油炼化企业的安全管理法律，但是部分相关法律涉及了化学品或石油炼化企业的安全管理，如《中华人民共和国安全生产法》（以下简称《安全生产法》）中涉及安全生产管理的基本原则等内容，《中华人民共和国固体废弃物环境污染防治法》涉及废弃化学品安全管理，《中华人民共和国职业病防治法》涉及作业场所有害化学品对作业人员健康的影响。

在行政法规层次上，《危险化学品安全管理条例》是我国对危险化学品进行安全管理的核心法规，规定了危险化学品生产、储存、使用、经营和运输等多个环节的安全管理原则和基本要求。

在部门规章层次上，各部委根据上位法的规定和要求，单独或联合出台了一系列的具体规章、办法等法律文件，如安监总局发布的《危险化学品重大危险源监督管理暂行规定》（国家安监总局40号令）、《危险化学品生产、储存装置个人可接受风险标准和社会可接受风险标准（试行）》（国家安监总局公告2014年 第13号）等。

在标准层次上，作为法规的支撑，是法律的延伸。根据世界贸易组织协议，我国的强制性标准与国外的技术法规具有同样的法律效力。我国与化学品安全管理相关的标准主要可分为两大类型：一种是具有规定、管理等特性的标准，如《危险化学品从业单位安全标准化通用规范》《化学品作业场所安全警示标志规范》等；另一种是具有辅助、技术要求等特性的标准，如《石油化工企业设计防火规范》《石油库设计防火规范》《化工企业定量风险评价导则》等标准。

中国安全生产国家标准（GB）有500项，类别有技术类、管理类、基础类等，涉及专业有储存运输、工程设计、特种设备、电气仪表等。

截至2013年，国家安全生产监管总局主管的化学品安全标准共计106项，其中国家标准24项，行业标准（AQ）82项，包括安全技术规范、标准化指南、人员培训考核大纲及风险危害评价方法等。已发布强制性标准50项，占标准总数47.2%。

化工行业（HG）标准共计1204项，涉及原材料工业的813项，工程建设领域的219项，安全生产领域172项，其中122项有效，其他50项废止。这122项化工行业安全标准涉及化学品生产安全技术规定、作业操作规程、化工企业安全机构工作标准及化工设备，推荐性标准仅有23项，强制性标准占81.1%。

石化行业（SH）标准共计177项，涉及原材料工业的66项，工程建设领域的111项，其中工艺装置、安全卫生、静电接地及自动化仪表等设计规范约有20余项，约占行业标准总数20%。

石油行业（SY）标准共计176项，涉及生产运行38项，现场作业28项，工程设计22项，工程建设9项，职业防护9项。

其他71项，涉及GA标准消防安全等方面37项，WS标准职业接触类13个，JT标准油品码头等方面8项。

我国涉及化学品安全国家标准除国家标准化管理委员会批准发布外，还有一部分国

家标准由住房和城乡建设部批准发布并管理。经查询国家工程建设标准化信息网，工程建设国家标准共计896项，涉及化工、石油化工安全设计标准约25项，其中推荐性标准3项，强制性占化工、石油化工安全设计国家标准88%。

我国常用的化学品安全法律、标准如表3-1所示。

表3-1　中国常用化学品安全法律、标准

层次	分　类	示　例
法律	专门法	《安全生产法》《道路交通安全法》等
	相关法	《劳动法》《职业病防治法》等
法规	行政法规	《危险化学品安全管理条例》（国务院令第591号，2011年）、《安全生产许可证条例》（国务院397号令，2004年）
	地方性法规	《北京市安全生产条例》《山东省安全生产条例》（2006年）
规章	部门规章	《危险化学品重大危险源监督管理暂行规定》（国家安监总局40号令）、《危险化学品生产企业安全生产许可证实施办法》（国家安监总局41号令）
	地方政府规章	《关于本市危险化学品从业单位建立起十项基本管理制度的通知》（沪安监技装〔2002〕96号）、《浙江省危险化学品建设项目安全许可实施细则》（危化〔2007〕41号）
标准	国家标准	《石油化工企业设计防火规范》（GB 50160）、《石油库设计防火规范》（GB50074）等
	行业标准	《石油化工控制室设计规范》（SH/T 3006）、《石油化工建设项目管理方安全管理实施导则》（AQ/T 3005）、《化工建设项目安全设计管理导则》（AQ 3033）、《石油工业建设项目安全预评价报告编制规则》（SY/T 6607）、《石油和化学工业工程建设项目管理》（HG/T 20705）

（二）中国炼化企业相关安全生产标准制定

中国标准化工作实行统一领导、分级管理与分工负责相结合的管理体制。具体表现为在国家质量监督检验检疫总局管理下，国家标准化管理委员会统一管理全国标准化工作；国务院有关行政主管部门和国务院授权的有关行业协会分工管理本部门、本行业的标准化工作。

涉及化学品安全标准行业主管部门有：国家安全生产监督管理总局、工业和信息化部、住房和城乡建设部、公安部门、交通部门，标准的适用范围涉及危险化学品企业的生产、储存、使用、经营、运输、废弃等环节。其中涉及炼化企业的专业标准化技术委员会有6个，分别为：全国安全生产标准化技术委员会化学品安全分技术委员会（TC288/SC3）、全国化学标准化技术委员会（TC63）、全国危险化学品管理标准化技术委员会（TC251）、全国石油天然气标准化技术委员会（TC355）、石油化工专业标准化技术委员会（SH）、石油工业安全专业标准化技术委员会（SY）。

中国《国家标准管理办法》规定国家标准计划项目应以国民经济和社会发展计划、国家科技发展计划、标准化发展计划等作为依据。国家标准制修订计划项目实行长年社会公开征集制度，任何单位、个人均可提出项目提案。但目前大部分立项的标准是由各标准化技术委员会提出。国家标准化管理委员会网站设有标准制定工作站，可填写标准申请。另外还包括项目提案、项目计划上报等功能。对于项目提案，由国家标准委委托有关部门对提案进行可行研究，并作出是否采纳的决定。采纳的，由国标委给予答复。

执行国家标准计划过程中，必要时可以对计划项目进行调整，调整的原则和内容是：

（1）确属急需制定国家标准的项目，可以增补；

（2）确属特殊情况，可以对计划项目的内容进行调整；

（3）确属不宜制定国家标准的项目，应予撤销。

各行业标准的发起一般由相关行业主管部门负责制定项目计划，标准起草单位根据计划提出项目建议，再由行业主管部门进行项目建议审查，最终确定年度标准化工作计划，如原国家安全生产监督管理总局负责安全（AQ）行业标准的项目计划制定、项目建议审查和标准化工作计划制定工作。

根据《国家标准制定程序的阶段划分及代码》（GB/T16733—1997），中国国家标准制定程序阶段划分为9个阶段，即预阶段、立项阶段、起草阶段、征求意见阶段、审查阶段、批准阶段、出版阶段、复审阶段、废止阶段，行业标准、地方标准及企业标准基本一致。

二 中国炼化企业部门监管

（一）危险化学品六大环节安全监管

以《危险化学品安全管理条例》为基准，多个部门在危险化学品生产、经营等6个环节进行监督管理（图3-2、表3-2）。

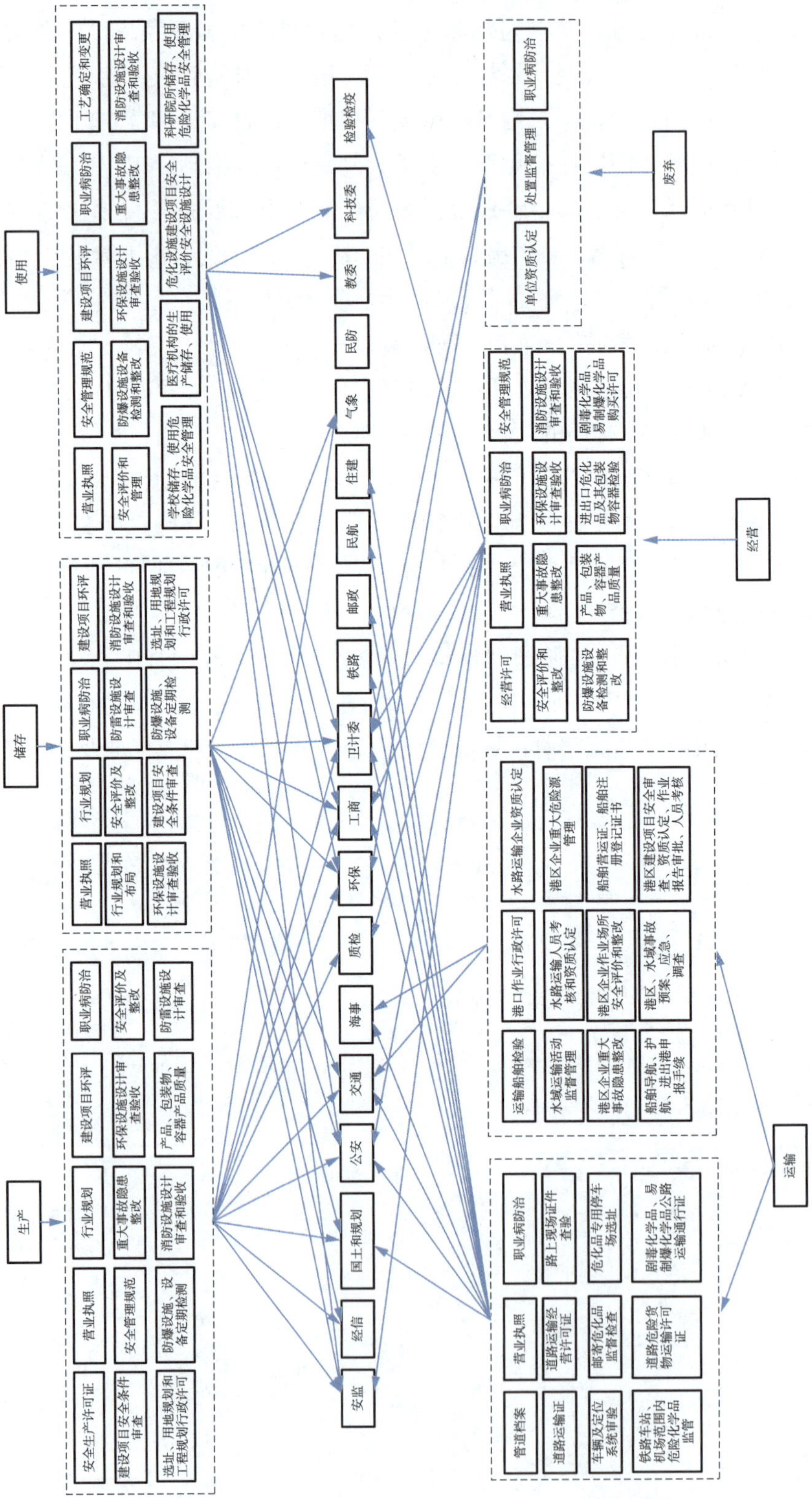

生产
安全生产许可证
营业执照
行业规划
建设项目环评
职业病防治
建设项目安全条件审查
安全管理规范
重大事故隐患整改
环保设施设计审查验收
安全评价及整改
选址、用地规划和工程规划行政许可
防爆设施、设备定期检测
消防设施设计审查和验收
产品、包装物、容器产品质量
防雷设施设计审查

储存
营业执照
行业规划
职业病防治
建设项目环评
行业规划和布局
安全评价及整改
防雷设施设计审查
消防设施设计审查和验收
环保设施设计审查验收
建设项目安全条件审查
防爆设施、设备定期检测
选址、用地规划和工程规划行政许可

使用
营业执照
安全管理规范
建设项目环评
职业病防治
工艺确定和变更
安全评价和管理
防爆设施设备检测和整改
环保设施设计审查验收
重大事故隐患整改
消防设施设计审查和验收
学校储存、使用危险化学品安全管理
医疗机构的生产储存、使用
危化设施建设项目安全评价安全设施设计
科研院所储存、使用危险化学品安全管理

安监
经信
国土和规划
公安
交通
海事
质检
环保
工商
卫计委
铁路
邮政
民航
住建
气象
民防
教委
科技委
检验检疫

管道档案
营业执照
职业病防治
道路运输证
道路运输经营许可证
路上现场证件查验
车辆及定位系统审验
邮寄危化品监督检查
危化品专用停车场选址
铁路车站、机场范围内危险化学品监管
道路危险货物运输许可证
剧毒化学品、易制爆化学品公路运输通行证

运输船舶检验
港口作业行政许可
水路运输企业资质认定
水域运输活动监督管理
水路运输人员考核和资质认定
港区企业重大危险源管理
港区企业重大事故隐患整改
港区企业作业场所安全评价和整改
船舶营运证、船舶注册登记证书
船舶导航、护航、进出港申报手续
港区、水域事故预案、应急、调查
港区建设项目安全审查、资质认定、作业报告审批、人员考核

运输

经营许可
营业执照
职业病防治
安全管理规范
安全评价和整改
重大事故隐患整改
环保设施设计审查验收
消防设施设计审查和验收
防爆设施设备检测和整改
产品、包装物、容器产品质量
进出口危化品及其包装物容器检验
剧毒化学品、易制爆化学品购买许可

经营

单位资质认定
处置监督管理
职业病防治

废弃

图 3-2 危险化学品六大环节涉及的安全监管内容及部门

表3-2 政府部门对危险化学品六大环节的部分监管工作

序号	监管部门	监管项目	依据
1	安全生产监督管理部门	（1）确定、公布、调整危险化学品目录 （2）危险化学品毒性鉴定的管理 （3）危险化学品登记 （4）在役装置安全评价备案 （5）化学事故应急预案备案	《危险化学品从业单位安全标准化通用规范》（2008） 《危险化学品安全管理条例》（2011） 《使用有毒物品作业场所劳动保护条例》（2002） 《职业病防治法》（2011） 《化学品物理危害性鉴定与分类管理办法》（2013）
2	公安部门	危险化学品运输车辆的道路交通安全管理	《易制毒化学品管理条例》（2005） 《剧毒化学品购买和公路运输许可证管理办法》（2005） 《危险化学品安全管理条例》（2013）
3	质量监督检验检疫部门	（1）对危险化学品及其包装物、容器生产企业的工业产品质量实施监督 （2）对进出口危险化学品及其包装实施检验 （3）特种设备日常监督检查工作	《特种作业人员安全技术培训考核管理规则》（2015） 《特种设备安全法》（2014） 《特种设备现场安全监督检查规则》（2007） 《特种设备安全监察条例》（2003） 《产品质量法》（2009） 《产品质量监督抽查管理办法》（2011） 《危险化学品安全管理条例》（2013）
4	环保部门	（1）废弃危险化学品处置的监督管理 （2）危险化学品环境管理登记和新化学物质环境管理登记 （3）调查相关危险化学品环境污染事故和生态破坏事件，负责危险化学品事故现场的应急环境监测	《环境保护法》（2015） 《环境影响评价法》（2003） 《危险化学品安全管理条例》（2013）
5	交通运输部门	危险化学品道路运输、水路运输的许可以及运输工具的安全管理	《道路危险货物运输操作管理规定》（2013） 《危险化学品安全管理条例》（2013）
6	工商行政管理部门	查处危险化学品经营企业违法采购危险化学品的行为	《行政许可法》（2004） 《危险化学品安全管理条例》（2013）
7	邮政管理部门	依法查处寄递危险化学品的行为	《危险化学品安全管理条例》（2013）

（二）炼化企业生命周期安全监管

按照建设项目管理环节划分，炼化企业的生命周期涉及规划选址、工程设计、施工建设、生产运行、事故应急、事故调查、废弃处置等环节。根据《危险化学品安全管理条例》的规定，负责危险化学品安全监管的部门涉及安全监管、公安、质检、环保、交通、铁路、民航、卫生、工商和邮政等10个部门，不同环节涉及的监管部门如图3-3所示。

炼化企业的全生命周期各环节中与企业外部安全防护距离密切相关的环节是在规划选址阶段，该阶段主要的审批部门和审核的材料如表3-3所示。

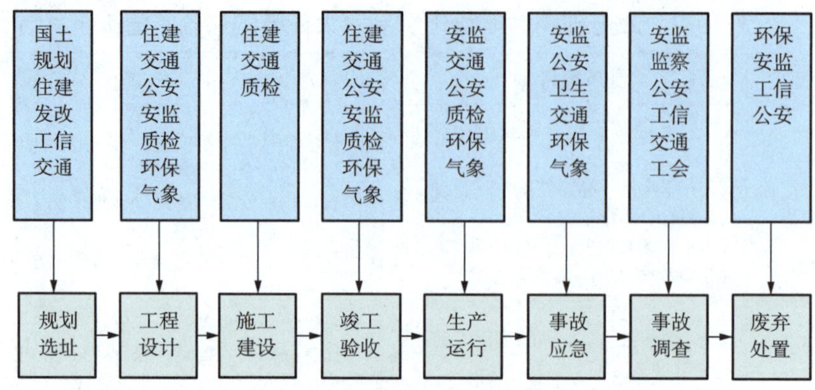

图 3-3 炼化企业建设环节与部门对应关系

表 3-3 规划选址阶段审批部门和相关申报材料

审批手续	审批部门	涉及距离的申报材料
规划意见书	规划部门和土地管理部门	（1）用地申请文件及包含项目性质、建设规模、选址意向、生产工艺流程等情况说明，用地范围或位置的地形图 （2）建设项目的项目建议书批复文件、可行性研究报告（含用地规划总平面布置图） （3）建设工程设计方案 （4）建筑施工图 （5）基础施工平面图 （6）基础设施平面图
项目用地预审意见		
建设工程规划设计要求审批		
建设用地规划许可证		
建设工程（建筑）规划许可证		
危险化学品建设项目安全条件审查	安监部门	（1）建设项目是否符合国家和当地政府产业政策与布局，是否符合当地政府区域规划 （2）建设项目选址是否符合《工业企业总平面涉及规范》等 （3）建设项目周边重要场所区域级居民分布情况，建设项目的设施分布和连续生产经营活动情况及其相互影响情况，安全方法措施是否科学、可行

（三）炼化企业中的重大危险源安全监管

重大危险源是指长期地或暂时地生产、搬运、使用或储存危险化学品，且危险物品的数量等于或超过临界量的值。通过分析炼化企业发生的重特大安全事故，可以看出炼化企业发生安全事故的可能性和严重性不仅和危险化学品的种类有关，还与实际存在的危险化学品数量有关。故做好炼化企业重大危险源安全监管工作，是保证炼化企业安全生产的另一重要措施。

对于重大危险源控制技术，最早研究的国家是英国。20世纪70年代福利克斯巴勒爆炸事故发生后，重大危险咨询委员会随之成立，开始负责危险化学品的相关工作。随后，颁布了《重大工业事故控制规程》《关于报告处理危害物质设施的报告规程》。1982年，欧共体颁布《赛韦索法令》。1996年，欧共体颁布了《赛韦索法令Ⅱ》。英国1999年颁布的重大危险事故控制条例，与《赛韦索法令Ⅱ》的目标一致。2012年，欧盟颁布了《赛韦索法令Ⅲ》，该法令将危险物质按照《全球统一化学品分类和标签制度》（GHS）进行分类。

我国政府对重大危险源的监管工作主要依据是2004年国家安全生产监督管理局颁布的《重大危险源安全监督管理规定》和2009年颁布的国家标准《重大危险源辨识》。重大危险源的监管机构为安全生产监督管理部门，该部门负责督促危险化学品单位做好重大危险源的辨识、安全评估、分级、登记建档、备案、监测监控、事故应急预案编制、核销和安全管理工作；负责重大危险源的监督检查工作。如在检查过程中发现重大危险源隐患，要立即采取措施排除重大危险源，并确保周围群众的安全。

《重大危险源安全监督管理规定》和《重大危险源辨识》一直是我国重大危险源监管工作的依据。安监部门负责督促危险化学品企业做好相关的安全管理工作和监督检查工作。重大危险源的控制是我国对重大危险源监管的一项重要内容。其控制系统由辨识、评价、管理、安全报告、应急预案、监察等部分构成。重大危险源管理环节参见图3-4。

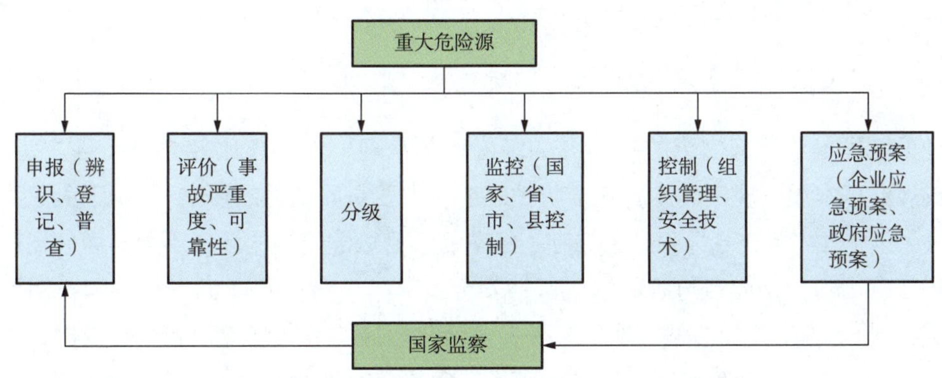

图 3-4 我国重大危险源管理环节

1）重大危险源安全评估

所有重大危险源都需要进行安全评估，其中对于部分一级和二级重大危险源，还需按照有关标准的规定采用定量风险评价方法进行安全评估，确定个人和社会风险值。

2）安全管理

所有重大危险源都建立完善重大危险源安全管理规章制度及操作规程，并建立健全安全监测监控体系，完善控制措施；定期对重大危险源的安全设施和安全监测监控系统进行检测、检验，并进行经常性维护、保养；对重大危险源的管理和操作岗位人员进行安全操作技能培训；在重大危险源所在场所设置明显的安全警示标志；建立应急救援组织或者配备应急救援人员，配备必要的防护装备及应急救援器材、设备、物资；对重大危险源进行安全评估并确定重大危险源等级；制定重大危险源事故应急预案演练计划，并按照规定进行预案演练；配合地方人民政府制定所在地区涉及本单位的危险化学品事故应急预案；开展信息披露。对于一级和二级重大危险源还存在某些特定要求，如，具备紧急停车功能、配备独立的安全仪表系统等。

3）监督检查

规定了监督检查的主要内容，要求对存在重大危险源的危险化学品单位的监督检查，督促危险化学品单位做好重大危险源的辨识、安全评估及分级、登记建档、备案、监测监控、事故应急预案编制、核销和安全管理工作。

三 中国炼化企业外部安全防护距离要求

本篇讨论的外部安全防护距离是指危险化学品生产、储存装置危险源在发生火灾、爆炸、有毒气体泄漏时，为避免事故造成防护目标处人员伤亡而设定的安全防护距离。该概念是由安监部门提出的，在实际操作层面，现行的防火距离、安全距离等除了规定了企业内部装置、设施之间的距离之外，对企业与周边居民区、重要建筑之间距离也提出了具体要求。本篇从法律、法规、规章、规范性文件和标准等多个层面梳理有关外部安全防护距离的要求，进行对比分析。

（一）有关法律、法规和规章

对于炼化企业外部安全防护距离的国内相关法规、文件还比较少，而且这些法律、法规或规章基本没有规定具体的安全防护距离，主要是原则性的要求。《中国人民共和国消防法》第十九条规定：“生产、储存、经营易燃易爆危险品的场所不得与居住场所设置在同一建筑物内，并应当与居住场所保持安全距离。”《危险化学品安全管理条例》第十条规定：“除运输工具加油站、加气站外，危险化学品的生产装置和储存数量构成重大危险源的储存设施，与下列场所、区域的距离必须符合国家标准或者国家有关规定。”这些区域包括：

（1）居民区、商业中心、公园等人口密集区域；

（2）学校、医院、影剧院、体育场（馆）等公共设施；

（3）供水水源、水厂及水源保护区；

（4）车站、码头（按照国家规定，经批准，专门从事危险化学品装卸作业的除外）、机场以及公路、铁路、水路交通干线、地铁风亭及出入口；

（5）基本农田保护区、畜牧区、渔业水域和种子、种畜、水产苗种生产基地；

（6）河流、湖泊、风景名胜区和自然保护区；

（7）军事禁区、军事管理区；

（8）法律、行政法规规定予以保护的其他区域。

《公路安全保护条例》第十八条规定：“除按照国家有关规定设立的为车辆补充燃料的场所、设施外，禁止在下列范围内设立生产、储存、销售易燃、易爆、剧毒、放射性等危险物品的场所、设施：（一）公路用地外缘起向外100米；（二）公路渡口和中型以上公路桥梁周围200米；（三）公路隧道上方和洞口外100米。”

（二）有关规范性文件

1）国发〔2006〕24号“国务院关于全面加强应急管理工作的意见”

该国务院文件中要求：“对可能引发突发公共事件的风险隐患，要组织力量限期治理，特别是对位于城市和人口密集地区的高危企业，不符合安全布局要求、达不到安全防护距离的，要依法采取停产、停业、搬迁等措施，尽快消除隐患。”

2）国务院安委办〔2009〕7号“国务院安委会办公室关于印发安全生产治理行动实施方案的通知”

该文件在有关危险化学品方面的治理行动实施方案中针对危险化学品生产、储存企业和其他化工企业要求：“严禁在饮用水源保护区、居民区等环境敏感区域新建危险化学品生产、储存项目，已建项目要依法与环境敏感目标保持安全防护距离，达不到要求的要限期整顿。”另外，针对政府安全监管中要求：“治理安全生产条件不符合规定和要求的问题。要严格查处使用淘汰工艺和设备、不符合安全生产条件的企业，积极推进安全防护距离不符合国家有关规定的企业搬迁、关闭工作。”

3）国务院安委办〔2008〕26号文件“进一步加强危险化学品安全生产工作的指导意见”

该文件中的第17条中要求：“深化危险化学品安全生产专项整治。各地区要继续开展化工企业安全生产整治工作，通过相关部门联合执法，运用法律、行政、经济等手段，采取鼓励转产、关闭、搬迁、部门托管或企业兼并等多种措施，进一步淘汰不符合产业规划、周边安全防护距离不符合要求、能耗高、污染重和安全生产没有保障的化工企业。化工企业搬迁任务重的地区要研究制定化工企业搬迁政策，对周边安全防护距离不符合要求和在城区的化工企业搬迁给予政策扶持。”

4）《中共中央国务院关于推进安全生产领域改革发展的意见》（2016年）

在建立安全预防控制体系中的（二十四）加强重点领域工程治理“加快实施人口密集区域的危险化学品和化工企业生产、仓储场所安全搬迁工程”。

5）国家安全监管总局办公厅文件

“关于印发2010年危险化学品烟花爆竹安全监管和非药品类易制毒化学品监管重点工作安排的通知”安监总厅管三〔2010〕18号文件中在危险化学品安全监管重点工作中要求：“各地要大力开展危险化学品安全生产执法行动，严厉打击非法违法违规生产经营行为。深化危险化学品安全生产治理行动，结合制定实施化工行业安全发展规划，推动加快治理化工企业安全防护距离不够、化工装置自动化控制水平不能满足安全生产需要、危险化学品重大危险源监控不到位等重大隐患；治理危险化学品建设项目‘未批先建’问题；治理企业安全生产责任制不完善、安全生产规章制度不健全、‘三违’（违章指挥、违章作业、违反劳动纪律）和隐患排查治理工作不落实等突出问题。”

6）国家安全监管总局政法司文件

“国家安全监管总局关于印发2010年工作要点的通知”安监总政法〔2010〕22号文件中要求：“继续深化危险化学品安全整治。结合制定实施化工行业安全发展规划，推动各地加快治理化工企业安全防护距离不够、化工装置自动化水平不能满足安全生产需要、危险化学品重大危险源监控不到位等严重隐患。”

7）国家安全监管总局公告

《危险化学品生产、储存装置个人可接受风险标准和社会可接受风险标准（试行）》中明确提出了外部安全防护距离的定义，制定了危化装置周边可接受风险标准，在综合考虑我国危险化学品企业监管现状和危险化学品生产、储存装置自身危险特性的基础上，将危险化学品生产、储存装置分为3类，并根据各自的特点分别推荐后果计算法、定量风险评价法以及危险指数法作为相应的外部安全防护距离确定方法。

8）发改委有关公告

国家发展和改革委员会发布的一些行业准入条件的公告中涉及到一些危险性高、污染大的行业，如氯碱行业、焦化行业、电石行业。

（1）氯碱（烧碱、聚氯乙烯）行业。发改委公告2007年第74号氯碱（烧碱、聚氯乙烯）行业准入条件规定：“在国务院、国家有关部门和省（自治区、直辖市）人民政府规定的风景名胜区、自然保护区、饮用水源保护区和其他需要特别保护的区域内，城市规划区边界外2公里以内，主要河流两岸、公路、铁路、水路干线两侧，及居民聚集区和其他严防污染的食品、药品、卫生产品、精密制造产品等企业周边1公里以内，国家及地方所规定的环保、安全防护距离内，禁止新建电石法聚氯乙烯和烧碱生产装置。”

（2）电石行业。发改委公告2007年第70号《电石行业准入条件（2007年修订）》规定：“在国务院、国家有关部门和省（自治区、直辖市）人民政府规定的风景名胜区、自然保护区、饮用水源保护区和其他需要特别保护的区域内，城市规划区边界外2公里以内，主要河流两岸、公路、铁路、水路干线两侧，居民聚集区，以及学校、医院和其他严防污染的食品、药品、精密制造产品等企业周边1公里以内，不得新建电石生产装置。”

（3）焦化行业。发改委公告2004年第76号《焦化行业准入条件》规定：“在城市规划区边界外2公里（城市居民供气项目除外）以内，主要河流两岸、公路干道两旁，居民聚集区和其他严防污染的食品、药品等企业周边1公里以内，国务院、国家有关部门和省（自治区、直辖市）人民政府规定的生态保护区、自然保护区、风景旅游区、文化遗产保护区以及饮用水水源保护区内不得建设焦化生产企业。”

（三）安全距离的相关标准规范

炼油与化工企业涉及的范围很广、种类很多，专门对外部安全防护作出要求的标准较少，本部分重点梳理了《建筑设计防火规范》（GB50016—2014）、《石油化工企业设计防火规范》（GB 50160—2008）、《石油库设计规范》（GB 50074—2014）、《石油化工全厂性仓库及堆场设计规范》（GB 50475—2008）、《氢气站设计规范》（GB 50177—2014）、《氧气站设计规范》（GB 50030—2013）、《深度冷冻法生产氧气及相关气体安全技术规程》（GB 16912—2008）、《光气及光气化产品生产安全规程》（GB 19041—2003）、《危险化学品生产装置和储存设施外部安全防护距离确定方法》（征求意见稿）。

1）建筑设计防火规范

《建筑设计防火规范》GB 50016是确定化工企业外部安全防护距离最基本、最常用的一个标准。该标准是一个通用性规范，可以适用于所有化工企业，除非有其他特殊规定。该标准规定了厂房、仓库、罐区等与其他设施之间的防火间距的要求。该标准给出的这些距离不仅适用于企业内部的防火间距确定，也可适用于不同企业设施之间防火间距的确定，而且该标准也给出了厂房、仓库、罐区等与重要公共建筑、外部铁路、道路、架空线路等相关外部设施的防火间距的要求。其中厂房与民用建筑之间的防火间距如表3-4、表3-5所示。

表3-4　厂房与民用建筑之间的防火间距　m

名称			民用建筑				
			裙房，单、多层			高层	
			一、二级	三级	四级	一类	二类
单层、多层甲类厂房			25			50	
单层、多层、高层乙类厂房			25			50	
单层、多层丙、类厂房	耐火等级	一、二级	10	12	14	20	15
		三级	12	14	16	25	20
		四级	14	16	18	25	20
高层丙类厂房		一、二级	13	15	17	20	15
单层、多层丁、戊类厂房		一、二级	10	12	14	15	13
		三级	12	14	16	18	15
		四级	14	16	18	18	15
高层丁、戊类厂房			13	15	17	15	13

表3-5　液体储罐（区）与建筑物的防火间距　m

类别	一个罐区或堆场的总储量V/m³	建筑物的耐火等级				室外变、配电站
		一、二级高层民用建筑	一、二级裙房，其他建筑	三级	四级	
甲、乙类液体储罐（区）	$1 \leqslant V < 50$	40	12	15	20	30
	$50 \leqslant V < 200$	50	15	20	25	35
	$200 \leqslant V < 1000$	60	20	25	30	40
	$1000 \leqslant V < 5000$	70	25	30	40	50

续表

类　别	一个罐区或堆场的总储量 V/m^3	建筑物的耐火等级				室外变、配电站
		一、二级高层民用建筑	一、二级裙房，其他建筑	三级	四级	
丙类液体储罐（区）	5 ≤ V < 250	40	12	15	20	24
	250 ≤ V < 1000	50	15	20	25	28
	1000 ≤ V < 5000	60	20	25	30	32
	5000 ≤ V < 25000	70	25	30	40	40

2）石油化工企业设计防火规范

《石油化工企业设计防火规范》GB 50160—2008是石油化工企业确定外部安全防护距离最常见的标准。石油化工企业指以石油、天然气及其产品为原料，生产、储运各种石油化工产品的炼油厂、石油化工厂、石油化纤厂或其联合组成的工厂。石油化工企业与相邻设施的防火间距不应小于表3-6的要求。

表3-6　石油化工企业与相邻工厂或设施的防火间距　m

相邻工厂或设施		液化烃罐组	甲、乙类液体罐组（罐外壁）	可能携带可燃液体的高架火炬（火炬筒中心）	甲乙类工艺装置或设施（最外侧设备外缘或建筑物的最高外轴线）	全厂性或区域性重要设备（最外侧设备或建筑物的最外轴线）
居民区、公共福利设施、村庄		150	100	120	100	25
相邻工厂或用地边界线		120	70	120	50	70
厂外铁路	国家铁路线（中心线）	55	45	80	35	—
	厂外企业铁路线（中心线）	45	35	80	35	—
国家或工业区铁路编组站（铁路中心线或建筑物）		55	45	80	30	25
厂外公路	高速公路、一般公路（路边）	35	30	80	30	—
	其他公路	25	20	60	20	—
变配电站（围墙）		80	50	120	40	25
架空电力线路（中心线）		1.5倍塔杆高度	1.5倍塔杆高度	80	1.5倍塔杆高度	—
Ⅰ Ⅱ国家架空通信线路（中心线）		50	40	80	40	—
通航江、河、海岸边		25	25	80	20	
地区埋地输油管道	原油及成品油（管道中心）	30	30	60	30	30
	液化烃（管道中心）	60	60	80	60	60
地区埋地输气管道(管道中心）		30	30	60	30	30
装卸油品码头（码头前沿）		70	60	120	60	60

3）石油化工全厂性仓库及堆场设计规范

《石油化工全厂性仓库及堆场设计规范》GB 50475—2008适用于石油化工企业固体物料、桶装（瓶装）液体物料和气体物料的全厂性仓库及堆场。主要是针对《石油化工企业设计防火规范》中没有具体明确的全厂性仓库及堆场给出具体的防火间距，仓库区与相邻工厂或设施的防火间距见表3-7。

表3-7　仓库区与相邻工厂或设施的防火间距　m

相邻工厂或设施		火灾危险性为甲类的物料仓库、堆场	火灾危险性为乙类的物料仓库、堆场	火灾危险性为丙类的物料仓库、堆场
居民区及公共福利设施		100	75	50
重要公共建筑		50	37.5	25
相邻工厂		30	22.5	15
厂外铁路	国家铁路线	35	26.5	17.5
	厂外企业铁路线	30	22.5	15
国家或工业区铁路编组站		35	26.5	17.5
厂外公路	高速公路、一级公路	30	22.5	15
	其他公路	20	15	15
Ⅰ Ⅱ国家架空通信线路		40	30	20
架空电力线路（中心线）		1.5倍塔杆高度	1.5倍塔杆高度	1.5倍塔杆高度
通航江、河、海岸边		20	15	10
爆破作业场地		300	300	300

4）石油库设计规范

《石油库设计规范》GB 50074—2014规定石油库与周围居住区、工矿企业、交通线等的安全距离见表3-8。

表3-8　石油库与周围居住区、工矿企业、交通线等的安全距离　m

序号	石油库设施名称	石油库等级	库外建（构）筑物和设施名称				
			居住区和公共建筑物	工矿企业	国家铁路线	工业企业铁路线	道路
1	甲$_B$、乙类液体地上罐组；甲$_B$、乙类覆土立式油罐；无油气回收设施的甲$_B$、乙$_A$类液体装卸码头	一	100（75）	60	60	35	25
		二	90（45）	50	55	30	20
		三	80（40）	40	50	25	15
		四	70（35）	35	50	25	15
		五	50（35）	30	50	25	15
2	丙类液体地上罐组；丙类覆土立式油罐；乙$_B$、丙类和采用油气回收设施的甲$_B$、乙$_A$类液体装卸码头；无油气回收设施的甲$_B$、乙$_A$类液体铁路或公路罐 车装车设施；其他甲$_B$、乙类液体设施	一	75（50）	45	45	26	20
		二	68（45）	38	40	23	15
		三	60（40）	30	38	20	15
		四	53（35）	26	38	20	15
		五	38（35）	23	38	20	15

续表

序号	石油库设施名称	石油库等级	库外建（构）筑物和设施名称				
			居住区和公共建筑物	工矿企业	国家铁路线	工业企业铁路线	道路
3	覆土卧式油罐；乙$_B$、丙类和采用油气回收设施的甲$_B$、乙$_A$类液体铁路或公路罐车装车设施；仅有卸车作业的铁路或公路罐车卸车设施；其他丙类液体设施	一	50（50）	30	30	18	18
		二	45（45）	25	28	15	15
		三	40（40）	20	25	15	15
		四	35（35）	18	25	15	15
		五	25（25）	15	25	15	15

5）《危险化学品生产装置和储存设施外部安全防护距离确定方法（征求意见稿）》GB/T ×××××

《危险化学品生产装置和储存设施外部安全防护距离确定方法（征求意见稿）》是在2014年5月发布的《危险化学品生产、储存装置个人可接受风险标准和社会可接受风险标准（试行）》原国家安全生产监督管理总局公告（2014年第13号）试用2年多时间后，修改完善形成的。标准中将危险化学品生产装置和储存设施分为两类，然后按照图3-5中的流程选择相应的外部安全防护距离确定方法，计算得出不同装置的外部安全防护距离。

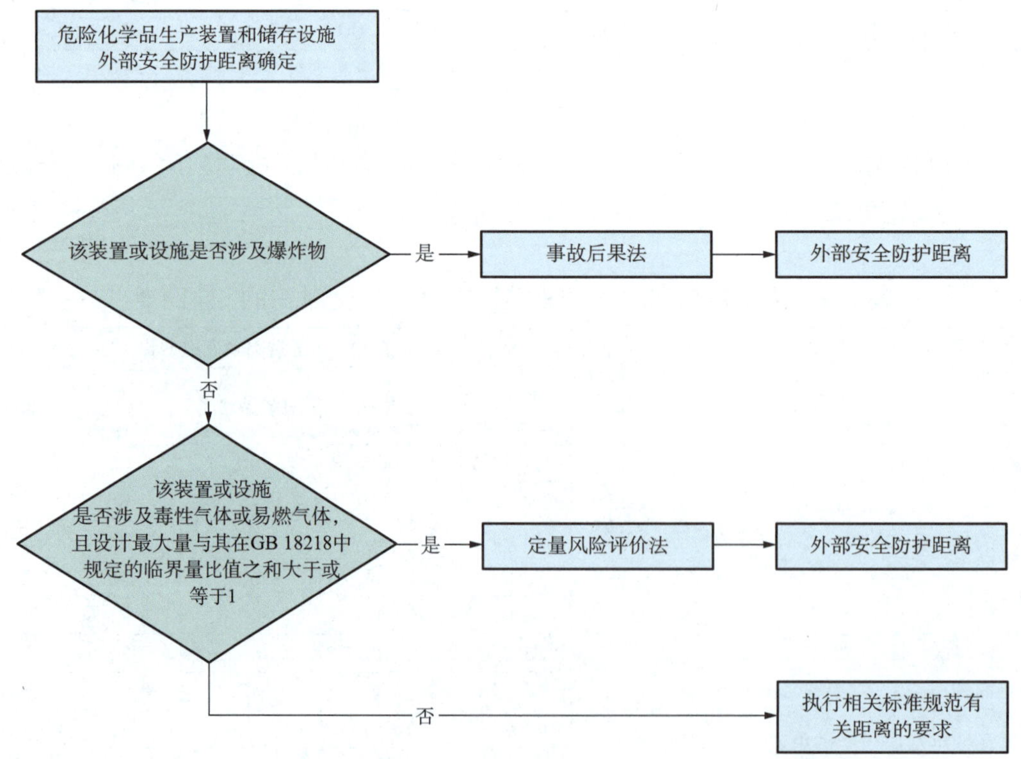

图3-5　危险化学品生产装置和储存设施外部安全防护距离确定流程

本标准中的外部安全防护距离只用于限定危化装置与厂区外部防护目标之间的距离，主要目的是减小危化装置发生火灾、爆炸、毒气泄漏等重大事故对周边社会公众的影响。考虑的是事故状态下，危化装置周边社会公众的人身安全，并不针对环境危害和正常生产对周边人员长期、慢性的健康问题。

6）氢气站设计规范

《氢气站设计规范》GB 50177—2005给出了氢气站、供氢站、氢气罐与建筑物、构筑物的防火间距，见表3-9。该标准中的氢气站指采用相关的工艺(如水电解，天然气转化气、甲醇转化气、焦炉煤气、水煤气等为原料气的变压吸附等）制取氢气所需的工艺设施、灌充设施、压缩和储存设施、辅助设施及其建筑物、构筑物或场所的统称。

表3-9　氢气站、供氢站、氢气罐与建筑物、构筑物的防火间距　m

建筑物、构筑物		氢气站或供氢站	氢气罐总容积/m³			
			≤1000	1001～10000	10001～50000	≥50000
其他建筑物耐火等级	一、二级	12	12	15	20	25
	三级	14	15	20	25	30
	四级	16	20	25	30	35
民用建筑		25	25	30	35	40
重要公共建筑		50	50			
35～500kV且每台变压器为10000kV·A以上的室外变配电站以及总油量超过5t的总降压站		25	25	30	35	40
明火或散发火花的地点		30	25	30	35	40
架空电力线		≥1.5倍电杆高度	≥1.5倍电杆高度			
厂外铁路线（中心线）	非电力牵引机车	30	25			
	电力牵引机车	20	20			
厂外道路（相邻侧路边）		15	15			

7）氧气站设计规范

《氧气站设计规范》GB 50030—2013给出了氧气站等的乙类生产建筑物与各类建筑之间的最小防火间距，具体见表3-10。

表3-10　氧气站火灾危险性为乙类建筑物及氧气储罐与其他各类建筑物、构筑物之间的防火间距　m

建筑物、构筑物		氧气站的火灾危险性为乙类的建筑物	氧气储罐总容积/m³		
			≤1000	1001～50000	>50000
其他各类生产建筑物耐火等级	一、二级	10	10	12	14
	三级	12	12	14	16

续表

建筑物、构筑物		氧气站的火灾危险性为乙类的建筑物	氧气储罐总容积/m^3		
			≤1000	1001～50000	>50000
其他各类生产建筑物耐火等级	四级	14	14	16	18
民用建筑		25	25	30	35
明火或散发火花地点		25	25	30	35
重要公共建筑		50	50		

8）深度冷冻法生产氧气及相关气体安全技术规程

《深度冷冻法生产氧气及相关气体安全技术规程》GB 16912—2008规定氧气生产场所建设地点选择应符合当地城市与工业区总体规划，经技术经济比较与安全评估，择优选取经济效益、社会效益、环境效益好且安全可靠的厂址。对氧气生产和储存场所距国家铁路不应小于200m，氧气生产场所距居民区要考虑噪声，应符合《工业企业厂界噪声标准》GB 12348和《城市区域环境噪声标准》GB 3096。另外对于空分装置的吸风口与散发碳氢化合物（尤其是乙炔）等有害气体发生源应有一定的安全距离。吸风口空气中有害杂质允许极限含量应通过实际检测。氧气厂内建构筑物及设施与特定地点的最小防火间距见表3-11。

表3-11　氧气厂内建构筑物及设施与特定地点的最小防火间距　m

特定地点名称			厂内甲类生产车间	氧气设施的建、构筑物耐火等级			氧气（或液氧）储罐总容积/m^3			氢气储罐总容积①/m^3
				一、二	三	四	≤1000	1001～50000	>50000	≤1000
民用建筑			25	25			18	20	25	18
重要的公共建筑			50	50			50			50
其他构筑物	耐火等级	一、二级	12	10	12	14	10	12	14	12
		三级	14	12	14	16	12	14	16	15
		四级	16	14	16	18	14	16	18	20

注：①氧气厂内为氢气生产所配套的氢气罐应参照执行。

9）光气及光气化产品生产安全规程

《光气及光气化产品生产安全规程》GB 19041—2003中专门提出了安全防护距离的概念。该标准规定光气及光气化生产装置不应设置在人口密集的居住区及城镇全年最大频率风向的上风侧2000m之内。新建光气及光气化生产装置应保持表3-12所示安全防护距离，并规定在500m半径范围内无居民，在大于500m的安全防护距离范围内不准兴建居住区、商业区等，零散居民不应超过200人。对于老厂扩建、改建工程，在500m

半径范围内的其他工厂可维持现状，居民必须迁出。但装置系统光气（折纯）总量应小于300kg，等于或超过300kg按表3-12执行。装置与交通要道的安全防护距离不应小于500m。

表3-12　光气及光气化装置的安全防护距离

序　号	装置系统光气（折纯）总量/kg	安全防护距离/m
1	< 3000	1000
2	3000 ~ 5000	1500
3	> 5000	2000

（四）中国外部安全防护距离概念及内涵

外部安全防护距离在相关法规、标准中相关的提法不一致。在相关法律、法规和规章中直接称为“外部安全防护距离”的比较少，在《消防法》中称为“安全距离”，《危险化学品管理条例》中称为“距离”，而《危险化学品建设项目安全许可实施办法》虽然提到“外部安全防护距离”，但没有给出外部安全防护距离的概念和解释。相关规范性文件虽然也提到“安全防护距离”，但也没有具体解释其含义。

目前，在我国现行的多个国家和行业标准中，对外部安全防护距离的名称叫法不是很统一，且距离规定的数值相差很大。一般情况下，在民用爆破器材和烟花爆竹等领域称之为外部距离；消防领域称之为防火间距；环境、卫生领域称之为卫生防护距离或环境防护距离。

（1）外部距离

《民用爆破器材工程设计安全规范》GB 50089—2007和《烟花爆竹工厂设计安全规范》GB 50161—2009中都有外部距离的提法。《民用爆破器材工程设计安全规范》的术语中将“外部距离”定义为：“指危险性建筑物与外部各类目标之间，在规定的破坏标准下所需的最小距离。它是按危险性建筑物的危险等级和计算药量确定的。”《烟花爆竹工厂设计安全规范》的术语中将“外部最小允许距离”定义为：“指危险性建筑物与外部各类目标之间，在规定的破坏标准下所允许的最小距离。它是按建筑物的危险等级和计算药量确定的。”

民用爆破器材工厂和烟花爆竹工厂的外部距离制定，关系到国家财产和工厂工人的生命安全。主要通过结合该类企业以往事故报告和有关爆炸试验结果进行归纳制定，其有效性在我国几十年的工程建设中已得到了实践的检验。

（2）防火间距

《建筑设计防火规范》《石油化工企业设计防火规范》等相关设计标准中一般都是以“防火间距”的概念给出对于外部安全防护距离的要求。《建筑设计防火规范》GB

50016—2006在术语中定义防火间距为："防止着火建筑的辐射热在一定时间内引燃相邻建筑，且便于消防扑救的间隔距离。"

在现行消防技术规范中，明确规定了企业与周边各类建筑物或设施之间的防火间距，并对最小间距做了限制。但在实际应用中防火间距的大小又受诸多因素的影响，它受热辐射、热对流、建筑物的外墙开口面积、建筑物内可燃物的性质、数量和种类，以及风速、相邻建筑物的高度、建筑物内的消防设施的功能等因素的影响，防火间距还与当地火灾扑救能力、建筑设计以及其他一些自然因素有关。我国防火间距是从调查火灾事实情况开始，统计了大量火灾实例的有关数据，研究总结出火势蔓延、热辐射烘烤、爆炸力破坏可能到达的较大距离以及消防救火实践中发现扑救和冷却操作所需的空地范围需要，提出防火间距限值要求；同时在制定防火间距要求时也参照国外同类标准规范，以及吸纳了国内外同类工程实践中一些成熟安全的经验做法。总之，防火间距是主要考虑是针对火灾事故的防火需要和火灾扑救需要设定的，对于爆炸事故有一定的考虑，但不是主要。防火间距的确定基本不考虑危险物质泄漏后的毒性危害。

（3）安全防护距离

《光气及光气化产品生产安全规程》GB 19041—2003中专门提出了安全防护距离的这个概念。在该标准的术语定义中定义安全防护距离为："从光气及光气化产品生产装置的边界开始计算，至人员相对密集区域边界之间的最小允许距离。"对于新建工程和老厂扩建、改建工程能够区别对待，提出不同安全防护距离的要求。

（4）安全距离

《石油库设计规范》GB 50074—2014在其标准的术语中顶定义安全距离的概念，安全距离指"满足防火、环保等要求的距离"。该标准规定了石油库与周围居住区、工矿企业、交通线等的安全距离。

（5）外部安全防护距离相关概念的论述分析

外部安全防护距离的提法主要源自安全生产监督管理部门，其概念从字面上分析，首先"外部"两字应当主要指针对危险源与企业外部建（构）筑物或设施等的距离，不包括企业内部设备、设施之间的安全距离。"安全防护"两字主要针对安全方面的要求，从相关法律、法规、规章和规范性文件的精神和主导思想看，设置外部安全防护距离主要是针对避免或减轻造成重大人员伤亡、财产损失和环境破坏的突法性重大事故而言的，对于化工企业来说，主要是针对化工企业发生的火灾、爆炸或毒物泄漏重大事故。从安全防护的目标看，重点是保护人员安全，同时也兼顾财产安全，对于环境安全以及人员的健康虽然有所提及但不是重点。对于环境安全和人员健康问题，环境或卫生监管部门有专门的环境防护距离或卫生防护距离等的相关要求，此处不考虑环境危害和对人员长期、慢性的健康问题。从设置外部防护距离的目的看，主要是鉴于印度博帕尔毒气泄漏等国内外事故灾害等经验教训以及我国目前安全生产形势，为避免事故造成重大人员伤亡和财产损失而设定的缓冲距离，同时有利于人员采取应急救援行动而争取时间。

现有的安全防护距离的相关概念中“外部距离”主要是针对民用爆破器材和烟花爆竹类企业提出的；“防火间距”适用的行业范围较广泛，主要由《建筑设计防火规范》等相关工程标准所规定，其防护目标包括人员、财产和环境，但该距离主要是针对火灾事故而提出的，主要应用是消防部门在建设项目或工业企业消防设计审查和消防验收等工作中；《光气及光气化产品生产安全规程》中的“安全防护距离”，只应用于光气及光气化产品建设项目或企业。《石油库设计规范》中的“安全距离”的含义基本上是等同于“防火间距”。“卫生防护距离”主要是针对建设项目或企业无组织排放源所排放的污染物对居民区的人员健康所提出的缓冲距离，因此不是针对突发性事故，其污染物或危害因素是企业正常生产过程中的排放，而不是突发的、急性的危害，其防护目标只是居民区。安全防护距离有关概念的分析比较见表3-13。

表3-13 安全防护距离有关概念比较

相关概念	概念来源	应用范围	距离起止点	防护目的	防护目标	提出或批准部门	应用部门
安全距离	消防法	生产、储存、经营易燃易爆危险品的场所	无涉及	人员、财产安全	居住区	—	消防
外部安全防护距离	国家安全监管总局13号公告	危险化学品生产、储存装置	装置边界	人员、安全	民用、公共建筑	安监局	安监
防火间距	GB50016—2006等工程标准	所有工业企业	危险设施边缘到防护目标边缘	人员、财产安全	居住区、工业企业和其他等设施	主要是建设部	消防、安监
安全防护距离	GB 19041—2003	光气及光气化产品企业	危险设施边缘到防护目标边缘	人员安全	居住区、交通要道	安监局	安监
安全距离	GB 50074—2014	石油库企业	危险设施边缘到防护目标边缘	人员、财产安全	居住区、工业企业和其他等设施	建设部	消防、安监

（五）目前执行状况及存在问题

1）概念不清晰，没有专门法规、标准支持

目前“外部安全防护距离”的提出部门主要来自安全生产监督管理部门，在具体安全监管实践中，专门外部安全防护距离的国家标准尚未正式发布，主要应用防火间距、安全距离和卫生防护距离等概念来替代执行外部安全防护距离的要求。由于防火间距、安全距离和卫生防护距离各自有不同的含义和应用条件和范围，因此按这些距离替代执行过程存在着一定的不合理性。

2）化工行业专门的标准少，覆盖性不够

化工行业类别由于产品众多，所以类型纷繁复杂。目前化工行业所适用的外部安全防护距离的相关标准却比较少，前面章节统计涉及工程建设类标准的大约十几个，卫生防护距离的标准十几个。但是化工行业类别繁多、化工生产涉及的化学品更多，即使按《危险货物品名表》（GB 12268—2005）也有数千种危险物质，而目前相关标准所涵盖的范围远远不能满足众多化工企业类型、行业特点和危险性的要求，如对于标准中涉及的2.3项毒性气体或易发挥的液体、6.1项毒性物质或毒性较高的物资，只有一个光气的标准，而常见的氯气、氨气往往采用《氯碱厂（电解法制碱）卫生防护距离标准》《小型氮肥厂卫生防护距离标准》等标准来替代，但对于其他如氯化氢、硫化氢、二氧化硫、氟、异氰酸甲酯等并无相关安全距离的要求。

3）对于防护目标范围不足、含义不够明确

《建筑设计防火规范》中规定的外部防护目标包括厂房、仓库、民用建筑、重要公共建筑、厂外铁路线、厂外道路等，但对于地铁线路或站点、汽车车站、码头等设施还没有规定相应的防护距离；另外对于什么属于重要公共建筑还不够明确，什么时候属于民用建筑还是属于重要公共建筑，在具体确定时有时会存在分歧。而且即使重要公众建筑，其实其人员数量、敏感程度等也是有区别的，统一按一个间距确定，不足以保护人员安全。另外卫生防护距离标准只是针对于居住区，对于其他存在人员的场所或建筑如商场等并无规定，存在空白。

4）不同标准之间存在相互冲突

如同样属于甲类设施，在《建筑设计防火规范》一般与居民区的防火间距，最多按重要公共建筑算为50m。而《石油化工企业设计防火规范》中可达到100m。对相邻工厂的防火间距，两个规范之间差距可能更大，《石油化工企业设计防火规范》如果是甲类厂房到相邻工厂围墙是50m，而如果按《建筑设计防火规范》到相邻工厂内的民用建筑才25m。如同样生产、使用同等数量甲苯的设施在一个石油化工厂内和其他类型的化工企业中（如涂料厂），则可能由于所适用的标准不同，导致外部防护距离出现显著差异。

5）标准规定防护距离不足

如博帕尔事故中所泄漏的毒物异氰酸甲酯，在我国的《危险货物品名表》（GB 12268—2005）属于6.1项毒性物质，次要危险性为3类，包装类别为Ⅰ级；在《建筑设计防火规范》，按该物质为甲类物质，其建筑厂房或设施到重要公共建筑的防火间距为50m。而我们知道博帕尔事故的影响范围为几公里，而且只泄漏了30t。另外如液化石油气，《建筑设计防火规范》中到居民区的最小防火间距为130m。而墨西哥城液化石油气站事故伤害最严重的范围在距储运站300m的区域。因此现有相关标准规定的距离，并不是保证周边人员不受事故危害的距离。

6）定量方法确定防护距离比较缺乏

目前多数标准中防护间距的确定，多数要来自于专家判断、以往事故案例、类似工厂的运行经验等，绝大多数标准没有通过定量计算来确定安全防护距离。通常标准具体确定防护距离时主要考虑危险物质的数量级别或装置的类型或火灾危险级别等，没有考虑到危险设施具体的特点等内容，因此这种方式过于简单、僵化，缺乏科学性，不能准确描述具体危险设施在事故场景下的危害范围。《液化天然气（LNG）生产、储存和装运》是等同采用的国外标准，该标准中确定液化天然气设施安全防护距离的方法是通过事故后果定量计算来确定。目前，荷兰、英国等一些国家在确定重大危险源与周边设施的安全防护距离时，是通过定量风险评价来进行，这种方法同时考虑危险设施发生事故后果的严重度和发生的可能性，比通过后果计算的方法更为完整、合理。

第四章

美国炼化企业相关安全法规标准体系

一 美国化学品安全法律法规、标准管理体系

（一）美国炼化企业相关法规体系

美国联邦法是由美国宪法、联邦法律和联邦法规所组成的法律总称。根据美国国会通过的决议，美国的法律和行政法规都进行法典化。所有的法律法规都分别可以在《美国联邦法典》(United States Code, USC)和《联邦法规法典》(Code of Federal Regulation, CFR)中查到。

《美国联邦法典》(USC)汇集的是美国国会制定，总统批准的法律。USC共50个主题或篇，篇下面依次分章、部分、节、条等。例如：编码为29 U.S.C 651-678的《职业安全健康法》(Occupational Safety & Health Act，OSH Act)表示该法是由美国国会制定的一部法律，是USC中的第29篇第15章(title 29, chapter 15)651-678部分。

《联邦法规法典》(CFR)汇集的是美国各行政机构依据法律制定的法规。CFR包含了美国联邦法规的各个领域。CFR在结构上共50篇，有的篇设有子篇。每篇中有若干章，各章通常以发布机构的名称为标题。有的章还分为子章。每章中包含特定的法规领域的若干部分(PART)。内容多的部分，又分为子部分，每一部分由包含具体法规内容的若干小节组成。例如:《联邦法规法典》第29篇为劳工法规(Labor)，编码为29 CFR，第29篇1910章是由职业安全健康局(OSHA)发布的法规，法规名称为《职业安全健康局法规和标准》(Occupational Safety and Health Administration Regulations and Standards, OSHA)。如:《高危化学品过程安全管理法规》(PSM)的编码即为：29 CFR 1910.119，说明它是由美国劳工部职业安全健康局(OSHA)发布

的一项行政法规。

USC篇名与CFR篇名有一定的对应关系，例如：第29篇为劳工（Labor），编码为：29 USC（Labor），在CFR中第29篇也为劳工，编码为：29 CFR。

1）《有毒物质控制法》（TSCA）

美国环保署1976年颁布了《有毒物质控制法》，于1979年正式实施。它是美国化学品管理中一部很重要的法规，管理的范围涵盖了化学品的整个生命周期。

在TSCA的框架内，EPA把化学品分为“现有”化学品和“新”化学品，分别实施管理。根据TSCA要求对“新”化学品实行制造前告知制度（PMN），即制造商要在生产前90天将化学品的生产流程、污废处理、健康和环境影响等相关信息预报给EPA，并要评估其对人体健康和环境的有害性和暴露的可能性。对于TSCA颁布之前已经投入美国市场的现有化学物质，TSCA规定环保署有权审查和控制化学品的重要新用途，并要求生产商补充实施毒性测试；对高风险的化学品，环保署可要求企业提供标识，限制或完全禁止该化学品的使用或生产。

2）《应急计划与公众知情权法》（EPCRA）

在美国西维吉尼亚联合碳化物公司化学品泄漏事件的导火索下，美国于1986年颁布了《应急计划与公众知情权法》（EPCRA），该法引入了“重大危险源设施通报及应急泄漏和排放报告”制度和“有毒化学物质排放清单（简称TRD）”制度。

EPCRA规定，企业有义务减少有毒化学物质对环境的影响且必须向公众披露有毒化学物质的相关信息。美国1990年颁布的《污染防治法》（PPA）规定，企业如果使用超过规定量的有毒化学物质，就必须每年通报其对有毒废物的处理情况。据此，美国环保署建立了一个名为《有毒物质释放清单》的数据库来收集、整理、统计、分析企业上报的相关数据。

3）《联邦危险物质法案》（FHSA）

美国消费品安全委员会负责《联邦危险物质法案》（FHSA）的执行。按照FHSA，有害物质必须提供安全标签，以警示用户该产品的潜在危害及防护措施。FSHA要求任何属于毒害品、腐蚀品、可燃物或易燃物、刺激物、强氧化剂或分解、受热或其他方式可导致压力升高的物品，必须采用标签注明，若产品对人体有潜在伤害，包括可能被小孩误食，也要进行标注。

4）《职业安全健康法》（OSHA）

美国《职业安全卫生法》的立法目的是保证劳动者劳动条件尽可能地安全与卫生，向劳动者提供全面福利设施，保护人力资源。OSHA主要针对工作场所中的有害化学物质安全管理，主要内容包括：雇主必须为雇员提供安全的工作场所，以确保雇员免受各种危害；作业场所要挂贴标签或其他警示标志，以告知雇员所接触物质的危害、中毒症状及应急处理方式、使用条件及注意事项；安全监察员经授权后有权随时进入任何工厂、车间、设施、建筑工地或任何工作场所进行监察等多项规定。

5)《高危险化学品过程安全管理法规》(PSM)

《高危险化学品过程安全管理法规》(PSM)是美国职业安全健康局于1992年2月发布的。其立法目的是为了规范高危险化学品企业的安全管理。与职业安全与健康管理体系不同，过程安全管理专注于高危险化学品企业预防重大事故，如火灾、爆炸、有毒化学品泄漏等。该法规运用系统管理的思想，规定了企业应当做好的14个管理要素。包括：过程安全信息(PSI)；过程危险性分析(PHA)；操作规程；教育培训；承包商管理；开工前安全检查(PSSR)；机械完整性管理；动火许可；变更管理；员工参与；事故调查；应急计划；符合性审查；技术保密事项等。

6)《危险物品运输法》(HMTA)

美国《危险物品运输法》(HMTA)的立法目的是增强运输部门的立法与执行权力，以充分保护公民在运输危险货物过程中可能受到的生活或财产危害。

HMTA用于规范任何运输或准备运输危险物品的人员以及包装制造、制作、标注、维护、修理、修复、测试人员的行为。法规提供了危险物质品名表，并对其包装、标注和运输提出了具体的要求。

(二)美国炼化企业相关的标准体系

美国现行的标准体系，按照法律效力，可以划分为两大类，即：由政府部门根据法律授权而制定的技术法规体系和由民间组织或非政府组织制定的自愿性标准体系。

1. 美国的技术法规体系

美国的技术法规是规定技术要求的法规，大多是由联邦政府部门根据法律授权，为完成法律赋予的使命而制定的，是美国联邦行政法规的重要组成部分，在维护国家经济秩序、促进社会发展中发挥着重要作用。技术法规的技术要求有多种形式，包括直接规定技术要求，通过引用标准、技术规范或规程来规定技术要求，或者直接将标准、技术规范或规程的内容纳入法规中。

美国的技术法规具有强制性效力，与行政法规一样，都编入了《联邦法规法典》(CFR)，其编码都冠以“CFR”。美国化学品安全相关的技术法规分散于美国联邦法律法规体系之中，在美国联邦法典中，技术法规存在的形式见图4-1。

美国技术法规由政府部门制定，绝大多数技术法规也都是以自愿性标准为基础的，制定过程中首先要对所有相关的自愿性标准进行审查，在对其内容进行评定后决定是否采用，采用的方法分为直接采用、强制遵照、作为法规的基础、作为法规的导则、作为指南和用遵照现行标准代替制定强制性标准等6种。

2. 美国的自愿性标准体系

美国的自愿性标准是由市场驱动制定的，特性是相关利益方自愿参加制定，采取协商一致的原则，自愿采用。因此，美国的自愿性标准是与该标准有关的各利益相关方相互协商和相互妥协的结果，它不具有强制性效力。但是，在美国有关化学品及其从业单

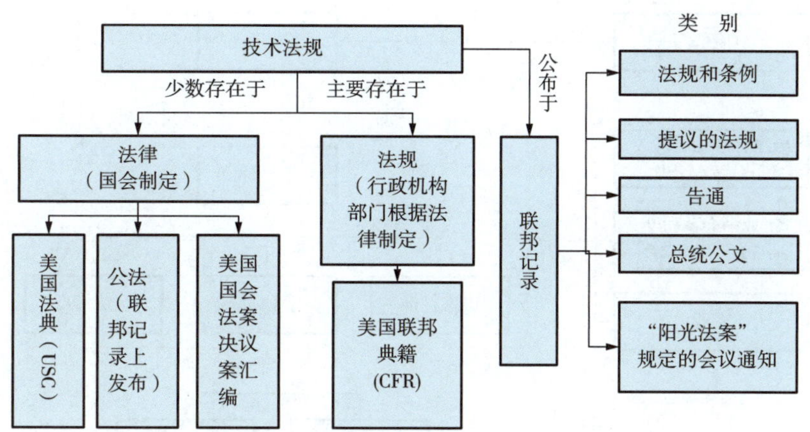

图 4-1 技术法规在美国联邦法律法规体系中的存在形式

位，从设计建设、生产运行、直至废弃报废的全部生命周期中，所涉及到的大量标准主要是自愿性标准。

美国的自愿性标准体系主要由协（学）会标准和企业（公司）标准组成，其中的一小部分标准按照市场需要，经由美国国家标准学会（ANSI）认可，被称作国家标准。

国家标准，由美国国家标准学会（ANSI）组织协调，由其认可的标准制订组织（行业协会）或委员会（SDO）制定，经ANSI认可，符合ANSI规定的一般程序和准则，冠以ANSI编号后，即成为美国国家标准。例如：《工作场所危害化学品国家标准－危害评估》（ANSI Z400.1—2010）、《安全技术说明书和安全标签的制作》（ANSI Z129.1—2010）。

协会标准，即由各种协（学）会发起，组织所有感兴趣的生产者、用户、消费者以及政府和学术界等相关利益方的代表参加，通过协商程序而制定出来的标准。

企业标准，即企业本身按照市场需要和用户要求制定的公司标准。

在美国，除了自愿性标准之外，还有一些技术协会专注于各种指南性书籍和文档的发布，其中美国化学工程师协会化工过程安全中心出版的化工过程安全管理的系列指南性书籍，这类书籍尽管没有任何法律效力，但在很多企业中都得到了广泛的认可和应用。此外，还有很多大型企业在长期的运行过程中，在很多方面形成了比较成熟的做法并编制了相关文本，在企业中被称为“最佳实践”。指南性书籍及企业最佳实践可以认为是美国标准体系在实施层面上的延伸。

美国不同类型标准之间的关系如图 4-2 所示。

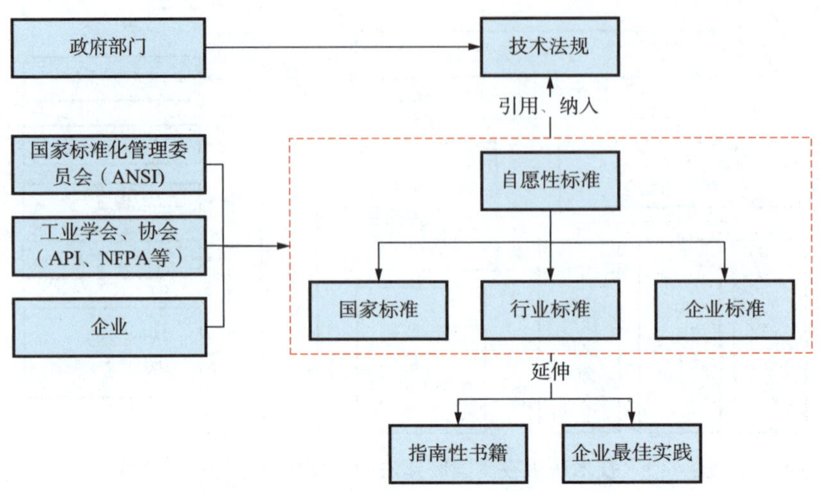

图 4-2　美国不同类型标准制定的关系

二　美国炼化企业安全监管体制

（一）危险化学品六大环节安全监管

美国涉及化学品安全管理的部门较多，但分工明晰，管理也相对有序。主要有：美国劳工部职业安全健康局（Occupational Safety and Health Administration，OSHA）负责化学品对作业场所的影响，重点对企业内部；美国环保署（U.S. Environmental Protection Agency, EPA）负责化学品对公众和环境的影响，重点对企业外部；美国消费品安全委员会（Consumer Product Safety Committee, CPSC）负责消费产品安全；美国食品和药品管理局（FDA）负责医药、化妆品、食品中的农药残留；美国运输部（DOT）负责化学品的运输；农业部（USDA）负责肉类、家禽及蛋类产品涉及的化学品安全。另外，在1997年，美国国会成立了一个独立的非监管性的联邦机构——美国化学品安全委员会（CSB），主要负责化学品事故调查。

美国各政府部门对化学品的安全管理涵盖了化学品的全生命周期，见表4-1。与化学品安全生产管理密切相关的也是我们重点关注的，有职业安全健康局（OSHA）、环保署（EPA）、运输部（DOT）和美国化学品安全局（CSB）。

表4-1　美国各部门在化学品生命周期中的管理范围

政府部门	进口	生产	储存	运输	经销	使用	废弃
职业安全健康局 OSHA	√	√	√			√	
环保局 EPA	√	√	√	√	√	√	√
食品和药品管理局 FDA	√	√	√	√	√	√	

续表

政府部门	进口	生产	储存	运输	经销	使用	废弃
消费品安全委员会CPSC	√	√			√	√	
运输部DOT				√			
农业部USDA	√				√	√	

注：√表示根据法律法规该部门在该环节上有监管职责。

1. 美国环保署（EPA）

EPA是美国联邦政府的一个独立行政机构，主要负责维护自然环境和保护人类健康不受环境危害影响。环保署由美国总统尼克松提议设立，在获国会批准后于1970年12月2日成立。EPA署长由美国总统直接指认，EPA不在美国内阁之列，但与内阁各部门同级。EPA的主要职责是根据美国国会颁布的环境法律制定和执行环境法规，从事或赞助环境研究及环境保护项目，教育和培养公众环境意识和责任感。

EPA总部设有12个管理办公室和16所实验室或研究中心，并在各州下设10个区域分局。与化学品安全管理相关的主要有两个管理部门：化学品安全与污染防治办公室（OCSPP）、固体废物和应急反应办公室（OSWER）。

2. 美国运输部（DOT）

DOT成立于1966年10月15日，主要职责是协调美国交通运输各种需要和计划，负责危险货物的运输管理。运输部集所有联邦公路、铁路、航空及航海管理事务于一身，并参与联合国危险货物运输专家委员会的工作。

3. 职业安全健康局（OSHA）

OSHA是依据1970年的《职业安全健康法》（OSH Act），于1970年12月29日成立，隶属于美国劳工部，是负责美国职业安全健康监管的联邦机构，主要职能是通过制定和执行法规标准，提供培训、教育以及援助等，确保工作场所从业人员的职业安全和健康。除了矿山安全健康管理局（MSHA）监管矿山的职业安全健康事务之外，其他行业的职业安全健康事务皆由职业安全健康局监管。

OSHA由劳工部负责职业安全与健康的部长助理主管，在美国设有10个地区机构。

4. 美国“职业安全健康复审委员会”（OSHRC）

OSHRC是根据《职业安全和卫生法》建立的独立于美国政府部门之外的司法机构，对OSHA的工作进行监察和监督，负责评判在强制安全健康监察过程中与雇主产生的矛盾。

该机构由3人组成，其成员由总统任命，并经参议院确认，其活动经费由政府拨款，确保OSHA行动与法律保持一致。

5. 美国化学品安全委员会（CSB）

CSB是1997年美国国会依据《1990年清洁空气修正案》（CAAA）成立的一个独立的非监管性联邦机构。其主要职责是负责调查工业化学品事故，并提出关于预防化学

品事故发生的安全建议。其事故调查具有相对独立性、专业性和公开性，不受EPA和OSHA左右。其调查结果，还用于评估EPA或OSHA法规，作为修订法规的参考依据。

委员会的5位核心委员由美国总统任命，并经美国参议院确认，下设若干专业调查员。

（二）炼化企业中的重大危险源安全监管

虽然美国没有明确的重大危险源概念，但是根据第174号公约重大危险装置的定义，美国环保局（EPA）的风险管理计划（RMP）、职业健康管理局（OSHA）的过程安全管理（PSM）、国土安全部（DHS）对关注化学品的管理可以被认为是对重大危险源的管理。其中，DHS对关注化学品的管理，其主要目的是为了反恐，本文不再考虑。

1. OSHA对高危险化学品的过程安全管理

鉴于1984年印度博帕尔事故、1989年美国德克萨斯州石油公司爆炸事故等近些年发生的重大事故，为预防和控制重大危险化学品事故，1990年7月17日职业安全健康局发布了《高危险化学品过程安全管理》法规（征求意见稿）。1992年6月1日，《高危险化学品过程安全管理》（29CFR1910.119）（PSM）正式发布。实际上，《高危险化学品过程安全管理》是参照了美国石油学会的标准《API RP 750—1990（Management of Process Hazards）》。API RP 750这个标准，采纳了美军军用标准《系统安全大纲要求》（MIL-STD-882标准）提出的系统安全管理的理念和原则，即通过对全生命周期危险源风险的评价与控制，尽量消除或降低风险，并从成本和效率的角度出发，将风险降到可以容忍的程度，达到确保安全的目的。该标准对系统安全的实施和要求做了全面的规定，提出了系统安全的完整概念，给出了系统安全分析、设计、评价的基本原则、内容及要求，是系统安全产生和发展的一个重要标志。

PSM主要针对的是高危化学品（HHC），包括136种特定的具有毒性、反应性、易燃性的液体和气体以及其他易燃液体和气体，如果这些物质在工艺过程中不能被有效地控制就可能发生灾难性事故。PSM的实施就是为了规范高危险化学品从业单位的安全管理，预防化学品重大事故。

2. EPA的风险管理计划

1990年，美国国会通过了《清洁空气法》（CAA）修正案，修正案第304节要求EPA要在劳工部的协调下，根据PSM标准，制定预防化学事故的法规和指南。同时，该法第112（r）节将风险管理计划（RMP）条例列入CAA修正案的执行部分。1996年6月20日，EPA发布了《化学品事故预防规定》（40CFR68），也称为《风险管理计划条例》。该条例要求生产、加工、使用、储存特定易燃和有毒化学品的任何企业都必须开展RMP。根据条例的要求，EPA颁布了包含140种化学品的《特定易燃和有毒化学品名录》，并规定了限量（RMP TQ），该名录在1999年进行了修订。企业在完成RMP后，必须按照规定的格式把有关实施RMP所有步骤的情况，递交给EPA的RMP报告中心。

RMP的主要内容包括以下三个部分：

（1）危险评估：评估受管制物质一次意外释放对周边的潜在影响、最近5年的事故史，以及最坏情况和其他意外释放。

（2）预防措施：防止受管制物质意外释放的方案包括安全防护和维护、监控及人员培训措施。

（3）响应方案：提供受管制物质意外释放要采取的特殊响应行动，包括应急卫生救护、人员培训措施和事故发生时通知公众和响应机构的程序。

根据存在风险的大小，把企业分为3个级别，见表4-2。不同级别的企业在实施RMP的过程中涉及步骤也是不一样（表4-3）。在有些情况下，如企业的工艺发生了改变，就要对RMP进行更新，见表4-4。

表4-2　RMP风险等级划分

级　别	条　件
1	在最不利释放情况下，工艺过程对公众都没有影响，并且在过去5年未发生过影响到公众的泄漏事故
2	除级别1和级别3以外的其他情况
3	不符合1的条件，但满足PSM标准或属于北美工业分类体系（NAICS）中的特定10个行业，即纸浆厂（32211）、炼油厂（32411）、石化生产（32511）、氯碱工业（325181）、其他基础无机化学生产（325188）、循环原料和中间体生产（325192）、其他基础有机化学生产（325199）、塑料和树脂生产（325211）、氨肥生产（325311）、杀虫剂和其他农药生产（32532）

表4-3　不同级别RMP的要求

级别1	级别2	级别3
危险评估		
最严重释放的分析	最严重释放的分析	最严重释放的分析
	交替释放分析	交替释放分析
5年内事故记录	5年内事故记录	5年内事故记录
	文档管理体系	文档管理体系
预防措施		
证明不需要额外的预防措施	安全信息	过程安全信息
	危险检查	过程危险性分析（PHA）
	操作程序	操作程序
	培训	培训
	维护	设备维护保养
	事故调查	事故调查
	监察	监察
		管理变更
		开车前检查
		承包商
		员工参与

续表

级别1	级别2	级别3
		动火许可
应急响应预案		
与地方响应一致	结合地方响应，编制自己的预案	结合地方响应，编制自己的预案

表4-4　企业发生变更后对实施RMP的要求

发生的变化	变更RMP的期限
没有发生改变	每5年至少要更新一次
EPA新规定一种管制化学品	三年内
如果企业中管制化学品首次达到限量值	在管制化学品超过限量值之前
企业发生变化，要求经过修改的PHA或危险检查	改变发生后的6个月内
企业或企业附近发生变化，要求经过修改的周边环境影响分析（offsite consequence analysis）。如，企业名录中增加了受管制化学品，使在多个因素的作用下增加了到达限制浓度的距离；企业附近建造了新的公共设施	改变发生6后的个月内
发生变化改变了实施RMP的级别	改变发生后的6个月内
企业发生了满足报告要求的事故	在事故发生后的6个月内，增加和修改事故记录信息和事故调查资料（除非事故导致的企业变化引发了全面的更新，否则不要求修改RMP的其他部分）
企业应急联系信息发生改变	在改变发生后的1个月内，修改RMP的应急联系信息
次要管理的改变，如更正了员工的错误或提供的补充信息	尽快更正信息（不要求修改RMP的其他部分）
企业发生变化后，使其不再要求提交RMP报告	改变发生后的6个月内，递交注销信

监管企业实施RMP的执行机构是州或地方授权开展预防（化学品）意外释放计划的机构，如果没有授权，也可以由EPA来执行。其监督管理方式主要有三种：

（1）RMP审核（Review），执行机构可以复核RMP数据以识别真实性。例如，对比其他管理计划的数据；检查内部数据是否一致，例如RMP报告工艺有重大变更，需审核其对应的要求是否进行了修改；通过事故历史和异常数据识别设施可能存在的问题。

（2）RMP审查（Audits），CFR68.220规定执行机构可验证企业所提交RMP的质量，且在必要时可要求其进行修改以确保符合法规要求。RMP审查可通过现场验证、审查RMP完整性等方式进行。值得注意的是，法规要求执行机构要基于特殊标准选择审查的企业，并遵循特殊程序（包含初步裁定和最终裁定的步骤）。

（3）RMP检查，根据CAA法的规定，执行机构可检查企业是否符合法规要求。RMP检查可通过现场检查等方式进行。RMP审查和RMP检查最主要的区别在于RMP审查的对象有一定的标准，而RMP检查的对象可以是要求实施RMP的全部企业。

综上所述，为预防重大事故，美国先后出台了针对高危化学品的PSM和针对有毒和易燃化学品的RMP。两项制度分别由OSHA和EPA负责管理，但是两者之间又存在紧密的联系，RMP是在PSM基础之上建立的，因此两者在内容上存在很多共同之处。PSM重点是对设施的过程安全管理，体现了对企业内部管理的关注；RMP主要增加了对环境释放风险的评估，体现了对企业外部环境的关注。在法律框架下，OSHA和EPA之间相互协调，互相配合，构成了对高风险企业内外的全方位监管。

三 美国炼化企业外部安全防护距离要求

（一）《易燃、可燃液体规范》（NFPA30—2012）

美国《易燃、可燃液体规范》（NFPA30—2012）中根据储存介质、储罐类型的不同对易燃液体装置与周边企业和建筑设施的安全距离做了详细规定。

用来存放I级 II级 IIIA级稳定液体，内部压力不超过17kPa的储罐应按照表4-5的规定执行。

表4-5 储存稳定液体的地上储罐最小距离

储罐类型	储罐保护措施	最小距离	
		与已建或规划的建筑红线的距离	与同一建筑红线内的重要建筑物的距离[1]
外浮顶罐	防暴露[2]	1/2 倍罐直径	1/6 倍罐直径
	无	罐直径，但不需要超过52.5m	1/6 倍罐直径
固定顶罐	配有泡沫系统或惰化系统的直径不超过 45m 的储罐[3]	1/2 倍罐直径	1/6 倍罐直径
	防暴露[2]	罐直径	1/3 倍罐直径
	无	2 倍罐直径，但不需要超过 105m	1/3 倍罐直径
紧急泄放压力小于 2.5psi（表压 17kPa）的储罐	配有经过论证的泡沫系统或惰化系统	表 4-6 中数值的 1/2	表 4-6 中数值的 1/2
	防暴露	表 4-6 中数值	表 4-6 中数值
	无	表 4-6 中数值的 2 倍	表 4-6 中数值
受保护的地面罐	无	表 4-6 中数值的 1/2	表 4-6 中数值的 1/2

注：①除了满足表中规定外最小安全距离不得小于1.5m。
②防暴露措施的定义为靠近液体储罐的建筑或财产有以下防火措施之一：
公共的消防站；
私人的消防队；
能够给毗邻储罐的财产提供足够冷却水幕。
③对于直径超过45m的立式储罐必须选用表中“暴露保护”或“没有保护”对应的规定实施。

表4-6 参照表

储罐容积/m^3	最小距离/m	
	与已建或规划的建筑红线的距离	与在同一建筑红线内的重要建筑物的距离
$V \leq 1$	1.5	1.5
$1 < V \leq 3$	3	1.5
$3 < V \leq 46$	4.5	1.5
$46 < V \leq 114$	6	1.5
$114 < V \leq 190$	9	3
$190 < V \leq 380$	15	4.5
$380 < V \leq 1900$	24	7.5
$1900 < V \leq 3800$	30	10.5
$3800 < V \leq 7600$	40.5	13.5
$7600 < V \leq 11400$	49.5	16.5
$V > 11400$	52.5	18

（二）《液化天然气生产、储存装运》（NFPA 59）

《液化天然气生产、储存装运》标准适用于液化天然气（LNG）工厂的设计和选址。在保护液化天然气工厂周边居民公众的方面，提出了利用事故后果计算来确定安全距离的方法。

标准考虑的事故场景包括LNG泄漏后被点燃形成的液池火灾，也包括未被点燃情况下形成的扩散云团。

针对液池火灾场景标准要求，在工厂地界线外，工厂、学校、医院、拘留所和监狱或居民区建筑物或构筑物最近点，因LNG拦蓄区内燃烧而产生的辐射热流不超过3000 Btu/h/ft^2（9000W/m^2）。热辐射距离计算模型应选用气体研究所的报告GRI 0176描述的模型“LNGFIRE：LNG燃烧的热辐射模型”。

针对泄漏未点燃的扩散场景，标准要求LNG储罐拦蓄区到建筑红线的距离，在发生2.2.3.4描述的LNG溢出时，应保证建筑红线以外，空气中甲烷的平均浓度不超出爆炸下限的50%。扩散模型选用气体研究所的报告GRI 0242描述的模型“用DEGADIS致密气体扩散模型预测LNG蒸气扩散”，或者气体研究所的报告GRI 96/0396.5描述的模型“LNG事故泄放的缓解模型评价 第5卷；用FEM3A进行LNG事故因果分析”。同时标准明确以上后果计算均应针对在风速0级、温度70℉（21℃）和相对湿度50%大气条件下。

（三）《液化石油气标准》（NFPA58-2014）

《液化石油气标准》适用于液化石油气的生产、储存和使用，标准中根据液化石油气储罐的储量给出了不同的距离要求，如表4-7所示。

表4-7 液化石油气储罐与周边重要建筑和建筑红线间的距离 m

储罐容积/m^3	地下罐或半地下罐	地上罐	罐间距
< 0.5	3	—	—
0.5~1.0	3	3	—
1.0~1.9	3	3	1
1.9~7.6	3	7.6	1
7.6~114	15	15	1.5
114~265	15	23	相邻储罐直径之和的1/4
265~341	15	30	相邻储罐直径之和的1/4
341~454	15	38	相邻储罐直径之和的1/4
454~757	15	61	相邻储罐直径之和的1/4
757~3785	15	91	相邻储罐直径之和的1/4
> 3785	15	122	相邻储罐直径之和的1/4

（四）基于事故后果的应急准备距离

美国环境保护署（EPA）意在通过加强工厂和其周围社区的应急准备措施，降低公众面临的潜在风险，提出了基于场外事故后果分析的方法的应急准备距离，主要是为了应急规划和民众沟通的目的，不用于工厂周边的土地利用规划。

该距离是通过已知可适用的火灾、爆炸、有毒物质释放、抛射体等事故后果分析，根据事故周边环境（人、房屋/物体，环境等）的易损性伤害标准，确定应急准备距离。

为了确保后果分析的一致性，EPA明确了进行场外事故后果分析的场景类型和事故后果影响安全阈值。

在场景类型方面，场外事故后果分析主要分为两个部分：最坏泄漏事故情景和可信泄漏事故情景。

在模型计算方面，美国国家海洋和大气管理局（NOAA）共同开发了RMP*CompTM软件进行场外事故后果分析。该软件给出了不同泄漏事故情景下的冲击波超压、热辐射热值、低爆炸限（LFL）、毒性物质阈限值（endpoint），并对物质泄漏、蒸发、扩散等条件进行了一致性规定。例如，可信泄漏事故情景的风速为3m/s、大气稳定度为D、气温为25℃、湿度为50%等，输出乡村和城市两种环境条件下的数据结果。

在安全阈值方面，针对有毒物和易燃易爆化学物分别给出了相应阈值。

1）有毒化学物安全阈值

US EPA针对毒性气体扩散模拟，作为美国RMP的一部分，使用毒性终点浓度，就可以模拟出危害距离。US EPA的毒性“伤害标准”选用原则是按照Toxic Endpoint、ERPG-2、LOC先后顺序优先选择。各类阈值的含义和发布部门如表4-8所示。

表4-8 美国提供的有毒化学物安全阈值

阈值名称	含 义	数量	发布部门
toxic endpoint	毒性终点浓度	77种	美国环境保护署EPA
ERPG-2	人可以暴露1h，而不致产生不可恢复性或严重健康影响，导致他们没有能力采取保护措施的空气中化学物浓度	40多种	美国工业卫生协会（AIHA）
LOC	关注浓度限值，空气中有毒化学物，于一般民众短期暴露时，不会造成不可恢复性的健康影响的最大浓度	390种	美国环境保护署EPA

2）易燃易爆化学物安全阈值

US EPA之RMP方案对闪火、爆炸、火球与池火的终点浓度的规定如下：

闪火：终点浓度阈限值取LFL。这个距离代表气云闪火的热辐射效应，能导致严重后果的最大距离。

爆炸：气云爆炸之终点阈值取超压1psi（6.895kPa）。超压1psi为可能由于爆炸造成财产损毁，而导致人体潜在受伤（例如为震碎之玻璃所割伤）的阈限值。

火球：火球之热辐射终点阈限值，取能造成二度灼伤的热剂量，暴露时间为40s，辐射强度为5kW/m^2。

池火：热辐射终点阈限值为5kW/m^2，暴露时间为40s。人体暴露于此种热辐射40s，将导致二度灼伤。RMP方案假设居民能于40s内逃离此种热辐射；大气传输系数（T）为1。

第五章

欧盟炼化企业相关安全法规标准体系

一　欧盟化学品安全法律法规、标准管理体系

（一）欧盟安全生产法规、标准体系

欧盟法律是一个独立的法律体系，高于各成员国国家法律之上。基础条约是欧盟法律主要渊源，由欧盟理事会制定，包含《欧洲共同体条约》《欧洲单一法案》和《欧洲联盟条约》等，构成了共同体存在、运作和发展的法律基础，其地位相当于主权国家的宪法。

欧盟法规是欧洲共同体法律体系中的主要内容，但在法律效力上要低于欧洲共同体的基础条约。欧盟法规是由欧盟理事会和委员会依据基础条约授权而制定的，其主要形式有四种：是条例、指令、决议和建议书，其重要性是逐级降低。

欧盟技术法规分布在各种规范性法律文件中，所有这些文件都是发布在欧盟的官方公报（OJ）上。在欧盟技术法规体系中，指令占有主导地位，欧盟大多数产品的技术立法都是以指令的形式发布，只有很少部分是以条例、决定或建议书形式出现。欧盟法规指令贯穿化学品的生产和使用及废弃各环节。

欧洲标准不属于立法范畴，均是自愿性标准，体现了标准制定以市场为主导和标准的自愿性原则。欧洲标准由欧盟委员会授权标准组织机构制定。制定欧洲标准主要有三大机构，分别为欧洲标准化委员会（CEN）、欧洲电工标准化委员会（CENELEC）和欧洲电信标准化协会（ETSI）。三大机构分工明确，可以避免标准之间的交叉、矛盾。

欧盟标准种类主要有欧洲标准（EN）、协调文件（HD）、技术规范（TS）、技术报告（TR）、CEN研讨会协议（CWA）、工作导则（CEN Guide）以及将来可能成为技术规范

的欧洲暂行标准（ENV）。

按照执行效力可以分为协调标准和非协调标准，其中协调标准是根据法令基本要求制定的，是直接支撑欧盟指令实施的技术规范，执行效力最强，欧盟成员国必须将其完全等同地转化为国家标准，并撤销与其类似的国家标准，同时禁止制定相同内容的国家标准。制定协调标准过程中，因为各国国情不同，当无法避免偏差时，采用协调文件（HD），非协调标准是根据市场需求制定的。

欧盟法规体系见图5-1。

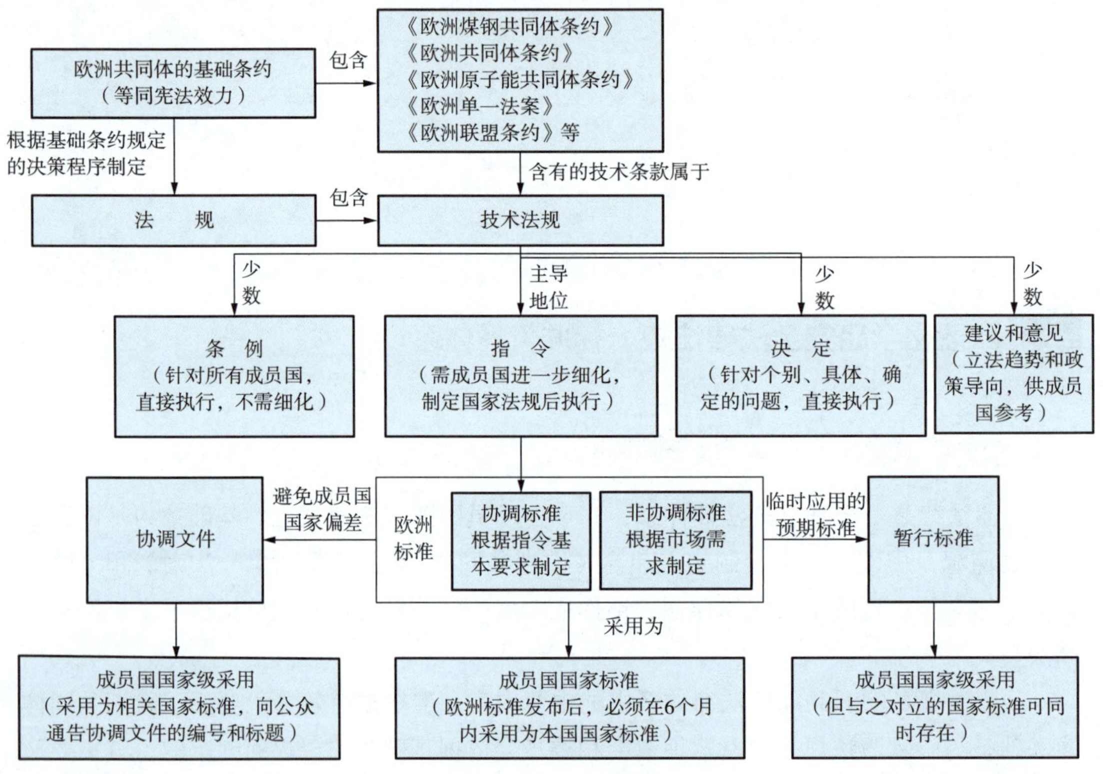

图5-1　欧盟法规体系

（二）欧盟安全生产法规、标准制定

欧盟标准由欧盟委员会授权标准组织机构制定。制定欧洲标准主要有三大机构，分别为欧洲标准化委员会（CEN）、欧洲电工标准化委员会（CENELEC）和欧洲电信标准化协会（ETSI）。三大机构分工明确，可以避免标准之间的交叉、矛盾。

CEN负责除电工电子以外所有领域的标准化工作，涉及的行业最广泛，建立了广泛的专业网络平台。CENELEC负责电工、电子方面的标准化工作。ETSI的标准化领域主要是电信业，并涉及与其他组织合作的信息及广播技术领域。

三大机构制定标准主要是通过采标，直接将ISO/IEC、德国、法国和英国标准转换为欧盟标准。德国、法国和英国在欧洲标准化机构（CEN/CENELEC/ETSI）中所占份额分别是28%、22%和21%。欧盟的600多项欧洲标准化委员会（CEN）标准中，有40%参照采用ISO/IEC标准。

CEN制定欧洲标准的一般程序为：①提出需求；②确定项目；③制定草案；④征询意见；⑤正式投票；⑥编号存档。

草案制定有三种方式：①直接采用现有标准，如国际标准化组织（ISO）制定的国际标准；②根据维也纳协议，在某一领域还没有国际标准时，向ISO提出制定标准的计划，并与ISO开展技术合作，使欧洲标准尽可能成为国际标准，以拥有更广阔的市场；③设立新的技术委员会，负责完成标准草案的制定工作。

二 欧盟炼化企业安全监管体系

（一）危险化学品六大环节安全监管

欧盟法规指令贯穿化学品的生产和使用及废弃各环节。其中重要的法规如《实施提高员工工作场所安全健康工作水平措施89/391/EEC指令》又称《框架指令》（Framework Directive）、《工业排放指令》（IED）、《塞维索（SEVESO）指令》、《REACH法规》、《CLP法规》等。

欧盟安全法规主要由欧盟化学品安全监督机构监督和执行。欧盟化学品安全监督机构主要包括欧盟职业安全与健康局、欧洲化学品管理局、职业危害接触限值研究委员会和高级劳动监察员委员会。

在化学品生产环节，《实施提高员工工作场所安全健康工作水平措施89/391/EEC指令》提出应优先评估职业风险，关注提高作业场所工人安全和健康的应用措施，这个指令奠定了欧盟健康保护和工作安全的法律的基础；《工作场所化学品（CA）的98/24/EC指令》提出保护员工免受因从事与化学制剂相关的工作，或因工作场所中化学制剂的影响，而引起的或可能引起的安全和健康风险；通过《工作场所致癌物、致变物及生殖毒性（CMR）的2004/37/EC指令》规定，雇主必须采取适当的措施保证工人或工人代表接受足够和合适的培训；《关于改善工人在爆炸环境中潜在风险的安全与健康保护的最低要求的1999/92/EC指令》（ATEX 137）规定雇主必须为在有爆炸危险环境中工作的员工提供充分和合适的爆炸防护培训等方面的保护；《塞维索（SEVESO指令）》重在预防危险化学品重大事故。

欧盟化学品安全与健康法规框架见图5-2。

在化学品销售环节，《欧洲进出口危险化学品事先知情同意规程649/2012/EU指令》为欧盟特定危险化学品的进出口设定了指导方针。《关于进出口危险化学品的304/2003/EC和689/2008/EC指令》对“禁止或严格限制的化学品的通知、向缔约方和其他国家

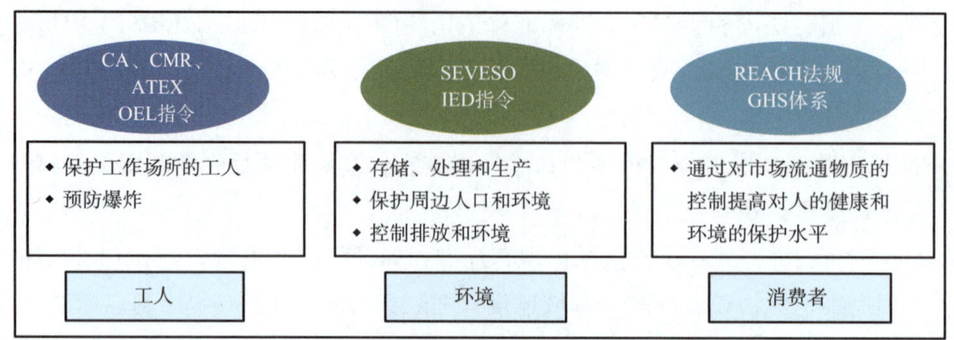

图 5-2 欧盟化学品安全与健康法规框架

发出口通知、回复出口通知、化学品贸易的信息交流、化学品进口相关义务、对某些化学品及其制品的出口管制、出口化学品的附带信息、化学品过境运输信息、成员国主管部门管制进出口的相关义务、技术援助”等方面作了明确的规定，并要求各成员国遵照执行。

在化学品使用环节，通过GHS法规、REACH法规、CLP法规对市场流通的物质进行控制，达到提高对人的健康和环境保护水平的目的。

1. 欧盟职业安全与健康局（EUOSHA）

欧盟职业安全与健康署是在欧洲钢铁联盟基础上组建而成的。由欧盟成员国的政府官员、雇主和雇员代表组成，其中九个核心成员国，委员会主席每年轮换一次。委员会包括三个组成部分：欧盟职业安全与健康署；欧盟职业安全与健康研究院；新闻发布机构。该署日常工作由署长直接管理。

1）主要职能

欧盟职业安全与健康署是一个具有三重性作用的机构，其职能是：为成员国政府、雇主和雇员三方提供信息支持与保障服务。通过提供技术科学与经济信息，帮助与促进成员国改善工作场所的条件，以保障从业人员工作过程中的安全与健康。

2）主要工作任务

（1）对职业安全与健康条件进行监测，对职业安全与健康风险进行评估。包括数据、资料收集，资料分析、信息传播与散发，并就相关问题开展讨论。

职业安全与健康条件监测。应用先进的技术，广泛收集各种数据、资料，及时发现不安全和不健康的作业环境，保障工人的合法权益。

紧急风险识别。建立风险数据库，聘请专家对从业人员的体力/心理及社会安全意识进行评估，为欧盟与成员国政府制定政策提供信息支持。

（2）职业安全与健康政策与先进经验推广。重点监测和监控部门是建筑业和农业；信息研发重点是经济激励方案和社团职责等；主要政策是职业安全与健康主流政策。

（3）职业安全与健康信息散发/推广活动。即举办欧盟安全周（建筑、噪声）和就业性别歧视研讨会。

2. 欧洲化学品管理局（ECHA）

欧洲化学品管理局（European Chemicals Agency）是所有化学品注册的中央管理机构，负责运行管理中央数据库，审查注册文档资料是否完整符合要求，协调评估过程。作出是否要求进一步提供信息和数据的决定，向欧盟委员会建议应重点关注的物质对象，并联系处理有关许可的事务，下设若干技术咨询委员会。欧盟委员会负责监管欧洲化学品管理局，对各成员国在评估意见不一致时作出决定，同样对许可和限制事务作出决定。

REACH法规第77条（化学品管理局的任务）（2）（g）中规定：为适应本法规的操作，化学品管理局应提供技术和科学的指南和工具，特别是能帮助完成化学安全报告（CSR）的指南和工具［（相应法规第14、31（1）和37（4）条的以及能被产业部门，特别是中小企业应用的；相应法规第10（a）（viii），11（3）和19（2）条的以及能被物品的生产商和进口商应用的，相应法规第7条的指南和工具］。

管理架构。设有管理委员会，负责财务方面的计划、工作程序制定及年度报告。设有执行理事，管理局的合法代表，就行政及财务方面向管理委员会报告。设有秘书处，登记和评估及数据维护，提供给管理委员会和讨论会使用。设有会员国委员会，对草案及提议进行确定。设有风险评估委员会，对预案进行风险评级。

REACH法规规定设立申诉委员会，对欧洲化学品管理局在执行REACH法规具体事务过程中所作出的决定持有异议者，可向该申诉委员会提出申诉。

3. 职业危害接触限值研究委员会（SCOEL）

职业危害接触限值研究委员会是在欧盟委员会（95/320/EC）号决议的授权下成立，其主要职能是为欧盟委员会制定工作场所化学品接触限值提供建议。

接触限值委员会通过向欧盟委员会提供科学的建议，来优化工作场所化学品接触限值的管理提案。研究委员会在起草建议过程中，将与有关各方进行协商，并接受有关各方提出的科学性意见。

研究委员会成员最多不超过21人，成员在欧盟成员国推荐的候选人中选出，由欧盟委员会负责任命。成员是来自化学、毒理学、流行病学、职业病学或职业卫生领域的专家，专家有能力对相关信息进行评审，并在需要的情况下提出关于接触限值的建议。委员会所有成员均为独立的科研专家，不作为政府代表。

4. 高级劳动监察员委员会（SLIC）

高级劳动监察员委员会于1982年成立，其主要职能是协助欧盟委员会监管地方执法情况。1995年，经欧盟委员会（95/319/EC）号决议授权，委员会获得正式身份；委员会将在欧盟委员会委托自主为欧盟成员国就工作场所安全健康执法工作的一切问题提供建议。

高级劳动监察员委员主要遵守以下决议：

1995年7月12日，欧盟委员会关于成立高级劳动监察员委员会的决议（95/319/EC）。

2008年10月22日，欧盟委员会关于修订COMM的决议（2008/823/EC）。

2010年5月4日，欧盟委员会关于自2010年1月1日至2012年12月31日任命高级劳动监察员委员会成员的号决议（2010/C 116/04）。

高级劳动监察员委员会工作程序规章。

高级劳动监察员委员会的首要目标是使职业安全健康领域的劳动监察原则统一化。例如，监察方面（可获得的有效处罚）和预防方面（可获得的广泛专业技术服务）。委员会的任务是，在欧盟委员会和高级劳动监察员委员会成员紧密合作的基础上，监督次级社区职业安全健康法律执行上的有效性和同等性，及分析在法律执行和监管方面存在的实际问题。

监察员委员会计划在国家机关之间开展信息交流活动，除日常会议外，还将为安全监察员组织研讨会并建立交流机制。

高级劳动监察员委员会的主要活动包括：

定义工作场所安全健康领域劳动监察的通用原则，制定与这些原则相关的国家监察制度的评估办法。

促进对不同国家监察制度、实践做法、监察方法和法律框架的认识和理解。

促进各国劳动监察监管机构之间，在监督次级社区职业安全健康法律执行方面进行信息交流。

促进国家间开展劳动监察员交换项目，并开发监察员培训课程。

建立可靠、有效的劳动监察员间职业安全健康问题快速的信息交流制度。

参与第三世界国家劳动监察员的合作，增强互信，帮助解决跨境问题。

研究对其他社区职业安全健康和劳动环境监察政策可能产生的影响。

高级劳动监察员委员会由欧盟委员会和每个成员国劳动监察部门派出的2名代表组成，每6个月在欧盟轮流主席国召开一次会议。

（二）炼化企业中的重大危险源安全监管

20世纪70年代欧洲发生的英国弗利克斯巴勒爆炸事故、意大利塞维索毒物泄漏事故两起危险化学品重大事故促使欧洲针对预防和控制重大工业事故的立法。1982年6月颁布了《工业活动中重大事故危险法令》（82/501/EEC），为纪念塞维索事故，该法令常被称为《塞维索指令Ⅰ》。随着1984年博帕尔事故、1986年莱茵河污染事故的发生，欧盟对塞维索指令进行了全面修改，于1996年颁布了《塞维索指令Ⅱ》（96/82/EC）。2003年12月16日，欧盟理事会修订了该指令并颁布了《塞维索指令Ⅱ修正案》（2003/105/EC）。《塞维索指令Ⅱ》与《塞维索指令Ⅰ》相比主要有以下变化：重大危险源设施（establishment）概念取代了原来重大危险源装置（installation）的概念，即将重大危险源从按单元确定修改为按整个企业区域确定；提出重大危险源的土地使用规划的要求；对安全管理方面提出更高的要求，要求制定预防重大事故方针（MAPP）和实施安全管理体系（SMS）；增加公众参与要求和信息公开要求；预防多米诺效应的要求。

2012年，欧盟颁布了《塞维索指令Ⅲ》，并于2015年8月13日强制实施，以替代《塞维索指令II》。该指令旨在预防涉及危险化学品的重大事故，控制其对人身安全和环境造成的后果，对企业内部的生产环节、事故发生后的救助以及对企业外部周边环境的影响和居民的防护等各方面、各阶段提出了明确要求，确保整个欧洲的高水平防护持续有效。《塞维索指令Ⅲ》相对于《塞维索指令Ⅱ》的主要变化在于：为了适应新的联合国全球统一化学品分类和标签制度（GHS）以及欧盟化学品分类的变化，对指令进行了调整；使公众可以更好地获得有关工业活动可能造成的风险，以及在事故发生时该如何行动的信息；在有关重大危险源工厂的土地使用规划方面，提供了更有效的参与规则；公众不能获得适当的信息或参与时，可诉诸法律；对设施的检查有了更严格的标准，以确保安全制度更有效地实施。

塞维索系列指令重点强调预防重大事故中人的角色和责任，以及为提高持续改进意识所采取的相应措施，加强对工人的培训。制定应急预案，通过系统性分析，按照一定的程序识别可以预见的风险，针对这些风险编制相应的控制管理措施，通过实际演练测试和完善该预案 ，并对相关人员进行培训。赛维索指令的主要管理措施如下：

1. 分级管理

将危险设施（危险源）分为两类，即低级重大危险源（物质数量在低限值与高限值之间）、高级重大危险源（物质数量大于高限值），对不同的设施采取了不同的管理措施：对于低级重大危险源，要求企业编制重大事故预防策略文件，在设施建设和投产前、设施发生变更时以及发生事故时进行通报；对于高级重大危险源，还需进行编制安全报告和应急预案。

2. 对运营商的主要管理措施

1）信息通报

该措施同时适用于低级重大危险源和高级重大危险源。通报主要包括以下方面的内容：设施的基本信息；危险物质的信息（识别信息、数量、物理状态）；装置或贮存设施的信息；设施周围的环境。该通报可分新建通报和变更通报两种情况。

2）重大事故预防方针（MAPP）和安全管理体系（SMS）

MAPP同时适用于低级重大危险源和高级重大危险源。经营者建立书面的重大事故预防方针，以展示预防和控制重大事故的全面目标和原则，确保对人类和环境提供高级别的保护。MAPP的执行需要通过适当的方式、组织结构和SMS来实现。SMS包含了制定和实施MAPP的组织结构、责任、惯例、程序、步骤和资源的管理体系，其主要内容涉及组织机构和人员、重大危险的辨识和评估、运行控制、变更管理、应急预案、效果监督、审计及审查共7个方面。对于低级重大危险源除SMS外，也可用其他方式履行MAPP。

3）安全报告

该措施适用于高级重大危险源。安全报告至少包括以下内容：有关重大危险源设施管理体系和组织机构的信息；设施的环境现状；装置的描述；事故识别和风险分析以及防范措施；控制和限制事故后果的措施。

4）应急预案

该措施适用于高级重大危险源。经营者制定内部应急预案，其主要关注的是设施内部以及职员的安全；经营者必须将应急预案和其他必要信息提供给主管当局。主管当局制定外部应急预案，其主要关注的是设施外部以及公众的安全；主管当局要将外部应急预案和其他必要信息转寄给地方主管部门。同时，应急预案至少每3年进行一次复议和演练。

5）事故通报

该措施适用于低级重大危险源和高级重大危险源。设施发生重大事故时，运营商要立即通知主管部门，并提供以下信息：事故发生的周围环境；所涉及的危险化学品；可用于评估事故对人员、环境和财产影响的有效数据；采取的紧急措施。

3. 土地利用规划

成员国在制定土地利用政策或者其他有关政策时，应考虑预防重大事故和限制重大事故后果对人体健康和环境影响的目标。通过保持适当的安全距离或者其他有关措施，确保企业合理选址等事项。

4. 信息公开

成员国应通过一定手段，将企业的信息（包括电子版本）提供给公众，同时对于不同级别的重大危险源，也有不同的要求。对于所有设施都使用的基本要求包括：运营商的姓名以及设施的地址；保证设施满足了本指令的要求，并已进行了通报或已向主管部门提交安全报告；使用简单术语解释设施中的活动；设施中可能造成重大事故的物质或配制品，同时指出其主要的危险特性；在重大事故发生时，有关相关人员如何得到警报（必要时）以及应如何采取适当措施或指出如何通过电子信息手段获得；说明在哪可通过询问获得有关检查和相关检查计划的详细电子信息；在哪可获取更多相关信息的细节。

对于高级重大危险源，还需要提供以下信息：重大事故危害性质的概要信息，包括事故对人及环境的潜在影响、事故主要类型和控制措施的详细概要；证明责任人已经在现场进行了充分安排，特别是在与应急服务机构的联络，重大事故的处理以及最大限度消减后果方面；设施场外应急预案的参考信息，应包括事故发生时与应急服务机构的任何指导或要求相互合作的建议；适当的时候，还需要指出是否会对临近的其他成员国造成影响。

5. 公众参与

在制定总体规划或方案的过程中，成员国应采取措施确保公众有机会参与，公众可根据公众参与和诉讼指令（2003/35/EC）规定的程序对规划或方案进行修订或审查。对于某些项目，如规划新厂区、重大变更等，成员国要在适当的时间期限内向公众提供必要信息，在主管部门做出决策前，公众有权提出意见和建议。

6. 预防多米诺效应

由于一处设施发生事故可能会引发周围其他设施产生连锁反应，因此有必要控制相临近的重大危险设施的相互影响。主管当局应把有关信息通知相关企业主，以便他们在制定重大事故预防政策、安全管理体系、安全报告和企业应急预案时，能够考虑上述重大危险源的整体风险因素；同时，还要把相关信息通知公众和场外应急预案的制定部门。

7. 监察

主管当局应制定检查计划覆盖所有厂区，并确定例行检查程序等内容。主管当局基于检查计划，定期制定检查方案对所有厂区进行例行检查，包括对不同类型的厂区进行实地监察的频率。对于高级危险源的厂区频率最少为1年1次，低级危险源的厂区最少为3年1次，除非主管当局根据有关厂区的重大事故危害系统评估制定了检查方案。

欧盟对重大危险源的管理，主要根据《塞维索指令》的规定执行。各成员国可根据自身的情况直接使用该指令或转化为本国的法规，例如英国基于该指令转化为本国法律《重大事故危害控制法规》(COMAH)。在主管部门上，各成员国需根据实际情况选择，如英国为职业安全健康执行局。在管理措施上，欧美虽然说法不同，但是很多内容实际是类似的，如《塞维索指令》中规定的安全管理体系(SMS)的7个要素中的6个与美国PSM中的要素类似或一致。但欧盟在对重大危险管理上也有其特殊之处，即突出了土地规划和对多米诺效应的预防。

三 欧盟炼化企业外部安全防护距离要求

(一)欧盟塞维索指令

《塞维索指令》历经三次修改，结合近年来发生的典型事故案例，不断丰富其内容和要求。《塞维索法令Ⅱ》引入了土地使用规划(Land Use Planning，LUP)的概念，其第12章“土地利用安全规划”要求各成员国通过制定土地使用政策，确保实现预防重大事故以及限制事故后果的目标，通过采取技术措施对居民区、公共活动区和脆弱性敏感地区实施保护，并确保重大危险设施与脆弱性目标之间的安全距离适当。

于2015年6月1日强制实施的《塞维索指令Ⅲ》中明确要求欧盟成员国应确保，在土地利用政策中，考虑预防和控制重大事故对周边人体健康和环境的影响，包括在重大危险源企业新厂区选址、重大危险源企业变更以及企业周边商业开发过程中。

在《塞维索指令》的要求下，不同国家结合自身实际情况对这一要求进行了细化，在具体措施和方法上各有不同。

(二)瑞典

瑞典共列出了32类不同的工业活动，氯碱工厂属于无机化工，其周边安全距离规定为1000m；塑料工业周边安全距离规定为200m；炼油厂周边安全距离规定为1500m；造纸厂周边安全距离规定为500m等。这个安全距离对周边环境和人群保护是具有指导意义的，尤其是对新建的企业。瑞典国家土地利用规划局则在此基础上将工作场所进一步细分以便实际操作，见表5-1。

表5-1　瑞典工业和住宅区之间的安全距离

序号	不同的工业区块	工业和住宅区之间的安全距离/m
1	工业街区	50
2	小型工业区	200
3	工业区	500
4	流程工业	>1000

（三）法国

法国选用技术风险模拟计算法，结合事故发生的可能性，确定安全距离。后果模拟的范围包括火灾、爆炸、有毒物质释放等事故后果物理模型，叠加后果发生的可能性后，根据风险矩阵，将周边区域分为VH+，VH等七个等级，不同的等级区域根据居民、环境的脆弱性，判定其安全距离是否符合要求，与英国相比属于简化的风险计算。

法国土地使用规划阶段用于决定安全距离所依据的危害准则如表5-2所示，所使用的毒性化学品危害浓度阈限值为死亡$LC_{1\%}$，火灾和爆炸受伤阈限值则以不可逆的人体健康损害为判据。

表5-2　法国土地使用规划的危害准则

事故后果类型	后果效应	危害准则	
		第一个死亡	第一个不可恢复性效应
BLEVE	热辐射超压	$5kW/m^2$ 14kPa	$3kW/m^2$ 5kPa
UVCE	超压	14kPa	5kPa
内容物瞬时全部外泄	毒性剂量	$LC_{1\%}$与暴露时间（气云经过）	IDLH与暴露时间（气云经过）
最大输送管瞬时破裂，产生最高流量	毒性剂量	$LC_{1\%}$与暴露时间（泄漏时间）	IDLH与暴露时间（泄漏时间）
厂内最大的储槽火灾；固定顶式储槽气相爆炸	热辐射超压	$5kW/m^2$ 14kPa	$3kW/m^2$ 5kPa
贮存量最大的爆炸物爆炸；反应性爆炸	热辐射超压	$5kW/m^2$ 14kPa	$3kW/m^2$ 5kPa

（四）德国

德国通过BImSchG.50和BauGB.24法规来实施《塞维索指令II》第12条的要求，BImSchG1.50创新之处在于对详细说明的炼化企业提供了基于后果计算的方法，同时对没有明确规划的区域提出了建议安全距离。

对于有明确信息的炼化企业，潜在风险是已知的，主管部门应结合企业的危险物质、企业地形、天气等参数信息，选择有代表性的重大事故进行后果模拟计算，然后根据安全阈值设置相应的安全距离。

安全阈值方面针对中毒、火灾和爆炸冲击波的事故场景分别为ERPG-2值、1.6kW/m^{2}和10kPa。

在后果模拟方面，统一规定了考虑的事故场景和模拟参数，相关要求如表5-3所示。

表5-3　泄漏情景设定

释放条件	
危险物质的温度	20℃
最大允许工作压力	20℃时的气压，但是至少200kPa（例如泵压）
物态	液态；气态
流量系数	0.62（锐角的）
释放时间	10min
液池形成	
环境温度	20℃
风速	平均传播情况下：3m/s
	不利传播情况下：1m/s
照度	1kW/m^2
地基	混凝土
液池厚度	5mm
时间	30min
气体扩散	
平均传播情况	风速：3m/s，温度分层不同无逆转
不利传播情况	风速：1m/s，温度分层稳定无逆转
质量流量	根据30min，水池蒸发/气化
泄漏源几何形状	点
落点高度	1~2m（例如儿童，成人）
土壤粗糙度	非常粗糙

对于无明确详细规划的工业用地，预留的安全距离则使用图5-3所示建议距离。图中建议距离分为四类：I类为200m；II类为500m；III类为900m；IV类为1500m。

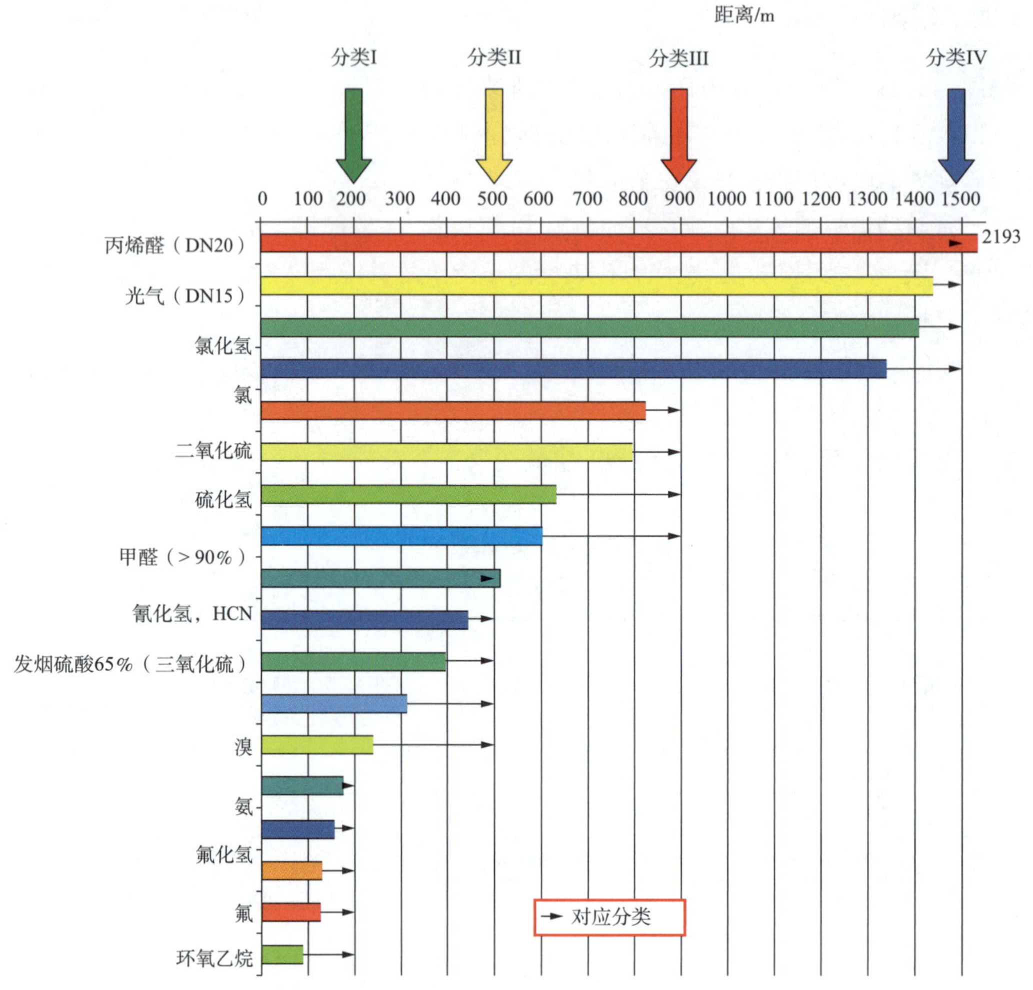

图 5-3　德国无明确规划的土地利用建议距离

（五）英国

英国为从规划角度控制危险物质，专门颁布了《危险物质规划法》[Planning (Hazardous Substances) act1990]，在英格兰地区依据该法颁布了具体的实施条例《危险物质规划条例》1992 [Planning (Hazardous Substances) regulation1992]，该条例最新修订为2009年。这些法规要求具有一定数量危险物质的场所必须经过危险物质当局 [Hazardous Substances Authority (HSA)] 的许可，危险物质当局通常为地方规划部门。对于这些危险场所申请设立，地方规划部门必须咨询安全健康局。安全健康局在综合考虑危险物质场所具有的风险和目前及将来开发情况下，向HAS提出同意设立或不同意设立的建议。安全健康局要给出危险场所分成三个区划的安全防护距离的规划图，见图5-4。如果HAS批准许可，则对于将来这些咨询区内的建设项目开发申请，必须咨询

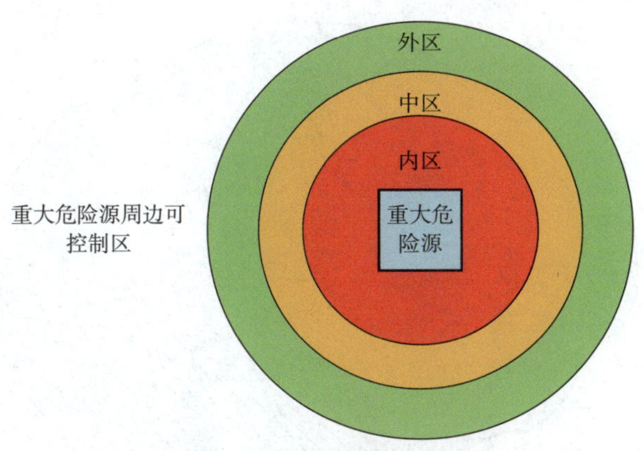

图5-4　英国重大危险源的土地利用规划控制示意图

安全健康局，安全健康局根据项目开发的敏感程度和项目处于那个规划区内来给出不反对开发或反对开发的建议，具体见表5-4。

表5-4　英国重大危险源周边开发项目安全建议表

开发项目 敏感程度分级	内区内的开发项目	中区内的开发项目	外区内的开发项目
1	不反对开发	不反对开发	不反对开发
2	反对开发	不反对开发	不反对开发
3	反对开发	反对开发	不反对开发
4	反对开发	反对开发	反对开发

英国对重大危险源周边安全防护距离的确定，即确定出内区、中区和外部，主要是根据对重大危险源后果定量计算或定量风险评价的结果。

基于风险的方法也叫定量风险评价法（QRA），它主要通过分析潜在的各种事故情景发生的可能性及其后果损害的可能性，以此来定量表征被评价对象的风险特性。一般分为5个步骤：

（1）危险辨识；

（2）估计潜在事故发生的可能性（需要考虑安全、预防措施）；

（3）潜在事故后果估计；

（4）个人风险、社会风险整合计算；

（5）计算的风险指数与可接受标准比较。

个人风险是指设施发生某种潜在事故时在某一指定地点的单一个体人员发生死亡或指定伤害水平的概率。图5-5为某一风险源附近的个人风险等值线计算结果示例。

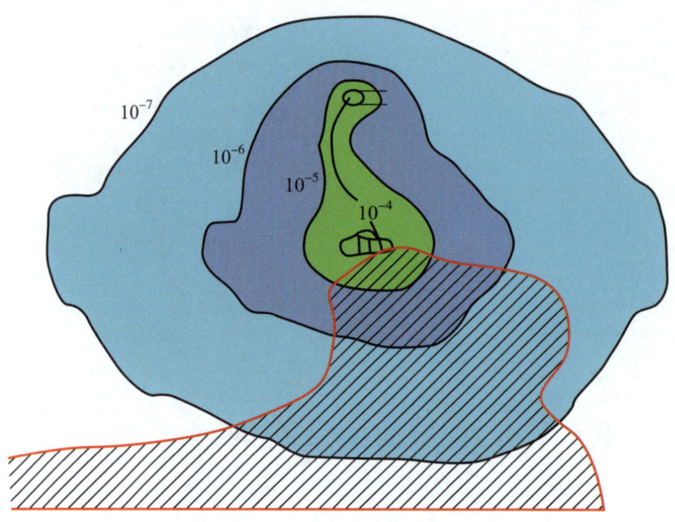

图 5-5　风险等值线示例

社会风险是指设施发生能够引起大于等于 N 人死亡的所有潜在事故的累积频率（F）。社会风险用社会风险曲线（F-N 曲线）来表示（图5-6）。

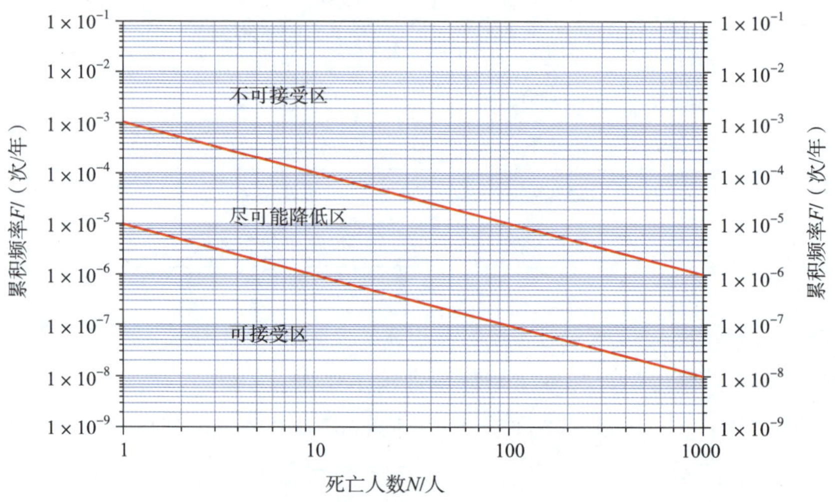

图 5-6　社会风险标准示例

第六章

日本炼化企业相关安全法规标准体系

一 日本化学品安全法律法规、标准管理体系

日本是全球最早制定化学物质控制法规的国家。1973年日本率先颁布实施《化学物质审查与生产控制法》（CSCL，简称化审法），正式启动了日本工业化学品的全面管理，并在随后陆续颁布了《化学物质排出把握管理促进法》（PRTR，简称化管法）等近50部化学品管理法律法规，对化学品生产、运输、销售、废弃物处置等各个环节实施了健全管理。

日本国会为日本的最高权力机构与立法机构，日本与化学品管理直接相关的法律主要有：劳动安全卫生法、化学物质审查与生产控制法、有害有毒物质控制法、废弃物法、环境基本法、高压气体控制法、爆炸物品控制法、消费产品安全法、危险货物船舶运输及储存规则、航空危险货物运输等。

二 日本炼化企业安全监管体系

日本厚生劳动省、经济产业省、环境省和农林水产省分别对工业化学品、农药、食品、药品、化妆品、日用化学品等实施管理。其中，涉及工业化学品管理职能的政府部门主要为经济产业省、厚生劳动省和环境省。此外，日本国立产品评价技术基础机构（NITE）也是日本实施化学品安全管理的重要国家机构。

1. 环境省（MOE）

负责保护地球环境、防止公害、废弃物管理及应对、自然环境的保护和环境治理。环境省下设综合环境政策局的环境保健部是日本环境省管理化学品安全的具体部门，保

健部其下设石棉健康危害对策室、化学物质审查室、环境安全课，负责对因公害受到健康损害的人群予以迅速且公正的保护，以确保在因化学物质造成的环境污染对人类健康和生态系统产生影响之前，展开综合施政，做到防患于未然。

2. 经济产业省（METI）

负责管理贸易、经济、市场流通，除经济职能外，其主要是保障能源的稳定供给、负责原子能和相关产业的安全管理。其下设的制造产业局设有化学物质管理课和化学课，是经济产业省负责实施化学品安全管理的主要部门。

3. 厚生劳动省（MHLW）

负责管理医疗卫生和社会保障。下设的药物食品安全局是负责实施化学品管理的具体部门，药物食品安全局下设的评价与许可课和化学物质安全对策室，专门负责有毒有害物质管理、化审法执法、化管法执法、二噁英处置、室内空气污染物防治、家用产品中有毒物质预防控制以及纳米材料安全管理等。

4. 国立产品评价技术基础机构（NITE）

国立产品评价技术基础机构是日本的独立行政机构，致力于从技术和信息方面对日本经济和产业政府部门提供支持，通过更具灵活性和高品质的管理服务，满足政府部门和社会公众的需要。其工作范围涵盖了生物技术领域、化学品管理领域、消费品安全领域，以及认证认可领域。分别下设了化学物质管理中心、产品安全技术中心、生物技术部和符合性认可部门。化学物质管理中心是NITE承担化学品管理职责的主要部门，内设规划课、情报业务课、安全审查课、风险管理课、风险评估课，负责为所有化学物质的管理和风险评估收集和提供相关信息。

三 日本炼化企业外部安全防护距离要求

在日本，工厂用地一般主要考虑以下方面内容，即厂址选择、用地选择、工厂内部设备排列布置、现场需用的各类物资堆放场地的布置等。厂址选择综合考虑的经济效益、安全、环境公害等方面的问题，其中一个重要因素是绝不能离原料产地太远。用地选择就是寻找最适宜的建厂地界。确保工厂用地的诸多条件中最重要的是必须保证足够的场地面积。根据高压气体和危险品等管理法的要求，有关工厂必须与邻近单位保持相当的距离，而且目前这个距离还有更加扩大的趋势。

在用地选择时考虑的安全问题包括：工厂在生产过程中可能向住宅区或者其他人口稠密区排放各种有害物质。如果为可燃性气体，其扩散到有火源存在的地方还可能引起火灾，排放的物质则可能会污染周边环境。解决此类问题的方法之一是留出足够的距离，若此法不通，可在其中间设置路障或者利用风向的方法。

石油联合企业常常将消防法、高压气体控制法和劳动安全卫生法称为安全三项法规。其中，现行的高压气体控制法是1951年公布的，直至1965年仅作了少量的修改，以后十年内从未做过任何实质性的改动。但在1974年8月审议会提出了“今后理想的高压气体安全管理体制”，并依此进行法令方面的修订。其中涉及安全距离的问题：建设省根据地震情况明确地提出了距离应为200~500m。通产省则根据联合企业的高压气体设备及保障安全的对象（住宅等）作为临时措施提出应为150m，对新建企业则规定到厂界为200m，这个理论是根据气体扩散、辐射热、爆炸风的压力等得出的。1975年5月制定了“联合企业等安全规则”，其主要根据爆炸冲击波的压力理论决定安全距离的计算公式：$X_c=0.04\gamma\sqrt[3]{K\cdot W}$。式中，$X_c$：安全距离（m）；$\gamma$：13.8（$m/kg^{1/3}$）；$K$：联合企业等保安规则第5条中的$K$值；$W$：联合企业等保安规则第5条中，各贮藏设备的数值。安全距离的爆炸冲击波超压取0.01MPa（该值对人体不会造成伤害）。

第七章

国内外炼化企业相关安全法规标准体系对比

一 国内外炼化企业相关安全法规标准体系对比

通过对不同国家的技术性条款的特点，从法律层次、条例详细程度、制定模式以及法律效力进行对比分析，具体分析如表7-1所示。

表7-1 不同国家技术性条款的比较

国家	层次	技术性条款详细程度	制定	法律效力
中国	规章	宽泛	主管部门主导	强制
	强制性标准	具体	技术委员会提出，主管部门发起，委员会组织	强制
	推荐性标准	具体	技术委员会提出，主管部门发起，委员会组织	不具法律效力
美国	法规	具体	主管部门引用或直接吸收行业标准	强制
	协会、企业标准	具体	协会发起，组织相关方代表参加	不具法律效力
欧盟	法规	宽泛	欧盟理事会制定	强制
	协调标准	具体	三大委员会负责，细化相关指令或引用 ISO/IEC 标准或其他成员国标准	不具法律效力
	非协调标准	具体	三大委员会负责，引用 ISO/IEC 标准或其他成员国标准	不具法律效力

在化学品安全领域，由国外政府部门制定的政府标准或技术法规和由民间组织或非政府组织制定的自愿性标准所构成的化学品安全标准体系在涉及化学品安全的各个领域有效地发挥着作用，与中国的标准相比，国外的标准体系的突出特点见表7-2。

表7-2　国内外技术法规、标准制定优缺点对比

国家	制定主体	企业参与度	社会回馈度	市场化原则	适用性与合理性
中国	政府组织	较低	积极性差	面向政府，市场化较差	较差
美国等国家	民间协会组织	企业为主体	积极参与，效果较好	面向市场，导向作用	较好

二　国内外炼化企业安全监管体系对比

（一）炼化企业安全监管体系对比

以中美安全监管机构的核心部门对比对比为例，如表7-3所示。

表7-3　中国与美国炼化企业安全监管体系对比

国家	核心部门	主管部门	核心法律	部门权威性	监管内容	监管方式
美国	职业卫生监察局	劳工部	职业安全卫生法	集立法、执法技术管理一体，权威性高	安全与卫生	统一监督，垂直监管
中国	国家安全监管总局	国务院	安全生产法、危化条例	正部级，无立法权	安全与卫生分离	多部门交叉监管、非直线监管

与美国安全监管体制相比较，我国安全监管体制存在的主要问题：

（1）多部门交叉管理，执法与管理未分开，造成执法成本高。美国《职业安全卫生法》规定最高监察机构为劳工部。该法还对其机构的设立、执法授权都有明确的规定，都是独立的执法主体。而我国由于安全监察机构、监督管理模式经历多次改革调整，多部门交叉监管的现象突出。职业安全卫生监管工作主要涉及有四个部门，国家安全生产监督管理总局负责国家综合安全生产监督管理工作，劳动和社会保障部负责工伤保险事务，国家质检总局分管锅炉压力容器监察，卫生部负责职业卫生监察。该种安全监管格局势必造成监察职能分散，执法主体不集中，从而增加执法成本、消弱执法效力。

（2）监管体制是非直线国家监管，执法关系不协调。美国是由劳工部，直接监督管理职业安全与健康执法工作安全监管模式。而我国目前安全生产综合监管不是国家直线监管体制，从属地方政府的安全生产监管局，对同级政府、同级大型企业的监管，甚至对下级政府的监管，执法关系不顺。

（二）化学品安全监管方法上的差异

为预防和控制化学品的风险，发达国家采取各种管理措施和对策，包括：（1）通过对化学品进行测试，鉴别其固有危险性；（2）对危险化学品进行分类和标签，做出危险性警示标志；（3）根据典型暴露情景评估风险；（4）通过编制MSDS，传递公示化学品

危险性和风险信息；（5）在没有适当方法控制化学品风险时，采取禁止或限制使用等措施。

国内主管部门主要采用许可管理制度以及登记管理的方式，较少考虑采用其他方式鼓励和推动企业自愿参与化学品安全管理。许多国内企业的领导都把化学品安全和环境保护看成是国家有要求，自己不得不做的事情，而不是企业对社会应尽的责任和职业道德。中国公众在化学品安全和环境保护决策上的知情权和参与上也与发达国家存在很大差距。

通过对比分析可以看到，美国建立了完善的化学品安全管理法规体系，实现了化学品从“摇篮”到“坟墓”的全生命周期管理。在化学品的研发阶段，EPA通过新化学品制造前告知制度（PMN）实现了对其的管理；在化学品制造阶段，OSHA通过职业安全健康法等法律法规，对化学品在作业场所的风险进行管理；在化学品的运输阶段，DOT通过HMTA 等法律法规，监督和保证了化学品在运输过程中的安全；在化学品通过各种形式进入民用消费市场后，CPSC通过CPSA、FHSA 和PPPA等法律法规，实现了对化学品在消费阶段的管理；对于化学品在生产、加工阶段产生的各种废物以及化学品使用后的废弃，EPA 通过污染预防法、清洁空气法、资源保护和回收法等法律法规，实现了对各种形态和形式废弃物的安全管理。通过多个部门的共同努力，美国实现了对化学品的全生命周期管理，确保在化学品各个环节对风险的控制。

美国的做法给我们启示，我国应该理顺化学品管理的各个环节，构建完整的化学品管理体系和协调机制，在实现对化学品全生命周期管理的同时，明确各部门的职责，减少不同部门间管理的交叉重叠。

（三）重大危险源安全监管对比

1. 目的

中美欧关于重大危险源管理的法律法规的立法目的基本一致，都是为了强化危险化学品重大危险源管理，预防重特大危险化学品工业事故，保护周边人员与环境。

2. 重大危险源涉及化学品的范围

表7-4列出了中美欧重大危险源涉及的化学品范围，总体上分析，欧盟纳入重大危险源管理的化学品的范围最广，我国次之，美国最小。

表7-4　我国与美国、欧盟主要重大危险源管理法规的范围

法律法规标准	范　围
EPA RMP	140 种特定的易燃和有毒化学品
OSHA PSM	136 种特定的具有毒性、反应性、易燃性的液体和气体以及其他易燃液体和气体
《塞维索指令Ⅲ》	48 种（类）特定化学品以及其他 16 类危险化学品
GB18218—2009	78 种特定化学品以及其他 9 类危险化学品

3. 重大危险源的临界值

中美欧对于列举的化学品和规定的危险类别都规定了临界值，但临界值的数值有所区别。与美国的临界值相比，我国重大危险源标准中列举的78种化学品中，除磷化氢、氰化氢、异氰酸甲酯3种化学品的临界值比RMP低（但都比PSM高）以及烷基铝的临界值比PSM低（未在RMP中列出）以外，其他34种在PSM或RMP中列举出化学品，其临界值都比美国的相关标准高。

与欧盟《塞维索指令》列出的化学品相比，在24种中欧都列举出的化学品中，有9种与欧盟的低限值一致，4种与欧盟的高限值一致，4种在欧盟的低限值与高限值之间，7种比欧盟的低限值低；其他54种我国标准列出的化学品中，有16种与欧盟对应危险类别的限值较为一致，32种比欧盟应危险类别的低限值低，6种比欧盟的高限值高；在危险类别的限值方面，临界值与欧盟对应类别的其中一个限值相同，如易燃固体、易于自燃的物质、氧化性物质临界值与欧盟的高限值数一致；易燃气体、易燃液体、有机过氧化、毒性物质的临界值与欧盟低限值一致。

从总体上分析，对于同种物质或同类物质，美国规定的临界值相对最低，我国次之，欧盟相对最高。参见表7-5。

表7-5　我国与美国、欧盟部分化学品临界值对比　t

物质	EPA RMP	OSHA PSM	《塞维索指令Ⅲ》(低级/高级)	GB18218—2009
氯	1.135	0.681	10/25	5
氨	4.54	4.54	50/200	10
光气	0.0454	0.00454	0.3/0.75	0.3
易燃液体	4.54	4.54	（1）GHS类别1，或者属于GHS类别2或GHS类别3，或者闪点小于60℃，但是维护温度高于沸点，10/50 （2）GHS类别2或GHS类别3，或者闪点小于60℃，当在特殊的工艺环境下（即高温或高压）可能发生重大事故时，50/200 （3）GHS类别2或GHS类别3，或者闪点小于60℃，在其他情况下，5000/50000	（1）相当于GHS类别1，10 （2）相当于GHS类别2，1000 （3）相当于GHS类别3，5000
易燃气体	4.54	4.54	10/50	10

4. 管理措施

中美欧的主要管理措施都类似，但是在说法上和具体的内容上存在差异。如对于欧盟编制SMS，在美国RMP中有类似的预防措施。我国虽然没有类似的体系，但是通过开展以下方面的工作已涵盖了除效果监督以及审计审查以外的要素：建立完善重大危险源安全管理规章制度及操作规程，并建立健全安全监测监控体系，完善控制措施；定期对重大危险源的安全设施和安全监测监控系统进行检测、检验，并进行经常性维护、保养；

对重大危险源的管理和操作岗位人员进行安全操作技能培训；在重大危险源所在场所设置明显的安全警示标志；建立应急救援组织或者配备应急救援人员，配备必要的防护装备及应急救援器材、设备、物资。对于向公众提供信息，我国由于没有对信息披露的范围和内容进行明确的规定，很大程度上影响了该项措施的实施，因此与欧美之间存在较大的差距。

5. 分级管理

中美欧都对重大危险源进行了分级管理，并对不同级别的危险源规定了不同的要求，虽然分级的方法不同，但都体现了差异化管理的模式（表7-6）。美国的分级通过定性判断，因此没有可比性；欧盟的分级则简单地通过临界量来区分高低风险；我国的分级则综合考虑了不同危险类别的风险大小、人员暴露以及化学品存量和临界量等多种信息。可见，各国在对重大危险源分级上采用了不同的方式，缺乏可比性。

表7-6　我国与美国、欧盟重大危险源管理的分级管理概况

国家	分　级
美国	EPA 的 PSM 根据企业风险的大小，将危险源分 3 个级
欧盟	根据化学品的临界量，将危险源分为高风险和低风险
中国	通过把单元设施内危险化学品实际存在（在线）量与临界量比值，经校正系数校正后的比值之和作为分级指标，将危险源分 4 个级别

三　炼化企业外部安全防护距离方法对比

确保重大危险源与周边防护目标之间保持合理的安全距离是国外预防重大工业事故相关法律法规和标准的核心之一。国内外安全距离确定采用的方法大体可分为三类：直接安全距离法、基于后果的方法和基于风险的方法（表7-7）。

表7-7　国内外安全距离确定选用方法表

国家	通用安全距离表	基于后果评估法	基于风险计算法
中国	√	√	
英国			√
美国		√	
比利时		√	√
法国		√	√
德国	√	√	
荷兰			√
西班牙		√	
瑞士	√	√	

（一）直接安全距离法

直接安全距离法起源较早，大约出现在1810年。该方法根据历史的经验或专家判断，列出不同工业活动或设施与其他场所或区域之间的安全距离。安全距离的大小取决于工业活动类型或危险物质的性质和数量。该方法原理简单直观，容易理解和沟通，所以至今仍被广泛使用，但由于不是建立在系统安全的思想之上的，没有从事故后果防范和风险控制上来科学合理地考虑土地的安全利用问题，其“粗犷性”的特点难以克服。

目前，国内一些国家和行业标准、规范等针对其行业或领域的特点，用直接给定安全距离法对某些隔离距离作了详细规定，如《建筑设计防火规范》《石油库设计规范》《石油化工企业设计防火规范》《石油天然气工程设计防火规范》《城镇燃气设计规范》。

虽然直接给定距离法简单易行、便于操作，但由于这些距离完全基于历史案例和专家经验，不同的标准规范之间常会出现冲突，并且对不同类型企业的针对性不强。

（二）基于事故后果的方法

基于事故后果的方法是20世纪70年代后出现的，有人也称之为“最坏假想事故情景”方法。该方法以火灾、爆炸、毒物扩散等事故后果模型为基础，通过模型计算出各种死亡半径或伤害半径作为事故后果严重程度的一种量度。其核心是给予各种“最坏假想事故情景”模型，计算“最坏事故情景”的物理量达到一定阈值的距离，然后根据这个距离进行分区：在这个区域内会造成死亡或某种伤害，区域之外则不会造成相应后果（图7-1）。基于后果的方法是系统理论用于风险分析的产物，因而其计算过程和计算结果都是系统确定的，是可信服的；但该方法在选择“最坏假想事故情景”时有一定的难度，事故场景的影响因素（风向、风频、风速、大气稳定度、地势地貌、障碍物等）很多，难以准确判断，往往对事故后果影响范围造成人为扩大。另外基于最坏事故场景确定安全距离，由于没有考虑到事故发生的概率，不利于土地的合理使用和安全规划。

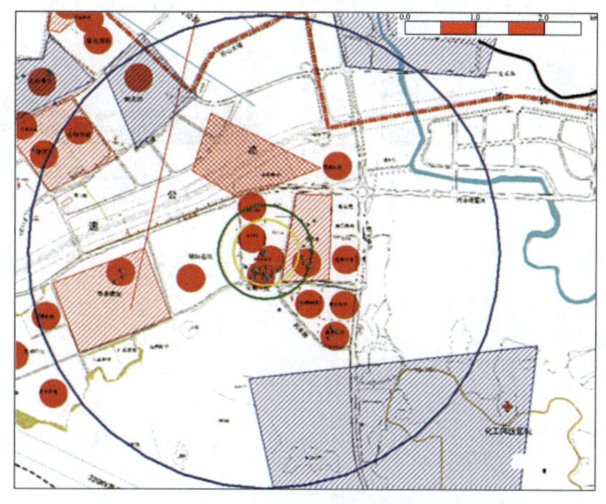

图7-1 基于事故后果的安全距离示意图

（三）基于定量风险计算的方法

基于定量风险的方法采用定量风险评价技术（QRA），使用个人风险和社会风险两个指标作为重大危险源土地使用安全规划的依据。与基于后果的方法不同，基于风险的方法除考虑事故后果外，同时考虑了事故发生的概率，因而更加全面，结果可靠。另

外，定量风险评价技术所具有的风险可叠加特性，使得基于风险的方法不但可适用于单一重大危险源的土地安全规划，也适于重大危险源集中区域的区域土地安全规划。参见图7-2、图7-3。

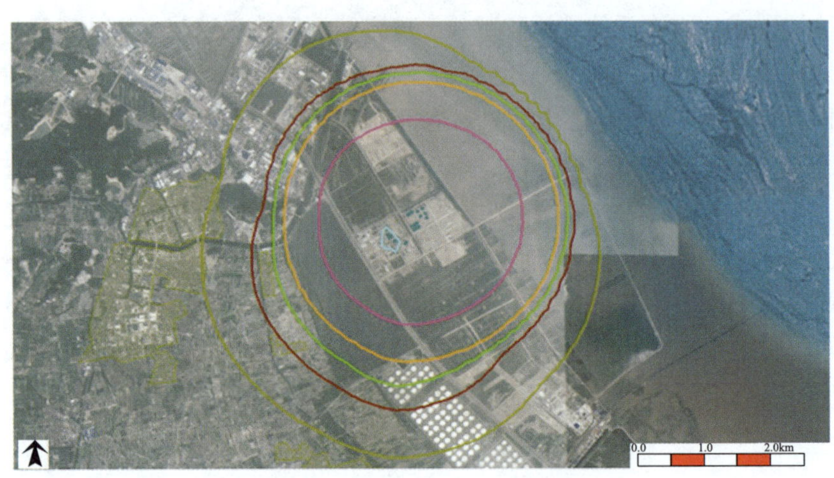

图7-2 某企业个人风险计算结果图

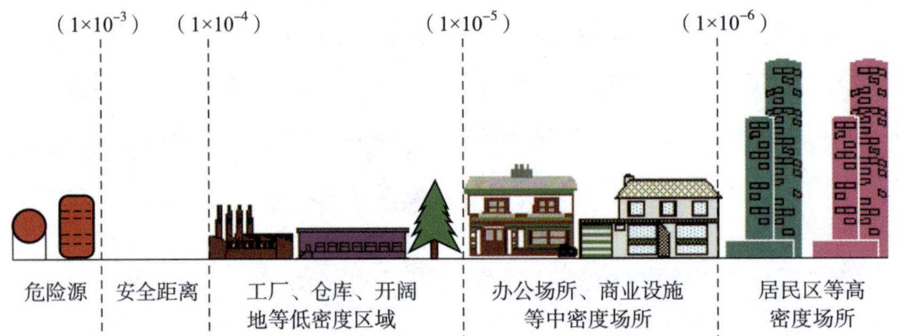

图7-3 基于定量风险计算的安全距离设置示意图

（四）几种方法优缺点梳理

综合以上分析，以上三种方法的优缺点如表7-8所示。

表7-8 现行炼化企业外部安全防护距离确定方法比较

方法类型	优点	缺点	应用国家
直接查表法	简单直观、容易理解沟通	该方法依靠经验和个别事故案例，并不是建立在系统安全的基础上的，对于涉及危险化学品数量较大、危险性较高的装置，“粗犷性”的特点难以克服	中国、德国、美国

续表

方法类型	优点	缺点	应用国家
后果计算法	针对不同危险源，通过最严重事故后果模型给出，给出安全距离，方法模型成熟	较少考虑工艺、装置类型、防护措施的因素； 没有考虑事故发生的可能性，对选址布局难以提出系统性解决方案	德国、美国
定量风险计算法	综合考虑了事故后果的严重程度和发生频率，更加科学、全面，结果可靠。 定量风险评价技术所具有的风险可叠加特性，使得基于风险的方法适用于工艺复杂的大型装置	计算难度大，需要借助专业软件	英国、荷兰、中国、法国

第八章

总　结

一　国外先进做法

经过对比分析国内外的炼化企业相关法规标准体系，了解了国内炼化企业相关标准与国外的区别，可以梳理出以下几点先进做法：

（一）国外法规标准体系具有更强的一致性和系统性

国外法规标准体系具有较强的一致性和系统性，全面而完备，互相支撑，保证了有效实施。例如：美国技术法规《LNG设施》（49 CFR.193）所提出的安全要求引用了5个美国行业协会的相关标准。行业标准规范的制定也同样会参考、引用其他行业的技术标准规范，在标准和标准之间尽可能做到了互相引用、对有交叉的领域不重复规定。

（二）国外具有持续更新修订标准的管理机制

国外标准的更新和修订非常及时，以NFPA 59A为例，从1971年第一版发布后，于2013年发布了第12版，5年一个修订周期，与时俱进，保证了标准的先进性和有效性。

虽然我国对标准的更新和修订年限有规定，但由于多方面原因，部分标准规范无法得到及时更新，不能满足和适应新形势下工程建设和安全生产的需要。一方面原因是我国标准修编时间长，报批手续繁琐，严重滞后。曾有建设项目遇到了拟建装置设施规模远大于标准所规定的范围，导致新建设施面临无适当标准可采用的情况。另一方面原因是，大多数20世纪八九十年代所编制的安全设计标准由于发布机构调整、编制委员会的解散，导致后续更新和修订无人跟进，其条文规定已不适应当前现状，但也未有文件说明该规范是否取消或作废，导致在当前工程项目建设审查时，设计人员仍被强制要求采用不太适宜的条款。

（三）国外事故教训推动的安全标准化发展

安全标准具有很强的技术性，其内容编制和数据采集是基于当前技术经济发展的水平，同时也建立在对火灾爆炸等事故的认知程度和可承受风险能力的基础上。例如：20世纪70年代，欧洲发生了包括英国NyPro公司爆炸事故、意大利塞维索化工厂爆炸事故在内的多起工业事故，为吸取教训，欧共体理事会于1982年通过了关于预防和控制工业风险的《塞维索指令Ⅰ》；80年代，受印度博帕尔毒气泄漏事故、瑞士桑多兹化工厂仓库失火事故的影响，欧盟对《塞维索指令》（82/501/EEC）进行了一次全面修改，于1992年颁布称为《塞维索指令Ⅱ》（92/82/EC），修改和扩大了指令的使用范围，对安全管理制度、应急预案、土地使用规划和成员国进行检查需要遵从的规定都增加了新的要求。2005年英国发生了邦斯菲尔德油库爆炸火灾事故，同时为了适应新的联合国GHS法规以及欧盟化学品分类的变化，欧盟2012年发布了《塞维索指令Ⅲ》（2012／18／EU），对企业内部的生产环节、事故发生后的救助以及对企业外部周边环境的影响和居民的防护等提出了明确要求，确保整个欧洲的高水平防护持续有效。在我国，虽然安全事故的发生会对安全标准和法规更新起到一定促进作用，但作用影响范围有限。

（四）国外标准编制过程的多方参与和严谨的程序保证了标准的质量

国外协会制定标准通常要经过项目论证阶段，投票阶段，标准解释和上诉阶段。在项目论证阶段，凡是受到标准影响或对标准有兴趣的团体或个人均可对正在编制或修改的标准提出意见。协会标准的制定十分重视兼顾体系中现有其他行业的技术标准规定和研究报告，编制小组会吸纳来自政府相关部门、生产企业、工程咨询公司、行业协会等利益相关方的专家技术人员。这样可以保证标准规范的编制与其他协会技术标准规范的衔接与一致，保证标准条款的可操作性、协调性和兼容性。

二 国内现状存在问题

（一）缺乏统一的炼化行业相关标准协调管理机制

我国炼化行业领域安全标准体系包括国标（GB）、化工（HG）、石油（SY）、石化（SH）、安全（AQ）等。不同部门和多个专业标准化委员会管理上述标准，缺乏统一、有序、有效的协调机制，导致在标准化工作中，多个安全标准的管理单位、制定单位之间脱节，新老标准交叉重复，许多标龄长的标准不能及时修订，某些急需的重要标准又长期缺失。

（二）外部安全防护距离概念多样，缺少专门的外部安全防护距离标准

目前国内总图布置一般采用“防火间距表”，主要考虑的是火灾风险，防火间距是从减少火灾事故发生、预防装置间火灾蔓延以及为火灾救援提供条件的角度提出的，当将以上距离应用于危化装置选址、高风险企业搬迁以及周边居民安全性评估时，尚存在覆盖的企业类型有空白，考虑爆炸、毒气泄漏等事故场景较少的问题。

（三）外部安全防护距离设置方法单一，科学性有待提高

当前，炼油和化工企业适用最为广泛的距离为防火间距。防火间距在设置时，主要是从事故后果的角度，参考了以往事故经验和部分事故场景的后果模拟计算。由于方法的局限性，主要考虑了高频率、小规模、低损失的火灾事故，并不考虑低频率、大规模、高损失的特殊事故。在遏制重特大事故发生，减少极端事故场景下的人员伤亡方面存在局限性。

（四）炼化企业选址审批阶段，主管部门之间缺少衔接

炼化企业选址审批主要涉及国土部门、规划部门和安全监管部门。国土和规划部门主要审查是否符合城乡总体规划的要求，安全监管部门主要负责对炼化企业建设项目安全条件进行审查。但由于规划与安全监管两个部门之间行政许可并无关联关系，特别是在国土和规划部门审批在前，安全监管部门审批在后的情况下，在项目建设最初阶段难以从技术角度分析建设项目对周边项目的安全影响，安全监管部门的安全条件审查没有最大限度的实现有效监管。

（五）建成炼化企业周边区域开发建设存在安全监管真空区域

安全监管部门根据《安全生产法》《危险化学品安全监管条例》对在建企业的安全条件进行审查，而对建成企业周边区域的土地开发利用不具有监管职责。其他具体负责规划许可实施的规划主管部门由于专业技术等方面的限制，难以从安全角度进行科学审查。这就造成炼化企业周边区域的其他建设项目（如居住区）的选址建设存在安全监管的真空区域，逐渐形成“城围石化”的局面，给企业的安全距离保持带来后续问题。

三 建议措施

（一）建立炼化行业安全法规标准统一管理制度

对炼化行业安全生产标准化工作实施统一管理，明确质检总局、安监总局、住建部等相关部门在炼化行业标准管理方面的职责分工，将分散于有关单位的炼化行业安全标

准由全国安全生产标准化技术委员会化学品安全分技术委员会实施归口管理，提高炼化行业安全标准体系的统一性、系统性、协调性和权威性。

（二）进一步完善炼化企业相关法规标准体系

一是进一步完善化学品安全管理法规体系。我国应该理顺化学品生产经营管理的各个环节，重视企业安全生产，更加关注人体健康和环境的理念，从上位法的角度，把城乡规划、安全、环境等要求，与化学品生产经营企业布局以及外部安全防护距离等要求协调起来，构建完善的化学品管理法规体系。

二是完善化学品安全管理法规配套的标准支撑体系。借鉴欧美国家重视炼化行业安全管理法规配套文件建设的做法，在法规与标准之间建立有机的联系，解决当前法规过于笼统、标准支撑不足等问题。

三是研究制定炼化企业安全标准体系建设规划，加强顶层规划设计，系统梳理现有标准，将化工（HG）、石油（SY）、石化（SH）等相关标准全面纳入标准建设规划，明确急需制修订的安全标准目录。

四是建立完善的标准修订制度，简化标准修订程序，紧密结合典型事故调查、行业发展趋势、工艺技术升级等方面因素，定期和不定期的对现行标准的可行性进行评估，实现标准的及时更新，提高标准的实时有效性。

（三）提高行业相关方在标准制定过程中的参与程度

在标准制定个过程中提高相关行业企业的参与程度，重视行业中现有的技术标准规定和研究报告，编制小组成员吸纳来自政府相关部门、生产企业、行业协会等利益相关方的专家技术人员，进一步提高相关标准规范的科学性、可行性以及实用性。

（四）加快出台外部安全防护距离方向技术标准

借鉴国外安全距离确定方法的先进经验，结合炼化企业事故类型和特点，综合事故后果法、定量风险计算法等先进技术，加快出台外部安全防护距离、风险评估、炼化企业选址规划控制等技术标准，建立与国际接轨并且符合我国发展实际的炼化企业安全距离相关标准体系，科学确定和控制炼化企业周边安全防护区。

（五）统筹规划炼化项目选址布局，建立用地审批联动机制

一是地方政府要加强规划统筹，将炼化企业周边土地利用安全规划纳入城市总体规划，做好相关项目的安全规划和城乡规划的衔接，提高规划的统筹性、科学性和严肃性。

二是城乡规划部门与安全监管部门建立土地规划审批联动机制，将安全监管部门对炼化企业项目在规划选址方面的安全审批意见作为城乡规划部门进行规划许可的前置条件之一。

三是炼化企业建设项目经审批后，将炼化企业周边个人风险等值线在土地规划部门备案，其周边安全防护区域内的所有开发建设项目都应征求安全监管部门意见，建议不开发的建设项目，原则上规划部门不应进行审批。

四是炼化企业建成后，结合个人风险等值线的范围，重点监察区域内的土地利用情况，对违规建设项目要及时制止，从源头遏制“城围石化”现象的发生。

（六）综合改造、搬迁等多种手段，科学化解炼化企业外部安全防护距离不足问题

借鉴国外成熟做法，借助定量风险评价技术，对城镇人口密集区的炼化企业进行安全风险评估和整改措施评价，根据评估结果，对安全风险较低、经评估通过改造能达到外部安全防护距离要求的，可实施就地改造；对安全风险突出、经评估通过就地改造仍不能达到外部安全防护距离要求的，结合社会、经济多方面因素综合考虑，制定可行有效的搬迁方案，实施企业或居民区的异地迁建。

（七）进一步完善安全监管机制，切实促进企业主体责任落实

一是强化安全监管能力建设。加强危险化学品安全监管机构和人员能力建设，借助先进的信息化技术，提高依法履职的能力水平。

二是提高日常安全监管水平。积极吸取事故经验教训，结合阶段性的专项检查成果，将有关监管重点、检查要点落实到日常安全监管中，制定安全监管手册，逐步减少“运动式”“打补丁式”安全大检查，通过不断完善日常安全监管内容的标准化、系统化，提高日常安全监管的针对性和实效性。

三是积极利用社会力量，助力安全监管。加强中介机构力量的培育，建设高素质安全风险评估专业队伍，利用政府购买服务等方式，充分发挥行业协会、注册安全工程师事务所、安全生产服务机构、保险机构等社会力量的作用，逐步实现有资质的第三方按照标准化的监管内容对企业进行安全检查，政府部门根据检查结果督促企业整改隐患。

四是加强安全生产有关法律法规贯彻落实。梳理涉及危险化学品安全管理的法律法规，对施行3年以上的开展执行效果评估并推动修订完善。加强相关法律法规和标准规范的宣传贯彻，督促企业进一步增强安全生产法治意识，定期对照安全生产法律法规进行符合性审核，提高企业依法生产经营的自觉性、主动性。

五是依法严肃追究责任。加大对发生事故的炼化企业的责任追究力度，依法严肃追究事故企业法定代表人、实际控制人、主要负责人、有关管理人员的责任，推动企业自觉履行安全生产责任。加强企业安全生产诚信体系建设，结合企业“黑名单”制度，衔接企业保险。

（八）设立重大科技专项，提高安全风险评估技术水平

设立重大科技专项，推动开发安全风险评估技术和模型，提高炼化企业定量风险评估技术水平，推广具有自主知识产权的商业化安全风险评估软件，促进炼化企业定量风险评估技术在炼化企业规划选址，周边土地规划利用方面的应用。

附 录

国内外化学品安全管理相关法规标准目录

附录一 国内化学品安全管理相关法律法规、规章制度

（一）国内化学品安全管理相关法律

序号	名 称
1	《中华人民共和国安全生产法》（主席令第 13 号，2014 年）
2	《中华人民共和国消防法》（主席令第 6 号，2009 年）
3	《中华人民共和国职业病防治法》（主席令第 81 号，2017 年）
4	《中华人民共和国道路交通安全法》（2011 年新修订）
5	《中华人民共和国特种设备安全法》（主席令第 4 号，2013 年）
6	《中华人民共和国矿山安全法》（主席令第 65 号，2009 年）
7	《中华人民共和国石油天然气管道保护法》（主席令第 30 号，2010 年）
8	《中华人民共和国突发事件应对法》（主席令第 69 号，2007 年）
9	《中华人民共和国城乡规划法》（主席令第 74 号，2008 年）
10	《中华人民共和国劳动法》（主席令第 28 号，1995 年）

（二）国内化学品安全管理相关法规

序号	名 称
1	《危险化学品安全管理条例》（国务院令第 591 号，2011 年修订；国务院令第 645 号，2013 年修订）
2	《安全生产许可证条例》（国务院令第 397 号，2004 年）
3	《生产安全事故报告和调查处理条例》（国务院令第 493 号，2007 年）

续表

序号	名 称
4	《农药管理条例》（国务院令第 216 号，2017 年修订）
5	《使用有毒物品作业场所劳动保护条例》（国务院令第 352 号，2002 年）
6	《道路交通安全法实施条例》（国务院令第 405 号，2004 年）
7	《监控化学品管理条例》（国务院令第 588 号，2011 年修订）
8	《易制毒化学品管理条例》（国务院令第 445 号，2005 年）
9	《国务院关于特大安全事故行政责任追究的规定》（国务院令第 302 号，2001 年）
10	《建设工程安全生产管理条例》（国务院令第 393 号，2004 年）

（三）国内化学品安全管理相关部门规章

序号	名 称
1	《危险化学品重大危险源监督管理暂行规定》（国家安监总局 40 号令）
2	《危险化学品生产企业安全生产许可证实施办法》（国家安监总局 41 号令）
3	《危险化学品输送管道安全管理规定》（国家安监总局 43 号令）
4	《危险化学品建设项目安全监督管理办法》（国家安监总局 45 号令）
5	《危险化学品经营许可证管理办法》（国家安监总局 55 号令）
6	《危险化学品登记管理办法》（国家安监总局 53 号令）
7	《危险化学品安全使用许可证管理办法》（国家安监总局 57 号令）
8	《化学品物理危险性鉴定与分类管理办法》（国家安监总局 60 号令）
9	《化工（危险化学品）企业保障生产安全十条规定》（国家安监总局 64 号令）
10	《劳动防护用品监督管理规定》（国家安监总局 1 号令）
11	《生产经营单位安全培训规定》（国家安监总局 3 号令）
12	《非药品类易制毒化学品生产、经营许可办法》（国家安监总局 5 号令）
13	《安全生产检测检验机构管理规定》（国家安监总局 12 号令）
14	《安全生产违法行为行政处罚办法》（国家安监总局 15 号令）
15	《安全生产事故隐患排查治理暂行规定》（国家安监总局 16 号令）
16	《生产安全事故应急预案管理办法》（国家安监总局 17 号令）
17	《生产安全事故信息报告和处置办法》（国家安监总局 21 号令）
18	《安全评价机构管理规定》（国家安监总局 22 号令）
19	《安全生产监管监察职责和行政执法责任追究的暂行规定》（国家安监总局 24 号令）
20	《特种作业人员安全技术培训考核管理规定》（国家安监总局 30 号令）
21	《安全生产行政处罚自由裁量适用规则（试行）》（国家安监总局 31 号令）
22	《关于修改〈生产安全事故报告和调查处理条例〉罚款处罚暂行规定部分条款的决定》（国家安监总局 42 号令）
23	《安全生产培训管理办法》（国家安监总局 44 号令）
24	《煤层气地面开采安全规程（试行）》（国家安监总局 46 号令）
25	《工作场所职业卫生监督管理规定》（国家安监总局 47 号令）
26	《职业病危害项目申报办法》（国家安监总局 48 号令）

续表

序号	名　称
27	《用人单位职业健康监护监督管理办法》（国家安监总局 49 号令）
28	《职业卫生技术服务机构监督管理暂行办法》（国家安监总局 50 号令）
29	《建设项目职业卫生“三同时”监督管理暂行办法》（国家安监总局 51 号令）
30	《工贸企业有限空间作业安全管理与监督暂行规定》（国家安监总局 59 号令）
31	《新化学物质环境管理办法》（环境保护部第 7 号令）
32	《危险化学品环境管理登记办法（试行）》（环境保护部第 22 号令）
33	《建设项目职业病危害分类管理办法》（卫生部第 22 号令）
34	《职业健康监护管理办法》（卫生部第 23 号令）
35	《职业病诊断与鉴定管理办法》（卫生部第 24 号令）
36	《剧毒化学品购买和公路运输许可证件管理办法》（公安部第 77 号令）
37	《农药管理条例实施办法》（农业部第 9 号令）
38	《中华人民共和国矿山安全法实施条例》（劳动部第 4 号令）

（四）国内化学品安全管理相关重要规范性文件

序号	名　称
1	国务院安委会办公室《关于进一步加强危险化学品安全生产工作的指导意见》（安委办〔2008〕26 号）
2	国务院安委会办公室《关于进一步加强化工园区安全管理的指导意见》（安委办〔2012〕37 号）
3	国家安全监管总局《关于公布首批重点监管的危险化工工艺目录的通知》（安监总管三〔2009〕116 号）
4	国家安全监管总局《关于进一步加强危险化学品企业安全生产标准化工作的指导意见》（安监总管三〔2009〕124 号）
5	国家安全监管总局工信部《关于危险化学品企业贯彻落实〈国务院关于进一步加强企业安全生产工作的通知〉的实施意见》（安监总管三〔2010〕186 号）
6	国家安全监管总局《危险化学品从业单位安全生产标准化评审标准》（安监总管三〔2011〕93 号）
7	国家安全监管总局《关于公布首批重点监管的危险化学品名录的通知》（安监总管三〔2011〕95 号）
8	国家安全监管总局《关于印发危险化学品从业单位安全生产标准化评审工作管理办法的通知》（安监总管三〔2011〕145 号）
9	国家安全监管总局《危险化学品安全生产“十二五”规划》（安监总管三〔2011〕191 号）
10	国家安全监管总局《关于开展提升危险化学品领域本质安全水平专项行动的通知》（安监总管三〔2012〕87 号）
11	国家安全监管总局《关于公布第二批重点监管危险化工工艺目录和调整首批重点监管危险化工工艺中部分典型工艺的通知》（安监总管三〔2013〕3 号）
12	国家安全监管总局《关于公布第二批重点监管危险化学品名录的通知》（安监总厅管三〔2013〕12 号）
13	国家安全监管总局《关于进一步加强危险化学品建设项目安全设计管理的通知》（安监总管三〔2013〕76 号）
14	国家安全监管总局《关于加强化工过程安全管理的指导意见》（安监总管三〔2013〕88 号）
15	国家安全监管总局《关于印发危险化学品企业事故隐患排查治理实施导则的通知》（安监总管三〔2012〕103 号）
16	《危险化学品“十二五”发展布局规划》（工信部）
17	环境保护部《化学品环境风险防控“十二五”规划》（环发〔2013〕20 号）

续表

序号	名 称
18	《中国禁止或严格限制的有毒化学品名录（第一批）（1998）》
19	《中国禁止或严格限制的有毒化学品名录（第二批）（2005，第 29 号）》
20	《剧毒化学品目录（2018 年版）（补充和修正表）》
21	《高毒物品目录（2003 年版）（法监发〔2003〕142 号）》
22	《国家危险废物名录（2016 年版）》
23	《易制爆危险化学品名录（2017 年版）》
24	《中国现有化学品名录（IECSC）2013》
25	《危险化学品建设项目安全设施设计专篇编制导则（试行）》（安监总危化〔2007〕225 号）
26	国家安全监管总局《关于加强科学施救提高生产安全事故灾难应急救援水平的指导意见》（安监总应急〔2012〕147 号）
27	《国务院关于进一步加强安全生产工作的决定》（国发〔2004〕2 号）

（五）国内化学品安全管理相关部分地方法规

序号	名 称
1	《关于本市危险化学品从业单位建立起十项基本管理制度的通知》（沪安监技装〔2002〕96 号）
2	《关于进一步做好危险化学品重大危险源登记备案工作的通知》（沪安监管危化〔2011〕56 号）
3	《上海市第一批禁止、限制和控制危险化学品目录》（沪府办发〔2012〕39 号）
4	《生产安全事故应急预案管理办法实施细则》（沪安监管监二〔2010〕180 号文）
5	《上海市危险化学品安全管理办法》（2016 修订版）
6	《易燃易爆危险场所检修作业安全管理规定》（上海市安全生产监督管理局、建设和交通委员会、质量技术监督局、市政工程管理局、消防局沪安监管危化〔2008〕91 号）
7	《浙江省非药品类易制毒化学品生产经营许可实施办法（试行）》（浙安监管危化〔2006〕70 号）
8	《浙江省剧毒化学品定点经营安全管理办法》（浙经贸安全〔2003〕230 号）
9	《浙江省危险化学品安全管理实施办法》（浙江省人民政府令第 184 号）
10	《浙江省危险化学品建设项目安全许可实施细则》（危化〔2007〕41 号）
11	《浙江省危险化学品生产（储存）单位安全标准化考评标准和考评办法》（浙安监管危化〔2007〕126 号）
12	《浙江省危险化学品生产、储存建设项目（企业）设立审批管理规定》（浙安监管危化〔2007〕121 号）
13	《山东省安全生产条例》（2017 年）
14	《山东省工业生产建设项目安全设施监督管理办法》（2009 年）
15	《山东省企业职工伤亡事故报告和处理办法》（1994 年）
16	《山东省生产安全事故报告和调查处理办法》（2011 年）
17	《山东省生产经营单位安全生产主体责任规定》（2016 年）
18	《山东省职业病防治条例》（2004 年修正版）
19	《山东省重特大生产安全事故隐患排查治理办法》（2005 年）

附录二 国内化学品安全管理相关标准

（一）国内化学品安全管理相关国标

序号	名 称
1	GB 190《危险货物包装标志》
2	GB/T 191《包装储运图示标志》
3	GB 2626《呼吸防护用品　自吸过滤式防颗粒物呼吸器》
4	GB 2890《呼吸防护　自吸过滤式防毒面具》
5	GB 2893《安全色》
6	GB 2894《安全标志及其使用导则》
7	GB 5817《粉尘作业场所危害程度分级》（已废止）
8	GB/T 4754《国民经济行业分类》
9	GB 5085《危险废物鉴别标准》
10	GB 6220《呼吸防护　长管呼吸器》
11	GB 6441《企业伤亡事故分类》
12	GB 6442《企业职工伤亡事故调查分析规则》
13	GB 6944《危险货物分类和品名编号》
14	GB 7231《工业管道的基本识别色、识别符号和安全标识》
15	GB 7691《涂装作业安全规程》
16	GB/T 7694《危险货物命名原则》
17	GB 12158《防止静电事故通用导则》
18	GB 12268《危险货物品名表》
19	GB/T 12331《有毒作业分级》
20	GB 13348《液体石油产品静电安全规程》
21	GB/T 13861《生产过程危险和有害因素分类与代码》
22	GB/T 15098《危险货物运输包装类别划分方法》
23	GB 15258《化学品安全标签编写规定》
24	GB 15346《化学试剂　包装及标志》
25	GB 15603《常用化学危险品贮存通则》
26	GB/T 16483《化学品安全技术说明书　内容和项目顺序》
27	GB/T 16556《自给开路式压缩空气呼吸器》
28	GB/T 17519《化学品安全技术说明书编写指南》
29	GB 18218《危险化学品重大危险源辨识》
30	GB 21178《自反应物质和有机过氧化物分类程序》
31	GB/T 21279《危险化学品　包装液压试验方法》
32	GB/T 21535《危险化学品　爆炸品名词术语》
33	GB 21759《化学品慢性毒性试验方法》
34	GB/T 21846《工业用化学品　固体可燃性的确定》
35	GB/T 21847《工业用化学品　气体可燃性的确定》

续表

序号	名 称
36	GB/T 21848《工业用化学品　爆炸危险性的确定》
37	GB/T 21849《工业用化学品　固体和液体水解产生的气体可燃性的确定》
38	GB/T 21850《工业用化学品　固体和液体自燃性的确定》
39	GB/T 22225《化学品危险性评价通则》
40	GB/T 22233《化学品潜在危险性相关标准术语》
41	GB/T 22234《基于 GHS 的化学品标签规范》
42	GB 23394《自给闭路式压缩氧气呼吸器》
43	GB/T 23694《风险管理　术语》
44	GB/T 23955《化学品命名通则》
45	GB/T 24353《风险管理　原则与实施指南》
46	GB 24539《防护服装　化学防护服通用技术要求》
47	GB 24540《防护服装　酸碱类化学品防护服》
48	GB/T 24774《化学品分类和危险性象形图标识　通则》
49	GB/T 24775《化学品安全评定规程》
50	GB/T 24777《化学品理化及其危险性检测实验室安全要求》
51	GB/T 24778《化学品鉴别指南》
52	GB/T 24780《化学品性质（Q）SAR 模型的验证指南　理化性质》
53	GB 27833《危险化学品有机过氧化物包装规范》
54	GB 27834《危险化学品自反应物质包装规范》
55	GB/T 27921《风险管理　风险评估技术》
56	GB/T 28001《职业健康安全管理体系 要求》
57	GB 28644.1《危险货物例外数量及包装要求》
58	GB 28644.2《危险货物有限数量及包装要求》
59	GB 28644.3《有机过氧化物分类及品名表》
60	GB/T 29176《消防应急救援　通则》
61	GB/T 29177《消防应急救援　训练设施要求》
62	GB/T 29178《消防应急救援　装备配备指南》
63	GB/T 29179《消防应急救援　作业规程》
64	GB/T 29329《废弃化学品术语》
65	GB/T 29639《生产经营单位生产安全事故应急预案编制导则》
66	GB 50016《建筑设计防火规范》
66	GB 50057《建筑物防雷设计规范》
67	GB 50058《爆炸和火灾危险环境电力装置设计规范》
68	GB 50074《石油库设计规范》
69	GB 50140《建筑灭火器配置设计规范》
70	GB 50156《汽车加油加气站设计与施工规范》
71	GB 50160《石油化工企业设计防火规范》
72	GB 50166《火灾自动报警系统施工及验收规范》
73	GB 50183《石油天然气工程设计防火规范》

续表

序号	名 称
74	GB 50187《工业企业总平面设计规范》
75	GB 50251《输气管道工程设计规范》
76	GB 50351《储罐区防火堤设计规范》
77	GB 50489《化工企业总图运输设计规范》
78	GB 50493《石油化工可燃气体和有毒气体检测报警设计规范》
79	GB 30000.1《化学品分类和标签规范 第 1 部分：通则》
80	GB 30000.2《化学品分类和标签规范 第 2 部分：爆炸物》
81	GB 30000.3《化学品分类和标签规范 第 3 部分：易燃气体》
82	GB 30000.4《化学品分类和标签规范 第 4 部分：气溶胶》
83	GB 30000.5《化学品分类和标签规范 第 5 部分：氧化性气体》
84	GB 30000.6《化学品分类和标签规范 第 6 部分：加压气体》
85	GB 30000.7《化学品分类和标签规范 第 7 部分：易燃液体》
86	GB 30000.10《化学品分类和标签规范 第 10 部分：自燃液体》
87	GB 30000.11《化学品分类和标签规范 第 11 部分：自燃固体》
88	GB 30000.12《化学品分类和标签规范 第 12 部分：自热物质和混合物》
89	GB 30000.13《化学品分类和标签规范 第 13 部分：遇水放出易燃气体的物质和混合物》
90	GB 30000.14《化学品分类和标签规范 第 14 部分：氧化性液体》
91	GB 30000.15《化学品分类和标签规范 第 15 部分：氧化性固体》
92	GB 30000.16《化学品分类和标签规范 第 16 部分：有机过氧化物》
93	GB 30000.17《化学品分类和标签规范 第 17 部分：金属腐蚀物》
94	GB 30000.18《化学品分类和标签规范 第 18 部分：急性毒性》
95	GB 30000.19《化学品分类和标签规范 第 19 部分：皮肤腐蚀 / 刺激》
96	GB 30000.20《化学品分类和标签规范 第 20 部分：严重眼损伤 / 眼刺激》
97	GB 30000.21《化学品分类和标签规范 第 21 部分：呼吸道或皮肤致敏》
98	GB 30000.22《化学品分类和标签规范 第 22 部分：生殖细胞致突变性》
99	GB 30000.23《化学品分类和标签规范 第 23 部分：致癌性》
100	GB 30000.24《化学品分类和标签规范 第 24 部分：生殖毒性》
101	GB 30000.25《化学品分类和标签规范 第 25 部分：特异性靶器官毒性 一次接触》
102	GB 30000.26《化学品分类和标签规范 第 26 部分：特异性靶器官毒性 反复接触》
103	GB 30000.27《化学品分类和标签规范 第 27 部分：吸入危害》
104	GB 30000.28《化学品分类和标签规范 第 28 部分：对水生环境的危害》
105	GB 30000.29《化学品分类和标签规范 第 29 部分：对臭氧层的危害》
106	GB 30000.30《化学品作业场所警示性标志》
107	GBZ 2.1《工作场所有害因素职业接触限值 化学有害因素范围》
108	GBZ 158《工作场所职业病危害警示标识》
109	GBZ/T 203《高毒物品作业岗位职业病危害告知规范》
110	GBZ/T 204《高毒物品作业岗位职业病 危害信息指南》
111	GBZ/T 210.1《职业卫生标准制定指南 第 1 部分：工作场所化学物质职业接触限值》
112	GBZ/T 229.2《工作场所职业病危害作业分级 第 2 部分：化学物》

续表

序号	名　称
113	GBZ 230《职业性接触毒物危害程度分级》
114	GB/Z 24785《化学品限制的社会经济分析指南》
115	GB/T 28002《职业健康安全管理体系　实施指南》
116	GBZ/T 240《化学品毒理学评价程序和试验方法》系列标准（28 个）
117	化学品危险信息短语与代码（征求意见稿）
118	危险化学品生产储存装置（设施）外部安全防护距离确定（征求意见稿）

（二）国内化学品安全管理相关行标

1. 安全类（AQ）

序号	名　称
1	AQ 2012《石油天然气安全规程》
2	AQ 2016《含硫化氢天然气井失控井口点火时间规定》
3	AQ 2017《含硫化氢天然气井公众危害程度分级方法》
4	AQ 3003《危险化学品汽车运输安全监控系统通用规范》
5	AQ 3004《危险化学品汽车运输安全监控车载终端》
6	AQ/T 3005《石油化工建设项目管理方安全管理实施导则》
7	AQ 3007《危化品汽车运输安全监控系统—车载终端技术规范》
8	AQ 3008《危险化学品汽车运输安全监控系统—通信中心与运营控制中心、客户端监控中心间数据接口和数据交换技术规范》
9	AQ 3010《加油站作业安全规范》
10	AQ/T 3012《石油化工企业安全管理体系实施导则》
11	AQ 3013《危险化学品从业单位安全标准化通用规范》
12	AQ/T 3016《氯碱生产企业安全标准化实施指南》
13	AQ/T 3017《合成氨生产企业安全生产标准化实施指南》
14	AQ 3018《危险化学品储罐区作业安全通则》
15	AQ 3019《电镀化学品运输、储存、使用安全规程》
16	AQ 3021《化学品生产单位吊装作业安全规范》
17	AQ 3022《化学品生产单位动火作业安全规范》
18	AQ 3023《化学品生产单位动土作业安全规范》
19	AQ 3024《化学品生产单位断路作业安全规范》
20	AQ 3025《危险化学品生产单位高处作业安全规范》
21	AQ 3026《危险化学品生产单位设备检修作业安全规范》
22	AQ 3027《化学品生产单位盲板抽堵作业安全规范》
23	AQ/T 3028《化学品生产单位受限空间作业安全规范》
24	AQ/T 3029《危险化学品生产单位主要负责人安全生产培训大纲及考核标准》
25	AQ/T 3030《危险化学品生产单位安全生产管理人员安全生产培训大纲及考核标准》
26	AQ/T 3031《危险化学品经营单位主要负责人安全生产培训大纲及考核标准》

续表

序号	名 称
27	AQ/T 3032《危险化学品经营单位安全生产管理人员安全生产培训大纲及考核标准》
28	AQ 3033《化工建设项目安全设计管理导则》
29	AQ/T 3034《化工企业工艺安全管理实施导则》
30	AQ 3035《危险化学品重大危险源安全监控通用技术规范》
31	AQ 3036《危险源 罐区现场安全监控装备设置规范》
32	AQ 3037《硫酸生产企业安全生产标准化实施指南》
33	AQ 3038《电石生产企业安全生产标准化实施指南》
34	AQ 3039《溶解乙炔生产企业安全生产标准化实施指南》
35	AQ 3040《涂料生产企业安全生产标准化实施指南》
36	AQ/T 3043《危险化学品应急救援管理人员培训及考核要求》
37	AQ/T 3046《化工企业定量风险评价导则》
38	AQ 3047《化学品作业场所安全警示标志规范》
39	AQ/T 3049《危险与可操作性分析（HAZOP 分析）应用导则》
40	AQ/T 4206《作业场所职业危害基础信息数据》
41	AQ/T 4207《作业场所职业危害监管信息系统基础数据结构》
42	AQ/T 4208《有毒作业场所危害程度分级》
43	AQ 5208《涂装职业健康安全通用要求》
44	AQ/T 5209《涂装作业危险有害因素分类》
45	AQ 5210《建筑涂装安全通则》
46	AQ 5212《通风净化设备安全性能检测要求及方法》
47	AQ 5213《鳞片状锌（铝）粉/防腐涂层涂装作业安全规定》
48	AQ/T 6107《化学防护服的选择、使用和维护》
49	AQ 8001《安全评价通则》
50	AQ 8002《安全预评价导则》
51	AQ 8003《安全验收评价导则》
52	AQ 8006《安全生产检测检验机构能力的通用要求》
53	AQ/T 9002《生产经营单位安全生产事故应急预案编制导则》
54	AQ/T 9004《企业安全文化建设导则》
55	AQ/T 9005《企业安全文化建设评价准则》
56	AQ/T 9006《企业安全生产标准化基本规范》
57	AQ/T 9007《生产安全事故应急演练指南》
58	AQ/T 9008《安全生产应急管理人员培训及考核规范》
59	《危险化学品道路运输安全管理导则（征求意见稿）》
60	《化工企业安全保护措施分析应用指南（征求意见稿）》

2. 石油天然气类（SY）

序号	名 称
1	SY/T 6607《石油工业建设项目安全预评价报告编制规则》

续表

序号	名　称
2	SY/T 6630《承包商安全绩效过程管理推荐作法》
3	SY/T 6276《石油天然气工业 健康、安全与环境管理体系》
4	SY/T 5719《天然气凝液安全规定 》
5	SY 5985《液化石油气安全管理规程》
6	SY 5853《石油工业车用压缩天然气气瓶安全管理规定》
7	SY/T 6653《基于风险的检查（RBI）推荐作法》
8	SY/T 6631《危害辨识、风险评价和风险控制 推荐作法》
9	SY/T 6277《含硫油气田硫化氢监测与人身安全防护规程》
10	SY 6562《轻烃回收安全规程》
11	SY 6186《石油天然气管道安全规程》
12	SY 6503《石油天然气工程可燃气体检测报警系统安全技术规范》
13	SY/T 6781《高含硫化氢天然气净化厂公众安全防护距离》
14	SY/T 6714《基于风险检验的基础方法》
15	SY/T 6695《成品油管道运行规范》
16	SY/T 6648《危险液体管道的完整性管理》
17	SY/T 6555《易燃或可燃液体移动罐的清洗》
18	SY/T 5920《原油及轻烃站（库）运行管理规范》
19	SY/T 5737《原油管道输送安全规程》
20	SY/T 6606《石油工业工程技术服务承包商健康安全环境管理基本要求》
21	SY/T 6519《易燃液体、气体或蒸气的分类及电气设备安装危险区的划分》
22	SY/T 6515《露天热表面引燃液态烃类及其蒸气的风险评价》
23	SY/T 6356《液化石油气储运》
24	SY/T 6344《易燃和可燃液体规范》
25	SY/T 6137《含硫化氢的油气生产和天然气处理装置作业的推荐作法》
26	SY 0043《油气田地面管线和设备涂色规范 》

3. 石油化工类（SH）

序号	名　称
1	SH0164《石油产品包装、储运和交货验收规则》

4. 化工类（HG）

序号	名　称
1	HG/T 20705《石油和化学工业工程建设项目管理》
2	HG/T 23001《化工企业安全管理工作标准》
3	HG/T 23002《化工企业安全处（科）工作标准》
4	HG/T 23003《化工企业静电安全检查规程》
5	HG/T 23004《化工企业气体防护站防护工作和装备标准》
6	HG/T 4077《防腐蚀涂层涂装技术规范》

续表

序号	名 称
7	HG/T 4549《废弃化学品中铊的测定方法》
8	HG/T 4551.1 ~ 4551.4《废弃化学品中镍的测定系列标准》
9	HG/T 4548《废弃化学品中镉的测定 第 1 部分：石墨炉原子吸收分光光度法》
10	HG/T 4184《责任关怀实施准则》

5. 公共安全类（GA）

序号	名 称
1	GA/T 970《危险化学品泄漏事故处置行动要则》
2	GA/T 972《化学品危险性分类与代码》
3	GA/T 974.72《消防信息代码 第 72 部分：化学品状态代码》

6. 国内化学品安全管理相关地方标准

序号	名 称
1	DB11/ 833《危险化学品地上储罐区安全要求》
2	DB 21/T 2030.1《危险化学品的气瓶标识用电子标签应用管理规范 第 1 部分：气瓶电》
3	DB21/T 2030.3《危险化学品的气瓶标识用电子标签应用管理规范 第 3 部分：读写器》
4	DB22/T 1793《危险废物、危险化学品处理规范》
5	DB23/T 1451.1《黑龙江省重大危险源辨识分级标准 第 1 部分：危险化学品》
6	DB23/T 1452.1《重大危险源评估导则 第 1 部分：危险化学品》
7	DB23/T 1449《危险化学品贮罐区、库区和生产场所固定重大危险源监测预警系统建》
8	DB31 329.2《重点单位重要部位安全技术防范系统要求 第 2 部分：剧毒化学品》
9	DB31 363《防蛀、防霉类日用化学品卫生安全要求》
10	DB31/T 364《危险化学品气瓶电子标识代码》
11	DB33/T 860《危险化学品重大危险源安全监控管理规范》

附录三 国外化学品安全管理相关法规

（一）美国化学品安全管理相关法规标准

序号	名 称
一	法规
1	《预防中毒包装法》（PPA）
2	《超巨额基金法》（Superfund）
3	《毒性物质包装危害预防法》（PPPA）
4	《国家油料及有害物质污染响应计划法》（NCP）
5	《化学品数据通报制度》（CDR）

续表

序号	名　称
6	《联邦环境污染控制法》（FEPCA）
7	《联邦杀虫剂、杀菌剂和杀鼠剂法》（FIFRA）
8	《联邦危险物质法》（FSHA）
9	《联邦有害物质管理法》（FHSA）
10	《清洁空气法》（CCA）
11	《食品、药品和化妆品管理法》（FDCA）
12	《危险物品运输法》（HMTA）
13	《消费产品安全法》（CPSA）
14	《消费品安全改进法》（CPSIA）
15	《应急计划与公众知情法案》（EPCRA）
16	《有毒物质控制法》（TSCA）
17	《职业安全与健康法》（OSHA）——工艺安全管理 OHSA1910.119
18	《综合环境应急、赔偿法》（CERCLA）
19	《风险管理计划》（RMP）
20	《化学品设施反恐标准》
21	《商业及工业应急管理指南》
二	标准
22	AIP RP 2021《常压储罐防火的管理 第四版》
23	ANSI Z400.1/Z129.1—2010《标签和 MSDS 的标准》
24	ANSI/API 1160—2001《危险液体管道管理系统完整性》
25	ANSI/API 521—2006《石油、石化产品和天然气工业 . 压力泄放系统》
26	ANSI/UL 1275—2006《易燃液体储存室的安全标准》
27	ANSI/UL 132—2002《无水氨气和液化石油气的安全阀的安全标准》
28	API 580—2009《基于风险的检验》
29	API 581—2008《基于风险的检验技术》
30	API RP 750《工艺危害管理》
31	API RP 751—2007《氢氟酸烷化装置的安全操作》
32	API 752《永久性装置工艺危害管理》
33	API 753《与装置位置有关的工艺危害管理》
34	API RP 755《炼油和石化行业人员疲劳风险管理体系》
35	API RP 1129《危险液体管道系统完整性的保证》
36	API RP 2023《加热石油衍生沥青产品及原油残留物安全储存和处理指南》
37	API RP 2027—2002《烃类常压储罐喷砂起火危险及安全作业规范》
38	API RP 2030—2005《石油和石化工业消防水喷淋固定系统的应用》
39	API RP 2201—2003《石油和石化行业安全带压开孔规范》
40	API RP 2207《动火作业罐底准备》
41	API STD 2015《石油储罐安全进入清洗要求》
42	API RP 2216《露天热表面液体和蒸气烃引燃风险》
43	API STD 2217A—2005《石油和石化惰性有限空间安全作业指南》

续表

序号	名 称
44	NFPA 329—2010《处理释放的易燃、可燃液体的推荐实施规程》
45	NFPA 11—2010《低中高倍数泡沫灭火系统标准 2010 版》
46	NFPA 16—2011《泡沫水喷洒系统安装标准 2011 版》
47	NFPA 30—2012《易燃和可燃液体规范》
48	NFPA 551—2013《火灾风险评价指南》
49	NFPA 31—2011《燃油设备安装标准》
50	NFPA 33—2011《易燃和可燃液体规范》
51	NFPA45—2011《化学实验室消防标准》
52	NFPA 55—2013《压缩天然气（CNG）汽车燃料系统》
53	NFPA 57—2002《液化天然气汽车燃料系统规范》
54	NFPA 58—2014《液化石油气规范》
55	NFPA 59—2012《公共液化石油气站规范》
56	NFPA 59A—2013《液化天然气生产、储存和处置规范》
57	NFPA 69—2014《防爆系统标准》
58	NFPA 110—2013《应急和备用动力系统标准》
60	NFPA 430—2004《液态和固态氧化物的贮存规范》
61	NFPA 432—2002《有机过氧化氢物的存储标准》
62	NFPA 434—2002《杀虫剂存储标准》
63	NFPA 471—2002《危险品事故防范对策推荐实施规程》
64	NFPA 472—2013《危险品事故专职处理人员资格标准》
65	NFPA 473—2013《个人事故应急响应能力标准》
66	NFPA 490—2002《硝酸铵的贮存规范》
67	NFPA 655—2012《硫黄加工过程的防火防爆标准》
68	NFPA 704—2012《危险品紧急处理系统鉴别标准》
69	NFPA 820—2012《污水处理和收集设备的防火》
70	NFPA 901—2011《事故报告与防火数据分类标准》
71	NFPA 921—2014《火灾和爆炸调查指南》
72	NFPA 1033—2014《火灾调查人员专业资格标准》
73	NFPA 1250—2010《火灾和应急服务组织风险管理的推荐操作》
74	NFPA 1991—2005《有害物质应急气体防护服标准》
75	NFPA 1992—2012《有害物质应急液体喷溅防护服标准》
76	NFPA 1994—2012《化学 / 生化危险品灾难事故防护标准（2012 年版）》
77	NFPA 2113—2012《企业人员着耐火服消防保护选择、管理、使用及维护标准》
78	ASTM E1445—2008《有关化学品潜在危害性的术语》

（二）欧盟化学品安全管理相关法规

序号	名 称
1	《欧盟化学注册、评估、许可和限制法规（1907—2006—EC）REACH》

续表

序号	名 称
2	《关于进出口危险化学品的指令（304—2003—EC）》
3	《限制某些活动和装置使用有机溶剂而排放的挥发性有机化合物的 1999—13—EC 指令》
4	《关于进出口危险化学品的（689—2008—EC）指令》
5	《欧洲进出口危险化学品事先知情同意规程（PIC）》
6	《关于物质、混合物分类、标签、包装的第 1272—2008—EC 法规（CLP 法规）》
7	《危险制剂的分类、包装及标注的 88—379—EEC 指令》
8	《现有物质危险性评估和控制指令 793—93—EEC 指令》
9	《禁止销售和使用的危险化学品及制剂名单 76—769—EEC 指令》
10	《关于危害物质风险降低策略和风险评估结果的 2001—838—EEC 指令》
11	《在电气和电子设备中限制使用某些有害物质的 2002—95—EC 指令》
12	《安全和健康的最低要求 92—58—EEC》
13	《关于采取鼓励改善工人在作业中安全和健康的措施的 89—391—EEC 指令》
14	《关于工人接触致癌物和致突变物的风险保护的 2004—37—EC 指令》
15	《关于工作场所工人化学风险的安全与健康保护的 98—24—EC 指令》
16	《关于改善工人在爆炸环境中潜在风险的安全与健康保护的最低要求的 1999—92—EC 指令》
17	《改善工作环境的安全和健康措施，包括孕妇和哺乳期女工安全和健康安全措施（92—85—EEC）》
18	《关于在潜在爆炸环境中使用相关设备及保护系统的成员国近似法律的 94—9—EC 指令》
19	《Young—people 保护指令（1994—33—EC）》
20	《2012 年 7 月 4 日，关于危险物质重大事故危害控制的 2012—18—EU 指令》（塞维索 III 指令）
21	《欧洲议会和理事会指令 2011—92—EU，关于公共和私有项目对环境影响的评估》
22	《欧洲议会和理事会指令 Directive 2001—42—EC，关于特定计划和项目对环境影响的评估》
23	《欧洲议会和理事会指令 2003—4—EC，关于公众对环境信息的获取》
24	《关于工业排放物（包括污染预防与控制）的 2010—75—EU 指令（IED 指令）》
25	《生态管理和审核计划 III》法规 No 1221—2009—EC，2010 年 1 月 11 日生效
26	《限制因油漆、清漆和汽车表面整修产品中使用的有机溶剂面导致 VOC 排放并修订了 1999—13—EC（2004—42—EC）》
27	《加州地区水质控制委员会 圣地亚哥地区大陆海事圣迭戈废物排放要求（2002—0282—COD）》
28	《关于清洁剂的 648—2004—EC 规程》
29	《欧洲议会和理事会关于共同体环保标签修订计划的 1980—2000—EC 规程》
30	《2001 年 6 月 27 日，欧洲委员会关于建立清洁剂和卫生设施清洁剂的共同体环保标签标准的 2001—523—EC 决议》
31	《2001 年 7 月 19 日，欧洲委员会关于建立手洗餐具洗涤剂的共同体环保标签标准的 2001—607—EC 决议》
32	《2002 年 9 月 3 日，欧洲委员会关于建立室内涂料和油漆的共同体环保标签修订标准的 2002—739—EC 决议》
33	《2002 年 11 月 29 日，欧洲委员会关于建立餐具洗涤剂的共同体环保标签修订标准的 2003—31—EC 决议》
34	《2003 年 2 月 14 日，欧洲委员会关于建立洗衣机清洁剂的共同体环保标签修订标准的 2003—200—EC 决议》
35	《关于化妆品的成员国近似法律的 76—768—EEC 指令》
36	《关于化妆品的成员国近似法律的 2003—15—EC 指令》

续表

序号	名 称
37	《关于化妆品的成员国近似法律附件的 2004—94—EC 指令》
38	《电池指令 91—157—EEC》
39	《欧盟协会和理事会关于电子及电子废弃物指令（2002—96—EC）》
40	《1998 年 2 月 16 日，欧洲议会和理事会关于杀菌剂投放市场的 1998—8—EC 指令》
41	《关于植物保护剂投放市场的 91—414—EEC 指令》
42	《1999—45—EC 关于协调各成员国法律、法规和行政规章有关危险配置品分类、包装和标记规定的欧洲议会和理事会指令》
43	《67—548—EEC 危险物质分类、包装和标记规定的理事会指令》

（三）英国化学品安全管理相关法规标准

序号	名 称
1	《健康和安全法》
2	《有害健康物质控制法规》（COSHH）
3	《重大事故危险的控制法规》（COMAH）
4	《生物农药产品法规》（BPR）
5	《化学品（危害信息及包装）法规》（CHIP）
6	《工业铅管理法规》（CLAW）
7	《物质或混合物分类、标签、包装法规》（CLP）
8	《农药管理法规》（COPR）
9	《危险物质及爆炸环境法规》
10	《重大事故控制指南》1999（修订版）
11	《盐酸与硝酸大量储存指南》
12	《工作场所铅的控制》（第 3 版）
13	《重大事故应急预案》
14	《承包商管理指南》
15	《健康安全培训指南》

（四）德国化学品安全管理相关法规

序号	名 称
1	《职业安全法规》
2	《事故预防法规》
3	《关于工作场所化学物质风险管理指令》
4	《设备和生产安全法规》
5	《联邦环境污染控制法规》
6	《化学品储存管理法规》

第四篇

炼化企业设备本质安全可靠与监管智能化对策

炼化企业设备本质安全可靠与监管智能化是实现炼化企业安全生产的根本保证。受高温、高压、高转速条件以及介质温度、压力、流态、流速、易腐蚀、易燃和易爆等因素影响，炼化企业设备运行中存在风险不可避免。通过本质安全化方法、智能化监管手段和完整性管理模式，不仅可以提高设备本质安全可靠程度，还可以将系统中的风险控制在可容忍范围内，或将风险转化为事故造成的事故后果的严重程度降到最低。

本篇系统诠释炼化企业设备本质安全、可靠性及监管智能化的定义、内涵和特征，制定设备本质安全可靠与监管智能化所遵循的原则；系统调研炼化企业设备本质安全可靠与监管智能化的发展现状，分析当前存在的主要问题，通过技术评估、设计标准比对、数据挖掘和典型案例分析对比，发现与国外炼化企业设备本质安全可靠与监管智能化程度高的企业的差距，以及提高炼化企业设备本质安全可靠与监管智能化程度面临的挑战；调研国外先进企业的设备本质安全可靠与监管智能化技术体系和管理模式，通过对比分析发现管理缺项和差距及前沿技术，确定炼化企业设备本质安全可靠与监管智能化发展趋势，制定了阶段性的战略目标；确定当前已经成熟可推广的技术和模式、完善后可推广的技术和模式以及前沿发展技术和模式，明确炼化企业设备本质安全可靠与监管智能化系统化的技术方法和管理模式，提出炼化企业设备本质安全可靠与监管智能化对策和建议。

目 录

CONTENTS

第一章

引　言

一　研究背景

炼化企业是国民经济发展的重要基础和支柱产业，在宏观经济的发展中占有举足轻重的地位，其生产规模也在不断扩大，炼油总产能一直保持增长趋势。2015年年底，世界炼油能力达到4512Mt/a，比2014年增长了1.73%，超过了2012年的4448Mt/a的历史最高值。其中，亚太地区仍为全球炼油能力最大的地区，达到1317Mt/a，美国约为905Mt/a，中东地区炼油能力也在逐年增加（图1-1）。我国原油产量、加工量、成品油产量、乙烯产量逐年提升。截至2016年底中国炼油能力达750Mt/a，较2000年的360Mt/a增长了112.3%，已占全球炼油能力（4870Mt/a）的14%，在美国之后居世界第二位。中国石油、中国石化两大集团炼厂的平均规模已增至286Mt，超过全球平均水平。全国千万吨级以上炼化基地已达20多个，大型炼化装置已达1200多套。2017年我国炼油能力一改过去两年减少和略增的徘徊态势，转而进入较快增长通道，预计全年将净增

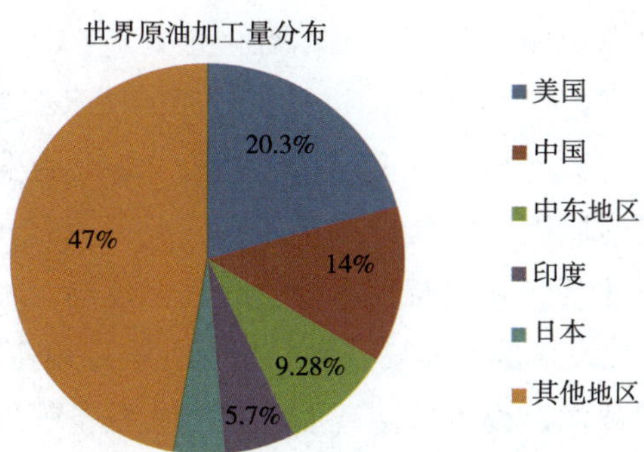

图1-1　2016年世界原油加工量分布

能力35Mt/a，总炼油能力将逼近800Mt/a。可以看出，炼化企业在国民经济和社会发展中占有举足轻重的地位，具有不可替代的基础作用，对国家的综合实力和人民生活水平有着直接的影响。

炼化设备是生产中最关键的一环，炼化企业设备众多，大多在高温高压等极端条件下运行，一旦发生事故，就会造成巨大的经济损失以及不良的社会影响。例如：2014年11月15日大约4时，杜邦公司美国德克萨斯州La Porte化工厂一幢封闭构筑物内的甲硫醇储存容器上的1只阀门突然破裂，导致甲硫醇泄漏。4名工人在试图制止泄漏时，因吸入高浓度甲硫醇而死亡，泄漏还导致1名工人轻度中毒；2005年11月13日，中国石油吉林石化公司双苯厂苯胺车间由于硝基苯精制设备缺乏必要的防范误操作智能安全联锁装置，在操作工错误操作后，发生爆炸事故，造成松花江水域严重污染，受到海内外高度关注；2010年7月16日，大连中国石油输油管道发生爆炸，因工作人员油轮卸油时操作不当，导致一条输油管道爆炸并引起原油泄漏，造成人员伤亡和附近海域原油污染；2011年9月8日，上海赛科石油化工有效责任公司超临界乙烯输送管道一流量计旁路闸阀阀盖螺栓发生应力腐蚀开裂，导致阀盖与阀体突然分离，高压乙烯大量泄漏，随即引发爆炸和火灾；2013年11月22日10时25分，位于山东省青岛经济技术开发区的中国石化股份有限公司管道储运分公司东黄输油管道原油泄漏导致发生爆炸，造成62人死亡、136人受伤，直接经济损失7.5亿元；2015年4月6日，腾龙芳烃(漳州)有限公司二甲苯装置发生爆炸着火重大事故，造成6人受伤，直接经济损失9457万元。

针对我国炼化企业事故频频发生的现象，中共中央国务院做出批示，切实增强安全防范治理能力，大力提升我国安全生产整体水平，确保人民群众安康幸福，企业应坚持安全发展、坚持改革创新、坚持依法监管、坚持源头防范、坚持系统治理。中国石化近三年投入了超过400亿元用于治理油气管道安全隐患并替换更新老旧管道。如何消除炼化企业中存在的风险，建立本质安全的炼化企业，成为当前众多研究机构和学者重点研究的课题。

分析炼化企业设备事故频发原因，虽然引发事故的大多数原因是人为失误，但最根本原因是由于设备的可靠性不足、管理水平落后以及监测智能化不足。其一，设备从设计、制造阶段未遵循可靠性设计/制造原则；设计/制造采标落后，标准不一，导致设备可靠性、安全性质量难以保障。其二，国内炼化企业对RCM、RBI、SIL、HAZOP、RAM等风险评估技术应用不够重视，贯彻执行风险评估技术作为管理决策技术支撑的企业很少，为设备本质安全可靠运行埋下了隐患。其三，炼化企业设备监管智能化、信息化不足也是造成事故频发的原因，当装置出现异常工况征兆时，装置人员无法及时了解当前装置的实际工况，无法预测并判断当前设备的潜在危险，不能及时采取有效措施将事故扼杀在萌芽阶段。实现设备的本质安全可靠运行，实现设备的本质安全可靠性设计/制造，推广设备风险管理技术、设备监测智能化技术、设备管理信息化等技术，在当前已经刻不容缓，将会在保障炼化企业设备的稳定运行中发挥重要的作用。

（一）可靠性设计/制造

调查分析表明：我国炼化企业在设备可靠性设计制造方面还存在很多问题，比如设备设计人员对于同类炼化装置设备安装、使用、维修、报废等全生命周期的管理运行数据掌握不足；部分设计单位缺乏相应的设计资质；设计观念落后、技术落后、采用设计标准落后；部分制造企业制造水平不达标等。

以承压设备法兰密封垫片的设计制造为例：国内密封垫片设计仅仅泄漏率这一项指标比国外高一个数量级；国外承压设备法兰几乎都经过仿真模拟，从而确保法兰在设计压力等级范围内不变形、不走样，确保密封可靠。反观国内石油石化企业，密封泄漏查找采用LDAR（泄漏检测与修复）技术，查漏、补漏周而复始，很少从影响密封的关键因素识别上下功夫，比如是法兰垫片设计制造泄漏率偏高、还是法兰强度设计不适合、还是法兰紧固螺栓选用不适合等。不从承压设备本质安全可靠方面下功夫，事倍功半，不仅造成企业人力、物力的巨大浪费，而且更重要的是造成企业环保难以达标，气体或液体泄漏造成的易燃易爆风险也难以消除。

近年来石油、石化企业高危泵发生泄漏着火事故时有发生，仅2017年某石化公司在短短1个月内发生3次比较大的高危泵机械密封泄漏引起的火情。常规的共性原因分析为机械密封泄漏、高温油泵自燃。提出的改进措施多为优先选用进口机械密封、冷却液选用除盐水、长期负荷低于60%的泵要设立小流量旁路调节；加强巡检频次；高危泵安装状态监测系统等。按照RCM的观点，高危泵密封泄漏着火的根本原因是泄漏的液体遇到空气在合适的条件下燃烧，解决问题的根本思路就是阻断油气与空气接触。无论是进口机械密封，还是安装监测诊断系统，都难以避免机械密封泄漏。按照API标准，用API PLAN53A或53B型机械密封改造原来的API PLAN32型机械密封，同时利用监测诊断技术能够从根本上解决此类问题。炼化设备设计、选型不合理造成设备事故频发的案例很多，设备本质安全可靠设计十分关键。

（二）风险管理技术

我国炼化企业风险管理技术相较于国外，发展较晚，在20世纪90年代从国外引进先进技术和理念之后，开始迅速发展。目前国内炼化企业对于RCM、RBI、SIL、HAZOP等技术都有着不同程度上的应用，也更多地把这些技术融入到了设备管理体系、风险分析等方面上来，为生产本质安全提供了保障。

HAZOP技术最早起源于1960年英国化学工业公司，1995年经美联邦提出的过程安全管理要求，开始在安全分析管理领域得到广泛应用。2007年国家安监局出台了《危险化学品建设项目安全评价细则》，为涉及危险化学品储运、生产等活动的炼化企业明确了安全评价、风险评估方法，建议企业优先使用危险与可操作性分析方法对装置进行风险辨识。国内三大石油公司等企业近年来相继要求子企业对每套生产装置进行HAZOP分析，当前已进行两轮。

自2003年开始，基于风险的检验（RBI）技术在我国石化装置逐步得到推广应用，为保障石化装置承压设备本质安全，提高企业设备管理水平起到积极作用；《固定式压力容器安全技术监察规程》（TSG R0004—2009）、《压力容器定期检验规则》（TSG R7001—2013）等特种设备法规、标准已经确立RBI技术的法律地位；国内炼化企业已在1000多个装置上开展RBI评估、检验工作。RBI技术对于推动压力容器、压力管线特种设备管理发挥了重要作用。但是，国内很多石油、石化、煤化工、冶金等企业生产装置开展RBI的比例还很低，还未普及和发展。

20世纪80年代中后期，我国军事科研部门开始研究RCM理论及其应用。1992年国防科工委颁布了由军械工程学院为主编单位的我国第一步RCM军用标准GJB1378《装备预防性维修大纲的制定要求与方法》，该标准在海军、空军及二炮部队主战装备上应用取得了显著的军事、经济效益。RCM应用效果较好的企业维修费用下降了50%以上，维修人工减少了30% ~50%，设备可靠性提高了8% ~15%。从国内RCM应用研究20多年的实践看，RCM应用在军工、核电、电力、石化等行业取得了一定效果，但在化工领域没有大面积应用，主要原因是RCM是一项系统工程，不是灵丹妙药；国内缺乏足够的RCM工程管理技术人才；企业领导者认识高度不足、推广支持力度有限。

综观我国风险管理方法与技术的应用与发展，应用起步较晚，缺少相关评估数据的积累基础，国外的数据当前还不能完全适用于我国国内的实际工艺装置和设备，还需要不断加强国内风险管理方法技术应用的监管和技术创新；国内大多数企业都相继进行了风险评估、可靠性评估和设备智能管理应用，但是评价结果还未被企业综合利用，企业依据评价结果修改了部分工艺设计后，就把评价报告束之高阁，在风险和效益权衡时，还存在相对的应用局限性和资金制约性。

（三）监测智能化、信息化

炼化企业设备众多，随着石化行业生产规模不断扩大，设备类型日趋复杂，传统的人工监管并不能够满足安全生产的需求。实时在线监测和监管智能化、信息化，对实现设备故障早期预警、故障预测、故障诊断与智能维修，避免设备非计划检修或事故造成的装置停产具有重大意义，是设备本质安全可靠运行的重要保障。以下着重从设备振动监测、腐蚀监测、密封监测等方面进行介绍。

1. 设备振动监测

在设备状态监控方面，目前我国炼化企业装备普遍存在故障率高和寿命周期短等突出问题。统计表明，国内某大型石化加氢裂化、乙烯裂解、合成氨、聚丙烯、重整、催化裂化等装置因设备故障造成的非计划停工为40余次/年。2016年7月11日中华人民共和国工业和信息化部正式发布《工业绿色发展规划（2016-2020）》，规划指出：围绕传统机电产品、高端装备，实施高端、智能和在役再制造示范工程，打造若干再制造产业示范区。如何能够在故障早期进行准确诊断、预警，避免事故发生，是千万吨炼油、大化肥等石油化工行业迫切需要解决的问题。

国内某监测诊断中心为国内石化部分企业2400多台设备提供监测诊断费服务，自2009-2017年6月设备故障次数分布如表1-1所示。

表1-1 国内部分企业2009-2017年6月设备故障次数分布

故障案例	2009-2012年	2013年	2014年	2015年	2016年	2017年
离心机组故障案例	19	12	40	46	45	26
机泵故障案例	23	15	27	32	25	28
往复机组故障案例	39	25	107	118	133	68
年度故障案例总和	81	52	174	196	203	122
累计故障案例总和	81	133	307	503	706	828

国内石化大型企业关键大型离心压缩机组监测覆盖率能到90%以上、机泵在线监测覆盖率不足20%、部分往复式压缩机组监测覆盖率为0。国内外石油化工等能源行业应用最广泛且先进的压缩机组振动联锁停机保护系统从Bently公司的7200到3300再发展到目前GE Bently 3500系统，一直采用振动通频幅值进行报警及紧急联锁停车保护。根据近年中石油近30多家炼化分公司安全检查数据统计显示，关键透平压缩机组振动联锁保护实际投用率只有78%；而往复压缩机的振动保护联锁投用率只有35%。为确保连续生产避免造成较大的生产损失，在实际操作中经常人为摘除振动联锁保护或放大报警幅度，由此会带来巨大安全隐患。

从状态监测产品的应用来看，有的工程技术管理人员还认为是“画蛇添足”，有没有监测诊断系统都一样。近年来，国内石化企业投入巨大资金以设备安保资金名义为设备安装了在线监测系统，无线监测系统，离线巡、点检系统等，但是监测诊断系统总体发挥作用还未完全发挥出来，还有很大潜力需要进一步挖掘。

2. 腐蚀监测

在腐蚀监控方面，2014年我国腐蚀总成本超过2.1万亿元，约占当年GDP的3.34%，其中炼化企业更是腐蚀的重灾区。2014年某石化公司下属35家企业腐蚀总成本约10.9亿元，约占其当年利润的1.66%。其炼油板块每年因设备腐蚀导致的非计划停工次数大致占到总次数的30% ~40%（图1-2），生产装置腐蚀泄漏情况分析见图1-3。许多工业发达国家的腐蚀调查都表明，腐蚀破坏所导致的经济损失估计占国民生产总值（GNP）的

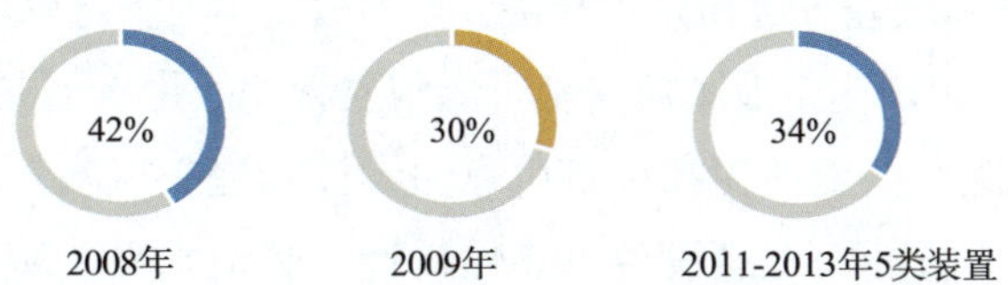

图1-2 某石化公司炼油板块因腐蚀导致的非计划停工比例

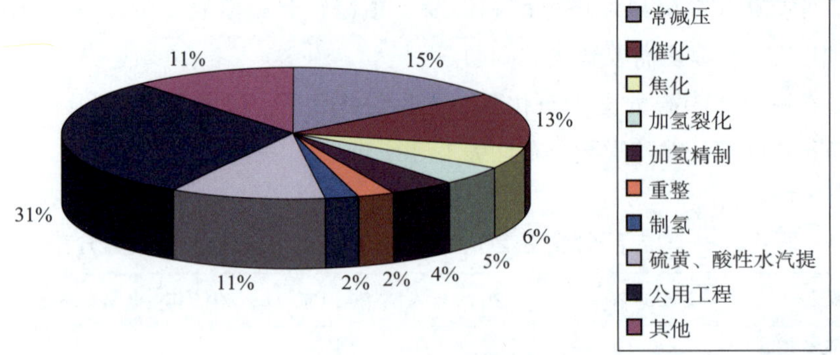

图 1-3 生产装置腐蚀泄漏情况分析

1% ~5%。腐蚀泄漏、爆炸给炼化企业造成巨大经济损失、社会影响，是设备本质安全可靠与监管智能化研究的重要内容之一。

3. 密封监测

在密封监控方面，密封在炼化企业的大型设备中的应用非常广泛，密封效果将直接影响整体设备的运行，尤其是在石油化工领域内。因存在易燃、易爆、易挥发、剧毒等介质，密封出现泄漏将严重影响生产正常进行，不仅可能使设备性能变差、使用寿命降低、产品质量下降、污染周边环境，严重的还将导致重大安全事故发生，危害人们的身体健康和生命安全。日本曾对炼化企业发生的624起事故进行分析，其中化工装置发生的事故为210起，占33.7%，炼油装置发生的事故为79起，占12.7%。而210起化工装置事故中表现为泄漏形式的为115起，占55%；79起炼油装置事故中表现为泄漏形式的为54起，占68%。正确合理地选择密封结构及材料，视情况对密封结构进行本质安全可靠性设计，改善密封结构件的本质安全性能，同时辅助增加密封的监管智能化水平，这对于降低泄漏事故发生几率，保障炼化企业安全生产、降低资源消耗、降低环境污染具有重要意义，能极大地推动炼化企业的可持续发展。

除此之外，目前我国炼化企业在招标方面普遍存在以最低价招标的情况。由于我国目前相对缺乏规范的评估机制和行业公信机制，实行最低价中标法的质量监督和监管体系尚未成熟，导致部分小型企业为了获利，无视设备质量，缺乏相应的制造能力情况下，一味降低价格竞标，使部分不合格设备进入工艺装置。如2015年4月6日某公司二甲苯装置发生爆炸着火重大事故，事故调查原因表明，设备设施安装过程中就存在重大质量问题。根本原因就是企业的主要负责人重效益、轻安全，在工程建设、设备设施选用上采取了最低价投标的招标方式，导致设备安装质量不合格，为事故发生埋下隐患。

总体而言，目前我国炼化企业本质安全可靠与监管智能化水平在不断提高，但与国际先进水平还有较大差距，主要体现在设备可靠性设计制造、风险管理技术以及监控智能化、信息化技术应用等方面。提高设备可靠性设计、制造水平，避免低价中标引发的伪劣、低质设备进入装置，基于风险建立设备故障事故防控，提高装置智能化监管水平，将进一步保证生产安全、降低设备故障率、提高设备使用寿命、减少事故发生率、最大限度缓解事故后果，这也是目前炼化企业在本质安全可靠与监管智能化方面的重要发展方向。

二 本篇研究工作简介

（一）研究目标

（1）确定炼化企业设备本质安全可靠与监管智能化定义、内涵和特征，明确炼化企业设备本质安全可靠与监管智能化需要达到的标准以及实施需要遵循的原则。

（2）确定炼化企业设备本质安全可靠与监管智能化发展趋势和战略目标，提出炼化企业设备本质安全可靠与监管智能化科技战略对策和建议。

（3）明确推广应用炼化企业设备本质安全可靠与监管智能化的管理模式和系统化技术集成,确定炼化企业设备本质安全可靠与监管智能化重大创新工程与示范基地。

（二）研究内容

1. 炼化企业设备本质安全可靠与监管智能化的内涵与特征

受高温、高压、高转速条件以及介质温度、压力、流态、流速、易腐蚀、易燃和易爆等因素影响，炼化企业设备运行中存在风险不可避免。通过本质安全化方法、智能化监管手段和完整性管理模式，不仅可以提高设备本质安全可靠程度，还可以将系统中的风险控制在可容忍范围内或将风险转化为事故造成的事故后果的严重程度降到最低。本篇系统诠释炼化企业设备本质安全、可靠性及监管智能化的定义、内涵和特征，制定设备本质安全可靠与监管智能化所遵循的原则。

2. 炼化企业设备本质安全可靠与监管智能化的现状与挑战

企业性质、投资成本以及运营管理模式等因素决定了国内外炼化企业设备本质安全可靠与监管智能化的能力和水平参差不齐，国内在设备本质安全可靠和监管智能化方面还存在很多问题需要解决。本篇系统调研炼化企业设备本质安全可靠与监管智能化的发展现状（腐蚀预测与适应性评估/IOW、预警/RCM、维修/RBI、检验/SIL、安全等级/FFS、缺陷评估/RAM、策略优化等设备完整性核心支撑技术综合应用范围小,缺乏设备密封可靠监控、缺少联锁装置或联锁智能化水平低、缺乏有效状态监控和智能预警信息监管平台，以及缺乏设备安全可靠与监控的完整性管理信息平台），分析当前存在的主要问题，通过失效模型、技术评估、标准比对、数据挖掘和典型案例分析对比，发现与国外炼化企业设备本质安全可靠与监管智能化程度高的企业的差距，以及提高炼化企业设备本质安全可靠与监管智能化程度面临的挑战。

3. 炼化企业设备本质安全可靠与监管智能化发展趋势和战略目标

国内炼化企业提高设备本质安全可靠与监管智能化程度需要追踪国内外学科技术发

展的前沿，明确企业追赶发达国家先进企业本质安全可靠与监管智能化的发展趋势和制定战略目标。本篇通过调研国外先进企业的设备本质安全可靠与监管智能化技术体系和管理模式，对比分析发现管理缺项和差距及前沿技术，确定炼化企业设备本质安全可靠与监管智能化发展趋势，制定阶段性的战略目标。

4．炼化企业设备本质安全可靠与监管智能化科对策和建议

本篇调研国内典型炼化企业设备本质安全可靠与监管智能化的技术体系和管理模式，确定当前已经成熟可推广的技术和模式、完善后可推广的技术和模式以及前沿发展技术和模式，通过典型炼化企业设备本质安全可靠与监管智能化试验、模拟以及验证分析，确定炼化企业设备本质安全可靠与监管智能化重大创新工程与示范基地，由此明确炼化企业设备本质安全可靠与监管智能化系统化的技术方法和管理模式，提出炼化企业设备本质安全可靠与监管智能化对策和建议。

（三）技术路线

研究任务的技术路线如图1-4所示。

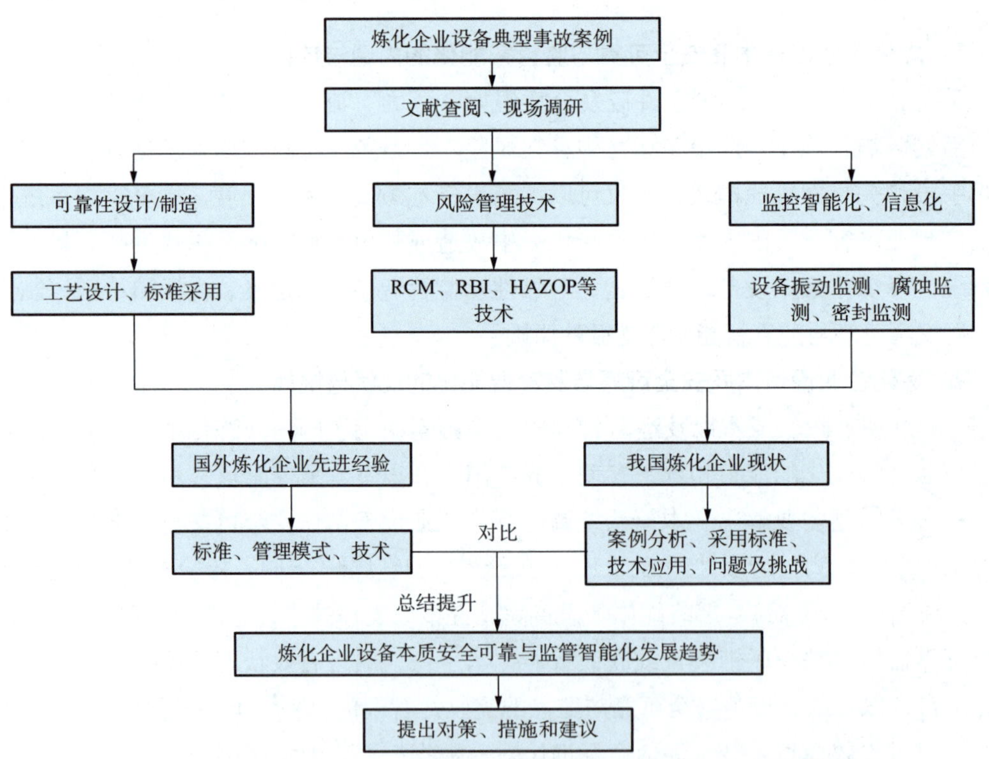

图1-4 炼化企业设备本质安全可靠与监管智能化研究技术路线

第二章

炼化企业设备本质安全可靠与监管智能化的内涵与特征

一 本质安全与本质安全化

本质安全一词的提出源于20世纪50年代世界宇航技术的发展，这一概念的广泛接受是和人类科学技术的进步以及对安全文化的认识密切相连的，是人类在生产、生活实践的发展过程中，对事故由被动接受到积极事先预防，以实现从源头杜绝事故和人类自身安全保护需要，在安全认识上取得的一大进步。狭义的概念指的是通过设计手段使生产过程和产品性能本身具有防止危险发生的功能，即使在误操作的情况下也不会发生事故。广义的角度来说就是通过各种措施（包括教育、设计、优化环境等）从源头上堵住事故发生的可能性，即利用科学技术手段使人们生产活动全过程实现安全无危害化，即使出现人为失误或环境恶化也能有效阻止事故发生，使人的安全健康状态得到有效保障。

本质安全化一般是针对某一个系统或设施而言，是表明该系统的安全技术与安全管理水平已达到系统可以较为安全可靠的运行。本质安全型企业有如下几个方面的特点：

1）运行本质安全

企业的所有设备和系统的运行是正常的、稳定的，并且自始至终都处于受控状态。

运行本质安全建立在本质安全设计、自动化和智能化监测与控制等基础上。

2）设备本质安全

设备和系统在设计和建造环节上都要考虑到应具有较完善的安全防护功能，以保证设备和系统能够在规定的运转周期内安全、稳定、正常地运行。这是防止事故的主要手段。

设备本质安全可靠90%以上取决于可靠性设计和可靠性制造，它们是确保设备本质安全的关键支撑技术。

3）人的本质安全

生产操作、维修维护等人员完全具有适应生产系统要求的生理、心理条件，具有在生产全过程中很好地控制各种环节安全运行的能力，具有正确处理系统内各种故障及正确应变意外情况的能力。要具备这样的能力，首先要提高企业员工的职业理想、职业道德、职业技能和职业纪律水平；其次要广泛深入地开展安全教育和培训，实现由“要我安全”到“我要安全”的转变；第三要提高职工的政策法制观念、安全技术素质和应变能力。

另外一个层面，人的本质安全因素还取决于他掌握本质安全可靠技术的能力以及运用本质安全可靠技术发现问题、解决问题的能力。

4）管理的本质安全

管理主体对管理客体实施控制，使其符合安全生产规范，达到安全生产的目的。安全管理的成败取决于能否有效控制事故的发生。安全管理从问题发生型管理逐渐转向问题发现型管理。为此，必须运用安全系统工程原理，进行科学分析，做到超前预防。

炼化设备管理而言，HAZOP、LOPA、RCM、RBI和SIL等是确保设备本质安全可靠的关键支撑技术，改变传统的设备管理模式，分别运用RCM、RBI、SIL等管理模式来代替传统的动、静、电、仪设备管理模式，对于推动设备管理进步具有重要作用。

5）环境的本质安全

环境包括空间环境、时间环境、物理化学环境、自然环境和作业现场环境。环境要符合各种规章制度和标准。实现空间环境的本质安全，应确保企业的生产空间、平面布置和各种安全卫生设施、道路等都符合国家有关法规和标准；实现时间环境的本质安全，必须做到按照设备使用说明和设备定期试验报告，来决定设备的修理和更新。同时必须遵守劳动法，使员工在体力能承受的法定工作时间内从事工作；实现物理化学环境本质安全，就要以国家标准作为管理依据，对采光、通风、温湿度、噪声、粉尘及有毒有害物质采取有效措施，加以控制，以保护劳动者的健康和安全；实现自然环境本质安全，就是要提高设备和系统的抗灾防灾能力，并做好事故灾害的应急防范对策的组织落实。

二 设备本质安全

设备的本质安全是指人的操作失误或设备出现故障时，能自动发现并自动消除，能确保人身和设备的安全。本质安全的设备具有高度的可靠性和安全性，可以杜绝或减少伤亡事故，减少设备故障，从而提高设备利用率，实现安全生产。设备本质安全化的程度并不是一成不变的，它将随着科学技术的进步而不断提高。

设备设计、制作、安装、改造与维修等全生命周期管理中，设备本质安全包括以下因素：

（1）采用本质安全技术，在预定的条件下执行机械的预定功能满足机械自身的安全要求，使用本质安全工艺过程的动力源。

（2）限制机械力，并保证足够的安全系数。

（3）用以制造机械的材料、燃料和加工材料在使用期间不得危及人员的安全和健康。

（4）履行安全人机工程学的原则，提高机械设备的操作性和可靠性，使操作者的体力消耗和心理压力降到最低，从而减小操作误差。

（5）设计控制系统的安全，控制系统的设计应考虑各种作业的操作模式或采用故障显示装置，使操作者可以进行干预，如重新启动原则、零部件的可靠性、定向失效模式、自动监控等。

（6）失效安全，即保证当机器发生故障时不出危险。

（7）机器安全装置可靠有效，诸如固定安全装置、联锁安全装置、控制安全装置、跳闸安全装置等。

设备的本质安全从控制事故物源入手，提出防止事故发生的技术途径和方法，对于从根本上发现和消除事故与危害，防止误操作及设备故障的发生具有重大意义。

三 设备本质安全可靠与监管智能化内涵

炼化企业本质安全既取决于本身没有危险，又取决于控制能力。根据现代控制论原理，通过对工程活动中人－机－过程－环境系统故障、事故发生发展及其防治、根除的规律的认识，运用有关知识、信息对系统施加控制作用来保证其正常运行，以达到人类预定的安全目标。

《国务院办公厅关于印发安全生产“十三五”规划的通知》中说明，大型石化装置、国家重要油气储运设施等重大危险源、检维修、设备置换、开停车、试生产、变更管理等重点部位和重点环节已成为危险化学品事故防范重点。危险化学品泄漏高灵敏快速检测、安全监管监察智能化已是安全生产科技研发重点方向。

“通知”要求企业强化安全科技引领保障，推进安全生产信息化建设。推进信息技术与安全生产的深度融合，统一安全生产信息化标准。全面推进安全监管监察部门安全生产大数据等信息技术应用，实现跨部门、跨地区数据资源共享共用，提升重大危险源监测、隐患排查、风险管控、应急处置等预警监控能力。推动高危企业建设安全生产智能装备、在线监测监控、隐患自查自改自报等安全管理信息系统。

事故预防分为三个层级：

（1）一级预防（本质安全设计）：事故原因预防，“防发生”针对故障和事故原因采取根本性预防措施，保证本质设计的可靠性。

（2）二级预防（本质安全管理）：“三早”预防，即早期发现、早期诊断、早期整治。

（3）三级预防：对已发生的某些故障采取及时有效的措施，防止故障蔓延、扩大。在科学技术高度发展的今天，我们依然要坚持“预防为主”的方针，防技术灾难于未然。

医学上认为“自主调理是治疗学的第一原理”，保持健康的根本点不在于那种宏观的稳定状态，而在于调节控制那些建立和保持这种状态的具体机制。疾病的痊愈终归还得依靠人体的自愈能力，包括免疫、防御、代偿、修复和适应等。这些都可以用来指导研究化工过程自愈原理。

在系统论的指导下，打破传统的专业壁垒，借鉴和移植现代医学“自主调理”治疗原理，应用现代非线性动力学等理论，集成状态监测诊断技术、人工智能技术、主动和自适应控制技术、嵌入式计算机技术等，研究以事故预防和自愈为目标的过程自主调控，使炼化企业设备具备故障自愈功能，从而大幅度减少故障和事故；减少停机生产损失，减少“过剩检测”，减少“过剩维修”，减少排污污染环境，减少备件储备，减少对人的依赖程度。

本质安全可靠与监管智能化可使未来的高风险过程减少对人的依赖程度，解放人的脑力劳动；自愈调控是预防事故的减灾增效工程，是涉及多学科交叉的前沿技术，是涉及多专业、多部门的系统工程，可以将与事故作斗争提前到设计阶段，将安全的责任从用户逐步向设计制造转移，是利用知识、信息技术提升传统过程制造业、促进信息行业大发展的必然趋势。

综上所述，设备本质安全可靠与监管智能化内涵为：以设备可靠性设计、制造为根本，以风险管理手段为核心，以监测控制智能化、信息化技术为支撑，实现设备实时状态感知、状态辨识与预测、外部环境扰动或自身故障自适应调节控制以及实现自主式维修保障决策，确保设备的运行可靠性、安全性和人、机、环境的和谐。

四 设备本质安全可靠与监管智能化的特征

（一）可靠性设计/制造

可靠性设计/制造是指在设备设计、制造方面从设备的本质安全出发，在产品设计过程中，消除设备的潜在缺陷和薄弱环节、防止故障发生，以确保满足规定的固有可靠性要求所采取的技术活动。可靠性设计/制造能保证设备的本质安全，可以杜绝或减少设备故障，减少伤亡事故，从而提高设备利用率，实现安全生产。

设备本质安全可靠运行，首先要实现工艺设备可靠性设计、可靠性制造；设备的选型也要选择通过可靠性设计、制造的产品。

（二）风险管理（RCM、RBI、SIL、HAZOP等）为炼化设备全生命周期管理的核心

风险管理技术是指利用风险辨识、风险分析、风险定量计算、可靠性管理等手段保证设备正常的运行状态，在发生故障时把风险降到最低。风险管理技术能保证设备在运

行过程中保持安全的生产状态，通过对风险的识别、管控，实现运行本质安全。

针对动静电仪设备开展RCM、RBI、SIL风险评估，找出影响设备可靠运行的关键少数因素，采用故障根除措施，制定降险措施或一次性变更任务，提高设备本质安全可靠性。风险评估技术已经成为设备全生命周期管理的支撑技术，它们贯彻到设备/装置设计、建造、安装、运行、维护、报废等各个阶段。

（三）监测控制智能化、信息化

监测控制智能化、信息化可以实现设备的实时监测，实现数据共享，利用移动互联网、物联网、云计算、大数据等技术手段对设备状态进行实时分析监控，对事故后果进行数据挖掘，不断提高设备本质安全水平，保证设备安全运行。

"监测与预警、诊断与预测"成为设备监测诊断的发展方向；工业互联，通过数据信息把人和机器联系起来，实现设备预知维修、状态维修、可靠性维修，能够提高人的工作效率、确保设备运行安全。

第三章

国外炼化企业设备实现本质安全可靠与监管智能化的主要经验

炼化企业是国民经济的支柱产业，设备本质安全可靠与监管智能化成为国内外学者们重点研究方向。本篇调查研究从企业调研着手，从设备可靠性设计与制造、风险管理、监管智能化与信息化三个方面来说明国外炼化企业设备实现本质安全可靠与监管智能化的宝贵经验。总体而言，在可靠性设计与制造方面，国外的炼化企业的标准有着较强的系统性、可靠性和环境友好等特点；在风险管理方面，国外的炼化企业不仅有先进和多样的风险管理模式，而且拥有成熟的可靠性管理作为技术支撑；在状态监测方面，国外的炼化企业采用多种监测和检测手段，实现准确化、智能化监测，保证了系统安全。

一 企业调研

通过对A和B两个合资公司设备风险识别、状态监测及完整性管理状况企业调研，了解当前国外炼化企业发展现状，如表3-1所示。两家企业主要为化工装置，与炼油装置管理模式有所不同。它们同时都是国内石化公司与国外公司合资企业，企业管理架构和模式都采纳国外企业模式，扁平化管理程度高。对于RBI、LDAR、LOPA、HAZOP、SIL等风险技术，两家企业都有广泛的应用。在监测智能化和信息化方面，A安装有在线智能监测系统，并且配备巡检仪；B仅仅依靠工厂的日常巡检和预防性维修。A正在推行智能化工厂系统，但在工业大数据方面并没有展开相应的工作；而B正在积极推进大数据的建设用于预知性维修。综上所述，这两家国外的炼化企业在本质安全可靠与监管智能化的发展程度较高且各有优势。A在可靠性设备设计与制造和状态监测方面发展迅猛，B在风险管理方面有很大的优势，这些都是我国的炼化企业需要借鉴和学习的。

表3-1　A与B企业调研对比表

	A公司	B公司
可靠性风险评估技术	（1）采用国际通用的可靠性指标，即：设备实际运行时间 / 设备年度需求运行时间≥ 97.3%； （2）开展 RBI 方面的工作，进行了 RCA 根本原因分析，对于 HAZOP、LOPA、SIL 等均有使用	使用 RBI、LDAR、LOPA、HAZOP、SIL 等，但是没有使用 RCM，其指定的检修计划主要数据依赖于 RBI 和 Meridium 设备管理系统
监测智能化和信息化	（1）大型旋转机械管理：配备本特利 System1，系统带自诊断专家系统功能，能给出唯一可能结论； （2）关键机泵管理：3kW 以上泵 800 多台纳入点检计划，采用普迪美 VBT3 巡检仪器（每个装置 1 ~ 2 台）； （3)振动监测分级管理：设备按照振动监测按照红、黄、蓝确定检修计划，采用状态维修或视情维修管理模式； （4）大机组润滑油管理：机械杂质每 3 个月分析一次，有时候也开展铁谱分析； （5）备件管理：采用 SAP 系统管理备件，易损件、关键件等根据损耗频率储备，大机组转子 A 公司独自备件	（1）大型旋转机械管理：关键动设备基本配备 Bentley System1，实现智能预防性维修； （2）关键机泵管理：离线设备每月采集数据一次；采用 Smart Signal 公司智能诊断系统； （3）高压电机：每半个月检测诊断一次； （4）润滑油管理：每月 1 次，委托监测单位，SGS； （5）静设备监测：裂解炉、加热炉的采用红外成像定期检测； （6）工艺参数监测：应用 PI 系统实现设备异常报警
设备完整性管理	采用 PIM 管理系统，纵向到底、横向到边，实现“设计 – 制造 – 安装 – 检验 / 维护 – 报废”全生命周期的管理，SAP 中 PM 模块记录故障、故障分析	设备运行时间和部件寿命管理依赖 TBM 管理系统，该系统每周四会发布报告，其数据来源是 PI 系统和 SAP 系统

二　可靠性设计与制造经验总结

炼化企业设备的本质安全可靠对于安全生产具有重要的意义，而设备寿命周期内安全性的关键在于设备设计与制造时的标准采用。欧美日等发达国家对于炼化企业生产标准具有较强的系统性、全面性、持续改进、可靠性高和环境友好等特点。行业标准在制定过程中会参考、引用其他行业的技术标准规范，涉及其他行业的技术规定符合相应的规范要求。以动设备、静设备和辅助设备的设计制造标准以及环保标准为例，说明国外炼化企业利用标准制定实现本质安全可靠与监管智能化的先进经验。

（一）设计与制造标准

1. 动设备

国外炼化企业动设备的设计与制造标准根据其独特的发展历史和生产环境，从而发展出了各具特色的标准。本篇研究报告以离心泵为例，将国外炼化企业对于泵的设计与制造标准进行对比。国外的离心泵设计与制造标准主要分为以下三种：API 610、ISO 5199和ASME B73.1M/B73.2M。

API，是美国石油协会（American Petroleum Institute）的简称。出版API 610标准的目的是为了提供一份采购规范，以便于离心泵的制造和采购。API 610是针对石油炼厂用离心泵提出的，其标准名为《一般炼厂用离心泵》(Centrifugal Pumps for General Refinery Services)。但实际上，使用API 610标准的不仅是石油炼厂，石油、化工、天然气等领域均时常采用。API 610对节能问题备受关注。API 610要求制造厂和使用厂在设备的制造、选用和运行等所用环节中积极寻求创新的节能方法。如果这种节能方法能提高效率并降低使用期的总费用而不致牺牲安全或可靠性，则应鼓励采用。另外选择设备时的评定标准应以设备在使用寿命期内的总费用为准，而不是以设备的采购费用为准。

ASME是美国机械工程师协会(The American Society of Mechanical Engineers)的简称。ASME B73.1M-1991《卧式轴向吸入化工离心泵》(Specification for Horizontal End Suction Centrifugal Pumps for Chemical Process)和ASME B73.2M-1991《立式管道化工离心泵》(Specification for Vertical In-Line Centrifugal Pumps for Chemical Process)是美国国家标准，由泵制造厂和化工生产厂共同编制，符合这两个标准的泵，称为ANSI泵。

ISO是国际标准化组织的简称。ISO 5199其标准名为《离心泵技术规范Ⅱ级》(Technical Specification for Centrifugal Pumps, Class Ⅱ)，主要依据是德国的DIN标准。其外形尺寸、性能符合ISO 2858标准；底座符合ISO 3661；机械密封或软填料用的空腔尺寸符合ISO 3069；性能试验B级符合ISO 3555，C级符合ISO 2548。

ISO 5199和ASME B73.1M/B73.2M对中、轻负载的石油、化工用离心泵、驱动机及辅助设备在设计、制造、检验、试验及交货状态等方面提出了基本要求。ISO泵和ANSI泵在材料、设计、制造和试验等方面的要求比API泵要低一些，因此可靠性相对要差一些，当然价格也便宜许多。这类泵满足一般化工用途的要求，常用于对易燃、危险等要求不太高的场合。美国DURCO公司的MARK Ⅲ系列，GOULDS公司的3196系列，瑞士苏尔寿公司和大连耐酸泵厂的CZ系列，日本荏原公司的IFW、IFS系列以及我国的IH系列(含改进系列)等均属此类泵。但是，两种标准的适用范围存在不同，其中：

(1) ISO 5199(包括等同或参照该标准的国家标准)适用于卧式悬臂式离心泵；

(2) ASME B73.1M标准仅适用于底脚安装的卧式悬臂式离心泵；

(3) ASME B73.2M标准适用于立式管道离心泵。

综上所述，当离心泵的参数属于中、轻负荷时[即吸入压力≤0.5MPa(G)、排出压力≤1.96MPa(G)、介质温度<260℃、额定扬程≤120m、驱动机功率≤110kW]，除了以下情况选用API 610泵外，其余情况均可选用ISO 5199泵或ANSI泵从而减少设备的采购费用。

(1) 离心泵输送的介质为特别易燃或危险时；

(2) 不设备泵，且对可靠性要求较高时；

(3) 要求泵的连续运转周期较长时。

当离心泵超出中、轻负荷范围时，选用API 610标准的离心泵，其性能和可靠性更能得到保证。

国外动设备的设计与制造标准对于不同场合、不同危险程度的设备都提供了相应的要求，充分体现出了系统性和可靠性。在标准的选择上，采用效率高、使用周期长、设计与制造费用低的标准，体现出了国外炼化企业采用标准的可靠性和经济性。

2. 静设备

静设备的设计与制造标准对设备的长周期运转意义重大。本篇研究报告以压力容器为例，对比几个国家常用的设计与制造标准。压力容器是一种特殊设备，其工作条件差，在运行和使用中损坏的可能性较大。一旦发生事故不仅容器本身遭到破坏，而且还会引起一连串恶性事故，例如破坏其他设备及建筑物，危害人员生命安全，污染环境等，还会造成重大国民经济损失。为了确保压力容器的安全，许多国家都制定自己的压力容器规范。国外影响较广泛并具有权威规范有：美国的ASME、英国的BS5500、日本的JISB8243以及德国的AD规范等。

1）美国ASME《锅炉及压力容器规范》

ASME《锅炉及压力容器规范》是由美国机械工程师学会制定的，现在已正式成为美国的国家标准。它具有以下主要特点：

（1）规模庞大，内容极其完备，它本身就构成了一个完整的标准体系，而且是当前世界上最大的封闭型标准体系。所谓封闭型标准体系的含义即基本上不必借助于其他标准，其本身可完成压力容器选材、设计、制造、检验、试验、安装及运行等全部工作环节。

（2）ASME规范技术先进，修订及时，安全可靠。能做到这一点，不仅因为它有力量雄厚的专门班子，完备的修订制度，更主要的是因为它有庞大的科研后盾。

（3）ASME规范即实行了压力容器基础标准的双轨制。即按“分析设计”，安全系数低，要求对压力容器各区域的应力进行详细的计算，并根据各种应力对失效所起的作用予以分类，然后对不同类型的应力采用不同的应力强度条件加以限制。这种设计方法工作量极大，需借助于电子计算机，制造检验严格。这两部基础标准并行，同属有效，可以根据产品的具体情况加以选用。

ASME规范由于具有上述特点，使它成为世界上影响最大的一部规范。它的先进技术和某些科学作法，经常被其他规范参照或仿效。

2）英国BS 5500《非直接火加热压力容器规范》

英国BS 5500《非直接火加热压力容器规范》（1988），是由英国标准学会（BSI）负责制定的。它是由两部规范合并而成：一部是相当于ASME第Ⅷ卷第1分篇的BSI500《一般用途的熔融焊压力容器标准》，另一部是近似于德国AD规范的BSI515《化工及石油工业中应用的熔融焊压力容器规范》。它既包括“常规设计”也包括“分析设计”。其疲劳设计中所采用的疲劳曲线与ASME不同。BS5500采用统一的许用应力值，并且以抗拉强度为基础的安全系数也低于ASME第Ⅷ卷第1分篇。

3）日本JISB 8243《压力容器结构规范说明》

日本与美国一样，也采用基础标准的双轨制。一部是参照ASME第Ⅷ卷第1分篇制定的JISB 8243《压力容器的构造》；另一部是参照ASME第Ⅷ卷第2分篇制定的JISB 8250《压力容器的构造（另一规则）》。

4）德国AD《压力容器规范》

德国的工业产品标准一般是根据工业法律的要求，由各有关部门代表组成的专家委员会制定。AD规范与ASME规范相比较，具有如下特点：它只对材料的屈服极限取安全系数，且数值较小，因此产品壁厚较薄、重量轻；它允许采用较高强度级别的钢材；在制造方面，AD规范没有ASME详尽，他们认为这样可使制造厂具有较大的灵活性，易于发挥各厂的技术特长和创新。

从上述对于几个国家压力容器标准的对比分析可以看出，国外炼化企业的静设备设计与制造标准有内容完备、修订及时、覆盖全生命周期、基于先进的技术和可靠性高的特点。在标准的采用上，有多种适应不同工况下的标准进行选择。

3. 辅助设备

辅助设备的制造标准为设备可靠性设计与制造奠定了设计依据和基础。下面以管线、螺栓法兰、垫片和机械密封标准的对比为例，分析欧洲、美国等国家的设计标准对于设备本质安全可靠的指导意义。

1）管线

（1）美国ASME B31《压力管道规范》。

美国联邦法规和各州法规所应用的压力管道标准主要有美国联邦安全法第49章（49 CRF192-195）、美国国家标准组织（ANSI）、美国机械工程师协会（ASME）、美国石油学会（API）、美国腐蚀工程师学会（NACE）等组织颁布的标准。ASME-ASTM-ANSI-API-AWS-MSS-AWWA-NACE 等一系列标准互相配合，形成美国压力管道标准的规范体系。

ASME B31《压力管道规范》由8部单独出版的压力管道美国国家标准所组成。每部标准均包括设计、材料、管道组件限制、制作、装配、安装、检查、检验和试验等内容，是一部完整的综合性标准。其中ASME B31.3《工艺管道》内容涉及化工和石油化工等行业的管道，原标准名为《化工厂和炼油厂管道》。ASME B31《压力管道规范》具有以下特点：由标准化协会和专业协会管理，已形成完整的管理体系；按不同行业要求分别出版完整的压力管道规范；具有良好的继承性、实践性、透明性和先进性；信息通道畅通；周期短。

（2）国际标准化组织ISO TC67 SC2《石油、石化和天然气工业用设备材料及海上结构技术委员会管道输送系统》。

国际标准化组织ISO是当今世界上规模最大的国际科学技术组织和国际标准化机构，其主要职能是制定国际标准，组织协调世界范围的标准化工作。自1947年2月成立以来，它一直致力于制定各行业的国际技术标准，对协调和规范世界各国各种技术标准起到了积极作用。到目前为止，ISO已颁布了上千个国际标准，其中与工业管道、长输管线建造安全关系较为密切的是ISO TC67 SC2《石油、石化和天然气工业用设备材料及海上结构技术委员会管道输送系统》。

（3）欧盟EN13480工业金属管道及其相关的EN协调标准。

欧盟于2002年正式颁布了其压力管道标准EN13480“Metallic Industrial Piping”，欧盟成员国的内部章程规定了“该标准将可原封不动地作为欧盟各国的压力管道国家标准”。同时，该标准的前言中明确了“符合该标准的要求也即满足了欧盟的承压设备指令En97/23的基本要求”。

在承压大小方面，En13480没有加以限制，该标准也适用于公称压力超过420MPa的压力管道，只要该管道符合标准的其他四部分的要求。

在管道分级方面，En13480的管道分级按欧盟的压力设备指令（97/23EC）分为0、I、I^b、II、II^b、II^c、III。它从定性和定量两个方面综合考虑，并根据所输送的流体状态、危险性、压力和管径等采用图表的形式确定。

在高温材料的使用方面，En13480在这方面未作具体规定，但配套的材料标准中均给出用于设计的中温屈服强度和高温长期强度值，使用温度上限一般较低。

在冲击试验方面，En13480中包括了3种方法。其中，方法1是以使用经验为依据，适用于所有的金属材料；方法2是依据断裂力学的原理和使用经验，主要用于低合金或细晶粒高强度钢（屈服点可达460MPa）；方法3是以断裂力学分析为依据，仅在方法1和方法2都不适用时，可采用该方法来确定材料的低温冲击要求。

在应力分析方面，En13480的有关条款较为严格，表现在：对于包括温度在内的所有循环载荷，En13480规定在疲劳设计时都必须加以考虑；针对端点或支吊架永久性位移对管道作用的载荷给出了明确的强度条件。

在检验方面，En13480从设计确认、制作过程中的检查、焊缝的无损检测、压力试验和文件几大部分对承压件的检验和检测要求进行了规定，要求详细，但未对管道焊缝的检查等级进行分级。

2）螺栓法兰连接

美国压力容器研究委员会对螺栓法兰连接，按照质量泄漏率分成5个紧密度等级，如表3-2所示。

表3-2 美国泄漏率等级

密封度等级	T1	T2	T3	T4	T5
泄漏率/[mg/(s·mm)]	2×10^{-1}	2×10^{-3}	2×10^{-5}	2×10^{-7}	2×10^{-9}

而欧洲国家生产的螺栓法兰，欧洲标准协会对螺栓法兰连接也按照泄漏率规定了3个紧密度等级（表3-3）。

表3-3 欧洲泄漏率等级

密封度等级	$L_{1.0}$	$L_{0.1}$	$L_{0.01}$
泄漏率/[mg/(s·m)]	≤1.0	≤0.1	≤0.01

将两者化为同一标准进行比较，如图3-1所示。

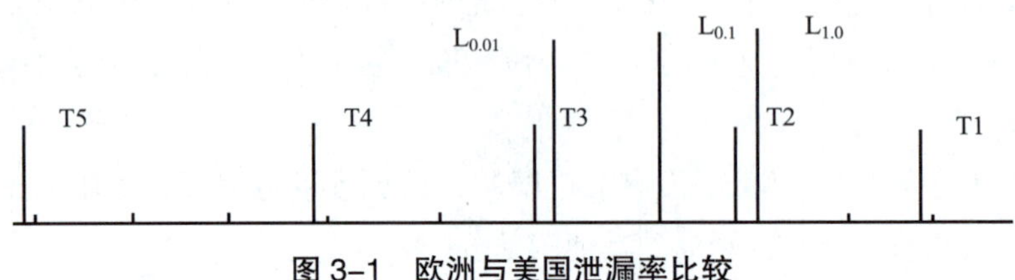

图3-1 欧洲与美国泄漏率比较

从图中可以看出美国制定的标准比欧洲制定的标准使用范围更精确，而欧洲标准稍逊一筹。

3）机械密封

国外机械密封比较见表3-4。

表3-4 国外机械密封比较

标 准	适用条件	允许泄漏范围
JIS 132405-77/2003（日本）	轻型机械密封	介质为液体时泄漏量不大于3mL/h，对于特殊条件及被密封介质为气体时不受此限
ROCT5-2018-73（苏联）	离心油泵用端面密封	泄漏量不超过20mL/h，轴封箱压力小于2.5MPa，转速小于3000r/min
API682-2004（美国） ISO21049-2004	离心泵和转子泵用轴封的轴径范围为20mm（0.75 in）～110mm（4.3 in）	有机化合物蒸气VOC小于1000mL/cm^3，液体泄漏量≤5.6g/h

根据适用条件以及允许泄漏率两方面：机械密封的标准要参考所应用的领域以及实际运行的状况，同时随着机械制造精度的不断提高，机械密封的标准也有越来越严格的趋势。

4）垫片性能试验标准的对比

国外垫片性能实验标准见表3-5。

表3-5 国外垫片性能实验标准

标准号	ASTM F37（美国）	JIS B2490（日本）	VDI2440（德国）	DIN28090-2(德国）
适用范围	板状和实心现场成形的垫片材料	板状垫片、PTFE包裹垫片和缠绕式垫片	板状垫片	板状垫片

续表

测量范围		0.3mL/h ～ 6L/h	1.69×10^{-4} ～ 1.69×10^{-2} $Pa\cdot m^3/s$	$1.0\times10^{-2}Pa\cdot L/(s\cdot m)$	$1.0Pa\cdot L/(s\cdot m)$
测漏方法		U 形量管	皂膜流量计	氦质谱检漏仪	压降法
试样	尺寸	适合试验室尺寸的圆环形板状垫片	≤ ϕ96mm	DN40 PN40	DN40 PN40
	数量		3	3	3
实验条件	温度	21 ～ 30℃	18 ～ 28℃	29 ～ 31℃	18 ～ 28℃
	时间	5 ～ 30min	3h	24h	2h
	试验介质	ASTM 燃烧油或 N_2	氦气	He	N_2
	试验压力	未规定	2MPa（非金属垫片） 4MPa（缠绕式）	0.1MPa	4MPa

如表3-5所示，德国标准比美国、日本都要高，其中美国的标准适应范围最广，测量次数也比较多，可以有效降低误差，能够客观地反映垫片性能。因此，美国的制作标准在国际上处于领先地位，但在精度上与德国还有一点差距。

在国外炼化企业辅助设备标准方面，不同的国家根据生产环境的需要，标准的覆盖范围、使用条件等都各有不同。但是大体上反映了标准具有完整性、可靠性高、精度高、修订及时等特点。炼化企业都能够依据标准执行，制造出精确度高、使用周期长的辅助设备。

（二）环保标准

欧美日等发达国家和地区非常重视环保问题，可以概括为以下三个方面：

（1）特别注重石化工业排放标准的科学严谨，突出标准的可操作性。依据当前最佳实用清洁化技术制定污染物排放标准，排放限值在现有技术条件下完全能够实现，同时根据技术进步状况，适时修订排放标准。强调以最佳可行技术为依托制定的环保标准具有可执行、可监督、经济可行等优点，能够确保多数企业遵守。例如巴斯夫路德维希工厂工艺污水COD排放标准是200mg/L，这一标准得到了莱茵河两岸全部企业的有效执行，从而大大改善了莱茵河的水体质量。

（2）利用标准的导向作用，引导企业加强污染物治理，确保达标排放。例如，BASF路德维希基地与居民区之间只隔着一条宽50多米的马路，基地自觉执行政府排放法规，制定了严于政府排放标准的内控指标，认真实施污染物消减计划，实际排放优于国家标准，使厂界符合环境质量的要求。

（3）标准具有严肃性和权威性，加强环保执法和监管，加大环保违法处罚力度。限期不能达到相应标准的工厂必须关停整改，不达到相应标准不得复工。例如欧盟工业污染物排放法规（IED）的突出特点是可操作性非常强，不同工业有针对性的排放限值要求，而且每个工业排放标准都是在配套最佳实用清洁化生产技术方案的基础上确定的。同时，对不同企业的污染物排放限值也是不同的，达不到限值要求的企业，必须进行改造。

总体而言，国外环保方面的标准具有严格的权威性。不仅在标准的制定上考虑到企业的可执行性和经济可行性，同时考虑到政府的可监督性。从而引导国外的炼化企业重视环保、加强企业污染治理，加强政府执法和监管能力，使得工厂产生的废物达到环保要求。

综上所述，国外的炼化企业在可靠性设计与制造方面的宝贵经验主要体现在设计与制造标准的可靠性、完整性、精准性、科学性、及时修订、适用性；在环保标准方面体现了导向性、权威性、可执行性和经济适用性。

三 风险管理经验总结

国外的炼化企业根据生产环境和发展历史开发出了具有特色的可靠性管理模式和可靠性管理支撑技术，能够从全生命周期的角度来观察设备风险来源、风险的破坏机制、风险的影响范围和风险的破坏力，从而进行风险管理，增强设备的本质安全。国外对于可靠性管理模式和可靠性管理支撑技术有着非常丰富的研究经验。本篇研究报告列举了多个国家不同公司的特色可靠性管理模式和主要的可靠性管理支撑技术应用。

（一）可靠性管理模式

通过对欧盟法国《风险管控》的法律条款、法国“工厂技术风险预防”相关法令、DNV设备设施全生命周期风险管理、BP实施承压设备完整性管理、SHELL设备设施风险及可靠性管理、Exxon Mobil操作完整性管理、美国职业安全卫生局机械完整性和英国标准局PAS 55调查分析，可以确定国外已经从法规层面确定了基于风险的安全管理模式，企业的风险管理已渗透至设计、建造、运行、废弃等全生命周期管理流程。

1. 法国DREAL里昂省监管部修订《风险管控》的法律条款

2001年法国的图卢兹化工厂AZF发生爆炸，31人死亡，2500人受伤，在法国社会诸多层面引起了很大的震动，相继引发了一系列法规的修订。2003年7月修订了《风险管控》的法律条款，包括：

（1）EDD条款变更，强化风险分析，从源头上预防风险；

（2）《建筑规划和风险管控》相关内容变更，继承过去，展望未来；

（3）加强员工和承包商对防止意外事故的参与度；

（4）CLIC法规（即目前的CSS）更新风险管控理念，增加信息和公众参与；

（5）修订保险法规，改善对工业灾害受害者的赔偿；

（6）防止企业倒闭和在活动结束时工作未完成的情况。

风险预防相关法规的变化主要体现在重新定义了风险概念，从控制危险转变为控制风险，更多关注事故对厂外人员及环境可能造成的严重后果及可能性。风险评估方法要针对所有外界影响因素进行研究，采用强度－重力－概率－动力学方法，并绘制区域影响地图和灾害地图，对风险防控措施也要进行评估。规划和住房局参与到企业建设项目审批中。

工厂技术风险预防的决策遵循三项原则：

（1）必须避免增加该地区的风险；

（2）加强建筑物的防护；

（3）如果采取措施后风险仍然很高，则必须减少在该地区的人口数量。

2. 法国FLUIDYN公司进行数值模拟计算风险

FLUIDYN可提供基于流体力学基础的多物理场数值模拟软件，可用于模拟火灾、爆炸、有毒气体泄漏扩散的后果计算及评估安全和环境风险，指导工业过程包括项目选址阶段的安全及环境影响距离的确定以及设计过程安全措施的制定。

在进行事故及空气污染预测方面，利用基于三维计算流体动力学（CFD）的风险评估软件比高斯模型（二维）更加精准。高斯模型可快速地对扩散进行模拟，但高斯模型对于小静风气象条件和复杂地形条件的模拟结果较差，无法准确反映出大型构筑物对于厂区流场的影响；CFD模型借助于精确的三维建模和网格划分，可以有效解决高斯模型存在的缺陷。另外，基于三维计算流体动力学的风险评估软件的另一个优势是确认安全措施的有效性，比如氨罐泄漏事故可以考虑采用水喷淋稀释后能减少其扩散的后果，从而对企业投用安全防护措施的积极性起到促进作用。

除此之外，FLUIDYN公司还与法国环境署联合开发大气仿真软件。它涵盖工业排放、交通排放、事故排放的扩散仿真，能够直接导入GIS地形、气象数据等。同时也可作为地表水和地下水污染物迁移扩散的仿真工具。计算结果得到政府、企业、公众等多层次人群的认可。根据应用场景具体模块信息见表3-6。

表3-6　法国风险评估技术中的风险分级

风险分析/危险研究	
Fluidyn-PANEPR	有毒/可燃气体事故扩散
Fluidyn-PANWAVE	对储罐高压及波的导致漫溢对防水隔墙堤岸的作用
Fluidyn-PANFIRE	建筑内外固体存储和液体池火灾的三维热辐射
Fluidyn-PANACHE ASSESSRISK	石化场所危险因素的风险分析/后果模拟
空气质量/影响研究	
Fluidyn-PANEIA	持续工业排放对空气质量的影响
Fluidyn-PANROAD	道路交通对城市区域空气质量的影响
Fluidyn-PANAIR	城市空气质量
Fluidyn-PANREG	MM5中尺度气象模型及辐射剂量计算功能
Fluidyn-PANPART	拉格朗日颗粒模块，模拟颗粒运输
Fluidyn-PANCHEM	化学反应模块

3. DNV GL（挪威船级社）设备设施全生命周期风险管理

DNV GL提出设备设施全生命周期风险管理（RBM），区别于传统的设备管理，对风险的认知和管理要比减少和消除更为重要，强调以风险管理为核心，从管理层面和技术层面着手。针对石油化工设备的不同寿命周期阶段，应用相关技术开展设备风险管理，如图3-2所示。例如，在设计阶段可开展QRA（定量风险评价）、HAZOP（危险与可操作性分析）、SIL（安全完整性等级评估）等风险管理工作；在运行阶段开展RBI（基于风险的检验）、RCM（以可靠性为中心的维护）、SIL等工作。

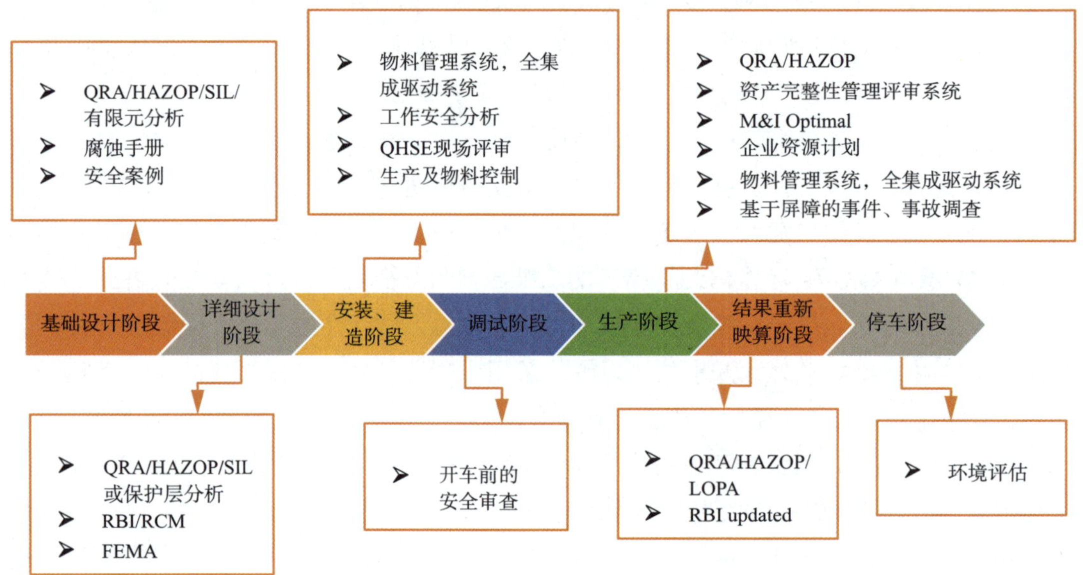

图 3-2 设备设施全生命周期风险管理

4. BP公司（Texas City Refinery）实施承压设备完整性管理

BP公司实施承压设备完整性管理（PEI）涉及管理者支持、完整性操作窗口、变更管理、劣化趋势控制、风险评估与检验、寿命周期管理、规范、标准和法规、现场程序和工作流程、记录保持与数据管理、持续改进等方面，包括RBI、腐蚀控制计划、完整性操作窗口、腐蚀回路、IDMS（智能设备监控系统）、CML分配等技术（图3-3、图3-4）。

5. SHELL设备设施风险及可靠性管理

SHELL设备设施风险及可靠性管理包含四个方面的技术支撑（图3-5）：

（1）S-RCM为装置提供基于风险的检维修策略；

（2）S-RBI为压力容器等提供基于风险的检验；

（3）IPF（仪表保护功能）提供仪器仪表检验维护的频率；

（4）Civil RCM为公用工程系统提供基于风险的检验，从而达到设备全方位的管理。

SHELL认为成功的资产完整性管理是设计完整性、技术完整性和操作完整性的组

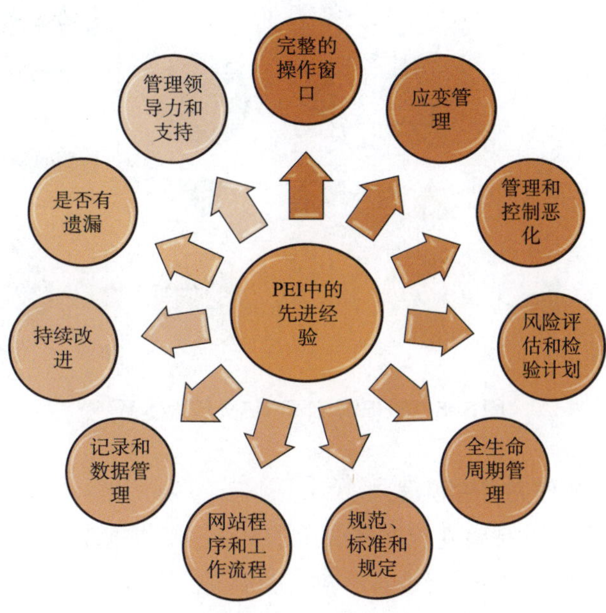

图 3-3 BP 公司承压设备完整性管理

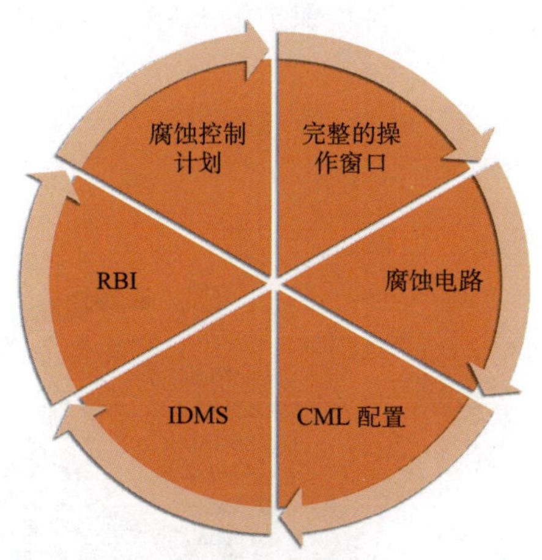

图 3-4 BP 公司承压设备完整性管理技术体系

合。随着时间推移，设备的完整性会因多种原因而降低。SHELL开发了两个方法来对完整性进行评估，称之为FAIR（Focused Asset Integrity Reviews），即资产完整性评价：

FAIR +ER：对设备完整性指标进行评估。对设备状态进行评估，首先定义设备的用途和功能，采用统一、可重复的模型进行评估。

FAIR +MS：对管理系统的有效性进行评估。对完整性管理体系进行结构化的审核，并针对特定的资产类型开发了不同的审核模块。如静设备、仪器仪表、动设备、管道和离岸设施结构等模块。

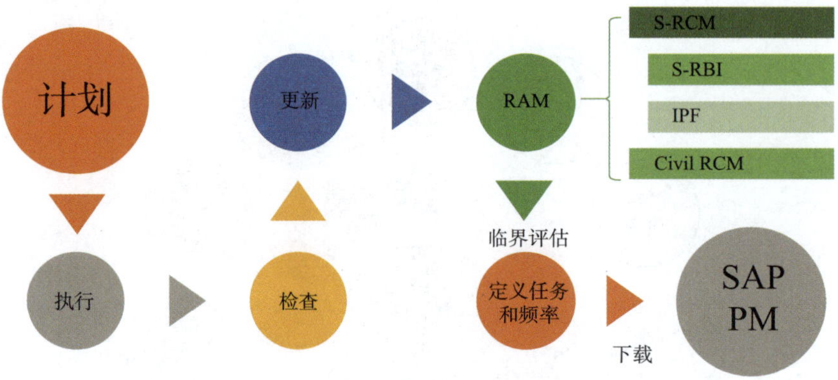

图 3-5 SHELL 公司 RAM 管理体系

6. ExxonMobil操作完整性管理

ExxonMobil提出操作完整性管理系统（OIMS）：系统框架由11个要素组成，各要素包括一个基本原则和一套在装置设计、施工及操作中需要达到的期望目标。如图3-6所示，设备可靠性系统（RS）是对OIMS体系的补充，有19个要素，关注设备可靠性、可用性、成本，OIMS体系偏向安全。OIMS是闭环持续改进模式，突出领导对企业安全管理的驱动作用，业务运营方式既与环境保护相协调，又能保护员工安全、健康。

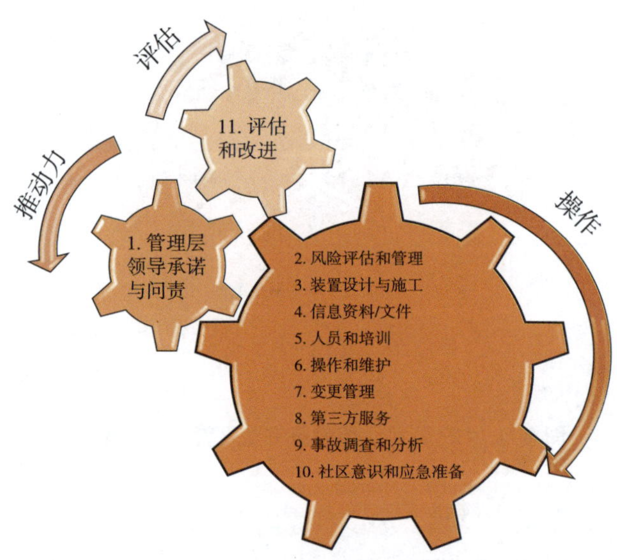

图 3-6 ExxonMobil 公司 OIMS 管理体系要素结构图

7. 美国职业安全卫生局（OSHA）机械完整性

OSHA在过程安全管理（PSM）中提出机械完整性（Mechanical Integrity）管理：是为了实现设备完整性目标而进行的一系列管理活动，采取技术改进和加强管理相结合的方式，来保证整个装置中设备运行状态的良好，贯穿设备全生命周期的管理。如图3-7所示，设备完整性管理是企业整体管理的一部分。

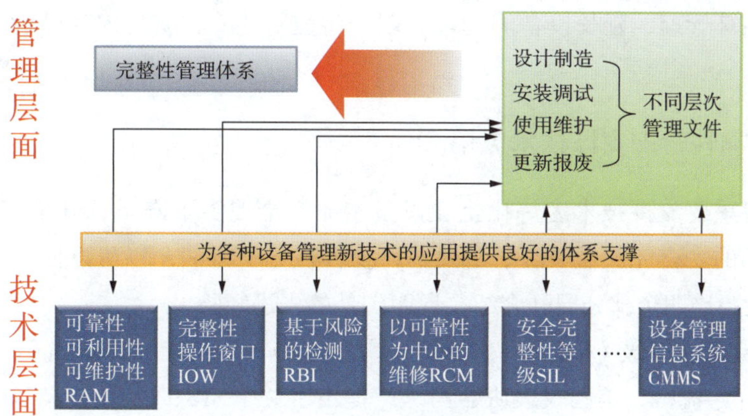

图 3-7 设备完整性管理体系

8. 英国标准局（BSI）PAS 55《国际固定资产管理标准》

目前国外资产管理一个比较重要的规范是英国标准局（BSI）PAS 55《国际固定资产管理标准》（图3-8），已成为ISO 55000《资产管理体系标准》。在资产管理策略、目标、计划、实施、能力、绩效、风险方面提出28条要求，企业根据这些要求，结合现状，识别差距，分析原因，提出解决方案，并持续改进。

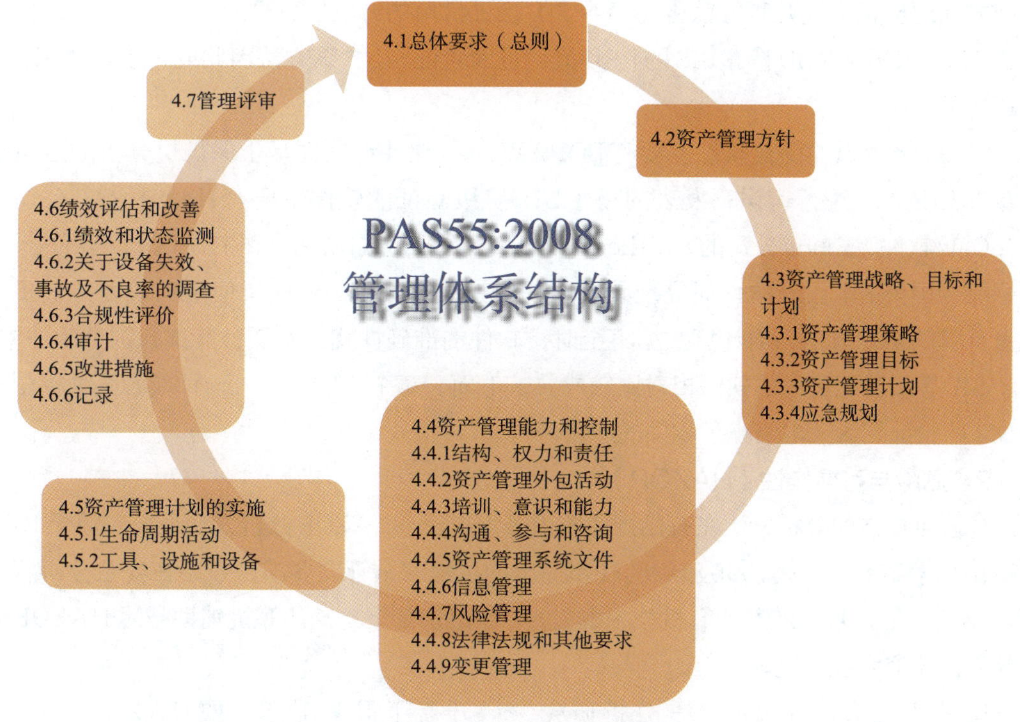

图 3-8 PAS55-1:2008 的结构

综上所述，国外的炼化企业针对设备、系统、运行状态、管理等方面进行风险评估，建立了许多成熟的可靠性管理模式。通过这些先进的管理模式，实现标准化、体系化和闭环的关联循环管理，延长设备的运转周期、将控制危险转变为控制风险、降低发生危险的可能性。

（二）可靠性管理支撑技术应用

风险管理重要支撑技术为炼化企业设备本质安全提供了辨识、分析和管理的能力。本文将从国外的安全完整性等级、危险与可操作性分析方法、以可靠性为中心的维修和基于风险的检验这四个部分展开介绍，说明国外的先进经验。

1. 安全完整性等级（SIL）

1996年开始流行，美国仪表协会第一次提出了关于SIS的标准ANSI/ISA-S84.01，首次说明了SIS的功能安全，并说明需通过风险分析辨识SIL等级。1998年以来，国际电工委员会推出了两种功能安全标准IEC61508和IEC61511。目前，国际上通用的SIS方法有风险图法、危险事件严重性矩阵法、安全层矩阵法和保护层分析法。1998年，美国宾夕法尼亚州立大学的学者综合自己多年来在可靠性领域的研究成果，编著了《Safety Assessment and Reliability of Control System》一书，详细介绍了可靠性框图模型（RBD, Reliability Block Diagram）、故障树模型（FTA, Fault Tree Analysis）、失效模式与影响分析（FMEA, Failure Mode and Effect Analysis）和马尔科夫模型在SIL验证方面的应用，这几种方法也是至今SIL验证常用的方法。2000年，IEC发布的标准IEC61508采用了RBD计算SIS的PFD值，进而验证SIL，该方法因此成为了全球SIL验证的通用方法。

SIL等级辨识的商业软件主要有LOPAWorks软件，软件基于保护层分析通过定量计算对SIL等级进行辨识；发表的用于SIL等级验证的软件主要有Honeywell公司的SafeCalc软件，Exida公司的exSILentia软件以及ACM自动化公司的SILCore软件。

综合国外SIL设计软件研究现状，在SIL等级辨识时，软件所使用的验证方法多为定量计算的辨识方法，当计算数据不全时，软件的准确性就会降低；其次，国外软件中，用于SIL等级验证过程的软件相对比较成熟，然而，每个软件都引入一种或者两种模型进行SIL的验证，大大地缩小了软件的适用范围。

2. 危险与可操作性（HAZOP）

危险可操作性分析方法在石化行业应用最为广泛。HAZOP分析方法最早起源于1960年英国化学工业公司，1995年经美联邦提出的过程安全管理要求，开始在安全分析管理领域得到广泛应用。随着计算机技术的发展，自1980年起，计算机辅助技术HAZOP分析软件的研究和应用逐渐兴起。

国外研究人员在HAZOP分析研究领域开展了很多工作，如HAZOPSuite、PHASuite、SDG -HAZOP、PHASWorks等分析辅助软件开发等。20世纪60年代随着炼化企业装置逐步大型化，事故的规模变得越来越难以承受。先前人们那种从事故中汲取经验教训的方法开始变得难以接受。随着历史上一些重大事件的发生，一些基本问题摆在了人们眼前：如何预知将要发生什么，对流程是否有恰当的技术理解；如何使流程设计易于管理。这些事故案例使得人们急需一种系统化的结构化的分析方法，在设计阶段对将来潜在的危险有一个预先的认知，同时也需要工厂能够更多地容忍操作人员的事故和不正常的情况出现。帝国化学公司（Imperial Chemical Industries PLC）因此开发了危险和可操作性分析（HAZOP）技术。

HAZOP分析是一种系统化和结构化的定性危险评价手段，主要用于设计阶段对确定工程设计中存在的危险及操作问题。HAZOP是一种使用引导词（guide words）为中心的分析方法，以审查设计的安全性以及危害的因果关系。此分析法逐渐由欧洲传播至北美、日本及沙特阿拉伯等国家。很多国际型大公司和机构都根据自身企业特点制定了相应程序。英美等国还将HAZOP列为强制性国标，强制相关企业遵守。近些年，国外学者在HAZOP分析方法中加入了模糊模型，从而使HAZOP分析更加准确。

3. 以可靠性为中心的维修（RCM）

以可靠性为中心的维修最早由美国航空工业于20世纪60年代末提出，在维修费用基本不变的情况下，它有效地提高了设备的可用性和可靠性，现在被逐渐推广到其他行业。从80年代开始，几乎所有工业化国家的多数领域（包括核电厂和火电厂）开始采用RCM制定的设备管理策略。目前，国外RCM的执行标准主要有欧洲RIMAP标准、美国海军航空兵器系统部（NAVAIR 00-25-403）标准、美国汽车工程协会（SAE 1011, SAE JA1012）标准、美国航空运输联合会（ATA MSG-3）标准和国军标GJB451.89等RCM标准。其中，欧洲RIMAP标准能够应用于石油、化工等民用领域，其余大都用于军工、航空等领域。美国汽车工程协会（SAE 1011, SAE JA1012）和美国海军航空兵器系统部（NAVAIR 00-25-403）已经对RCM的实施评估过程实现标准化。

欧洲标准化委员会和欧洲工业基于风险的检验和维修技术委员会2008年统计分析表明（图3-9），当前欧盟过程工业设备预知维修、预防维修、被动/纠正维修所耗费的维修资源比例分别是占13%、27%、50%；通过采用基于风险的设备维修管理模式对维修资源进行优化和合理分配，采用故障根除措施降低设备故障率50%，预知维修、预防维修、纠正/被动维修的比例分别占56%、28%、16%。

4. 基于风险的检验（RBI）

RBI最早萌芽于能源工业，20世纪60年代英国原子能权威机构发现生产中存在着很多失效概率低但失效后果严重的事故，这些事故严重阻碍了核工业的发展，于是提出了风险管理的理念，综合考虑事故发生的概率和后果严重度，制定了基于风险的设备检维修策略。在石油行业，早在20世纪70年代，挪威船级社（DNV）就将RBI技术应用到了海洋平台上，并开发了相应的RBI评估软件。在石化领域，美国机械工程协会（ASME）和美国石油协会（API）从20世纪90年代初开始，为RBI的理论研究和实践做出了巨大的贡献，并逐渐将RBI方法的应用扩展到其他领域。ASME的科研人员深入研究了RBI技术在核电工业的应用，并在1991年至1999年期间，先后制定并颁布了多

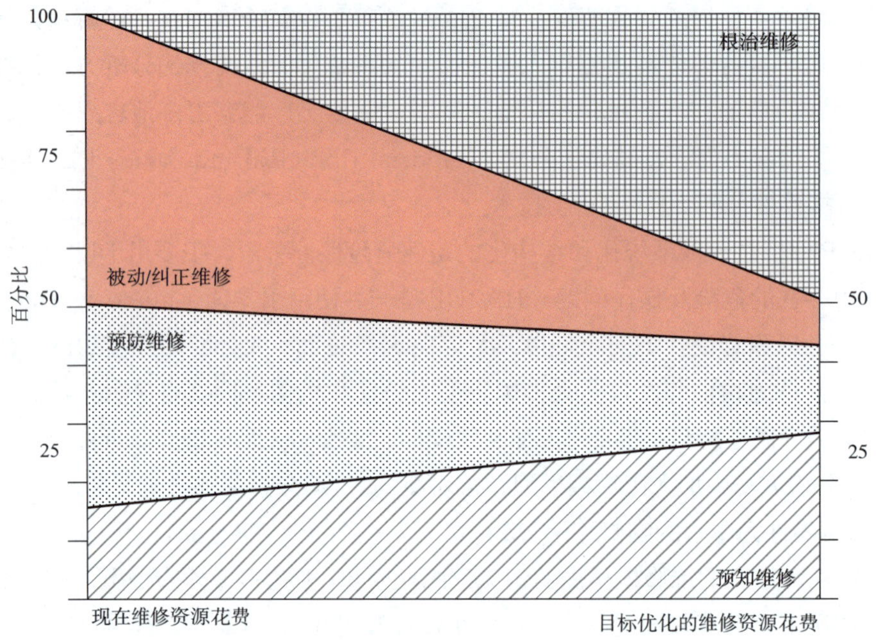

图 3-9 欧盟维修资源花费优化目标图

项RBI标准。如1991年颁布的RBI指导文件（ASME RBI Guidance Document, Vol.1）。1992年颁布的适用于核电厂的RBI技术指导文件（ASMS RBI for Nuclear Flant, Vol.2）及1999年颁布的指导压力容器RBI实施的技术方案（RBI Guideline for Pressure Systems）。API将研究对象锁定石油化工行业，于1993年联合挪威船级社及阿莫科、陶氏化学、亚什兰、壳牌等全世界知名的石化企业，组成科研团队，深入研究了基于风险的检验技术及其实施方法取得了丰硕的成果，发布了目前被全球广泛应用的RBI标准，保证了设备安全性的同时缩减了企业的生产成本，推动了RBI 技术的大面积应用推广。

API于1996年提出了RBI基本资源文件APIBRD 581的试用文件，于2000年颁布了API 581正式文件，之后又对推荐标准进行了修改和更新，并于2008年颁布现用的标准文件。API 581文件是由美国石油协会和挪威船级社共同颁布的RBI标准文件，文件中对RBI的一些标准用语进行了阐述，对RBI的施用对象、实行目的和具体流程进行了详细说明，将RBI分析法划分为定性分析法、半定量分析法和定量分析法，风险分析评估及计算和检验方法的确定，并在第一版的基础上对管道失效可能性与失效后果的确定做了改进。API 580标准是API 581标准的技术实施指导文件，标准中阐述了RBI的执行目标和适用对象，完善了RBI的规范用语和执行方法，规范了执行过程中所使用的计划书和初始数值信息，确定了失效可能性、后果与风险的分析计算评估，RBI相关检测计划的制定和RBI的持续改善改进等内容。

目前，RBI技术已被核电、化工、石油、天然气生产等各行各业广泛应用，获得了各国政府的认可并大力推广。在英国，RBI作为一项普及的技术，除了造纸业的其他各个行业都稳定持续地发挥着作用。其他各国也纷纷效仿，美国首先在管道、炼油等领域对RBI技术进行了试用，收到良好的反馈后，又迅速推广到其他各个领域。此外，欧洲、亚洲很多国家也积极借鉴世界先进研巧成果及经验，结合本国国情，修改制定完善相关法规标准，快速提升本国RBI技术实施能力。

RBI评估的施行大大地增强了设备的可用性、可靠性，规避了灾难性事故的发生，缩减了能源的损耗，带来了巨大的经济收益，为生产过程中安全和环境提供了有力保障。为了提高RBI项目实施效率，提升运算结果的准确性，促进RBI项目管理专业化，很多国外知名机构都研究并开发了RBI软件，作为风险管理的工具。比较常用的有挪威船级社开发的ORBIT，法国船级社研发的RB.eye，英国焊接技术协会的RiskWise，英国TISCHUK公司的T-OCA等。

SIL、HAZOP、RCM和RBI几种可靠性管理支撑技术在国外的炼化企业中已经走向成熟，并且广泛运用于许多行业中。国外的炼化企业在实施可靠性管理支撑技术时，实施评估过程标准化，从而实现设备安全。

四 监测智能化和信息化经验总结

炼化装置向着大型化、高速化、自动化、智能化方向发展，设备一旦发生事故将导致人员伤亡及事故的发生并且造成巨大的经济损失。因此，监测智能化和信息化成为当今炼化企业发展的主要研究方向。文章将从压缩机状态监测和腐蚀监测这两个方面介绍国外的发展现状。

（一）压缩机状态监测

在设备运行过程中通过智能监控和故障检测诊断技术快速检查出机械在运行过程中存在的故障，从而实现故障的智能监控和检测。从振动、工况、油液、声学监测四个角度，简述国外在监测智能化和信息化的主要技术和先进成果。

1. 光纤振动传感器

旋转叶片在线振动监测对航空发动机、电站发电机组及各种轴流式压气机的安全运行至关重要。传统接触式测量方法很难做到同时监测同级所有叶片的振动情况，因此国外一直在致力研究非接触叶端定时测量技术式旋转叶片振动测量技术以满足高精度、全面监测的要求。监测涡轮机叶片振动情况的光纤振动传感器，是一种非接触式测量的新技术。它只需在涡轮机的机壳上打一个小孔，安装传感器探头。探头把激光发射出去打在叶片的端面上，并探测叶片的漫反射回光。根据回光的时间差来测量叶片的振动和扭曲情况。澳大利亚、韩国、美国和以色列等国都已经拥有利用光纤振动传感器传感网络，实现了移动、振动感应、微应变检测和定位等报警功能。

2. 工况热力参数法

工况状态的检测信号是反映设备运行状态正常的信号载体，能否真正完整地检测到足够数量并能敏感反映设备的工况状态变化的特征信号是诊断能否成功可靠的前提。工况热力参数法是根据热力参数判断设备及其零部件运行状况的一种办法。现在能够监测到的热力参数包括进气温度和排气温度、压力，冷却水、润滑油的温度、压力和流量。这些物理量通过传感器变成电信号输入到计算机系统，并采用一定的信号处理方法进行变换和处理，获得对设备工况故障征兆敏感的特征量。美国Eone公司就利用工况热力参数法，开发了氢冷发电机局部过热报警装置（GCM-X），实现故障早期报警，避免造成事故。目前在工况检测和故障诊断中应用的信号处理方法有：时域分析、频域分析、联合时-频域分布、空域采样和转速跟踪及近几年来分形几何中的关联维数方法等。当涉及的参数发生变化时，要及时查找出引起变化的原因，判断是否因为出现故障而引起参数变化。

3. 油液分析法

设备润滑系统中各摩擦副产生的金属微粒和侵入的污染物颗粒以悬浮状态存在于润滑油液中，这些颗粒浓度、成分、形状、尺寸等都携带了摩擦副的磨损特征。因此通过对润滑油液进行磨损颗粒分析、油液性能及其污染度检测，可分析判断设备零部件的磨损机理、磨损部位及磨损原因，并预测磨损发展趋势。油液分析法在往复压缩机故障分析中是常见的一种办法，如澳大利亚Caterpillar布里斯本油液分析实验室通过油液分析法，延长机械和润滑油寿命，显著提升设备可靠性。尤其是在发动机中的往复压缩机上使用较多，将其应用于监测曲柄连杆机构的磨损状况应是一种比较理想的辅助手段。它包括元素光谱分析（OSA）、铁谱分析方法、油液的污染度监测等方法。元素光谱分析是通过原子发射光谱法根据自由原子或离子外层电子辐射跃迁得到的发射光谱来研究物质的成分和含量。铁谱分析方法是利用高梯度强磁场的作用，通过对微粒形态、大小、成分以及粒度分布等的定性和定量检测，获得有关摩擦副和润滑系统等工作状态的重要信息。油液的污染度监测通过细化固体颗粒，检测设备运行状态。

4. 转动声学检测法

转动声学检测法主要是指通过对机械振动、噪声信号检测、分析和处理，从而达到寻找机械内部故障目的的一种方法。从理论上来讲，往复压缩机内部发生振动而产生的噪声发射出来的信号信息较多，可以通过判断信号发出的信息而分析内部故障。该方法分析故障较为简单，也是目前往复压缩机故障分析最常用的一种手段。目前气阀振动信号的分析处理方法主要包括频谱分析法、时域分析法和包络分析法三种。通过使用这些方法能有效且快速的判断出设备是否出现故障，从而降低经济损失和人员伤亡。

5. 声发射监测

声发射监测是通过对声波的检测，材料结构受外力或内力作用产生位错-滑移-微裂纹形成-裂纹扩展-断裂，以弹性波的形式释放出应变能的现象称为声发射。声发射一般是频率为20kHz ~20MHz左右的微弱声波。声发射过程是短暂的，系统通过分析每个HIT波形的各个参数特征，实时处理分析脉冲（HIT）。声发射特征参数为撞击时间、上升时间、AE幅度、AE振铃次数、持续时间、频率范围，可以用于分析波形的关键特性来确认声发射源的性质即是噪声引起的还是有真正的破坏源。声发射信号来自缺陷本身，同样大小和性质的缺陷，由于所处的位置和所受应力状态的不同，其声发射也有差别，故可用声发射来检测缺陷的程度或监测运转的机器。

随着声发射技术应用的不断广泛和深入，声发射技术除应用在典型的如压力容器检测、高压气瓶检测、材料力学特性研究等方面外，PAC公司及各地子公司近年来推出许多针对不同应用需求的专用声发射系统。这些系统有的是根据针对不同应用要求开发的交钥匙系统；有的是来自于政府部门、军方、大公司等对于特殊问题声发射应用研究的课题项目，在这些课题项目的研究方法及成功的信号处理手段基础上形成商品化的专用声发射设备。

国外炼化企业的压缩机的故障监测技术种类繁多，能够适用于许多复杂的环境条件，能够有效对可能发生故障的部件进行预警、分析和判断，甚至能够预测故障的演变，充分发挥了智能化和信息化监测的作用。

（二）腐蚀监测

在线腐蚀监测是指在设备正常运行过程中对设备材料的损失速率、断裂失效或点蚀的萌生和发展、锈的沉积速率等腐蚀损伤现象进行监测。在线腐蚀监测技术具备无损、灵敏度高、响应速度快、长期服役稳定、流程简便、成本低等特点。国外通过有效利用腐蚀监测技术，实现精确判断材料的腐蚀速率和腐蚀形态，实现工业现场的自动反馈控制。

1. 腐蚀挂片

腐蚀挂片技术，该技术是直接把金属样片安装在管道中，优点是可以将几种不同材料的试验同时进行，节省时间，提高效率。此技术能提供如管道腐蚀速率、类型、产物的不同信息；并且能够解读金属材质对腐蚀形式和腐蚀快慢的影响；腐蚀挂片能在实验室进行金相等方法的检验。缺点是腐蚀挂片需要在实验室进行试验后分析，利用失重计算出其监测周期内的平均腐蚀速率，采用显微镜测量可计算出点蚀速率，判断腐蚀的类型，但是分析的结果大多是整个监测周期过程中所产生腐蚀的总和，所以并不能够确定短时间内变化的腐蚀情况，腐蚀挂片的监测结果也不能如实地反应出管道内的实际腐蚀情况。加拿大的Caproco公司、印度尼西亚的Korost Specindo公司和美国Metal Samples等公司常常利用腐蚀挂片监测技术进行管内腐蚀的监测。通过腐蚀挂片技术，能实现全面、准确地监测管道或其他设备内腐蚀的情况，因此在国外的炼化企业中应用越来越广。

2. 场图像法（FSM）腐蚀监测

FSM技术是挪威CorrOcean公司发明的专利技术。该方法是一种外部腐蚀监测技

术，能定期检测出管道壁厚的变化，可以检测出沟槽腐蚀和均匀腐蚀等信息，是现今可以安装到海底的腐蚀监检测技术。

FSM技术最初被开发用来监测沿海钢套焊接区裂纹的发生和发展情况。这项新技术的应用获得了很好的评价，不仅减少了监测的时间、消除了不必要的管道的更换、减低了生产成本，而且在操作上没有元件暴露在腐蚀、高温和高压的环境中，没有将杂物引入管道的危险，不存在监测部件损耗的问题，为安全生产带来了极大的方便。这种技术是在测试管段的外壁提前安装大量的探针，经由FSM发出激励的稳定电流，监测壁厚的减薄情况（腐蚀情况）。

FSM不但可以对焊缝的腐蚀进行监测和检查，还可以对管道内部的点蚀进行有效的监测和测量定位，对确定腐蚀位置起到了很好的帮助，减轻了手工测量的工作量和不确定性。FSM对管道点蚀的监测，帮助确定点蚀的形状和深度以及位置。通过FSM数据分析，可以直观地读出最终结果，腐蚀速率和腐蚀的倾向，发生腐蚀的位置以及点蚀的程度。该技术缺点是需要在管道铺设阶段预安装监测管段，运行期间需要潜水员或ROV定期采集数据，成本相对较高。

3. 旁路式管道内部腐蚀监测

该技术把离线超声波测厚法、在线腐蚀挂片法和电阻探针法等不同技术方法进行了科学的优化整合，可以监测到管道适时和定期的腐蚀情况，获取腐蚀类型不同的腐蚀缘由等更多信息。可以为海底管道腐蚀的机理、产物的构成和微生物繁殖状况的研究提供更多数据。在这种方法的帮助下，能在线进行缓蚀剂效果评价、优化和效果跟踪，对海底管道腐蚀控制进行科学高效的管理。

采用这种旁路式设计的技术，只要提前留够空间将监测管段进行工艺隔离，就能在不影响油气田正常生产的情况下，对管道腐蚀进行实时监测。同时，可以对监测管段进行拆卸作业，分析管段内表面腐蚀情况。这种技术的优点：

（1）在不影响生产的情况下实现在线拆卸；

（2）按需选择不同的监测方法；

（3）可实时监测管道内腐蚀情况；

（4）可获得直观的内腐蚀信息；

（5）可获取腐蚀、结垢产物及沉积物；

（6）能获取微生物腐蚀信息。

国外的油田油气管线中大多采用多种腐蚀监测技术优化整合监测，例如在线使用EN/LPR（电化学噪声/线性极化）、EN/LPR-HD（电化学噪声/线性极化/谐波分析）等联合探针进行实时监测，可获得全面腐蚀（均匀腐蚀）、局部腐蚀等多种信息。

4. 电阻探针（ER）

ER是常用的在线腐蚀监测技术，将与设备或构件同材质的材料制成一定长度的探针置于服役环境中，根据测量得到的电阻值的变化可计算出材料在该环境条件下的均匀腐蚀的平均腐蚀速率。

美国的Metal Samples公司等研制出了相关成型的ER技术，能够对金属在真实环境中的腐蚀行为进行监测，监测金属的腐蚀速率。并根据所了解的金属腐蚀的情况，随时采取工艺防腐措施，把金属的腐蚀速率控制在合理的范围内。ER还能根据监测数据，求得腐蚀速率，并计算出设备剩余的壁厚和设备内件腐蚀情况，定期对设备检修，确保生产安全。

ER由于其测量简便迅速，信号反馈快且不受腐蚀介质的影响。此外电阻探针可以及时反映出设备运行过程中的腐蚀变化趋势。然而由于使用一段时间后，探头表面锈层的存在以及灵敏度的限制，均会使所测量的数据受工艺介质腐蚀速率的变化影响较大，测量结果有时会发生偏差，这通常就需要借助腐蚀挂片的数据进行校正。

5. 超声检测（UT）

UT利用高频声波穿过待检测材料，测试回声返回探头所需时间或记录产生共鸣时声波的振幅，来监测缺陷的存在或测量壁厚。计算机技术的发展，使UT朝自动化、智能化和系统化的方向发展，能够用于构件的在线腐蚀监测。UT在高温领域应用的主要困难在于数据的获取。

国外很多学者与企业也对超声检测领域进行了大量的研究，例如:Javad Abbaszadeh等人利用超声波多探头技术，研发了一套测量钢管厚度的仪器，取得了较好的效果。但只能用于常温部位，且处于实验室试验阶段。S.E.Burrows等人通过电磁超声检测技术，并采用水散热系统的方式研究了一种可以检测高湿部位厚度的设备，该设备最高可以检测到温度为900℃的高温，并且回波清晰。目前，正在做在线部分的开发。

近年来，国外高温UT技术的开发主要有三种策略：一种是采用水冷或长的不锈钢波导杆等冷却装置将传感器与测试表面连接，使常规传感器实现对高温试样的检测；一种是采用传统的接触传感途径，开发能够在高温环境下工作的传感器与耦合剂，是目前高温UT 技术的主流方法。通过测试一些压电材料的高温性能，发现$LiNbO_3$、$Bi_4Ti_3O_{12}$、$GaPO_4$和AlN等多种压电材料都可用于以上。需要长期与被测高温试样接触的耦合剂主要通过固体电解质、熔融盐、液态金属、软金属垫圈、焊料玻璃、焊锡、铜焊等方法来实现。另一种途径是以电磁声传感器（EMATs）为代表的非接触传感途径，利用脉冲激光发射超声波，传感元件与待测试样间不需要直接接触。因此，使用不受温度限制。此外，还具有扫描能力、不受电磁干扰的优势，但是其价格昂贵，精度与稳定性不如传统传感器高。

6. 脉冲涡流检测技术

国外对脉冲涡流技术的研究始于20世纪50年代，直至80年代才有相关文章出现。其后，脉冲涡流检测技术得到更多研究人员的关注，它在缺陷检测方面的应用也逐步得到推广。近年来，脉冲涡流检测技术已成为比较热门的研究方向，国外一些机构已经研究出能应用于实际检测的脉冲涡流检测装置。

加拿大Stott、Colette A等人将脉冲涡流检测应用于飞机多层铝翼的铁磁紧固头的裂纹检测上，利用改进的主成分分析法和聚类分析法，显示紧固件的错孔中有无裂纹。实验表明该方法对0.9～5.5mm长的紧固孔裂纹有较好的检测效果。

美国通用电气公司针对特定脉冲涡流检测探头，对脉冲涡流无损检测激励信号进行优化，使测试效果得到提升，并实现了对腐蚀缺陷的成像检测。

澳大利亚航空与航海研究实验室和英国防卫评估与研究中心联合，R.A.Smith等利用霍尔传感器作为脉冲涡流检测探头的检测部分，开发出可识别机身结构裂纹的测试装置“TRECSCAN”，且现在已经进入实际应用阶段。

综上所述，国外在脉冲涡流无损检测技术方面取得了巨大进展，无论是理论研究和仿真分析阶段，还是实验方面系统地研究和论证，都有着成熟的经验。

7. 管道检测机器人

当前的管道检测机器人对管道的检修与维护主要是通过地面控制台控制机器人在管道内、外爬行，借助机器人携带的探测器、摄像头等探测仪器，将管道内的图像等信息传给地面控制台。同时，地面控制台通过观察接收到的管道图像等信息来控制机器人在管道内、外的爬行速度与行走姿态，对管道进行探测与清理等工作。管道机器人技术自20世纪50年代开始慢慢兴起，经过几十年的发展，已经从最简单的无动力源的管道PIG，发展为现在的种类众多、结构复杂的管道机器人，特别是随着近几年智能控制与无损检测技术的发展，管道机器人技术越来越成熟，机动灵活性越来越好，智能化程度越来越高，功能越来越强大。

1）介质压差式管道机器人——PIG

传统的压差驱动式管道机器人——PIG，是利用管道内机器人两端的流体压力差来提供动力，克服管壁与活塞之间的摩擦力，驱动机器人沿着管道行走。PIG只能适应某一直径的管道，由于其自身密封特性，决定了它不能通过大范围变径管道。它的优点是实用性好，结构简单，航程较远，但是由于自身没有动力，不能逆流而行，限制了其实际应用。

德国Rosen公司研制了能检测管道直径为80～1600mm的管道检测机器人，如图3-10（a）所示；日本东京电力株式会社研制的一种典型管内检测PIG，如图3-10（b）

（a）

（b）

图3-10 （a）为德国Rosen公司研制的管道检测机器人，（b）为日本东京电力株式会社研制的管内检测PIG

所示，它的主要功能包括能沿管道全程测量管道内径、识别弯头部位和测量凹陷变形及管道圆度，并能把测量结果和检测位置一起记录下来，保存在内置存储器上。

2）轮式管道机器人

这里的轮式管道机器人特指直驱式管道机器人，有别于螺旋驱动式管道机器人。由于这类机器人结构较为简单、速度较快、运动平稳、驱动效率较高，且控制简单，使得轮式管道机器人成为目前工程应用中实用化程度最高、数量最多的一种机器人。

日本Nassiraei A A F等人研制了一款排水管道检测机器人KANTARO，如图3-11（a）所示。该机器人的管径适用范围为200～300mm，并能通过T形、L形等弯管，且能自适应管径变化。韩国的Se-gon Roh等人提出了一种轮式管道检测机器人MRINSPECT V，如图3-11（b）所示。该机器人采用离合器结构，可根据不同的管道环境，选择机器人的驱动方式。同时能远程智能控制，采用多节串联的方式，进行差速驱动，可很好地通过T形、L形等管道，比该系列其他机器人更为智能。Ho Moon Ki等人在MRINSPECTV的基础上开发了MRINSPECT VI煤气管道检测机器人，如图3-11（c）所示。该机器人采用一轴输入、多轴输出的差速行星齿轮机构，能机械地自动调节各车轮速度，提高机器人驱动效率。

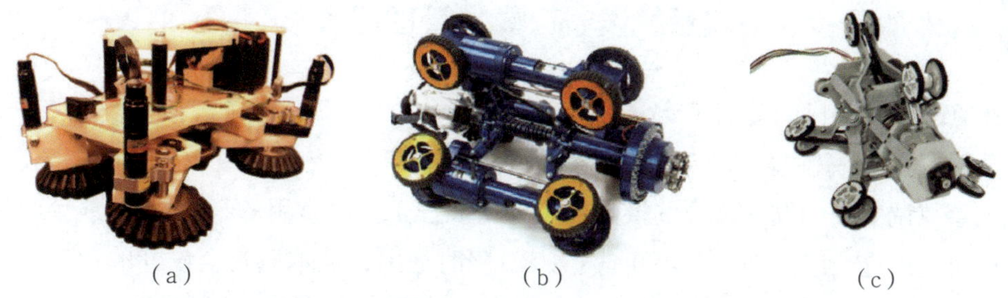

（a）　（b）　（c）

图3-11　（a）排水管道检测机器人KANTARO，（b）轮式管道检测机器人“MRINSPECT V”，（c）煤气管道检测机器人MRINSPECT VI

3）履带式管道机器人

履带式管道机器人由于附着能力较好，不易打滑，有较强的越障能力和较大的牵引力，广泛应用于充满油污、泥泞、凹凸不平和有障碍物等恶劣环境。但由于其结构复杂，机动灵活性较差，不易小型化，容易发生倾覆等缺点，一般很少使用，除非某些较为恶劣的环境。

韩国延世大学的Park J等研制了一种能主动适应管径变化、驱动效率高的履带式管道机器人，如图3-12（a）所示。该机器人由于采用升降台的支撑机构，能主动适应较大范围内的管径变化。同时由于可以调节管壁对履带轮的压力，能提高机器人的驱动效率，保证了其续航能力。伊朗塔比阿特莫达勒斯大学研制的履带式管道检测机器人如图3-12（b）所示，可用于检测254～508mm的管道，该机器人具有三组行走机构，以120° 均匀布置，能适应较大范围的管径，爬坡性能较好，可以在竖直管道内行走。

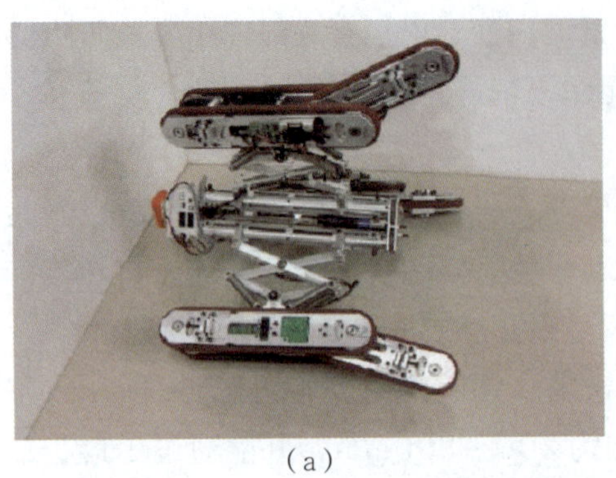
(a)

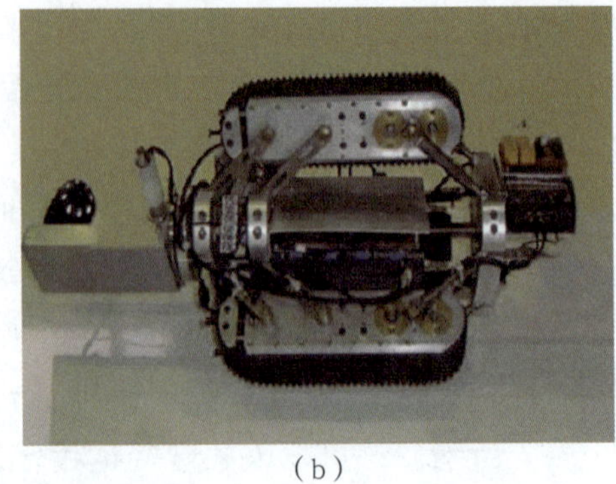
(b)

图 3-12　(a)韩国延世大学研制的履带式管道机器人，(b)伊朗塔比阿特莫达勒斯大学研制的履带式管道机器人

综上所述，近几年国外腐蚀监测技术飞速发展，实用性与可靠性都大大提高，技术更加新颖多变，能够适用于各种复杂结构和环境，工业用途越来越广。通过这些技术能够实现对制造用原材料、各中间工艺环节及最终成品等进行全程检测，也可对服役中的设备进行检测，从而保证设备运行的可靠性和安全性。

五　国外加氢装置临氢系统设备可靠性管理现状

2010年4月2日，美国Tesoro公司Anacortes炼厂重整预加氢装置反应产物/原料换热器因高温氢腐蚀导致壳体发生破裂，引发爆炸和火灾，导致7人死亡（图3-13）。CSB的事故调查表明发生破裂的换热器碳钢材质在工业界常用的Nelson曲线预测的安全区，从而提出这一经验曲线并不可靠。CSB同时提出，从本质安全设计的角度出发，对于降低高温氢腐蚀风险，焊后热处理相对于更换高等级材质处于较低层级。

图 3-13　高温氢损伤导致的事故

（一）加氢装置的氢损伤概述

当石油在炼厂加工装置中运转通过系统时，各种各样的杂质会使设备性能减退，甚至使成品油品质下降。加氢装置可以除去杂质从而改善了烃原料的品质，并把重质进料转化成附加值更高的轻烃产品。加氢装置的类型主要包括：

· 加氢处理装置（包括加氢脱硫装置）：除去硫和氮；

· 加氢裂化装置：把重质进料裂化成沸点较低的产品；

· 催化加氢反应：把氢加到不饱和烃或贫氢烃中以形成烷烃；

· 加氢精制装置：除去杂质，提高油品的品质。

随着加氢装置广泛应用，临氢设备的腐蚀及选材往往成为大家关注的焦点。临氢设备的腐蚀主要是指氢进入金属内部与钢中一种成分或元素发生化学反应，导致金属破坏。而这种破坏通常与氢的分压、温度、材料的选择、设备的制造过程及装置使用的平稳性息息相关。在加氢装置中还往往和其他腐蚀性介质（如H_2S、连多硫酸、胺等）合并产生更多种类的腐蚀破坏。常见的氢引发的损伤形式有：

（1）氢腐蚀和表面脱碳：氢与不稳定碳化物反应生成甲烷，甲烷无法扩散到钢材外面，它们主要聚集在晶界上。位错、内部空隙、夹杂物和其他非连续点，也能够成为甲烷聚集的部位。高度局部的内应力最终会发展成非常大，使金属出现裂隙。受到氢破坏的钢材中的裂缝一开始是非常微小的。但是，随着裂缝的发展，它们会显著破坏钢的机械性能。

（2）氢鼓泡及氢致开裂：在夹层或夹杂物处，氢原子会重新组合形成分子氢，因为分子氢太大而无法继续扩散通过钢材，所以被截获。假如夹层足够大，内部的氢压力会大得足以使材料扭曲变形或者在表面形成凸起（鼓泡）。氢致开裂是平行的氢层连通在一起产生穿壁裂缝造成的，它们与外加应力或残余应力没有明显的相互作用。在鼓泡处，氢在内部聚积产生的应力加剧了氢致开裂。氢致开裂与钢材的净度密切相关，并且与钢的制造方法、存在的杂质和它们的形状有关。

（3）硫化氢腐蚀和应力腐蚀：对于碳钢，硫化氢是一种活性相对比较弱的腐蚀剂，一般腐蚀速率比较低。但是，在腐蚀过程中，能够释放出大量氢，氢对承压的焊接部件能够产生明显的有害影响。当炼厂设备的水里含有的硫化氢超过50mg/L，并且处于环境温度与149℃（300℉）之间的温度时，这些炼厂设备普遍会发生氢鼓泡和氢致开裂。

（4）回火脆性：部分低合金钢长时间处在371～565℃（700～1050℉）温度下，就会发生回火致脆。这类脆化作用使材料失去韧性，在操作温度下这个脆化问题并不明显，但在环境温度下就会显现出来，并能够造成材料脆性断裂。随着在脆化范围里使用时间的增加，低合金设备发生脆性断裂的可能性就会增大。

（5）堆焊层氢致剥离。在有不锈钢覆层的设备中出现，由于氢在不同材质的溢出速度不一样，而过急的开停工过程容易引发这种破坏。

在加氢装置中，随着加氢处理工序的一步步推进，氢分压、温度、相关介质组成都在随之变化，从而在不同的设备上会呈现出不同状态的氢损伤。为了保证装置整体寿命的相对一致以及经济性考虑，不同形态的氢损失应该选用不同的材料来应对，对此，我们对国内外加氢装置中相关设备的选材进行调研，总结出行业内相对统一的选材模式。下文中所列出各个设备的操作参数均为某加氢装置的真实数据。

（二）加氢装置中的选材

1. 加氢装置及选材原则概述

加氢装置中随着物料反应及分离过程的进行，氢随之被添加进去并部分反应生成H_2S、NH_3等物质，且根据需要会被升温、升压进入各类设备中。这样，加氢装置中的临氢环境大致可以分为四种情况：

- 低温低压的临氢环境；
- 低温高压的临氢环境；
- 中温高压的临氢环境；
- 高温高压的临氢环境。

加氢装置的典型流程图如图3-14所示。

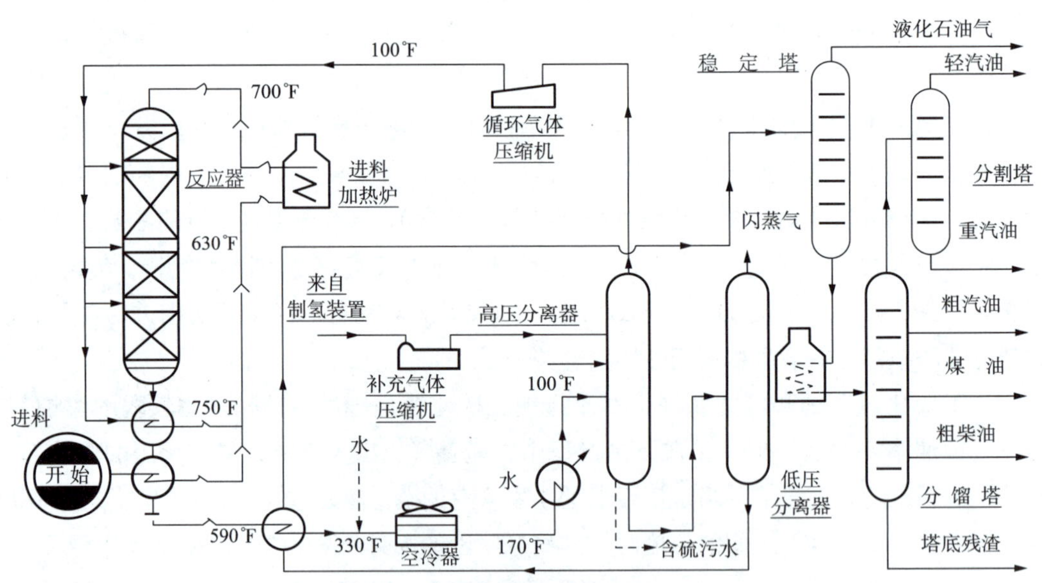

图3-14 加氢装置典型流程图

美国石油学会标准API 941《在石油炼厂和石油化工装置中高温高压氢系统中用的钢》（华盛顿特区，美国石油学会）是在加氢装置中选用钢材的经验性指南。由于API 941标准曲线原先是G.A. Nelson的研究成果，所以，普遍称其为Nelson曲线（图3-15）。根据获得的新数据，这些曲线会定期更新。

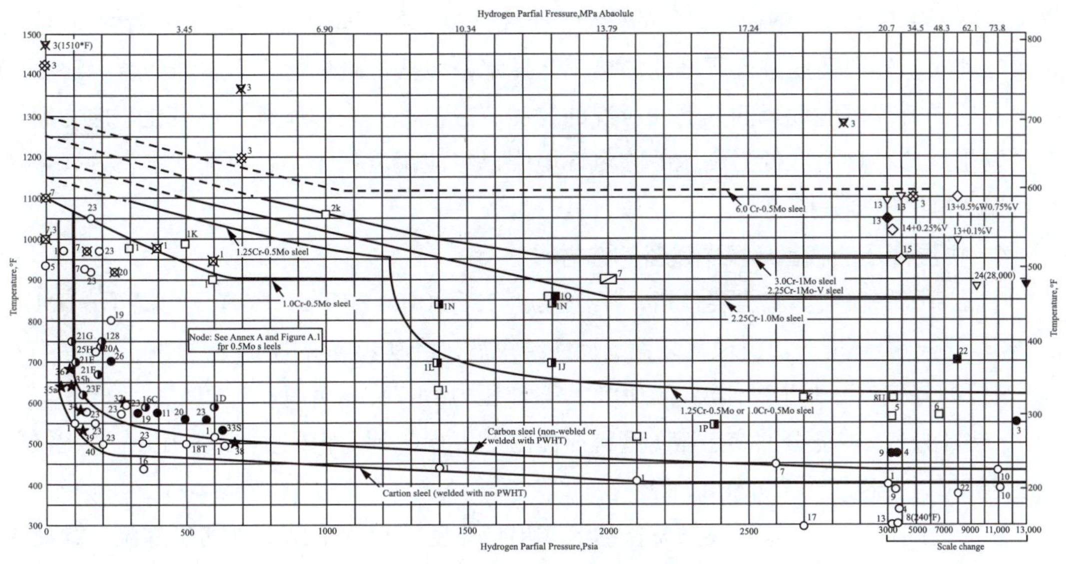

图 3-15 Nelson 曲线图

2. 低温低压的临氢环境中设备的选材

低温低压的临氢环境主要是指，操作温度低于100℃，操作压力低于2.5MPa的情况，这一类环境一般出现在氢进料阶段或装置末阶段。典型的设备有：

· 新氢压缩机入口分液罐（操作温度40℃，操作压力1.68MPa）；

· 冷低压分离器（操作温度54℃，操作压力1.95MPa）等。

这一类设备的介质一般为氢，有的含有H_2S。由于条件不是很苛刻，氢腐蚀氢脆等氢损伤现象均不明显。选材根据Nelson曲线，这一类的设备选材均可采用普通碳钢材料，国内常用的牌号为Q245R。如果设备内含有湿硫化氢，往往要求设备进行焊后热处理。

3. 低温高压的临氢环境中设备的选材

低温高压的临氢环境主要是指，操作温度低于100℃，操作压力高于8.0MPa的情况。这一类环境一般出现在装置氢进料并升压的阶段或反应结束后已经降温但尚未降压的阶段。典型的设备有：

· 循环氢脱硫塔（操作温度54℃，操作压力14.65MPa）；

· 冷高压分离器（操作温度50℃，操作压力14.65MPa）；

· 循环氢压缩机入口分液罐（操作温度54℃，操作压力14.65MPa）等。

这一类的设备，操作温度虽然不高，但是操作压力很高，而且介质中往往伴随有湿硫化氢，最容易引发的腐蚀形式为氢脆、氢鼓泡、表面脱碳、湿硫化氢应力腐蚀等。在这种情况下，我们常见的选材为高纯净度碳钢材料，典型的国内牌号为Q345R（R-HIC）。

Q345R（R-HIC）这种材料对材料中S、P等杂质元素的控制非常严格，要求S、P的含量分别小于0.002%和0.008%，Cr、Ni、Cu含量之和应不大于0.6%，Nb、V含量之和应不大于0.02%。钢板与锻件的检测也非常严格，尽可能降低非金属夹杂物等缺陷的含量。容器施焊前还应进行严格的焊接工艺评定，包括抗硫化物应力腐蚀开裂（SSCC）试验。这样就尽可能地降低了前面所说的氢脆、氢鼓泡、表面脱碳、湿硫化氢应力腐蚀等的发生。这种材料在低温高压的临氢环境中已经应用近二十年，目前状态良好，未见有明显的氢损伤事故报道。

4. 中温高压的临氢环境中设备的选材

中温高压的临氢环境主要是指，操作温度介于100～260℃，操作压力高于8.0MPa的情况。这一类环境一般出现在装置的反应结束后已经初步降温的阶段。典型的设备有：

·热高分气空冷器（操作温度100℃，操作压力14.7MPa）；

·热高分气/冷低分油换热器（管程操作温度220℃，操作压力14.95MPa；壳程操作温度205℃，操作压力1.9MPa）等。

这一类的设备，一般以换热设备的形式出现。随着反应的结束并初步降温，介质中除了含氢以外，往往含有硫化氢铵、氯化氢铵等腐蚀性杂质。因此这些部位的腐蚀形态除了氢损伤外，往往还合并有H_2S、HCl酸性腐蚀及硫化氢铵、氯化氢铵的冲刷腐蚀。而在这些换热设备中，为了保证换热效果，换热管不取腐蚀余量，壁厚仅有1.5～2.5mm厚。因此这个部位往往是加氢装置中最容易出现泄漏的环节。从国内外加氢装置的选材情况看，这些设备的壳体材料往往选用15CrMoR、14Cr1MoR等抗氢的Cr-Mo钢材料，而这些设备的换热管材质往往采用比较高的耐蚀材料，如双相钢2205、2507，镍基合金Incoloy825、Inconel625、Monel400等材料。

5. 高温高压的临氢环境中设备的选材

高温高压的临氢环境主要是指，操作温度大于260℃、操作压力高于8.0MPa的情况。这一类环境一般出现在装置的反应阶段及刚结束阶段。典型的设备有：

·加氢反应器（操作温度437℃，操作压力16.71MPa）；

·反应流出物/反应进料换热器（管程操作温度375℃，操作压力17.5MPa；壳程操作温度428℃，操作压力15.4MPa）；

·热高压分离器（操作温度300℃，操作压力14.75MPa）。

这一类的设备，往往是加氢装置的核心设备，所处的环境也极为苛刻。除了要承受高温高压下的各类氢损伤外，还往往因为材料本身的性能退化（如回火脆化）以及合并有其他形式的腐蚀（如高温H_2S腐蚀、高温环烷酸腐蚀等），使得该类设备的选材尤为关键。国内外装置中这些设备的壳体往往根据Nelson曲线选用传统的1.25Cr-1Mo材料（国内牌号14Cr1Mo1R）、2.25Cr-1Mo材料（国内牌号12Cr2Mo1R）或改进型2.25Cr-1Mo-0.25V材料（国内牌号12Cr2Mo1VR），并根据需要堆焊TP.309L+TP.347，换热器中的换热管材料往往选用S32168。并且国内外研究表明，改进型2.25Cr-1Mo-0.25V材料（国内牌号12Cr2Mo1VR）比传统的2.25Cr-1Mo材料（国内牌号12Cr2Mo1R）不仅许用应力能高25%，而且抗氢损伤能力也有较大的提高。

（三）加氢装置中临氢设备的其他风险与防范

虽然设计单位根据美国石油学会标准API 941的Nelson曲线进行了合理的选材，基本上规避了在加氢装置中各种由于氢及其他腐蚀性介质所导致的腐蚀风险，但是这些设备长期处于临氢环境下，还有新的风险尚未妥善解决。例如,氢在长期渗入钢材后对钢材的蠕变性能是否有影响以及是否会影响钢材许用应力？氢在这些钢材中是否会和钢材的缺陷相互作用而影响钢材的寿命？以及加氢装置在停工阶段应怎样操作才能降低氢致剥离现象？

美国焊接研究协会（WRC）对此进行长期的研究。WRC最新研究表明，钢材中如果融入有氢，那么钢材的蠕变时间将会相对缩短。所以如果我们在设计一个高温设备时，该温度下所列出的许用应力正好是根据蠕变强度除以其安全系数所得到的，而这个高温设备又恰好处于临氢环境下，那我们要小心了。因为这时候标准上的蠕变强度是在普通空气环境做实验做出来的，在临氢环境下达到蠕变破坏的时间会有大幅地减少,这样这种材料在临氢环境下的许用应力应该调小一些才是安全的。在这方面，改进型2.25Cr-1Mo-0.25V材料比传统型的2.25Cr-1Mo材料表现的要好一些，受氢的影响没有那么大。

在API946为代表的一些科研材料中,重点研究氢在钢材中溶解性及扩散性,并给出了氢在钢材中的溶解度及扩散度的经验公式,并且在此基础上还推出了氢在钢材中聚集的压力的计算公式,并得出结论：一旦氢聚集压力超过钢材的屈服极限，钢材就会出现氢鼓泡等状态的分层破坏。这已经是一个很大的进步了，可以以数量化来精确预估氢损伤的程度。但是这依然还不够完善，这种方法还没有考虑到装置实际操作的波动及开停工的影响以及以往对氢的加载史，所以其预估结果有可能是冒进的,而用疲劳极限来作为评判依据可能更为安全。

当装置未进行充分的散氢就进行停工时，这两种材料由于对氢的溶解度可扩散度均不一样，结果会造成在两种金属交界处的氢的高度聚集，当覆层与基层贴合性不是太好时，剥离现象就此发生。因此，为了避免开停工造成的额外氢损伤，我们应该对氢在各种材料的溶解扩散性进行更为详细的试验研究，并推导出合理的加氢装置开停工方案。

（四）总结

国内外加氢装置的各类设备的选材已经基本上有了相对成熟的经验和模式，但随着各个装置运行中问题不断地被发现并解决，随着实验室里加氢破坏试验的完成并总结规律，我们对加氢装置的选材及使用也需要不断更新观念、加深理解，这样才能保证在各类苛刻的氢腐蚀环境下、在加氢装置运行的各个时间段内，临氢设备均能安全平稳地运行下去。

第四章

我国炼化企业设备本质安全可靠与监管智能化的现状

近年来，随着信息技术的发展，网络化、智能化、数字化发展势头迅猛，推动了信息化与工业化的深度融合，促进了设备本质安全可靠与监管智能化的迅速发展。将可靠性理念与设备设计相结合，延长设备使用周期；将设备风险管理技术广泛运用，从事后维修向基于风险管理的维修方向发展；从全生命周期的角度识别设备风险，应用设备监测智能化和信息化系统，监测生产中的事故隐患，减少事故发生概率。但是，现阶段这些方向还存在数据和经验的缺乏以及技术不完善等不足之处。

一　设备运行本质安全可靠性现状调查

我们对国内部分炼化企业关键设备的使用及故障情况进行了调查。调查结果显示，部分企业设备故障率较高，非计划停机、腐蚀、密封泄漏等情况时有发生。部分民营企业由于没有建立安全环保本质安全投入理念，化工生产管理经验薄弱，员工专业水平较低，操作经验少，企业以近期利润最大化为目标，由于经营理念上的偏差，对设备本质安全可靠与监管智能化方面不重视（表4-1）。

表4-1　国内部分炼化企业设备本质安全可靠与监管智能化情况对比

企业名称	企业性质	状态监测评估	设备管理模式	VOC监测	腐蚀监测	设备管理信息化平台
某化学股份有限公司	民营	没有采用状态监测技术，靠人工巡检，发现问题再停工维修	传统管理模式（计划维修、故障后维修）	没有测量	无在线监测，无测厚	无，维修记录采用纸本记录

续表

企业名称	企业性质	状态监测评估	设备管理模式	VOC监测	腐蚀监测	设备管理信息化平台
某化工有限公司	民营	委托美国ITR公司每6个月开展一次状态监测评估	传统管理模式（计划维修、故障后维修）	没有测量	有定点测厚数据	无，维修记录采用纸本记录
某石油化工公司	国企	拥有设备实时监控系统、S8000机组在线监测系统	对动设备开展RCM评估，对静设备开展RBI分析，陆续开展SIL和HAZOP评估	有	安装在线测厚探针（非嵌入式）、在线腐蚀速率监测探针（嵌入式）、在线pH监测（嵌入式）三种类型的腐蚀监测探针	有ERP系统、仪表管理系统等

通过调研对比发现，我国部分炼化企业已逐渐开始重视设备本质安全可靠与监管，开始利用先进的状态监测、RBI、RCM、SIL、HAZOP等技术作为支撑来管理设备，但是仍存在一些问题。以下将从动设备非计划停机、承压设备腐蚀情况、密封泄漏情况进行分析。

（一）动设备非计划停机情况

动设备非计划停机是由于设备在运行过程中的突发故障造成。非计划停机会造成大量经济损失，状态监测技术可以提前预防故障的发生。随着状态监测技术的普及应用，非计划停机次数也在逐年减少。

以某石化公司为例，2014-2016年内发生非计划停工254次，时长14970h，直接经济损失6452万元，效益损失3.6亿元。陪停、机电仪、工艺原因非计划停工次数占比分别为44%、38%、18%。2016年因蒸汽中断（CFB停炉）、电网波动，造成的非计划停机次数大幅增加。工艺和机、电、仪原因发生的非计划停工2017年较2016年有所增加。具体见表4-2与表4-3。

表4-2 2014-2016年某石化公司范围内非计划停工情况

时间	非计划停工次数（含陪停）	非计划停工时间/h	直接经济损失/万元	效益损失/万元
2016年全年	123	7609	3107	15674
2015年全年	58	2754	3345	7158
2014年全年	73	4607	未列入统计	13302
合计	254	14970	6452	36134

表4-3 2017年某石化公司非计划停机统计

序号	单位	装置	停工时间	开工时间	停车时数
1	炼油事业部	3#三废	1月2日 13：42	1月2日 15：45	2

续表

序号	单位	装置	停工时间	开工时间	停车时数
2	基础化学品厂	1－己烯	1月3日 10:00	2月22日 15:30	1205
3	基础化学品厂	1－苯酚	1月6日 12:20	1月6日 20:00	7.67
4	基础化学品厂	2－苯酚	1月6日 12:00	1月6日 22:30	10.5
5	基础化学品厂	大烃化	1月6日 12:00	1月6日 20:30	8.5
6	高科公司	一聚	1月15日 8:00	1月19日 14:25	102.42
7	高科公司	二高压	1月29日 23:40	1月30日 2:55	3.25
8	炼油事业部	3# 三废	2月18日 13:02	2月18日 15:45	2.75
9	炼油事业部	二催化装置	2月23日 18:30	3月8日 13:00	305.5
10	炼油事业部	蜡油加氢装置	2月26日 4:55	2月27日 21:45	40.8
11	高科公司	高压二线	2月26日 5:30	2月26日 11:30	6
12	高科公司	高压二线	3月2日 18:27	3月3日 1:10	6.7
13	基础化学品厂	一苯酚	3月7日 21:17	3月8日 2:00	4.72
14	基础化学品厂	二苯酚	3月7日 21:12	3月7日 23:50	2.63
15	基础化学品厂	大烃化	3月7日 21:15	3月8日 2:30	5.25
16	热电厂	4# 炉	3月7日 20:45	3月7日 22:10	1.5
17	化工一厂	乙二醇	3月21日 10:43	3月22日 17:46	32
18	化工一厂	苯乙烯	3月24日 17:00	3月25日 2:00	9
19	橡胶厂	丁基装置	3月27日 18:18	3月27日 23:02	4.7
20	高科公司	二高压	4月9日 13:26	4月10日 17:26	28
21	基础化学品厂	PIA	4月12日 14:09	4月16日 10:20	92.2
22	高科公司	二高压	4月13日 18:25	4月14日 22:40	28.25
23	炼油事业部	饱和干气	4月29日 3:45	4月29日 7:10	3.5
24	高科公司	二高压	5月7日 6:55	5月7日 9:30	2.6
25	炼油事业部	重整	5月8日 14:43	5月8日 18:20	3.6
			5月9日 15:24	5月9日 18:00	2.6

1. 离心压缩机故障原因统计分析

调研统计分析表明：离心式压缩机的主要故障模式包括叶轮/叶片断裂、密封失效、振动大、轴瓦磨损、轴弯曲等，各故障模式所占比例见图4-1。离心式压缩机主要故障原

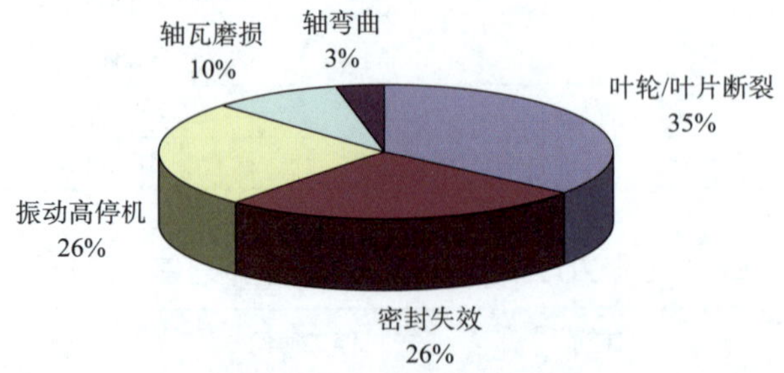

图4-1 离心式压缩机关键部件的故障模式和比例

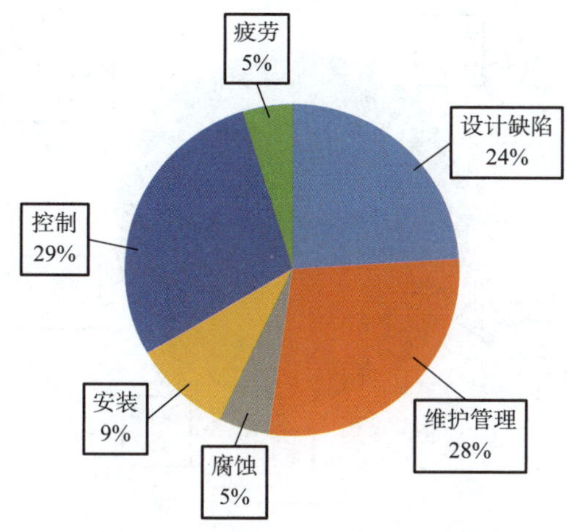

图 4-2 离心式压缩机故障原因

因（图4-2）有制造/材料缺陷、结垢/结焦与腐蚀、气流激振/旋转失速、疲劳、设计/安装/操作问题等。叶轮（叶片）和密封失效占离心压缩机失效故障的61%，应引起特别关注。

2. 往复式压缩机故障原因统计分析

调研结果表明，往复式压缩机的主要故障模式包括柱塞/活塞杆断裂、曲轴断裂、气缸开裂/磨损、十字头失效/轴瓦磨损、填料密封失效、螺栓断裂/松动、气阀失效等，各故障模式所占比例如图4-3所示。往复式压缩机关键部件故障原因（图4-4）包括设计缺陷（结构不合理、应力集中）、制造/材料缺陷、腐蚀、疲劳/冲击载荷等。从故障统计来看，往复压缩机关键部件出现故障的概率相近，应整体上提高性能。

通过调研发现，设备非计划停机现象仍时有发生，设计缺陷、管理方式不当、缺乏有效监管手段仍是动设备实现本质安全可靠面临的挑战。

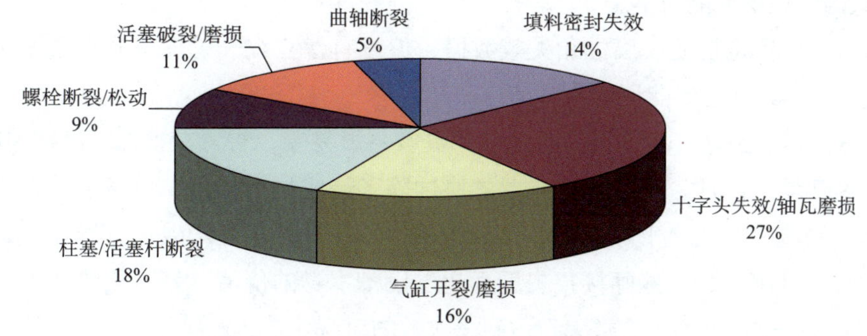

图 4-3 往复式压缩机关键部件的故障模式和比例

注：气阀故障不列入关键部件故障统计

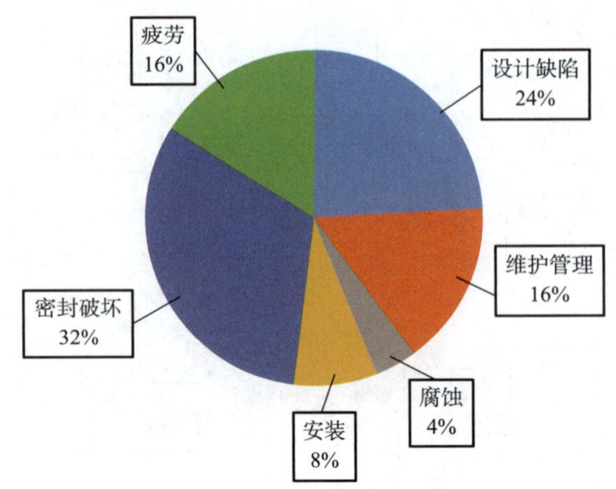

图 4-4 往复式压缩机故障原因

（二）静设备运行可靠性分析

目前，石化装置设备一般基于重要度进行分类管理，检维修计划和检验计划基于经验和运行历史，普遍采用定期检维修、停工腐蚀检查、在线或离线定点测厚、失效分析、寿命评估等工作对其安全服役状态进行检测、评估和失效预防。但也存在以下一些问题：

1）检维修方式缺乏科学性

检维修没有综合考虑安全性和经济性，造成检维修计划和检验计划准确性和针对性较低，检维修费用、资源分配不够合理，缺乏科学性。

2）设备检维修缺乏预知性

检修维护管理主要依据设备重要程度分类，按照传统检验模式难于发掘潜在的安全隐患，检修维护策略是被动的，缺乏有效性和预知性。

3）设备安全状况把握不透

设备总体安全状况不透彻，非预期的损伤、失效及故障常有发生，企业一般对设备的寿命情况缺乏整体把握和了解。

4）数据处理挖掘能力不足

尽管积累了大量检验、腐蚀和失效数据，但没有建立统一管理可分享数据库，数据后处理能力不够，缺乏专业评价支持。

因为石化行业工艺介质多样，且很多都具有易燃易爆、有毒有害性；经常伴随高温、高压等苛刻环境。因此，炼油化工装置的腐蚀除了造成材料损失、设备失效，还可能进一步引起产品流失、质量下降、能耗上升、非计划停工，甚至导致火灾爆炸、人员伤亡以及环境污染等事故，这些间接损失远远超过设备本身的价值。某石化炼油板块每年因设备腐蚀导致的非计划停工次数大致占到总次数的30% ~ 40%。

2013年11月22日，东黄输油管道位于桥涵墙体附近一处局部腐蚀减薄破裂，原油泄漏进入市政排水暗渠，在形成密闭空间的暗渠内油气积聚遇火花发生爆炸，最终造成

图4-5 东黄输油管道事故

62人死亡、136人受伤，直接经济损失75172万元的灾难性后果（图4-5）。

2013年6月，胜利原油受到有机氯污染，石化鲁宁线及沿线近10家炼厂受到冲击，大量加氢类装置发生严重的铵盐结晶、腐蚀泄漏，导致非计划停工数十次，造成了巨大的经济损失。

目前动设备的状态监测已经开始发展，但是“静设备的状态监测”还没有明确的概念，也没有成熟的方法。静设备的腐蚀监检测和状态监测无论是对保障装置安全稳定运行、实现设备本质安全可靠有重要意义。

（三）密封泄漏情况分析

炼化密封主要分为静密封与动密封两大种类，其密封机理不尽相同。静密封的应用十分广泛。有关资料显示，一个大型炼化企业，静密封点通常在几十万个乃至上百万个，在历次的故障维修中，更换垫片和调整紧固螺栓是最常见的，更换法兰和螺栓的较少。

静密封主要有垫密封、胶密封和接触密封三种形式。常用静密封失效主要涉及八个方面的因素：垫片的性能、螺栓的预紧力、法兰的刚度及其密封面、管道的支承、管道法兰的安装、工艺操作、环境因素和在线检验。

提高其密封可靠性现在的主要途径有：改变密封预紧力的大小；注意材料的选择和协调，特别是不同温度的情况下；除材料外，螺栓的刚度、数量和密封件的刚度对可靠性都有很大的影响；推动密封元件的标准化、系列化与国际技术标准接轨；加强工程的现场技术管理，进一步完善、量化、细化操作工艺技术规程，及时对静密封进行必要的调整。

动密封可靠性也存在很多问题，现在常用的动密封设备发生泄漏的主要问题有：装配不良、润滑不良、安装不当、密封材料或者型式选用有误。相对应的需要从密封的选型、密封的安装、日常维修保养等方面来提高密封的本质安全。另外，现行动密封的状态监测并不多，只有一些压缩机的干气密封、浮环密封和离心泵API PLAN53A或53B标准的辅助密封冷却装置采用状态监测，而没有进行密封监测的重要设备，一旦发生故障，就会带来较为严重的后果。

以某石化公司为例，2016年第一轮实际检测50套开工装置的密封点653206个，共检出泄漏点（LDAR要求≥500mg/L部分）2872个（图4-6），泄漏率为0.44%，其中：

泄漏量为500~2000mg/L的泄漏点1180个，数量占41.09%；

泄漏量为2000~10000mg/L的泄漏点917个，数量占31.93%；

泄漏量为≥10000mg/L的泄漏点775个，数量占26.98%。

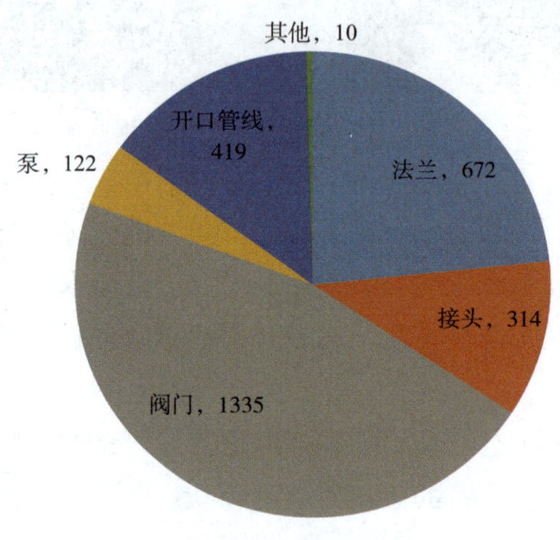

图 4-6　泄漏部件

综上所述，我国炼化企业密封泄漏情况仍有发生，垫片的性能不良、装配不良、润滑不良、安装不当、密封材料垫片不合格等仍是炼化企业实现设备本质安全需要解决的问题。

二　可靠性设计与制造

设备可靠性是指机械产品在规定的使用条件下、规定的时间内完成规定功能的能力。由于工程材料特性的离散性以及测量、加工、制造和安装误差等因素的影响，使产品的系统参数具有固有的不确定性，因此考虑这种固有随机性的可靠性设计技术至关重要。据有关方面统计，产品设计对产品质量的贡献率可达70% ~80%，可见设计决定了产品的固有质量特性（如：功能、性能、寿命、安全性和可靠性等），赋予了产品“先天优劣”的本质特性。

目前炼油企业加工原油性质不断劣质化，设备、管道腐蚀明显加剧，国内大型石化企业在生产运行和装置大检修时，压力容器、管道都出现了腐蚀泄漏，制造、施工质量等缺陷导致的装置停工或检修工期延长，给设备长周期和装置安全运行带来不同程度的影响。以设计与制造标准为例，说明设备本质安全可靠的现状，并通过调研总结炼化企业设备在本质安全可靠方面存在的问题。

（一）设计与制造标准

1. 动设备

国内标准研究起步较晚，大多参考国外标准设定，与国外先进标准存在差距与不足。本文以离心泵为例，将国内外的离心泵设计与制造标准进行对比。

我国标准GB 3215《炼厂、化工及石油化工流程用离心泵通用技术条件》基本参照API 610第6版编制而成；标准GB 5656/T《单级、单吸化工离心泵技术条件》参照ISO 5199编制而成。其相关标准如GB 5662《轴向吸入离心泵（16Bar）标注、性能和尺寸》参照ISO 2858，GB 5661《轴向吸入离心泵机械密封和软填料用的空腔尺寸》参照ISO 3069，GB 5660《轴向吸入离心泵底座和安装尺寸》参照ISO 3661。水力性能试验按GB 3216《离心泵、混流泵、轴流泵和旋涡泵试验方法》的C级或B级进行（参照ISO 2548、ISO 3555）。

为便于API 610（仅指悬臂式泵）、GB/T 5656（参照ISO5199）、ANSI B73.1M/B73.2M标准进行比较，将其相关栏目的内容以表格的形式列出，详见表4-4。

表4-4 离心泵总则标准国内外对比

项目		API 610	ANSIB73.1M/B73.2M	GB/T 5656
总则	适用泵的类型	OH2、OH3	OH1、OH3、OH4、OH5	OH1 和 OH2
	使用寿命	20 年	未提	未提
	连续运转周期	3 年	未提	未提
	性能点	不规定具体型号的性能点，但要求性能曲线到关死点为止呈连续上升状。如果并联操作，扬程上升量至少为额定扬程的 10%	对每一型号，给出了最佳效率点的近似流量和扬程值	对每一型号，给出了额定点的流量和扬程值
	尺寸	仅对底座尺寸提出了总的要求	对每一型号泵的外形尺寸、底座尺寸提出了具体规定	对每一型号泵的外形尺寸、底座尺寸提出了具体规定
	后开门结构	应采用加长联轴器，加长部分至少为 125mm，以使得方便地拆下联轴器、轴承、密封和转子，而不必拆卸电机或进出口管路	设计应允许从后部方便地拆下转子，而不必拆卸电机或进出口管路	应当装设加长联轴器以使得能够不必移动电机就可拆下轴承、转子

通过对比发现，我国动设备的设计与制造标准仅在设计公式阶段参考了国外标准，对于不同场合、不同危险程度的设备并未规定相应的标准。在设备设计时，一味强调设备最低价，忽略设备效率与使用周期，因而我国与国外先进炼化企业在动设备采标方面仍存在较大差距。

2. 静设备

压力容器广泛应用与工业领域和日常生活领域，我国从20世纪60年代初就成立专门机构协调指导制定设计制造标准，并从设计、制造、安装、使用、修理改造和报废等环

节严格控制安装质量，现行GB150是我国压力容器的核心技术标准之一，本文从安全系数与设计准则方面与国际标准进行对比。

1）安全系数

安全系数确定和国家综合技术能力以及压力容器建造历史有关，随着压力容器设计、建造技术水平和质量管理水平的不断提高，在保障压力容器安全性前提下，提高压力容器经济性，压力容器安全系数有所降低。

对于碳钢、低合金钢、高合金钢，GB150抗拉强度安全系数为2.7，ASME为3.5，EN16445为2.4。对材料和制造要求严格的欧盟，安全系数较低；对于材料和制造要求宽松的美国，安全系数相对较高，我国安全系数高于欧盟低于美国，充分考虑了我国设计、制造、检验和管理水平。

2）设计准则

压力容器的设计准则与失效理论及安全系数的大小有关。在设计中考虑了两种失效理论：过量的弹性变形和弹性失稳；过量的塑性变形和塑性失稳。GB150、ASME、EN13445在分析设计篇中，压力容器设计主要基于弹性失效准则和第一强度理论，但在具体计算公式中存在差距。

通过对比发现，我国静设备标准参照了ASME规范和欧盟标准EN1344，而且部分静设备设计已经不落后于国外标准，但是在实施与监督方面却存在较大漏洞，没有将设计标准化贯彻落实。因此我国需要借鉴国外先进经验，避免出现标准严而设备质量落后的现象，从设计阶段保证设备本质安全可靠。

3. 辅助设备

1）管线

为加强对油气管道安全设计、施工和运行管理，我国先后发布了《输油管道工程设计规范》（GB50253—2003）、《输气管道工程设计规范》（GB50251—2003）、《油气输送管道穿越工程设计规范》（GB50423—2007）、《油气输送管道跨越工程设计规范》（GB50459—2009）、《石油天然气工程设计防火规范》（GB50183—2004）、《石油天然气管道安全规范》（SY6168—2007）、《压力管道使用登记管理规则》（TSGD5001—2009）、《压力管道定期检验规则长输（油气）管道》（TSGD7003—2010）、《压力管道安装许可规则》（TSGD3001—2009）等标准规范。

在管道完整性方面：我国的法律法规对此没有明确的要求，而美国有一部专门的法律《HR3609 管道安全改进法》明确规定建立一套规程以要求操作人员对天然气运输管道开发完整性管理程序。

国内外管道法规体系对比参见表4-5。

表4-5 国内外管道法规体系对比表

对比类别	中国	美国	欧盟
法律法规	《关于处理石油管道和天然气管道与公路相互关系的若干规定（试行）》 《原油、天然气长输管道与铁路相互关系的若干规定》 《国家经济贸易委员会关于加强石油天然气管道保护的通知》 《石油天然气管道安全监督与管理暂时规定》 《中华人民共和国石油天然气管道保护法》	USC49601《管道安全法》 HR3609《管道安全改进法》 USC490501《联邦危险品法》 《风险管理程序标准》美国联邦规章 49 篇——运输	GPSG《设备与产品安全法》 GG《高压气体管道条例》91/296/EC《关于通过管网输送天然气》
管道完整性	法律法规对此没有明确要求	美国法律对开展管道完整性有强制要求	
法规与标准之间的关系	技术法规为强制执行文件，由政府批准。我国的标准分为强制性标准和推荐性标准，强制性标准为必须执行标准。	美国的技术法规是强制性的，但标准都是推荐性的，标准没有强制性一说，但如果此标准被法律法规所应用就具有法律效应	欧盟逐渐形成上层为欧盟指令，下层为包含具体技术内容的协调标准组成的两层的法规标准体系

2）机械密封

根据适用条件以及允许泄漏率这两方面看机械密封标准，可以看出机械密封的标准要参考所应用的领域以及实际运行的状况来选择，同时随着机械制造精度的不断提高，对机械密封的标准也会越来越严格的趋势。

我国机械密封标准适用条件及范围参见表4-6。

表4-6 我国机械密封标准适用条件及范围

标准	适用条件	允许泄漏范围
JB/T 4127	适用于离心泵及其他类似旋转式机械的机械密封。其工作参数一般为：密封内的测量压力 0 ~ 1.6MPa，密封内测量温度为 -20 ~ 80℃；轴（或轴套）外径为 10 ~ 120mm；转速不大于 3000r/min；腐蚀介质为水、油以及一般腐蚀性液体	工作压力 5MPa 以内，轴外径小于 50mm，泄漏量≤ 3.0mL/h，轴外径在 50 ~ 120mm，泄漏量≤ 5.0mL/h；工作压力在 5 ~ 10MPa，轴外径≤ 50mm，泄漏量≤ 15mL/h，轴外径在 50 ~ 120mm，泄漏量≤ 20mL/h
JB/T 5966	泵用机械密封：轴径为 10 ~ 50mm，寿命大于等于 4000h；轴径为 50 ~ 200mm，寿命大于等于 8000h	泄漏量不大于 0.1mL/h
GB/T 24319	釜用高压机械密封	轴径不大于 80mm 时，泄漏量不大于 5mL/h；轴径超过 80mm 时，泄漏量超过 8mL/h

3）垫片性能试验标准

我国垫片性能试验标准如表4-7所示，与国外垫片性能相比，我国的标准适应范围广，测量次数也比较多，可以有效降低误差，能够客观地反映垫片性能，因而制作标准在国际上处于领先地位，但在精度上与德国还有一点差距。

表4-7　我国垫片性能试验标准

标准号		GB/T 12385（中国）
适用范围		板状垫片、金属包裹垫片、缠绕式垫片等
测量范围		≥ $1 \times 10^{-5} cm^3/s$
测漏方法		集漏升压法
试样	尺寸	DN80，PN ≤ 50
	数量	≥ 3
实验条件	温度	18 ~ 28℃
	时间	2 ~ 10min
	试验介质	99.9% 工业氮气
	试验压力	1MPa ~ PN1.1

对比国外炼化企业辅助设备标准发现，我国在这些方面的标准已经不再落后，甚至在有些地方已经优于国外，但受市场环境、生产制造水平、管理不当等因素影响，生产出的成品仍然与先进国家存在差距，因而需要有效监督、保障的法律与体系，贯彻落实每一项标准，从而保证设备的本质安全可靠。

（二）设备本质安全可靠性设计与制造存在的问题

1. 设计与制造标准滞后发达国家

以静密封的密封件、紧固件与法兰为例，尽管密封产品的工作寿命从1年延长到2年，但国外API 682规定密封寿命为8年，寿命比国内延长了6 ~7年。密封可靠性不断提高，密封成本会更低，设备运行安全可靠性更有保障。美国石油学会2014年出台离心泵和转子泵用机械密封系统的最新标准，美国、法国、日本的核电标准已经构成较完善的核电密封体系，国内核级密封技术等明显落后于世界先进水平，尚未建立核级密封技术标准体系。因此，从本质安全的角度出发，建立完善的标准化设计、制造和安装准则，对设备可靠性有着至关重要的作用。

2. 市场环境制约可靠性设计/制造

炼化企业设备设计与制造过程受到市场环境、采购管理制度、设备制造商设计制造能力、质量保证体系影响。目前，采购制度的重点是采购过程的成本控制和节约开支。虽然采购过程对采购结果的影响重大，但过于强调过程，可能使整个采购过程陷入形式化，还会增加采购成本、降低采购效率。设备、材料、备件的采购通过向公司上报采购计划，得到批准后，由公司专业部门采用招标，招标采用最低价中标的方式，即谁报价最低就由谁中标的方式。由于我国目前相对缺乏规范的评估机制和行业公信机制，实行最低价中标法的条件尚未成熟，导致部分小型企业为了获利，忽视设备质量，一味降低价格竞标，使部分不合格设备进入工艺装置，使设备本质安全没有得到保障。

3. 加工精度不高影响设备性能，设备质量缺乏有效监督

我国设备制造技术、加工精度与国外存在较大差距，热处理、装配等精细加工技术远远处于国际落后水平。部分设备制造标准过于严格，在制造过程中很难达到要求；制造设备的原材料不符合设计制造标准。由于缺乏健全的监督手段与体系，不良商家投机取巧，在设备加工制造完成之后，蒙混过关，设备未经检验，就进入市场，导致设备在本质安全可靠方面存在不足。

4. 通过自适应控制提高设备可靠性的能力还有待提高

当设备在设计阶段，由于对象特性的初始信息比较缺乏，设备在刚开始投入运行时可能性能不理想，甚至因为控制策略的协调出现失误，在控制方案的制定、统筹生产的安排时，不能及时使保护装置动作，引发生产事故，损坏机器设备，导致大规模的停产停工，给企业带来巨大经济损失。从这个角度而言，利用设备可靠性设计与制造，制定相应的控制方案与生产安排，并与在线辨识和控制，使得控制系统逐渐适应，最终正常工作，对设备安全平稳长周期运行、保证设备的本质安全具有重要意义

5. 设备设计选型不能满足实际工况运行要求

部分炼化企业在设备选型时未考虑实际工况，若设备长时间在该工况下运行，会发生故障，严重时会造成重大事故。如某石化公司超临界乙烯输送管道高压乙烯大量泄漏，分析其原因是螺栓规格M27×170的设计存在紧固力裕度不足的缺陷，若是选用M30螺栓，即可避免此事故发生。因此设备在设计选型时需满足实际工况，从而保证设备的安全可靠。

6. 设备可靠性设计/制造RCM/RBI/SIL/HAZOP技术应用走过场

国内石油化工设计院在进行炼化装置工程设计时，HAZOP、SIL、RBI、RCM技术应用范围逐步扩大，对于保障炼化设备本质安全可靠运行发挥了重要作用。但是，很多工程设计完成HAZOP、SIL分析后并未将分析结果应用于实际工程中；动设备选型采用FMEA或RCM评估技术普及度不高；RBI在静设备设计中的指导作用尚未有效发挥，RBI技术并未得到充分执行，新建炼化装置仍重复发生老旧设备发生的事故，RBI积累的经验知识或知识规则并未反馈到实际工程应用中。若工程设计采用RCM技术开展可靠性设备选型设计，就会从根本上杜绝密封泄漏引发的火灾、爆炸事故，进一步保障设备的本质安全可靠。

综上所述，我国炼化企业设备在可靠性设计与制造方面存在的缺陷，在设计时未考虑实际生产力与制造水平情况，部分标准滞后，部分标准制定过高，因而需要学习国外先进经验，从设备设计阶段就有本质安全理念，从而实现设备的本质安全。

三 风险管理

（一）设备管理模式现状

1. 传统设备管理模式状况

国内石化企业传统的设备管理模式就是“规定各级人员怎么管设备”，强调组织（部门、人员）的作用。企业设备管理模式总体相同，是在集团公司的总体架构下，结合各企业自己的实际设置，具有不同的特点。大多以本企业多年积累的设备管理经验及与其他企业之间相互学习作为提高的主要手段。企业设备管理，根据集团公司设备管理办法及制定的《设备动力管理制度汇编》，结合实际，制定本企业设备管理办法及相关制度，开展设备管理工作。

设备管理方面的行政管理模式是设备副经理对公司总经理负责，主要负责全厂的设备、电气、仪表专业的全面工作以及施工、检维修等方面的工作。各专业副总工程师对专业技术方面事宜把关。设备管理组织机构目前主要有两种模式：一种为传统的三级管理模式，即公司－厂－车间三级管理；另一种模式是二级管理模式，即公司—联合车间二级扁平化管理模式，制度的执行主要通过职能部门机动科的专业管理，最终落实到各车间来实现。同时，制定相应的职能部门、机械动力处、生产厂（或运行部）、车间、维保单位等的设备管理职责和范围，在相应环节和设备不同寿命阶段各负其责，做好设备管理工作。

公司设备管理处（部）室负责制定公司设备管理的相关制度、规定，在工作中加强监督考核，并负责提出公司全年设备管理的工作目标，下达各单位年修理费用指标，以及在设备的基础管理、专业管理方面，采取的具体措施，以保证各项指标的落实。

厂设备管理部门贯彻落实公司设备管理的规章制度，制定相应实施细则，建立全厂设备档案，负责组织设备技术状况分析，统计汇总全厂设备信息检维修计划、备品配件需求计划、厂管设备运行状况分析、设备检验计划、修理费用使用情况等，落实考核工作。

检维修采用的是计划检修。本年度准备下一年度的总体计划，以取得下一年度的检修费用。费用的支出主要靠月检修计划、大检修计划及临时计划项目的执行来控制。

车间主要负责现场设备的日常管理，包括设备的使用、日常维护保养等运行管理，并配合检修部门实施设备的大、中、小修工作，负责本车间设备技术档案的管理以及按照厂职能部门提出的要求统计上报有关信息。

在设备的维护方面，通过日常巡检（三级：操作工、设备管理员、车间副主任及专业科室），包机特护的分级管理，压力容器、工业管道的管理及对装置所存在的隐患的滚动管理来保证设备的运行。

实施“五位一体”的大机组特护管理，特护管理。加强润滑油管理，严格执行润滑油管理的“五定”“三级过滤”制度。开展高风险油泵的专项治理，包括机械密封改造、状态监测、油雾润滑，机泵进出口加电动阀、电视监控等。

设备管理的主要内容参见表4-8。

表4-8 设备管理的主要内容

管理业务	管理子项	具体内容
设备技术管理	前期管理	规划、选型决策、采购、合同管理、安装、调试、初期管理
	设备台账管理	资产、档案管理
	设备状态管理	状态监测和诊断、点检管理
	设备维修管理	维修模式设计、维修计划、维修质量验收
	设备环保与安全管理	
	设备润滑管理	
	备品备件、材料管理	
	改造、更新管理	
	合同化维修管理	外委合同签订、检验验收
	专业管理	压力容器与管道管理、防腐保温管理、安全附件管理、计算机网络管理、设备故障和事故管理
设备经济管理	设备寿命与折旧	
	寿命周期费用	
	寿命周期效益	
	设备综合效率分析	
	外协项目价格管理体系	
	备件结构模型	
	备件流动资金	

2. 设备风险管理模式探索

创新型的设备管理模式就是要从设备本质安全可靠运行出发，以可靠性为中心的维修、基于风险的检验、安全完整性等级、危险与可操作性分析以及设备完整性管理都强调技术的支撑作用。目前，已经在部分公司通过开展试点工作，健全设备管理模式。

1）某公司完善设备完整性管理体系工作改革

该公司在借鉴国外完整性理念，结合中国石化设备管理实际，建立了“炼油企业设备完整性管理体系规范”及其指南2个规范文件的基础上，开展企业设备完整性管理体系建设试点工作。依据完整性管理要素，利用RBI、RCM评估，找出管理的薄弱部位的基础上，策划编制了该石化设备完整性管理体系实施方案，试点工作分为以下五个阶段。

第一阶段：现状评估

第二阶段：整体策划

第三阶段：体系文件编写和审查

第四阶段：设备完整性管理体系实施

第五阶段：审核和管理评估

经过制度梳理与完善、机构调整、人员安排、体系文件编写、工作流程和表单制定、培训等。

设备完整性管理体系三维立体模块结构参见图4-7。其中：A相为设备完整性管理体系各要素，涵盖设备完整性管理各个方面；B相为设备管理各专业，包括动、静、电、仪、动力、水务、综合管理等各专业管理；Z相为设备管理各层级，涵盖石化企业专业团队、生产片区、生产装置三个层级。由此，实现设备管理的全周期、全过程、全方位完整性管理，并通过框架结构各模块所建立的制度文件、工作流程、工作表单和信息子系统，实现完整性管理与现实设备管理工作的融合落实。

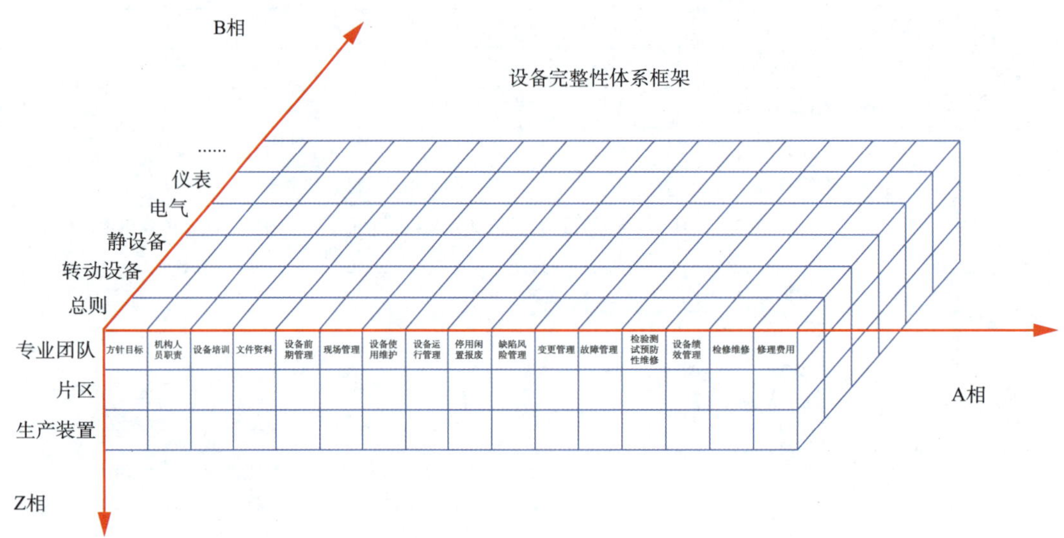

图4-7 设备完整性体系框架

2）某炼化RBI、RCM技术应用改革

搞炼化改革设备管理模式，兼顾技术、控制、效率，实行“医生+护士”的模式，以可靠性为中心的维修、基于风险的检验为技术支撑，由单专业解决问题向多专业协同攻关转变，由“最差十台泵”攻关向“设备薄弱环节”动态整治转变，由单项整治向系统性整治转变（图4-8）。

（二）可靠性管理支撑技术应用

当今炼化企业装备朝大型化、集成化、自动化、智能化的方向发展，单套20Mt/a、15Mt/a、12Mt/a、10Mt/a常减压炼油装置和1.2Mt/a、1Mt/a乙烯装置等大型石油化工装置对设备的可靠性、可用性和安全性提出了全新的要求，传统的设备管理模式面临巨大的挑战。在这种情况下，我国从国外引进了设备风险管理技术。

设备风险管理技术从全生命周期的角度来观察设备风险，风险的来源、风险的破坏

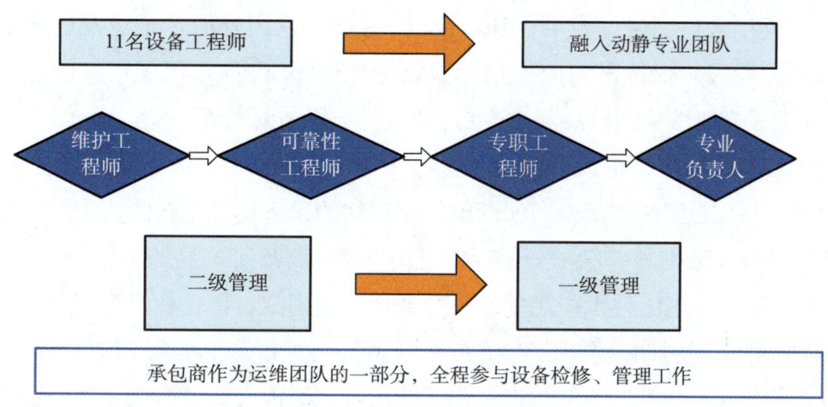

图 4-8　某炼化设备管理模式

机制、风险的影响范围及风险的破坏力，由此加强了设备的本质安全。安全完整性水平分析（SIL）、危险与可操作性分析方法（HAZOP）、基于风险的检测（RBI）、以可靠性为中心的维修（RCM）等设备风险管理技术已逐渐在炼化企业推广应用，但与国外先进企业相比仍存在不足。

1. 安全完整性等级（SIL）

1）SIL技术的应用

国内最早应用SIL技术的是某公司炼化1Mt/a的I套加氢裂化装置，该装置是我国首套国产化的加氢裂化装置，年生产能力由最初设计时的0.8Mt/a扩建而来。

2005年，某炼化公司与国内外研究院、高校、咨询公司及服务公司合作，利用IEC61511国际标准对首套国产化的加氢裂化装置的安全联锁系统进行SIL评估，并将评估结果应用于新建的1.5Mt/a的Ⅱ套加氢裂化装置上。2007年针对Ⅰ套加氢裂化装置开展的SIL评估完成后，提出了一系列针对仪表系统及工艺设计等方面的建议（如循环氢压缩机联锁系统的配置、高低压分离系统联锁的设置、安全阀的选型以及循环氢分离系统换热器选型），被新装置设计方认可并采纳。同年，通过鉴定，认为利用SIL技术提高了装置运行的安全性与经济性，为新装置联锁设计提供了参考依据。

目前国内石化企业已十分重视对SIL技术的应用，中国石化安〔2013〕259号文件，发出了“中国石化安全仪表系统安全完整性等级评估管理规定”的通知，指出将在役装置SIL评估纳入日常安全生产管理，同时强调在役生产装置进行安全联锁变更时，应进行SIL评估；国家安全监管总局的安监总管三〔2014〕116号文件，印发了《国家安全监管总局关于加强化工安全仪表系统管理的指导意见》，其中明确要求要“积极推进在役安全仪表系统的评估工作”，2019年年底前完成安全仪表系统评估和完善工作。

2）SIL技术应用存在的问题

（1）SIL技术与我国的技术规范、标准及法规的不同。

石化装置的安全完整性等级技术作为一项在国外备受关注、具有发展潜力的流程工业安全技术，近年来得到快速发展。IEC61511标准已在国外很多工业发达国家成为事实上的强制标准，我国与该标准对应的推荐国家标准也已于2007年颁布。但总体而言，我国在SIL技术配套的相关技术规范、标准及法规等方面存在滞后问题。

（2）与SIL相关的产品可靠性评估和认证工作严重滞后。

可靠性评估是SIL评估的基础，如何确保所评估的设备具有足够的可靠性，必须依赖于可靠性评估与认证。欧洲与美国的一些评估机构已率先开展了产品的SIL认证工作，这些认证与评估的数据是开展SIL技术应用的基础性数据。国内某石化企业采用国外专利商工艺包设计的大型装置中，外方明确提出了装置安全联锁系统的完整性要求。依据该要求，所有用于联锁的设备均需第三方进行SIL认证，仅该要求就把国内大量的联锁系统设备供应商挡在门外。国内到目前为止还没有开展联锁设备SIL认证的机构，也无此类可靠性认证规范。随着安全可靠性要求的日益严格，我国在联锁设备的制造领域将面临更大的挑战。

（3）工艺不合理或工艺设计错误。

工艺问题体现在工艺设计不当，导致联锁无法起到很好的保护作用或联锁的SIL要求过高。如安全阀设计排量不足导致防串压联锁的安全完整性要求过高（达到SIL4）；压缩机出口止回阀与压缩机距离过远导致压缩机防反转联锁的SIL要求过高（SIL2或更高）且起不到好的保护作用；加热炉炉管出口缺少止回阀导致爆管时物料反串，需要联锁进行保护；高低压分离器之间的换热器设计压力不足导致串压时下游安全阀起不到相应的保护作用等。

（4）不合理的联锁设计。

不合理的联锁设计在已评估的装置中十分普遍，如合成氨气化炉的燃料油回流阀置于流量传感器的下游，导致异常情况下进入气化炉的燃油真实流量过低而联锁无法动作；管式反应器防飞温联锁传感器过度设计导致误跳车每年高达15次以上；主备泵中对一台泵的联锁旁路导致另一台泵同时也被旁路而联锁无任何报警；紧急泄压联锁阀采用故障时关（FC）的非故障安全型设置方式导致断电或断气时无法执行紧急泄压；装置联锁的SIL要求普遍过高带来的成本增加及误跳车过高等。

总体而言，炼化企业目前已开始重视SIL技术的应用，但在工程实际应用中，仍存在认证工作滞后、工艺不合理、连锁设计不合理等问题，因而还需进一步加强并发展适合我国炼化企业设备的SIL技术，使SIL技术可以真正应用于工程实践中，从而保证设备本质安全。

2. 危险与可操作性（HAZOP）

1）HAZOP技术的应用

国内炼化企业HAZOP分析技术应用起步较晚，起初分析技术只是在部分有外资参与的大型企业中才有应用。近几年，由于重大事故频频发生，国家对安全和环保逐渐重视，HAZOP分析技术在国内企业的应用也得到了快速的发展。

国内炼化企业针对典型工艺装置开展了HAZOP分析，北京化工大学的吴重光和张贝克开发了基于符号定向图的SDG-HAZOP，并于2005-2008年对中国神华计划建设的煤制油装置进行了HAZOP分析。北京化工大学高金吉院士团队联合中石油安全环保技术研究院于2009-2011年对四川石化计划建设的千万吨炼油15套装置进行了系统的危险与可操作性分析，效益显著。四川石化很少发生过非计划停机事故，对设备本质安全发挥极大作用。

以某石化公司空分装置为例，在做HAZOP分析过程中，审查了涵盖空分空压装置的各个单元，包括空分装置的空气过滤及压缩机系统、空气预冷系统、空气纯化系统、分馏塔系统、氮气压缩系统、液氮贮存及气化系统、氮气储存及外送系统，空压装置的空气过滤及压缩机系统、干燥系统、过滤系统、仪表空气增压和储存系统。HAZOP审查时按照不同系统划分了共计9个节点，对节点的偏差、原因、后果及保护措施进行了详尽的分析。通过在设计阶段对装置进行HAZOP分析，从设计源头上避免了事故发生，使该空分系统一次开车成功，工况运行平稳。

某石化公司2016年对加氢裂化装置进行HAZOP分析，根据HSE风险矩阵，利用事故的后果严重等级和事故发生频率等级在风险矩阵中确定事故的风险等级。事故后果从人员、财产、环境、声誉4个方面进行评估；而事故可能性从世界范围内未发生过、世界范围内发生过/石油石化行业内未发生过、石油石化行业内发生过/世界范围内发生过多次、系统内发生过/石油石化行业发生过、本企业发生过/系统内发生过多次、作业场所发生过/本企业发生过多次的6个级别进行定义。利用HAZOP分析对该加氢裂化装置工艺系统全面、系统地进行了分析，划分了20个节点，对节点涉及到的偏离、原因、后果、保护措施进行了详尽的分析，所有分析结果由分析团队讨论并由全体成员一致通过。形成建议措施共18条，分为4类：设备（包括仪表、管线）相关的措施、DCS相关措施（高低报及其联锁）、更新操作规程相关的措施、确认核实类，得到HAZOP分析因果关系图的关键部分，如图4-9所示。进行HAZOP分析后实现了设备的长期运行，保证设备的本质安全。

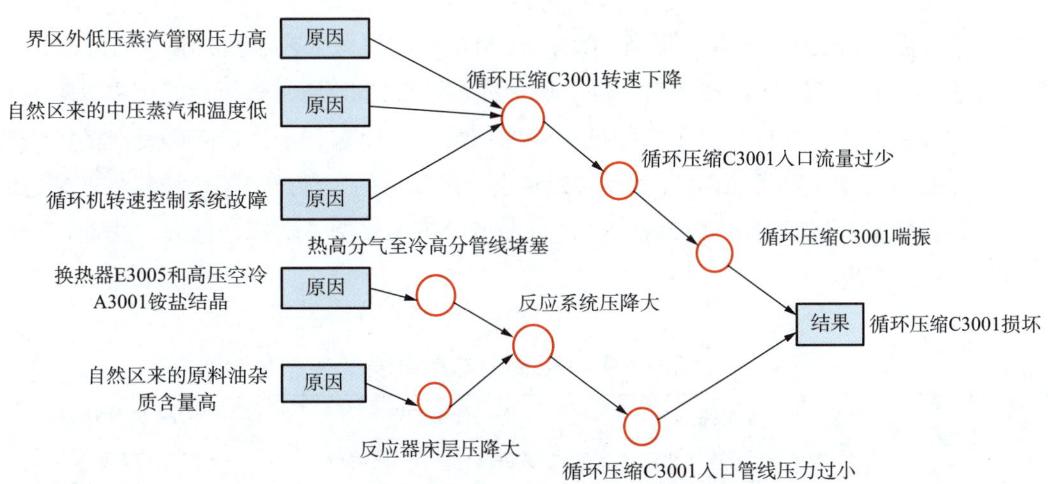

图4-9　加氢裂化装置HAZOP分析因果关系

2）HAZOP技术的应用存在的问题

（1）HAZOP操作人员不合规。HAZOP研究涉及到的是多方面的内容，它必须由专业且熟练的操作人员组成小组来共同完成，绝不能按照传统评价方法的操作方式进行。参与HAZOP分析工作的人员必须是与设计相关且有足够技术经验的操作人员，部分企业为了滥竽充数，做表面文章，对HAZOP分析敷衍了事。

（2）HAZOP分析程序不规范。HAZOP分析工作的开展，首先要由工艺工程师对石油化工装置设计的整个工艺流程进行介绍，使参与审查人员对石油化工装置设计有一定的了解。然后由HAZOP分析工作小组组长按照审查流程将石油化工装置划分为多个部分，组织人员对各部分别进行同步骤的审查，审查工作开展之前，仍要由工艺工程师对每段设计流程进行介绍，介绍的内容主要包括仪表、设备、管线的设计参数。组长应选择一个假设偏差，由参与审查的人员共同探明造成偏差的原因以及可能引发的危险，并对设计方案中采取的安全措施进行评判。部分企业在执行时，不遵守操作流程，随意更改流程，导致结果与实际情况不一。

综上所述，国内炼化企业设备工作人员已开始重视HAZOP技术，也在部分实践应用中取得效益，但HAZOP技术在应用中仍存在程序不规范、资格认证不规范等现象，因此仍需继续研究并发展该项技术在我国炼化企业的应用，从而保证设备的本质安全可靠。

3. 以可靠性为中心的维修（RCM）

1）RCM技术的应用

RCM技术的应用可以有效促进维修方式改革和设备管理现代化，石化行业大型机组的状态监测系统可以实现设备状态与技术人员的实时联系，从而可以有利于技术人员及时发现问题与解决问题。同时，状态监测技术的发展为RCM技术发展奠定了基础。RCM技术已成功地应用于重油催化、柴油加氢装置，并实现了与状态监测的结合。它可以快速准确识别设备潜在的故障，这样就大大降低了设备产生故障的风险，同时也延长了设备的运行周期。

以某石化公司塑化原料生产装置为例，RCM项目组根据工艺流程将装置划分为14个系统（表4-9）。应用RCM技术对364台设备经过详细的FMEA分析后，可以直观地看出功能失效956项，并且分出了高中低风险的项数，从而有利于进行正确及时的维修工作。塑化原料生产装置通过RCM项目对设备进行风险评估，筛选出塑化原料生产装置的低风险设备以及低风险的失效模式，通过每个风险下的比例，选择项修复，由此可以减少维护时间和费用。

表4-9 RCM分析结果表

风险	系统筛选		设备筛选		FEMA失效分析
	数目/台	比例/%	数目/台	比例/%	项目/项
高风险	10	71	26	4.39	21

续表

风险	系统筛选		设备筛选		FEMA失效分析
	数目/台	比例/%	数目/台	比例/%	项目/项
中风险	4	29	354	59.8	158
低风险	0	0	212	35.81	777
总计	14	100	592	100	956

2）RCM技术应用存在的问题

国内炼化企业多数沿用传统的设备管理模式，未建立以可靠性为中心的维修管理模式。在传统的设备管理体制下，RCM评估实施过程中也遇到了巨大的挑战，主要表现在：设备数据、故障数据、维修数据记录不标准，设备故障模式发生频率、故障后果难以统计；同时，通过问卷调查或座谈会调查，很多故障数据、维修数据未记录，造成很难进行RCM定量风险评估。在应用国外RCM软件进行评估的过程中，多数企业照抄照搬国外RCM数据库，造成RCM风险评估结论不客观，RCM用于企业维修决策和维修任务优化的效果也不明显。

总体而言，RCM技术在我国炼化企业的实际应用很少，几乎没有发挥该项技术的优势。多数炼化企业领导对该项技术的应用仍在观望状态，仅仅在军工方面应用显著，管理者并没有将该项技术真正执行下去。因而需要将该项技术贯彻落实到实际工作中，保证设备本质安全可靠。

4. 基于风险的检验（RBI）

1）RBI技术的应用

2002年，某石化公司机械研究所联合中石化某子公司，用挪威船级社开发的基于风险的检验专业软件对大芳烃联合装置进行RBI分析，这是国内最早的RBI评估实施项目。合肥通用机械研究所对合成氨装置进行RBI评估，补充了设备主要的损伤模式和损伤机理并对设备进行风险排序，制定了检验策略。姜海一等采用RISKWISE软件对某石化企业合成氨装置进行了RBI分析，总结了装置风险的分布规律，为我国合成氨装置风险评估积累经验。

2008年6月我国了颁布《基于风险检验的基础方法》，规定了基于风险检验（RBI）的实施方法与详细步骤，包括定性方法和定量方法，可能性和后果分析，降低风险检验程序的制定、工厂的相关数据结构及相关技术模块的计算等。该标准是国内技术的权威标准，为RBI实施提供技术参考。

截止到2016年年底，RBI在国内炼化企业1000多套30余种石油化工装置应用并取得效果，应用比较广泛的装置包括蒸馏、催化裂化、重整、加氢精制、加氢裂化、制氢、延迟焦化、苯酚、乙烯裂解、醋酸乙烯、高压聚乙烯、聚乙烯、芳烃、橡胶（顺丁、丁基、丁苯）、甲醇、乙二醇、合成氨、尿素、PTA等。

以某石化公司为例，自2006年起启动RBI基于风险的检验策略，目前共有32套生产装置和2套管网系统开展了RBI评估，包括炼油板块的蒸馏、催化、高压加氢等装置及乙烯、聚乙烯、聚丙烯、制苯、氧化等化工装置。

装置仅存在减薄可能性的设备，只进行宏观检查和测厚；对存在的应力腐蚀开裂可能性的设备部件，应尽可能进入设备内部进行湿荧光磁粉检测，提高设备检测的效率；对存在外部腐蚀可能性的设备，应根据损伤因子大小适当拆除保温层（10% ~50%）进行外部宏观检查和测厚等等。对于常减压装置来说，大部分的风险都集中在少部分的管线上比如常顶、减底等，加强少数风险高管线的检查及预防能够降低大部分的风险。

RBI评估检验策略的应用确保了装置长周期运行中特种设备的依法合规使用，从失效可能性及失效后果的综合分析，可对特种设备进行总体的风险分级，筛选出高、中高风险等级的特种开展有针对性的检验验证，使装置整体运行控制在可接受的风险范围内，同时，比较常规的检验节约了检验费用。

2）RBI技术应用存在的问题

（1）应用时没有考虑设备自身国情差异。企业的大部分设备存在先天制造缺陷与超期服役的问题，RBI体系的建立是基于国外的工业水平和安全管理水平之上的。在RBI体系使用中，一开始就假定容器与管道的设计、制造都是符合要求的，并没有考虑我国企业的实际情况。由于历史原因国内的很多设备在设计制造之初就有缺陷与不足而引发的失效，更重要的一点是缺陷和与时间相关的退化机理共同作用将严重影响设备的使用寿命，导致平均使用周期大大超过设计寿命，使预先设定的“设计寿命”不合理。

（2）没有考虑RBI数据库国情差异。运用RBI评估过程中，缺乏完整系统的设备失效模式数据库、损伤或劣化程度数据库等基础数据库。一些重要的失效数据库依赖于国外数据库，这样不能保证评估结果客观准确，也影响了实际应用效果，导致在应用的过程中损伤机理和失效不全面。

（3）风险管理技术体系不够完整。风险管理是RBI的核心内容。对不可接受风险，采取风险减缓措施降低风险。企业在进行设备风险管理过程中，RBI的任务是通过风险分析与评估对设备制定相应的检测计划并对设备进行检测，对于设备后续的维护管理即风险控制在RBI中并没有涉及到，RBI只是完成了风险管理的部分功能，需要结合其他的风险管理手段和策略来完成设备风险管理。

（4）应用范围存在局限性。在应用细节上，RBI局限在只能从整体上对设备及管道的风险进行评价，对于设备或管道的支管等细节部位考虑不周全，不能细化到每一个需要评价的部位。RBI能够在成套装置中寻找高风险设备及管道，但是RBI不具备在这些设备与管线中确定重点风险部位的功能，多数事故的发生是设备经常受损部位没有得到及时检修维护而导致的。

（5）缺乏可靠的法律法规支持。RBI基本资源文件API581在我国实践时，尽管与我国质检总局公布的“在用压力容器定期检验规则”与“压力容器缺陷评定规范”等技术标准一起构成风险控制的支撑体系，由于RBI技术的检测原理与传统检测大不相同，其检测结果必然与现行的相关法律法规有一定的冲突。如不妥善解决合法性的问题，RBI在我国的应用就失去了基本的法律保证。

（6）受到经济因素的制约。西方国家通过多年的实践证明实施RBI可以为承压设备的使用单位节约可观的维修费用，其减少的直接成本约占检修费用的30%。我国设备由于自身缺陷和长期超期服役的状态已经存在的隐患，因此在开始实施RBI的时候，需要投入比西方国家更多的费用，给企业造成比较大的经济负担。实施RBI工作意味着地方检验工作和利益的减少，但是地方检验机构所承担的风险却并没有降低，这就形成了一个经济矛盾。

综上所述，国内部分炼化企业已逐渐重视RBI技术的应用工作，但在实际应用时由于缺乏可靠法律法规支持、盲目引用国外RBI数据库，导致RBI评估走样的现象十分严重。因此想要进一步发展、应用该项技术，就要出台相应标准，使RBI评估标准化，保证设备安全可靠。

四 监测智能化和信息化

（一）动设备状态监测现状

1. 设备故障诊断技术应用

设备故障诊断技术能够产生巨大的经济效益和社会效益，因而该项技术在国内外发展迅速，应用也愈来愈广泛。设备故障诊断技术发展至今，国内较典型的监测诊断方式可以大致分为3种：

1）离线定期监测与诊断的方式

测试人员定期到现场用传感器依次对各测点进行测试，并用记录仪器或存储仪器记录信号，数据分析由专业人员在其信息处理系统上完成，或是直接在便携式内置微机的仪器上完成。由于该类系统成本较低,使用方便，在早期应用中普遍采用。但是采用该类系统的测试工作较繁琐，需要专门的测试和故障分析人员,由于是离线定期监测，很难避免突发性故障的发生。

2）在线检测、离线分析监测与诊断的方式

亦称主从机监测与诊断方式。在设备上的多个测点均安装传感器，由现场微处理器对设备上的各个测点进行数据采集和处理，在主机系统上由专业人员进行状态分析和故障判断。相对离线定期监测与诊断的系统，该方式免去了更换测点的麻烦，并能在线进行检测和报警,但是该方式需要离线进行数据分析和判断，而且分析和判断需要专业技术人员参与。

3）自动在线监测与诊断的方式

该系统基于人工智能技术，能够实现自动在线监测设备工作状态以及及时进行故障

预报，能够实现在线数据处理和分析判断,由于能根据专家经验和有关准则进行智能化的比较和判断，较低文化水平的值班工作人员经过短期培训后就能操作使用。该类系统技术先进，不需要人为更换测点，不仅不需要专门的测试人员，也不需要专业技术人员参与分析和判断；但是系统的软、硬件的研制工作量较大，应用成本相对较高。

2. 设备故障诊断技术应用存在的问题

1）机组在线智能监测、诊断及故障早期预警功能不足

我国开展状态监测技术研究的工作起步于20世纪70年代，在此之前从国外引进的大型透平压缩机组，一般都购置了监测保护系统。

80年代中后期以来，我国有关研究院所、高等院校和企业开始自行或合作研究旋转机械状态监测技术，无论在理论研究、测试技术和仪器研制方面，都取得了成果，并开发出相应的旋转机械状态监测系统。如：西安交通大学、哈尔滨工业大学、浙江大学、东南大学、北京化工大学、北京科技大学、北京理工大学等高校都开发过不同类型的在线监测、分析系统，取得了一些重要的科技成果，并在工程上得到应用，但这些系统离真正工程化、产业化还有一定距离，特别是在炼油、化工等复杂环境下应用在线监测诊断系统一直处于尝试和探索阶段。另外，现有具有诊断功能的监测诊断系统在诊断准确率方面还有待提高。目前，故障诊断领域的研究工作所关心的是系统“当前”的运行状态，即系统是否发生了什么故障以及故障的大小和位置等，对系统状态预测的研究则较少。

通过对设备进行在线监测，实现智能诊断、早期预警，能够使操作者预知系统在未来一段时间内运行状况、预知系统是否会发生故障、并能够在进行系统故障分析的同时，对故障的传播和发展做出早期预测，从而使操作者可以从容地进行生产决策和管理。因此，如何能够在故障早期进行准确诊断、预警，避免事故发生，是千万吨炼油、大化肥等石油化工行业迫切需要解决的问题。怎样建设炼油化工机泵装备网络化监测及故障早期智能预警系统是动设备预知维修管理的难题之一。

2）装置设备缺乏智能联锁保护和非正常操作重大事故预防

目前Bently3500等系统的振动保护仍存在依据单一振动幅值进行报警和联锁停机等弊端。该振动保护系统与故障诊断系统的结合程度已远远落后于目前监测诊断及振动保护技术的发展水平，不能够及时发现大型压缩机组的故障隐患而提前进行智能报警，也无法根据故障诊断结果进行有效停机。因此会造成停机不及时带来的重大经济损失，也会因为误报警等过保护策略导致不必要的停机损失。

国内外企业与高校等研究机构在重大事故预防及非正常工况处理研究方面做了大量工作，如：1992年美国Honeywell公司首先提出了非正常工况管理的概念，并联合多家大型石化公司和高校成立了非正常工况管理联盟，开发了异常工况管理、故障诊断、事故预防等系统；日本横河公司开发的先进安全操作管理系统，并已在大庆石化HDPE装置、锦州石化催化重整等装置应用；欧美、日等发达国家以及国内石化大型国企生产企业已相继广泛开展危险与可操作性分析；日本的北川彻三与南京工业大学的崔克清等研

究了爆炸事故原因分类等。然而，由于大型炼油装置非正常工况产生条件不确定性、参数多变性且参数耦合影响程度不同，当前的方法和技术还存在许多问题需要解决，如：

（1）非正常工况产生原因分析缺少定量信息，给出定性或半定量信息模棱两可，不能正确指导操作工辨识风险原因并及时采取恰当措施消除风险。

（2）DCS预警触发紧急停车系统，忽视了多参数耦合的非正常工况征兆趋势监测预警，错失了提醒操作工调控或系统自愈调控恢复正常的机会与时间。

（3）事故预防方法或技术的基础模型，做了大量简化，抹杀了多参数耦合影响作用规律，使得事故预警出现错报、误报及漏报等现象。

因此，解决以上问题，需要以设备、工艺和控制等为基础，研究多参数耦合影响与事故的关联机制，建立更加完善的非正常工况预警调控模型，重视非正常工况征兆趋势监测预警，以此拓宽装置、设备安全、稳定操作的可控范围。

3）机械故障诊断基础研究不足

（1）故障机理研究落后。通过机理研究，得到反映设备故障状态信号与设备系统参数之间的规律，准确获知某一故障的表征，是机械故障诊断技术的重要基础和依据。由于通常获得某一系统较全面的故障数据样本是不现实的，因此只有通过机理仿真研究，才能对系统未知故障和弱故障进行有效的预知和识别，以避免漏诊和误诊。尽管国内外在非线性故障和故障机理方面开展了深入研究，但针对新型重大装备故障机理还缺乏相应的深入研究，很多典型故障特征都是沿用经典的成果，如裂纹转子的倍频响应是BENTLY在20世纪80年代给出的研究结论。从而导致无法有效预知和识别系统故障，漏诊和误诊时有发生。

（2）早期故障、微弱故障、复合故障、系统故障等的诊断方法还存在不足，可靠的诊断方法有限。

故障诊断方法研究中提出了许多有效的“望闻问测”诊断手段，但是针对早期故障、微弱故障、复合故障、系统故障等的诊断方法还存在不足，可靠的诊断方法有限。机械设备运行过程中不可避免产生损伤和出现早期故障，它具有潜在性和动态响应的微弱性，复合故障和系统故障由于多因素耦合和传递路径复杂，往往导致单一的信号处理方法难以有效溯源故障成因。

（3）故障定量诊断困难。现有多种方法多局限于损伤等故障的定性分析，故障部位、类型和程度的定量分析困难，缺乏有效的技术。

（4）智能诊断系统薄弱，缺乏基于底层的基础研究的人工智能诊断方法。

随着机械装备的大型化、复杂化、高速化、自动化和智能化，迫切需求融合智能传感网络、智能诊断算法和智能决策预示的智能诊断系统、专家会诊平台和远程诊断技术等。

（5）国内开发的诸多监控系统缺乏对历史数据的积累，没有形成完善可靠的故障数据库，从而导致监控系统不能有效识别健康劣化信号，失去早期预警的功能。

对比国外先进故障诊断方法，可知现阶段我国故障诊断技术仍处于十分落后地位，故障诊断技术的实用性与可靠性都存在不足。国外已经能实现监测、诊断与预警的智能化，可以实现对设备的预测性维护，而我国仍需要专家在线进行诊断，专家诊断系统仍处于实验研究阶段；监测数据没有进行统一管理，缺乏对大数据的利用，因而需要大力发展和研究故障诊断技术，推广该项技术在炼化企业设备上的应用，从而实现设备的智能化监管，保证设备的安全可靠。

3. 设备监管智能化不足典型事故案例

国内2000年以后新上的大型机组大多采用了优化综合控制系统，但2000年以前的机组采用单体、分散式控制方式。虽然近年来，一些企业采用优化综合控制系统对旧机组控制系统进行改造升级，但仍有大部分机组保持原有的控制系统。机组原有的控制系统多由分散的控制系统（DCS）上各种控制器来控制单一目标，各控制回路之间不能协调工作，只是维持各自的控制任务，没有将透平控制、机组控制和工艺过程控制有机地结合起来；在控制方案的制定、统筹生产的安排时，难免造成生产资源利用率低、能耗居高不下的局面，甚至因为控制策略的协调出现失误，不能及时使保护装置动作，引发生产事故，损坏机器设备，导致大规模的停产停工，给企业带来巨大经济损失。

案例一：某石化公司合成氨装置停车

某石化公司合成氨装置在2010年5月投入正常生产，2011年12月28日在装置开车过程中压缩机喘振放空阀三次突然全开，导致装置停车。装置的工艺空气压缩机选用德国Atlas Copco公司生产的多轴离心式空气压缩机，配备有相应的状态监测系统，可对压缩机进出口压力和温度进行监测。为确保压缩机远离喘振线安全运行，在分散控制系统中（DCS）中安装了防喘振控制系统，可根据流量设定值控制防喘振放空阀的启闭，以避免压缩机发生喘振。在事故发生后，通过对状态监测系统的历史监测数据分析得出了事故原因，判定第一、三次喘振放空阀全开是由抽气线减温水阀内漏暖管不足造成，第二次喘振放空阀全开是由出口阀关闭憋压造成。监测系统和控制系统的应用提高了事故分析效率，避免了压缩机喘振和压缩机损坏等重大事故的发生。

案例二：某炼化公司重油催化裂化装置“三机组”喘振

某炼化公司重油催化裂化装置采用故障安全性控制系统防喘振，保证了装置安全、平稳、长周期运行。1Mt/a重油催化炼化装置（ARGG）的主风机由一组主风机组和一组备风机组组成，装置采用两套故障安全型控制系统（FSC）防喘振和自保联锁。FSC系统在正常情况下对生产过程不产生影响，不需操作人员参与可实现在线监测生产过程的安全运行。在危险紧急情况时FSC系统可立即做出正确处理并输出正确信号，使生产装置安全停车，防止危险的发生或事故的扩散。轴流风机的自保联锁系统包括系统启动联锁程序、自动操作程序、安全运行与逆流保护程序、紧急停机联锁程序和辅助油泵自启动程序5部分。在复杂的自保逻辑关系中，系统设置了三级保护：①喘振报警与防喘振控制；②逆流报警，机组安全运行；③持续逆流报警，机组紧急停机。该ARGG装置通过故障安全性控制系统防喘振，系统运行平稳且安全可靠，机组运行点始终在安全区运行，有效保护了机组设备和工作人员的安全，从而保证了装置安全、平稳、长周期运行。

案例三：某石化公司汽轮发电机飞车

某石化公司由于缺少监管系统，未发现设备隐患，事故应急处理时不当操作导致直接经济损失达1916万元。凌晨1时37分48秒，3号发电机一变压器发生污闪，使3号发电机跳闸，3号机组电功率从41MW甩到零，在工作人员进行不恰当的操作后，约1时40分左右，3号机组转速达到4500r/min，发生飞车事故。造成该飞车事故的主要原因是27MPa抽汽逆止阀阀碟铰制孔螺栓断裂使阀碟脱落，抽汽逆止阀无法关闭。事故发生时电机内部有物体飞出，保温棉渣四处散落，汽机下方及冷油器处起火，因此造成巨大经济损失。

案例四：某石化公司“四机组”的转速控制及超速保护不足

某石化公司在3Mt/a重油催化裂化装置中，能量回收机组采用了四机组配置形式，该机组主要由YL33000A型烟气轮机、AV90-15轴流压缩机NGS65/50蒸汽轮机、S6-560/6型变速箱、QF-22-2同步电动/发电机组成。四机组的保护主要包括：①四机组在发电状态下发电机跳闸时不允许机组停止运行，四机组的控制方案是当电动/发电机在发电状态下脱网后转速由汽轮机或烟机来控制，因为烟机入口蝶阀直径太大调节反应慢，所以由汽轮机来控制。②烟机联轴器损坏以后，烟机三个转速探头三取二做出表决发出紧急停车信号，切断烟机高温切断蝶阀和高温调节蝶阀动力油，通过快速关断动力源，从而达到保护机组的目的。

案例五：某公司防喘振和机组联锁保护

某公司采用美国GE-fanuc的90-30双机热备型PLC来实现空压机的防喘振功能和机组联锁保护。PCL系统具有双机热备功能，可以实现PLC主机冗余、电源冗余、通讯模块和通讯总线冗余，主机、从机可无扰动切换，模块在线可更换，增加了系统的可靠性。该防喘振控制系统自投用后，运行效果很好，压缩机没有再发生喘振现象。机组运行平稳，达到了设计要求，取得显著的经济效益。

（二）设备腐蚀监测现状

1. 承压设备腐蚀监测现状

在化工过程安全保护层理念中，设备安全居于十分核心的层级，设备腐蚀直接影响着整个过程安全。而根据本质安全原则，在工厂设计阶段进行全面的腐蚀风险辨识，从而减少或消除风险是达到本质安全的重要一环。事实上，根据目前国内多数炼油企业的经验，静设备的腐蚀问题是影响装置安全长周期运行的关键因素。

自20世纪90年代末开始，腐蚀监测技术在国内炼化企业得到迅速发展。1998年某石化公司决定大量进口高含硫原油，由此将会带来设备腐蚀日趋严重的问题得到总部和各企业共识。事实上，早些年国内就有企业由于加工高含硫原油，例如茂名石化，而发

生了不少腐蚀事故。因此，1998年该公司专门组织了一个考察团到日本千叶炼油厂参观考察，当年10月份又在南京召开了由企业设备厂长、总工参加的防腐工作会议，并特别邀请了众多科研单位参会，会上重点介绍了日本千叶炼油厂的腐蚀监测经验以及腐蚀监测为企业带来的效益，阐述了先进的腐蚀管理为企业带来的十几年无事故安全运行效果，对国内的石油化工行业和腐蚀科技界产生了不小的震撼，也推动了国内腐蚀监检测技术的发展和应用。

腐蚀监检测在石化、电力、航空、交通等行业都有应用，其中石化行业应用相对较为广泛，各种腐蚀监检测技术都有应用，可以说代表了国内的应用水平。

以某石化炼油厂为例，在13套生产装置增加在线腐蚀监测系统，分两期施工。一期包括一蒸馏、二催化、三催化（包括瓦斯气管网线）、焦化4套装置共56个监测点；二期包括一催化、二蒸馏、柴油加氢、丙烷，新区加氢、中压加氢，连续重整、制硫、三废9套装置共计74个监测点。

腐蚀监测主要采用在线监测的方法，实时采集数据并远程传输，数据可通过局域网浏览。腐蚀监测系统由电感数据采集器、电感探针、pH计数据采集器、pH计在线探头、RS485数据转换接口、计算机及软件系统构成。

1）在线腐蚀速率电感探针

腐蚀监测系统在线电感探针技术是通过测量金属试样腐蚀减薄所引起的磁通量的变化来直接测得金属试样的腐蚀深度，从而计算金属腐蚀速率的方法。

在线电感探针技术主要特点是比挂片法、电阻法的响应速度快，而且能适用于各种不同的介质，不受介质导电率的影响；电感探针的测量精度最小可达30nm，能够在几分钟或几小时内测量金属的腐蚀速率，并对金属腐蚀速率的变化做出快速反应；可以测量到常规测量技术无法测量的腐蚀速率的短期变化，适用于工业管道的腐蚀监测，也可以及时了解工艺参数的变化对腐蚀过程的影响，通过对工艺参数的调整来控制腐蚀过程，评价各种防腐措施的有效性。

装置技术人员、操作人员根据电感探针监测结果，分析腐蚀速率，对缓蚀剂形成评价，指导工艺防腐工作的开展。如管线腐蚀速率大于0.25mm/a，说明缓蚀剂注入量、注入方式、缓蚀剂品质等方面存在问题，应及时进行工艺调整，解决问题，降低腐蚀速率，同时对该管线采取增加定点测厚点数、频次，或采取其他先进的检测手段进一步监控，进一步研究探讨。

优点：反应灵敏，尤其是对低温部位的腐蚀，对蒸馏装置塔顶工艺防腐调整情况有明显的反应（图4-10）。

缺点：因需要开孔安装，增加了泄漏风险。高温部位探针一旦失效无法在线更换，只能等检修期间修复。低温电感探针即使能够在线更换，更换作业时存在一定泄漏风险。监测到的腐蚀速率与实际腐蚀速率存在一定偏差。目前旧的电感探针失效后逐步用在线测厚探针取代。

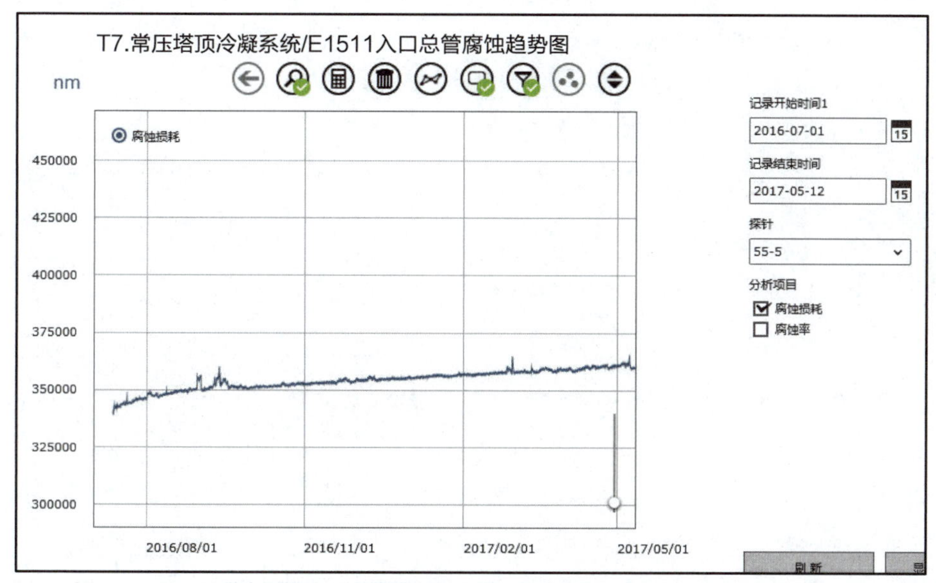

图 4-10　某化工厂四蒸馏常压塔顶腐蚀速率电感监测探针

2）pH 监测化学探针

在线pH值监测技术通过对pH值的在线监测指导塔顶注中和剂，改善工艺防腐效果。通过pH值电极对装置关键部位酸性水值的在线检测。装置回流、冷凝罐的酸性水的pH值是反映设备腐蚀程度的一项重要指标。

以前炼油装置低温部位如常减顶系统的冷凝水pH值主要靠人工间断采样检测，检测时间长，无法应对原油加工变化频繁的实际情况，注剂量调整不及时，设备腐蚀情况不断加剧。

目前使用pH值电极可以远程采集信号，连续在线检测pH值的变化情况，实时显示，操作人员能够第一时间了解生产变化，发现问题及时调整操作、注中和剂等工艺，有效控制腐蚀的加剧。同时装置在今后的pH值的实际控制工作当中，首先以在线pH计的数据为控制依据，当在线pH计的数据同化验室的数据相差超过0.5时就需要认真检查是否应该对pH探头进行清洗和重新标定；出现问题及时通知厂家对探头进行更换处理（图4-11）。

3）非嵌入式测厚探针

非侵入式在线测厚系统为安装于油气设施的在线超声波腐蚀监测产品，其工作方式是利用波导杆将声能转换器与被测设备隔离，因此可在高温（温度最高可达600℃）、高压、临氢等危险环境下使用。主要技术特点：

（1）可用于高温场所和难于到达区域；

（2）精准、可靠的连续在线监测技术；

（3）波导杆技术采用硬耦合的方式，通过螺柱安装将波导杆与被测管壁紧密结合，

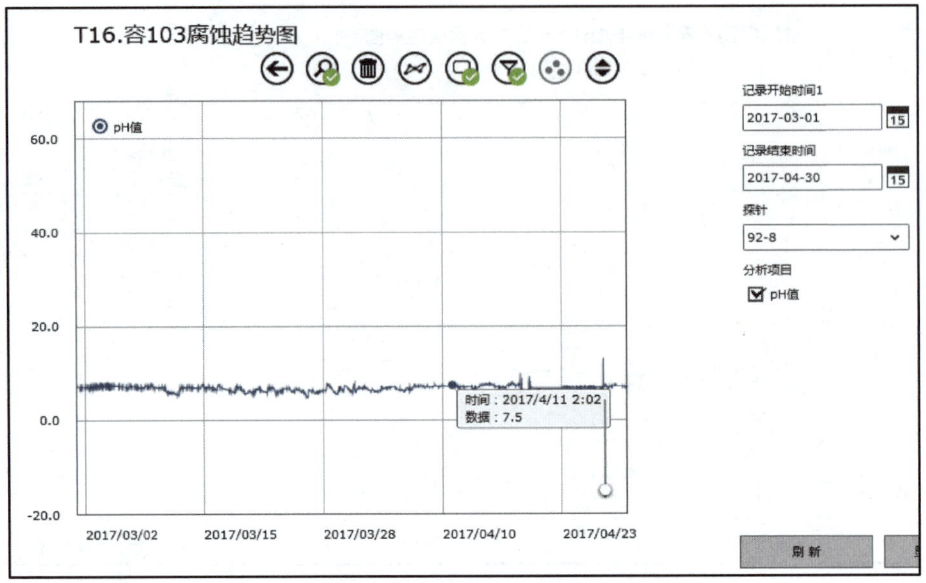

图 4-11　某化工厂二蒸馏常顶 pH 实时监测曲线

从而解决高温连续监测耦合剂失效问题；

（4）采用稳定可靠的无线传输技术，免去现场布线等施工问题；

（5）4～5年长寿命电池，真正实现维护工作量小、可靠安全稳定运行；

（6）本安型设计，可应用于炼油化工行业任何场合和安装部位。

在线测厚系统由探头、网关、中心服务器和数据库三部分组成（图4-12）。WT100探头通过螺柱方式安装于管道监测部位，每个WT100探头通过无线通信方式将数据汇总至网关设备，再通过网关将数据上传至中心服务器，甲方可通过局域网内的办公电脑对现场在线测厚数据进行浏览、诊断及管理（图4-13）。

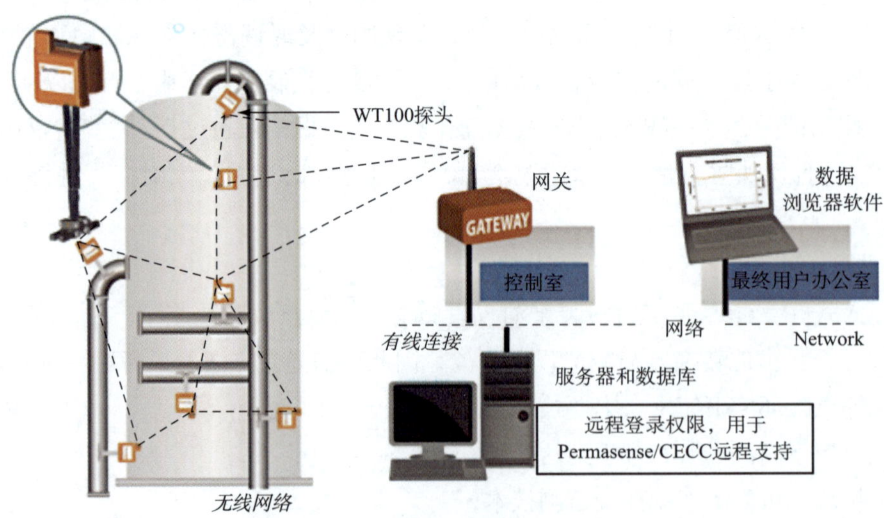

图 4-12　系统控制流程示意图

图 4-13　现场测厚探针图片

从运行情况来，系统运行稳定，回传数据真实，反映管线厚度变化情况直观（图4-14）。

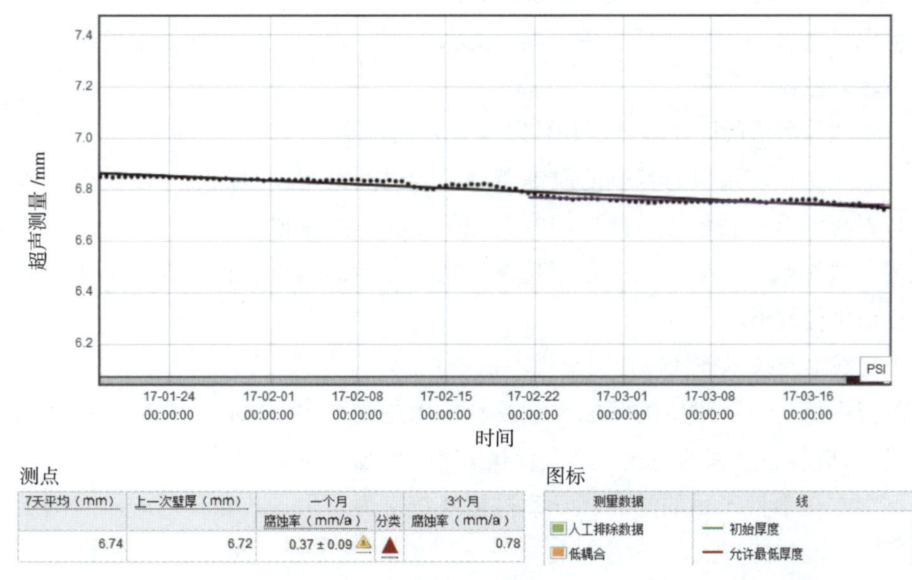

7天平均（mm）	上一次壁厚（mm）	一个月		3个月
		腐蚀率（mm/a）	分类	腐蚀率（mm/a）
6.74	6.72	0.37 ± 0.09	▲	0.78

测量数据	线
人工排除数据	初始厚度
低耦合	允许最低厚度

图 4-14　某炼化蒸馏 19[#] 点 E1002/2 出口第 3 个弯头探针监测趋势图

4）在线化学分析

除了定点测厚，目前炼化企业日常防腐监测还依赖实验室的化学分析。由于化验分析存在滞后、频次不足的缺点，原油切罐、污油回炼、工艺波动、防腐措施失效等造成的介质变化往往得不到及时反映，从而导致腐蚀发生，实时在线的化学分析可以解决上述问题（图4-15）。目前炼化企业最为常见的应用是在线pH计，但其最大的问题是电极易受污染、寿命有限，带有自动清洗功能的在线pH计可在一定程度上解决这一问题。除了pH值，其他许多腐蚀性介质都已经有成熟的工业监测产品，例如水中的氯离子、总铁离子、固含量，油中的总氯、总硫、含水，烟气的成分等等，但是目前在炼油化工企业的应用还不是十分普遍。

图 4-15 在线化学分析

2. 腐蚀监测技术应用存在的问题

根据生产实际应用腐蚀在线监测技术，对防腐工作进行指导，有效推动防腐工作的开展，对保证炼油装置安全平稳生产具有重大作用。但即使如此腐蚀检监测手段仍然存在诸多不足，主要体现在：

（1）腐蚀监测手段比较单一、并且以离线为主。

目前炼化企业应用最为普遍的腐蚀监测手段仍然是超声定点测厚以及日常的实验室化学分析，再结合设备停工检修期间的腐蚀检查。这些手段需要依赖大量人力，检测结果受人为差异影响，另外获取的数据是离线式的，后续的数据利用存在不便。监测的数字化、自动化程度不高。

（2）在线监测技术往往存在可靠性不足的缺点。

目前国内炼化企业常用的腐蚀在线监测技术主要有电阻探针、电感探针、电化学探针、在线pH计等，新兴的在线超声测厚也有不少企业开始采用。这些技术，尤其是国产系统往往存在可靠性不足的缺点，导致监测系统寿命有限，或者投用一段时间后出现较高的故障率，无法持续获取有效数据。

（3）局部腐蚀缺乏有效监测手段。

与均匀腐蚀相比，局部腐蚀是更为普遍的腐蚀失效形式，而且容易造成突然失效，因此危险性高。但是长期以来，局部腐蚀的发生位置和发展程度均难以检测，通常只能通过停工检修期间的无损检测来发现，或者等到出现泄漏等后果才能发现。目前仍然缺乏成熟有效的局部腐蚀监测手段。

（4）监测数据缺乏统一管理和充分利用。

国内炼化企业对于腐蚀监测数据的利用往往局限于报表、简单的阈值报警等，缺乏各种腐蚀预测模型的应用或者通过数据挖掘技术发现规律。另外，各种腐蚀监测数据、相关的工艺操作数据、离线检测和分析化验数据缺乏统一管理，技术人员往往需要登录多个系统查看，并且这些原始数据需要一定专业知识的解读，从而增加了工作量，这也一定程度上导致了监测数据没有得到充分利用。

五 我国加氢装置临氢系统设备可靠性管理现状

（一）某石化公司加氢装置运行状况

截至2015年年底，某石化公司10类加氢装置合计206套，加工能力264.4Mt/a，占原油一次加工能力的91%。其中：加氢裂化21套，渣油加氢10套，蜡油加氢14套，柴油加氢63套，航煤加氢22套，S Zorb装置21套，催化汽油后加氢装置12套，焦化汽油加氢装置7套，重整预加氢33套，润滑油加氢3套。

2015年某石化公司炼油装置非计划停工21次，停工天数为159天，其中，加氢装置非计划停工9次，占比42.8%。与2012-2014年相比，2014-2016年加氢装置非计划停工次数上升100%，停工天数增加100%，其中非计划停工次数增加较多的装置为加氢裂化、柴油加氢。设备问题是造成加氢装置非计划停工的主要因素，集中在高压换热器、空冷、机组、泵以及设备管线腐蚀。由于氢损伤主要发生在高温部位的关键设备和管线，如反应器、高压换热器、反应流出物管线等，其造成的后果往往是非计划停工，甚至火灾爆炸事故。

（二）高温氢腐蚀机理

加氢是指石油馏分在氢气及催化剂作用下发生化学反应的加工过程，加氢过程可分为加氢精制、加氢裂化、临氢降凝、加氢异构化等。加氢技术最早起源于20世纪20年代德国的煤和煤焦油加氢技术，第二次世界大战以后，随着对轻质油数量及质量的要求增加和提高，重质馏分油的加氢裂化技术得到了迅速发展。1959年美国谢夫隆公司开发出了Isocrosking加氢裂化技术，其后不久环球油品公司开发出了Lomax加氢裂化技术，联合油公司开发出了Uicraking加氢裂化技术，加氢裂化技术在世界范围内得到迅速发展。

加氢装置在石油炼制过程中具有极其重要的地位。加氢装置高温、高压、临氢，系统内存在H_2S、NH_3，因此，加氢反应器、加氢换热器和加氢分离器等临氢设备腐蚀问题应引起足够重视。在高温、高压条件下，氢气渗入钢材中产生氢损伤，造成钢材强度降低，甚至设备破坏。临氢设备主要包括高温氢腐蚀、高温硫化氢/氢腐蚀、氢脆、氢致开裂等腐蚀类型。

高温氢腐蚀是在高温高压条件下扩散侵入钢中的氢与不稳定的碳化物发生化学反应，生成甲烷气泡（它包含甲烷的成核过程和成长），即：$Fe_3C+2H_2 \rightarrow CH_4+3Fe$，并在晶间空穴和非金属夹杂部位聚集，引起钢的强度、延性和韧性下降与劣化，同时发生晶间断裂，如图4-16所示。由于这种脆化现象是发生化学反应的结果，所以它具有不可逆的性质，也称永久脆化现象。高温氢腐蚀有表面脱碳和内部脱碳两种形式。

高温高压氢引起钢的损伤要经过一段时间，在此段时间内，材料的力学性能没有明显的变化；经过此段时间后，钢材强度、延性和韧性都遭到严重的损伤。在发生高温氢腐蚀之前的此段时间称为“孕育期”（或称潜伏期）。“孕育期”的概念对于工程上的应用是非常重要的，它可被用来确定设备所采用钢材的大致安全使用时间。“孕育期”的长短取决于许多因素，包括钢种、冷作程度、杂质元素含量、作用应力、氢压和温度等。

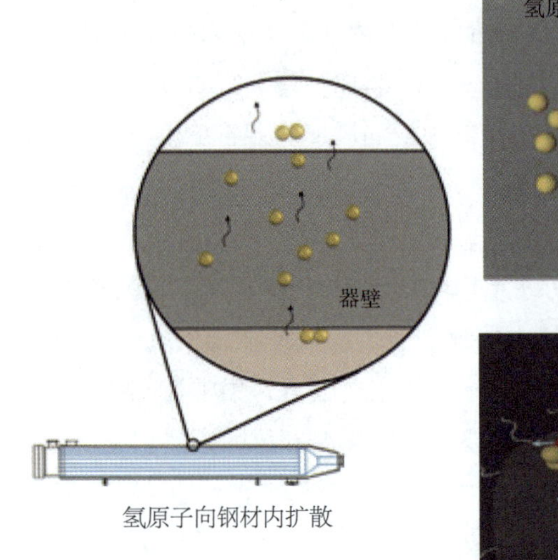

氢原子向钢材内扩散

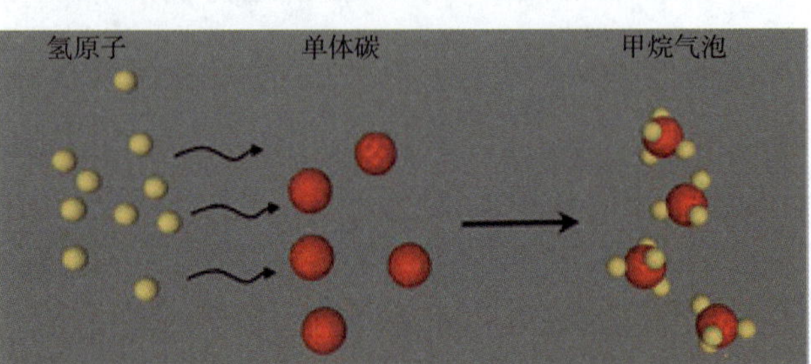

渗透进入钢材内的氢与碳结合成甲烷分子

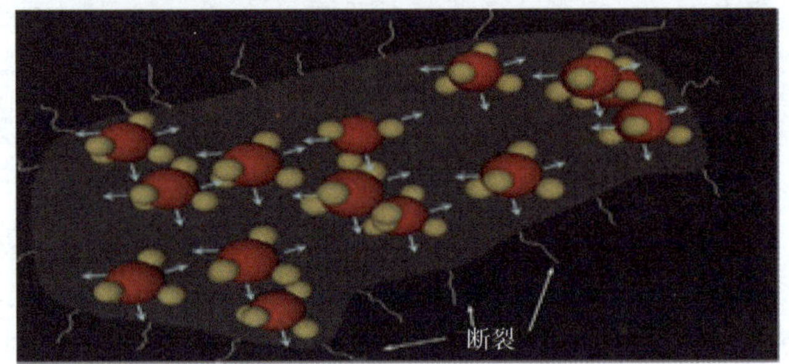

钢材内集聚的甲烷气体形成高压作用导致钢材出现裂纹

图 4-16 高温氢损伤机理

（三）临氢系统氢腐蚀案例

案例1 某蜡油加氢装置热高分气与分馏进料换热器（E-101）壳程出口管线泄漏着火（图4-17）

某蜡油加氢装置热高分气与分馏进料换热器（E-101）壳程的操作介质：热低分油；温度：160/250℃；压力：2.5MPa；材料：碳钢。

泄漏原因：选材偏低；操作温度超出设计要求。

过程描述：

2013年11月28日12:30分，蜡油加氢装置岗位操作员巡检发现蜡油加氢装置高压换热器E-101壳程出口管线滴漏蜡油。

13点15分，高压换热器E-101壳程出口管线泄漏量突然加大，E-101壳程出口着火，消防队立即增派消防车，对着火部位喷洒泡沫。

13点16分车间启动应急预案，蜡油加氢装置紧急停工，关闭热低分D-104出口手

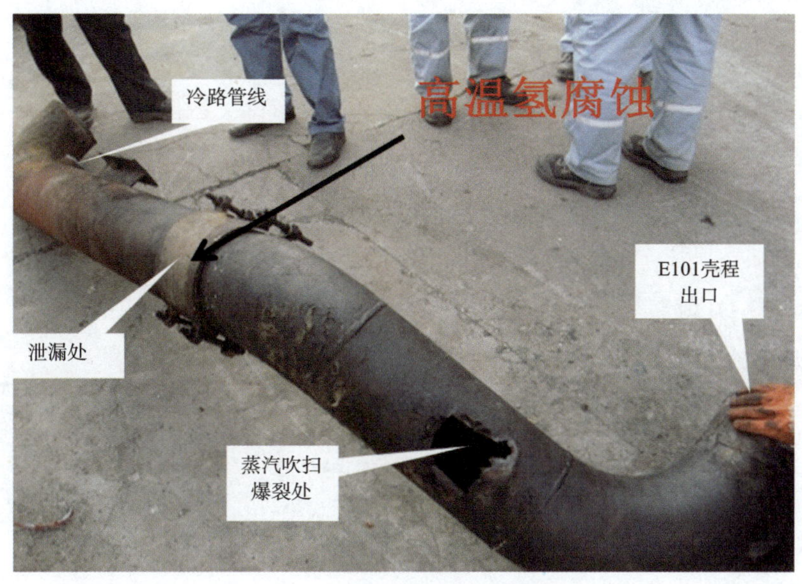

图 4-17 高温氢腐蚀泄漏着火

阀，将反应物料存在热高分D-110及热低分D-104内，停原料加热炉，停反应进料，反应系统向火炬系统泄压，停止向反应系统补新氢。

13点30分停循环机K-102。

14点20分，明火被扑灭。

案例2 某加氢裂化装置热高分气与混氢换热器（E-104）

壳程操作介质：混合氢；温度：212/245℃；压力：15.9MPa。

非正常紧急停工，损失8000万元人民币。

原因：环焊缝热处理不当，硬度超标，导致延迟开裂和氢脆。

硬度要求：225HBW，但实测：300HBW。

氢致开裂图参见图4-18、图4-19。

案例3 某蜡油加氢处理装置热高分气与循环氢换热器（E-6103）

2016年8月6日某炼厂1.85Mt/a蜡油加氢处理装置因高压换热器E-6103（热高分气/循环氢）壳体泄漏，装置被迫非计划停工进行抢修。

原因：环焊缝热处理不当，硬度超标，导致延迟开裂和氢脆。

案例4 某蜡油加氢裂化装置第一段流出物/热循环氢换热器

2015年9月6日晚，某石化公司蜡油加氢裂化装置第一段流出物/热循环氢换热器在停工后的开工升压（约9MPa）过程中，现场巡检人员发现有刺鼻异味，用仪器检测发现H_2S超标。发现：有两台螺纹锁紧换热器（位号为：2314-E-101和2314-E-103）的两台换热器组对环焊缝上有肉眼可见的裂纹，一台有18处；另一台有7处。参见图4-20。

导致开裂的主要原因是焊缝硬度过高（最高350HBW）以及扩散氢未充分逸出、延

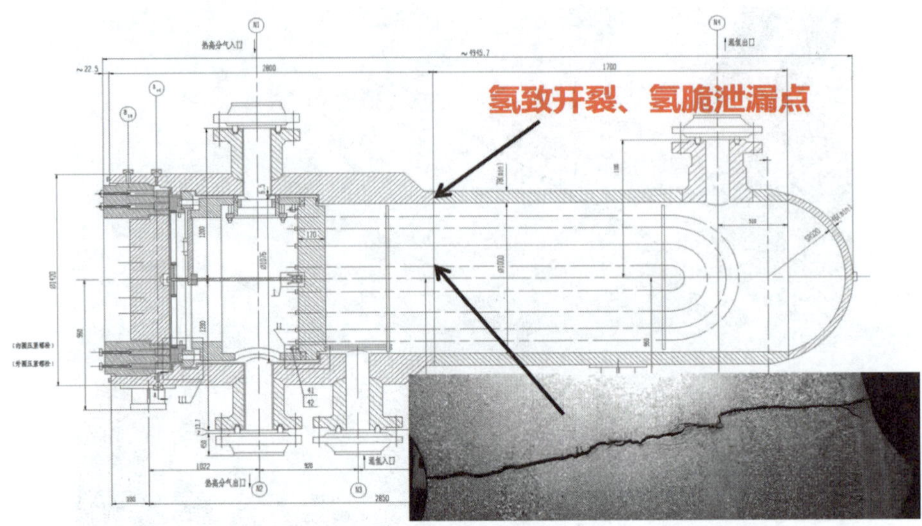

图 4-18 氢致开裂图（1）

图 4-19 氢致开裂图（2）

图 4-20 氢脆开裂图

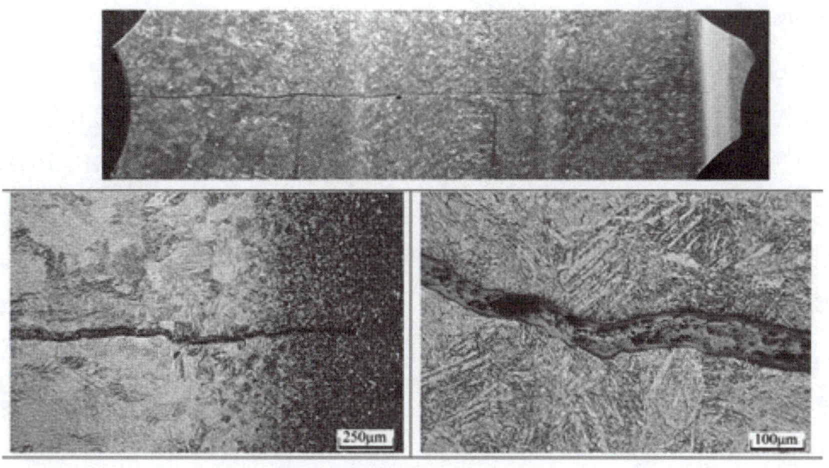

图 4-20　氢脆开裂图（续）

迟开裂和氢脆。

案例5　催化重整装置石脑油预加氢单元换热器高温氢腐蚀重大火灾事故

2010年4月2日，发生于美国特索罗石油公司阿那科特斯（TESORO ANACORTES）炼厂催化重整装置石脑油预加氢单元换热器高温氢腐蚀重大火灾事故，见图4-21。

图 4-21　高温氢腐蚀火灾事故

（四）临氢设备材质选用

高温高压氢环境下高温氢腐蚀的防止措施主要是选用耐高温氢腐蚀的材料。在临氢设备的材料研究方面，国外早在20世纪60年代，就广泛应用2.25Cr-1Mo钢制造高压加氢反应器。在美国“ASME”材料标准中，钢板为SA387-Gr22，锻钢为SA336-F22及SA182-F22。

工程设计上都是按照原称为“纳尔逊（NELSON）曲线”来选择的。该曲线最初是在1949年由G.A.NELSON使用收集到的经验数据绘制而成，并由API提出。API RP 941的原始版本称为“纳尔逊曲线”，是美国石油学会（API）于1949年根据自1940年以来实验室数据和生产总结提出。1969年，API将“纳尔逊曲线”以API PUBL941（第一版）形式颁布。在随后的7年中，工厂生产操作中发生过若干起位于当时氢腐蚀曲线“安全区”的0.5Mo钢的断裂事故。1977年6月，颁布了API PUBL 941（第二版），将0.5Mo钢抗氢腐蚀的操作极限由原来位置下移约33℃（60℉）。1983年5月，颁布了API PUBL 941（第三版），使曲线的数据更为准确可靠。1990年4月，出版了API PUBL 941（第四版），图4-22（原抗氢曲线）仅为碳钢及铬钼钢的抗氢腐蚀曲线，其钢材的操作极限和1983年（第三版）相比没有变化。1997年1月出版了API RP 941（第五版），由原来 PUBL（出版物）改称为RP（推荐准则）。总之，从1949年至今，根据实验室的许多试验数据和实际生产中所发生的一些按当时的纳尔逊曲线认为安全区的材料在氢环境使用后发生氢腐蚀破坏的事例，相继对曲线进行过7次修订，现最新版本为API RP 941（第5版）“炼油厂和石油化工厂用高温高压临氢作业用钢”。但是，2010年4月2日发生于美国特索罗石油公司阿那科特斯（TESORO ANACORTES）炼厂催化重整装置石脑油预加氢单元换热器高温氢腐蚀重大火灾事故，侧面说明API RP 941中的Nelson曲线仅是工程经验曲线，并不是准确科学定义的防止高温氢腐蚀的临界条件，只能作为参考，不一定完全可靠。

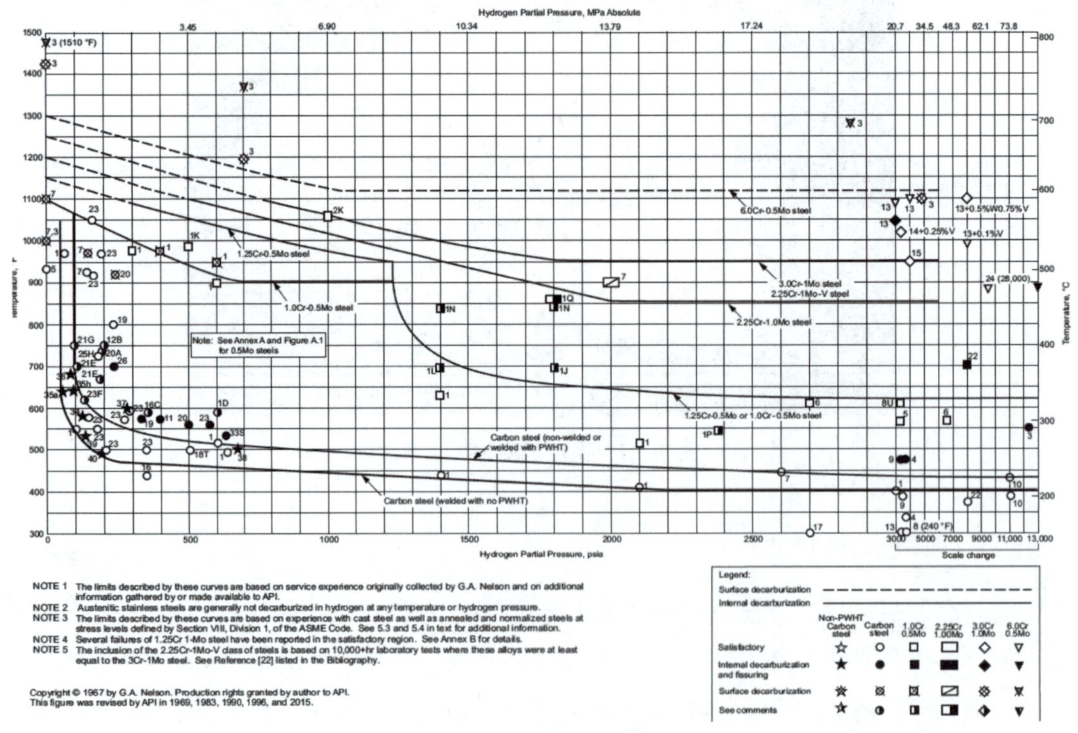

图4-22 NELSON曲线（API941-2016）

API RP 939C“炼油厂避免硫腐蚀失效的导则”介绍了从加氢装置获得的腐蚀速率和用材情况，并对照大量炼油单元获得的数据，与以前得到的腐蚀速率曲线进行了比较。炼油厂经验表明，少量的铬（例如5% ~9% Cr）在高温H_2S-H_2环境下对材质耐蚀性能提高不大。影响高温硫化氢/氢腐蚀的主要因素包括H_2S浓度、操作温度、压力、材料性能等。若要明显地改善钢的耐腐蚀能力，Cr含量至少需要12%。通常在高温硫化氢/氢环境中需要采用奥氏体不锈钢（18%Cr）。推荐采用改进的Couper-Gorman曲线来预测不同烃环境中碳钢及不同Cr含量材质的高温硫化氢/氢腐蚀速率。其中，氢气对腐蚀的影响仍然未研究清楚，是API将来的重要研究计划之一。

在氢存在的情况下，高温首要考虑的应该选择抗氢钢。

一般观点，当温度高于232℃、氢的分压大于0.7MPa时，氢能够造成碳钢和低合金钢发生氢腐蚀。因此，目前的主张是当操作温度在API941 NELSON曲线以下28℃，且氢分压≥0.35MPa，不能采用碳钢。

选择抗氢钢根据NELSON曲线。

Cr-Mo是首选，如：15CrMoR（H）、1Cr-0.5Mo、14Cr1MoR（H）、1.25Cr-0.5Mo-Si、12Cr2Mo1R（H）、2.25Cr-Mo、12Cr2Mo1VR（H）、2.25Cr-Mo-1/4V、9Cr1Mo等。奥氏体不锈钢：304L、321、347等。

（五）临氢设备恒温脱氢

在高温、高压和临氢下操作的设备，除了选择优质的钢材和严格控制制造质量外，合理操作也是重要方面，特别是脱氢处理。人们很早就知道氢能降低钢材的机械性能。氢损伤钢材可能出现两种基本不同的形式。第一种形式是“氢腐蚀”，即在高温下钢中的碳和氢进行化学反应生成甲烷，致使钢材出现脱碳和内部裂纹。另一种形式是“氢脆”，其特征是氢扩散到钢中后，在300℉（149℃）以下钢材的延展性降低而缺口敏感性增加。纳尔逊曲线确定了各种操作温度和氢压下碳钢和Cr-Mo钢的使用界限，在世界上得到了广泛的应用。美国某公司建议21/4 Cr-1Mo钢加氢反应器操作温度的上限是825℉（440℃）。对于钢材的第二种氢损伤形式“氢脆”，人们了解得较晚，经验也较少。20世纪70年代，美国某公司就进行了一系列的实验室试验，以确定防止加氢裂化反应器在停工过程中出现氢诱导裂纹扩展的准则。在操作过程中反应器壳壁吸收了相当多的氢，其数值与壳体温度和氢分压有关。在典型的加氢裂化反应器操作温度825℉（440℃）下，反应器壳壁所吸收的氢可溶解在钢中，而且似乎是无害的。然而，在停工冷却过程中，氢在钢中的溶解度急剧地降低了（在环境温度下，基本上为0），除非冷却速度慢得足以允许所吸收的氢通过内外表面从壳壁中扩散出去，否则将出现过饱和状态。当反应器壳壁冷却到300℉（149℃）以下时，大量的过饱和氢倾向扩散到局部应变处，外缺陷处和裂纹前端，这样就可能引起亚临界裂纹扩展。在300℉（149℃）以下，不引起裂纹扩展的、反应器壳壁允许的过饱和氢最大浓度被定义为安全氢浓度。现已得知，钢材的安全氢浓度随着钢材强度水平、作用在裂纹上的拉伸应力以及潜在裂纹尺寸的增加而降低。如果一台加氢裂化反应器在一个操作周期之末、开始停工时的初始氢浓度C_R超过了安全氢浓度C_s，那么在反应器的停工程序中就要采取专门的措施将过饱和的氢气从壳壁中尽可能多地排出去，以使反应器壳壁在冷到300F（149℃）以下时，所包含的氢浓度低放安全氢浓度C_s值。这个专门的措施称为脱氢处理。

加氢反应器在运行过程中母材的回火脆化不可避免，奥氏体不锈钢堆焊层的脆性开裂、剥落与器壁中氢的质量浓度密切相关，而开停工过程中这些问题发生的可能性最大。因此，在开、停工过程中控制和降低器壁中氢的质量浓度水平是减缓和防止上述问题发生的有效途径，因此：

（1）运行期间应严格执行工艺操作规程，确保反应温度和压力平稳，避免发生飞温和急冷事故。在生产出现意外事故时更应尽量避免反应器过热或急冷。

（2）在开、停工过程中应采取合理的程序，开工时先升温后升压，停工时先降压后降温。升温、降温的速率不大于30℃/h。反应器的最低升压温度不小于135℃。在停工时要增加适当的脱氢过程，以降低停工后反应器器壁中的残留氢浓度。脱氢工艺应根据具体开、停工过程作出安排。

（3）在接近室温的温度范围内反应器材质劣化对反应器结构安全的影响最为明显。在条件许可的情况下，尽量避免在环境温度较低的季节安排停工检修。

（4）严格禁止在反应器内进行催化剂再生烧焦，因烧焦时催化剂床层温度很难控制，很容易发生飞温事故。国内加氢装置在停工过程，为了脱除设备本体内的渗入的氢气，一般进行恒温脱氢，需采用热态性开停工方案，即停工时先降压再降温让溶解在钢材内部的氢原子释放出来，有相对标准的恒温温度及持续时间，一般宜有一段300～350℃的保持时间，让操作时所吸藏的氢尽可能地散逸出器壁外，以最大限度地减少器壁中的残留氢含量，防止奥氏体不锈钢堆焊层的氢致剥离现象的发生。如天津石化加氢裂化装置操作规程中要求反应器入口温度360℃，系统压力12.0MPa时，系统恒温恒压脱氢14h。

六 存在的问题及挑战

随着我国经济、科技不断发展，炼化企业设备可靠性与监管智能化已经取得迅速发展，但仍与发达国家存在较大差距。设备振动、腐蚀、密封泄漏方面的事故仍有发生；设备本质安全可靠与监管智能化未在企业生根发芽，企业设备高层管理人员的设备本质安全可靠与监管智能化投入积极性不高；设备监管智能化、诊断、早期预警功能不足，缺乏智能联锁保护等这些现象成为设备本质安全可靠与监管智能化存在的问题及面临的挑战。

（一）设备可靠性设计存在不足，设备设计未考虑故障可探测性；对设备本质安全可靠设计缺乏有效的评价手段与执行标准；低价中标的市场环境导致设备质量参差不齐

1. 设备设计人员资质不一，设计采标落后

设备设计人员对于设备安装、使用、维修、报废等全生命周期的运行数据掌握不足。设备没有经过可靠性设计，设计人员设计资质不足；设计观念落后，设计采用标准滞后，无组织排放（VOCs）、密封泄漏缺乏本质安全可靠设计理念；在设计过程中单方面通过增加安全系数处理数据计算误差；设计时没有考虑设备的可监测性，导致设备无法进行状态监测与监管。

2. 对设备设计制造结果缺乏有效评价手段

设计时多采用传统设计的方法与流程，缺乏设备整体的本质安全可靠理念的运用，对本质安全可靠设计的结果缺乏有效的评价手段，缺乏政府法规及执行标准；设备设计信息不全，保存不当，缺乏基于风险管理评估的数据；部分第三方检测机构弄虚作假，为了盈利出具虚假数据，使部分设计制造不合格的设备在企业中运行；建造、检维修过程缺乏详细的操作手册，监理或验收失职导致不合格的设备进入市场。

3. 企业经营者缺乏本质安全至上的理念

企业经营者缺乏安全第一的理念，在设计建设过程缩减投入，片面追求少投入、快生产，降低采购标准，盲目压缩工期等，导致炼化企业设备自控水平低下、设施先天不足，在设计制造阶段就存在问题；对设备智能联锁保护和重大事故预防考虑不周，智能联锁保护系统与故障诊断系统的结合程度差，不能够及时发现设备的故障隐患而提前进行智能报警，也无法根据故障诊断结果进行有效停机，因此会造成停机不及时带来的重大经济损失，也会因为误报警等过保护策略导致不必要的停机损失；第三方有资质的监督管理机构内部自身管理混乱，得出结果不一，缺乏必要的相关法律监督。

4. 在低价中标的市场环境下，一些小型企业为了获得更大的利益忽略设备的合格率。

炼化企业设备设计与制造过程受到市场环境、采购管理制度、设备制造商设计制造能力、质量保证体系影响。在低价中标的市场环境下，招标单位盲目压价，部分企业为了获利，只能忽视产品质量竞标，再加上缺乏中间机构的监督和仲裁，没有工程造价咨询中介组织的介入，招标单位缺乏对成交品质量监督，导致部分不合格材料或成品进入市场。

（二）炼化企业传统设备管理模式根深蒂固；自觉运用基于风险管理的意识不强，没有形成基于风险的管理模式；缺乏风险评估管理队伍的资格认证标准

1. 炼化企业缺乏风险管理的专业人才、管理制度和领导意识

国内炼化企业高层领导设备管理体制仍然停留在传统的故障维修、计划维修管理模

式阶段，风险评估、检验维修管理“两层皮”，除了RBI技术外，其余风险评估技术应用效果在多数企业并不十分明显；故障根本原因分析和故障根除措施未得到切实执行，设备坏了修、修了坏、坏了再修，在多数企业还是常态；节能部门关心工艺系统如何降能，设备部门负责维护以保生产安全，都不重视装备运行能效监测评估，有些关键机组无备台，炼化企业检修时间紧迫，企业无暇顾及也不愿冒节能改造风险。有的企业为保生产安全不惜牺牲装备效率，低效运行在所难免。也有企业为降低生产成本，减少维修投入，设备不坏不修，以致酿成事故。

当今世界科技发展突飞猛进，带动各行业装备水平快速提高，设备的自动化、数字化、智能化程度不断增强。这种趋势不仅要求设备管理模式、技术手段上要不断创新，同时对设备管理工程从业人员的知识结构、技术技能水平和综合素质也提出了更高的要求，根据人力市场提供的信息，国企、外企和民营企业对设备工程人才需求十分迫切。现有企业中设备部门高级管理人员80%是从相近或相关专业（本科）调配上岗的，一方面进入设备管理岗位后，感到对设备管理不熟悉；另一方面20%设备部门高级管理人员是从本单位调岗而来，对设备工程管理内涵的理解要花费很长时间。

为了解决设备工程管理人才的迫切需求，全国各地有关单位组织多种形式的短期在职培训，但没有达到预期效果。因此，加快培养设备管理技术人才是当务之急。

2. 炼化企业没有形成基于风险的管理模式

炼化企业形式上采取了基于风险的管理，实际上还停留在经验管理阶段，“学”和“做”两层皮。虽然引进了RCM、RBI、SIL、HAZOP分析方法等，但分析过程没有数据和事件库支持，风险评估全靠头脑风暴，风险评估准确性低，因此无法进行基于风险的管理；风险评估结果应用不佳，应急准备没有根据该结果部署；基于风险的系统化管理体系没有健全，检查没有编制系统的检查表，单凭专家个人经验；缺乏科学的绩效指标，仍以事故指标为考核指标，缺少过程指标和趋势分析。

企业仍然采用传统的设备管理模式，其典型特点：制度规定部门或人如何去管设备，而不是从设备管理的客观规律出发；故障后维修或消防式维修管理模式仍占主流。

3. 基于风险和状态的智能维修决策没有落到实处

炼化企业没有进行系统的设备风险评估，没有基于设备故障数据库分析设备失效频率，没有基于设备风险等级建立预防性维修策略、检测策略，具体表现在：大部分炼化企业对动静电仪设备管理普遍未应用RCM/RBI/SIL技术，非计划停工事件发生次数居高不下；RBI技术应用存在变形、走样现象，存在RBI评估、检验与实际情况严重脱节，RBI评估机构给出的RBI检验策略或建议束之高阁，未能指导日常的设备管理和定期检验工作；炼化企业新建装置开展的HAZOP评估，大部分流于形式；炼化企业对于设备故障根本原因分析和故障根除措施制定重视不足，基于风险和状态的智能维修决策仍然是“纸上谈兵”，设备管理信息化系统给专业化维修队伍提供的决策支持没有发挥作用，设备维修仍以故障维修、事故维修为主，缺少基于风险的预防性维修。

（三）炼化企业设备监测智能化不足，限制了基于风险管理与维修的应用；设备故障诊断及故障早期预警功能存在缺陷，缺乏专家系统支持

1. 设备在线监测人工诊断多，智能预警、智能诊断少，缺乏专家系统支持

炼化企业在役设备状态监测系统智能化水平较低，缺乏专家系统智能预警、智能故障诊断能力；故障诊断依赖人工，故障诊断能力依赖诊断专业工程师的技术能力；专业诊断工程师日常的监测诊断工作量需求较大，设备开展人工故障预测少，应付设备异常状态的诊断分析较多。

2. 旋转机械安装在线监测系统多、往复机械应用较少

炼化企业设备状态监测技术应用存在普遍重视旋转类设备（如离心压缩设备、轴流压缩设备等）状态监测技术应用，旋转类设备在线监测率较高；相反，往复类设备状态监测技术应用少（绝大多数只有流量、温度、压力、油压等性能参数监测），在线监测率较低。

3. 设备状态监测系统对维修决策支持能力弱

状态监测技术是以可靠性为中心的维修（RCM）、设备完整性管理的关键支撑技术。由于炼化企业在役状态监测系统绝大多数缺乏专家系统智能预警、智能诊断能力，缺乏对设备的故障预测和早期故障诊断，难以有效支撑预知维修决策和维修任务优化。

4. 设备在线监测事后诊断多、早期预警功能不足

炼化企业当前在役具有诊断功能的状态监测系统关心的是设备“当前”的监测诊断，缺乏早期预警能力，多数不能预测故障的发生、发展。故障诊断方法研究中提出了许多有效的“望闻问测”诊断手段，但是针对早期故障、微弱故障、复合故障、系统故障等的诊断方法还存在不足，可靠的诊断方法有限；机械设备运行过程中不可避免产生损伤和出现早期故障，它具有潜在性和动态响应的微弱性，复合故障和系统故障由于多因素耦合和传递路径复杂，往往导致单一的信号处理方法难以有效溯源故障成因；设备异常报警多采用门限报警技术，同类设备之间缺乏横向对比，存在大量反复报警、漏报警、假报警现象，监控系统缺乏对历史数据的积累，没有形成完善可靠的故障数据库，从而导致监控系统不能有效识别健康衰退信号，失去早期预警的功能。

5. 设备状态监测未实现专业化管理

实现设备状态监测专业化管理，能够有效提高设备故障诊断专业化水平，对于提高设备故障诊断、故障预测、制定维修决策和优化维修任务等具有重要意义。设备状态监测诊断队伍水平参差不齐、诊断业务开展方式千差万别、监测诊断分析人员“各为其主”，同时缺乏设备专业诊断技术专家；另外，国内炼化公司及各分公司未建立专业化设备管理平台。国内炼化公司迫切需要建设设备状态监测专业化管理平台。

（四）设备状态监测数据管理缺乏统一标准；监测数据、可靠性数据缺乏深度挖掘与研究，从设备设计、监测到管理没有形成闭环

1．设备状态监测系统成为“信息孤岛”，难以实现统筹管理

炼化企业在役旋转机械状态监测系统主要有S8000、BH5000C、SG8000等产品，在用的往复机械状态监测系统主要有BH5000R等产品。炼化企业未能整合优势力量开展设备专业监测诊断分析工作，设备数据标准和数据格式不统一，缺乏统一的信息化标准，不同监测系统产品未能集中在同一平台上管理，设备运行状态信息仅局限在各自局域网内部，不同监测系统成为“信息孤岛”，未能实现设备综合分析、统筹管理；设备大数据未能变为企业设备管理的财富，难以建立中国炼化企业的设备故障案例知识库、诊断案例知识库。

2．对数据缺乏深度挖掘与研究，数据从设计、管理到监管没有形成闭环

对设备监测数据、可靠性数据没有进行处理与挖掘分析，没有掌握数据驱动决策管理方法，从本质上缺乏对数据特别是大数据的研究，以至于这些数据所蕴含的大量信息潜能没有被充分发现与利用，没有使数据蕴含的信息在设计阶段与设备维修维护策略中发挥自己的功能，监测数据仅仅被利用来诊断故障，导致设备的可靠性设计、风险管理与智能化监管没有形成闭环，缺乏对设备的综合分析与统筹管理。

（五）基于物联网、大数据、云计算的信息技术不断更新，炼化企业缺乏适合物联网、大数据、云计算要求的传感器与技术支撑

我国基础芯片设计、高端传感器制造、智能信息处理等产业环节与先进国家存在巨大差距，设备所需高端传感器几乎全靠进口；云计算服务所必需的标准规范、合同范本、采购管控、评估认证、后期管理等相关配套制度和管理机制尚未建立，云计算在炼化企业的发展面临着诸多障碍；对设备产生的大量信息没有进行深度挖掘，缺乏可用性；基于机理性模型和假设检验为基础的数据分析技术发展迅速，而大量的科学和工程检测数据却并未重视而闲置，从本质上缺乏对于数据，特别是大数据中源物理的研究，以至于这些数据所蕴含的大量信息潜能没有被充分发挥，如何应用大数据将炼化企业设备的数据信息转化为经济发展动力是一项重大难题。

第五章

炼化企业设备本质安全可靠与监管智能化发展趋势

炼化企业提高设备可靠性的根本在于本质安全设计与制造。近年来，随着对本质安全的深入研究以及设备自动化、智能化水平的不断提高，各种与可靠性设计制造、风险管理和监测智能化相关的技术出现并应用于炼化企业设备。尤其是物联网、云计算以及大数据等新一代热门技术的迅猛发展，使得设备监管智能化、信息化逐步实现。

一 设备设计与制造将向智能化方向发展

设备的设计与制造将会从本质安全出发，使设备向智能化发展，满足可靠性的要求。目前的发展趋势是通过设计与制造使设备实现状态感知、故障辨识和预测，利用自适应调控、工业互联网技术使设备更加智能化，保证设备的本质安全可靠。

（一）在设计与制造中使设备实现状态感知、故障辨识和预测，确保设备本质安全可靠

1. 实现状态感知能及时掌握设备运行状态

设备的运行状态基本上是一个从良好到下降的发展过程，当设备的性能不能满足正常运行的要求时，就会发生故障，甚至进一步引发设备事故。炼化设备能否安全可靠地连续运行，对实现工艺目标、确保产品质量、保障安全生产都具有十分重要的意义。依靠GE提出的“工业互联网”的概念，通过设备状态监测技术，及时、准确地掌握设备运行状态，以求在可能出现故障或性能下降到影响正常工作之前，及时维修、更换，避免发生危及安全的事故，保证设备安全可靠地连续运行。

2. 故障辨识和预测技术将减少设备的故障

为了做到对设备故障能早发现、早诊断和早预防，以消除灾难故障，避免严重故障，减少一般故障，设备将实现故障辨识和预测，确保设备本质安全可靠。依据大数据、云计算分析开展故障诊断、故障预测分析；依据故障机理建立故障诊断与预测模型，实现设备故障辨识与预测。例如美国GE Bently公司开发出了一系列如数据管理系统、趋势分析系统、状态监测系统等软件以及一些关键设备的监测与诊断仪器仪表。通过应用现代设备监测诊断技术实现设备的故障辨识和预测，尽可能避免事故的发生。

3. 提高设备可靠性的根本在于本质安全设计与制造

可靠性贯穿于设备全生命周期，提高炼化设备可靠性的根本在于设备的本质安全设计与制造。设备的可靠性设计与制造是保证炼化设备的安全、平稳、长周期、连续运行的基础。为了在设计与制造中使设备实现智能化，目前有65%的企业都有一个高度结构化（17%）或正式（48%）的可靠性设计流程。为了确保设备的可靠性，需要在设计与制造中对设备进行可靠性设计、故障可探测性分析与设计等，确保设备的本质安全可靠。

（二）在设计与制造中使设备运行实现过程自适应调控，减少事故的发生

1. 自适应调控技术是实现人机环境和谐统一的基础

为了使设备和工艺更加匹配，实现人机环境的和谐统一，设备将实现过程自适应调控。炼化设备发生故障的最初始原因，往往是由于工艺、环境或输入条件变化或操作不当引起的，一旦错过了调控的时机，将会导致设备故障和事故。因此需要对设备早期故障的初始原因进行探查，在系统论（Systemics）指导下，探明系统内部的相互作用，研究系统故障形成的因果关系链，实现通过参数适应和结构适应自行消除故障的自愈化技术，使设备运行进入稳定的有序状态，设备和工艺更加匹配，实现人机环境的和谐统一。

2. 设备故障自愈技术将减少设备依赖人的程度

目前传统的生产方式是完全依赖人对设备进行操作和维修，但很多时候操作人员难以及时发现设备产生的故障，对事故难以及时做出响应，往往会造成严重的后果。为了使设备减小依赖人的程度，研制出具有故障自愈调控功能的、无故障、少故障或免维修的新一代炼化设备，研究故障动态演化机理、故障自愈化以及过程自适应调控成为目前的发展方向。移植现代医学的“自主调理”治疗原理，实现故障在设备运行中的“自愈”。例如在炼化生产中应用自动联锁停车系统（ESD），可以使设备从紧急状态过渡到安全状态，实现设备的过程自适应调控，从而保护人身安全并提高设备的可靠性。

3. 自适应调控技术能在故障之前实现设备的自我保护

为了改进传统的设备设计方法，减少事故的发生，在设计制造阶段就应统筹考虑炼化设备复杂系统的智能监控一体化，使其具备早期故障智能诊断和自愈调控功能。应用状态监测诊断技术、人工智能技术、主动控制技术、信息和计算机技术等，在设备发生故障之前，实现故障“自愈”的可能性。设备将实现以故障预防和自愈为目标的过程自

适应调控。近年来根据设备过程自适应调控原理和方法，提出在紧急停车系统（ESD）之前增设故障自愈调控系统（FSR），在确保安全的前提下大幅度减少自动联锁紧急停车，在故障之前实现设备的自我保护，使设备更加智能化，并且确保本质安全可靠。

（三）设备向工业互联、智能化方向发展

1. 新一轮工业革命促使工业互联网产生

面对新一轮的工业革命浪潮，工业互联网技术将会得到进一步发展。当前，数字化、信息网络化、集成化、智能化成为科技革命和产业变革的必然趋势。应对这样的趋势，2012年GE提出了“工业互联网”的概念，“工业互联网”是开放、全球化的网络，能将人、数据和设备连接起来。我国政府将通过工业化与信息化融合战略，大力推进工业互联网技术向传统行业尤其是炼化行业的深度渗透。

2. 工业互联能通过数据将人和设备联系起来

应用工业互联网技术使设备和信息通信技术相融合，使得通过数据将人和设备联系起来成为可能。工业互联可以将设备运行数据、数据分析很好地融合到一起，使得设备监测采集的数据能够更好地反馈于设备本身。例如开发基于工业互联网的设备状态监测系统、在线腐蚀监测系统等数据分析软件，使管理人员及时了解设备的运行状态和趋势分析，为设备的预知维修、维护提供依据。

3. 人工智能技术将使设备更加智能化

机器学习、深度学习等人工智能技术将提高设备的自主学习能力，使设备更加智能化。随着越来越多的设备加入工业互联网，可以实现跨越整个机组和网络的设备仪表的协同效应，将极大地提高设备监控的智能化水平。当越来越多的设备连接在一个系统中，系统将不断扩大，并通过网络自主学习使设备越来越智能化。提前采集设备正常运行与发生故障时的数据信息，通过人工智能技术进行机器学习训练，训练出的模型可以用于提前预警，更早地预知到故障。

二 风险管理技术将成为设备完整性管理的重要支撑

利用风险辨识、风险分析、风险定量计算、可靠性管理等手段，建立基于风险管理技术的设备完整性管理平台是当前的发展方向。随着“中国制造2025”的提出，目前炼化企业正在建设智能工厂，风险管理将会成为智能工厂建设的重要环节，而设备采购和安装也将得到企业的重视。

（一）风险管理逐步成为管理者实现智能工厂的重要工具

1. 风险管理技术能准确把握事故的风险

风险管理技术能准确把握事故的风险，为了避免炼化企业重大事故的发生，风险管

理技术将得到进一步发展。基于风险的管理是真正落实“预防为主”的科学量化的管理，比传统的现场排查隐患或从事故中吸取教训更有计划性、预防性，尽管前期投入较大，但从长期稳定生产和全生命周期来看更加经济、安全。近年来设备风险管理技术发展迅速，RBI、RCM、SIL、HAZOP、LOPA等风险评估技术是风险管理的基础。随着炼化企业的数据越来越丰富，生产技术不断提高，风险评估将向定性风险评估、定性与定量相结合的方向发展，使得管理形式由被动逐步向主动转变。例如将HAZOP与LOPA分析相结合，能够实现HAZOP与LOPA信息数据库的分享使用，帮助炼化企业进行风险决策。在设备风险管理中进行安全完整性等级设计，采用基于经验与定量计算的SIL等级设计方法，再基于数据库进行SIL的辨识与验证，可以提高SIL设计的准确性，有效避免SIS的拒动作与误跳车，保证炼化设备处于安全状态。

2. “中国制造2025”将推进安全可靠、绿色环保的智能工厂建设

在“中国制造2025”的背景下，将促使炼化企业向智能工厂转型。近年来德国“工业4.0”、美国“工业互联网”和“中国制造2025”等相继提出，以推进智能制造为主攻方向，炼化企业掀起了一股建设智能工厂的浪潮。智能工厂能够实现生产设备的网络化以及生产流程的数字化和可视化，帮助企业减轻成本压力，实现本质安全可靠和绿色环保，打造全生命周期管理体系。在智能工厂的建设中，风险管理将有助于事故防控的数字化和可视化，保证智能工厂的安全生产。

3. 风险管理技术将实现设备管理的科学决策

为了对设备管理进行科学决策，风险管理技术将成为实现智能工厂的重要工具。由于智能工厂中设备产生、采集和处理的数据量大幅增加，利用风险管理技术能将数据集成在一起进行综合分析和预测，为企业提供设备动态风险等级数据、预知维修任务数据和设备可靠性指标数据信息，使各级人员能够通过网络平台及时准确地掌握设备风险状态和优化的维修任务，为设备维修与安全管理提供科学决策支持，从而确保设备运行安全。例如BASF公司根据风险管理确定本质安全措施，在建设智能工厂的过程中，选址采用定量风险评估、初步设计之后采用HAZOP方法，作业过程采用工作危害分析。在设备运行维护方面也引入了基于风险的检测（RBI），通过设备失效数据库的建立，更加精确地评估设备失效频率和后果严重性，以指导智能工厂设备的运行维护。

（二）风险管理技术成为设备完整性管理的重要技术支撑，建立基于风险的设备完整性管理体系

1. 基于风险的设备完整性管理将提高风险评估的准确性

为了提高风险评估的准确性，风险管理技术将成为设备完整性管理重要技术支撑。设备完整性管理是以风险理论为基础，着眼于系统内设备整体，贯穿设备寿命周期全过程管理，综合考虑设备安全性、可靠性、维修性及经济性等，通过改进工程技术和规范体系管理相结合的方式来实现的，是动态的、需要不断地持续改进。将风险管理与设备

信息化管理相结合是现代风险评估管理的发展趋势。在设备完整性管理中以风险管理为核心，以设备信息化管理为主线，建立一套严谨、科学、规范化的设备管理模式，并极大地促进设备风险评估的精确性。

2. 风险管理技术将实现设备的全生命周期管理

为了实现设备的全生命周期管理，建立综合、集成化的设备完整性管理平台成为必然。建立综合、集成化的设备完整性管理平台，引入CBM、RCM等先进的管理理念，对设备的运行状态进行跟踪，建立设备完整性管理数据库，将基于风险的管理、绩效管理、全生命周期管理、预知维修等的内容融入其中，通过设备的选、用、管、修的管理层面，保证设备长周期安全运行，为科学化、智能化的决策分析管理提供依据，有效提升综合决策分析能力，帮助设备管理人员提高管理水平。

3. 国外已经建立起先进的设备完整性管理体系

欧洲已经从法规层面确定了基于风险的安全管理模式，企业的风险管理已渗透至设计、建造、运行、废弃等全生命周期流程，在设备完整性管理中消除了监管盲区和死角。知名企业都开始建立具有自己特色的设备完整性管理体系。例如，SHELL认为成功的设备完整性管理系统是设计完整性、技术完整性和操作完整性的组合，包含S-RCM、S-RBI、IPF（仪表保护功能）、Civil RCM四个方面的技术支撑，如此达到设备全方位管理。BP在设备完整性管理体系程中，整合了腐蚀控制、完整性操作窗口、腐蚀流分析、RBI、IDMS（智能设备监控系统）等先进技术。埃克森美孚OIMS（运营完整性管理体系）强调了过程安全中的信息资料、工艺操作与设备维护、机械完整性、操作界面管理。RS体系关注可靠性和维护绩效要素的有效管理方面，对OIMS管理体系进行了补充。

（三）设备的采购、安装和运维管理向科学化、系统化方向发展

1. 严格的设备采购管理将避免不合格的设备进入生产装置

为了避免不合格的设备进入生产装置，企业的采购管理制度将逐步完善。由于设计制造企业技术能力不足，装备水平低，小企业多，以及人员资质和准入政策问题，不合格的产品进入生产的情况时有发生。设备的使用寿命以及质量问题带来的损失会影响到炼化企业的生产效率、产品的整体质量和竞争力。因此在设备的采购过程中，企业开始严格控制设备采购时的质量验收，把控零部件的质量，并派遣专业团队到制造单位驻厂监管。

2. 科学的设备安装管理将保证设备的正常运行

为了保证设备的施工质量达标，企业将更加重视设备的安装问题。炼化企业需要制定严格的安装施工规范，并结合现场实际条件科学地实施，及时解决可能会影响施工过程的问题，在施工中检查工程进行中的设备安装情况。同时企业需要检查施工方的各项指标，审查施工人员的资质。目前安装管理制度正在不断完善，保障设备安装后能够正常运行和使用。

3. 预测性设备维护将减少设备潜在的故障风险

为了能够有效发现设备故障的潜在风险，在设备运行维护中将实现预测性设备维护。传统的运行维护方式是依靠操作人员的判断对设备进行维修，而目前的发展趋势是利用大数据分析实现预测性设备维护。例如IBM公司开发的预测性设备维护系统，通过对设备运行状态数据、使用年限、维修历史记录等信息分析，科学地决定设备的维修工作，能够降低设备发生故障的频率，最大程度消除由于灾难性故障引起的设备意外停机。

三 设备监测将向网络化、智能化方向发展

随着物联网、云计算、大数据等为代表的新一代信息与通信技术的发展迅猛，设备监测将向网络化、智能化方向发展，实现监测与预警、诊断与预测智能化。在此背景下炼化企业也将更多与互联网公司合作，发挥新技术在智能工厂建设方面的作用。

（一）设备将实现监测与预警智能化，实现“精准稳快”预警

1. 设备状态监测是故障或事故及时预警的先决条件

通过状态监测提取有价值的设备运行信息，是实现设备监测与预警智能化以及设备安全运行的关键。对于炼化设备，往往通过加装状态监测系统，及时对设备的运行状态进行可靠性监测，为在故障发生之前及时预警提供条件，保证设备的安全运行。例如机组智能监测预知维修平台、基于互联网技术和智能管控系统的点检仪系统、密封智能化监测系统、非侵入式壁厚测量和腐蚀监测仪器等的开发应用，为设备能够及时准确地预警奠定了坚实的基础。

2. 设备监测与预警智能化有助于设备的自调节、自诊断和自保护

为了使炼化设备在网络上能实现自动告知故障，进行自动控制和信息自动检测采集及处理，目前的发展方向是应用工业互联网技术使炼化设备实现监测与预警智能化，提高设备的可靠性。设备的智能化监测与预警，将使设备具备自调节、自诊断和自保护等功能。开发实时可靠的监测系统，利用网络技术将炼化设备的运行参数进行远程传输，在远离现场的监控室里实现设备在线实时监测，确保故障及早发现，发出预警或紧急停车，避免重大事故的发生，实现“精准稳快”预警。

3. 国外先进智能化监测与预警系统已经发挥重要作用

目前国际上已经开发出先进的智能化监测与预警系统。例如，丹麦Rovsing Dynamics公司开发的OPENpredictor故障预警系统是欧洲先进的智能化监测与预警系统。该系统可以查看各测量部位的分析图谱、报警信息，自动给出故障诊断、故障预测结论，帮助运行人员判断报警产生的位置和危害级别，及时通知维护人员，利用状态监测手段在设备缺陷和故障发展前期做出预警，提高机组的可靠性。

（二）设备将实现诊断与预测智能化，对故障进行自动诊断和预测

1. 诊断与预测智能化能预测设备发生故障的时间

为了能够预测设备发生故障的时间，设备将实现故障的自动诊断与预测。通过智能化监测手段对设备运行状态进行分析，从而实现设备诊断的智能化，并根据诊断报告及时作出预测。深入研究炼化设备故障机理与故障诊断原理，能够形成推理正确、判断准确、预示合理、结论可靠的设备智能诊断与预警的新理论和实用技术。设备将实现故障的自动诊断与预测，不仅能预测故障发生的时间，还能根据已有的故障数据对设备寿命进行预测。

2. 诊断与预测智能化能识别故障的严重程度

设备诊断与预测智能化能够识别故障的严重程度，提早发现并排除设备故障。在炼化生产中，企业面临着减少事故，减少故障停机损失和非计划停机检修的需求。对设备运行状态和工况进行监测，通过信号分析和故障诊断识别故障的严重程度，捕捉设备运行的故障隐患，这样能够排除关键设备的复杂故障，为设备的预知性维修提供可靠依据，保证重要炼化设备的安全连续运行。

3. 国外智能化诊断与预测技术已经发挥重要作用

国际上智能化诊断与预测技术已经十分成熟，其中欧洲在智能化诊断方面处于世界顶尖水平。例如，丹麦B&K公司利用以振动测量为指标的各种诊断技术，确定设备状况不断恶化的根本原因并制定纠正措施计划。另外德国SAP公司开发了自动诊断设备故障风险功能的智能化信息系统。事故管理模块通过装置操作人员收集装置故障信息，进行事故分析和故障诊断；结合各种在线监测仪表自动收集数据，自动诊断和预测设备故障风险，从而预防安全事故的发生。

（三）基于物联网、云计算和大数据的系统化平台成为推动监测智能化的重要引擎

1. 物联网、云计算、大数据等新兴技术发展迅猛

当前物联网、云计算、大数据等为代表的新一代信息与通信技术发展迅猛，正在全球范围内掀起新一轮科技革命和产业变革，成为推动经济社会发展的重要力量。物联网可以将任意设备与互联网相连，进行信息交换和通信，以实现智能化识别、定位、跟踪、监控和管理的一种网络；云计算是以虚拟化技术为基础，以按需付费为商业模式，具备弹性扩展、动态分配和资源共享等特点的新型网络化计算模式，已成为提供各种互联网服务的重要平台；大数据技术是从各种类型的大量数据中，采用新处理模式快速获得有价值信息的能力，从而实现深度理解、洞察发现与精准决策。

2. 物联网、云计算、大数据将使设备监测向智能化发展

借助物联网、云计算、大数据等建立系统化的设备监测平台是推动监测智能化的必

然趋势。为了实现设备故障识别、早期预警与诊断、设备健康状态在线评估等功能，充分利用炼化企业大数据进行数据挖掘，通过统计、在线分析、机器学习、模式识别等算法进行数据的分类与估计、关联规则、聚类、可视化描述等。物联网、云计算、大数据等新技术将会加速应用到炼化设备中，加快与可靠性设计制造、风险管理和监测智能化的深度融合，能够对设备数据进行快速处理和分析，推动设备向智能化、信息化发展。例如基于物联网技术的设备监测诊断系统，建立基于大数据分析的多参数监测的综合诊断平台，开发炼化企业设备智能安全监控系统和设备等，将进一步提高设备的智能化和信息化水平。

3. 物联网、云计算、大数据技术已经在炼化企业发挥作用

华为、IBM、BAT（百度、阿里、腾讯）等互联网公司开始利用物联网、云计算、大数据技术帮助炼化企业实现智能生产。炼化企业在信息与通信技术方面缺乏人才，而互联网公司与炼化企业的合作正好可以弥补这一不足。目前互联网公司与炼化企业正在利用物联网、大数据、云计算等现代信息技术手段采集、跟踪、监控设备的全生命周期过程，实现了设备安全环保信息的有效传递，及时响应和协同处置突发事件，抑制重大事故的发生。例如华为公司帮助某石化企业打造无线智能工厂，建设云数据中心，实现虚拟化、云计算等IT智能化管理，实现更加智能化的工厂运营。

第六章

炼化企业设备本质安全可靠与监管智能化的对策和建议

随着对本质安全的深入研究以及设备自动化、智能化水平的不断提高，设备设计与制造将向智能化方向发展，风险管理将与设备完整性管理相结合（管理大方向），风险管理技术将成为设备完整性管理的重要支撑，设备监测也将向网络化、智能化方向发展，各种与可靠性设计与制造、风险管理和监管智能化相关的技术出现并应用于炼化企业设备。

一 设备本质安全可靠与监管智能化的建议

炼化企业设备本质安全可靠与监管智能化是沿着设备本质安全可靠性设计制造、风险管理、监管智能化和信息化的路线发展的。实现设备的安全可靠和清洁环保，需要在包括设计制造、故障诊断、维修维护、故障预警等方面，实现智能化、信息化的管理与技术。根据研究，关于炼化企业设备本质安全可靠与监管智能化的目标为：

到2020年，基本形成具有中国自主创新特色的炼化企业设备本质安全可靠性设计制造、风险管理、监管智能化和信息化技术体系，形成完备的法规和标准体系，设备安全可靠长周期运行水平与监管智能化水平明显提升。

到2025年，突破基于物联网、云计算、大数据的智能监测、远程诊断管理等监管智能化关键技术，实现炼化企业大型设备90%以上的监测与控制自动化、智能化和网络化，炼化企业设备在线监控覆盖率达到80%以上。炼化企业设备本质安全可靠运行水平进一步提升，达到国外发达国家同期先进水平。

根据研究，将我国炼化企业设备本质安全可靠与监管智能化科技战略对策和建议分为设备安全环保法规、设备安全环保标准、人员资格认证和关键技术四个部分。法规和标准的制定与执行使得在设备可靠性设计和风险评估方面有所依据，关键技术的发展与

应用会有助于炼化企业设备向安全可靠、清洁环保上转型升级，而关键技术的发展与应用需要进行相关人员培训，并进行人员资格认证，进一步保障设备的安全可靠性和清洁环保水平。

（一）国家、地方、企业法规保证设备本质安全可靠、清洁环保

1. 加强和完善立法工作，制定完善全面的法律法规

我国对于重特大事故的调查往往以追责为主要目的，缺乏对管理制度、法律法规等方面存在问题的深层次剖析，对法律法规的完善、吸取重特大事故的教训方面落实不够。因此需要加强和完善设备可靠性设计制造、风险管理和监控智能化信息化方面的立法工作，确保在设备设计制造、风险管理和实现监控智能化信息化时有法可依，尤其是对于大型机组等重大设备，应制定完善全面的法律法规。

2. 设计制定评价体系

设计制定关于设备可靠性设计制造、风险管理和监控智能化信息化评价体系，对设备的设计制造、管理和监控进行评价，确保设备在设计制造、管理以及监控三大方面符合安全可靠、清洁环保的要求。

3. 全方面考虑隐患问题，杜绝隐患

全方面考虑设备可靠性设计制造、风险管理和监控智能化信息化方面的隐患问题，力求杜绝隐患，实现设备设计制造安全可靠、风险管理全面以及监控智能化信息化完备。实施工厂设备设施生命周期、全过程的风险管理。由隐患管理、事故管理向风险管理、预防管理、科学管理转变。

4. 制定认证体系

制定关于设备安全可靠、清洁环保的认证体系，对设备的安全可靠性以及清洁环保水平进行认证分级，并划分设备可靠性设计制造、风险管理和监控智能化信息化等级。在企业风险监测等方面利用一体化现代信息化、智能化技术提高及时性和准确性。

（二）国家、行业、团体、企业标准保证设备安全可靠、清洁环保

1. 制定和完善国家、行业、团体、企业标准

制定和完善设备安全可靠、清洁环保标准，从设备可靠性设计制造、风险管理和监控智能化信息化三个方面具体细化，包括环境质量、污染物排放、清洁生产、环境影响和技术规范。制定精细的安全生产绩效指标、审核检查表，引导企业建立绩效指标导向的安全环保过程管理，并将运动式的大检查变为系统的管理审核。

2. 采用最佳可用技术（BATs）作为重要工具，提高国内标准水平

我国多数环保排放标准已严于欧洲发达国家的要求。根据国外的经验，规定没有经济可行技术支撑保障的排放指标，不仅企业很难达到，而且不能执行的法规标准还会导致监督松懈，很难达到改善环境质量的目标。结合国外相关安全环保标准，如《美国联

邦法规汇编》中的能源、矿产资源和环境保护部分，欧盟炼化行业相关的法律法规标准中欧盟综合污染防治（IPPC）指令规定，采用最佳可用技术（BATs）作为能达到对整个环境进行高水平保护的重要工具，参考和学习先进标准，进行有效甄别，去粗取精，提高国内标准水平。

3. 建立炼化行业法规标准统一管理制度，完善炼化企业相关法规标准体系

以最佳可行技术为依据，提高企业在标准制定过程中的参与程度，法规与标准应建立定期评审、更新机制。

4. 改善固体废物及资源综合利用管理标准，提升企业参与循环经济的积极性

在化学品监管、环保监管等标准方面利用一体化现代信息化、智能化技术提高安全环保监管水平。

（三）人员资格认证制度、体系保证设备安全可靠、清洁环保

1. 对人员和企业进行相关培训

对人员和企业进行检测诊断、风险评估、技能实训和仿真模拟方面的培训，提升人员以及企业在设备可靠性设计制造、风险管理和监控智能化信息化在专业知识水平、实际操作以及仿真模拟能力。推行用管理生产设备的方法管理环保装置。

2. 对人员和企业着重进行基于风险的管理

基于风险的管理是真正落实“预防为主”的科学量化的管理，比传统的现场排查隐患或从事故中吸取教训更有计划性、预防性，尽管前期投入较大，但从长期稳定生产和全生命周期来看更加经济、安全。

3. 限制相关人员的从业门槛

通过限制相关人员的从业门槛，来提高人员及企业在设备可靠性设计制造、风险管理和监控智能化、信息化整体的专业水平及技能水平，利用智能化、信息化技术采集、跟踪、监控危险化学品全生命周期过程，达到来源可循、去向可溯、状态可控的目标，及时响应和协同处置突发事件，抑制重特大事故发生，提高安全环保监管水平。

4. 推行资格认证

相关从业人员需具有在设备可靠性设计制造、风险管理和监控智能化、信息化三个方面有效的凭证，使设备在安全可靠和清洁环保这些要求上有所保障。

（四）发展并应用相关技术保证设备安全可靠、清洁环保

根据调研分析的结果，将我国炼化企业设备本质安全可靠与监管智能化科技战略对策按重点推广技术、完善后推广技术和前沿探索技术进行分类，发展并应用相关技术以助力我国炼化企业设备向安全可靠和清洁环保上转型升级。

1. 重点推广技术

重点推广技术是当今已经成熟运用的技术，采用这些成熟的技术可以助力我国炼化

企业在设备可靠性设计制造、风险管理和监控智能化信息化上转型升级，提高覆盖率，实现设备安全可靠、清洁环保。

1）基于物联网的炼化企业设备智能化监测诊断系统

基于物联网的炼化企业设备智能化监测诊断系统是指一种基于物联网的设备实时监测与诊断系统，实现对炼化设备参数实时在线监测、故障诊断、预警与远程控制。它能对炼化设备进行状态监测与故障诊断，及时准确识别核心零部件故障的微弱特征信号，并产生预警信号和执行相关的控制操作，防止故障发生，确保安全生产，减少故障停机时间和停机损失。对炼化企业设备而言，运行是其设计制造的目的，也是发挥其功效、创造价值的阶段，高效安全运行至关重要。对我国炼化企业尚存大量低效运行、故障频发的设备，应发展基于物联网的设备智能化监测诊断系统。在智能化监测诊断基础上，对老旧和性能低下、故障频发技术落后的在役设备进行个性化再设计和改造升级，使其与生产过程匹配和谐，显著提高其安全和智能化水平。

2）基于电子通信的智能化ITCC控制技术

综合控制技术（ITCC）是用于控制和保护炼化企业设备的新技术，它基于先进的电子技术、通信技术及控制算法，与传统的炼化设备控制技术相比，可以帮助用户更有效、更安全地操作炼化设备，同时节省能耗。ITCC将传统上需要多个分立仪表如防喘振调节器、联锁自保系统、电子调速器、负荷调节器等实现的功能集成在一套可靠性极高的三重模件（TMR）冗余容错控制系统中完成；因此，减少了各个系统间的连接和故障率，降低了长周期运行成本，并提供了先进的控制技术和良好的监控界面。目前在石油、化工、冶金等应用广泛的大型机组综合控制系统，机组综合控制系统包括：机组联锁ESD、SOE事件顺序记录、机组控制PID（例如：防喘振控制及调速控制等）及常规指示记录功能、故障诊断功能等。因此，为了实现对大型机组系统的全面控制，尽量提高大型机组的效率，维持大型机组在制造商界定的安全运作参数内运作，且在发生硬件故障时提供不间断控制，推广基于电子通信的智能化ITCC控制技术十分必要。

3）基于经验与风险定量计算的安全完整性等级设计方法

该技术是用于防止SIS（安全仪表系统）拒动作和误跳车的安全完整性等级设计方法，可应用于渣油加氢等装置的安全完整性设计，提高炼化企业设备的安全可靠性。首先进行SIL等级的辨识，基于经验的SIL等级辨识主要由风险辨识、SIS信息与SIF信息组成；基于风险的SIL等级辨识由风险辨识、风险矩阵分析以及LOPA分析组成。两种路径得到辨识后的SIL等级后，都需要进行SIL等级的验证，主要应用安全仪表联锁系统的可靠性指标计算模型。最后对比更正辨识的SIL等级和验证的SIL等级，由此确定系统的SIL等级。此方法弥补了风险定量计算确定SIL等级时由于风险辨识不全面而造成SIF的遗漏而产生的设计问题，也弥补了基于经验的SIL等级设计在随着时间的变化SIL等级发生的变化。使基于经验与风险定量计算相结合，在SIL的设计过程中，既全面又准确地设计了系统的SIL。为了有效地避免SIS系统的拒动作与误跳车，保证SIS系统的安全功能，使得SIS系统有效地防止事故发生以及降低事故后果严重度，推广基于经验与风险定量计算的安全完整性等级设计方法十分必要。

2. 完善后可推广技术

完善后可推广技术是当今已经比较先进但仍存在部分需要改进和完善的技术，当这些技术有了实际的应用后就可推广这些技术，助力我国炼化企业在设备可靠性设计制造、风险管理和监控智能化信息化上进一步转型升级和实现设备安全可靠、清洁环保。

1）基于云计算、大数据的多数据融合诊断技术

该技术是针对应用单个检测数据进行压缩机故障诊断可靠性差及由于故障前兆可检测性差及传感器噪声导致精确检测很复杂等问题提出的。为了提高检测可靠性，需要能观察到不受模型和传感器不确定性影响的足够大前兆信号。通过炼化设备关键子系统的诊断信息融合技术，综合分析当前的炼化设备状态和过往状态历史，可以精确可靠地实现炼化设备故障诊断，预测流动失稳的发展。融合方案的目的是建立失效时间可信因子，采用的是一种相连续的平行多层结构策略。基于云计算、大数据的多数据融合诊断技术是一种数据驱动型的故障诊断方法。数据驱动型故障诊断方法的优点是具有实时性，缺点是容易受到噪声的干扰，缺乏对输出结果的说明能力，并且难于使用对象的背景与先验知识。故障树分析法等目标驱动型故障诊断方法有充分利用对象的背景与先验知识的优点，并且具有很强的决策能力与对决策的说明能力，其缺点是实时性差。因而融合这两种故障诊断的方法，充分利用各自的优点，综合后进行完善推广，就可大大提高故障诊断的正确率与实时性。

2）基于专家经验与故障分析的数据挖掘与分析技术

此项技术研究基于专家经验与故障分析的数据模型，能够构建基于多元数据发掘与分析的故障诊断技术体系。应用此项技术对于故障冶金设备安全性具有重要意义。而当前这项在技术专家经验与故障分析的数据模型以及故障诊断技术体系上仍不够完善，需要继续累积经验，分析故障，建立合理的数据模型。故障诊断技术体系还需在多元数据发掘与分析方面不断完善和改进。完善后推广此项技术，可在很大程度上提高炼化设备的安全性。

3）大型机组智能化实时监控及性能优化综合技术

压缩机机组实时监控及性能优化综合技术将考虑利用历史实际运行数据获得真实的性能曲线，并建立参考数据库；建立对压缩机机组的调控系统，利用专家系统对炼化设备进行集中控制，采用智能化算法分配负载，使各压缩机机组运行在最优工况，从而实现节能效益的最大化；采用各种监控手段将喘振控制线向小流量区间外推，实现稳定裕度的提高，使压缩机机组工况始终稳定在最高效率点附近；对炼化设备各辅助系统（部件）进行调控技术，提高机组系统效率；融合各种先进的诊断技术，对失速和喘振先兆进行提前精准的预警技术，积累事故数据，建立完善可靠的故障数据库，利用神经网络技术进行异常工况识别，非线性回归模型进行健康衰退的趋势预测技术。对此项技术完

善和推广后能最终实现压缩机机组安全高效运行。

4）炼化设备智能故障保护、复杂工况自适应、自愈调控系统

智能成套设备状态与DCS系统的交互集成、信息共享、科学决策。基于智能算法和图谱识别的系统故障自动诊断专家系统，能够识别20多种典型设备故障；远程设备故障会诊与维修指导；基于关键设备运行状态的安全预警与智能安全联锁保护，预警准确率极高；随载荷变化的液压执行器，其响应速度极快，寿命可达到5年以上；机泵密封性能变化致氢气、氨气等有害、易燃易爆气体泄漏的早期预警；基于风险和状态决策的智能维修及设备管理。与常规炼油装置相比，成果应用可使设备故障停机率大大降低、装置运转周期延长、修理费用降低、炼化设备运行效率提升。

5）基于工业互联网、物联网、云计算及大数据等技术的远程监控智能化技术

该技术是指应用工业互联网、物联网、云计算及大数据等技术提高高端炼化设备远程监控智能化水平，这项技术是今后的发展方向。①通过网络优化，在一个系统内实现互联的机器，可以在网络上相互协作提高运营效率。②通过智能系统可以实现最优化、低成本，并有利于整个机组的维护。③通过网络自主学习，机器系统越来越智能化。网络学习效果是系统内机器联网的另一个好处。智能系统的构建整合了广泛部署智能设备的好处。当越来越多的机器连接在一个系统中，久而久之，结果将是系统不断扩大并能自主学习，而且越来越智能化。

6）基于实测数据库的智能化寿命预测技术

该技术利用工艺参数和气体成分等数据建立性能数学模型，创建了压缩比、能量头、效率和能量关于流量、转速和气体成分的数学模型。计算、监测和记录生产能力和效率，作为炼化设备运行时的性能参数；追踪炼化设备系统性能参数与健康状态模型值之间的偏离情况和趋势，并在其达到设定阈值后报警；能够显示炼化设备性能偏离的趋势，识别存在和可能进一步出现的问题。

3. 前沿探索技术

前沿探索技术是当前处于科技尖端的技术，采用这些尖端前沿的技术能大大地提升我国炼化企业在设备可靠性设计制造、风险管理和监控智能化信息化上转型升级，探索这些前沿技术并将其应用于实际中对实现设备安全可靠、清洁环保具有极大的帮助。

1）炼化设备系统故障动态演化机理技术

在炼油化工设备的故障诊断和设备智能管理研究领域，主要强调两个方面：一是强调监测诊断技术的网络化、集成化、自动化，二是强调以风险和状态为基础的故障早期预警。开展炼化设备系统故障动态演化机理、早期故障智能诊断与预警及故障自愈化，实现复杂过程系统与工况和谐的设备自适应、自愈化、自优化系统是一项迫切的任务。研究炼化设备系统振动起因、多转子串联轴系振动和齿轮驱动多平行转子轴系弯扭动力耦合行为，流体振动导致的失稳现象，揭示机组多场耦合的失稳机理。该系统应具有自动诊断专家系统负责对设备故障进行自动诊断，并将诊断结果发送到监测诊断中心、设

备智能维修管理系统、客户端、手机APP软件等终端上，供用户对设备进行故障确认、检维修实施等工作使用。

2）预警及故障自愈化技术

全智能化预警及自愈技术不同于以上需要人为调控的自愈技术，能够在实时数据的监控分析基础下，自动判别其工作状态是否正常，并通过自动调整工作参数已达到自愈的效果。此项技术一旦研发成功将大幅改善密封失效的现状，并推动整个行业的智能化发展。

3）基于大数据与云计算的炼化设备智能化监控技术

该技术中的云计算是以虚拟化技术为基础，以按需付费为商业模式，具备弹性扩展、动态分配和资源共享等特点的新型网络化计算模式。在云计算模式下，软件、硬件平台等IT资源将作为基础设施，以服务的方式提供给使用者。目前，云计算已成为提供各种互联网服务的重要平台。大数据技术是从各种类型的数据中，采用新处理模式快速获得有价值信息的能力，从而实现深度理解、洞察发现与精准决策。将大数据与云计算技术应用于炼化设备的监控将是今后重要的发展趋势之一。

4）极端条件下运行状态测量、传感和数据表征关键技术

对炼化设备运行过程中的转动部件的状态测量，涉及高温、低温、动态等工况，如何对极端条件下设备的状态进行精确测量，如设备的振动、温度及材质劣化状态参数的测量，是一个技术难题，需要攻关突破。传感器数据证实技术要求诊断系统能够从多个传感器信号进行信息融合来提供更为可靠的读数，并能确认所测信号的可靠性，要求能够持续监测每个传感器在运行工况下的信号是否偏离正常“基带”。当某一个传感器偏离其基带时，能够被监测识别出。通过信号相关分析和特殊的数字滤波来确定此信号是否存在干扰。这种分析手段是并行的，并通过概率数据融合进行汇总来最终确定此传感器是否失效或误操作。

二 设备本质安全可靠与监管智能化对策

（一）利用物联网技术，提升炼化设备运行状态全面感知能力

为了给炼化企业提供适合物联网、大数据、云计算要求的传感器与技术支撑，利用物联网技术，提升流程工业生产、储存、运输等各环节的人、机（设备）、环境的全面状态感知能力，进而提高设备的智能化水平。

研究设备的故障可检测性，开展设备故障可检测性设计和工业互联设计，提升装备的故障感知能力、状态辨识与预测能力和工业互联能力。

（二）利用智能化手段，提升炼化企业本质安全管理水平

炼化企业全流程安全生产管控，通过实施数字化、自动化、信息化、智能化手段，

提升装备的运行状态辨识与预测、自适应规划控制与动态补偿修复能力，提升装备本质安全设计水平。

利用设备的可靠性设计、本质安全设计和智能化设计技术，提升企业装备本质安全管理水平。

（三）利用信息化手段，提高设备预警能力

当前炼化企业设备故障诊断及故障早期预警功能存在缺陷，利用信息化手段，建立炼化企业设备全生命周期管理，包括设备的设计、制造、运行、在役再制造、再制造等阶段。

利用设备全生命周期的设备管理信息化构建技术，提升装备全生命周期的可靠性设计水平、精密制造水平、运行可靠性、运行效率水平和设备预警能力。

（四）基于模型构建和大数据深度学习技术，提高设备的智能化监管技术水平

炼化企业设备目前存在监测智能化不足的问题。突破流程工业关键机械装备健康与能效监控关键技术，形成适合我国国情机械装备优化综合控制系统；突破基于工业互联网（物联网）、大数据等信息技术的流程工业装备智能监控关键技术，实现全厂机群集中优化控制和远程监控与故障诊断，助力我国流程工业转型升级。

建立危险化学品重大危险源监控预警系统，保障重大危险源风险可控。建设危险化学品重大危险源在线监控预警系统，开发重大危险源基础数据库，制定重大危险源监控数据标准，实现各企业重大危险源监控报警远程可视化管理。

（五）选用适合国内的标准，保证设备本质安全可靠与设计制造

设备本质安全可靠运行，首先要实现工艺设备可靠性设计、可靠性制造。选用适合国内的标准，在设备设计、制造方面从设备的本质安全出发，在产品设计过程中，消除设备的潜在缺陷和薄弱环节，防止故障发生，以确保满足规定的固有可靠性要求所采取的技术活动，保证设备本质安全可靠与设计制造。

设计制造从标准上保证设备的本质安全，杜绝或减少伤亡事故，减少设备故障，进而提高设备利用率，实现安全生产。企业设计单位应掌握各项标准在应用阶段的应用信息，利用应用信息的反馈从而更好地优化设计制造过程。

在设备状态监测数据管理方面统一标准。对监测数据、可靠性数据进行深度挖掘与研究，从设备设计、监测到管理形成闭环。

（六）制定与新技术相配套的管理制度，适应本质安全可靠与监管智能化管理需要

炼化企业传统设备管理模式根深蒂固，自觉运用基于风险管理的意识不强，因此在

重点推广可行技术以及完善和探索前沿技术的同时，需要制定与其相配套的管理制度。随着信息化技术的高速发展，企业设备管理也在随之发生深刻的变化，经过自动化和网络信息化，进入到数字化和智能化阶段。例如，建立综合、集成化的设备完整性管理平台，引入CBM、RCM等先进的管理理念，将基于风险管理、绩效管理、全生命周期管理、预知维修等内容融入其中，通过设备的选、用、管、修的管理层面，保证设备长周期安全运行。

针对新的最佳可行技术制定相配套的管理制度，形成基于风险的管理模式，制定风险评估管理队伍的资格认证标准，为科学化、智能化的决策分析管理提供依据，既能有效提升综合决策分析能力，又能帮助设备管理人员提高管理水平。

（七）制定科学系统的设备采购管理制度，保证设备本质安全可靠运行

在低价中标的市场环境下，小型企业为了获得更大的利益，忽略设备的合格率，导致部分不合格设备进入工艺装置。因此要在保证设备安全可靠的基础上，其次考虑价格因素对设备进行采购。基于数据统计分析进行采购管理，利用无故障运行周期与采购价格的比值作为优选的重要标准。设备既要满足足够长的无故障运行周期，又要有合适的价格，两者的比值取最优值才能保证设备的可靠性和经济性，同时也能避免低价中标的市场环境导致设备质量参差不齐的问题以及不合格的产品。

（八）加强临氢设备可靠性设计制造，保证设备本质安全可靠运行

加氢装置在应对高温氢损伤方面，选材上借鉴“纳尔逊（NELSON）曲线”，在使用纳尔逊曲线选择材料时采用28℃的安全系数，而选择反应器基体材料时，一般采用14℃的安全系数。同时，对于高温H_2S/H_2腐蚀预测也参照了美国的相关标准，使用Couper-Gorman H_2S/H_2曲线，使用详情可查SH/T 3096。

第五篇

国内外炼化企业工程设计对比研究

随着“走出去”战略的实施，国内工程公司开始承接越来越多国外炼化工程的设计任务。通过这类工程项目的设计，使我们对国外安全环保的工程设计了解越来越多，可以看到在安全设计理念、环保理念、标准体系和设计过程管理方面存在一定的差异。国外在安全环保方面的工程设计理念、标准体系和系统的过程管理等方面，对提高我国的安全环保设计水平有一定的借鉴意义。

本篇将通过分析国外工程设计本质安全、环保理念、标准和过程管理，找出国内外安全、环保工程设计的差异，通过分析这些差异，提出提高我国炼油和化工企业工程设计水平和工程管理水平的合理化建议措施，为构建安全可靠、清洁环保型炼油与化工企业建言献策。

目录

CONTENTS

第一章

国外炼化工程项目安全环保设计理念及标准体系

一 安全、环保设计理念

（一）过程安全理念

20世纪七八十年代化学品行业中多次重大的火灾和爆炸事故催生了国外对“过程安全管理”以及“风险管理程序”的需求，推动了一系列与过程安全（process safety）有关的法律法规、标准规范以及技术指南的制定和颁布。最具代表性的是美国职业安全与健康管理局颁布的OSHA标准，从14个要素规定了过程安全管理的重点，建立了过程安全管理体系。

（二）本质安全理念

炼油及化工工艺和设备本质安全（inherent safety）的概念是20世纪70年代英国帝国石油化学工业公司的安全设计顾问Trevor Kletz率先提出。其方法是通过改变工艺，从工艺过程本身做到本质地、永久地消除或减少危险，而不是靠控制系统、联锁、报警和工作程序来终止初始事件。近年来本质安全理念也在进一步扩展到减少或消除危险物的使用和产生，减少事故的发生概率，降低事故后果的影响。经过几十年的深入研究、分析、积累和提升，国外的炼化工程项目本质安全从设备、技术的本质安全向系统、管理层面的本质安全化发展，逐步走向系统化、程序化和定量化。

（三）基于风险的性能化设计理念

国外一直在积极探索和研发性能化标准和相关方法，很多国外标准正在逐步改变对

所有场合均采取统一做法的要求，而是采取更个性化、更合理的性能化要求。借助各种事故模型和风险分析技术对于特殊项目进行性能化设计，实现技术经济合理的优化设计，将风险控制到尽可能低的合理水平。

以欧洲安全设计标准为例，欧洲标准在制定最低要求时以“基于风险”为原则，对所应采取的原则性措施或管理办法给出最低要求，具体措施由采标方根据具体项目、具体设施的风险评估结果确定，属于风险自担型、是“量体裁衣”，具有性能化设计特点。美国标准API 752-2009《工艺装置永久性建筑物布置危险管理》提供了一个新建或现有建筑物中人员可能受到爆炸、火灾和有毒物释放引起的风险管理指导方法，既考虑到对人员的全方位保护，也避免了不必要的过度设计，实现将风险控制到尽可能低的合理水平。

（四）可持续发展理念

国外项目业主推崇的可持续发展理念（sustainable development）综合平衡了经济、环境和社会三个方面。经济效益是追求达到项目全生命周期的投入与产出的最佳比例，避免只重视建设期成本而忽略运营期成本。同时也要考虑项目建设期、运营期和报废后的资源利用。建设项目对环境的影响是决定项目能否持续发展乃至生存的重要因素，包括对自然环境的破坏以及与周围自然环境的协调。对社会环境的影响包括对周围居民生活和社会文化的影响、与当地经济发展的吻合程度，以及项目建设前后对生态环境变化的影响。国外建设项目可持续发展的管理目标是有效地利用能源和原料，环境负面影响最小化，当地社区利益最大化，追求社会公平、经济增长和环境保护。

（五）寻求污染减排的环保设计理念

美国环保理念的核心可简单概括为 4 个方面，预防（preempt）、参与（participation）、协作（partnership）及保护（preservation），即 4 P 原则。从系统论的角度，环境保护是一个全方位、社会性、系统性和历史性的工程，这也是美国环保理念的基本内涵。在法国、德国、荷兰等欧洲发达国家，排污收费制度已被运用多年。如果排污费率确定得足够高，将显著地影响排污企业的行为。来自德国的数据表明，即使排污收费低于平均的处理成本，也促进企业寻求更好的污染减排方案。

二 安全、环保设计管理标准体系

（一）标准体系的自愿性原则

欧美国家普遍采用以自愿性原则为主导的标准体系，自愿编写，自愿采用，具有科学性和民主性。采取政府授权民间机构主导的管理体制。政府授权并委托标准化协会或标准化学会统一管理，协调标准化事务，政府只负责监督和财务扶持，学会在标准起草、审查、批准、发布、出版、发行以及信息服务方面有充分自主权。

（二）基于风险的安全标准体系

欧美安全标准体系从20世纪80年代开始建立，并不断地扩充和完善，现已形成了较成熟的标准体系。美国职业安全和健康管理署1992发布了OSHA 29 CFRI910.119《高危险化学品工艺过程安全管理》。1993年前后，美国化学工程师学会AIChE下设的CCPS发布了三十余本与过程安全有关的技术指南，较好地指导了过程安全管理和各类与过程安全相关活动的开展。

（三）基于排放限值的环保标准体系

美国控制大气污染的主要手段是对污染源进行排放限制，排放限制的核心是排放标准。美国对大气污染物排放标准的制定，是将常规污染物与有害大气污染物分开进行的。常规污染物排放标准针对的污染物包括二氧化硫、氮氧化物、颗粒物、一氧化碳、臭氧和铅等。有害大气污染物是指能够引起或预测能够引起死亡率增加或是能使严重的、无法治愈的、使人致残的疾病增加的污染物。美国大气污染物排放标准是针对不同行业分别制定的，内容具体详细，可操作性强。一般包括适用范围、定义、标准限值、监测要求、达标测试方法、报告和记录要求等内容。

总之，国外安全、环保管理标准体系从法规层面到协会的技术标准到支持这些标准的技术指南，最后到企业到项目的安全环保管理标准形成了一套非常完整的体系纵贯线和完善的标准体系，以保证安全环保管理最终落地到工程项目的每一个环节。国外知名炼化企业如埃克森美孚、壳牌、巴斯夫、BP、沙比克、马石油等以美国OSHA PMS和英国COMAH管理体系为依托形成一套较完整的基于风险的企业安全、环保标准体系，设计标准具体详细，具有很好的可操作性。使基于风险的理念贯穿于设计、采购、施工、预试车及试车的各个环节。

三 国内外安全环保设计理念及标准体系差异对比

（一）过程安全设计理念的差异

国外过程安全贯穿化学品及其相关设施的全生命周期。国内对过程安全的理解范围局限性在工艺技术本身，而忽略了更广泛的化工操作各项过程的安全管理。其实过程安全不仅与工艺过程密切相关，也关系到厂址选择、设备布置、材料选择、设备设计、管道设计、自动控制和报警、建构筑物设计、电气安全及防爆防雷接地、泄压保护系统、三废处理系统、防火设计、防爆/抗爆设计等各个设计专业。任何一个专业的设计失误或

对危险源的忽视，都将为工厂或设施的安全留下隐患，严重的甚至可能直接导致事故或意外情况的发生。

（二）本质安全设计理念的差异

国外项目在工艺包设计或概念设计等前期设计中开展的本质安全审查是为了确认是否通过消减、替代、缓解、简化等手段将工艺过程的危险控制到了尽可能低的合理水平。

国内对本质安全的核心内涵还缺乏足够的理解，但正在积极努力追求本质安全设计。有的企业已经组织开展了炼化工程本质安全对比研究，突出“以人为本和基于风险管理的工程项目全生命周期”的安全理念。意在通过对比找到本质安全设计标准体系的差异，进而补充完善企业标准，提高本质安全设计水平。

（三）基于风险的性能化设计理念的差异

欧美等发达国家的标准中都增加了风险评估和性能化设计的有关规定，通过危险源辨识、事故情景设计、量化风险计算、性能化设计审查等环节确定生产装置或设施可能遇到的事故风险和应采取的防火、防爆、防毒等措施，使工程设计采取的防范措施更具有针对性、技术经济更合理、风险控制更优化。这种量体裁衣式的个性化性能设计使业主可有效地将风险控制到合理可行的水平，在优化全生命期成本核算中实现控制风险的目标。

我国的工程设计主要是“基于标准”，而不是“基于风险”，满足规范要求是工程设计的最低要求。目前我国标准规范主要是采用“指令性”条文，指令性条文既便于设计，也便于审查和实施。设计者可结合工程项目直接根据规范条文进行设计。但是，标准规范不可能考虑到各种方方面面的要求，而且很多标准规范还存在互相引用且新旧版本不协调的现象，造成了工程设计的混乱和不合理。存在照本宣科“处方式”设计方法造成的“合规不合理”现象。由于只考虑标准规范的要求，不考虑项目的具体风险情况，使工程设计可能存在安全设计不足，也可能安全设计过度。

综上所述，先进的安全设计理念应该涵盖以下三个方面：

· 全过程全方位的过程安全设计；

· 从根本上减少或消除危险源的本质安全设计；

· 基于风险的合理可行的性能化设计。

（四）自律守法的环保理念

发达国家环保法律法规体系完整，标准针对性和可操作性强，环保执法尺度严，违法成本高，企业环境保护工作受到社会的广泛监督，使得企业在项目实施的过程中执行环保法律法规具有很高的自律性。体现在建设项目环保设计上，企业往往会对项目的环境风险进行预判，主动提出合理的高标准要求和相应措施，以规避违法违规的处罚。

我国建设项目的环保设计基本上都是围绕着环评和环评批复展开的，对环保方面的投入是基于环评和环保主管部门的要求，主要满足政府监管，企业自主行为较少。

（五）控制在线监测与控制排放限值的差异

国外标准对于连续在线监测的要求要严于国内。如根据《排污许可证申请与核发技术规范　石化行业》（HJ853—2017）的要求，国内只有单台功率大于14MW的加热炉要求安装氮氧化物在线监测，而国外项目要求超过10MW的加热炉要上二氧化硫、氮氧化物、颗粒物和一氧化碳在线监测，反映出国外环保管理更重视日常监管的特点。

国外的排放标准限值比国内现行炼化企业执行的环保排放标准普遍宽松。事实上我国国内现行的炼化企业排放限值基本上已处于世界上最严格的排放限值水平（特别是标准中的特别排放限值）。国外项目设计的合同文件还包括环保性能考核和保证值。在国内项目中往往被忽视的设备噪声领域，国外也非常重视，将关键设备和装置边界的噪声，也写入保证值。体现出国外对人群健康和环保的充分重视。

（六）基于风险的安全标准差异

欧美标准在制定最低要求时是以“基于风险”为原则，对所应采取的原则性措施给出最低要求。具体措施由标准应用者结合项目的风险评估结果确定，并证明采取措施后对人员和财产的风险已降低到可以接受的水平，属于风险自担型，具有性能化设计特点。

国内炼化企业现存在有国标、行标、企标和各公司等多种标准体系，现有的几个安全设计标准还不能形成安全设计标准体系，而且我国的标准规范主要采取的是基于指令性的要求，不是基于性能化的要求。基于风险的性能化设计理念还没有融入到相关专业的设计标准中。

（七）强制性的环保标准差异

国外的环保标准通过法规的引用成为强制性标准。其“法律—法规—标准”体系的脉络清晰，标准的制定、发布、实施遵循严格的法定程序，有广泛的社会参与，团体和个人的意见都可能充分体现。同时，各地区可根据本地区的情况制定排放标准，制定的标准限值不一定会严于国家标准，如美国对现源的管理。

我国的排放标准是由环保管理部门直接制定为强制性标准，虽也有一定的社会参与机制，但不如国外广泛，制定标准限值时调查统计的基础数据也显不足，故在标准的执行力上与国外比，就有所欠缺。另外，我国规定地方标准优先于国家标准执行，且地方排放标准要求一定严于国家标准，而地方标准限值在制定时，往往调查统计的基础数据更少，随意性更大。

第二章

国外安全、环保设计过程管理与审查研究

一 安全、环保设计过程管理

（一）国外典型的基于风险的过程管理理念

在国外炼化工程项目中应用较广泛的安全风险管理体系以国际知名公司的《危害和影响管理过程体系》(Hazard and Effect Management Process ，以下简称HEMP）最具代表性。

1. HEMP全生命周期的管理

HEMP是一套把HSE风险管理贯穿于建设项目的全生命周期的管理体系,是整个HSE管理体系的核心。它通过一系列危险评估活动和技术对各类HSE危险进行辨识，对相关风险进行评估，按ALARP原则确定控制危险和降低危险产生影响的措施。在项目的各个阶段适时地进行风险研究，及时采取预防措施。

在项目执行过程中承包商将按照HEMP的管理体系开展HSE设计工作。HEMP关注项目全生命周期的管理，详见表2-1。

表2-1 HEMP的管理过程

项目阶段	不同阶段管理过程
·研发 ·可行性研究 ·工程设计 ·施工 ·试车 ·开车	·辨识HSE危险和持续性问题； ·辨识和消除HSE危险、控制影响并采取挽救措施，如技术选择、本质安全设计和资源管理

续表

项目阶段	不同阶段管理过程
·操作	·辨识和操作及检维修相关的 HSE 危险和持续性问题； ·辨识和消除 HSE 危险、控制影响并采取挽救措施，如维修程序、管理程序和行政控制等
·退役和拆除	通过消除或减小危险和风险预防未来的不利条件，如清理、修复、拆除等

2. HEMP的框架结构

HEMP通过一系列危险评估活动对各类HSE危险进行辨识，对相关风险进行评估。分析研究后形成三个重要交付文件：风险和后果注册表（HER）、关键活动一览表（CAC）和整改行动计划（RAP）。记录下所有辨识的风险和预防措施以及跟踪关闭状态，最终导入业主操作运维数据库，在生产运维阶段可以随时对风险进行跟踪。HEMP的框架结构如图2-1所示。

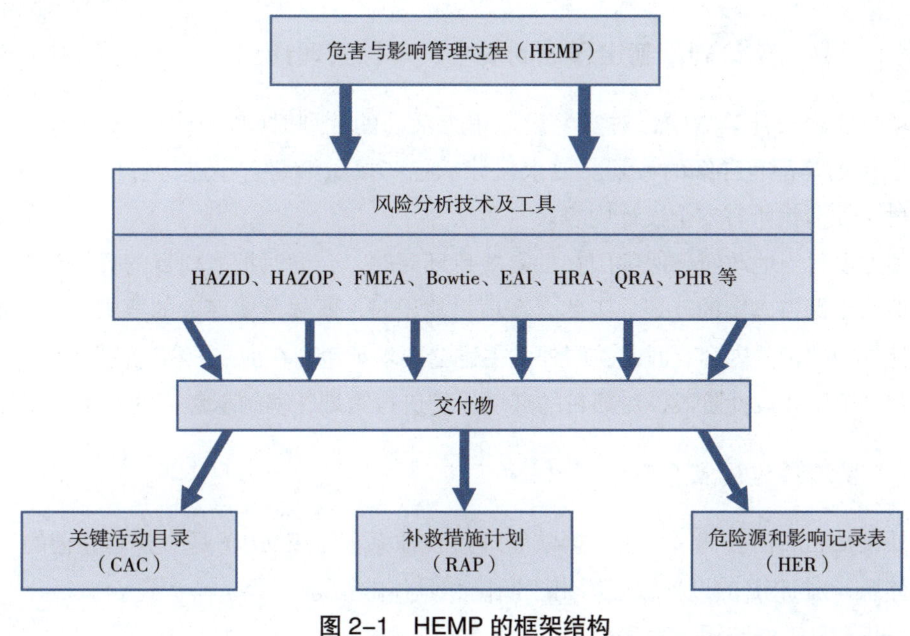

图 2-1　HEMP 的框架结构

（二）推行项目安全环保体系化管理

健康、安全、环境三者之间有着不可分割的联系。20世纪90年代Shell公司首次提出了HSE管理概念，得到了几大国际石油公司的广泛认可，并不断发展完善成为独立的HSE管理体系。HSE管理体系是通过事前进行风险分析来确定可能发生的事故危害和后果，从而采取有效的防范手段和控制措施防止事故发生，并减少事故可能引起的人员伤害、财产损失和环境污染的一种有效管理方式，其核心是风险分析和预防技术。

由于国外法制环境和文化的差异，安全与环保是国外业主特别关注的敏感问题，在一定意义上直接影响到项目的成败。因此，国外项目管理必须有专门的HSE管理团队，负责对项目安全环保问题的全面统一归口管理。在工程设计阶段，主要包括制定项目HSE管理目标、HSE法律法规和标准规范的识别、编制项目HSE管理计划、制定安全与环保设计原则、组织开展相关安全环保设计审查和跟踪关闭，以及政府安全环保部门的报批工作等等。

环境保护作为HSE体系中重要的一部分，国外业主要求必须符合其HSE强制性控制框架（MCF,Mandatory Control Framework）的要求，以满足各类环保法律法规、标准规范、制度文件等的要求，寻求社会环境效益和企业经济利益最佳结合点。不仅要求编制环境管理计划（EMP,Environmental Management Plan），还要开展针对项目MCF要求的差距分析，提出与MCF间的不符合项，按重要程度进行分级，要求承包商进行限期关闭。在整个项目执行过程中，承包商工程方面的活动都需要符合外方业主HSE MCF的要求，业主和PMC会进行定期审核，要求承包商HSE体系持续改进。

（三）重视前期策划，制定详细的安全、环保管理计划

在项目安全设计策划中，对安全设计审查活动的计划时间、方法，安全设计交付文件，进度计划等都有详细的策划。要求设计承包商按照策划有序进行各种安全审查，提供的交付文件覆盖所有安全设计内容。

某国外项目当地政府环保部门在批复项目环评时，会同时批复项目的环境管理计划和其他类似水土保持方案的计划。因此，在项目建设时，既要落实环评的要求，也要落实环境管理计划中的相关内容。同时，国外业主也会要求承包商在业主HSE管理体系下，根据项目的合同范围和设计阶段，对项目的环境保护进行策划，编制承包商的环境管理计划。

（四）系统性过程安全管理

国外某知名石油公司《危害和影响管理过程体系》（HEMP）是一整套完善的HSE过程管理体系，对HSE的过程管理给出了明确和具体的指导。

1. HEMP工作流程（表2-2）

表2-2 HEMP工作流程

步骤		交付文件
辨识 ↓ 评估 ↓ 控制和纠正措施	（1）辨识危险和初始事件 （2）辨识后果 （3）评估影响 （4）确定风险等级 （5）辨识控制和补救措施 （6）证明按照最低合理可行原则（ALARP）进行风险管控 （7）建立完整的控制和纠正措施 （8）建立整改行动计划	风险和后果注册表（HER） 关键活动一览表（CAC） 修复计划（RAP）

续表

步 骤		交付文件
	·整改计划纳入年度 HSE 计划中 ·更新风险和后果注册表（HER）、关键活动一览表（CAC）	

2. 最低合理可行原则（As Low As Reasonably Practicable，以下简称ALARP）

国外的风险控制理念是基于经济性和可实施原则，最具代表性的风险控制原则为ALARP原则。这是当前国外风险可接受水平普遍采用的一种项目风险判据原则。当风险降低到了可接受风险水平后，进一步降低风险的费用会相应增加，在费用出现陡升的拐点区域就是ALARP区域，见图2-2。

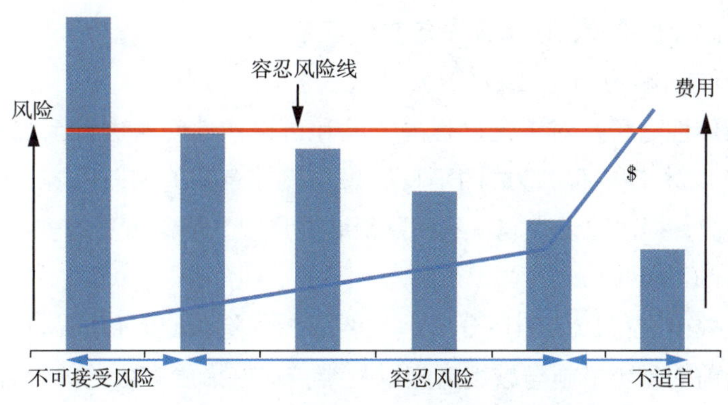

图 2-2 利用费用分析论证 ALARP

3. 基于风险的安全设计过程管理活动

在国外工程项目的设计中，安全设计理念不是一句简单的口号。基于风险的安全设计的理念贯穿在各专业设计中。其开展的主要风险评估活动举例如下：

1）初步危险分析（PHA）

由于化工过程多在一定的温度与压力下操作，其处理的化学品一般具有毒性、腐蚀性、可燃性、助燃性，发生事故就可能造成人身伤害、健康损害、财产损失、环境破坏等严重后果。在设计早期阶段开展PHA初步的风险识别和风险分析以帮助进行工艺技术路线选择，工艺过程的危险有害因素分析。通过削减、替代、缓解、简化等方法，优化工艺过程，尽可能降低工艺过程本身的安全风险。

2）危险源辨识（HAZID）

在建设项目初期进行危险源的辨识，早期识别设计过程中或建成后可能存在的主要风险，为早期调整工艺方案、优化总图布置、提升本质安全水平提供依据。对建设项目可能造成作业人员伤亡的危险和有害因素，如粉尘、窒息、腐蚀、噪声、高温、低温、振动、坠落、机械伤害、放射性辐射等；建设项目外部或环境危险源，如建设项目所在地的自然灾害、极端恶劣天气、社会动乱、周边设施等的不利影响等方面开展有关安全、

环保、健康的重大危险源和危险有害因素辨识。通过分析的结果和危险源的等级帮助项目实现满足HSE的相关法规要求。

3）健康风险评估（HRA）

对项目现场操作人员潜在的健康危害进行识别和分析评估，识别可能使劳动者暴露于健康危害下的工作类型、识别健康危害的特征，基于工作类型评估可能暴露于健康危害下的频率和时间，并对暴露程度进行分级，进而提出对于存在的健康危害所采取控制、减缓和消除措施。

4）关键设备等级的划分（ECA）

通过风险评估的方法对装置内的工艺设备、电气设备、仪表等根据风险频率和后果进行分类。分类的结果将作为各类设备的检试验计划的依据，根据不同的关键设备等级进行不同级别的监管和检验，以保证设备安全可靠。

5）危险与可操作性分析（HAZOP）

危险和可操作性分析是对工艺过程的危险和可操作性问题进行系统的分析，识别出所有可能对安全、财产和环境造成的不良后果与设计意图的偏差内容，分析已有保护措施，评估风险等级，提出建议措施，从而降低装置风险，使装置更加安全可靠。

6）领结分析（Bow-tie）

将重大风险挑出进行Bow-tie分析，主要分析危险源如何释放，并进一步发展为各种后果，识别当前的预防措施与减缓措施以及维护这些措施有效的关键管理或维护行动。这种方法将危险源、有害因素、预防性控制措施、顶上事件、减缓性措施和后果之间的关联以领结的形状图形化展示出来。

7）安全仪表完整性等级评估（SIL）

对具有安全仪表功能（SIF）的仪表控制或联锁回路进行半定量化的风险分析和评估，按照安全仪表系统失效概率的方法为安全仪表功能的仪表回路确定相应的安全完整性等级。通过SIL验证确定SIL回路是否能够达到预先设定的SIL 等级。

8）火灾安全评估（FSA）

采用安全检查表的方法对火灾发生后消防系统进行标准、规范符合性检查，确保消防设计符合火灾安全系统的标准规范，发现潜在危险并提出建议措施。

9）装置可靠性评估（RAM）

主要对装置开工在线率的评估，通过对设备可靠性分析，评估装置是否能够达到原来设定的开工在线率的目标，以及导致装置非在线时数的因素，如计划内的换催化剂或是非计划设备故障等。通过评估可以分析出装置内将造成非计划停工的关键设备，并对这些关键设备进行设备可靠性评估（RCM），以保证装置在线率。

10）设备可靠性评估（RCM）

设备可靠性评估采用半定量化的分析方法对设备维修策略进行评估。通过故障失效模式分析、风险定级、维修分析和持续改进措施来降低事故的发生。

11）基于风险的材料腐蚀评估（RBI）

通过风险评估的方法对于装置内每台静设备及每条管道的材料腐蚀情况进行风险的分析和评估。通过专门的风险评估软件分析不同腐蚀环境中设备和管道腐蚀风险等级，对于高风险等级的部位提出检测计划和安全应对措施，将风险控制在可接受范围。

12）独立保护层分析（LOPA）

LOPA是一种半定量的风险评估技术，在定性危害分析的基础上，进一步评估保护层的有效性，并进行风险决策的系统方法。通过设置一个或多个独立保护层，如工艺过程自动控制系统、关键工艺操作参数监控报警、安全仪表联锁系统、机械保护装置、物理设施、应急响应机制来最大程度减小对人员的伤害，将风险降低到可接受的范围内。

13）定量风险分析（QRA）

定量风险评估是运用数学手段预测工程建设项目发生事故的风险，识别与设计相关的潜在重大事故危险，主要包括火灾、爆炸及有毒事故后果模型计算。

（五）定量风险评估技术的应用

国外的定量风险评估技术（QRA）应用比较广泛，通过危险源辨识、事故情景设计、量化风险计算、性能化设计审查等环节确定生产装置可能遇到的风险和应采取的措施，使工程设计采取的防范措施更具有针对性、技术经济更合理、风险控制更优化。国外的安全设计和要求通过研究分析和计算，最终研究分析结果和风险评估审查结果才能作为设计执行的依据。

（六）完整的安全、环保设计管理程序

国外项目在安全设计管理方面一个突出的特点是，每一项工作都有其对应的程序和标准。在项目定义阶段，业主就制定一系列安全管理标准和程序，这些标准和程序作为招标文件中的强制性控制条款要求承包商遵照执行。其中对组织人员、工作责任、工作方法有明确的规定和说明。在项目EPC执行阶段，承包商还需要根据项目要求在进行每一项审查工作前编制此项审查的程序文件，业主批复后才能进行安全审查。

国外项目环境保护设计和管理是全方位的，延续在整个项目全过程。环保设计要求高，过程控制强。启动任何工作都先要有程序文件落实在纸面上，再依据程序文件开展相应的设计活动。

（七）业主和PMC管理团队参与设计管理过程

国外项目业主通常会采用PMC项目管理团队对承包商进行过程管理。PMC充当业主的延伸，并且与业主的项目管理队伍充分联盟以实现项目目标。

国外项目更为重视过程监管，业主会通过PMC进行定期跟踪，对于环评和安全、环境管理计划这类文件要求在设计中得到落实。同时，业主也会向政府环保主管部门定期

汇报环评和环境管理计划批复要求的落实情况，并提供相应的证据，如照片或监测报告等。在EPC执行阶段，PMC按照项目标准和合同要求对每一份成品文件进行审查，对文件的质量和深度要求把控非常严格。所有和工艺安全相关的文件都定义为重要类文件，至少经过IFR、IFA、IFE三版以上提交批准，以保证提交成品文件的质量。业主通过PMC的管理可以保证设计成品满足业主标准要求，对文件质量有非常好的把控，进而保证了项目的安全设计。

从以上几个方面介绍可以看到国外无论对项目管理还是安全环保设计的管理更注重过程的管理，重视项目实际的执行力和执行效果。

二 安全、环保设计审查与研究

（一）全生命周期的系统安全审查

国外项目通常通过在项目建设的各个阶段开展不同的安全设计审查。如技术研发和可行性研究阶段重点是对工艺技术的本质安全性审查；项目比选阶段主要是技术方案的安全和环保性能的比选；项目定义阶段主要是HAZOP等安全审查的开展和意见关闭、设计采标的准确性、施工准备、文档管理等；项目实施阶段主要是变更的控制管理、工程设计质量的控制和检查、有关的HSE审查意见关闭；生产运营阶段主要是所有遗留的HSE审查事项的关闭，文件交付、事故教训等经验的分享等。

（二）基于风险的安全环保审查和研究

某国外项目开展的基于风险的安全设计审查和研究,除了前面说明的13项风险评估活动外，还包括爆炸危险区域划分审查、火灾及气体检测研究、噪声研究、人机工程审查、报警分级研究、可施工性审查、可检维修审查、电磁兼容研究、流振研究、声振研究、火炬泄放动态模拟、水锤研究等近30余项安全设计审查和研究活动。

在环保设计中，国外项目通过对整个工艺流程中每个产排污环节（设备）进行环境风险识别（Environmental Hazard Identification，ENVID）研究，提出相应的改进措施，每一项改进措施都要有相关方的签字确认，并在落实了所有改进措施后编制关闭报告，以保证相应环保措施到位。

（三）环保设计审查与研究

国外项目在设计阶段是根据更新的设计输入条件重新进行大气影响预测，并据此最终确认烟囱高度。对噪声的研究也是基于供货商提供的实际噪声数据表进行厂界和噪声控制区的预测。因此，其预测结果更为可信，与现场的实际结果偏差也更小。

（四）审查意见的有效跟踪关闭

国外项目业主深度参与承包商的项目执行，注重安全环保审查意见和措施在各环节的监督落实。所有的安全环保审查报告都需要编制关闭报告，关闭报告中每一项改进意见和措施都要有承包商提供落实的证据文件，业主的签字确认，最终关闭报告才能得到批复。审查意见和措施不折不扣地执行。

三 国内外安全环保设计管理过程和审查的对比

（一）全生命周期管理与进度驱动的项目管理差异

国外知名大公司于21世纪初就提出了“从摇篮到坟墓”的全生命周期管理的完整性管理理念（Integrity Management）。作为项目建设、生产运营和销售盈利一体化管理的企业，国外公司对生产装置的工程设计、施工安装、生产运营、检测维修、应急反应、生产验证等完整的生命周期循环过程进行统一规划考虑，追求的是全生命周期的效益最大化。虽然工程设计在装置的整个生命周期中只占很短的时间，但却是决定装置优生优育的关键阶段，对后期装置的寿命和生存质量起到了至关重要的作用。因此，在国外项目中，通过合理的安排设计周期来开展必要的危险辨识、风险评估和安全设计审查等一系列安全设计活动。表面上看，生产装置比国内项目可能晚投产了几个月甚至一年，但由于危险分析评估充分，各项审查全面，方案优化合理，确保了本质安全设计到位。不仅使装置施工安装过程中设计变更少，装置建成后现场整改少，而且降低了生产运行期间的检维修费用，确保了全生命周期的效益最大化。

国内项目在现有管理体制下，工程建设和生产运行分段负责，缺乏对建设项目全生命周期效益的综合考量。按照“早投产，早见效益”的思维，形成了进度驱动型的项目管理模式。尤其是“同时设计、同时采购、同时施工”的项目管理要求，大大挤压了正常的工程设计周期，同时造成施工现场大量设计变更，刚投产开车就需要现场整改等大量浪费现象。

应该认识到，按照国外先进安全设计理念开展系统的风险评估和安全审查等一系列活动是需要大量的时间和人工投入的，很短的设计周期不可能确保安全设计的有效实施。

（二）系统性过程管理与最终产品控制的差异

国外知名大公司为保证工程项目的安全运作，已建立了一套完整的项目管理体系，通过在项目建设的各个阶段开展不同的HSE审查和相关管理程序，来保证资金运作效益的最大化。比如：在技术研发和可研阶段、项目定义阶段、项目实施阶段、生产运营阶段，根据项目建设不同阶段的工作内容和管理重点设定了不同的安全审查和控制点，以保证项目管理过程的系统性和完整性。

我国建设项目的HSE管理要求，主要是满足国家法律、法规、标准规范及政府有关部门的审批要求。目前危险化学品建设项目主要执行国家安全监督管理总局规定的安全条件审查、安全设施设计审查和安全设施竣工验收三项安全审查以及HAZOP、SIL分析、可接受风险标准等。国内项目业主对设计过程的安全审查一般没有特殊要求，主要是满足项目审批的合法合规要求，具体设计过程中的安全管理要求取决于各设计单位自身的项目管理要求。

国外项目环境保护设计和管理贯穿整个项目全过程。环保设计要求高，过程控制强。启动任何工作都先有程序文件，再开展相应的设计活动，环保成品文件数量及类型都远超国内项目。国内炼化项目从预可研阶段延续到基础设计，环保设计内容基本上是围绕环评文件的输入和落实进行（环保设施的工艺设计除外）。在详细设计中若是发生对环境有重大影响的变化，则体现相应影响的程序和文件不足。我国现正在向国外学习，推行排污许可制度，越来越重视对建设项目环保的事中事后监管管理，环评和排污许可制度结合后，形成对项目环保的全过程管理。随着国家要求的变化，国内炼化项目环保设计管理也必将向全过程管理的方向发展。

（三）业主全程参加与承包商自主行为的差异

国外项目业主通常利用PMC项目管理团队或组建IPMT管理团队对承包商的设计过程进行管理，包括设计策划、文件交付清单以及整个设计过程的各项危险分析和安全审查。业主不仅通过编制的项目管理规定对各项安全设计活动进行控制和管理，同时也亲自或授权代表参与各项安全设计活动，并且通过各项记录和报告的签署审批实施过程监督和管理。业主对项目的过程管理规范严格，对文件的质量和深度要求把控严格。虽然业主需要支付较高昂的人工时等各项管理费用，付出延长设计周期的等代价，但为了保证生产装置全生命周期的安全运行，必要的投入是值得的。

国内的设计管理基本都是设计单位作为承包商自己对设计过程进行管理，业主对承包商的过程管理和控制比较薄弱粗放，主要是靠设计合同进行原则性控制。标准和文件质量的控制基本交给承包商负责。业主主要负责控制设计产品的最终交付日期和政府的审批通过，而并不太参与设计产品的过程控制和监督检查。业主人力和费用投入相对少，设计周期短。

（四）定量风险评估技术的应用差异

定量风险评估技术（QRA）在国外经过多年的发展已很成熟，并且越来越专业化、模型化、精准化。目前，我国的定量风险评估（QRA）技术主要应用于工程项目的安全评价。由于安全评价主要在建设项目前期的可研阶段开展并完成，其获得的设计输入信息非常有限，存在很多的假设和多种不确定因素，直接影响了模拟计算和评估结果，对工程设计的指导意义有限。通过近年来与国外工程公司或国外业主的合作，炼化企业一些工程公司均在设计阶段逐步开展了定量风险评估，但还缺乏量化风险评估的技术标准和依据。

（五）基于风险的系统性审查

国外项目的安全管理是以危险辨识和风险分析评估为驱动，比如某国外知名公司的HEMP管理系统就是通过初步危险分析（PHA）、危险源辨识（HAZID）、健康风险评估（HRA）、HAZOP分析、SIL分析、火灾风险评估等一系列危险辨识和风险分析评估活动，为项目的风险控制和管理奠定基础。工程设计是基于这些辨识出的风险采取有针对性的安全对策措施，按照风险可控制标准将项目风险控制在合理可行的水平。

国外项目通过各种专项环保设计审查和研究，对项目不同方面的环境影响和环境风险及时跟踪和评估，及时提出环保改建和减缓措施，有利于项目的环保设计符合要求。

我国的安全审查主要还是“基于标准”，对设计过程文件和产品进行的审查，主要是依据国家的相关法律法规和标准规范的要求条款，关注的是设计产品的合法合规性。审查过程中也不注重考虑识别项目中存在哪些危险源和风险，现有设计采取的安全措施是否充分和足够，是否把风险控制到可接受的标准范围内。

国内炼化项目除环评、基础设计环保专篇审查和环保设施竣工验收外，一般没有环保方面的审查。由于环评往往基于项目可研，在项目设计阶段经常会发生变化，出现与环评不一致，造成环评和批复意见无法落实。

（六）业主高级专家参与设计安全审查

国外知名炼化企业的全球专家资源库（如，Global Solutions）是由一些具有丰富的生产操作、工程建设、生产管理经验的专家组成。这些资深专家熟悉企业标准和习惯做法，为该企业在全球内各国、各地区建设投产的工程项目提供技术支持和把关，包括作为HAZOP审查主席、风险分析评估专家、安全审查专家等。国外知名炼化企业也正是通过这些专家对工程项目的参与和支持，把该企业的先进标准和经验融合到世界上自己的各个工程项目中，保证了世界范围内各建设项目的一致性。

生产操作经验丰富的专家参加安全设计审查是提高工程本质安全设计水平、确保安全审查质量的重要举措。国内项目的安全审查（如HAZOP），主要是业主派出本企业的生产专家。企业可能没有新工艺装置的资深专家，或安排的审查日期不适宜，都可能使参加审查的生产专家水平参差不齐。我国炼化企业目前虽然已建立了一些专家库，但如何利用这些专家资源，让专家在工程设计中发挥积极作用还未形成管理机制，缺乏鼓励参与和支持工程设计的渠道和相关管理办法。

（七）审查意见跟踪关闭的严格落实

国外工程项目对设计安全审查有一套完整的管理程序，包括审查策划、审查准备和文件、审查实施、审查报告的编制、审查意见的跟踪关闭。尤其是审查意见的跟踪关闭有严格的管理程序，每一条审查意见不仅有关闭的文字说明，还必须有相关的图纸和说明作为附件来证明审查意见已经落实。同时每条审查意见的关闭状态还有业主、管理团队和承包商等各方管理人员的验证和签字批准，确保了设计安全审查工作的有效实施。

国内项目对政府组织的安全审查意见有较严格的跟踪落实要求，审查意见的关闭需要专家签字确认并存档。项目组织的安全审查也有审查报告或审查记录，但对审查意见的跟踪和关闭没有严格的管理，也没有严格的检查监督落实机制，包括需要业主落实的审查意见。由于有的审查意见没有得到真正落实，使很多安全审查流于形式。

目前我国现正在向国外学习，推行排污许可制度，越来越重视对建设项目环保的事中事后监管管理，环评和排污许可制度结合后，形成对项目环保的全过程管理。推行基于风险的安全设计过程管理，将国内炼化项目安全、环保设计管理推向全过程管理。

第三章

国内安全、环保工程设计建议措施

一 加快建立和完善安全、环保设计标准体系的建设

（一）加快建立安全、环保设计标准体系

借鉴国外知名企业的安全、环保标准体系，结合国务院标准化改革的管理要求，梳理我国和石化行业现有的安全、环保设计标准，开展标准体系的顶层设计。按照技术标准和管理标准分层次、分系统搭建炼化企业安全、环保设计标准体系，并以此为基础制定标准编制计划，促进安全、环保设计标准的系统性完整性的有序发展。

（二）编制风险评估技术标准，规范在工程设计的应用

参考国外先进标准，结合炼化企业的工程实践特点，编制具有可操作性的量化风险评估的指导性标准或指南，改变目前开展工程项目的风险评估没有依据或依据不足，主要取决于个人水平和经验，推动量化风险评估技术应用的标准化，确保风险评估结果合理可行地应用到工程设计中。

（三）完善基于风险的安全环保设计管理程序

梳理现有工程设计管理流程，结合各设计专业的设计分工，将基于风险的安全环保设计要求整合到设计管理主流程中，突出基于风险的安全环保设计管理要求，包括安全设计管理策划、风险分析评估、安全、环保设计审查、变更的控制管理等，逐步完善工程项目安全设计过程管理程序。在我国推行排污许可、建设项目环评后置的大背景下，国内项目考虑适当引进一些有益的环保设计审查相关工作。

（四）加强国外标准和基础理论的研究

国内标准有一些技术指标虽与国外不同，但不能就此简单地直接采用国外的相应指标。安全标准的制定是一项技术性很强的工作。国内外安全技术水平和管理水平、操作人员素质差别很大，采纳或应用国外标准应进行充分的调研，以保证标准在符合国情的前提下切实可行。

二 加强风险分析评估技术的研究和应用

（一）积极学习国外风险分析先进技术

众多国际知名的大型炼化企业通过联合院校、咨询商、研究机构等各方力量启动和参与了众多后果试验、故障概率研究等基础工作，不断地开展风险分析理论研究工作。建议加强与这些国外组织的联系，及时了解发展动态。

（二）逐步建立炼化企业风险管理数据库

建议参考国外风险基础研发工作模式，吸收利益相关方、组建研发团队，大力推进故障概率数据库等基础研究工作的开展，尽快建立炼化企业的风险管理数据库。风险管理数据库可包括适用于中国国情的炼化企业重大事故模拟和原因分析数据库（包含事故原因分析，尤其是技术或设计缺陷原因分析和设计标准规范缺陷分析）、设备\管道失效故障率数据库、事故后果模拟试验数据库等。

三 树立全生命周期管理理念，合理安排安全设计周期

作为工程建设项目安全主体责任的建设单位，应逐步树立全生命周期管理理念。在工程设计合同中，不仅应明确安全设计的管理要求，还应认可开展安全设计管理所必要的时间、人力、费用等相关投入，合理制定工程项目计划进度，确保安全设计管理活动的有效实施。

四 加强沟通，资源共享，推动安全设计的可持续发展

工程项目的安全设计不仅需要设计单位一方面的努力，也需要科研、生产、安全监管等多方面的支持和努力。建议充分利用各方面人员的优势和资源，加强沟通和经验共享，通过技术研发、交流探讨、学习培训、工程实践等多种方式，打造炼化企业的安全设计技术团队，推动安全技术的可持续性发展。

第六篇

国内外炼油与化工企业安全环保技术及管理措施

本篇提出了安全可靠、清洁环保型炼油与化工企业的内涵和指标体系愿景，使用指标体系对国内炼油与化工企业进行对标，并结合我国近十年较大级以上炼油化工企业事故分析，总结了我国炼油与化工行业管理缺陷。通过调研欧美、日本等发达国家炼油与化工企业安全环保管理实践，结合我国实际情况提出建设安全可靠、清洁环保型炼油与化工企业的管理和技术建议。适用于国内炼油与化工行业相关的政府、企业专业人员阅读。

目录

CONTENTS

第一章

引 言

近半个多世纪以来，我国炼油与化工行业快速发展，生产能力和产品质量持续稳定提升，已形成具有相当规模的完整工业体系。但我国在发展经济的过程中，对安全环保工作重视不够，企业建设时安全环保设施投入不足，不能满足企业发展与安全环保水平的平衡，导致我国安全环保形势严峻。近年来，我国政府贯彻可持续发展理念，提倡以人为本，以解决突出的安全环境问题为重点，推进结构性改革，使我国安全环保总体形势趋好；但与此同时，炼油与化工园区快速发展、民营资本逐渐涌入、安全环保管理技术与企业需求不适应，城市炼厂与周边居民区发展的矛盾日益凸显，炼化企业事故时有发生，安全环保形势依然严峻，安全环保管理水平急需提升。

曹湘洪院士提出了构建安全可靠、清洁环保型炼油与化工企业是改变工业化与城市化矛盾最根本的途径，并给出安全可靠与清洁环保的内涵，为开展相关研究提供参照。以中国石化安全工程研究院为主，中国石化咨询有限公司参与，通过为期2年多的研究，提出了我国构建安全可靠清洁环保企业的管理和技术措施的建议。本篇汇集了研究成果，为炼油化工行业相关人员提供参考。

本篇介绍了国际炼油与化工企业在安全环保管理方面的优秀做法和先进经验，包括本质安全环保、循环经济与清洁生产以及基于风险的设计理念，其各项管理理念已逐步融入工程的设计、建设、运维等的全生命周期管理，为国内企业提升安全环保水平提供了借鉴。同时国际炼化企业在维护与社区和谐关系中做出很多努力，保持了良好的政府、社区关系，造就了企业、居民、政府之间的相互信任与尊重。

结合事故原因调查与安全环保水平量化评估的结果，表明我国企业在安全环保工作上虽然已取得一定成绩，但尚未建立本质安全环保理念，装置设计、建设、维修等过程标准低，环境保护措施主要集中在末端治理上，风险管理尚未取代事故事件管理，生产

过程缺少完整风险辨识评估，缺乏防控风险的技术与管理措施。

本篇针对国内外炼油与化工企业HSE管理与技术研究的结果提出体会和建议，指出国外先进企业的最大特点是本质安全环保，实行以风险评估为基础的全生命周期管理，由事故事件管理向预防性管理转变，运营一体化管理体系成为趋势，设备可靠性管理得到重视；形成了绩效公开、事件分享的文化，通过精细、专业的绩效指标分析管理缺陷和发展趋势，为管理改进提供决策；产业布局科学，资源利用效率大幅提升，促进了循环经济发展，并向社区公开企业风险信息，注重维护与周边社区的友好关系。从我国炼化行业的现状出发，借鉴国外企业的先进管理经验与技术手段，建议我国要加强安全环保工作中风险管理方法的应用，大力推广风险评估技术，在科学论证的基础上对敏感地区炼化企业的搬迁进行决策，加强一票否决权在企业设计、建设、运行、维护、更新等全过程中的体现，以实现安全可靠、清洁环保的目标。此外，需加强可商业化的评估技术和模型的开发、评估单位的资格认证以及评估专家的团队建设，安全检查要从领导带队的“运动式”检查向专家负责的对标检查转变。总而言之，着力构建安全可靠、清洁环保的炼油化工企业才是实现企业与社会和谐共处的治本之策。

研究过程中得到了中国工程院、中国石油化工股份有限公司、日本石油能源技术中心（JPEC）、日本石油联盟、法国DREAL里昂省监管部、欧洲化学工业协会（CEFIC）、大连安监局、大连松木岛工业园区管理委员会、巴斯夫公司、上海赛科公司等机构或公司的大力支持，项目组在此表示衷心感谢！

第二章

安全可靠、清洁环保型炼油与化工企业的内涵与指标体系

一 我国炼油与化工企业的现状

（一）我国炼油与化工企业的发展

炼油企业是以石油为原料生产汽油、煤油、柴油等石油产品的能源产业，担负着为社会提供燃动能源的重任，也担负着降低能耗、提高资源利用率的责任。它是重要的能源生产基地，对国家能源安全、社会经济发展有着直接的影响。

化工企业是从事化学工业生产和开发的企业和单位的总称，主要分为石油化工、基础化工以及化学化纤三大类。它渗透至人类生活的各个领域，为现代人类的农业生产、医疗、日用品、军工等各个领域提供必需品，是国民经济中不可或缺的重要组成部分，对于人类经济、社会发展具有重要的现实意义。目前，现代煤化工历经30多年的发展，已取得突破性进展，为我国提供了新的化工能源。

中国在20世纪下半叶才开始工业化进程，比欧洲晚了200年。但新中国成立后的近70年来，中国取得了举世瞩目的成就。1961年，我国在兰州建成用炼厂气作为原料裂解生产乙烯的装置，开始了石油化学工业生产。1983年，中国成立石油化工总公司，使我国的炼油、石化、化纤和化肥企业集中领导，统筹规划。从21世纪初开始，我国炼油工业发展迅速。国内炼油产能快速增长，产业布局趋于大型化，千万吨级炼油厂成为发展主体；同时，油品质量升级加快，全国车用汽油、柴油逐步执行国Ⅴ排放标准，汽油、煤油、柴油三种主要油品供应满足消费需求，实现了从炼油大国到炼油强国的跨越。

近10年来，我国炼油化工行业不断吸收新工艺，生产新产品，国营企业稳定发展，民营企业突飞猛进。截至2016年底，我国乙烯产能达59279kt/a、产量达49683kt；丙

烯产能达到32838kt/a、产量达25596kt，均仅次于美国排名第二。2016年我国合成树脂、合成纤维和合成橡胶的产能分别为80125kt/a、58230kt/a、6096kt/a，产量分别为57750kt、45363kt和3397kt。我国合成纤维、合成橡胶的产能、产量均排名世界第一。我国炼油化工生产已形成具有相当规模的完整工业体系，与国外先进水平的差距逐渐缩小。

（二）炼油化工企业与城市化发展的矛盾

城市化与工业化二者是协调发展的。工业化是城市化的“发动机”，能促进人口集中、城市功能分工等；城市化又反作用于工业化，形成信息、人力、消费等集中的资源和市场，促进工业化进程。但是我国工业在快速发展的过程中，对安全环保工作投入较低，加之管理措施不到位等原因，导致当前城市居民对居住环境的安全环保现状不满意。

炼油与化工企业具有易燃易爆、高温高压等特点，存在重大安全环保隐患；在危险化学品的生产、运输、储存等过程中，安全环保事故时有发生；而且在信息爆炸的互联网时代，媒体舆论和公众对炼化企业关注度增高，事故事件造成的社会影响更加广泛。在此背景下，政府除了提升安全与环保标准外，还提出了炼油化工企业搬迁入园的要求。

中国炼油化工企业布局有着依水而建的原则，国家环保部此前排查显示，全国约81%的化工石化建设项目布设在江河水域、人口密集区等环境敏感区域。回溯历史资料可以发现，政府集中计划下搬迁的背景可以追溯到20世纪90年代中期国家开始施行的“退二进三”政策。因此，早在此前20多年间，中国的化工厂搬迁就已经在各地以不同方式在进行了（图2-1）。近年来，官方统计的化工安全事故数量的增长，进一步促使政府从安全角度去规划工厂搬迁政策。2014年，工信部和安监总局曾推动在城市人口稠密地区对化工企业进行搬迁改造，每年都向各地下发《危化品企业搬迁项目统计表》。

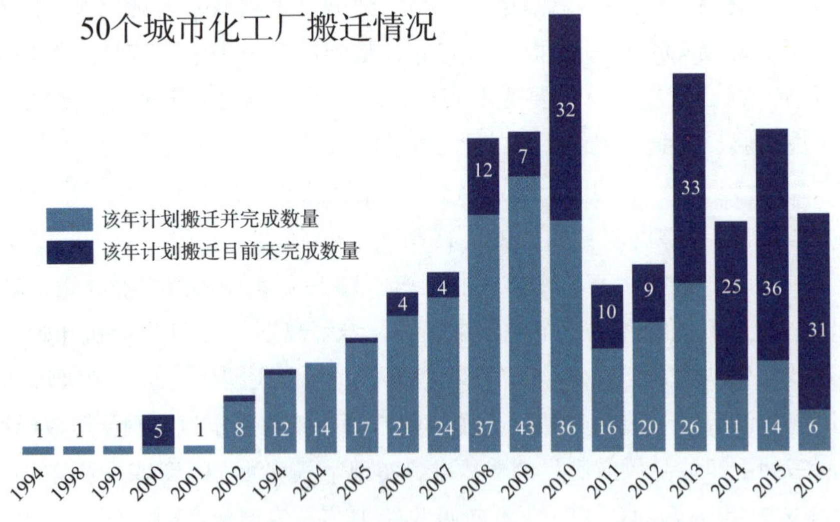

图2-1 近二十年来50个大中型城市化工厂搬迁数量

天津港“8·12”火灾爆炸事故发生后，化工企业搬迁再次成为焦点。2017年9月，国务院办公厅发布了《关于推进城镇人口密集区危险化学品生产企业搬迁改造的指导意见》，提出“实施城镇人口密集区危险化学品生产企业搬迁改造，是适应我国城镇化快速发展，降低城镇人口密集区安全和环境风险的重要手段，对解决危险化学品生产企业安全和卫生防护距离不达标问题、有效遏制危险化学品重特大事故、保障人民群众生命财产安全和促进石化化工产业转型升级等具有重要意义。”

搬迁是否是解决企业安全环保问题的最佳途径仍然值得商榷。搬迁牵涉着社会发展的各个环节，要求多领域协调合作，要解决资金、人员安置、产业升级等问题，成本极高。政府将搬迁作为解决安全环保问题一劳永逸的措施，但在实际推行过程中仍存在问题。以中国石化青岛炼油化工有限责任公司为例，一期10000kt/a炼油项目是我国批准建设的第一个单系列千万吨级炼油项目，是打造环渤海湾炼化产业集群的重大战略项目，在青岛经济技术开发区远离城市的重化工园区进行填海造田建成的，于2008年6月16日正式建成投产。工业化发展伴随着城市化发展，政府规划部门没有考虑炼油化工企业的安全环保距离，城市规划随意，该区域周边目前逐步被社区基础建设包围（图2-2），在建成不到10年内，又被青岛市列入搬迁计划之中。

图 2-2　中国石化青岛炼油股份有限责任公司及周边地图

搬迁造成了原有装置的资源浪费，工厂再造又引起了大量的能耗和环境污染，员工生活也会引起变动。如果城市规划管理不做出改变，10年后的企业可能又会面临同样的困境。目前国外炼油化工企业与周边城市居民区和谐共处的情况并不鲜见。例如，德国BASF路德维希基地与居民区之间只隔着一条宽50多米的马路（图2-3），基地自觉执行政府排放法规，制定了严于政府排放标准的内控指标，认真实施污染物消减计划，实际排放优于国家标准，使厂界符合环境质量的要求。BASF路德维希基地通过严格的风险评估来确认工厂的安全性，确定安全距离。如原来建设在工厂外的食堂等建筑，随着基地

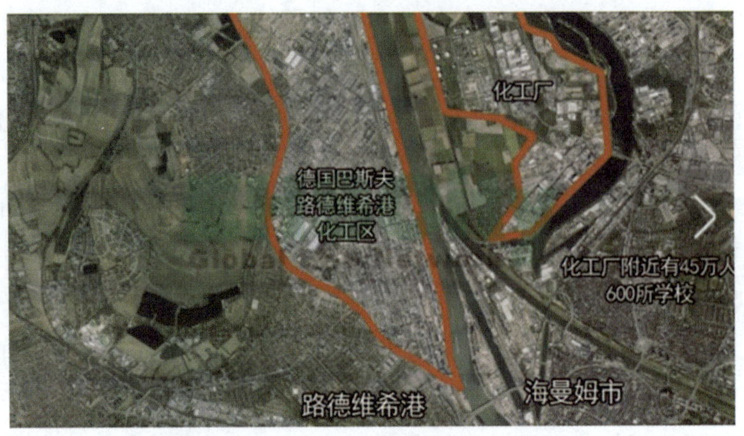

图 2-3 BASF 路德维希港公司地图

的发展逐渐被装置包围，在进行评估后采取了增加防爆墙的措施。

因此，炼油与化工企业搬迁并不能从根本上解决企业的安全环保问题以及“城市围厂”带来的社会问题，构建安全可靠、清洁环保型炼油与化工企业才是改变工业化与城市化矛盾最根本的途径。

二 安全可靠、清洁环保型炼油与化工企业的内涵和指标体系

（一）安全可靠、清洁环保型炼油与化工企业的内涵

在当前管理和技术发展阶段，安全可靠、清洁环保型炼油化工企业的内涵建议为：

1. 安全可靠的内涵

应用系统安全工程原理，优先选择本质安全的生产工艺、提升工艺过程的本质安全性，采取科学的风险管理方法和完善的技术措施，阻断事故链，杜绝重大及以上级别的各类事故，企业外部个体风险值低到 10^{-6} 以下，社会风险满足国家可接受风险要求。

2. 清洁环保的内涵

应用环境系统工程原理，坚持源头治理和末端治理有机结合，优先选择清洁生产工艺、提升工艺的环境友好性，采用先进的治理技术和严密的管理措施，杜绝重大及以上级别的环境污染和扰民事故，“三废”排放总量全面优于国家和地方政府的限值要求。

上述安全可靠、清洁环保的内涵表述，既指出了应用的基本原理又提出了采取的方法和手段，还明确了必须达到的指标。很明显，企业是否做到了安全可靠、清洁环保，不能用单一指标来衡量，应该是多种指标构成的指标体系。

（二）安全可靠、清洁环保型炼油与化工企业的指标体系

杜绝重大及以上级别的各类事故，企业外部个体风险值低到 10^{-6} 以下，社会风险满

足国家可接受风险要求；杜绝重大及以上级别污染扰民事故，“三废”排放和排放总量全面优于国家及地方政府的限值要求，是衡量安全可靠、清洁环保的总指标，即一级指标，都需要进行指标分解，形成一个可以进行检查考核的指标体系。

1. 安全可靠的指标体系

根据安全可靠的内涵，其指标体系中要包括：

工艺本质安全性指标，包括工艺技术本质安全性、工艺过程本质安全性。炼油与化工过程工艺的本质安全性是相对的，通过新技术的应用，可以把一个非本质安全的工艺变得相对安全。

设备完整性及可靠性指标，包括设备完好率，设备检测仪表（如动设备、振动、轴位移、润滑油油温、油中铁含量检测、静设备及管线易腐蚀部位检测等）投用率，带病运转设备监控率，设备合规检修完成率，设备管线动密封及静密封点泄漏率。

生产运行平稳性指标，包括温度、压力、流量自动控制投用率，先进控制器投用率，DCS报警频次，安全阀、防爆膜等安全设施动作频次。

员工素质指标，包括员工操作知识、安全环保培训时间数、员工操作技能考核达标率、安全环保知识考核达标率、操作人员持证上岗率。

2. 清洁环保的指标体系

根据清洁环保的内涵，其指标体系中要包括：

工艺清洁环境友好指标，包括工艺过程使用的物料和生产产品的毒性、挥发性、扩散性、水溶性，工艺过程化学反应的原子经济性，工艺过程产生的废水、废气和固废相对于原料或产品的比例。

“三废”处理装置技术先进性及运转性能指标，包括废水、废气、固废的资源利用率，废水、废气、固废中污染物的去除率，“三废”处理装置投用率、运转平稳率，无组织排放VOCs处理率。

“三废”分项排放及排放总量达标率，包括外排废水、废气中各种污染物含量及达标率，废水、废气及危险固体废弃物排放总量，无组织排放VOCs总量，厂区与工厂周边可能影响区土壤及地下水监测指标及达标率，厂区及工厂周边空气中有害物质监测指标及达标率，厂区及工厂周边噪声监测指标及达标率等。

炼油与化工企业实现安全可靠、清洁环保是一项系统工程，要从管理和技术两个层面建立完备的措施。

第三章

国外炼油与化工企业实现安全可靠、清洁环保的管理与技术措施

一 国外炼油化工企业实现安全环保的管理经验

经过近二百年的持续改进和不断完善，国外大型炼油化工企业在安全环保方面已经达到较高水平。各公司致力于安全环境风险防控，减少生产经营过程的生态足迹，开展关于环境问题的公众交流，为公司和周边社区创造稳定、健康的环境。很多国际石油化工企业遵循“零事故、零污染、零伤害”安全环保目标。为实现该目标，各家公司的安全策略不尽相同，越是先进的企业，越重视本质安全，崇尚社会责任。分析欧洲、美国、日本等国家和地区炼油化工企业的先进安全环保做法，可借鉴其先进的管理理念与技术措施，提升我国企业安全环保水平。

（一）管理体系

大型国际石油化工企业在各个专业领域中推行基于风险的管理方法，建立运营一体化管理体系已成为趋势。

美国ExxonMobil公司于1991年建立了操作完整性管理体系（OMIS）（图3-1），并在1995年进行了少量修改，明确了工厂或组织进行风险管理的责任主体、内容、地点、时间和方式；设置60个期望目标并采取一系列措施以保证实现所述目标。公司在21世纪初开始加强了设备可靠性管理，推出了设备可靠性管理体系，对操作完整性体系做了补充，使组织的焦点集中在设备可靠性上，建议或推荐大量的支持技术，努力消除设备高成本和重复性故障。

Shell公司于2009年整合形成了HSSE管理体系，将安全管理专业划分为健康、过程安全、个人安全、项目、交通、安保、承包商等10个部分，每个专业均执行HSSE管理

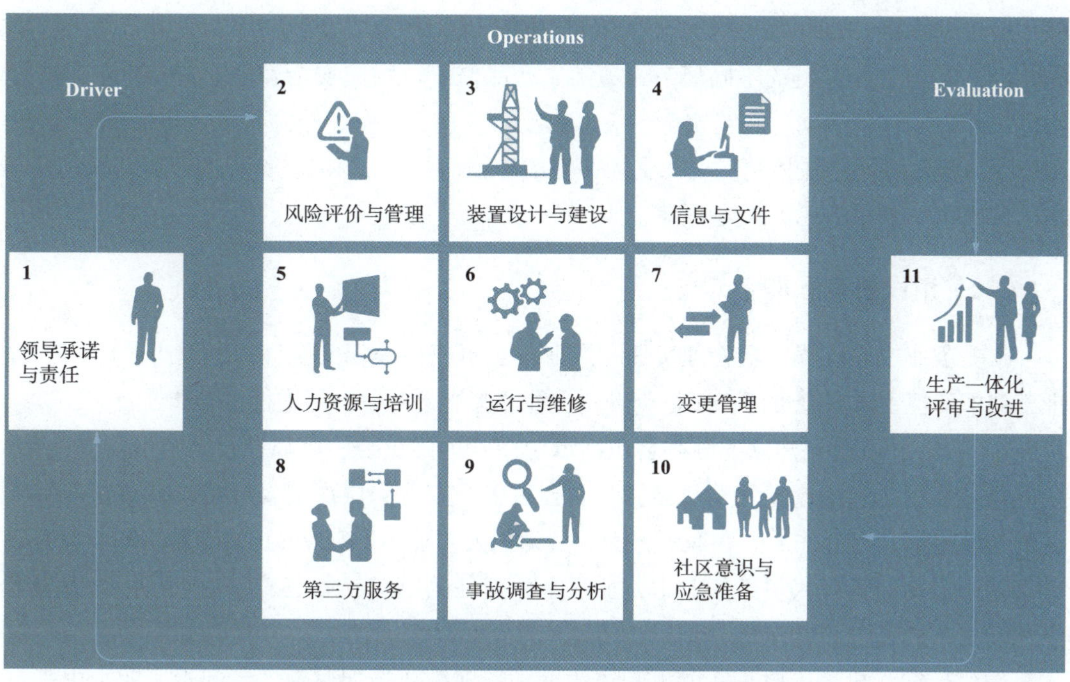

图 3-1 ExxonMobil 公司一体化管理体系要素

标准和手册

健 康 | 个人安全
过程安全 | 安 保
环 境 | 承包商
项 目 | 交通运输
产品监管 | 社会效益

HSSE管理体系

图 3-2 Shell 公司 HSSE 管理体系要素

体系的风险管理方法，并在每个专业中建立了具体可操作的系列手册和标准（图3-2）。

英国BP公司2002年发布了《做好HSE》（Getting HSE Right），推行以危害识别风险评估为核心的安全环境健康一体化管理体系。德克萨斯炼油厂事故后，公司认识到推行一体化的运营管理体系有利于将安全环保工作更好地融入到包含设计、工程、生产、设备等多个专业的过程安全管理中。2008年公司发布了《运营管理体系》（Operating Management System）操作手册，强调了4P管理，即管理对象包括工厂（Plant）、过程（Process）、人员（People）、绩效（Performance），以进一步降低运营活动中的HSE风险，并持续改进这些运营活动的质量。

BASF公司自1992年开始贯彻责任关怀原则，制定了具体目标，并于2007年建立责任关怀管理体系。该体系包括与全球环境和健康保护以及安全和安保有关的条例、标准和制度，涵盖了价值链的不同环节，覆盖了产品监管、物流安全、职业安全、职业医疗和健康保护、环境保护、工艺安全、应急响应、沟通、安保、能源、审计与检察等领域，强化了风险领域的专业控制。全球责任关怀指导委员会（GCRC）负责指导BASF全球环境、健康和安全（EHS）网络的运行。

（二）组织机构和职责

欧美企业推崇直线安全管理责任、专业安全责任。公司安全环保和健康（HSE）管理部门不承担主体安全责任，而是负责安全管理策划，对各部门进行指导和监督。

ExxonMobil公司建立的分委会包括承包商管理委员会、可靠性及维修指导委员会、团队指导委员会、未遂事件委员会。分委会由多个专业和层次的人员组成，对提升某个关键管理起到专家的作用。在职责方面，公司引入“业主”（Owner）概念，每个管理要素指定一名高级管理人员担任业主，加强主体责任的落实。业主的职责包括：确保与本系统及相关界面的正常运作；制定、实施本系统的提升计划，并获得管理层的批准；对本系统的运行状况进行监督；就本系统的日常管理绩效定期对管理者问责。业主由来自不同部门经理以上级别人员担任，具体分工如表3-1所示。

表3-1 ExxonMobil公司要素主管人员

1	体系主管人员职位	要素
2	总裁	1.1 管理层领导、承诺与问责
3	副总裁	11.1 评估和改进
4	HSE 总经理	2.1 风险评估与管理；5.1 人员安全；9.1 事件调查与分析
5	生产运行总经理	6.1 操作与维护规程 ；6.4 机械完整性
6	设备部总经理	6.3 关键安全设备；8.1 第三方服务
7	人力资源部总经理	10.2 社区意识
8	技术与规划部总经理	3.1 装置设计与施工
9	生产部总经理	6.2 作业许可证
10	生产部副总经理	6.7 操作界面管理；7.1 变更管理；10.1 应急准备
11	人力资源部副总经理	5.3 人员 5.4 培训
12	HSE 副总经理	5.2 职业健康；6.5 环境保护；6.6 法规履行

BP公司的管理机构呈矩阵式，管理责任呈直线式。事业部负责其管理范围的各项安全活动，工厂、车间等层次的直线管理人员是安全第一责任人，车间未设置安全工程师或安全员，员工均担负安全责任。HSE部门负责管理系统的策划、指导、监督和统计分析，向决策层提供策划的建议、统计分析和检查监督的结果，并向执行层实施指导、审核、监督等。

（三）培训管理

大型国际石油化工企业在培训策划、实操或模拟训练方面均有重点投入。

BP公司建立所有岗位的培训矩阵，明确每门课程的培训课件、培训师。培训师一般来自工厂或公司内部人员，经过专业选拔和授课技巧培训；培训内容根据培训对象设置；所有人员的培训内容都会包括企业核心价值、工厂概况、一般应急知识。

日本企业安全培训不是独立的，员工的培训是由各个职能部门共同实施的，形成了矩阵式的培训体系。东亚石油公司建立了每个岗位的综合培训矩阵，针对每个岗位，将价值观、生产、操作、设备、安全、质量等各专业的培训需求进行系统识别、统筹策划，包括根据记忆特点确定再培训频率。培训人员不仅限于操作人员、办公室人员，还包括外来参观人员、承包商人员。一线员工的训练是安全培训的重要内容，如日本根岸石油在厂区内建设了培训体验室，可为学员提供现场高处作业、受限空间作业等直接作业环节安全管理技能实训、应急救援能力实训、事故模式预测实训等。工艺操作和判断是内操人员培训的重点，公司利用仿真DCS控制系统训练计算机，进行安全、高效的工艺操作训练、开车操作训练，有效提高内操人员的判断和操作正确性。

（四）风险评价和隐患治理

识别危害、评估风险、动态登记注册风险并按照风险等级进行资源分配，已经成为先进企业的常规做法。

ExxonMobil公司依据风险评估矩阵，将风险后果、概率分别按照I-IV级、A-E级进行划分和定量管理，如图3-3所示。公司以业务团队为基本单位建立风险清单，每周发布风险信息，跟踪管理各业务团队的风险库存和风险等势值。

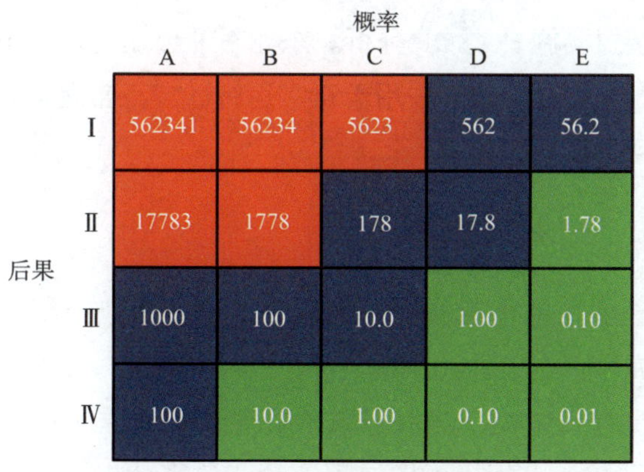

后果 \ 概率	A	B	C	D	E
Ⅰ	562341	56234	5623	562	56.2
Ⅱ	17783	1778	178	17.8	1.78
Ⅲ	1000	100	10.0	1.00	0.10
Ⅳ	100	10.0	1.00	0.10	0.01

图 3-3　ExxonMobil 公司风险等势矩阵

BP公司将风险的严重性和可能性分别按照A-H、1-8进行等级划分，风险矩阵如图3-4所示。墨西哥湾原油泄漏事件后，公司修订了风险评价矩阵，增加了死亡10人以上、重大泄漏等后果的风险分级，严重性最高的A、B、C三级风险纳入企业主要负责人管理

	1	2	3	4	5	6	7	8
严重性	类似的事件还没有在行业中发生并且发生的可能性极小	类似的事件还没有在行业中发生	在行业的某些地方曾经发生的类似事件	在集团内的某些地方曾经发生的类似事件	类似的事件已经发生过，或者可能在10个类似设施的使用寿命中发生	可能在设施的使用寿命中发生一次或者两次	可能在设施的使用寿命中发生多次	在设施中经常发生（至少每年发生）
A	8	9	10	11	12	13	14	15
B	7	8	9	10	11	12	13	14
C	6	7	8	9	10	11	12	13
D	5	6	7	8	9	10	11	12
E	4	5	6	7	8	9	10	11
F	3	4	5	6	7	8	9	10
G	2	3	4	5	6	7	8	9
H	1	2	3	4	5	6	7	8
频率	$<10^{-6}$/yr	10^{-6}~10^{-5}/yr	10^{-5}~10^{-4}/yr	10^{-4}~10^{-3}/yr	10^{-3}~10^{-2}/yr	10^{-2}~10^{-1}/yr	10^{-1}~1/yr	>1/yr
概率	$<10^{-6}$	10^{-6}~10^{-5}	10^{-5}~10^{-4}	10^{-4}~10^{-3}	10^{-3}~10^{-2}	10^{-2}~10^{-1}	10^{-1}~1	>1

图 3-4　BP 公司风险矩阵

职责中。此外，BP公司也实施动态风险管理。各个部门每年组织对区域风险回顾登记，识别新风险、持续降低现有风险。

Shell公司按照政府要求进行重大危险源注册，还对企业内部评估出的中等及以上风险进行内部动态登记注册。针对每一个中级以上的风险要用1～2页的表格对其进行陈述，包括位置、有害因素、控制措施、后果、减缓措施。Shell公司建立了《工艺设计检查单》《危害检查单》《维护检查单》《健康危害检查单》，相关工程师根据清单提示进行风险识别。

部分日本企业对装置实施HAZOP分析。东亚石油公司生产线危险因素的分析技术主要是HAZOP方法和What-If方法，并用于正常运行、非正常运行、操作、变更管理等阶段。每三年进行重新回顾。

（五）装置设施设计和建设

先进的炼油化工企业贯彻本质安全环保理念，设计阶段组织全球专家采用定性和定量的风险评估方法研究和审查设计，采购高标准材料和设备，严格建设过程质量管理。

BASF公司一向贯彻本质安全环保理念，针对设计建立了指导要求，涵盖的程序包括：压力和管道超压预防、火炬、工厂过程安全和危害分析与预防理念、火灾预防、水风险评估、专家中心理念、变更管理等程序等。全球企业遵循0～4步设计审查程序：0步工艺审查主要审查布局、物流、工艺选择；1步建立详细的审查清单，包括有害物料清单、不同危险物料的阀门防火防爆等级、不同压力的容器和管道设计要求、管线大小和排放口设计理念、紧急切断系统要求等，在涉及建筑物防爆等级、安全距离时多采用模型进行计算，如“现有建筑物的评估工具”；2步PID审查落实1步提出的要求；3步选出危险工艺进行HAZOP分析，主要是装置人员进行分析；4步开车前安全审查建立了审查清单，不同装置在通用的审查清单基础上进行修改和具体化，然后导入具体装置开车前审查数据库，依次审查、备案。开车前安全审查包括5个模块近百条内容：A）个人安全；B）应急响应；C）过程安全；D）技术措施；E）环境保护；F）维护工程。

BASF公司还坚持循环经济与清洁生产的原则，通常以某项工艺为龙头，形成系列产品，前一个工厂的产品就是下一个工厂的原料，使能源及物料得到高效利用。例如来自公司其他工艺流程的CO_2经净化、加压液化，生产食品级干冰，从而实现CO_2的回收利用；公司开发并优化了二甲基乙酰胺（DMAC）的回收工艺，使其在下游氨纶生产中作为溶剂使用，实现该产品的循环使用。

（六）过程安全

工厂基础信息包括化学品危害信息、工艺技术信息、设备信息等，企业建立自己的档案馆保存这些信息资料，国际石油化工企业早在10年前就进行电子档案保存。Exxon Mobil、BASF公司要求对工艺安全信息每10年进行一次审查，确认变更的情况被覆盖在内。

工艺操作规程明确装置安全控制的量化指标，提出异常工况下不同场景的具体操作规程。美国公司的操作规程详细地介绍反应原理，操作步骤的详尽程度达到一位新员工可以依照操作规程进行操作，而不是依靠多年操作经验。BP公司根据HAZOP分析发现的关键安全操作在操作规程中进行特别标注，说明原因、后果以及出现异常如何操作。工艺指标包括操作平稳指标、安全指标、安全限值指标，在实际执行中，统计操作平稳率、工艺报警数量，以便发现问题整改问题。日本企业对容易操作失误或失误后严重性高的进行“标准化作业”，编制操作简练的现场标准作业卡，进行双人作业，手指口说等方法，避免操作失误。

大多数公司都建立了开车前安全审查（PSSR）的管理程序，明确新建装置或检维修后的装置开车在引入物料前，由各专业团队按照检查表进行逐一检查。根据项目管理权限，成立相应的PSSR小组。PSSR小组成员可由工艺技术、设备、电气仪表、检维修、主要操作和安全环保等专业人员组成。完成PSSR检查清单的所有项目后，各组员汇报检查过程中发现的问题，审议并将其分类为必改项、遗留项，形成PSSR综合报告，确认启动前或启动后应完成的整改项、整改时间和责任人。所有必改项已经整改完成及所有遗留项已经落实监控措施和整改计划后，方可批准实施启动。

BASF公司定期更新开车前安全审查表内容，吸收和利用公司内外的集体知识和经验教训。定期审查行业过程安全相关事故报告和在此情况下如何进行开车前安全审查；研究并分享其他工艺装置的经验；建立开车前审查数据库，利于经验积累。其审查内容一般包括：

——危害识别的整改项是否已关闭；

——设备、备件的质量控制（符合设计要求并进行了检测）；

——工程设计资料（各种图表、泄压计算等）；

——维修项目（备品备件清单、技术说明书等）；

——生产项目（开、停车、运行、紧急操作规程等）；

——电气问题、泄放设备、现场确认等；

——审查HAZOP清单看看有关行动条款是否已解决；

——泄漏排放是否排放至安全地点。

部分国际石油化工企业早于20年代初推行工艺操作平稳率软件，将关键工艺操作指标通过软件提取、计算在最佳质量控制区间的操作平稳率，在近10年开始推行工艺报警管理，统计每周装置超过安全限值的报警数量，并通过分析报警值的设置合理性、操作人员能力能问题减少报警数量，避免人员因为报警过多而忽视了关键报警的响应。

（七）能量隔离与锁定

美国职业健康安全管理局在OSHA29CFR1910.147即《能量控制（上锁挂牌）》法规中规定，在设备的维修保养作业过程中必须严格执行上锁挂牌程序。上锁挂牌是为了防止进行设备维护的员工受到危险能量的伤害，用隔离和锁定危险能量的方式避免维修人员发生伤亡事故；在作业过程中，配以警示挂牌来警告其他人员已经被隔离的动力源或者设备维护期间不能随便操作。

美国将上锁/挂牌作为法规强制要求企业执行，ExxonMobil、BP、Shell公司等均建立了能量隔离管理规定，明确不同能量的隔离方法、锁具使用方法。能量隔离是将设备、装置和系统从电源、气体和液体等源头断开，隔离来自源头能量对目的设备、装置及系统的作用和影响。能量隔离是为了确保在被隔离的设备上工作的人员安全，是控制能量流意外释放的有效手段。任何机械、电力、工艺流程、液压力和其他设施的能源系统隔离必须符合以下条件后才能执行：

——隔离和储存能量的释放方法必须得到工作人员的同意并由有能力（经过相关培训或有证照）胜任该项工作的人员执行；

——所有储存的能量都已释放；

——在隔离处使用明显的锁具和挂牌标识；

——进行测试以确认隔离是否有效；

——作业过程中，定期监测隔离的有效性。

（八）承包商管理

国际石油化工公司将承包商的安全绩效看作自己的安全绩效，对承包商认真选拔、过程监督，培养承包商与公司一致的安全文化。

BP公司建立了各岗位的承包商培训教材，对作业监护人进行面试和加强培训；建立了施工交底使用的资料库（Toolbox）。对于承包商安全管理、风险管控等各项工作采用量化指标进行监管，设置了违规率、动火作业符合率、脚手架符合率、气瓶符合率等多种指标，实施量化考核；通过一些共同培训、联欢活动培养与承包商平等、和谐相处的文化。

BASF公司建立了国际通用的物流服务商安全评估体系，对物流公司进行评估。公路承运商采用道路安全质量评估体系（RSQAS），并有严格的门检制度，自提车辆也需要符合车检要求。对船运公司进行管理体系审核，注重船运公司的管理水平，江船采用SIRE、海船采用CDI评估体系，符合公司安全标准的船舶才能使用，并配备专业的船检人员，装卸货前严格执行检查。

（九）变更管理

先进的国际石油化工公司均将变更管理作为安全管理的重点。在役装置的设备完整性要靠变更管理来保证，覆盖工艺、设备、原材料、辅助材料、连锁仪表等的变更，包括阀门类型更换。当改扩建项目超过一定规模后按照设计工程项目进行管理，如扬子巴斯夫公司10万元人民币以上的项目按照项目进行管理。

Shell公司建立了《工艺设计检查单》《危害检查单》《维护检查单》《健康危害检查单》等清单，工程师根据清单提示进行风险识别后，由工艺顾问进行工艺危害识别，确定变更的可行性。对变更较多或复杂的情况进行HAZOP分析。变更发起人和变更管理工程师跟踪变更的整个过程，每半个月或一个月召开工厂变更会讨论刚发起的或已实施的变更情况。所有的变更方案通过审批后纳入变更登记表，取得变更编号，利于追踪。Shell公司还建立了《开车准备审查清单》，明确开车前的HSE准备、MOC和技术保证、程序和培训、工程审查内容，确保变更后开车前的安全审查；建立了《项目实施后评审表》，对变更的效果进行评审，总结经验。对临时变更，规定变更到6个月必须进行审核，进行恢复或转为永久变更。

BASF在变更管理中，强调从源头控制风险，将变更分为技术变更、组织变更和设施变更，对上述三大变更建立了风险等级评估表，明确风险评估的内容。根据变更投资金额和风险级别不同，由不同级别的EHS代表对其进行安全审查，2、3级变更由全球总部风险专家进行评估。安全环保部设置工艺安全高级工程师，参与危害识别，安环部长参与审批，变更审查（风险评估）要求达到基础设计的深度。公司每年组织研讨会，对变更涉及的相关人员进行轮训、交流变更的执行经验（表3-2）。

表3-2　BASF公司变更管理分级表

引入新物质，物质量是否超过临界量	一个答案为“是”就是3级
设施正式的安全报告是否受到变更的影响	

续表

是否有保护装置（安全阀、爆破片、仪表、孔）改变、增加或拆除	一个答案为“是”就是2级
是否影响保护设施	
是否引入强烈的反应	
是否引入强烈的放热的自分解物质	
是否是文档错误	都不是，为1级
是否是同等替换	

（十）应急管理

先进企业将应急设施作为安全设施的最后一道防护。BASF公司非常重视应急资源的投入，建立了完善的一体化应急管理平台。公司设置了集检测、报警、预警、消防为一体的机构，称为一体化中心。设置有4辆环境监测车对厂区周边实施24h不间断的环境质量监测，包括大气、水、噪声及异味监测，数据实时传至环境监测中心，监测车每年行驶总里程达到50000km。一体化中心为相邻的居民、企业、员工和主管部门提供帮助与服务（图3-5）。中心的主要任务包括以下5项：

（1）水、大气、噪声的环境监测：全工业区5个大气监测站，对CO、NMHC、NO_x、O_3、SO_2、颗粒物等常规污染物和噪声进行实时监控，监测信息全部反馈到环保中心。

（2）生产故障时的监测分析：将各种检测、监测信息进行分析处理，给出生产安全的提示，促进设备的维修和检修。

（3）环境热线及环境事故联络：负责就各种环境问题与员工、居民、政府联系。

（4）与主管部门信息沟通：将监督、检测发现的问题及时报告公司安全委员会，并负责与政府主管部门（如环保局、消防局、贸易监督局、警察局）的信息沟通。

（5）专业性培训：专业素质强且经验丰富的工作人员利用现代科学技术进行全天候可靠监测，环保中心承担专业性培训任务。

图3-5 BASF环境监测、报警、消防一体化中心

（十一）事件分享

国际石油化工公司培育了与国内不同的事件分享文化，鼓励上报未造成严重后果的险情或未遂事件，并进行调查和经验分享。

Shell公司规定，事故调查包括Tripod（事件前和事件后的因果次序）分析，调查人员应提出避免事故再次发生的措施和改善建议。如果调查显示潜在事故原因具有警示意义，就会将经验通报给下属事业部。ExxonMobil公司采用IRAT事故风险分析工具，利用分级矩阵来决定事件调查的等级，还建立了公司级、工厂级未遂事件管理委员会，各工厂的未遂事件委员会将自己发生的事件经验教训分享至其他工厂，并从其他工厂的事件教训中吸取经验，完善自己工厂的设备、工艺操作等。

ExxonMobil公司要求人均每年上报0.2个未遂事件，并采用IRAT事故风险分析工具，利用分级矩阵来决定事件调查的等级。公司建立了公司级、工厂级未遂事件管理委员会，各工厂的未遂事件委员会将自己发生的事件经验教训分享至其他工厂，并从其他工厂的事件教训中吸取经验，完善自己工厂的设备、工艺操作等。

（十二）检查、测量和绩效管理

先进的国际石油化工公司管理层将“信任员工并进行稽核”作为员工管理理念，开展“领导带头、全员参与”的基于行为的安全观察（BBSO）。ExxonMobil公司发布了《管理层安全观察指引》，将HSE委员会所有成员单位副总经理以上人员纳入观察层，充分体现了管理层参与。管理层人员按照排定的计划，牵头组织对相关团队进行观察；观察后现场进行沟通反馈，指出缺点和优点。公司每季度收集各个要素的测量指标（KPI），通过这些指标表现出的先进、落后现状，使公司管理层能及时进行纠偏和调整，确保体系沿着正确方向运行。主动的过程绩效指标体现了“关口前移、持续改进”的体系理念。

ExxonMobil公司还建立和使用安全管理工具，如风险管控采用风险等势值、生产安全操作指数（MSOI）、作业安全行为指数（SAI），并建立了专业化检查表。其中，SAI对现场作业人员的行为按统一标准作出定量评价，反映观察样本区域内安全现状以及一段时间段趋势。由经过培训的2名专职人员每周对不少于5%的人员进行观察，根据观察结果进行加权计算，得出承包商、业务团队或某一区域的SAI，并对不安全行为进行分类统计。

调研的Dow、DuPont、Shell等公司的工厂和合资企业都在实施与CCPS过程安全指标标准基本一致的过程安全绩效指标。其中BP与中国石化合资企业赛科公司工艺安全绩效指标信息较为详细，其指标如表3-3所示。

表3-3 赛科公司工艺安全绩效指标

（1）过程安全事故指标
一级工艺安全事故（CCPS PSE Tier 1）
二级工艺安全事故（CCPS PSE Tier 2）
（2）过程安全领先指标
变更管理指标：
—每月新增数
—投用的数量 / 准备就绪审核
—超出 90 天没有文档登记的数量
—过期的临时M O C
工艺操作指标：
—超出操作限值
—DCS 报警率（每小时每个控制台）
—火灾和气体高高报警（1类）
—火灾和气体高高报警（2和3类）
设备完整性指标：
—压力容器检测逾期（没有延期批准、有延期批准）
—安全阀检测逾期（没有延期批准、有延期批准）
—仪表保护功能测试逾期（没有延期批准、有延期批准）
—每季度腐蚀回路关键点检测（逾期、检测频率变更）
—密封垫泄漏数量（用仪器进行监测、复测两次）
—设备完好率，分类统计动设备、静设备、裂解炉、仪表
—关键机组可用性与关键机组停车时间与原因分析
—机械密封平均维修间隔时间趋势
—在线监测、离线监测、检测数量（非正常数量）
—当月润滑油分析结果（不正常数量）
—检验：压力容器、仪表、起重机、现场机械夹具
—故障性检修数据
—紧急切断阀测试状态：数量、问题数、逾期趋势
—仪表、测量器、A 类压力表检定动态图表
—电机维护月报
—工单趋势图、未关闭工单趋势图

（十三）审核评审和持续改进

除了对员工操作过程进行稽核观察外，当前国际大公司更加重视管理审核，建立专职或兼职或第三方专家审核队伍，对下属企业进行定期审核，以发现管理中可以持续改进的方面。

BASF公司的管理审核包括约600条审核问题，安全环保绩效与装置潜在危害程度综合考虑（图3-6），审计结果分绿区、黄区、红区，对应不同的再次审计的频率要求：绿区，5±1年；黄区，3±1年；红区：1年内复审。量化的管理审核有利于发现企业管理提升的趋势，督促企业最高管理者进行安全环保管理提升。

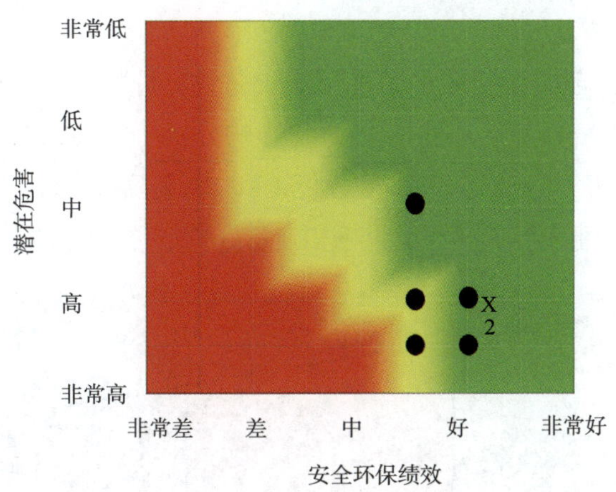

图 3-6 BASF 安全环保绩效与潜在危害分布图

（十四）维护与周边社区的和谐关系

先进的国际石油化工公司十分重视与社区关系的维护。BASF公司在维护社区和谐关系中做出很多努力，保持了良好的政府、社区关系。公司设有20多个专线、热线电话，可以保持与员工、居民、政府、公共机构、非政府组织、学校等的联系。企业收集30年来的各类事故与投诉，对企业相关人员进行相应培训。公司总部建立对外接待中心，接待社会各界人士的工厂参观。此外，企业与政府、居民之间已经形成日常性的沟通机制。BASF公司每年与居民进行8～10次沟通，事故、新建项目、危险化学品运输等情况都要及时向社会通报。同时政府改造基地周边社区、建设民房也要征求企业意见。这种沟通程序造就了企业与居民、政府之间的相互信任与尊重。

日本的化工厂定期向社区开放。每年组织召集附近街道会长，汇报安全稳定操作工作、环保工作、地区活动等内容。每月通过政府办公厅的外部团体以及公司总部发布信息，组织和接受民众前来参观。不定期组织进学校讲解化工知识、社区帮扶活动等，以促进工厂周边社区对工厂的了解和认知。此外，日本政府还发动了企业SEGES（社会、环境贡献绿地评价系统）认证，鼓励企业持续开展与自然环境互相和谐

二 国外炼油化工企业的安全环保技术

（一）安全风险防控技术

1. 风险评估技术

国际石油化工企业将风险评估方法贯穿于生产的全生命周期中，从反应设计、中试、设计到生产过程中定期进行危害识别风险评估。风险评估方法一般根据由定性到定量、由简单到复杂进行选择。

1）工艺危害分析方法

国外化工企业在工艺安全管理中常使用的工艺危害分析方法主要有5种：故障假设/检查表法（What If/Checklist）、失效模式与影响分析（FMEA）、危险与可操作性分析（HAZOP）、事故树分析（FTA）、保护层分析（LOPA）。这五种工艺危害分析方法从量化程度来看，可归纳为定性分析、半定量分析和定量分析三种不同的层次，如图3-7所示。

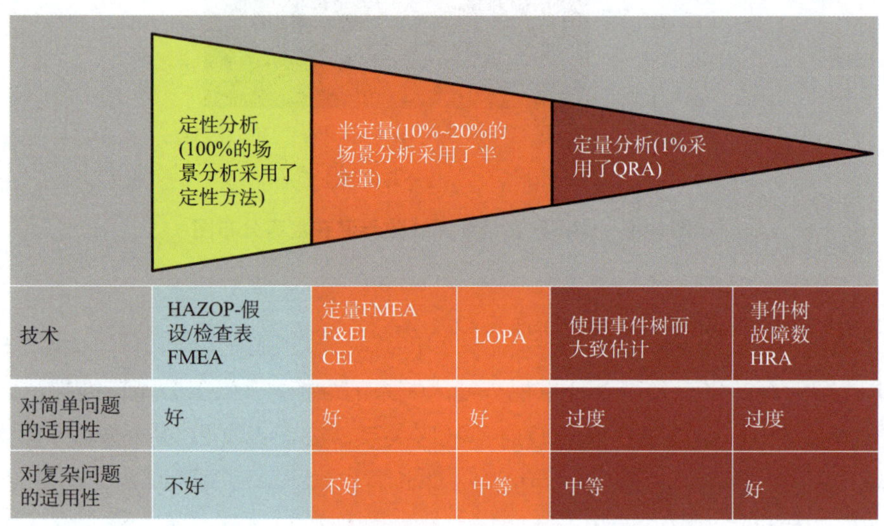

技术	HAZOP-假设/检查表 FMEA	定量FMEA F&EI CEI	LOPA	使用事件树而大致估计	事件树 故障数 HRA
对简单问题的适用性	好	好	好	过度	过度
对复杂问题的适用性	不好	不好	中等	中等	好

图3-7　不同层次的工艺危害分析及适用场景

在实际应用中，企业需要根据分析目的决定采用哪一层次的分析方法：定性分析通常用于危险以及事故场景的辨识，并定性判断风险是否可以容忍；半定量分析可用于评估风险数量级的大小；定量分析可分析更为复杂的场景，对风险进行完全定量的评估，其结果可用于风险比较和风险决策。上图中所示的百分比仅作为示意，通常情况下所有的场景都是通过定性方法来识别并初步评估，一些过于繁琐或复杂的情况需要进一步使用半定量风险评估方法来分析，少数情况下可能需要采用比LOPA更严格的定量风险评估方法。

一般来说，What If/Checklist对于大部分工艺危害分析来说是基本方法，HAZOP与What If/Checklist审核的结果相比，能提供对系统更深的理解，也是被实践证明的最有效的工艺危害分析方法之一。对于新建项目，使用HAZOP方法最为有效。如果用定性分析方法HAZOP或What If/Checklist能够做出一个合理的风险决定，用LOPA分析就是过度的，LOPA分析并不能取代定量分析方法；如果有复杂的人类行为模式或设备故障并需要理解事故场景的风险，那么一般应用FMEA和FTA分析方法更合适。QRA不仅要求对事故的原因、过程、后果等进行定性分析，而且要求对事故发生的频率和后果进行定量计算，并将计算出的风险与风险标准相比较，判断风险的可接受性，提出降低风险的建议措施。许多国家和地区在新建危险品设施的选址、周边土地开发、平面布局优化、装置危险性分析中均要求采用QRA进行分析。

2）反应风险评估方法

化工反应风险研究和工艺风险评估是保证化工本质安全的重要技术手段，已经得到国际社会的广泛重视和推广应用。西方发达国家早在20世纪80年代就开展了相关工作，但是目前我国尚处于起步或空白阶段。

化工生产的风险主要来源于工艺过程牵涉到的化学物质风险和化学反应过程风险。物质风险是反应风险的基础，反应过程风险主要包括目标反应本身带来的风险以及在目标反应发生失控时带来的二次分解反应风险。反应失控导致的事故时有发生，反应风险评估是工艺包设计的前期措施。开展化工反应风险测试和风险评估，必须以化工反应的工艺研究为基础，考虑从小试到中试，进一步开展生产以及工艺优化等开发过程。开展化工反应风险研究和工艺风险评估涉及到以下几个方面的工作内容：① 收集常规反应信息，包括基本的化学反应方程式，各种变化对化学反应的影响，进行工艺过程使用的化学物料的热分解性测试。② 采用差示扫描量热仪（DSC）定量地分析反应使用的所有原料、中间体、产物以及反应体系的热性质。③ 进行爆炸性测试，包括引爆性和爆燃性测试，主要考虑化合物的化学结构、氧平衡反应情况、最高反应速率情况，必要的情况下，进行爆炸实验研究。④ 确定反应放热情况，明确最低放热温度，可以采用反应量热仪（RC1）进行反应热测试。⑤ 进行反应绝热升温测试和绝热温升计算，得到热量输出以及反应到最大速率的时间等。⑥ 确定反应失控可能导致的后果，主要考虑气体逸出情况、温度升高情况和压力升高情况，以绝热温升测试和绝热量热结果为依据。

3）计算流体动力学（CFD）模拟方法

20世纪70年代以来，随着计算机性能的提升以及近似计算方法的发展，基于数值计算的CFD方法得到了蓬勃发展。泄漏、火灾、爆炸事故的发生发展过程可通过求解一组描述流体特性的质量、动量、能量以及组分守恒方程来描述，通过对不同类型的事故过程进行数值模拟，并将计算的模拟结果利用进行三维展示，从而更加准确地反映出各种事故的发生、发展过程及形态。

法国FLUIDYN公司与法国环境署联合开发的大气仿真软件，涵盖工业排放、交通排放、事故排放的扩散仿真，能够直接导入GIS地形、气象数据等。同时也可作为地表水和地下水污染物迁移扩散的仿真工具。计算结果得到政府、企业、公众等多层次人群的认可。根据应用场景具体模块信息见表3-4。

表3-4 法国风险评估技术

风险分析/危险研究	
Fluidyn-PANEPR	有毒/可燃气体事故扩散
Fluidyn-PANWAVE	对储罐高压及波的导致漫溢对防水隔墙堤岸的作用
Fluidyn-PANFIRE	建筑内外固体存储和液体池火灾的三维热辐射
Fluidyn-PANACHE ASSESSRISK	石化场所危险因素的风险分析/后果模拟

续表

空气质量/影响研究	
Fluidyn-PANEIA	持续工业排放对空气质量的影响
Fluidyn-PANROAD	道路交通对城市区域空气质量的影响
Fluidyn-PANAIR	城市空气质量
Fluidyn-PANREG	MM5 中尺度气象模型及辐射剂量计算功能
Fluidyn-PANPART	拉格朗日颗粒模块，模拟颗粒运输
Fluidyn-PANCHEM	化学反应模块
风能	
Fluidyn-PANACHE PANEOLE	风能势能、风场和微选址的分析和地图

基于三维计算流体动力学（CFD）风险评估软件（图3-8），相对于高斯模型（二维）在进行事故及空气污染预测方面有很大的优势。高斯模型可快速地对扩散进行模拟，但高斯模型对于小静风气象条件和复杂地形条件的模拟结果较差，无法准确反映出大型构筑物对于厂区流场的影响；CFD模型借助于精确的三维建模和网格划分，可以有效解决高斯模型存在的缺陷。另外，软件的另一个优点是承认安全措施的有效性，比如氨罐泄漏事故可以考虑采用水喷淋稀释后可以减少其扩散的后果，从而对企业投用安全防护措施的积极性起到促进作用。

PHAST 与 PANEPR 软件模拟预测结果

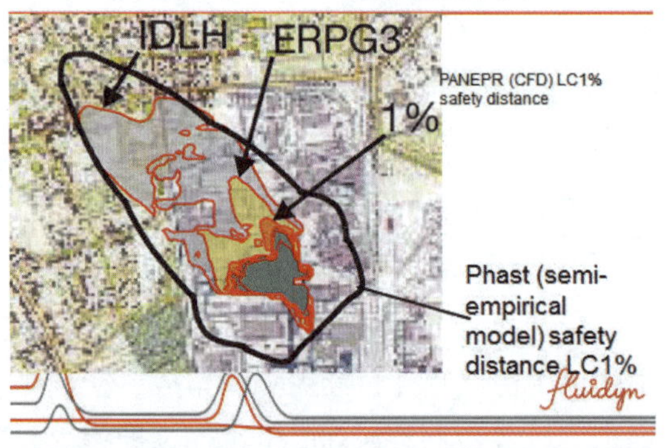

IDLH：由 NIOSH 建立的标准，指某一最大浓度，超过该浓度值后呼吸器是必须的。如果超过该值，未受保护的人员必须撤离该区域。
ERPG 值：由美国工业卫生协会（AIHA）出版的污染空气的紧急反应计划指南（ERPGs）给出的浓度范围。ERPG3 是人员暴露其中 1h，不会对生命造成威胁的最大容许浓度。
PANEPR(CFD)LC1%：基于三维流体力学开发的三维仿真软件得到的 1% 浓度线。
Phast(semi-empirical model)LC1%：基于半经验模型软件得到的 1% 浓度线。

汽车泄漏场景 CFD 模拟结果

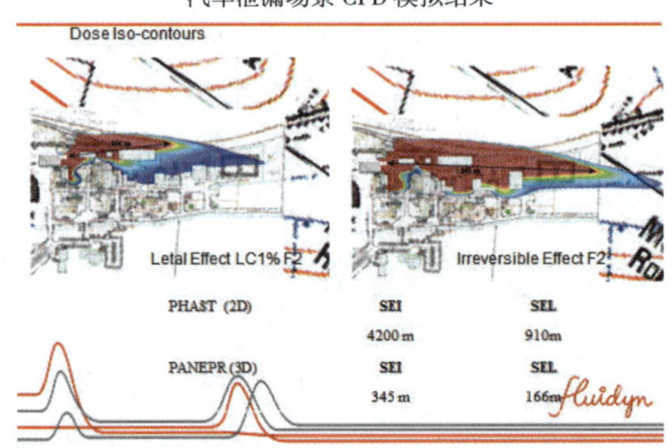

Dose iso-contours：浓度等值线；
Letal Effect：致命效应；
Irreversible Effect：不可逆效应；
PANEPR 浓度等值云图：数值是两个软件某一浓度影响距离的一个对比，SEL 会有致命效应，SEI 不可逆效应。

图 3-8 CFD 计算结果

2. 故障诊断和危险性分析技术

早在20世纪80年代，故障诊断和危险性分析技术的理论研究以及分析技术和手段取得了长足的进步。故障诊断技术可分为三类，基于解析模型的方法、基于信号处理的方法以及基于知识的智能故障诊断方法。

基于解析模型的方法是发展最早、研究最系统的一种故障诊断方法，通常需要建立较为精确的数学模型。该方法能深入了解系统本质的动态性质并进行实时诊断，其优势在于故障传播与诊断模型描述的清晰性和定量关系的准确性，可以诊断未预知的故障，不需要历史的经验知识。缺点是由于使用系统仿真模型，模型较为复杂庞大，诊断速度慢。另外通常难以获得系统精确模型，且由于建模误差、扰动及噪声的存在，使得鲁棒性问题日益突出，该故障诊断方法容易造成较高误检率。

基于信号处理的故障诊断方法是根据系统的输入输出等直接可测量的信号，找出这些信号和故障源之间存在的关系，应用相关函数、高阶统计量、频谱、自回归滑动平均、小波技术等提取幅值、相位、频谱等特征值，用这些特征值来进行故障的诊断，主要方法有主元分析法（PCA）、小波变换法等。

智能故障诊断方法不依赖对象的解析模型，而是充分利用诊断知识和诊断对象的定性模型的信息，尤其适合于非线性系统和复杂系统。主要方法有专家系统方法、模糊逻辑方法、神经网络方法、进化计算方法、案例推理方法、Petri网方法和粗糙集方法等。

3. 信息化与智能化管理技术

1）信息化管理平台

当前大型企业都是用信息化管理平台提高管理效率，信息化平台能够自动进行多方位数据分析，提供决策依据。

德国SAP公司是全球最大的企业管理和协同化电子商务解决方案供应商、全球第三大独立软件供应商。1995年SAP公司开始开发化学品安全软件，包括化学品安全和工厂安全。目前有超过2000家涉及化学品安全企业（包括运输企业）使用SAP的安全软件。化学品安全和工厂安全软件包括企业生产信息、故障信息、人员信息、运输状况、仓储信息；可提供生产计划安排、事故管理、健康安全管理、环境管理、变更管理、工作许可证管理、货运方式建议、危险货物管理、标签管理、仓储货位管理。SAP软件包可覆盖化学品从生产、运输、使用、销毁全生命链，实现了全生命周期生产大数据的收集。事故管理模块通过装置操作人员收集装置故障信息，进行事故分析和故障诊断；结合各种在线监测仪表自动收集数据，自动诊断评估设备故障风险，从而预防安全事故的发生。软件内设化学品物性数据库，可根据各国法律自动生成安全数据表单，也可根据物性分配仓库库位，分类存储，还可根据物性提出建议运输方式。

SAP软件包既是企业的生产运营管理软件，收集全社会信息后也可为政府提供详尽及时的管理信息，也是政府管理软件。SAP公司软件相比其他安全管理软件最大的优势在于它已经被广泛应用于各类化学品生产、运输、储存、使用企业，有着统一的数据接口和内部数据库，不存在国内各个管理部门各自有一套信息系统，数据互不相通的信息孤岛。

2）智能工厂技术

智能工厂是借助物联网技术，通过各种信息传感设备，实时采集任何需要监控、连接、互动的物体或过程等各种需要的信息，实现物与物、物与人，所有的物品与网络的

连接，方便识别、管理和控制；应用制造工艺的仿真优化、数字化控制、状态信息实时监测和自适应控制，实现整个过程的智能管控；生产数据可视化，利用大数据分析进行生产决策。智能工厂的实现一系列技术的发展成熟。

视频识别技术在化工企业逐渐得到应用。通过在视频监控系统中嵌入智能分析模块，对视频画面进行识别、检测、分析，滤除干扰，对视频画面中的异常情况做目标和轨迹标记，进行声光报警。目前应用在火苗识别报警、侵入识别报警等。

国外固定式气体报警器根据泄漏扩散模型进行布置，泄漏声光报警不仅在现场可辨识，而且接入DCS系统，必要时进行紧急切断联锁。

先进企业的装置建设了仪表异常的自动监测系统，打破了靠巡检和工艺操作报告的方法，提高了仪表可靠性。

电气监测系统得到应用。企业供电系统波动（晃电）导致装置非计划停工时有发生。安装变压器温度在线监测、GIS监测设备以实时监测供电系统稳定性。

装置故障监测与诊断技术优先在日本企业得到应用。综合实时专家系统、仿真技术、模拟技术等综合技术集成的解决复杂装置操作问题，具有监测、诊断和决策功能的技术近年来发展较快，能够解决内控操作人员判断和处理不准确的问题。

（二）环保技术及指标

1. 泄漏监测技术

早在20世纪70年代美国就开始研究探索如何减少来自设备泄漏的VOCs无组织排放，经过40多年的发展，已经形成较为成熟的泄漏检测与修复（LDAR）运行体系和相对完整的法律法规和技术文件。目前，美国大部分炼油厂已根据与政府的谈判协议实施高级LDAR计划（ELP）。美国EPA重点转向在化工厂推行ELP，ELP主要涉及更严格的检测和维修要求，包含更低的泄漏定义、更频繁的检测频次、更低泄漏维修浓度、更高的质量控制/质量保证要求和设备升级等，其中设备升级、更换或改进为核心要素，其主要内容是低泄漏阀和填料的要求。

欧盟于1999年建议成员国炼油厂实施LDAR，控制炼油装置设备及管阀件泄漏排放。多年的实践证明，LDAR控制炼油装置烃类无组织排放是行之有效的。瑞典近5年的红外遥感测量数据显示，通过采取包括LDAR在内的校正措施后，炼油厂烃类无组织排放总量降为原油加工量的0.03%～0.09%，所占比例降低了50%～80%。2014年10月9日欧盟发布的油气加工排放最佳可用技术文件将LDAR列为油气加工VOC无组织排放最佳可用技术。

2. VOCs治理技术

随着世界各国对VOCs污染的日益重视和环保法规不断严格，VOCs的排放标准、治理技术亦在逐渐改进和完善。西班牙、意大利以及日本等国家都采用颗粒碳吸附+氮气脱附+精馏塔这一套治理设备，可以实现溶剂回收率高达90%，吸附材料使用寿命10年。其中，氮气脱附溶剂回收具有以下特点：①避免了废水产生；②避免了酸性水对吸附材料和设备的腐蚀，延长了吸附材料和设备使用寿命；③深冷回收保证了回收率高达90%。精馏塔分离及提纯具有以下特点：①回收单一溶剂；②精馏主要是脱醇和去水；③含水量≤0.1%；④纯度≥99.5%；⑤酸度≤0.05%；⑥允许有1.5%以下的杂质（不明物）；⑦达到使用标准。

除了以上提到的颗粒碳吸附+氮气脱附+精馏塔这一套设备外，日本等众多国外地区还会选择其他的VOCs治理设备，如表3-5所示。

表3-5 VOCs治理设备及其特点

VOCs治理设备	所需温度	特点
直燃式废气处理炉	700 ~ 800℃	废气净化效率在99.8%，搭配废气机热回收系统可有效降低工厂营运成本
催化式废气处理炉（RCO）	300 ~ 400℃	根据废气浓度而启动的自燃性，系统设计利用前处理剂和触媒清洁可延长设备使用年限，可在前端配置各种吸附材料
蓄热式式废气处理炉（RTO）	800 ~ 900℃	低于500ppm的甲苯浓度也可以启动自燃性系统设计，可实现与RTO配合使用
搭配VOC浓缩装置的废气处理炉	适用于低浓度及较低温	沸石浓缩装置可将废气量减少到1/10程度，并浓缩废气到10倍，使用轮转浓缩后天然气使用量将减少约70%
GASTAK流动层吸附式VOC回收、脱臭装置	—	回收排气中所含的VOCs，除去排气中的有害、恶臭物质；球状活性炭循环装置，解决VOCs回收和脱臭的问题，氯系溶剂回收装置，低成本溶剂回收系统
全热交换器	—	可回收废气中的显热及潜热；设备采用离子树脂为吸湿剂，可避免VOC转移至大气，有效改善气味问题
TED废气浓度控制系统（简称“TGCS”）	—	可自动侦测废气内含的溶剂浓度并且自动控制阀门，确保其安全溶剂浓度范围（定义在低燃爆限制的25%以下）的同时，也确保废气的最大回收再利用率

3. 海上溢油回收技术

随着世界各国石油需求日益增长，使得石油类产品贸易节节上升，导致石油运输业迅速壮大，原油和成品油的运输日益频繁，其中船舶运输石油的量最大，占石油运输量的60%以上。海上石油运输发展的同时，由于船舶故障、操作不当、风浪、触礁等引发的溢油事故日益增多，造成水体污染和生态环境破坏，并逐步危及人类的生活和健康，这也使石油污染问题进入公众的视野。多年来，溢油处置已发展出多种方法，其中常用溢油处理方式有化学方法、生物方法、物理方法，其中物理回收法既能回收能源又能避免二次污染，是溢油处置的首选方法。用于溢油回收的物理设施主要包括围油栏、吸油材料和收油机。

4. 固废处理技术

德国BASF公司在选择工艺时尽量避免和减少固体废物排放，并做好固体废弃物的回收利用，在无法回收的情况下，将以适当的环保方式进行废物处理（图3-9）。路德维希港固废的93%进行了综合利用，7%进行焚烧，焚烧产生的蒸汽，占全部蒸汽量的10%。污水场每年污泥产量400kt，污泥先脱水再焚烧处理，每年发电量约30000MW·h。

图 3-9 BASF 固废处理设施

5. 大气污染防治技术

德国BASF路德维希港化工基地为减少工厂内热电厂及加热炉的SO_2、NO_x排放，将燃料改为天然气，增上SCR设施。工艺废气通过焚烧炉脱除VOC，工厂2013年排放SO_2约1000t/a，NO_2约5000t/a，所有污染物合计约为8000t/a。2015年和2002年相比，废气中CO、NO_x、NMVOC、SO_x、Dust、NH_3、CH_4减排了50% ～55%，到2020年将采取措施达到和2002年相比减排70%的目标。

日本横滨市生活环境的保护相关条例规定：挥发油气（101.325kPa状态下，蒸馏量超过5%，温度在100℃以下），罐车、对罐车加油的炼油厂、储藏所（储藏容量合计在1000kL以上），应安装烃类回收处理装置实现出口浓度在8%（体积）以下或清除率在80%（20℃）。调研的三家企业回收率均在90%以上。

根岸石油公司大气硫排放的协议值在100Nm^3/h，低于大气防治法16Nm^3/h；氮氧化物地方条例规定总量控制是316Nm^3/h，根岸公司图横滨市协议值为51.8Nm^3/h；氮氧化物浓度法规要求170ppm，根岸公司与横滨市的协议值是14ppm。

6. 污水治理技术

调研德国BASF路德维希港化工基地，工艺污水经污水处理场处理后COD小于200 mg/L，排放至莱茵河。对比2002年，污水排放的有机物减少80%，氨氮减少80%，重金属减少60%。莱茵河从1976—2006年间，鱼的种类成倍增加。

日本水处理COD排放标准国家规定160～120mg/L，横滨市条例规定60～50mg/L，根岸炼油厂与横滨市的协议值是14mg/L；T-N浓度排放标准国家规定60mg/L，根岸炼油厂与横滨市的协议值是9mg/L。日本出光千叶炼油厂的环保指标：COD_{Mn} 18ppm、油分1ppm、SS25ppm、总氮40ppm、总磷0.8ppm。（注：以上指标是排放至海水中，COD检测方法可能与我国通用的检测方法有差异，日本18ppm相当于国内54ppm）

日本企业采用的污水处理方法主要包括：①理化学处理法：油水分离、凝聚沉淀、漂浮分离；②生物化学处理法：活性污泥法。根岸石油炼厂作为城市炼厂的水处理限值实现COD为18ppm（锰法测试结果18ppm，相当于我国铬法测试54ppm）。

先进的污水处理方法有：①真空负压浓盐水蒸发技术应用于浓盐废水处理等方面，适用于工业废水近零排放后端处理工艺应用，可以提取95%的净水，每吨废水实际耗电量仅为60度，比过去的三效蒸发方式节省运行费用在60%以上。②ANAMMOX®废水脱氮工艺，用于脱除废水中氨氮和废气中氨气，与传统的硝化反硝化方法相比，可以节约60%的运行成本，并能减少CO_2的排放。③MBR（膜生物反应器），MBR存在膜污染风险及膜更换费用较高等问题。

三 小结

很多国际石油化工企业贯彻本质安全环保、循环经济与清洁生产的理念，遵循“零事故、零污染、零伤害”安全环保目标。为实现该目标，各家公司的安全策略不尽相同，通过降低生产过程中的能耗、物耗，达到提高产品质量、降低成本、降低排污的目的，且越是先进的企业，越重视本质安全和可持续发展。

国际能源化工公司如ExxonMobil、Shell、BP、BASF等的设计理念是基于风险而不是基于标准，国家行业的设计标准是最低要求。基于风险的安全健康和环境管理已逐步融入了工程的设计、建设、运维等的全生命周期管理，融入了企业采购、建设、生产、设备、作业等各个专业管理中。国际石油化工企业的管理体系的特点主要是：

（1）实施操作一体化的管理体系，将生产、设备、安全、环保、职业卫生、运输与物流等管理按照一体化的管理体系进行管理，强化了一体化责任，实现尽责和高效运营；

（2）一体化管理体系强调以风险为核心，管理体系强调组织与职责、人员与培训等资源配备的基础上，以危害识别风险识别为基础，根据风险级别进行资源分配、策划操作程序和应急、运维计划等；

（3）不同专业领域以风险管理为理论管理基础，建立了专业领域的管理要求；

（4）建立设备可靠性体系或过程安全体系作为一体化管理的补充，突出了本质安全设计、设备采购、设备可靠性管理的重要性。

危害识别和风险评价是安全管理的核心要素，它是以一种全面、有序、系统的方法对涉及工艺、设备、作业、环境等进行危害识别、评估和控制。风险评估贯彻到工厂生命周期全过程，国际石油化工公司使用的方法比较一致，在工艺设计和装置完整性方面选择HAZOP、LOPA、SIL等定性和定量方法；在设备管理方面选择RBI、RCM、FMEA、检查表等方法；在作业过程选择JHA、检查表方法；在环境风险方面选择物料平衡、输入和输出平衡方法；在事故调查过程选择FTA、ETA等方法。

很多国际大公司在维护社区和谐关系中做出很多努力，保持了良好的政府、社区关系，例如，设立居民专线、热线和接待中心，化工厂定期向居民开放，这种沟通程序造就了企业、居民、政府之间的相互信任与尊重。

第四章

我国炼油与化工企业安全环保工作的现状与问题

我国在工业发展的前50年中，重视经济快速发展，对安全环保的认识不足，企业建设时安全环保设施投入不足、技术薄弱，不能满足企业发展与安全环保水平的平衡，导致我国安全环保形势严峻。经过几代人的努力，我国炼油与化工产业已建成了完整的工业体系，在国民经济中的地位日益增强，产业规模跻身于世界前列。近年来，我国政府贯彻可持续发展理念，提倡以人为本，以改善环境质量为核心，以解决突出的安全环境问题为重点，推进结构性改革。

一 我国炼油与化工企业安全环保工作取得的进步

（一）安全环保事故呈总体下降趋势

对我国2001-2016年危险化学品和化工企业所发生的较大以上等级的事故进行统计，如图4-1所示，分析结果显示2006年以前事故数量逐年增多，2006年后危化品和化工企业较大级以上事故数量则总体趋势降低。

统计分析上报政府的一般及以上事故可知，整体来看事故数量降低，形势趋好。危化品事故数量由2011年的66起降低至2015年24起，降低了64%；化工企业事故数量由2011年145起降低至2015年83起，降低了43%（图4-2）。

2011年，环保部审议并通过了《突发环境事件信息报告办法》。从环保部每年的通报可以看出，自2011年以来，全国突发环境事件总数呈下降趋势。如图4-3所示，2015年全国共发生突发环境事件330起，较2011年的542起减少39%。尽管没有石化行业的统计数据，但自2011年以来，类似“吉化事件”和“蓬莱油田溢油事件”的恶性事件已经鲜有报道。

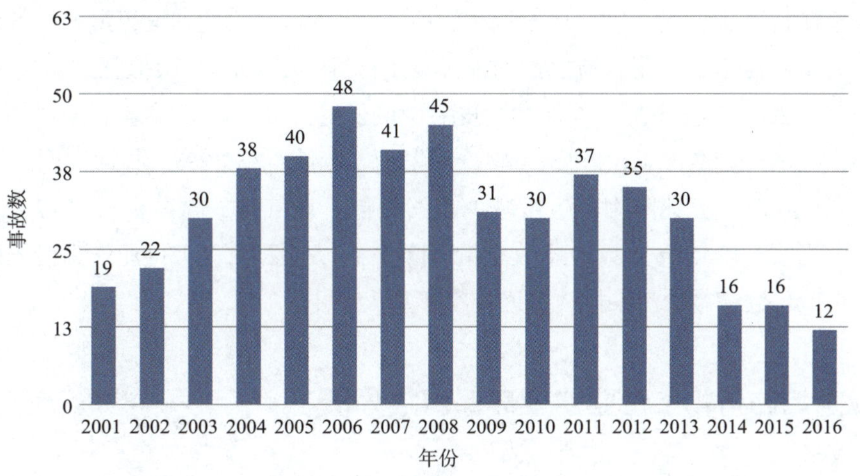

图 4-1　2001-2016 年危险化学品事故次数统计图

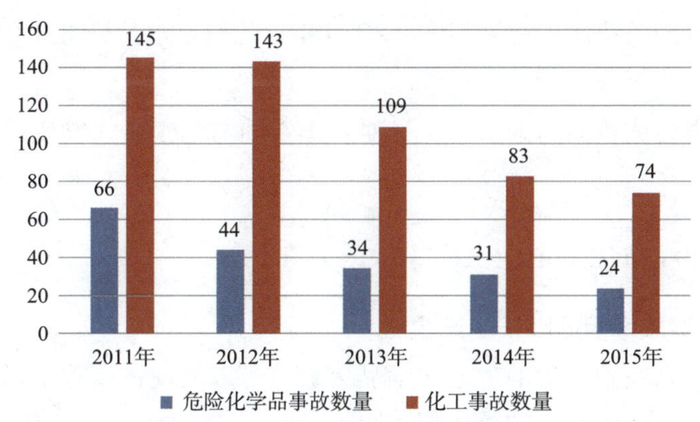

图 4-2　危险化学品与化工企业事故

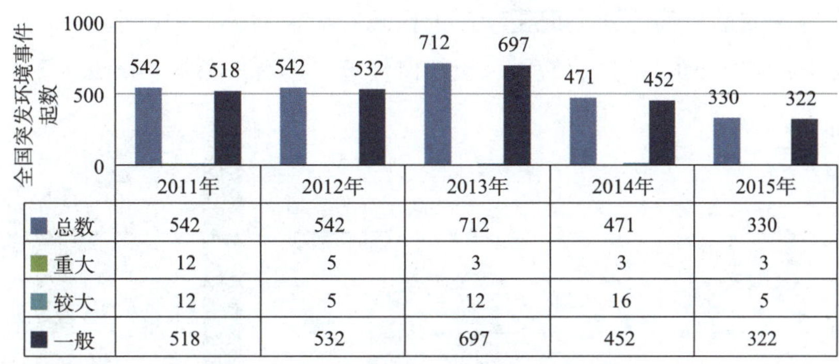

	2011年	2012年	2013年	2014年	2015年
总数	542	542	712	471	330
重大	12	5	3	3	3
较大	12	5	12	16	5
一般	518	532	697	452	322

图 4-3　全国突发环境事件统计图

（二）污染物排放总量逐年减少

近年来，我国炼油工业发展迅速，炼油产能已由2010年的478Mt提高到2016年的788Mt。与此同时，炼油行业污染物排放总量却在逐年减少，目前我国炼油企业的吨油排

水已经降至0.4t/t以下。从外排污染物浓度来看，排放标准已达到世界最严格的水平。比如我国一大型石油化工企业目前执行的外排废水标准，COD排放限值已经达到30mg/L。根据中国石化2012年发布的环境保护白皮书，该公司自2005-2011年，原油加工量上涨了47.9%，乙烯产量增加了82.5%，炼厂平均规模上涨了35.32%，与此同时，年废水排放量减少39.88Mt，固体废物产生量减少18.341kt，废气排放量减少$1.2447\times10^{8}Nm^{3}$，SO_2排放总量下降42.03%，COD排放总量下降31.87%。石油化工行业作为传统的排污大户，一批企业已经在减少污染排放方面取得了重大进步。

二 我国炼油与化工企业安全环保事故分析

虽然我国近年来安全形势整体趋好，但是恶性事故仍然时有发生。近年来国内炼油与化工企业发生的重大安全事件共14起，重大恶性环保事件共8起，如2005年吉林石化双苯厂泄漏导致的松花江水污染事件、2014年兰州石化水污染事件和腾格里沙漠排污事件。

结合对事故报告的收集与分析结果，对我国炼油与化工企业发生的安全环保事故进行分析。

（一）我国炼油与化工企业发生事故的分布情况

1. 储运环节事故率明显高于生产企业

统计分析近年来我国发生的危险化学品事故，可以发现，事故中以物流事故数量较多，且造成的死亡人数高于生产事故死亡人数（图4-4）。其中，“11.22”管道输送事故、“8.12”天津爆炸事故都是物流有关的特别重大事故，物流安全形势极为严峻。

2016年国家安监总局统计数据显示，上报政府级别的事故中，运输和储存环节的事故分别占52.4%、10.0%，生产、使用和检维修环节分别占27.3%、6.9%（图4-5）。由此

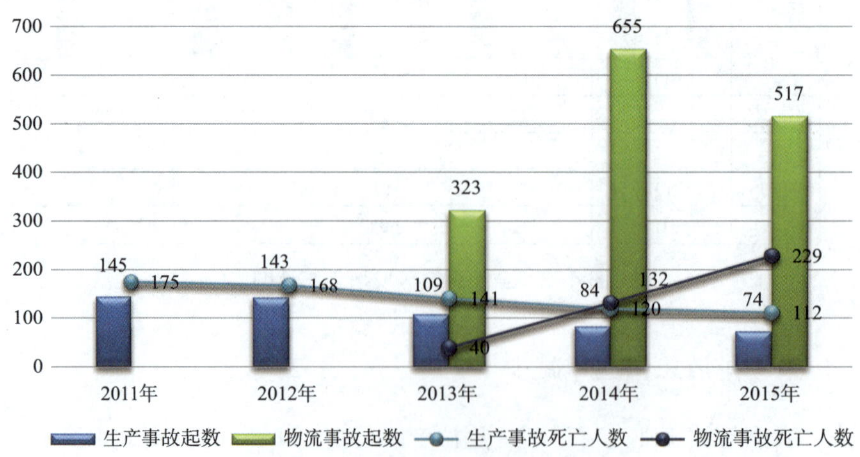

图4-4 生产事故和物流事故统计图

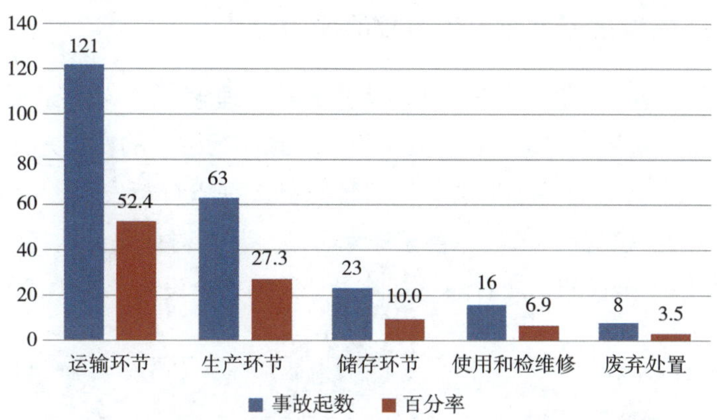

图 4-5 2016 年上报事故发生环节分析

可见，运输和储运环节事故率居高不下，因此，采取有效措施遏制该环节的事故是提升我国炼油化工行业安全水平的关键。

2. 民营企业事故率高于其他类型企业

按照千人事故率，即员工每千人的事故数量来客观表示企业的安全程度。2011-2015年数据表明（图4-6），民营企业的千人事故率长期处于各类企业的前列，安全程度最低，这说明企业的整治应该以民营企业作为重点。国有企业的千人事故率位于第二位但远低于非国营内资，安全绩效仍有提升空间。外资企业2013年、2015年上报政府级事故均为零，为我国企业树立了安全模范。

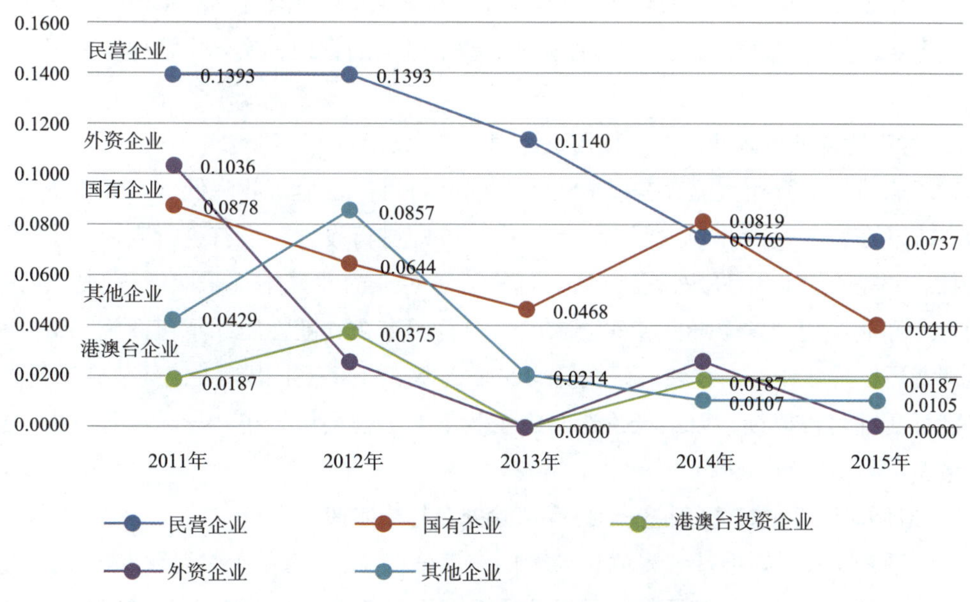

图 4-6 2011-2015 年各类企业千人事故率

（二）我国炼油与化工企业发生事故的原因分析

1. 一些企业没有树立安全第一、环保优先的管理理念

我国《安全生产法》中明确提出“安全第一，预防为主”的安全方针，《环境保护法》中提出了“环境保护、综合治理”的环境管理方针。深入分析发现，国内较大级以上事故的根本原因是企业人员低估风险，存在侥幸心理，甚至对危化品的特性不清楚，“无知无畏”，缺乏必要的安全措施，或者随意拆除设计好的安全设施（图4-7）。

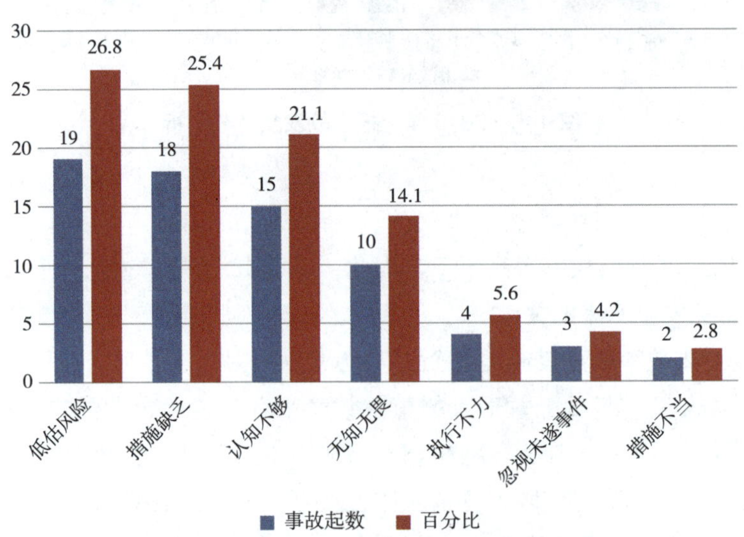

图 4-7 较大级以上事故根本原因分析

当前我国政府要求炼油化工企业推行安全标准化体系建设，该标准化体系是一种基于风险的系统化管理体系。截至2017年6月，我国1.8万余家化学品生产企业通过一级标准化评定的仅有22家。企业形式上采取了基于风险的管理，实际上还停留在经验管理阶段。

2. 片面追求低投入快回报，项目设计建设理念落后

我国炼油化工行业普遍存在以满足国家标准为目标，尽可能降低一次性投资的设计理念。表现在：一是设计中主要以设计标准为准则进行设计，没有进行定性和定量的风险评估；二是在建设中采购设备材料、选择施工企业时，基本都采取低价中标的策略，忽视行业性质决定的安全环保特殊要求的情况普遍存在；随性压缩承包商施工费用和专业监理费用，导致设备、仪表、管线等的安装、焊接、隐蔽工程等关键环节施工质量差；三是随性压缩建设周期，以最低价选择施工队伍，工程层层转包，导致设备设施的施工和安装遗留下不可预测隐患。

3. 应用风险评估技术管控安全环保风险处在起步阶段

我国近2年来开始推行装置危险与可操作性分析（HAZOP）、装置仪表完整性评估（SIL）等方法识别危化品装置保护层设计是否满足工艺安全控制要求等。在调研中发现，

近年来国营大型企业开始试用基于风险的检测（RBI）、以可靠性为中心（RCM）方法和量化风险评估方法进行风险评估。民营企业基于法规要求准备推进HAZOP评估，其他方面的过程安全评估均未开展。

环境影响评价方面，我国法规要求在项目建设之前由有资质的机构进行。相比于国外以全面有效的排污许可证制度实现标准执行的“落地”，严格标准的执行、监管和评估，重视过程的公开和公众参与，我国近两年才开始重视环境影响评价的事中事后监管，2017年末才开始推行石化行业的排污许可制度，环境排污许可管理目前尚处于起步阶段。

4. 设备及设施的可靠性、完整性管理没有得到普遍重视

当前，我国炼化企业多采用传统设备管理模式，自觉运用基于风险的管理意识不强，没有形成基于风险的设备完整性管理模式。一是炼化企业缺乏风险管理的专业人才、管理制度和领导意识；二是基于风险和状态的维修决策没有落到实处；三是采用低标准、低价格设备，实施低价中标策略，设备、材料可靠性差；四是设备状态监测人工诊断多，智能预警、智能诊断少；五是故障根本原因分析和故障根除措施未得到切实执行，设备坏了修、修了坏、坏了再修，在多数企业还是常态；六是对设备随意变更，变更没有经过风险评估、没有对操作人员沟通培训等导致事故等。

5. 不少员工能力达不到行业从业人员的要求

炼油化工企业是高危行业，从业人员的要求相对较高，必须对工作对象的特性、接触物料的特性等有深刻的了解，具备相应的操作技能及突发故障的应急处置能力。但是事故调查和统计发现，一些民营生产企业职工和承包商人员专业素质低。山东省安监局统计了山东的危化品生产企业实际控制人、主要负责人专业学历情况，实际控制人和主要负责人中有化工专业学历的只有40%和48%，安全负责人有化工专业学历的也只有64%，不具备基本知识和基本技能，责任落实无从谈起。

6. 基本凭经验进行安全环保管理，管理死角难以避免

当前我国大部分炼油化工企业推行标准化体系建设，该体系是一种基于风险的系统化管理体系。很多企业虽然形式上采取基于风险的管理，引进了JHA分析法、Check-list法、HAZOP分析方法等，但实际上仍然停留在经验管理阶段，风险分析过程没有数据和事件库支持，风险评估缺乏科学性与准确性。

除风险管理方面外，企业在其他方面缺乏科学性的表现有：一是培训计划制定随意，没有系统考虑岗位培训需求；二是缺乏有效的变更管理程序，未进行变更前危害识别和变更后验收；三是应急准备没有根据风险评估结果进行部署；四是检查过程多依靠经验，没有编制系统的检查表；五是企业仍然是监督、处罚文化，发生事件不敢上报，不能及时调查和吸取教训；六是没有建立科学的绩效指标，仍以事故指标作为考核依据，缺少过程指标趋势分析；七是设备维修以故障维修、事故维修为主，缺少基于风险的预防性维修。

7. 政府目前的监管机制与方法难以对企业进行有效监管

重特大事故的发生不但反映了企业管理问题，也反映了社会、法规等问题。通过对

13起重特大安全事故进行统计分析（图4-8），结果发现，政府违规审批或企业未取得审批资质的占54%，中介机构违规评价或对重大风险没有建议措施的占35%，装置存在设计缺陷的占54%。

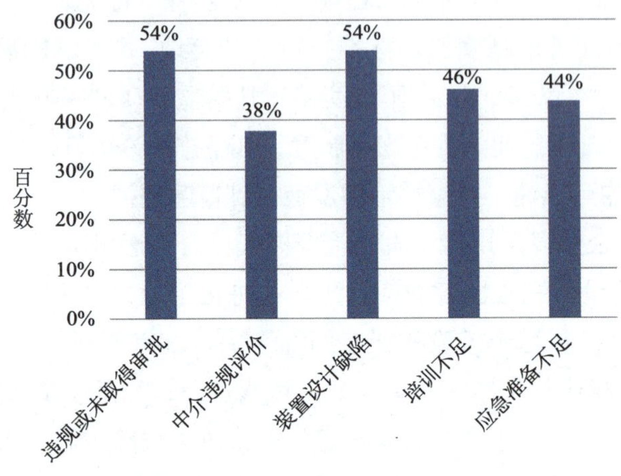

图 4-8　重特大事故主要原因统计图

我国政府从设计到竣工过程中对企业本质安全环保进行控制，控制手段是由企业委托有资质的中介机构进行全过程的安全环保评价，最终由政府审查评价报告；部分中介机构片面追求利益最大化，以通过政府审批为导向编制评价报告，导致中介机构违规出具假数据现象多发。

我国政府通过下发通知、政府工作人员不定期现场检查、环保在线监测等手段实施企业运行过程中安全环保监管。监管虽然频繁，但检查人员能力不能满足风险监管需求，没有建立专业检查表，不能进行科学的量化评估，不仅不能发现问题，频繁的通知下发和检查反而扰乱企业管理正常秩序。

三　我国炼油与化工企业存在的安全环保问题

当前我国很多炼油化工企业已经建立基于风险的安全环保管理体系框架，但与国际大公司一体化管理体系实施的情况相比仍存在较大差距。国内大部分企业在实际过程中并未真正推行基于风险的工艺设备管理方法，也没有根据风险评估结果制定生产运行、设备管理方案，仍然处于依靠经验管理方法进行风险控制的被动管理阶段。

为了评估我国炼油化工企业安全环保管理水平，发现管理改进机会，项目组开发了安全环保量化评估系统。评估系统以国际先进做法为对标，设定了检查表和量化评估方法，确保不同企业以相同的评估原则进行评估。评估系统包括工厂与社区关系、装置（设施）安全环保可靠、一体化管理、安全环保绩效指标等四个方面。评估系统中以管理要素评估方法为基础的安全管理评估和装置（设施）安全性评估已经比较成熟，目前已应用该方法对我国一大型国企下属的12家炼厂进行了评估；而系统中适用于炼化企业清洁环保水平评估的绩效指标评估法仍处于完善阶段，尚未大规模应用。

23家炼化企业的量化评估结果如图4-9和图4-10所示。23家企业安全管理各要素平均得分54，所有管理要素最高得分的平均值是71；装置（设施）安全性评估所有要素平均分为72，最高得分的平均分为91。评估结果表明这23家企业在安全管理水平上高低不同，差异很大。一些企业的安全管理亟待加强。部分企业的装置（设施）的安全可靠性达到了较高水平，而总体安全环保管理水平必须提高。尤其要发挥领导的推动作用，切实重视学习应用现代安全管理方法，加强企业的安全风险管理。

根据23家企业的量化评估结果以及企业安全环保事故发生原因，对我国炼油与化工企业在安全环保工作上面临的问题按要素进行分析。

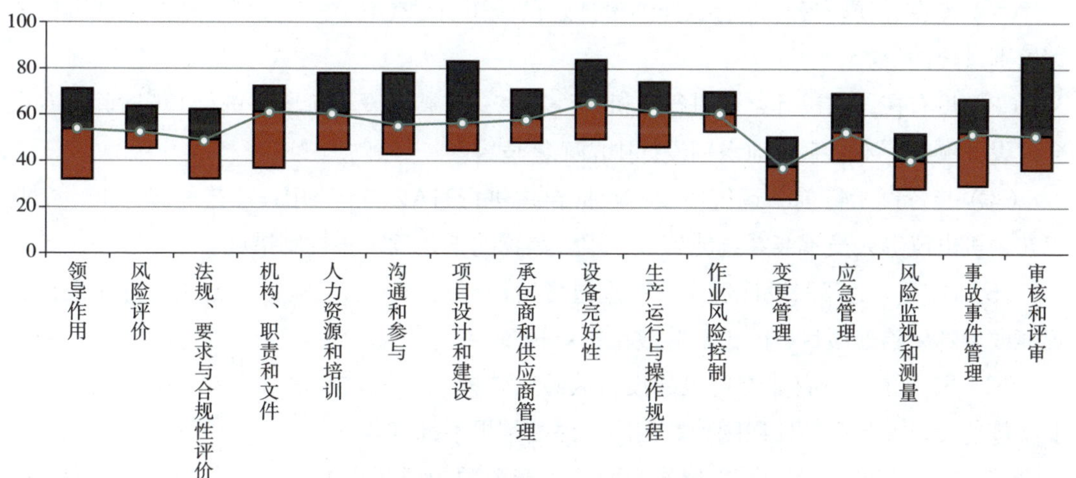

图4-9 23家炼化企业安全管理评估结果

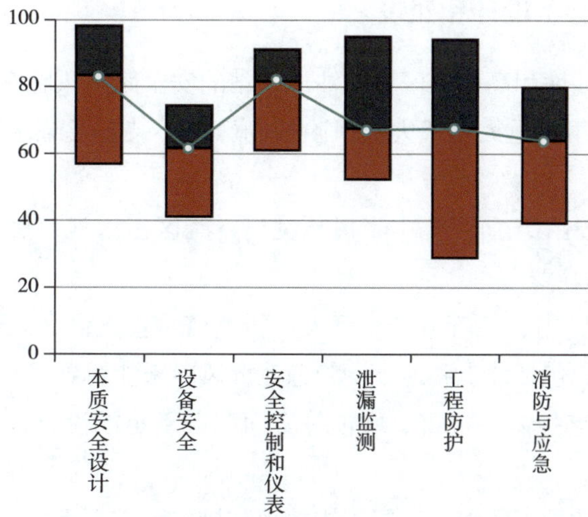

图4-10 23家炼化企业设备（设施）安全评估结果

（一）组织机构与职责

（1）没有切实贯彻“谁主管谁负责”“专业安全”的原则。很多企业安全管理部门负责特种设备管理、特种工种管理、承包商管理，凡是风险高的事务都认为是安全部门或人员的事情。

（2）安全管理部门责任定义混淆，对其他专业监管力度不足。

（二）风险管理

（1）风险管理系统性不足，风险评价－风险控制－风险监控关联性不强，未形成闭环系统，风险评价方法使用不当或不足，未根据风险大小制定匹配的控制措施或进行安全环保投入。

（2）没有在初步设计之后、详细设计之前应用HAZOP、SIL分析方法对设计进行危害识别风险评价。

（3）没有在详细设计之后进行人机工程审核，在装置设计阶段仅进行1天时间的专家会议设计审查，不能系统地识别设计中的工艺危害。

（4）装置试运行前、运行中没有企业自主进行HAZOP/LOPA工艺危害分析，企业工艺、机电仪等人员不能系统地认识、掌握装置的工艺危害和控制措施。

（5）本质安全环保设计理念没有通过各阶段应用系统的风险评估方法进行保证，装置建成后隐患治理项目、改扩建等数量相对较多。

（6）国内企业没有建立自己的设备故障失效模式和失效频率数据库，国内机构对企业实施的设备风险评估使用国外数据库，评估结果不准确。

（7）企业将装置评价报告仅作为取得生产资质的证明，很少会下发给工艺、设备工程师等人员进行学习。

（三）装置（设施）设计和建设

（1）现有炼厂、油库和高敏感区域加油加气站的安全距离风险突出。

（2）气相连通罐组、重大群罐火灾风险控制薄弱，装置及罐区安全仪表系统功能整体管理滞后。

（3）装置区人员集中场所爆炸中毒风险突出，罐区污水池可燃气体浓度在爆炸极限范围内。

（4）炼油化工厂区内、外管道长度巨大，检测资金投入高，多数企业没有实施基于风险的管道检测工作，包括地上和地下，管道泄漏风险未能得到可靠控制。

（5）环保设施工艺控制、报警、联锁等方面配备不足或没有，难以保证环保设施平稳运行。

（6）炼油化工企业地下防渗、无组织排放预防措施严重不足。

（四）生产运行

（1）没有全面识别生产异常情况，操作规程中对异常处理的描述简单，过于依赖操作人员的经验判断。

（2）对工艺报警不进行统计和趋势分析，没有报警数量统计分析，极少进行报警原因分析和改进。

（3）未识别高风险操作程序，相应的训练、标准化作业或多人共同作业的管理不足。

（4）开车前检查表粗略，依赖个人经验，没有建立不同装置的开车前检查数据库；开停车操作训练不足，依靠有经验人员紧盯开车现场，以应对险情，容易出现疲劳作战现象。

（5）环保设施运行不平稳，没有将环保设施按照生产装置的要求进行严格管理。

（五）检维修管理

（1）能量隔离的管理控制流程不完善，没有应用锁具等对能量隔离部位进行锁定、标签。

（2）缺少能量隔离的图示，没有基于现有的P&ID图，将检修的设备与外部设备关联的阀门、需要旁路的仪表清晰地识别出，容易导致漏项。

（六）变更管理

（1）变更管理分散，导致一些变更绕过管理程序，不能被跟踪，无法统一登记，不清楚共有多少变更、哪些变更。

（2）变更管理过程中仅通过领导审批确定是否进行变更，不能充分识别变更的风险。

（3）没有设立变更绩效指标，也不对变更过程控制进行检查、跟踪。

（4）大多数企业的变更管理程序中均未明确临时变更和紧急变更与正常变更的异同，对于临时变更的关闭不能有效控制。

（七）应急管理

（1）大多数企业无法做到视频监测全覆盖及智能识别视频监测影像，国内仅少数几家企业投入火苗识别系统。

（2）作业过程的初级应急设备和人工投入不足，如水上卸油设置水域围栏、高处动火作业设置防火毡等。

（3）装置应急设施投入不足，设计标准低，如装置区内的控制室、外操班组室等没有防爆设置。

（4）应急预案可操作性不强，没有通过多种方式的演练进行完善修改。

（八）员工能力与培训

（1）企业没有对岗位的各种培训需求进行系统识别和策划，建立岗位培训矩阵，培训随意性大，内容不系统，培训课件、教材等没有审查、备案，不利于持续改进培训内容。

（2）民营企业负责人不懂化工知识，部分操作工文化水平低下，不能理解化学品特性。

（3）培训师管理不到位，企业内部培训师的选拔、培训等不严格，以确保培训质量。

（九）监视测量和绩效管理

（1）国内实施以处罚为手段的检查，缺乏以沟通、鼓励为主的行为观察手段；国外公司均建立了高风险禁令，对违反禁令或故意违章的人员进行开除，国内对该类行为容忍度较高。

（2）人身伤害方面没有对轻伤事故进行统计、趋势分析、原因分析，没有建立国际上通行的百万工时离岗工伤、百万工时可记录伤害指标。

（3）只要求上报灾害性过程安全事故，不要求上报对主动控制指标，不做趋势分析；对未遂事件类指标如操作偏离限制、安全阀起跳、泄漏等缺乏统计和原因分析。

（十）事故调查与分享

（1）事故调查没有应用事件调查方法进行深入、系统的分析，企业内部事件调查人员没有接受过事件调查方法的培训。

（2）大部分企业没有对事故事件进行统计分析，无法发现规律性问题进行管理和设计改进。

（3）对未遂事件责任人进行处罚，降低员工上报事件、分享经验的积极性。

（十一）管理审核与持续改进

（1）没有建立系统的管理审核检查表，审核基于经验，难以提出深层次的管理改进建议。

（2）实施量化审核评估的力度不够，不能评估企业的整体管理水平，进行同行业横向和企业自身纵向的比较。

四 小结

我国在工业发展的前期忽视安全环保方面的投入，导致国内安全环保形势不容乐观。近年来，国民安全环保意识大幅提高，我国在安全环保方面取得了一定成绩，安全环保事故呈总体下降趋势，炼油能力大幅增长，污染物排放总量逐年下降。然而，我国炼化企业的恶性事故时有发生，安全环保形势依然严峻。从事故分布来看，储运环节事故率明显高于生产企业，民营企业事故率高于其他类型企业，究其根本，事故发生的主要原因是企业管理失控，体现在企业的各个方面，我国炼化企业安全环保工作还处于隐患排查、强化检查监督的被动管理阶段。部分企业安全环保理念淡薄、风险评估技术应用处于初步阶段、设计建设标准低、忽视设备设施的可靠性管理、员工素质达不到行业要求、用经验管理代替风险管理等。

为了评估我国炼油化工企业安全环保管理水平，发现管理改进机会，项目组开发了安全环保量化评估系统。目前已应用该方法对12家国营炼厂进行了评估，评估结果表明我国国营炼厂在装置（设施）方面具有达到国际先进水平的能力，而在安全管理方面仍然与国际先进水平存在较大差距，企业在组织机构与职责、风险管理、装置（设施）设计和建设、生产运行、检维修管理、变更和应急管理、员工培训等方面存在一系列问题，可以使企业有针对性地采取相应对策。

第五章

我国炼油化工企业实现安全可靠、清洁环保的措施

通过对国内外炼油与化工企业安全环保方面的管理措施与技术手段调研分析，说明构建安全可靠、清洁环保型的炼油与化工企业是完全可行的；需从管理理念、管理制度与技术手段三个层面采取措施，学习国外大型石油化工企业的先进经验与优秀实践，与中国文化特色、发展阶段相结合，推进技术和管理提升。

一 借鉴先进的安全环保管理理念指导实践

构建安全可靠、清洁环保的炼油与化工企业，应树立高于隐患排查阶段的安全环保理念，树立风险管理理念、本质安全环保理念。综合目前国内炼油与化工企业安全环保的现状，可以将国外企业的先进理念引进来，将其本土化并应用于国内企业。

（一）风险管理理念

风险管理可以指导资源运用，把资源优先用于高风险，希望能够将有限的资源去化解最大的危机。通过预先的、系统的、科学的风险识别来确定工厂中的各种安全环保威胁，量化不确定性的程度和每个风险可能造成损失的程度。风险管理要着眼于风险控制，公司通常采用积极的措施来控制风险。通过降低其损失发生的概率，缩小其损失程度来达到控制目的。

风险管理从规划、设计开始，融入企业采购、建设、生产、设备、作业等各个专业管理中。在设备管理方面应用基于风险的检测方法（RBI）进行设备检测、维护维修方案的制定；在作业控制方面，采用工作危害分析方法（JHA）预先识别布置。在管理的关键要素策划中，形成以危害识别风险评估为核心的管理策划，如培训内容、应急预案和

装备、检查监督等方面都围绕风险评估的结果进行策划和资源投入，确保管理资源投入到重要风险中，预防和避免事故的发生。

（二）本质安全环保

本质安全环保理念是珍爱生命的实现形式，致力于预先识别所有危险源，设计完善的保护层，配置合理的冗余，高质量建设和运维保证装置设施的可靠性，通过信息化、智能化识别技术，在正常的人员操作和异常的失误情况下都能够避免安全环保事故的安全工程体系。经验证明，本质安全环保是一个可以不断趋近的目标。

工艺与设备的本质安全化就是能够保证操作失误时，设备能自动保证安全；当设备出现故障时能自动发现并能确保人身和设备安全。当然设备的本质安全化是随着人类对自然界认识不断提高，科学技术的不断进步而不断提高的。

（三）循环经济与清洁生产

循环经济是一种生态经济，它要求运用生态学规律来指导人类社会的经济活动，提倡与环境和谐的经济发展模式，要求把经济活动组织成一个“资源—产品—再生资源”的反馈流程，其特征是低开采、高利用、低排放，所有的物质和能量要能在这个不断进行的经济循环中得到合理和持久的利用，以把经济活动对自然环境的影响降低到可能小的程度。

循环经济主要有三大原则，即“减量化、再利用、资源化”。减量化原则针对的是输入端，旨在减少进入生产和消费过程中物质和能源流量，对废弃物的产生，是通过预防的方式而不是末端治理的方式来加以避免的；再利用原则属于过程性方法，目的是延长产品和服务的时间强度，也就是说，尽可能多次或多种方式地使用物品，避免物品过早地成为垃圾；资源化原则是针对输出端，把废弃物再次变成资源以减少最终处理量，资源化能够减少垃圾的产生，制成使用能源较少的新产品。目前，炼油化工企业常用的废物资源化技术包括从酸性气中回收硫黄，通过气柜回收瓦斯气、回收煤制氢装置尾气中的CO_2，将处理后的含油污水用于循环水补水，将锅炉灰渣用作建筑材料，将油泥、浮渣和剩余活性污泥送焦化装置回炼，废碱渣回用于酸性水汽提装置等。

清洁生产是指在生产全过程和产品全生命周期中持续地运用整体预防污染的战略，达到减少对人类和生态环境的危害，也就是以清洁的原料、清洁的生产过程为基础，生产清洁的产品，采取有效的污染物治理措施，并从优化工艺、改进设备、加强管理等方面入手，通过降低生产过程中的能耗、物耗，达到提高产品质量、降低成本、降低排污的目的。清洁生产是实现可持续发展的重要措施之一。目前，国际上公认的清洁炼油工艺以加氢为主，以生产清洁油品为目标，配套建设S-Zorb、烷基化、气体脱硫、含硫污水汽提及先进的硫黄回收装置，最大限度地降低了污染物的排放量。

二 构建科学系统的操作一体化管理制度体系

（一）管理体系架构

我国炼油化工企业应该建立以风险识别为基础的预防性、一体化管理体系。以科学风险识别为基础，意味着在各个专业领域中引入科学的风险识别和评估方法，预先识别薄弱、关键环节；预防性管理是指进行有计划、有侧重的风险管理，而不是隐患管理和事故管理。风险管理贯彻到职业安全、过程安全、交通运输、环境保护、设备完整性、应急管理等专业领域。风险管理体系的内容包括领导和方针目标、风险识别与评估、计划和程序、应急管理、监测检查和报告、事件学习、审核与评审等。管理策划是一个系统的工程，设置HSSE方针、目标说明管理的思路、理念、长期目标，编写管理手册明确管理策略、方法，各专业建立自己相对系统的制度体系（图5-1）。

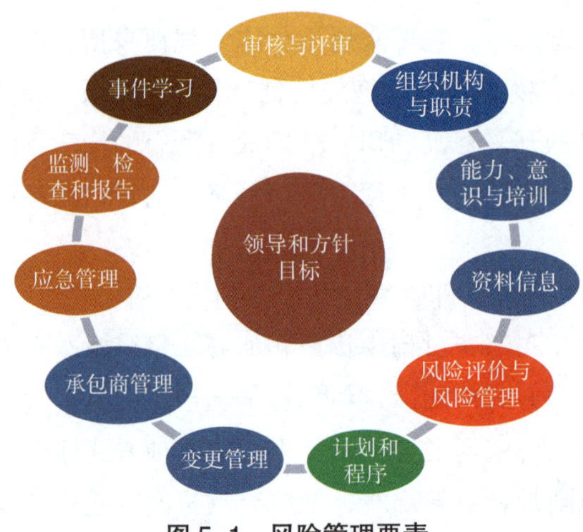

图 5-1 风险管理要素

（二）关键管理要素

1. 领导表率

郑重的且符合企业实际发展方向和实际情况的领导承诺、清晰的方针和目标对于任何组织的有效运行都至关重要，卓越的领导者要重视顶层设计，要明确组织的战略规划，并使其组织的方针、目标和计划与战略规划一致。领导者要对相关方做出承诺，并在实际的领导工作中做到“言行一致”。

通过高层领导定期组织安全生产委员会、HSE月度例会、实施HSE观察、检查、定点联系、年度报告等方式实施可见的安全环保领导力。在布置工作同时布置安全环保工作，询问安全环保工作落实情况，言传身教的引导全员重视安全环保工作。

2. 风险评价与管理

有效管理风险是各级管理人员的首要任务。风险管理首先要对职业健康、职业安全、过程安全、环境重要因素及其他安全危害因素进行有效辨识与评价，并进行分类分级控制，提高有限资源的利用率，重点管控高风险，按照风险最低经济可行（ALARP）原则管理其他风险，并将识别的风险传达至相关人员。

风险评估应在设计阶段完成，并在运行阶段每3～5年进行一次审查。安全环保风险识别和评估包括：反应风险评估，通过实验获取关键参数安全边界条件及其变化规律，进行工业装置安全临界条件预测和反应安全泄放条件计算；应用HAZOP、LOPA进行工艺和保护层分析，SIL方法进行仪表完整性分析；3D火灾和气体报警探测分析；电气安全和可操作性审查程序；人机工程学分析设备设计符合人的身体机能；可靠性、可用性和可维护性（RAM）分析设备故障、失效频率；以可靠性为中心的维修程序（RCM）指导制定设备维护策略；化学反应矩阵明确物料相互反应性质；腐蚀管理计划和基于风险的检验（RBI）指导设备检测；分析形成关键活动目录，并对关键活动进行JHA分析，最后形成危险和后果记录表。

3. 合规性管理

安全环保法律法规和标准是用鲜血换来的经验，每个组织需要有相应的机制去识别与其相关的法规和其他要求，并评价其对组织的影响。组织的各项活动必须保证符合这些要求，包括运营许可、法律法规、行业规范和标准，并通过检查、审核或专项评价进行合规性评价。

4. 信息管理

保持企业资料信息的完整和及时更新，包括工厂储存、使用和生产的化学品的危害，工艺技术及设备、管道、地下电缆等相关的信息；采用地理信息系统存储、显示、分析地理数据，包括城市管网、设备、管道、地下电缆、管道、应急资源等；明确规定收集并保持过程安全信息的职责；指定过程安全专业或能胜任的工程师审查对过程安全信息的变更或更新。

过程技术信息应至少包括：工艺流程简图、工艺流程的化学反应原理、设计的物料最大存储量、安全操作范围（温度、压力、流量、液位或组分等）、偏离正常工况后果的评估，包括对员工安全和健康的影响。

过程设备信息应至少包括：材质、工艺控制流程图（P&ID）、电气设备危险等级区域划分图、泄压系统设计、通风系统的设计图、设计标准或规范、物料平衡表、能量平衡表、计量控制系统、安全系统（如联锁、监测或抑制系统）。

5. 培训管理

员工对于任何组织来说都是至关重要的财富，优秀的人力资源管理系统能够确保从招聘到离职各阶段都能对员工进行有效管理。确保员工具备有效完成其工作的必要能力，需要建立有效的培训机制，建立岗位培训需求矩阵，明确每个岗位培训内容和再培训间隔，并实施培训，以确保每个员工都拥有开展相应工作相匹配的能力。

针对化工装置特点，考虑采用虚拟现实、仿真、三维可视化等先进技术，构建装置三维虚拟场景，以人机交互方式实现化工装置工艺、预案、事故案例等内容的学习及训练。完善基本安全技能实训室，包括消气防、电气操作、焊接作业的演示、练习、使用、设备展示及相应的训练场地，还可包括现场安全操作和安全管理技能实训，为学员提供现场高处作业、受限空间作业等直接作业环节安全管理技能实训、应急救援能力实训、事故模式预测实训等。

6. 设备完整性专业风险控制

设备管理是指工作场所的设备设施进行维护，使风险控制在可接受的范围之内，并实现可操作性和成本的最优化。设备管理应明确设备管理专业部门及其他管理之间的职责衔接，旨在管控因设备完整性缺失产生的风险，有效控制变更给设备带来的风险。

企业应根据供应商和相应的标准规范建立检查测试规程。应用设备腐蚀检测的动态数据、企业设备故障数据，通过RBI、RAM等软件计算关键设备预防性保养、更换的频率，提高关键设备可靠性，确保成本与可靠性维持在风险可接受水平。

7. 生产运行风险控制

生产运行是风险最为集中的过程，是风险关键点控制最重要的部分，因此运行控制是风险控制的重心。操作规程作为工艺安全控制的技术文件，是直接给出控制措施的基本文件，对过程安全风险控制具有重要意义。根据操作经验、专家意见进一步完善操作规程中的异常调整方法。

在当前应用操作平稳率软件系统的基础是，对影响安全、环保、质量的工艺和设备指标进行重新评估，高风险的指标列入统计范围；识别和分析容易超标的指标，进行原因分析和改进。建立工艺报警管理制度，要求员工对每一安全报警都进行处理，对超出安全限值的报警进行统计、分析，设定目标减少工艺报警数量。

8. 作业安全风险控制

作业安全主要集中在人员参与的作业面上，分为一般作业和直接作业两大风险领域，直接作业环节需要执行严格的作业许可，根据风险控制需要，对于一般作业环节也可以考虑按照许可要求进行控制。检维修作业涉及作业种类众多、工期要求短、作业交叉等因素，作业过程中风险易于失控，容易产生重复发生的事故。应对每一个作业都进行作业安全分析，识别危险，策划控制措施，完善操作规程。

检维修作业引入能量隔离技术措施，使用合适的锁具对动力、电力、物料等涉及的开关、阀门进行锁定，增加能量隔离票，考虑使用作业许可移动终端、网上开票等方式，可保存危害识别、能量隔离图示、控制措施，积累形成成套作业过程控制模板。

尽快完善和推行检维修过程工艺设备的能量隔离程序，修改工艺管线的隔离要求。明确对含有高毒易爆介质的管线和容器采用摘除、切断的隔离方法；增加能量隔离票，要求将P&ID简图列出，在图中标识阀门关闭、盲板、仪表旁路等隔离措施，防止遗漏，增加高级工艺技术人员审核把关要求；参考美国法律，一些情况下双阀门中间加倒淋的情况可不必安装盲板，减少盲板增加和拆除过程的事故。

9. 承包商管理

建立承包商管理责任追究机制与企业审核机制。重申企业内部责任追究机制，企业中负责资格预审、承包商培训、现场监督人员都应为承包商作业安全承担相应责任，减少不符合要求的承包商进入企业；业主不能替代承包商管理，因此对承包商的管理进行审核，确保承包商建立与业主一致的安全理念、管理模式；建议实施承包商监护人选拔、培训机制；强化承包商装置风险培训，装置入场门禁管理。

对大检修和日常维修管理，考虑引入第三方安全环保监理，对承包商分专业进行培训，通过第三方现场专业化检查，规范员工和承包商安全环保作业。

10. 风险监控与监视

监视与测量是体系的重要组成部分，是管理系统反馈的重要形式，对组织整体的正常运行和健康具有重要意义。从管理层次，按照“谁主管，谁负责”的原则进行监管责任分配，可保证策划、监管信息的反馈。同时，安全环保部门进行二次监督，对关键风险的控制过程和效果进行监视和测量。

引入先进的技术手段进行健康、安全、环境监测，包括：炼化装置异常工况监测预警技术对工艺异常进行监测和预警；在应用泄漏检测与修复技术基础上，引入先进的泄漏监测技术对各种泄漏进行监测，如阀门内漏检测、气体泄漏在线监测、低泄漏密封等；职业病危害因素监测与评估；完善污水在线连续监测设备、大气排放在线连续监测设备；完善VOCs在线连续监测与网格计算装备和技术；完善土壤污染监测；必要时引入便携式多功能防爆视频监控终端，对危险化学品、易燃易爆产品生产和仓储基地的工程施工及临时工程作业实时监控，受限空间作业实时监控，消防和应急救援现场实时监控，设备、作业环境、生产环境的临时监控、智能巡检等。通过智能视频分析，实现生产厂区视频监控覆盖范围内的人员典型违章和突发典型生产异常的自动抓拍和实时报警，为人员行为管理和应急处置提供技术支撑。

11. 应急管理

有效的应急准备可以在发生紧急情况时，把其对人所造成的伤害、对环境及业务造成的损失减至最小。企业应识别潜在的紧急情况，制定相应的措施，建立应急沟通体系与技术体系，组建具有经验的人员参加的应急机构，通过定期演练确保其拥有应急行动的能力。

依托现有科技技术提升危机识别和紧急联动水平，建设安全、环保、消防等监测和应急一体化应急中心。将火苗视频识别分析系统、火炬点燃报警、可燃或有毒气体报警、VOCs网格监测报警、污水监测、大气排放监测报警进行集中展示，将环境监测、堵漏、消防医疗支持等功能进行融合，提高危机发现和应急能力。开展多样化应急演练，如仿真演练、沙盘演练、实地演练等，确保危机情况下人员分工明确、设备有效运行。

12. 事故和事件管理

事故事件管理是推动职业健康、安全绩效持续改进的关键环节。有效的事故事件管理可以把不期望发生的事件转化成改进的机会。领导层应努力建设分享文化，促进事故、事件的上报，鼓励员工上报未遂事件，为组织及其他组织提供更多的学习和经验分享机会。所有发生的事故事件应通过风险评价决定调查的深度，调查必须揭示事故事件的根本原因。

强化对物料性质、反应条件、设备材料、工艺路线等的实验分析，寻求事故发生的原因，以采取本质安全改进措施。采用事件根原因分析表来引导事件原因分析和管理改进。建立全系统的事故事件分享委员会，其成员由设计与建设单位、各事业部和企业的工艺、设备、电气、安全等专家组成，将有分享价值的事件分享给同类企业。

13. 审核和评审

组织的业绩要通过实际绩效与制定的目标相比较，来衡量组织风险管控的有效性。组织可以把自身与行业领先者或世界级企业之间开展绩效对标，以寻求改进和提升的机会。

制定专业审核检查表和量化分级原则，以全面评估管理的符合性、有效性，量化分级可通过管理水平表征促进单位持续改进。

三 开发或引进先进的安全环保技术

（一）风险识别预警及控制技术

采用自动化控制系统提高操作平稳率，应用自动报警、自动联锁停车、报警分析等技术保障安全生产。综合实时专家系统、仿真技术、模拟技术等综合技术集成的装置异常处理技术，具有监测、诊断和决策功能，可解决复杂装置内控操作人员判断和处理不准确的问题。

应用视频识别技术对监控视频画面中的异常情况做目标和轨迹标记，应用在火苗识别报警、侵入识别报警等方面；根据泄漏扩散模型布置固定式气体报警器，泄漏声光报警不仅在现场可辨识，而且接入DCS系统，必要时进行紧急切断联锁。应用工程热力参数法（压力、温度、流量等）、振动监测分析法等监测压缩机实时状态。在线腐蚀监测技术在设备正常运行过程中对设备材料的损失速率、断裂失效或点蚀的萌生和发展、铁锈的沉积速率等腐蚀损伤现象进行监测，实现工业现场材料状态的自动反馈控制。管道检测机器人对管道的检修与维护通过地面控制台控制机器人在管道内爬行，实现管道自动探测与清理等工作。变压器温度在线监测、GIS局放监测设备可实时监测供电系统稳定性。

环保在线监测技术可实现对气态污染物、水污染物的实时监控，监测结果与DSC系统连接，使得中控室随时掌握污染物浓度，及时调整工艺或采取其他手段，确保达标排放。采用红外遥感测量无组织排放，并与泄漏修复技术相结合，预防装置设备及管阀件无组织泄漏排放。

加强企业信息化管理平台建设，企业信息通过软件系统进行传递、保存、自动统计分析。化学品安全和工厂安全软件包括企业生产信息、故障信息、人员信息、运输状况、仓储信息；可提供生产计划安排、工作许可证管理、危险货物管理、标签管理、仓储货位管理等。

智慧工厂大数据可实现产品设计、协调制造、售后服务等过程的全面描述，可支持生产调度优化、故障诊断和系统调整、产品质量监控、生产资源配置等实时决策优化，提升工厂智能化水平。随着模拟技术更加智能，高效智能算法不断应用到流程求解中，工艺参数、设备参数的寻优将由仿真系统完成，从实验室到工厂车间的转换实现一步到位，实现高危化学品生产工艺智能模拟、环保技术效果智能模拟等。

（二）环保技术

使用清洁生产工艺与技术是目前环保技术的重点。国际上公认的清洁炼油工艺以加氢为主，以生产清洁油品为目标，配套建设汽油深度脱硫、烷基化以及气体脱硫、含硫污水汽提及硫黄回收装置，最大限度地降低污染物的排放量。此外，使用清洁燃料也是国际上石化企业实现清洁生产的重要途径。

提升材料密封性能和物料回收是减少无组织排放优先选取的措施。螺栓、垫片的材质经过配型和质量控制；罐区采用浮顶罐技术减少油气挥发；普遍采取煤油吸附或膜吸附的油气回收技术，对罐车、储罐安装烃类回收装置实现出口浓度在8%（体积）以下或清除率在90%。对工艺废气通过焚烧或热氧化进行处理。恶臭则根据产污环节不同分别进行处理，如检维修时对开罐前的废气进行回收；污水场、含硫污水罐等恶臭污染源集中收集并进行处理。

烟尘超低排放方面主流技术包括电除尘、袋式除尘和电袋复合除尘技术。脱硫后对烟气中颗粒物的再次脱除或烟气脱硫过程中对颗粒物的协同脱除，称之为二次除尘或深度除尘技术。脱硫后对烟气中颗粒物的脱除主要采用湿式电除尘器（WESP），脱硫过程中对颗粒物的协同脱除主要采用复合塔脱硫技术，并采用高效的除雾器或在湿法脱硫塔内增加湿法除尘装置。湿法脱硫技术均能够可靠稳定地在全工况条件下实现SO_2超低排放（35mg/m^{3}或地方更严标准10mg/m^3）的环保要求。

先进的污水处理方法有：①真空负压浓盐水蒸发技术应用于浓盐废水处理等方面，适用于工业废水近零排放后端处理工艺应用，可以提取95%的净水，每吨废水实际耗电量仅为60度，比过去的三效蒸发方式节省运行费用在60%以上。②ANAMMOX®废水脱氮工艺，用于脱除废水中氨氮和废气中氨气，与传统的硝化反硝化方法相比，可以节约60%的运行成本，并能减少CO_2的排放。③MBR（膜生物反应器），MBR存在膜污染风险及膜更换费用较高等问题。

在选择工艺时应尽量避免和减少固体废物排放，并做好固体废弃物的回收利用，在

无法回收的情况下，将以适当的环保方式进行废物处理。

四 小结

当前我国科技和经济发展到新的高度，构建安全可靠、清洁环保型炼油与化工企业具备了经济条件和科技条件，建议从管理理念、管理制度与技术手段三个层面采取措施。

构建安全可靠、清洁环保的炼油与化工企业，可将国外企业的先进理念引进来，将其本土化并应用于国内企业，改变隐患排查、被动管理的安全环保理念，树立风险管理、本质安全环保以及循环经济与清洁生产等理念。改变经验管理、事后管理，建立以风险评估为基础的预防性、一体化管理体系，引入科学的风险识别和评估方法，预先识别薄弱、关键环节，进行有计划、有侧重的风险管理。应用风险识别预警和管控技术，引入在线设备故障、泄漏、火苗、环境排放等自动监测技术，提高风险预判和险情识别能力。环保技术从末端治理向清洁生产转变，减少污染物产生，努力建成安全可靠、清洁环保型的炼油与化工企业。

第六章

研究体会和建议措施

一 研究体会

通过对比分析国内外炼油与企业安全环境和健康管理的差异，分析国内炼化企业发生的安全环保事故原因，主要体会有以下几点：

（一）安全可靠、清洁环保型炼化企业的目标是可以实现的

德国、日本的企业情况证明，采取本质安全环保措施、全过程风险管理，以当前安全环保技术水平，是可以实现安全可靠、清洁环保目标的。炼油化工行业应从改变观念开始，树立本质安全理念、全过程风险管理理念、循环经济清洁生产理念，提高安全环保设计标准，提高自动化控制水平，完善安全环保监测设备和智能识别预警系统，提高人员素质，并通过提高管理确保操作正确性和设备完整性。

（二）高标准高质量设计与建设，确保本质安全环保

本质安全环保是国外先进企业最大的特点。国外企业的设计理念是基于风险，而不是基于标准，企业建立了自己高于国家标准的设计理念和设计标准，设计过程投入大量人力进行定性和定量风险评估，从装置的全生命周期考虑经济效益。关键设备、仪表、电气均采购国际知名公司产品，确保长周期可靠运行；垫片螺栓高质量，无组织泄漏少，因此在泄漏监测与修复方面投入低；优先考虑源头污染物削减工艺，减少污染物处理投入。我国企业前期设计与建设投入低，但后期改造与监测投入高；在设计建设阶段追求低成本、短工期，在设备采购时执行低价中标法规要求，无法保证设备质量，中标机制还导致分批次购买的设备规格有差异。装置建成后大量的泄漏消缺和改造项目造成了动

火作业多、边生产边施工多，增加了设备风险。

（三）风险管理贯穿全生命周期，隐患管理向预防管理转变

国际先进企业施行以风险评估为基础的全生命周期管理，在设计、开车、运行各阶段，工艺、设备、施工、操作等各专业进行定性或定量的危害识别和风险评估，并建立了支持风险评估的数据采集体系。风险评估越精确，安全环保管理越具有预先性、计划性、经济性。设计过程对爆炸范围、爆炸强度的评估，会使设计过程安全距离、防爆墙或其他安全设施的设计更准确；在运行过程中设备故障频率、腐蚀频率的量化评估，可确保设备检测、维护、大检修周期的正确性，减少资源浪费；设计过程无组织排放气体扩散评估可为材质、阀门、螺栓等选型提供依据；气体泄漏后扩散模拟技术可为人员逃生和社区疏散提供指导；对作业过程进行风险评估可为操作规程的编制和人员培训提供参考。

从欧盟的《塞韦索法令》到危险货物相关法规、法国《风险管控》法律条款、法国《工厂技术风险预防》相关法令，可以看出欧洲已经从法规层面确定了基于风险的安全管理模式。目前我国虽然开始推进HAZOP分析、RBI等风险评估方法，但企业评估的目的是为了满足法规或者延期检修，多数依赖第三方机构实施，没有形成自主行为。国家法律层面以强调隐患排查为主，没有强化风险评估预防管理。

（四）建立运营一体化管理体系，专业安全深入人心

国际石油化工企业从强调基于风险的HSE管理转向运营一体化的管理体系，同时各专业领域深化风险管理。运营一体化管理体系是基于风险管理和PDCA管理的思路进行框架设计，细分专业领域，如职业安全、过程安全、工程项目、交通运输、环境保护、设备完整性、应急管理、承包商管理等。ExxonMobil、Shell等公司推出设备可靠性管理，对完整性管理体系进行补充，强化建设安全工厂。我国HSE管理强调安全管理部门和安全人员的职责，将HSE管理看成是安全环保部门监督管理，“谁主管，谁负责”的主体安全责任难以落实。

（五）提倡绩效公开与事件分享，利用过程指标改进管理

国外企业形成绩效公开、事件分享的文化，通过精细、专业的过程绩效指标分析管理缺陷和发展趋势，为管理改进提供决策。国外企业将过程安全绩效指标作为当前提升安全的主要抓手，对不诚信的故意违章采取绝不容忍的态度，把安全环保一票否决落实到工厂设计、设备选择、施工建设、设备维护等过程，规范标准高，执行落实严，以确保工厂设备、状态监测、控制系统、报警联锁、紧急停车系统及相关设施等的完整性和可靠性。ExxonMobil公司建立了全公司的事件分享分委会，工厂发生的事件都愿意分享，其他工厂则根据自己工厂的情况进行改进，日本企业则将发生的事故在大厅里进行展览。在绩效的考核处理方面，我国对员工违章容忍度高，对企业违法处罚程度低，一

票否决主要落实到奖惩考核和对事故责任者的处理上，员工对未遂事件进行隐瞒以规避处罚，反而使事件经验不能吸取甚至导致重大事故的发生。

（六）注重维护与社区关系，政府规划征求企业意见

国外炼油化工企业把社会力量看作是安全环保工作的重要推动力，注重维护与社区关系，主动接受社会监督，向社区公开企业风险信息，政府规划也征求企业意见。例如，德国BASF公司设立有20多个专线、热线电话以保持与政府、居民区、公共机构等的联系。政府、企业和居民区之间已经形成日常性的沟通机制，每年进行8~10次沟通交换意见，对居民意见立即处理，有事故、新建项目都要及时通报社会，危险化学品运输情况也要给沿线居民通报，同时政府规划也征求企业意见。这种沟通程序造就了企业、居民、政府之间的相互信任与尊重。目前国内炼化企业安全环保状况及数据社会公开刚刚起步，周边居民对企业的信任度差。

二 建议措施

（一）推行以风险评估为基础的全生命周期风险管理

一是建议在《安全生产法》、《环境保护法》中以法律的形式明确“预防管理”方针，明确将危害识别与风险评估融入至规划、设计、建设、开车、生产、设备管理、运输等生产阶段和专业领域中。而企业人员能力建设、操作规程、工艺指标控制、设备检测与维护、应急响应等则应依据风险评估的结果，围绕高风险、中风险策划管理方案。

二是逐步完善工艺、设备、作业、环保的危害识别与风险评估技术标准，为企业实施危害识别与风险评估提供指导。

（二）加强可商业化的评估技术开发和评估专家团队建设

一是建议我国政府推动科研单位进行评估技术模型自主知识产权研发，组织全国风险评估大数据库的建立。如基于三维网格的流体力学模拟技术（CFD）、基于设备故障统计的设备失效频率计算技术、设备腐蚀评估技术、火灾爆炸后果模拟、VOCs泄漏模拟等，可通过商业化模式促进软件不断升级。

二是通过建立严格、有效的资格认证方法对风险评估机构进行管理，确保服务机构的软件方法、人员能力、内部管理过硬。风险评估的发展离不开专业机构的力量，专业机构专业性强，容易积累经验。

三是通过安全工程师培训或其他人员资质培训，由第三方机构进行设计院和企业的工艺、设备、环保等专业人员风险评估方法的培训，推进设计院和企业人员自主应用风险评估方法，确保评估输入来源于企业实际运行数据。

（三）一票否决要体现在企业设计、建设等全过程

建议把安全环保一票否决落实到设计、采购、施工建设、竣工验收、设备维护、设备检测、变更过程中，从源头上、从过程上预防事故的发生。当前我国从法律层次上明确了事故责任追究，而过程一票否决意味着在以上这些过程中发现的故意违章、违法问题都要追究相关人员的责任，进行严肃处理，甚至比对事故的处理方式进行处理。当然对于不是故意违章、违法，而是因为失误、认识不足、理解不清的情况不包括在“一票否决”范围中。未遂事件的调查和学习对于避免重大事故具有意义，应鼓励上报未遂事件，调查真正原因，因此对未遂事件应明确不处罚原则。

（四）安全检查要向专家负责的对标检查转变

建议政府和企业的检查改变凭经验、运动式的方法，通过开发系统、科学、先进的量化评估系统，由不同专业组成的专家团队进行审核或检查，并形成企业检查数据库，精确分析企业的管理缺陷、风险控制有效性，进行企业纵向和行业横向对标，促进企业自我提升管理水平。

（五）政府利用信息化、智能化技术提高安全环保监管水平

一是建议安监部门开发化学品全生命周期系统，从企业出门后则需录入信息系统，像国内快递运输系统一样，可以即时查看化学品的位置。化学品安全技术说明书（MSDS）、全国化学品应急资源纳入化学品一体化系统中，对化学品监管和应急救援均具有重要作用。

二是建议政府继续完善环保在线监测系统，扩大指标限值监测范围，逐步覆盖所有污染排放企业；扩大监测种类，增加企业土壤污染、无组织排放的监测。

三是推进政企联动一体的火苗识别、泄漏报警与视频自动化化安全监测和报警系统。

（六）企业推行一体化、信息化、智能化技术

建议企业建设一体化、信息化、智能化平台。包括统一视频管理平台，通过开展视频联动与智能分析，提高视频利用效率；基于风险管理开展可燃与有毒气体泄漏报警器布点评估与优化，企业统一声光报警、统一接入DCS、统一管理平台、统一维护；提升便携式气体报警器与固定式报警器的区域联动报警；推行设备、仪表及过程控制系统、电气系统等的自动智能监测与诊断系统；推行关键DCS控制指标平稳率和报警统计技术，进行报警消除与优化，实现装置报警数目的减少与报警质量提高，提高装置智能化监测水平。

（七）环保技术从全产业链进行部署

一是建议新企业应优先考虑采用清洁工艺和设施，加强生产过程环境管理措施，按

照循环经济理念进行产品部署，充分进行废物的转换利用，减少污染物产生和排放，减少末端治理设施的建设投资，减少日常运转费用。同时，学习欧美企业严格的环境管理制度，将企业污染治理内化为生产成本，减少企业环境污染经济成本。

二是政府引导企业和科研机构积极研发和引入成熟可靠的清洁生产技术。重点是污水回用、劣质原油加工技术、渣油高效转化技术、清洁燃料生产技术、炼油-化工一体化模式发展与优化技术、炼油新产品技术、替代燃料技术、炼油生产过程清洁化等适用技术的开发与推广。针对行业VOCs污染源，开展综合治理技术研发，重点研究能耗低、安全性强、稳定性高的VOCs治理技术。对提高污水处理场废水回用率、高浓度有机废水治理、高盐废水治理、烟气超洁净排放等实施重点技术攻关，以及加热炉低氮燃烧技术、烟气脱硫脱硝装置稳定运行技术。

安全环保量化评估系统简介

为评估我国炼油化工企业安全环保管理水平，发现管理改进机会，项目组初期开发了安全环保量化评估系统。评估系统以国际先进做法为对标，设定了检查表和量化评估方法，确保不同企业以相同的评估原则进行评估。

安全可靠、清洁环保型炼油与化工企业从四个方面进行定义：工厂与社区关系、装置（设施）安全环保可靠、一体化管理、安全环保绩效指标等方面（附图1-1）。

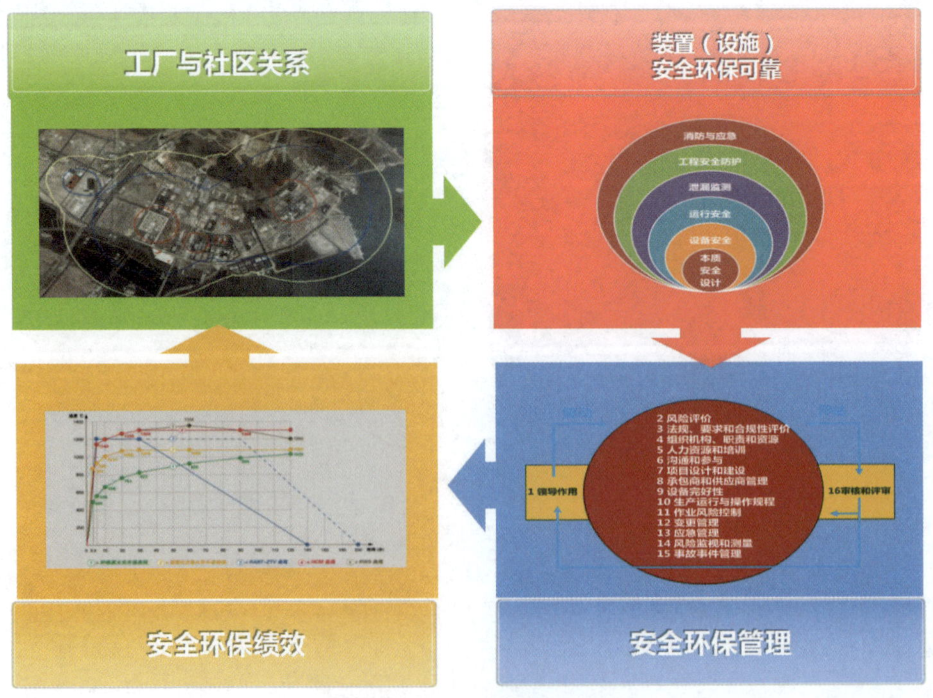

附图 1-1　安全可靠、清洁环保型炼油与化工企业四维图

一 工厂与社区关系

在工厂与社区关系中，防护目标（Vulnerable Object）是城乡居民点设施、公共管理与公共服务建筑、商业服务业设施、部分交通设施、公园广场设施等处的人群。

工厂和社区关系的指标包括两方面，一是安全方面使用个人风险和社会风险值；二是环境大气方面使用环境大气防护距离的标准浓度限值。

个人风险（Individual Risk）：假设个体100%处于某一危险场所且无保护，由于发生事故而导致的死亡频率，单位为次/年。社会风险（Social Risk）：能够引起大于等于N人死亡的事故累积频率（F），也即单位时间内（通常每年）的死亡人数。常用社会风险曲线（F–N曲线）表示。

1）防护目标个人风险可接受标准和社会风险可接受标准

危险化学品生产、储存装置（设施）周边防护目标所承受的个人风险应不超过附表1-1中个人可接受风险标准的要求。

附表1-1 危险化学品生产、储存装置个人风险可接受标准表

防护目标	个人风险可接受标准（概率值）	
	新建装置（每年）≤	在役装置（每年）≤
一般防护目标中的一类防护目标 重要防护目标 高敏感防护目标	3×10^{-7}	3×10^{-6}
一般防护目标中的二类防护目标	3×10^{-6}	1×10^{-5}
一般防护目标中的三类防护目标	1×10^{-5}	3×10^{-5}

社会风险可接受标准采用ALARP原则，通过两个风险分界线将社会风险图划分为3个区域，即：不可接受区、尽可能降低区和可接受区。具体分界线位置如附图1-2所示。

（1）若社会风险曲线落在不可接受区，则应立即采取安全改进措施。

（2）若社会风险曲线落在可接受区，则无需采取安全改进措施。

（3）若社会风险曲线落在尽可能降低区，社会风险处于可接受程度的边缘水平，需要在可实现的范围内，尽可能采取安全改进措施。

安全改进措施主要从四个方面考虑：对工厂周边城市的管控（如企业搬迁或居民搬迁）、工厂从危险源控制上采取安全措施降低风险、制定应急计划、与周边居民的信息沟通。在考虑安全措施时必须从本质上降低工厂的风险，比如降低危险物质的存量，同时对工厂采取的安全措施进行有效性、经济性评估，以证明降低风险措施符合“ALARP”（最低合理可执行）的原则。

个人风险和社会风险的计算通过量化评估方法（QRA）进行计算，目前国内执行《化工企业定量风险评价》AQT 3046标准，国际上有高斯模型计算方法，基于三维网格

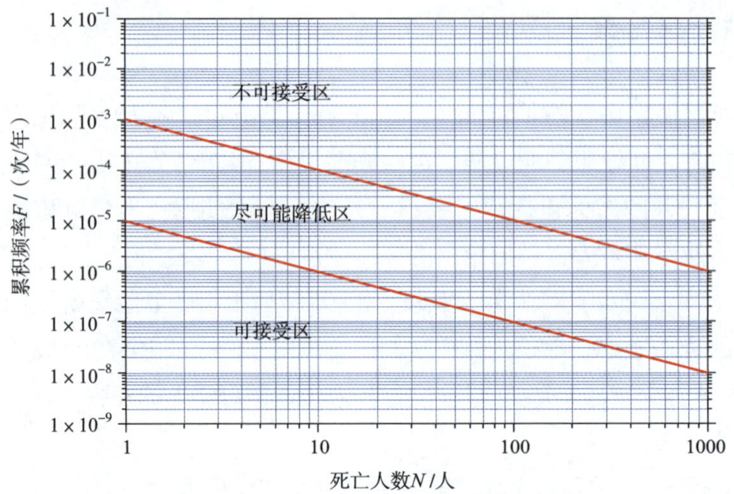

附图 1-2 社会风险可接受标准

注：为避免发生大型灾难导致 1000 人以上死亡，社会可接受风险基准的横坐标上限为 1000 人，认为超过该上限的事故不论发生可能性的大小都是不可接受的。

的CFD模型计算方法等。

2）大气环境防护距离的标准浓度限值

大气环境防护距离的标准浓度限值优先满足厂界标准的前提下，目前执行GB3095—1996、TJ36—1979两个标准。但是，部分污染物的厂界标准的浓度限值严于GB3095—1996、TJ36—1979的浓度限值，如苯的厂界标准（GB16297—1996）浓度限值为0.40mg/m^3。

计算大气环境防护距离时需要考虑面源有效高度、面源宽度、面源长度、污染物排放率、小时评价标准，使用科学的评估模型进行计算，国际上评估模型包括高斯模型、基于三维网格的CFD模型、基于实时动态监测数据的气体网格化计算等。

我国《环境影响评价技术导则 大气环境》（HJ2.2—2008）推荐的大气估算模式Screen 3是一个单源高斯烟羽模式，可计算点源、火炬源、面源和体源的最大地面浓度，以及下洗和岸边熏烟等特殊条件下的最大地面浓度。估算模式中嵌入了多种预设的气象组合条件，包括一些最不利的气象条件，在某个地区有可能发生，也有可能没有此种不利气象条件。所以经估算模式计算出的是某一污染源对环境空气质量的最大影响程度和影响范围的保守的计算结果。

二 装置（设施）安全性评估

装置（设施）安全性评估主要针对企业装置的安全防护措施完好性和有效性开展评估，按照保护层设置理念，从本质安全设计、设备安全、环保设施、安全控制与仪表、泄漏监测、工程安全防护、消防与应急等7个要素开展评估，如附图1-3所示。

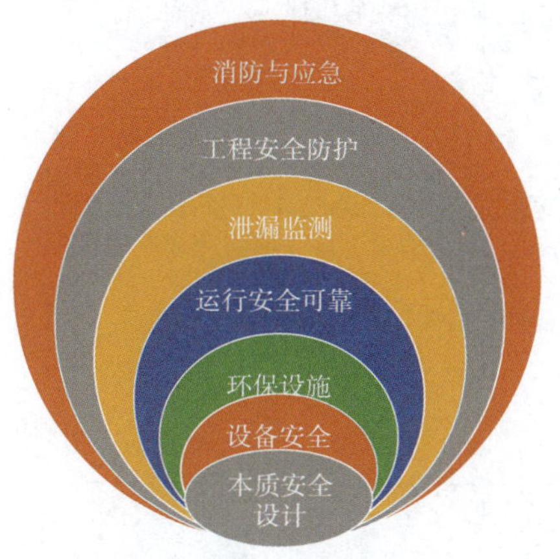

附图 1-3 装置（设施）安全性评估要素设置

按照本质安全环保的需求，炼油与化工企业的装置（设施）安全性评估要素包括以下内容（附表1-2）。

附表 1-2 装置（设施）安全可靠、清洁环保评估要素

一级要素	内容概述	二级要素
1 本质安全设计	通过石油石化企业与周边社区的科学规划及石油石化企业内装置与设施的合理布局，故障状态下的安全防护以及其他本质安全措施，防止事故发生或减轻事故后果	1.1 安全布局
		1.2 故障安全
		1.3 本质安全
		1.4 本质环保
2 设备安全	保证设备本体的完好性和设备安全设施有效性，一方面防止泄漏事故的发生，另一方面阻止事故后果的进一步扩大	2.1 转动设备
		2.2 压力容器
		2.3 工艺管道
		2.4 加热炉
		2.5 储罐
		2.6 危化品储存
		2.7 长输管道与厂际管道
		2.8 其他
要素 3- 环保设施	除了环保工艺外，通过足够的环保设备设施，确保废物循环利用或达标处理	3.1 废水
		3.2 废气
		3.3 固体废弃物
		3.4 环境检测

续表

一级要素	内容概述	二级要素
要素 4- 运行安全可靠	（1）对装置（设施）运行参数进行实时监测和自动控制，异常情况下，人员响应或仪表联锁动作； （2）装置（设施）异常情况下的泄放安全	4.1 工艺自动控制
		4.2 安全仪表系统
		4.3 紧急切断系统
		4.4 安全阀、爆破片及泄放设备
		4.5 火炬系统
		4.6 设备故障在线监测
		4.7 腐蚀监测
要素 5- 泄漏监测	及时发现可燃及有毒物质的泄漏，有效进行点火源控制，防止火灾爆炸事故的发生	5.1 可燃和有毒气体检测
		5.2 装置建筑内的烟气探测
		5.3 视频监控
		5.4 点火源控制
		5.5 管道泄漏控制
		5.5 无组织排放监测
要素 6- 工程安全防护	危险物质泄漏后，用来降低事故后果的工程保护设施	6.1 耐火层
		6.2 防火墙和防爆墙
		6.3 抗爆控制室
		6.4 防火堤与排水
		6.5 事故存液池
		6.6HVAC 采暖、通风与空调
要素 7- 消防与应急	通过消防系统和应急响应，减缓事故后果影响	7.1 消防站
		7.2 消防给水
		7.3 消防设施
		7.4 火灾自动报警系统
		7.5 消防道路
		7.6 消防电源
		7.7 应急响应
		7.8 环境应急

采用现场观察、测试、与设计标准和信息资料进行对照的方法进行评估，根据设备的关键程度进行量化打分。

三 安全环保一体化管理评估

安全环保一体化管理根据国内外先进标准和企业实践，建议包括16个要素，见附图1-4。

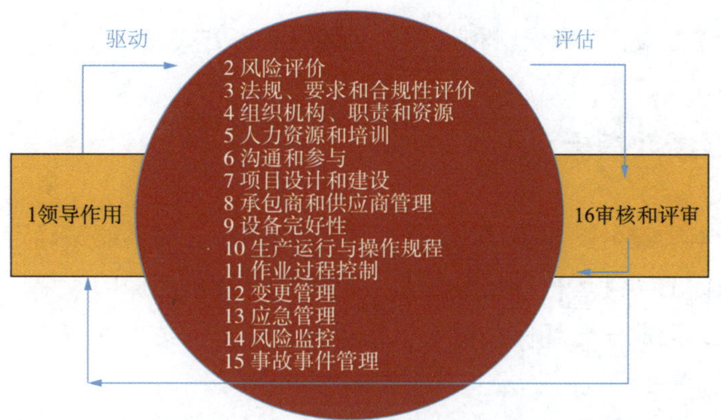

附图 1-4 安全环保一体化管理要素驱动示意

将16个要素的管理要求分解为上千个事项任务后，按照任务的投入和对控制风险的重要度进行赋分，形成管理水平评估系统（附表1-3）。

附表1-3 安全环保管理水平评估系统要素

序号	一级要素	二级要素数量	问题项数量	总分
1	领导作用	7	39	1297
2	风险评价	7	51	2533
3	法规、要求和合规性评价	4	15	646
4	组织机构、职责和资源	5	22	917
5	人力资源和培训	5	30	1327
6	沟通和参与	6	32	1163
7	项目设计和建设	6	30	1201
8	承包商和供应商管理	6	45	1200
9	设备完好性	9	54	1978
10	生产运行与操作规程	6	37	1749
11	作业过程控制	7	43	1767
12	变更管理	6	28	1175
13	应急管理	8	42	1625
14	风险监控	7	33	1471
15	事故事件管理	4	32	1091
16	审核和评审	3	21	534

续表

序号	一级要素	二级要素数量	问题项数量	总分
17	环保管理	单列	单列	600
合计		96	554	21674

管理评估通过访谈、查阅资料和文件、现场查看等方式进行评估。

四 安全环保绩效指标

企业在满足本质安全设计和建设、设定管理程序后，尚不能够确定其效果，还需要使用关键绩效指标的实际运行数据分析其安全可靠、清洁环保的效果。事故的发生具有偶然性和滞后性，因此安全环保关键绩效指标不但应包括结果性绩效指标，还应包括过程性绩效指标。

安全环保绩效指标可分为安全结果性绩效指标、环保绩效指标、设备可靠性指标、生产运行平稳指标（附表1-4）。

附表1-4 安全环保绩效指标分类表

安全结果指标	环保绩效指标	设备可靠性指标	生产运行平稳指标
死亡和重伤事故	新鲜水取用	仪表自控率	装置年泄漏次数
严重火灾、爆炸泄漏事故	吨产品能耗	设备检测计划	安全系统启动
损失工时事故率	水污染物排放	腐蚀回路关键点检测率	操作参数偏离
—	大气污染物排放	动设备抢修率	—
—	固体废弃物排放	静设备抢修率检修计划完成率	—

绩效指标中的绩效数据分级阈值的选取比较困难。绩效数据的提升将引起资源和成本的投入。如COD由60ppm降低至30ppm，每吨水的处理费用由7元提高至30元。

1）安全可靠指标

安全绩效指标与设备可靠、工艺平稳操作是分不开的，需进行统一研究。参考国际能源公司离岗工伤率（附图1-5），以2016年排名第二、第三的绩效数据为我国企业2030年内人员伤害的目标数据。

通过对数家企业安全绩效指标数据的分析，选定国内安全绩效与经济效益同步较优的镇海炼化作为对标企业：在2010年后，镇海炼化安全生产绩效稳定，没有火灾、爆炸、泄漏等事故，取2012-2013年的高水平指标作为阈值（附图1-6）。

根据统计分析，初步形成企业安全可靠指标，可作为我国2030年内企业目标（附表1-5）。

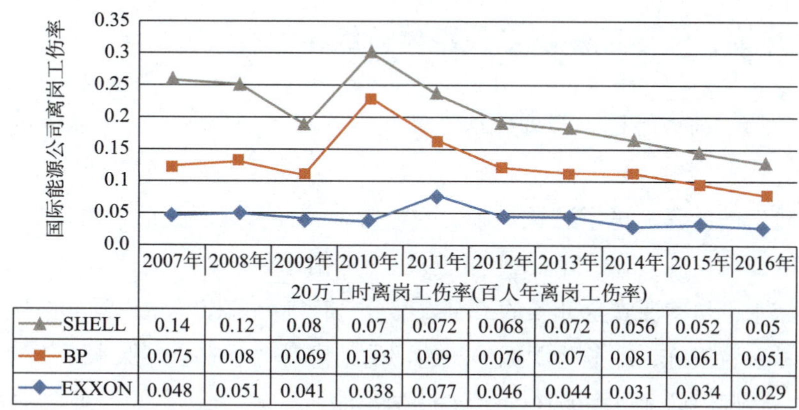

附图 1-5　国际能源公司离岗工伤率趋势图

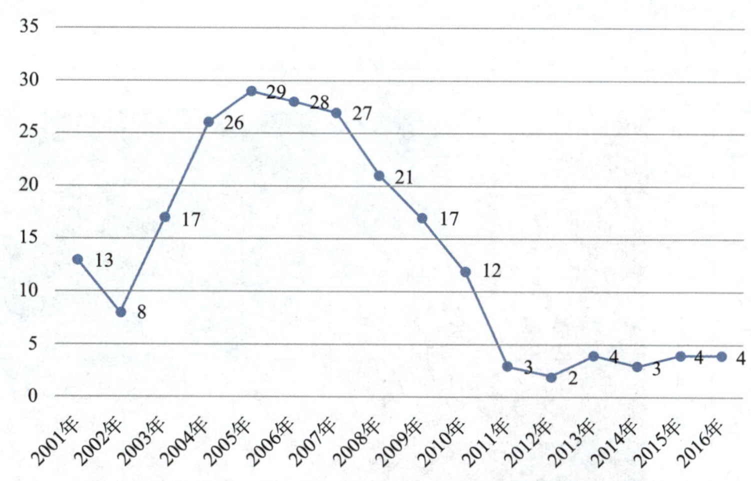

附图 1-6　镇海炼化 2000 年以来事故数量图

附表 1-5　企业安全可靠建议指标（2030 年内目标）

安全结果性指标	设备可靠性指标	生产运行平稳指标
死亡和重伤事故：0	自动控制投用率：95%	装置泄漏：小于 2 次每年每装置
严重火灾、爆炸泄漏事故：0	设备检测计划完成率：100%；	安全系统启动（安全阀、联锁、爆破片、非计划停车等）：低于 2 次每年
离岗工伤事故率：0.050（20 万工时）	腐蚀回路关键点检测率：100%	工艺报警数量（超出安全限值）：低于 1 次每周每装置
	检修计划完成率：95% 动设备抢修率：15% 静设备抢修率：12% 重点环境排放在线监控与分析预警：100%	装置操作平稳率：99.7%

2）清洁环保指标

我国目前的环保指标在世界上比较领先，以国家和地方环保指标作为清洁环保指标。

五 安全可靠、清洁环保型企业整体分级

社会风险值、绩效指标、管理评估、装置设施四者是企业安全可靠清洁环保的四维度评估指标。

社会风险值的计算考虑了装置设施、安全管理、外部社区人群、气象、地理等因素，是综合水平的量化反映，作为企业搬迁的独立参考指标之一。

装置设施水平是确保安全环保的最重要部分，管理是确保装置设施始终保持在设计水平上。因此，装置设施，即危险源保护层的评估结果对企业安全环保水平影响最大。优先将设备设施与管理评估通过类似风险矩阵的方法进行综合考虑，得出企业二维安全水平。

根据安全管理水平评估、现场保护层评估所得到的级别，按照附图1-7安全管理水平等级矩阵，可以得到最终安全管理水平的等级。

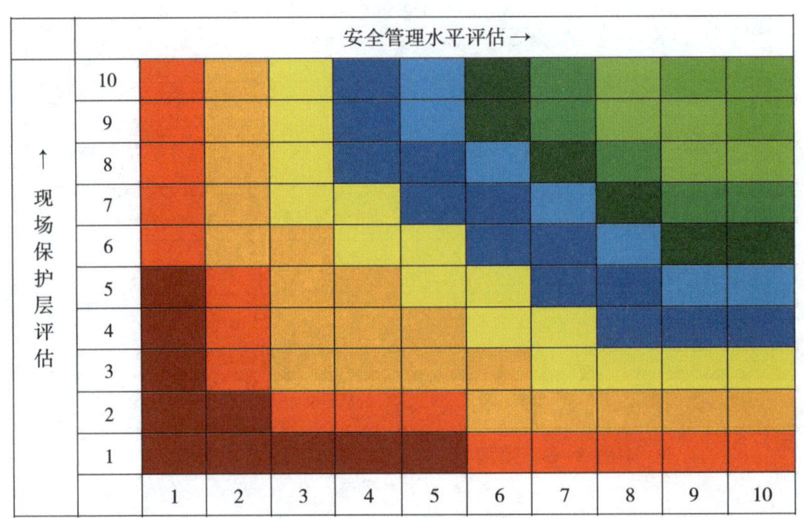

附图 1-7 安全水平等级矩阵

安全管理水平划分的10级，从1级至10级代表了企业安全管理水平的从一般到优秀，是安全管理水平提升的过程，见附图1-8。

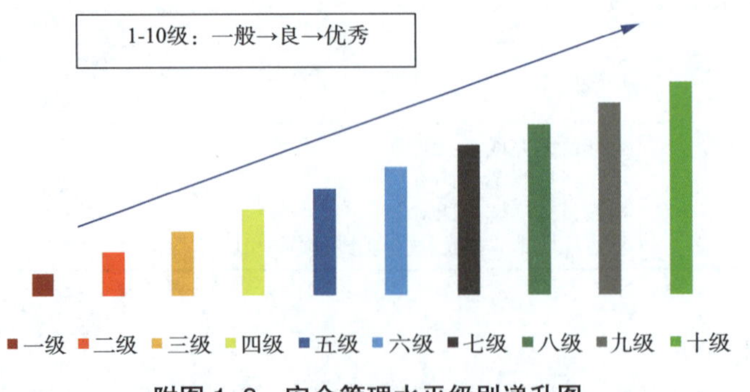

附图 1-8 安全管理水平级别递升图

进一步考虑企业实际运行的绩效指标量化数据，按照短板原则确定企业安全可靠清洁环保企业水平分级（附表1–6）。

附表1–6 安全可靠清洁环保企业水平分级

企业级别	1	2	3	4	5	6	7	8	9	10
二维水平	1	2	3	4	5	6	7	8	9	10
绩效指标	−30%	−15%	−10%	−5%	0	+5%	+10%	+15%	+20%	+30%